谨以此书献给

为湖南高速公路发展事业作出贡献的决策者、建设者、管理者

"十三五"国家重点图书出版规划项目
中国高速公路建设实录

Record of Expressway Construction in
Hunan

湖南高速公路建设实录

湖南省交通运输厅

内 容 提 要

本书是《中国高速公路建设实录》系列丛书之湖南卷，内容包括综述、路网规划、勘察设计、国家高速公路、地方高速公路、桥梁与隧道、建设管理、科技成果、运营管理、文化建设，以及湖南高速公路建设大事记等。

本书全面系统总结了湖南省高速公路建设发展成就，详细记述了高速公路建设过程中的管理经验、科技创新、文化建设以及项目建设实情，具有很高的史料价值。本书可供交通运输建设行业相关人员阅读、学习与查询参考。

图书在版编目(CIP)数据

湖南高速公路建设实录 / 湖南省交通运输厅组织编写. — 北京：人民交通出版社股份有限公司，2018.11
ISBN 978-7-114-14839-2

Ⅰ. ①湖… Ⅱ. ①湖… Ⅲ. ①高速公路—道路建设—湖南 Ⅳ. ①U412.36

中国版本图书馆 CIP 数据核字(2018)第 137565 号

"十三五"国家重点图书出版规划项目
中国高速公路建设实录

书　　名：	湖南高速公路建设实录
著 作 者：	湖南省交通运输厅
责任编辑：	刘永超　尤晓暐　石　遥
责任校对：	宿秀英
责任印制：	张　凯
出版发行：	人民交通出版社股份有限公司
地　　址：	(100011)北京市朝阳区安定门外外馆斜街 3 号
网　　址：	http://www.ccpress.com.cn
销售电话：	(010)59757973
总 经 销：	人民交通出版社股份有限公司发行部
经　　销：	各地新华书店
印　　刷：	北京雅昌艺术印刷有限公司
开　　本：	787×1092　1/16
印　　张：	31.25
字　　数：	627 千
版　　次：	2018 年 11 月　第 1 版
印　　次：	2018 年 11 月　第 1 次印刷
书　　号：	ISBN 978-7-114-14839-2
定　　价：	280.00 元

(如有印刷、装订质量问题的图书，由本公司负责调换)

《湖南高速公路建设实录》
编审委员会

主　　任：周海兵

副 主 任：赵　平　肖文伟　舒行钢

委　　员：（按姓氏笔画排列）

　　　　　　万剑平　王　维　李建斌　肖文伟

　　　　　　张汉华　张智勇　宋祖科　陈新发

　　　　　　罗　恒　周自荣　周志中　周海兵

　　　　　　周　超　赵　平　钱俊君　谢立新

　　　　　　舒行钢　蒋响元

主　　审：蒋响元

副 主 审：王国宇

《湖南高速公路建设实录》
编纂工作委员会

主　　　　任：谢立新

副　主　任：孟繁魁　何海鹰　李　健　王辉扬

总　　　　编：宋祖科

执 行 主 编：杨辉柏

执 行 副 主 编：杨　峻

编　　　　委：唐春澜　陈凌霄　鄢明民　于　芳　马建军
　　　　　　　黄展翼　张鸿海　邵泽峰　江　钻　叶道生
　　　　　　　胡　边

资 料 收 集：常　菱

法 律 顾 问：贺晓辉

高速公路作为当代公路运输的"大动脉"、经济发展的"加速器",对促进国民经济发展、国土资源开发、生产力合理布局以及区域合作、交通出行等都具有重大影响,在经济社会发展中发挥着越来越重要的作用。

在党中央、国务院的亲切关怀下,在交通运输部及有关部委的大力支持下,在历届省委、省政府的坚强领导下,湖南交通人披荆斩棘、跋跋奋进,积跬步致千里,积小成为大成,从20世纪80年代末仅有的莲易、长永两条高速公路起步,一步一个台阶,十年一次跨越,探索出许许多多公路建设、运营管理和融资等方面的经验模式,谱写了湖南高速公路从无到有、从少到多、逐渐占据全国交通格局重要一席的"高速大书"。

党的十八大以来,湖南交通人坚持把贯彻落实习近平总书记系列重要讲话精神和治国理政新理念新思想新战略作为根本遵循,按照"五位一体"总体布局和"四个全面"战略布局,践行创新、协调、绿色、开放、共享发展理念,不忘初心,跋跋奋进,不断创造湖南高速公路发展新的辉煌。截至2016年底,全省高速公路通车总里程达到6080km,排名居于全国前6,"七纵七横"的全省高速公路骨干网络基本建成,湖南承东启西、连南接北的区位也有力促进了全国高速公路网的更趋完善和功能发挥。

高速公路的跨越式发展,为湖南经济发展注入了新动力。"十二五"期间,湖南高速公路建设完成投资2400多亿元,拉动投资超过7000亿元,带动全省生产总值快速增长。2016年全省生产总值首次突破3万亿元。实践证明,高速公路对湖南经济增长的投资拉动、现代产业的转型升级、新型城镇化的提质发展等显现出越来越重要的作用。

这部由湖南省交通运输厅历时3年编纂完成的《湖南高速公路建设实录》,秉持尊重史实的态度,坚持实事求是的原则,用真实的内容,全方位记录了湖南高速公路近30年来翻天覆地的变化,全景式展现了湖南高速公路建设者精益求精的精神品质。翻开《湖南高速公路建设实录》，犹如打开了湖南交通人的奋斗日记：看到一张张照片，浏览一段段文字，各级领导、各相关职能部门负责同志深入一线为高速公路项目建设排忧解难的那些场景历历在目；广大交通科技工作者废寝忘食、挑灯夜战，围绕工程建设重点难点开展科技攻关，为提升高速公路建设品质呕心沥血、鞠躬尽瘁的那种执着让我感动；广大工程建设者几十年如一日，在三湘大地上，顶骄阳、战酷暑、冒风雪、斗严寒的那份奉献令人钦佩。30年来，湖南交通人用"地作琵琶路作弦"的豪气，让大桥飞天堑，高路入云端，以顽强拼搏的精气神，为全省经济社会的发展腾飞架起一座又一座宏伟天路。

记录历史是为了更好地放眼未来。当前，湖南高速公路发展正面临着一系列新形势新任务新挑战，特别是宏观经济环境复杂、高速公路收费融资政策调整、土地环保刚性约束增加以及高速铁路、城际铁路、航空加快建设与发展等方面的影响不断加深，如何在适应经济发展新常态、践行五大发展理念、推进供给侧结构性改革、贯彻省委"创新引领、开放崛起"战略中，着力打造安全高效、经久耐用、美观精致的民心工程，树立湖南高速百年品牌，持续建设让国家、社会、人民满意的高速公路，"跑"出一条具有湖南特色的高速公路发展新路子，是我们下步工作中需要进一步思考的问题。

高速公路的发展没有最好，只有更好。当前及今后一段时期，湖南要紧紧围绕"建设、管理、服务"这三大课题，系统梳理总结，认真研究问题，切实加以改进，努力形成内联外通、安全便捷、畅通高效、绿色智能的现代高速公路运输体系。要贯彻安全至上的理念，做好安全审计、安全设计和安全预算工作，打造全国最安全的高速公路；要贯彻科技创新的理念，建设"互联网+高速公路"平台，打造全国信息化程度最高的高速公路；要贯彻服务为本的理念，优化设计，加强管理，建设人民满意的高速公路；要贯彻精简高效的理念，抓好高速公路体制改革，为湖南高速公路建设与发展注入新的活力、增添新的动力。

苏格拉底说过："世界上最快乐的事，莫过于为理想而奋斗。"湖南交通人特别是高速公路建设管理者的理想，就是要让每一条延伸在人们脚下的路，都能够带给大家便捷、美观、舒适、安全和幸福；无论春夏秋冬、无论雨雪风霜，每当看到一个个天南海北的旅人畅游三湘大地，用车轮丈量一条条精心建设、精致管理的高速公路，一种发自肺腑的快乐和欣慰油然而生。这也是湖南高速人的事业和快乐。

开路难，守路更难。湖南高速公路的发展就是一段"筚路蓝缕"的历程，要铸造新的辉煌，既要用创新的办法奋力开拓新路，更为重要的是必须克服"守路难"。要在坚守中创造高速公路的质量和效益，要在坚守中引领湖南发展的希望和未来。如此，在建设富饶美丽幸福新湖南的伟大征程中，湖南高速公路必将续写更加辉煌的壮美篇章！

是为序。

湖南省人民政府副省长　张剑飞

2017 年 10 月 9 日

编写说明
Compiling Introduction

一、根据交通运输部印发的《交通运输部关于编纂〈中国高速公路建设实录〉的通知》（交公路函〔2014〕867号）文件精神，本书名为《湖南高速公路建设实录》（以下简称《实录》）。为全面记述湖南高速公路建设发展和变化的历史进程，《实录》上限为1985年，下限为2016年，少数资料为记载完整，上下限有所展延。

二、《实录》按照"内容全面、客观真实、确保质量、湖湘特色"的编纂工作总要求，以交通运输部制定的编写大纲为依据，涵盖了湖南高速公路的各个方面，记录了湖南高速公路的发展历程和建设成就，展现了湖南高速公路的地域与文化特色。

三、《实录》基本采用史书体裁，按事分类、以类记事，重在记述、尊重史实，运用图表，间插照片，图文并茂，浑然一体。

四、本书所采用的资料数据，以湖南省统计局、湖南省交通运输厅等权威部门正式公布的数据为准。无权威部门数据时，采用行业认可的数据。

五、本书有关交通技术等名词术语，按照国家及行业颁布的技术规范撰写，未经审定或统一的，从习惯；计量单位，采用国务院1984年颁发的法定计量单位。本书中凡由"湖南省"三个字起首的机构名称，如湖南省交通运输厅，根据惯例，一般省略"湖南"二字，简称为"省交通运输厅"；高速公路文化按行业特点和习惯简称"高速文化"；其他简称依情况而定。

六、《实录》编纂由省高管局具体承担，省交通运输厅编志办负责编审；编纂方案由蒋响元拟订，篇章结构由杨辉柏拟订，赵平审定。各章撰稿分工如下：综述由叶道生、胡边撰写初稿，王国宇、杨峻、蒋响元修改；第一章"路网规划"由黄展翼撰写初稿，蒋响元修改；第二章"勘察设计"由王维撰写初稿，蒋响元改写；第三章"国家高速公路"、第四章"地方高速公路"由陈凌霄、唐春澜撰写初稿，蒋响元修改；第五章"桥梁与隧道"由蒋响元撰写；第六章"建设管理"由鄢明民撰写初稿，蒋响元、王国宇修改；第七章"科技成果"由蒋响元撰写；第八章"运营管理"由唐春澜撰写初稿,王国宇、杨峻修改;第九章"文化建设"由马建军撰写初稿,王国宇、杨峻修改;"大事记"由陈凌霄撰写,杨峻、钟进云修改。全书由蒋响元统稿。

七、《实录》编写工作始于2014年12月,于2017年3月通过初评,6月形成送审稿。编审委员会在邀请众委员、各相关单位对送审稿书面评议的同时,组织专家学者对该稿进行审改,终于2017年8月底完成全书的修改、补充、统稿、定稿等工作。

八、本书编纂过程中,得到了《中国高速公路建设实录》编委会的指导帮助,以及全省交通系统各相关单位的支持配合。编委会主任、交通运输部原部长黄镇东不辞辛劳,于2015年4月、2016年4月和10月三次来湘,检查、指导《实录》修编工作。省交通运输厅原厅长刘明欣、胡伟林多次听取编纂工作汇报,协调进度。钟进云、彭立勇、黄展翼、李明阳、吴剑锋、章照宏、马跃红、邓晓静、曹博、李鹏、陈国平、曹翔、吴林、龚毅、谢泽鄢、王婷宇、刘竞良、黄刚、鲁春、龚志勇、曾波、张准、王晗斌、吴跃、王玉臣、杨玲、朱俊君、刘辉、杨己秀等提供了资料,严其政等提供了封面照片及文中彩插,于芳、江钻、常菱、邵泽峰、张鸿海等参加了本书的资料收集和编辑整理,赵宇、蒋集政、周超等贡献了宝贵的修改建议。谨此,一并致谢。

由于编者、审者水平有限,书稿或有未周、谬误或失当之处,敬请读者批评、指正。

目录 Contents

综述 1

第一章 路网规划 15
第一节 湖南省公路网规划（1991—2020年）.................... 15
第二节 湖南省高速公路网规划 19
第三节 湖南省高速公路网规划（修编）............................ 24

第二章 勘察设计 30
第一节 勘察设计技术 30
第二节 勘察设计成果 40

第三章 国家高速公路 52
第一节 G4（北京至香港、澳门）湖南段 53
第二节 G4W2（许昌至广州）湖南段 68
第三节 G4E（武汉至深圳）湖南段 82
第四节 G1517（莆田至炎陵）湖南段 97
第五节 G55（二连浩特至广州）湖南段 100
第六节 G5513（长沙至张家界）高速公路 114
第七节 G5515（张家界至南充）湖南段 129
第八节 G59（呼和浩特至北海）湖南段 138
第九节 G65（包头至茂名）湖南段 149
第十节 G56（杭州至瑞丽）湖南段 161
第十一节 G60（上海至昆明）湖南段 174
第十二节 G60N（杭州至长沙）湖南段 192
第十三节 G72（泉州至南宁）湖南段 199
第十四节 G76（厦门至成都）湖南段 210
第十五节 G0401 长沙绕城高速公路 220

第四章 地方高速公路 ... 229
第一节 莲花冲至易家湾高等级公路 ... 233
第二节 S01（湘潭至韶山）高速公路 ... 233
第三节 S21（长沙至株洲）高速公路 ... 235
第四节 S31（宜章至凤头岭）高速公路 ... 237
第五节 S40（长沙机场）高速公路 ... 238
第六节 S41（长沙至湘潭西）高速公路 ... 240
第七节 S50（长沙至韶山、娄底）高速公路 ... 242
第八节 S51（衡阳至南岳）高速公路 ... 245
第九节 S70（娄底至怀化）高速公路 ... 247
第十节 S7001（怀化绕城）高速公路 ... 252
第十一节 S71（娄底至衡阳）高速公路 ... 254
第十二节 S7101（益阳市南线）高速公路 ... 256
第十三节 S75（邵阳至坪上）高速公路 ... 258
第十四节 S80 衡阳（大埔）至邵阳高速公路 ... 260
第十五节 S81（道县至贺州）高速公路 ... 265
第十六节 S92（石首至华容）高速公路 ... 267

第五章 桥梁与隧道 ... 269
第一节 桥梁建设 ... 269
第二节 隧道建设 ... 311

第六章 建设管理 ... 335
第一节 建设发展历程 ... 335
第二节 管理体制 ... 342
第三节 工程建设管理 ... 351
第四节 投融资管理 ... 370

第七章 科技成果 ... 376
第一节 路基路面科技 ... 384
第二节 桥梁科技 ... 394
第三节 隧道科技 ... 401
第四节 运营管理及减灾防灾科技 ... 406

第八章 运营管理 ... 409
第一节 收费管理 ... 409
第二节 路政管理 ... 413

第三节	养护管理	418
第四节	服务区管理	425
第五节	经营管理	432
第六节	信息管理	435

第九章 文化建设 ... 441

| 第一节 | 精神文明创建 | 441 |
| 第二节 | 企业文化 | 451 |

大事记 ... 463

综　　述

　　湖南位于长江中游江南地区，东西直线距离最宽667km，南北直线距离最长774km，总面积21.18万km²。东以幕阜、武功诸山与江西交界，南枕南岭与广东、广西为邻，西以云贵高原东缘与贵州、重庆毗邻，北以滨湖平原与湖北接壤。

　　"岭表滇黔，必道湘沅。"❶湖南承东启西，联南通北，交通历史源远流长。新石器时代中晚期，"洞庭之野"的先民开始以鹅卵石铺砌道路❷，用火与石斧"刳木为舟，剡本为楫"。❸华夏文明初期，省境已筑可供车行的道路。鲁昭公五年（公元前537年），"楚子以驲至于罗汭（今湘阴县境）。"❹安徽寿县出土的鄂君启节❺，记录了楚怀王六年（公元前323年）鄂君商队溯湘水南下，至于酃（今永兴）、洮阳（今广西全州），以及通行沅、澧等水的商贸线路、舟船调配、沿途所享受的特权等内容。在政治、经济、军事等因素影响下，湖南交通代有兴废。至清代中期，以长沙为中心的驿道网络趋于完备，以洞庭湖为枢纽的内河运输"水道环通，指顾可航。"❻

　　甲午战争后，在维新变法思潮推动下，省境近代交通起步，运输工具开始从帆船舢板、马轿车篼向轮船、火车、汽车、飞机转变，由驿道、大道等组成的主干道路向公路、铁路转变。清光绪二十三年（1897），在长沙成立的"鄂湘善后轮船局"为湘境近代水运业发端的标志。光绪二十四年（1898），清政府拨款修建以运输煤炭为主的湘、赣两省第一条铁路——醴（陵）萍（乡）铁路，光绪二十九年（1903）建成通车。民国二年（1913）春，湖南都督谭延闿兴筑长沙至湘潭军路，开中国按汽车通行标准修筑公路的先河。民国十年（1921），湘商盛廉生联合汉口利通汽车公司合股组建"龙骧长途汽车公司"，湖南公路运输自此方始。民国十五年（1926）8月，北伐军航空队在长沙大园洲（今新河三角洲）修建省境第一座军民合用机场，民国二十年（1931）5月湖南航空处正式成立。至此，湖南近现

---

❶［清］光绪《湘潭县志》。
❷位于澧水支流涔水左岸、澧县梦溪镇的八十垱遗址，发现长江流域最早的环壕聚落，其中有鹅卵石铺砌的阶梯状路面，这是世界上已知年代最为久远的道路遗迹，距今8500～7500年。参见蒋响元的《逐水而居的远古湖湘先民》，载于《文献与人物》2016年第4、5期。
❸位于澧水支流澹水北岸、澧县车溪乡的城头山村，发现国内年代最早、保存最完整的新石器时代城址，出土大溪文化时期的桨、舾、板等舟船遗迹。
❹《左传·昭公五年》。
❺节是古时由帝王或政府颁发的用于水陆交通的凭证。
❻［清］光绪三十一年十月二十一日（1905年11月17日）《湖南官报》。

代交通运输方式初现端倪。

中华人民共和国成立以来,国家、省始终把交通基础设施建设列为国民经济发展的战略重点,湖南交通运输事业取得了长足发展。经过近70年的发展,特别是改革开放近40年的建设,基本形成了以"一湖四水"为内河航运主通道,以高速公路、铁路干线为主骨架,以长沙黄花机场为中西部地区重要航空枢纽的立体交通格局。

截至2016年底,省境铁路运营里程4591km,其中高速铁路里程达1296km,居全国第一。省境通航河流373条,通航里程11968km,居全国第三。基本形成以洞庭湖为中心,以长江、湘江、沅水干流为依托,以"一纵五横十线"高等级航道网为骨架,以岳阳港、长沙港为主枢纽的内河水运体系。黄花机场通航国内外机场119个,运营航线158条;旅客吞吐量达2129.67万人次,位居中部机场第一、全国第十三。全省普通公路通车总里程达到231740km;农村公路200587km,实现100%的乡镇和具备条件的建制村通水泥(沥青)路,建制村通客车率达97.27%;二级以上公路里程14715km,通达100%的县市区,其中G107、G322国家级示范路819km、省级文明样板路5127km。全省公路水路客运量、货运量、旅客周转量、货物周转量分别完成11.02亿人次、20.24亿吨、580.25亿人公里、3306.4亿吨公里,城市公交、出租车客运量分别完成32.49亿人次、16.25亿人次。城乡运输服务协调发展,运输市场总体平稳,服务体系逐步完善。同年,高速公路通车总里程突破6000km,居全国第6位,基本实现各县通高速公路的"五纵六横"格局。

在现有的交通格局中,如果说航空是湖南经济发展"翅膀"的话,则高速公路、高铁已日益成为湖南经济发展的两条"飞毛腿",在形成对外大开放、对内大循环的现代立体交通体系中发挥越来越重要的基础作用和支撑作用。曾经处于后进行列的湖南高速公路,生动地诠释了"后发赶超"的含义,经过从无到有,从落后到"高速大省",从单线条到网络化的20多年的发展,已成为湖南扩内需、保增长的重要途径和富民强省的先行军,充当着湖南经济社会快速进步的重要引擎和"助推器"。

一、大幕开启　后发赶超

湖南的高速公路建设虽然比国内一些省份起步晚,甚至在较长一段时期内发展较慢,却在近十年来厚积薄发、后发赶超,创造了高速公路建设史上的"湖南速度"。这种跨越式发展离不开党中央、国务院的亲切关怀,习近平、温家宝、贾庆林、李长春等中央领导同志多次视察过湖南高速公路项目;离不开交通运输部等国家部委在政策和项目资金方面的重点支持;离不开历届湖南省委、省政府抓住机遇、科学规划、乘势而上,把交通基础设施建设摆在突出位置,把高速公路建设列为交通基础设施建设重中之重的决策和部署;离不开省直部门和地方各级政府高位推动、协调配合;离不开湖南高速公路建设者们发扬湖南人"敢为天下先"的精神,创新思维,攻坚克难,形成高速公路建设快速发展的强大动力

综　述

和重要内因。

湖南高速公路建设探索可追溯到20世纪80年代。1985年7月,湖南开始着手高速公路建设的可行性研究,并在1988年开建G107线岳阳临湘巴嘴坳至新开塘和汨罗新塘铺至白沙坳两段74km二级汽车专用公路,1991年、1992年先后开建长沙北大桥西、东接线11.4km一级汽车专用公路,1992年1月开建莲易一级汽车专用公路。虽然以上汽车专用公路并不是真正意义上的高速公路,但是它们的建设,为湖南后来的高速公路建设进行了有益的探索。

1993年5月开建、1994年12月建成通车的长永高速公路(时为一级汽车专用公路)一期工程——长沙牛角冲至黄花机场段,实现湖南高速公路"零"的突破。

20世纪90年代中后期,湖南开工建设了长永二期、长潭、长益、潭耒、长沙绕城西北段、益常、耒宜、长沙绕城西南段等8条(段)、583.219km高速公路。这些高速公路建设突破了工程建设中多项重大技术瓶颈,积累了设计、施工、监理和运营等建设和管理的经验,为今后的建设奠定了基础。这一时期修建的高速公路,主要集中在国道主干线和省内经济发达地区,便捷的交通为高速公路沿线的经济社会发展创造了更好的条件,"要想富,先修路;要快富,修高速"已成为地方政府和百姓的普遍共识。值得一提的是,当时为解决长永高速公路建设资金缺口,湖南解放思想、大胆创新,采用组建股份制公司办法,开启融资的新途径。在之后的长潭、长常高速公路建设中又采取利用外资、出让经营权方式融资,解决了建设资金不足的困难。市场化运作成为加快高速公路建设发展的创新之举。

20世纪90年代末至21世纪初,党中央、国务院实施积极的财政政策,加大基础设施建设投入,大力实施交通优先发展战略。杨正午、周伯华等省领导决策,抓住机遇,加大湖南高速公路建设力度。湖南将"九五"(1996—2000年)后期的高速公路规划由"一纵三横"调整为"一纵四横"。2006年,根据交通部发布的《国家高速公路网规划》,及时编制了湖南"五纵七横"高速公路网规划,进一步加快了高速公路建设步伐。

2000—2007年,湖南开工建设的高速公路有临长、潭邵、衡枣、长沙机场、常张、衡大、邵怀、怀新、常吉、醴潭、长潭西线、韶山、邵永、衡炎、长株、衡邵、潭衡西、宜凤、吉茶等19条,总计2034.515km。建成通车的高速公路有潭耒、耒宜、临长、潭邵、长沙绕城西南段、长沙机场、衡枣、衡大、常张、长潭西线、醴潭、邵怀、怀新等13条,总长1485.445km。

2002年11月临长高速公路、12月潭邵高速公路建成通车,湖南高速公路通车里程突破1000km大关,排名全国第九,首次跻身全国十强。2007年11月邵怀高速公路、怀新高速公路通车,标志京珠高速公路湖南段和沪昆高速公路湖南段全部建成,省境正式形成纵横南北、连贯东西的"十字形"国家高速公路骨架,"湖南通则中部通,中部活则满盘皆活"的区位优势凸显。

2008年,为应对全球经济"寒冬",湖南抢抓国家扩大内需、加快基础设施建设的战略机遇,争取多上高速公路项目,以带动全省相关产业发展。中共湖南省委第九次党代会提出富民强省的奋斗目标和"一化三基"的战略思路,湖南省委省政府明确要求,高速公路作为重要的交通基础设施,规划和建设适度超前,并将湖南高速公路原有规划提前20年实施。张春贤同志指出:"高速公路不仅可以带动经济发展,还可以改变全省人民的精神状态,湖南一定要争取在两至三年内把高速公路修好。"周强同志强调:"高速公路作为重要的交通基础设施,要继续保持良好的发展势头,多办一些打基础、利长远的实事。"这一年,湖南开工建设17条、1473.78km高速公路,覆盖全省14个市州、67个县市区,为湖南高速公路开工里程最多的一年,拉开了省境高速公路建设大潮的序幕,创造了湖南乃至全国高速公路建设史上的新纪录。这17条高速公路分别为二广高速公路湖南永州至蓝山段、随岳高速公路湖南段,接着依次为南岳、娄新、道贺、宁道、炎睦、汝郴、怀通、吉怀、澧常、常安、衡桂、桂武、长湘、益阳绕城与安邵高速公路。

2009年,湖南再接再厉,又开工建设16条高速公路,分别为:郴宁、炎陵、通平、大浏、醴茶、张花、洞新、溆怀、新溆、长浏、凤大、垄茶、邵永、石华、浏醴、岳常高速公路。

2010年,全省在建高速公路项目49个,在建里程4064km,全国排名第一。以高速公路为标志,省境形成了以长沙为中心的四小时高速公路经济圈。

2012年,是湖南高速公路建设史上通车里程最多的一年,创造了全国省份年度通车里程新纪录。全年共建成通车吉茶、衡桂、桂武、宁道、娄新、炎睦、炎陵、吉怀、汝郴、郴宁、通平、大浏、长湘、南岳、浏醴、永蓝等16条(段)、1309.9km高速公路,全省通车总里程达到3958.448km,新增通高速公路县市区18个。

2012—2013年共建成高速公路29条、2445km,全省通车总里程达到5085km,新增7个出省通道,总共达到21个;新增通高速公路县市区14个,全省通高速公路的县市区达到111个,湖南迈入全国高速公路大省行列。

2013年,湖南高速公路继续保持了大建设、大发展的强劲势头,全年共建成通车张花、醴茶、怀通、洞新、长浏、凤大、京港澳长沙连接线、长沙绕城东北东南段、炎汝、石华、垄茶、溆怀、岳常等13条共1125km高速公路。

2014年,湖南共建成通车澧常、长韶娄、新溆、怀化绕城、安邵涟源段、汝郴里田至平和段等6条(段)高速公路,新增通车里程412.827km,高速公路存量进一步扩大,连通度进一步提高。

2015年10月17日,省人民政府在益阳召开湖南省3条铁路(黔张常铁路、蒙华铁路湖南段、长株潭城际铁路延长线)及4条高速公路(益马、南益、武靖、莲株高速公路)建设动员大会。省委书记徐守盛为黔张常铁路有限公司和益马高速公路有限公司授牌。省委副书记、省长杜家毫在讲话中强调:加快湖南省重大工程建设,特别是加快铁路、高速公路项目建设,能够定向精准促进投资增长,更好地发挥投资对经济增长的关键作用。是年,益阳绕城、邵坪、大岳高速公路大界至桃林段、龙永高速公路部分路段等4条(段)共计155.85km高速公路建成通车。通车里程达到5654.159km,连通全省114个县市区,出省通道增至24个。

2016年11月3日,湖南召开"十三五"时期第一批高速公路[长益(扩容)、龙琅、怀芷]建设动员大会。省委书记杜家毫,省委副书记、代省长许达哲,副省长张剑飞等出席。许达哲代表省委、省政府向参与和支持项目建设的各有关单位、高速公路沿线广大干部群众表示问候和感谢。他说,省委、省政府一直注重发挥投资对经济社会发展的推动作用,尤其是重视扩大有效投资,重点抓好交通、水利、能源、信息"四张网"建设。是年,随着安邵、龙永、大岳、常安、娄衡、南岳东延线、汝郴赤石特大桥、京港澳新开联络线等8条(段)高速公路项目全面建成通车,新增通车里程427.33km。至此,全省共建成高速公路70条(段),通车总里程达到6080km,由全国排名17位一跃成为全国第6位。湖南初步形成"五纵六横"高速公路网,路网规划中的32个省际通道打通24个。

在建设过程中,湖南高速公路坚持资源节约、环境友好,牢固树立"不破坏就是最大的保护"的绿色发展理念,注重保护和发挥湖南生态环境特色,湖南高速公路成为三湘四水间的"绿色走廊"。潭耒高速公路项目荣获国家环保总局授予的第一届"国家环境保护百佳工程"奖。2006年,临长高速公路获得中国首届"国家环境友好工程"奖,在全国高速公路建设领域率先获得这项殊荣。2008年,常张高速公路获得国家环境保护部授予的第二届"国家环境友好工程"奖,这是当年全国公路建设行业唯一获奖项目,被誉为是"从地上长出来的高速公路"。2015年,长湘高速公路"两型"科技示范工程获中国公路学会科学技术一等奖。

二、攻坚克难　科技创新

湖南快速跻身"高速大省"行列,是一种合力的结果,其中也凝结了广大交通科技工作者的辛勤汗水。在湖南高速公路建设过程中,省内外多所大专院校、科研机构的专家与建设单位开展广泛的科研合作,集体攻关,取得了大量科技成果,在技术层面保证了高速公路建设的顺利推进。

20世纪90年代,交通科技工作者在湖南高速公路建设中围绕工程质量的重点、难点开展科技攻关,创造性地解决了一系列工程难题。其中,红砂岩地带路基修筑技术,提高红砂岩填筑路堤质量;红砂岩地区深切方边坡稳定技术,提出了适合于红砂岩路堑边坡稳定的防护措施与施工指南;混凝土拌和机进料自动控制与记录技术,提高了混凝土配合比的准确性;车载式颠簸累积仪检测路面平整度技术,优于传统检测方式;高分辨雷达处理系统对路基进行探测技术,有效消除路基病害隐患;高速公路工程建设计算机管理系统,显著提高了建设管理效率。

随着湖南高速公路的不断延伸,所遇到的工程难题也日益增多。科研工作者与建设者紧紧围绕工程实践,积极开展协作攻关,大力推广新技术、新工艺、新材料、新设备,不仅解决了工程建设中的诸多技术难题,而且大大提升了高速公路的建设品质。

"十一五"期间,各高速公路建设项目公司不断加大科研投入,采用自主研发、新技术引用等方式,提高公路建设科技含量,在路基修筑、桥梁建造、隧道开凿、路面铺设、边坡处置、质量监控、水环境保护、运营管理等领域,取得了诸多创造性成果,形成了与高速公路发展相适应的建设技术体系。其中,在公路膨胀土边坡的滑塌治理、膨胀土弃方的合理利用、膨胀土的判别分类、构造物地基基础设计及环境保护等关键技术方面取得了重大突破的"膨胀土地区公路建设成套技术"获国家科技进步一等奖,"重载交通长寿命沥青路面关键技术研究""南方高速公路冰雪灾害防治与备灾技术研究""高速公路养护智能化系统"等项目分别获得省部级科技进步一等奖。

"十二五"以来,省交通运输厅从湖南交通设计、科研单位选调了46名具有高级职称的专业技术人员到高速公路项目担任技术副经理(BOT项目任派驻技术代表),从管理上解决技术理论研究和技术实际运用脱节的问题,加大科研成果的转化力度。此外,出台了《湖南省高速公路管理局科技管理实施细则》,进一步规范科技管理工作,取得了一大批重要的原创性成果。

2012年,"沥青路面状态设计法与结构性能提升技术及工程应用研究"获国家科技进步二等奖。同年,"连续配筋混凝土刚柔复合式路面研究"获中国公路学会科学技术一等奖;被誉为悬索桥施工"第四种方法"的"大跨度悬索桥加劲梁'轨索滑移法'架设新技术"获湖南省技术发明一等奖。

2013年,全面推行工程施工标准化,大力推行精细化管理和技术创新。加强路面原材料质量监控,通过科技攻关研究发明了改性沥青SBS含量检测方法和仪器,保证沥青等原材料质量。

2014年,智能张拉及压浆新技术在全国基础设施项目中推广应用,改性沥青中SBS含量的检测方法及成套技术研究成功并应用于多个高速公路项目。引入定位芯片、云计算技术等高科技手段运用到在建高速公路,提升了科技管理水平。同年,"湖区高速公路路基建造关键技术及工程应用研究"获湖南省科技进步一等奖。

2015年,开发了钢筋胎膜整体绑扎吊装、内模整体抽拔、小箱梁预制整体移动模板一次成型、桥梁护栏整体模板现浇、植被土集中堆放、水沟与利用植被土进行边坡防护同步施工、计算机云管理平台等多项新技术。同年,"复杂悬索桥施工控制计算理论与架设技术及其应用研究"获湖南省科技进步一等奖。

2016年,开发的公路路基路面智能压实监控系统技术获交通运输部科技成果推广。同年,填补道路工程节约集约用地领域研究空白的"公路建设土地资源保护与集约利用成套技术"通过成果验收,"复杂与极端环境中隧道工程多类型水害机理与防治技术"整体水平达到国际先进。

在建设和通车里程大步跨越的同时,湖南高速公路科技创新迈上更高台阶,多条高速公路斩获大奖。潭耒高速公路获得2004年第四届中国土木工程詹天佑奖。临长高速公路获2006年第六届中国土木工程詹天佑奖和2004年度中国公路学会科学技术二等奖。常张高速公路获中国交通建设领域最高奖项——"交通优质工程一等奖"。2012年,"雪峰山特长公路隧道关键技术研究"获中国公路学会科技进步二等奖。汝郴高速公路文明特大桥荣获2013年"中国建设工程鲁班奖"。常吉高速公路获2016年第十三届中国土木工程詹天佑奖。邵怀高速公路获2017年第十四届中国土木工程詹天佑奖。矮寨大桥创造了4个世界第一,关键技术研究获2013年度"中国公路学会科学技术特等奖",得到了习近平等党和国家领导人的高度评价。2013年11月3日,习近平总书记在考察湘西扶贫工作时视察矮寨大桥,给予充分肯定。

三、精细管理　效益倍增

高速公路运营管理涉及养护、路政、服务、安全、收费等多个层面和环节,是中国市场经济的一个重要组成部分,是确保高速公路出行安全畅通、实现高速公路可持续发展的关键和基础,也是反映交通发展面貌的形象和窗口。近年来,湖南高速公路运营管理在养护、路政、服务以及运营机制等方面进行了大量实践和有益的探索,取得了可喜的成绩。

1. 养护管理水平不断提升

从20世纪90年代开始,湖南提出"综合养护"即由单一路面养护扩展到公路设施和环境保护,提高行车的安全性和舒适性。2000年开始,推广机械化养护,养护水平大幅提升。2001年养护水平在交通部组织的中南6省评比中位居第一。"十一五"期间,高标准完成湖南高速公路路线命名和编号调整标志统一更换工作。建立养护市场准入和养护工程招投标制度,推行预防性养护和小修保养市场化,养护维修的市场化改革稳步推进。制订并实施了养护精细化管理指导意见及养护管理系列技术指南,全面提升了全省高速公路养护管理水平。

"十二五"期间,全省高速公路投入养护资金115亿元,完成长益、潭耒、耒宜、益常等446km高速公路大修,逐步形成了适应省境实际的"短、平、快"大修新模式。完成高速公路路面中修3493km,创建"畅、洁、美"精细化样板路650km。突出抓桥梁、隧道安全隐患排查治理,引进第三方专业机构对各运营管理单位路域环境进行暗访检查。湖南高速公路总体路况水平和路容路貌状况显著提高,道路MQI、PQI、PCI、RQI4项指标连续5年均在90分以上,好路率达95%以上。在"十二五"国检中,湖南高速公路路面行驶质量指数PQI值中部地区排名第一,综合排名全国第6位,比"十一五"排名第20位跃升14位,进步幅度居全国第一。

2. 护路保畅能力显著增强

"十一五"期间，全省高速公路处理违法建筑物、违法标志等案件2800起，路损理赔案件3万余起，结案率年均为98%，为国家挽回经济损失2亿余元；清障施救车辆9万台次；检测超限超载车辆20余万台次；圆满完成奥运会和残运会焰火等特殊护运、保畅任务30余次，北京奥组委授予湖南省高速公路管理局"2008年北京奥运会作出特殊贡献单位"。长常高速公路路政大队被交通运输部评选为"2010年度全国交通运输文明执法示范窗口"。

"十二五"期间，依法开展高速公路沿线广告专项整治和"平安公路"创建活动，共整治规范各种非法和不符合要求广告1000余处。处理违法建筑物、违法设置非公路标志等行为2108起。受理路损案件9.8余万起，结案率年均为98.05%，为国家路产挽回经济损失25134余万元。全省高速公路货运车辆超限超载率大幅下降，安全运营工作形势稳定。2016年推行路政执法车常态化上路巡查，执法车辆的上路率和在路率大幅提升。加快建立治超长效机制，13个省际超限检测站投入使用，全年查处超限违法1.5万余台次，超限超载率控制在0.3%以下，湖南治超经验在全国推广。推出"车辆救援服务卡"，确保救援标准及投诉渠道公开、透明、畅通，从源头杜绝清障施救任意收费行为。

3. 服务面貌持续向好

20世纪90年代起，在各高速公路开展文明窗口创建活动，对员工进行半军事管理，改进服务态度，提高服务质量。2000年开始，开展"文明路"创建和"青年文明岗建设"，涌现出一批文明集体和文明典型。"十一五"期间，对在建高速公路项目的服务区重新调整规划，优化设计方案；投资3.5亿元，对已经运营的服务区的道路、场地、绿化、便民设施、内部装饰等进行改造和精装修，服务区服务功能得到完善。

2015年，针对服务区管理专门制定服务区技术标准和管理规范，聘请第三方专业机构暗访检查，同时加大基础设施投入，全省高速公路服务区的环境面貌焕然一新。在交通运输部首次组织开展的全国高速公路服务区文明服务创建等级评定工作中，湖南花垣、长沙、九嶷山、珠山、鼎城等5对服务区被评为全国百佳示范服务区，另有18个服务区被评为全国优秀服务区。2016年，开始对全省高速公路服务区的监督管理和经营管理实行分级分片包干管理责任制，制订服务区管理办法、监管规定和主要通道服务区提质改造方案，推进服务区建设与运营管理提前对接，服务质量和服务水平明显提升。

4. 信息化建设全面推进

湖南高速公路建设初期就注重信息化建设，20世纪90年代，在临长、长潭、长张等高速公路路段引入计算机及监控设备。2000年以后，信息化建设在高速公路管理各个环节全面展开，逐步建成较为完整的信息化管理体系。

"十二五"期间,ETC用户从2013年10月不到1万户猛增到192万户,安装ETC车载装置(OPU)用户数量跃居到全国第3位,共建成781条ETC车道,实现主线收费站100%覆盖和省界收费站ETC车道两进两出。全省高速公路实行ETC"一卡通",并在全国联网运行。交通运输部党组书记、部长杨传堂专门批示给予肯定。2016年7月1日起,信息化一期工程投入为期6个月的试运行,初步建成高速公路信息化基础和数据支撑体系、公众出行信息服务体系、应急指挥调度体系等"三大体系"和"一个综合管理平台"。建立全国高速公路首家90.5交通广播、湖南高速通APP等多层次、新形式的高速公路出行信息发布系统,2017年3月1日起全面启用实际路径收费,手机移动支付项目建设稳步推进。湖南高速公路信息化程度显著增强,为实现进入全国第一方阵打下坚实基础。

5.应急管理实现制度化

湖南省境是自然灾害多发频发地区,为应对自然灾害,采取以下措施:制订了湖南省高速公路突发事件、险情应急清障救援、冰雪恶劣天气、水毁边坡等应急预案,全系统形成了局、处、站(队、所)三级应急预案体系;构建了全省高速公路路网监测和应急处置平台,实现与省政府应急指挥平台对接;建立起三级应急物资储备体系,实现应急管理常态化。"十二五"期间,全系统共组织各级各类应急演练213次,调用物资装备1万余套,参与演练人员达5万余人。成功战胜2011年初的特大冰雪灾害,高效处置2012年常吉高速公路"5·25"滑坡、2014年沪昆高速公路邵怀段"7·19"危化品爆炸等突发事故。

随着路网的形成和延伸,高速公路管理的内涵进一步深化,外延进一步拓展,既有力地推动了湖南经济社会发展,也使湖南高速公路通行费征收呈快速增长态势。"十五"期间通行收费共计104.09亿元,是"八五""九五"总和的7.5倍。"十一五"期间,全省高速公路收取通行费296.9亿元,是"十五"的2.85倍,年均增长率达18.06%。"十二五"全省高速公路征收通行费589.32亿元,是"十一五"的1.985倍,年均增长率16.19%。2016年,通行费收入172.84亿元,其中政府还贷高速公路100.34亿元、经营性高速公路72.50亿元。

四、文化创建　提升实力

湖南是一块厚植文化历史的热土。湖南高速公路文化因路而生,伴路而长,在起步、探索、凝练、提升中,不断得到发展、创新,它与潇湘渊源、时代精神相融合,使湖南高速公路的品位与软实力不断提升。"畅、洁、绿、美"等高速公路文化基本要义逐步得到建设者和社会大众的普遍认可,"吃得苦、霸得蛮、耐得烦""敢为人先、不甘人后"等湖湘文化元素也成为湖南高速公路文化的显著特征。

21世纪以来,随着公路修造技术提升,湖南高速公路文化建设进程加快,已开始注重将公路沿途的自然风光、风土人情、民俗文化、传统建筑等元素融入公路边坡、桥隧、服务区、收费站、互通等重要设施。打造全国一流的生态路、环保路、景观路,同时成为湖南高速公路的全新追求和独特标识。既可使人们在旅途中增加审美发现和文化感知,也赋予高速公路更多的文化内涵和人文色彩。

2011年,中共十七届六中全会作出了文化强国的战略部署,"向文化要效益要发展"成为湖南高速公路行业一项重要议题。为加强文化建设,充分发挥文化对湖南高速公路发展的提升作用,建立健全行业文化建设长效机制,湖南出台了《湖南省高速公路行业文化建设"十二五"(2011～2015)规划》,第一次从战略层面系统提出了湖南高速公路文化建设规划。在该规划的指导下,湖南高速公路文化建设着重在以下三个方面进行了加强和提升。

(1)抓文化产品生产。在"十二五"期间,湖南高速公路实施"五个一工程",加大了文化产品生产,推出了一批职工喜爱,思想性、艺术性和观赏性相统一的精品力作,全面增强湖南高速公路文化的吸引力和感召力。加大文化标志性事件的挖掘和宣传,如行业文化手册、高速公路文化研究等,增强了湖南高速公路文化的影响力和辐射效应。

(2)抓文化活动开展。开展创建文明行业、文明单位、文明窗口、文明工地、星级服务区等活动,以及学习俱乐部、读书会、书画摄影展等各种竞赛和交流活动,这些活动不但丰富了湖南高速公路干部职工的精神文化生活,提高了干部职工的身心素质,促进了各兄弟单位的文化交流与合作,也形成了被社会、群众所认同的行业品牌形象。

(3)抓文化平台建设。结合高速公路文化建设的实际,推进文化平台建设。一方面,加大高速公路网站、杂志、微博、人文景观、文化橱窗、职工文体活动中心的建设,让高速公路文化在内部畅流;另一方面,通过报纸、网络、电视等社会媒体,加大对高速公路文化的宣传,增强文化的辐射效应,形成联通上下、衔接内外的动态宣传交流平台,营造良好的文化环境。

同时,湖南高速公路行业紧跟时代步伐,广泛开展讲奉献、讲道德、"中国梦·我的梦""学雷锋"等系列活动,建立了长效化的工作机制,把社会主义核心价值观的要求融入全体职工的工作学习和生活之中。在系统上下的共同努力下,基本形成了以"建设塑造文明、养护展示文明、征费传播文明、路政管理规范文明、行风建设延伸文明、改革创新发展文明"为标志、区别于其他行业单位的"基因身份证"——湖南高速公路文化品牌,极大提升了行业软实力。

五、服务经济　助推发展

交通建设是国家的基础产业和经济发展的先行行业。高速公路作为一种现代化的公路运输通道在当今社会经济中正发挥着越来越重要的作用。湖南高速公路对拉动湖南经济投资增长、改善经济运行环境、提升现代工业、加快现代物流业发展、促进全域旅游兴盛、加速湖南城镇化进程、扶贫攻坚等方面均发挥了十分重要的作用。

(1)高速公路投资对湖南经济增长的乘数效应。高速公路的迅猛发展,对湖南经济增长产生了巨大拉动作用。据国家有关部门测算,高速公路建设投资乘数效应在3左右,即每增加100亿元投资,GDP增加300亿元。"十五"开始,湖南高速公路建设投资进入一个较快的增长期,"十五"投资476亿元,为前三个五年计划时期投资总和的2.7倍。"十一五"完成投资1536亿元,与"十五"同比增长311%。"十二五"湖南高速公路共完成投资2414.21亿元,拉动投资超7000亿元。如2011年湖南高速公路完成产值672.53亿元,占当年全省交通投资925亿元的72.7%和全省在建重点项目投资1499亿元的44.9%。

(2)高速公路改善了湖南经济运行环境。高速公路是形成"对外大联通、对内大循环"综合交通体系的重要组成部分。高速公路不仅改善了投资硬环境,而且促进了人们思想观念的变化,引发人流、物流、资金流、信息流等的集聚和扩散。高速公路的建设过程既是经济中心形成的过程,也是经济走廊的发展过程。伴随着高速公路建设的不断推进,湖南对外开放的广度和深度也大幅上升。特别是高速公路网络基本建成后,全省形成以高速公路为纽带的"半小时经济圈",进而打造"芙蓉国里尽朝晖"的区域发展新格局。

(3)高速公路大大提升了湖南工业水平。高速公路建设对工业发展,具有整合资源、降低成本、提高效益、促进产业转移和升级的巨大作用。特别是那些对汽车运输依赖性强、时限要求高的企业得到超常规的迅猛发展。高速公路建设带来高新技术产业的集聚发展,相应促进了工业布局的战略调整,带动了传统产业改造、经济结构优化和整个工业的提档升级。京珠、长常、潭邵等高速公路建成后,位于多条高速公路交汇处的长株潭城市群高新技术产业获得空前发展,电子信息、生物工程、工程机械、新材料等高新技术产业和新兴制造业,已日益发展成为其主导产业。

(4)高速公路促进了湖南现代物流业的发展。高速公路具有快速度、大负荷、远辐射、高效益的特点,极大便利了现代物流业的发展。湖南过去公路运输主要局限于短途运输,运输半径只有300km左右。现在高速公路开通后,公路运输半径提高到了800km以上,部分客货运班线已达2000km。"门到门"的优势大大缩短了产销地的时空距离,降低了商品交换的运输费用,有力推动了商贸物流业的发展。同时,高速公路还促进了运输结构的优化,使运输领域不断拓展,运力结构不断调整,运输站场(点)布局日趋合理,逐步形成开放、竞争、有序的湖南公路运输大市场。

(5)高速公路促进了湖南全域旅游的兴盛。高速公路将旅游资源优势转化为经济优势。随着县县通高速公路,旅游也从景点游变成全域游。高速公路把众多的山水自然风光和丰富的人文景观连通起来,编织成一条条独具特色的旅游精品线路,集吃、住、行、游、购、娱为一体,极大地方便了游客,促进了旅游业的发展和繁荣。湖南旅游依托高速公路打造湘江红色旅游带、大湘东红色旅游带、大湘西红色旅游带,助推湖南红色旅游国际化、品牌化、融合化发展。

(6)高速公路网络化加速了湖南城镇化进程。高速公路建设作为国土整治的重要内容,一经规划和修建,则成为调整区域经济结构特别是推动城镇建设发展的重要依托。高速公路建设的过程,实质上就成为推进城镇化的过程。高速公路建设从根本上改变了湖南的城镇体系格局,最终形成以长株潭都市区为龙头,以多个区域中心城市为依托,以众多小城市和小城镇为特色的、新的有机构成的"大中心城市+交通轴+葡萄串"的现代城镇网络体系。

(7)高速公路有效推动湖南省扶贫工作。湖南地区山地较多,"老少边"特征明显,过去这些地区由于交通不便而发展迟缓,湖南省贫困县市也大多处于这些地方。高速公路建设不仅带来快运,也带来新的思想和观念,带来新的农业技术,对农村发展市场经济、缩小城乡差距起到了关键性的带动和促进作用。因此,为了让这些地区早日脱贫致富,共享高速公路建设带来的福祉,湖南高速公路精准扶贫,在规划、政策、资金等方面予以支持和倾斜,加快推进贫困地区高速公路和连接线建设,使贫困地区老百姓尽早受益。

六、砥砺奋进　对接未来

党的十八大以来,以习近平同志为核心的党中央带领全党全军全国各族人民,总揽战略全局,把握发展大势,从"两个一百年"奋斗目标的提出到"中国梦"的引领,从"五位一体"总体布局到"四个全面"战略布局,从贯彻稳中求进工作总基调到把握经济发展新常态,从五大发展理念到坚持以推进供给侧结构性改革为主线,开创了中国特色社会主义伟大事业全新局面。交通运输部提出,着力推进现代综合交通运输体系建设,努力建设人民满意交通,为促进经济平稳健康发展和全面建成小康社会当好先行。中共湖南省委第十一次党代会提出了大力实施"创新引领、开放崛起"战略,着力建设经济强省、科教强省、文化强省、生态强省、开放强省,建设"富饶美丽幸福新湖南"的奋斗目标。"构建综合交通枢纽体系;加快构建内外联通、安全高效、节能环保的现代基础设施体系;完善"七纵七横"高速公路网,成为新任务新要求,湖南高速公路建设仍然任重道远,将继续在湖南交通基础设施建设担任主力军作用,为全面建成小康社会、加快建设富饶美丽幸福新湖南当好先行。

"十五"以前,湖南高速公路主要是以国家高速公路网及国家重点公路规划为指导,以贯通省境的国家高速公路为建设重点。"十一五"后期,在"7918"国高网全部建成或在建的基础上,结合省情,湖南启动了部分省级高速公路建设;"十二五"开始,则以省级高速公路建设为主。"十二五"实质是通车高峰期,湖南新增高速公路通车里程3279km,超过1990年至2010年的总和。通过十余年的高强度建设,湖南高速公路路网结构发生了质的变化,从各市州通高速公路的"一纵两横"主骨架,发展到基本实现各县通高速公路的"五纵六横"格局。

但是随着经济社会的快速发展,湖南高速公路网仍需进一步完善,管理服务水平仍有待进一步提高。主要表现在:规划的第四纵华容(湘鄂界)至常宁、第六纵呼和浩特至北海国家高速公路湖南段、第七纵龙山(湘鄂界)至通道(湘桂界)、第一横杭州至瑞丽国家高速公路湖南段、第三横平江(湘赣界)至安化、第四横浏阳洪口界(湘赣界)至芷江等通道没有全线拉通,造成车辆通行效率较低。东部地区特别是环长株潭城市群地区交通需求迅速增长,部分高速公路路段(如京港澳、沪昆、长沙至益阳高速公路)交通量日趋饱和,交通拥堵日趋严重。另外,随着外向型经济联系的不断加强和过境交通的日益增长,高速公路出省通道仍显不足。

"十三五"时期,湖南高速公路将按照省委、省政府和省交通运输厅的部署,围绕全面建成小康社会的奋斗目标,落实"四个全面"战略布局,坚持五大发展理念,以建设人民满意交通为总要求和总抓手,着力提升发展质量和安全保障水平,加快提升高速公路使用品质和服务能力建设,着力推进"综合交通、智慧交通、绿色交通、平安交通"发展,到2020年基本形成内联外通、安全便捷、畅通高效、绿色智能的现代高速公路运输体系。

坚持发展第一要务,基本形成湖南"六纵六横"高速公路骨架网。主要包括:续建"十二五"跨"十三五"项目17个,约1113km;"十三五"新开工建设项目27个,约1836km;新开工建设项目中,力争建成涟源龙塘至新化琅塘、安乡至慈利、长沙至益阳高速公路扩容工程、怀化至芷江、江背至干杉、祁东归阳至常宁蓬塘、靖州至黎平(湘黔界)、平江(湘赣界)至伍市、伍市至益阳、芷江至铜仁(湘黔界)、宁乡至韶山、白仓至新宁和城陵矶高速公路13个项目,约729km。完成出省通道、联网路、断头路建设和拥堵路段扩容提质工程。预计2020年,湖南高速公路通车里程突破7000km。

同时,湖南省高速公路将由建设为主进入到建管养并重新常态,实现由"量大"到"质优"转变,打造全国最安全和信息化程度最高的高速公路,推动运营管理水平进入全国第一方阵。

着力抓好养护管理工作,坚持推行管理新机制,不断提升"畅、洁、舒、美"的路域环境水平。抓好高速公路安全提升工程,确保使用安全可靠;加强交通安全设施的检查和维修工作,保持设施完好,增强运营安全可靠度。

加强路政管理,不断提升路政队伍素质和执法服务水平。继续完善车辆救援服务机制。进一步加大治超力度,总结完善惩罚性计重收费标准,加快推进治超监控网络建设和动态称重预检信息系统建设,推进治超工作科技化。加强安全与应急服务能力建设,加强路网应急保障体系建设。

加快服务区管理和服务区提质改造,以服务区"厕所革命"为抓手,彻底解决服务区公共区域管理体制机制问题,不断提升服务区的服务质量和服务功能,满足人民群众差异化、多样化、个性化的出行需求。继续推进收费站车道改扩建工程,基本解决收费站拥堵问题。

大力推进智慧高速建设。加快推进"互联网+高速公路",加快信息化工程建设,推进收费系统软件国产化,建设统一高效的公众出行信息服务平台,拓宽道路运行信息共享面及出行信息服务渠道。为出行服务、路网调度、应急指挥提供有力信息技术支持。

雄关漫道真如铁,而今迈步从头越。20多年来,湖南高速公路建设成果丰硕、特色显著,在湖南交通发展历史上已书写出浓墨重彩的一笔。面对新阶段、新形势、新任务,湖南交通人将以团结一心、昂扬奋进的精神面貌,履职尽责、砥砺有为的工作状态,总结经验,继续前进,续写辉煌,共同开启向着中华民族伟大复兴的中国梦奋勇前进的新征程。

第一章
路 网 规 划

　　湖南省交通规划工作始于1956年。1985年以前,省境交通规划归省交通厅计划部门统筹安排,一般先由行业单位提供资料,再由省交通规划勘察设计院汇总平衡,编制规划报告。1985年元月,省交通厅成立湖南省交通厅规划办公室,挂靠省交通规划勘察设计院,负责全省交通建设规划和全省交通建设预可、工可研究以及厅交办的有关规划和其他前期工作任务。1991年,规划办公室独立设置,直属省交通厅领导。1995年因交通建设项目环保工作需要,又成立了省交通厅环境保护办公室,与规划办两办合一、一门两牌,共同管理。

　　湖南省交通规划部门在国家高速公路规划的主导下,结合湖南省的实际情况,按照省委、省政府、省厅的指示,各行业部门通力协作,先后编制《湖南省公路网规划(1991—2020年)》《湖南省高速公路网规划》和《湖南省高速公路网规划(修编)》三个高速公路规划。

　　根据交通部1988年6月颁发的《水运、公路建设项目可行性研究报告编制办法》,可行性研究分为预可行性研究和工程可行性研究两个阶段。预可行性研究阶段以交通战略规划及中长期发展规划为依据,其研究深度大体相当于国外的机会可行性研究;工程可行性研究阶段以批准的项目建设书为依据,通过必要的测量和工程勘探,进行充分调查研究,对不同建设方案从经济上、技术上进行综合论证,提出最佳方案。

　　2003年9月施行的《中华人民共和国环境影响评价法》规定,对重大工程建设项目要依法进行环境影响评价。2006年8月,《湖南省高速公路网规划》正式颁布。为预测和评价公路网建设可能造成的重大环境影响,优化湖南省公路网等级设置及空间布局,省交通厅委托交通部公路科学研究所编制了《湖南省高速公路网规划环境影响报告书》。该环境影响报告书探索性地提出以"红区"和"黄区"分别对环境敏感区域加以界定,并提出了针对"红区"和"黄区"优先避让的预防保护原则,对高速公路网布局具有指导作用。这是省境高速公路建设第一次开展规划环评工作,标志着湖南省交通规划环评走向制度化和规范化。

第一节　湖南省公路网规划(1991—2020年)

　　湖南省公路网规划(1991—2020年)根据湖南公路发展的实际,贯彻交通部"三主一支持"的规划思想,服从湖南"放开南北两口,拓宽三条通道,建设'五区一廊',加速西线开发"的发展战略,对推动省境公路建设发展起到了重要的指导作用。

一、规划背景

交通部在总结公路建设前期工作经验的基础上,吸取国内外公路网规划的有益经验和科学理论,并结合我国近年公路发展中的实际问题,于1990年4月发布《公路网规划编制办法》。1991年,交通部印发《关于编制1991年至2020年全国公路网规划的通知》(〔91〕交计字707号),部署全国各省、区、市开展30年公路网规划。

二、规划编制过程

在省委、省政府的高度重视下,湖南省交通厅按照交通部的统一部署,组织力量经过3年多的努力,于1994年11月编制完成《湖南省公路网规划(1991—2020年)》。1994年12月,湖南省交通厅主持召开评审会,会议一致同意规划通过评审。

三、规划原则

规划原则如下:

(1)贯彻国家提出的"以发展综合运输体系为主轴的交通业"的方针和交通部提出的交通运输"三主一支持"的长远规划设想。

(2)贯彻湖南省对外开放总格局精神,即"放开南北两口,拓宽三条通道,建设'五区一廊',加速西线开发"。

(3)供需均衡原则。规划远期的最终目标必须实现公路运输的总供给适应于社会经济发展对公路交通的总需求,有力地提高公路服务水平,在干线网上实现高速、高效运输。近期规划遵循以满足需要与可能、量力而行的原则。

(4)分层规划的原则。

(5)突出重点、系统优化的原则。

(6)统筹规划、远近结合的原则。

四、主要内容

1. 规划层次

第一层次:"五纵五横"主骨架公路网。由境内全部国道主干线(一纵:北京—珠海;两横:上海—瑞丽,衡阳—昆明)、国道和主要省道组成,是沟通本省14个地市州和出境主通道的公路骨架系统。

一纵106国道;二纵京珠国道主干线;三纵107国道;四纵207国道;五纵209国道;

第一章 路网规划

一横临湘、岳阳、常德至永顺,包括1804、1801等省道;二横319国道;三横上瑞国道主干线;四横茶陵、衡阳至永州,包括1856、1817省道及衡昆国道主干线;五横桂东、郴州至道县,包括1858、1806和1863等省道。总里程5738km,其中高速公路733km,一级汽车专用公路1361km,二级汽车专用公路814km,二级公路2750km,三级公路38km,四级公路42km。

第二层次:干线公路网(含主骨架公路网)。包括境内全部国道主干线、国道和省道。总里程14455km,其中高速公路913km,一级汽车专用公路1711km,二级汽车专用公路2330km,二级公路7149km,三级公路2090km,四级公路262km。

第三层次:县、乡道网,总里程62000km。

2. 规划目标

(1)主骨架网络高速、高效连通全部地市州。主骨架网平均技术等级接近"一专公路"水平,其中高速公路联通长沙、湘潭、株洲、衡阳、岳阳、常德、郴州、益阳等;娄底、零陵以一级汽车专用公路连通;怀化、张家界以二级汽车专用以上公路连通;湘西自治州首府吉首市以二级以上公路连通。

(2)干线公路网连通现有各县(市)。干线网平均技术等级达到"二级汽车专用公路"水平,连通了全省现有各县(市),其中高速公路连通的市、县有临湘、岳阳、汨罗、长沙、湘潭、株洲、衡山、衡东、衡南、耒阳、永兴、郴县、宜章、宁乡、益阳、常德等,一级汽车专用公路连通的市、县有津市、澧县、临澧、沅江、桃江、望城、浏阳、醴陵、攸县、湘乡、双峰、邵东、隆回、洞口、芷江、祁东、祁阳、桂阳、嘉禾、常宁、涟源、冷水江、新化等。

(3)县、乡道网连通所有乡镇及93%行政村,平均技术等级超过四级公路标准。

3. 实施方案

到2000年,全省公路通车里程达到61681km。其中:高速公路216km(京珠国道主干线长沙—耒阳段),一级汽车专用公路254km,二级汽车专用公路99km,二级公路2364km,三级公路6837km,四级公路25423km,等外公路26488km。

到2010年,全省公路通车里程达到67969km。其中:高速公路529km(京珠国道主干线湖南段),一级汽车专用公路608km,二级汽车专用公路2157km,二级公路6920km,三级公路10967km,四级公路31413km,等外公路15375km。

到2020年,全省公路通车里程达到76455km,其中:高速公路913km(京珠国道主干线湖南段,永安—长沙—常德、雷锋—湘潭—衡阳),一级汽车专用公路1711km,二级汽车专用公路2330km,二级公路10649km,三级公路14610km,四级公路40062km,等外公路6180km。湖南省公路网规划主要技术指标参见表1-1-1。

湖南省公路网规划主要技术指标（里程单位：km）　　　　　表1-1-1

项　目	基　年 里程	基　年 V/C	2000年 里程	2000年 V/C	2010年 里程	2010年 V/C	2020年 里程	2020年 V/C
一、全省公路网	58110		61681		67969		76455	
1.行政等级								
国道（含国道主干线）	4047		4256		5420		5420	
省道	6007		6225		7049		9035	
县道	21752		23200		25400		28000	
乡道（含专用路）	26304		28000		30100		34000	
2.技术等级								
高速公路	0		216		529		913	
一级汽车专用公路	21		254		608		1711	
二级汽车专用公路	74		99		2157		2330	
二级公路	1315		2364		6920		10649	
三级公路	4359		6837		10967		14610	
四级公路	22569		25423		31413		40062	
等外公路	29772		26488		15375		6180	
3.投资估算（亿元，1990年价）			243.03（10年）		396.02（10年）		505.83（10年）	
4.投资估算占同期全省生产总值的比例（%）			1.95		1.24		0.73	
二、全省主骨架公路网	5398	1.837	5497	2.37	5738	0.9	5738	0.91
1.当量里程（折算三级路）	5408		9555		21392		27443	
2.面积密度（km/100km²）	1.87		2.43		3.07		3.07	
3.当量里程面积密度（当量里程/100km²）	2.01		4.71		10.11		13.95	
4.人口密度（km/万人）	0.87		0.81		0.81		0.79	
5.当量里程人口密度（当量里程/万人）	0.87		1.45		4.42		3.78	

续上表

项 目	基 年		2000年		2010年		2020年	
	里程	V/C	里程	V/C	里程	V/C	里程	V/C
6. 总流强(万车公里/日)	1514		2530		4492.8		6132.8	
7. 总通行能力(万车公里/日)	851.7		1996.2		4282.2		5908.9	
8. 投资估算(亿元,1990年价)			112.37 (10年)		160.03 (10年)		158.79 (10年)	
9. 投资估算占同期全省生产总值的比例(%)			0.9		0.5		0.23	

注：V/C-路网拥挤度。

第二节　湖南省高速公路网规划

随着经济社会的快速发展，高速公路的作用日益凸显。根据《国家高速公路网规划》，湖南编制了实现省境90%以上县城可在半小时内上高速、长沙到所有相邻省会城市可一日到达的"五纵七横"高速公路网规划，构筑密度适当、高效便捷的高速公路网络。

一、规划背景

2004年12月17日，交通部编制的《国家高速公路网规划》经国务院审议通过，标志着中国高速公路发展进入了新的历史阶段。国家高速公路网在湖南境内的布局为"一射二纵四横一联线"，总规模约3500km（一射：北京—港澳；二纵：二连浩特—广州，包头—茂名；四横：杭州—瑞丽，上海—昆明，泉州—南宁，厦门—成都，一联线：长沙—常德—张家界）。

2005年，湖南高速通车里程达到1403km，实现了历史性跨越。高速公路的快速发展，大大提高了湖南省公路网的整体技术水平，优化了交通运输结构，对缓解交通运输的"瓶颈"制约发挥了重要作用，有力地促进了湖南省经济发展和社会进步。由于湖南经济总量和民用汽车保有量都处于快速增长时期，运输需求还有很大的增长空间，交通紧张状况的缓解只是相对于当时较低的社会经济发展水平和运输水平而言，是不全面的、不稳定的。

从省级层面看，在国家高速公路网规划布局的基础上进行深化、补充和完善，及时制定省级高速公路网规划是非常必要的。

二、规划编制过程

根据交通部《关于印发省(自治区、直辖市)高速公路规划指导意见的通知》(交规划发〔2005〕41号)的要求,由湖南省交通厅规划办公室牵头,组织湖南省交通科学研究院、长沙理工大学、湖南省交通规划勘察设计院以及交通部公路科学研究所联合成立规划编制组,承担《湖南省高速公路网规划》的编制工作。

规划研究工作从2004年底开始,在广泛调研和分析论证的基础上,于2005年2月提交了《湖南省高速公路网规划(草案)》,在2005年全省交通工作会议上广泛征求意见。为了提高规划的科学性和合理性,编制组进一步加强了与周边省份对高速公路规划的衔接与沟通,对路线布局方案进行深化论证,于2005年9月完成了《湖南省高速公路网规划》送审稿。

2005年9月29日,省发改委、省交通厅联合组织了《湖南省高速公路网规划》(送审稿)评审会。根据会议审查意见,编制组再次对规划报告进行了修改、补充和完善,最终形成《湖南省高速公路网规划》报批稿。

2006年8月,《湖南省高速公路网规划》经省人民政府批准实施。

三、规划范围与期限

1. 规划范围

地域范围为湖南省所辖的14个市(州)。路线范围为湖南省内所有高速公路。

2. 规划期限

规划期限为2006—2030年。规划分为三个阶段:近期2006—2010年;中期2011—2020年;远期2021—2030年。

四、主要内容

1. 功能定位

湖南省高速公路网是省境公路网中层次最高、运输能力最强的公路主骨架,是国家高速公路网和全省综合运输体系的重要组成部分,它连接了省内大中城市、区域经济中心、交通枢纽及著名的旅游城市,承担着区域间、省际以及大中城市间的中长距离客货运输,是省境连接周边省份、加强对外联系的跨省高效公路运输大通道。它将为省境社会生产和人民群众生活提供安全、舒适、高效、可持续的运输服务,并为应对战争、自然灾害等突发性事件提供快速交通保障。

2. 规划目标

湖南省高速公路网布局规划目标是:形成横穿东西、纵贯南北、覆盖全省、连接周边、密度适当、高效便捷的高速公路网络。具体目标为：

（1）连接省会长沙和其他 13 个市（州），构筑省会长沙对外辐射的高速通道，实现省会长沙到其他 13 个市（州）可当日往返，基本实现相邻市（州）间以高速公路直接联通。

（2）连接周边省份，形成省际高速公路通道，实现省会长沙到所有相邻省份的省会城市可一日到达。

（3）连接省内重要公路、铁路、主要港口及机场等交通枢纽，形成高速集疏运公路网络，构筑湖南省完善的现代综合运输体系。

（4）连接省内著名旅游城市，为湖南省的旅游发展提供便捷、安全、舒适的交通运输保障。

（5）形成覆盖全省、快速畅通的高速公路网络，实现全省 90% 以上县城（县级市、市辖区）可在 30 分钟内上高速公路。

3. 路网布局

湖南省高速公路网组成路线按照纵横网络的形式进行布局，由 5 条南北纵线、7 条东西横线构成"五纵七横"高速公路网，总规模为 5615km，其中纵向主线 2530km，横向主线 2705km，其他高速公路 380km。

4. 实施方案

（1）近期（2006—2010 年）。建设总规模 2623km，总投资 1010 亿元，新增里程 2184km，2010 年底高速公路通车总里程达到 3587km。

（2）中期（2011—2020 年）。建设总规模 1402km，总投资 574 亿元，新增里程 1402km，2020 年底高速公路通车总里程达到 4989km。

（3）远期（2021—2030 年）。建设总规模 626km，总投资 350 亿元，新增里程 626km，2030 年底高速公路通车总里程达到 5615km。湖南省高速公路网规划布局方案见表 1-2-1。湖南省"五纵七横"高速公路网规划如图 1-2-1 所示。

湖南省高速公路网规划布局方案   表 1-2-1

序号	路 线 名 称	里程（km）	主 要 控 制 点
	总计	5615	
一	纵线	2530	扣除重复里程 24km
一纵	岳阳（湘鄂界）至汝城（湘粤界）	523	（随州）、岳阳、平江、浏阳、醴陵、攸县、茶陵、炎陵、桂东、汝城、（深圳）
二纵	北京至港澳国家高速公路湖南段	532	（武汉）、临湘、岳阳、长沙、湘潭、衡阳、常宁、耒阳、郴州、宜章、（广州）

续上表

序号	路线名称	里程(km)	主要控制点
三纵	岳阳(湘鄂界)至临武(湘粤界)(京港澳复线)	505	(武汉)、岳阳、汨罗、长沙、湘潭、衡阳、桂阳、临武、(广州)
四纵	二连浩特至广州国家高速公路湖南段	613	(荆州)、澧县、常德、涟源、邵阳、永州、宁远、蓝山、(连州)
五纵	包头至茂名国家高速公路湖南段	381	(重庆)、花垣、吉首、凤凰、怀化、靖州、通道、(桂林)
二	横线	2705	扣除重复里程54km
一横	杭州至瑞丽国家高速公路湖南段	532	(赤壁)、岳阳、安乡、常德、沅陵、吉首、凤凰
二横	浏阳(湘赣界)至花垣(湘渝界)	659	(铜鼓)、浏阳、长沙、益阳、常德、慈利、张家界、永顺、花垣、(重庆)
三横	娄底至怀化	245	娄底、涟源、新化、溆浦、怀化
四横	上海至昆明国家高速公路湖南段	553	(萍乡)、醴陵、株洲、湘潭、湘乡、邵阳、洞口、怀化、芷江、新晃、(贵阳)
五横	衡阳(大浦)至邵阳	159	衡阳、邵东、邵阳
六横	泉州至南宁国家高速公路湖南段	308	(吉安)、茶陵、衡东、衡阳、永州、(桂林)
七横	厦门至成都国家高速公路湖南段	303	(赣州)、汝城、郴州、桂阳、嘉禾、宁远、道县、(桂林)
三	其他高速公路	380	扣除重复里程35km
1	株洲至易家湾	23	株洲、湘潭
2	长沙绕城高速	78	长沙
3	长沙机场高速	17	长沙、黄花机场
4	长沙至株洲	37	长沙、株洲
5	潭邵高速公路韶山互通至韶山	11	韶山
6	浏阳至洪口界(湘赣界)	35	浏阳
7	衡阳至南岳(大源渡)	54	衡阳、南岳
8	益阳南绕城高速	40	益阳
9	宜章至凤头岭(湘粤界)	48	宜章
10	炎陵至睦村(湘赣界)	16	炎陵
11	道县至永济亭(湘桂界)	56	道县

第一章
路网规划

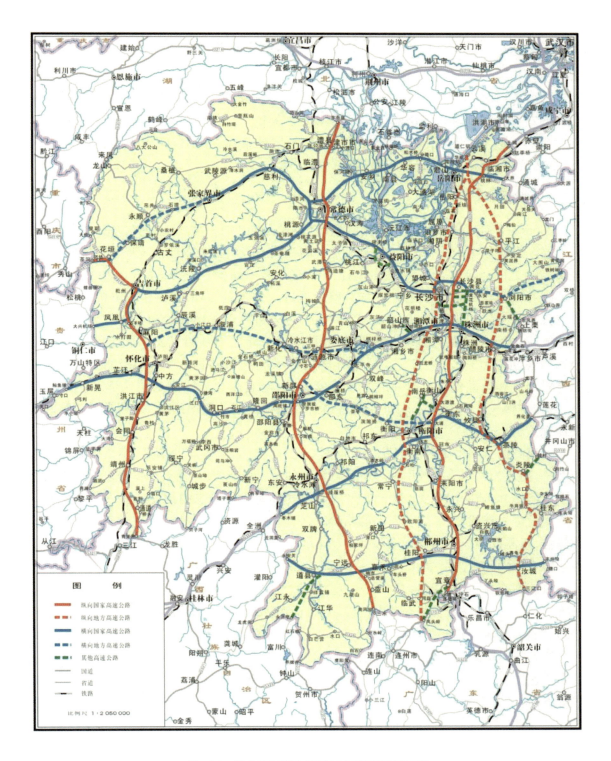

图 1-2-1　湖南省"五纵七横"高速公路网规划示意图

第三节　湖南省高速公路网规划（修编）

《湖南高速公路网规划》实施后,随着高速公路建设进入快车道,原规划适应不了新形势的发展需要。为此,湖南及时编制了以"七纵七横"为核心的《湖南省高速公路网规划(修编)》,以建立与经济社会发展相适应,与城镇布局、产业布局相协调,形成功能明确、结构合理、布局完善、服务高效的高速公路网络。

一、规划背景

2006年8月,《湖南省高速公路网规划》经省人民政府批准实施,规划布局方案为"五纵七横",总规模为5615km。该规划根据当时湖南省经济社会发展情况提出,只能实现部分市(州)之间直接连通,没有覆盖全省,出省通道数量偏少。

随着社会经济的快速发展,高速公路发展进入快车道,湖南省抓住历史机遇,实现了高速公路大发展。截至2009年底,《湖南省高速公路网规划》中的5615km规划里程已全部建成或在建,规划的提前实施导致湖南省高速公路已无项目储备。同时,根据《国家公路网规划(2013—2030年)》,湖南省境内国家高速公路由3561km调整为5333km,原有省级高速公路绝大部分路线进入国家路网,既有高速公路网的层次体系基本被打破,亟需按照国家的相关要求重新审视全省高速公路网的层次结构,完善全省公路网规划体系。

湖南高速公路发展环境也发生了较大变化:一方面,全省产业布局、城镇体系面临重大调整,高速公路作为支撑引领经济社会发展的重要战略资源,需要根据经济社会发展进行适当调整,以适应优化生产力布局和完善城镇体系空间形态的需要;另一方面,各种运输方式已进入集约化、一体化发展的新阶段,为进一步发挥综合交通运输的组合效率和整体优势,急需按照综合交通运输和多式联运的要求,重新审视高速公路与铁路、民航、水运等运输方式的配置与衔接。

虽然湖南省高速公路建设在"十一五"期间取得了跨越式发展,但总体水平与湖南省经济社会发展需求相比,仍有一定的差距。特别是2008年发生特大冰冻灾害期间,主要通道交通拥堵,路网效率偏低、可靠性及保障能力不足等问题十分突出,交通"瓶颈"制约仍未得到根本缓解。为此,启动《湖南省高速公路网规划(修编)》工作,对适应湖南经济社会快速发展、完善综合交通运输体系、合理配置交通资源、提高高速公路建设决策科学性等方面,均有十分重要而深远的意义。

二、规划过程

2009年2月,省交通运输厅向各市(州)下发征求高速公路网规划(修编)意见的通知。2009年5月,各市(州)将反馈意见上报省交通运输厅。在充分调研和分析论证的基础上,2009年9月形成《湖南省高速公路网规划(修编)》(送审稿),2010年10月形成《湖南省高速公路网规划(修编)》(报批稿)。

2011年7月,省交通运输厅将《湖南省高速公路网规划(修编)》(报批稿)报送省人民政府。8月,省直相关部门负责人召开专题会议研究讨论规划,根据会议讨论情况及省直相关部门的书面意见,对规划报告再次进行了修改。2012年12月,省发改委组织专家对《湖南省高速公路网规划(修编)》进行了审查。

2013年6月,省交通运输厅依据《国家公路网规划(2013—2030年)》在湖南的布局,又对高速公路网规划(修编)路线走向进行了认真深入研究和优化完善。同年12月,省政府召开专题会议,研究全省高速公路网规划(修编)有关问题。同时,根据张剑飞副省长要求,省交通运输厅邀请交通运输部规划研究院对规划(修编)进行深化论证。根据会议要求和交通运输部规划研究院深化论证报告对规划(修编)文本再次进行修改,于2014年4月形成《湖南省高速公路网规划(修编)》(报批稿)。

2014年6月4日,省政府第28次常务会议原则通过《湖南省高速公路网规划(修编)》(报批稿)。同年7月15日,省委常委会第22次会议原则通过《湖南省高速公路网规划(修编)》(审定稿)。11月,《湖南省高速公路网规划(修编)》经省人民政府批准实施。

三、规划范围与期限

1. 规划范围

地域范围为湖南省所辖的14个市(州)。路线范围为湖南省内所有高速公路。

2. 规划期限

规划期限为2006—2030年。规划分为三个阶段:近期2006—2010年;中期2011—2020年;远期2021—2030年。

四、主要内容

1. 规划(修编)目标

湖南省高速公路网规划(修编)目标是建立与经济社会发展相适应,与城镇布局、产业布局相协调,形成功能明确、结构合理、布局完善、服务高效的高速公路网络,适应全面建成小康社会和社会主义现代化建设的需要。规划期内具体目标为:

(1)强化与周边省份的经济联系,增加出省高速公路通道,实现省会长沙到周边省份省会城市可一日内到达。

（2）实现省会长沙至其他13个市（州）用高速公路连接，形成以长沙为中心覆盖全省其他13个市（州）的四小时交通圈。

（3）实现相邻市（州）间均有高速公路直接连通。

（4）实现全省均可在30min内便捷上高速公路，促进县域经济发展，推进城镇化进程。

（5）实现高速公路连接省内重要公路、铁路、内河港口和机场等交通枢纽，满足现代物流发展需要，形成便捷的公路集疏运网络，构筑完善的现代综合交通运输体系。

（6）实现高速公路连接省内重要旅游景区，促进旅游业发展。

（7）重要节点之间多通道连接，重要通道形成平行替代路线，实现重要城市周边和通道之间顺畅衔接和转换，路网效率、可靠性和保障能力明显提高。

2.规划（修编）布局

湖南省高速公路网布局可以归纳为"七纵七横"，总规模约8622km。其中，纵向主线约3614km，横向主线约2964km，其他高速公路约2044km。按行政等级分，国家高速公路5333km，省级高速公路3289km。

3.规划（修编）实施方案

（1）近期（2014—2015年）。续建1300km，新开工1006km，总投资794亿元，2015年底全省高速公路通车总里程达到6000km。

（2）中期（2016—2020年）。续建1393km，新开工698km，总投资970亿元，2020年底全省高速公路通车总里程达到7000km以上。

（3）远期（2021—2030年）。续建1026km，新开工534km，总投资826亿元，规划内高速公路全部建成。

湖南省高速公路网规划（修编）布局方案见表1-3-1；湖南省高速公路网规划（修编）如图1-3-1所示。

湖南省高速公路网规划（修编）布局方案　　　　表1-3-1

序号	路 线 名 称	里程（km）	主 要 控 制 点
	总计	8622	
一	纵线	3614	
一纵	武汉至深圳国家高速公路湖南段	480	（通城）、平江、浏阳、醴陵、攸县、茶陵、炎陵、桂东、汝城、（仁化）
二纵	北京至港澳国家高速公路湖南段	532	（武汉）、临湘、岳阳、长沙、湘潭、衡阳、常宁、耒阳、郴州、宜章、（广州）
三纵	许昌至广州国家高速公路湖南段	543	（武汉）、岳阳、汨罗、湘阴、长沙、湘潭、衡阳、桂阳、临武、（广州）

第一章 路网规划

续上表

序号	路线名称	里程(km)	主要控制点
四纵	华容(湘鄂界)至常宁高速公路	420	(石首)、华容、南县、沅江、益阳、娄底、双峰、祁东、常宁
五纵	二连浩特至广州国家高速公路湖南段	594	(荆州)、澧县、常德、涟源、邵阳、永州、宁远、蓝山、(连州)
六纵	呼和浩特至北海国家高速公路湖南段	554	(宜昌)、慈利、张家界、安化、新化、隆回、武冈、新宁、(资源)
七纵	龙山(湘鄂界)至通道(湘桂界)高速公路	491	(来凤)、龙山、永顺、古丈、吉首、凤凰、怀化、靖州、通道、(桂林)
二	横线	2964	扣除共线里程256km
一横	杭州至瑞丽国家高速公路湖南段	479	(通城)、岳阳、安乡、常德、沅陵、吉首、凤凰、(大兴)
二横	浏阳铁树坳(湘赣界)至花垣(湘渝界)高速公路	560	(铜鼓)、浏阳、长沙、益阳、常德、慈利、张家界、永顺、花垣、(重庆)
三横	平江(湘赣界)至安化高速公路	301	(修水)、平江、湘阴、益阳、桃江、安化
四横	浏阳洪口界(湘赣界)至芷江高速公路	489	(萍乡)、浏阳、长沙、韶山、娄底、溆浦、怀化、芷江
五横	上海至昆明国家高速公路湖南段	532	(萍乡)、醴陵、株洲、湘潭、湘乡、邵阳、洞口、怀化、芷江、新晃、(贵阳)
六横	泉州至南宁国家高速公路湖南段	295	(莲花)、茶陵、衡东、衡阳、永州、(桂林)
七横	厦门至成都国家高速公路湖南段	308	(赣州)、汝城、郴州、桂阳、嘉禾、宁远、道县、(桂林)
三	其他高速	2044	
1	城陵矶高速公路	6	岳阳
2	京港澳高速公路新开联络线	3	岳阳
3	安乡至慈利高速公路	121	安乡、津市、澧县、石门、慈利
4	张家界至龙山高速公路	116	张家界、桑植、龙山
5	G5513长沙至益阳高速公路扩容工程	47	长沙、益阳
6	长沙绕城高速公路(部分路段)	13	长沙
7	长沙机场高速公路	18	长沙、黄花机场

续上表

序号	路线名称	里程(km)	主要控制点
8	长沙江背至干杉高速公路	20	长沙
9	长沙至株洲高速公路(部分路段)	23	长沙、株洲
10	长沙至湘潭西线高速公路	28	长沙、湘潭
11	株洲至易家湾高速公路	21	株洲、易家湾
12	莲花冲(湘赣界)至株洲公路改建工程	30	醴陵、株洲
13	宁乡至韶山高速公路	43	宁乡、韶山
14	韶山高速公路	13	韶山
15	G60醴陵(湘赣界)至娄底高速公路扩容工程	155	醴陵、湘潭、湘乡、娄底
16	沅陵至辰溪高速公路	52	沅陵、泸溪、辰溪
17	吉首至茶洞(湘渝界)高速公路(部分路段)	47	吉首、花垣
18	怀化绕城高速公路	24	怀化
19	怀化(芷江)至铜仁(湘黔界)高速公路	32	芷江
20	邵阳至坪上高速公路	34	邵阳
21	娄底至新化高速公路	96	娄底、涟源、新化
22	白果至南岳高速公路	33	南岳
23	南岳高速公路	52	衡阳、南岳
24	南岳高速公路东延线	13	衡东
25	衡阳(大浦)至邵阳	155	衡阳、邵阳
26	茶陵至常宁高速公路(部分路段)	115	茶陵、安仁、耒阳、常宁
27	睦村(湘赣界)至炎陵高速公路	31	炎陵
28	衡阳至永州高速公路	162	衡阳、祁东、祁阳、零陵
29	永州至新宁高速公路	84	永州、东安、新宁
30	白仓至新宁高速公路	83	邵阳、新宁
31	洞口至新宁(湘桂界)高速公路(部分路段)	54	洞口、武冈
32	武冈至靖州(城步)高速公路	83	绥宁、靖州、城步
33	城步至贝子河(湘桂界)高速公路	46	城步
34	靖州至黎平(湘黔界)高速公路	52	靖州
35	桂阳至临武高速公路(部分路段)	6	临武
36	宜章黄沙至莽山(湘粤界)高速公路	33	宜章
37	宜章至凤头岭(湘粤界)高速公路	49	宜章
38	道县至永济亭(湘桂界)高速公路	51	道县、江永

第一章
路网规划

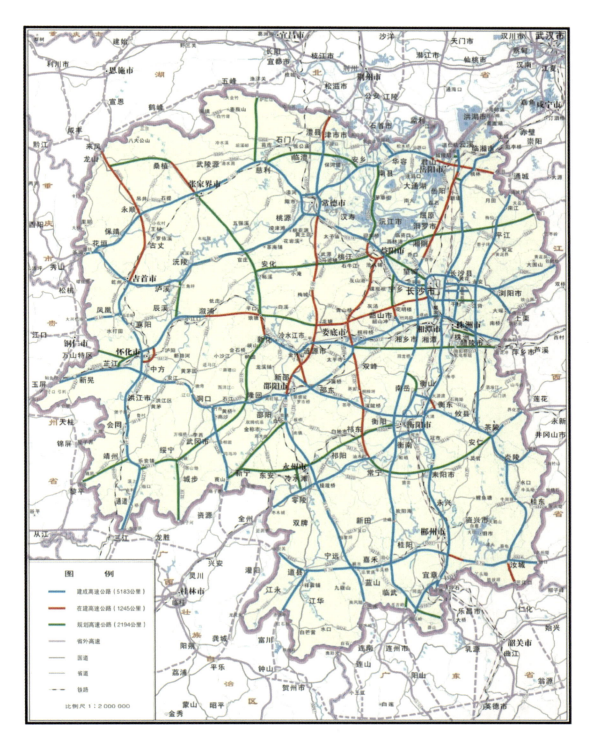

图 1-3-1　湖南省高速公路网规划（修编）示意图（2014 年 11 月）

第二章
勘 察 设 计

改革开放以来,尤其高速公路建设大规模启动以后,湖南公路勘察设计单位抓住交通基础设施建设跨越式发展的机遇,在勘察设计理念、设计技术上开拓创新、勇于实践,在壮大自身实力的同时,取得了许多优秀的勘察设计成果。其中,临(湘)长(沙)高速公路、常(德)张(家界)高速公路、湘西矮寨大桥、雪峰山隧道等项目成果达到国内领先水平,部分成果跻身国际先进水平。

湖南省境交通勘测设计院所主要包括湖南省交通规划勘察设计院、湖南省交通科学科研院、湖南华罡规划设计研究院等。其中,湖南省交通规划勘察设计院是交通勘测设计的主力军,承担了省境大部分交通重点建设项目的勘测设计任务。从早期莲易、长永、长益等一级汽车专用公路建设开始,就着手培养和储备人才,创新勘察设计理念,研发、引进先进技术,建立健全勘察设计质量保证体系,为大规模参与建设高速公路建设打下了良好的基础。

第一节　勘察设计技术

高速公路是一个国家现代化的重要标志。经过20余年的建设,我国公路交通发生了根本性的变化,取得了令世人瞩目的巨大成就。与此同时,公路建设技术也从道路单一的工程修筑向绿色、低碳、人车路和谐的公路建设技术和数字化、智能化技术方向升级。

1996年8月20日,长沙至永安高速公路全线建成通车,实现了湖南高速公路"零"的突破。截至2016年底,湖南高速公路通车总里程6078km,全国排名第六,基本建成"五纵六横"高速公路网,高速公路勘察设计技术也取得了一系列突破性的成就。

一、红砂岩地带路基修筑技术

1. 项目简介

红砂岩地带路基修筑技术是交通部"九五"行业联合攻关项目。红砂岩因矿物成分和胶结物质的差异而强度变化大,不宜作为高速公路路基。按国内外常规方法,需要换填土,但存在弃土、取土场地困难,工程造价高,工期长,破坏生态环境等问题。该项目通过对红砂岩路用性能的仔细研究,找出了红砂岩路基病害发生的主要原因及其根治的有效措施,并制定出了一系列的施工工艺及相应的技术规程和验收标准。

2. 主要创新

(1)通过研究红砂岩的路用性能,找出了红砂岩路基病害的主要原因,首次提出以崩解特性指标对红砂岩进行工程分类的方法,制定一系列有关红砂岩分类及其力学性能指标测定的室内外试验方法。

(2)在大型模拟试验路堤和现场试验路段研究的基础上,深入分析了红砂岩的填筑机理,确定了以"预崩解—耙压—压实"程序为核心的施工工艺,首次制定了《红砂岩地带路基施工技术规程及验收标准》(建议稿),规范了红砂岩路基施工技术。

(3)结合施工工艺,对红砂岩路基沉降预估模型,路基强度和压实度的快速测试等进行了一系列创新的试验研究。

(4)成功解决了高速公路红砂岩的工程应用,为湖南省红砂岩地区高速公路建设节约了大量资金,社会、经济效益显著。

3. 推广应用

该项技术成功应用于京珠高速公路湘潭至耒阳路段,减少工程投资约4.7亿元,少占农田近13000亩,少砍伐森林2518亩。此外,衡枣高速公路等项目也应用了该项成果。

二、膨胀土地区公路建设成套技术

1. 项目简介

膨胀土地区公路建设成套技术是交通部重大科技项目组织联合攻关项目,通过自主创新和集成创新,在公路膨胀土边坡的滑坍治理、膨胀土弃方的合理利用、膨胀土的判别分类、构造物地基基础设计及环境保护等关键技术方面取得了重大突破,首次开发了以"一个平台、两个理论、四项技术、五种方法"为核心,集理论、方法及勘察、设计、施工技术于一体的膨胀土地区公路建设成套技术。

2. 主要创新

(1)突破国内外边坡支护的传统技术,创造性地提出"以柔治胀"的新理念,采用柔性挡墙的支挡方法,同时自主研发了具有变形消能特性的膨胀土边坡柔性支护综合处治这一全新技术,确保了边坡全天候的稳定性,攻克了膨胀土边坡屡治屡滑的技术难题。

(2)突破未经改良的膨胀土不能直接用作路堤填料的禁区,提出了控制路堤湿度状态的稳定含水率理论,奠定了膨胀土直接填筑路堤的理论基础,开发了具有"保湿防渗"功能的路堤物理处治技术,攻克了膨胀土合理利用的技术难题。

(3)首次提出了膨胀土地区公路勘察设计系列技术,建立了以微观特性为基础、工程特性为指标的公路膨胀土判别分类标准、方法及工程分类体系,开发了我国第一个公路工程膨胀土分布地理信息系统。

（4）建立了基于非饱和土理论的膨胀土与构造物地基基础相互作用的分析理论、计算方法,开发了一种新的膨胀土地基处治技术,发展了公路膨胀土工程理论。

该技术被分别纳入4部行业规范,填补了相关技术标准的空白,出版专著3部,发表论文213篇,其中SCI和EI收录46篇,培养科技人才150余名,建设了"教育部道路灾变防治工程研究中心"。其理论、方法和技术,显著推进了我国公路行业科技进步和膨胀土工程领域的科技发展。

3. 推广应用

该技术实用性强,1996年以来先后在湖南省邵阳至怀化高速公路、广西南宁至友谊关高速公路、北京第六快速环线等10省(自治区、直辖市)、1000多公里高速公路和南水北调工程中得到广泛应用,有力地支撑了国家重大工程建设,产生直接经济效益11.75亿元,节约建设用地1.6万多亩,减少油耗3600多万升,降低废气排放1.66万吨,为加快膨胀土地区经济发展,改善民生,保护自然资源与生态环境作出了重大贡献,被交通运输部列为重点推广技术。

三、岩溶地区公路修筑成套技术

1. 项目简介

岩溶在我国分布广泛,约占国土面积的1/3以上,中南的湖南、湖北、广东,西南的贵州、云南、广西、四川、重庆则是我国岩溶发育的地区,并构成了世界上最大的连片裸露型岩溶区。岩溶地区特殊的地质地貌、气象水文和自然生态环境,使公路工程与岩溶环境的相互作用极其显著。针对复杂的岩溶环境条件,原有的工程技术将难以支撑新一轮的公路设施建设。

2002年,交通部将"岩溶地区公路修筑成套技术研究"列为西部交通建设科技项目。该项目综合考虑公路建设与岩溶环境之间的相互作用,以"岩溶环境的勘察、评价、利用、处治和保护"为宏观技术理念,充分借鉴国内外的先进研究成果,积极吸收成熟的工程经验,通过理论分析、数值模拟、模型试验、室内试验、依托工程验证等技术手段,对岩溶地区公路修筑的成套技术进行研究。

2. 主要创新

围绕岩溶这一特殊环境条件下的公路工程建设,该项目取得以下成果:在岩溶地区公路工程地质勘查、公路基础稳定性评价、筑路材料资源利用、公路岩溶病害处治、公路岩溶环境保护等5大方面取得了26项科技成果,其中创新性成果12项;开发了公路工程岩溶环境评价、公路路基岩溶病害评价、溶洞存在条件下桥梁桩基承载力评价和隧道围岩稳定性评价等 4 项评价方法;编制了《岩溶地区公路基础设计与施工技术应用指南》等 5 套实用技术指南;构建了基于 GIS 的公路工程岩溶环境区划和公路工程岩溶环境地理信息系统 2 个综合信息平台。

3. 推广应用

该项技术在湖南、贵州、广西、云南等岩溶地区的 12 条高速公路总里程达 800 多公里的多个路段、33 座桥梁、11 条隧道中得到了推广应用。据不完全统计,产生的直接经济效益达 1.2 亿元。

四、山区复杂地段公路边坡关键技术

1. 项目简介

该项目在湖南省科技厅、交通厅、财政厅和国家自然科学基金委员会等资助下,以南方山区复杂地段公路为依托,通过试验研究、理论分析、数值模拟、工程实践及推广应用,对山区复杂地段公路边坡关键技术进行深入系统研究,提出了山区复杂地段公路边坡稳定性分析新理论,建立了路堑边坡失稳处治与土石混填路堤强夯加固成套技术。成果整体国际先进,部分国际领先,适用于公路、铁路、水利等行业的边坡研究及处治技术。

2. 主要创新

该项目通过广泛调研、试验研究、理论分析、数值模拟、工程实践和推广应用,利用联合攻关与集成创新等手段,发展了公路边坡失稳基本理论,构建了斜坡地基高填方路堤稳定性分析基本理论,形成了公路边坡失稳处治成套技术,建立了公路土石混填路堤强夯加固成套技术,成功解决了公路建设实践中的一系列难题,取得了一大批创新性成果。

(1)发展了边坡失稳基本理论:基于边坡失稳的力学机制和变形过程,首次提出了简单、复合、组合三种边坡失稳模式;首次提出了不同公路边坡的土壤侵蚀模数等参数,建立了公路边坡水土流失预测模型,为交通、水利行业建立国家侵蚀模数数据库提供了基础数据;确定了影响边坡稳定的 17 个评判因子及其权重,构建了二级综合模糊评判模型,首次将湖南省公路边坡的稳定性划分为 7 个稳定大区及 11 个亚区。

(2)构建了斜坡地基高填方路堤稳定性分析基本理论:确定了不同高度、宽度、坡度和岩土材料等因素对高路堤坡脚塑性区和坡体位移的影响,获得了填挖交界面上采用不同处置方法时在荷载作用下的应力应变特性,揭示了斜坡地基上填方路堤的破坏模式和工作机理;建立了降雨入渗条件下填方路堤安全系数确定方法;运用极限分析上限法和极限平衡水平条分法,构建了确定斜坡地基上填方路堤极限承载力和稳定系数的理论体系。

(3)形成了公路边坡失稳处治成套技术:提出了基于水环境治理的公路边坡处治新

技术;构建了侧翼迫动式顺层滑动和牵引-推移复合式旋转滑动组合模式;制订了《公路边坡水土保持设计指南》和《公路边坡水土保持措施通用图》;基于施工安全控制,建立滑坡处治过程设计准则,成功处治了一系列重大滑坡。

(4)建立了土石混填路堤强夯加固成套技术:首次成功实现现场强夯大型原位试验,揭示了路堤在不同能量夯击下的动应力等压线分布与沉降随深度的变化规律;发展了强夯加固的设计方法和有效加固范围的计算公式;形成了土石混填路堤的强夯施工新技术并提出了检验评价方法;制定了《土石混填路堤强夯加固设计与施工指南》,解决了斜坡地基上土石混填路堤填筑建造难题。

3. 推广应用

该项目成果在湖南省12条、1485km高速公路,以及贵州水盘高速公路、四川雅泸高速公路、广东佛高高速公路、广西桂三高速公路、湖北大广高速公路等7条、859km高速公路采用,部分研究成果已被《公路路基设计规范》等国家行业标准规范采纳,在全国推广运用。

五、西部公路建设中土地资源保护与利用技术

1. 项目简介

我国土地广袤,然而从人口比例角度来看,土地资源非常紧缺。由于土地资源利用过程中缺乏规划和保护,使有限的土地资源显得更加紧缺。该项目以西部公路建设中土地资源保护与利用技术研究课题为依托,通过对公路建设集约用地影响因素分析,提出集约用地思路和技术处理措施,为公路建设节约用地提供参考。

该项目成果总体达到国际先进水平,其中基于土地影子价格的山区公路构造物设置决策分析模型、公路环保绿线技术研究达到国际领先水平。

2. 主要创新

该课题以"合理节约、集约用地,提高土地利用效率"为根本出发点,不仅重视"量"而更重在"质"的保护,通过已有节约、集约用地技术的集成及新技术的创新,对贯穿前期设计、中间控制及后期整治整个过程的"防与治"相结合的土地资源保护与利用技术进行系统性的研究和归纳,使之更加系统化,更能指导工程实践。该课题对公路建设中土地资源保护相关技术进行了较为系统的研究,概括如下:

(1)构建了公路占地价值评价指标体系及评价模型,提出了基于占地价值评价的工程方案决策方法。

(2)将多分类器组合分类法应用于公路敏感土地单元的提取,提出了基于敏感土地资源保护的公路3S辅助选线技术。

(3)界定了几个主要生态类型区公路建设中应保护的有肥力表土资源,揭示了表土

堆存状态下不同营养元素的流失机理及规律,提出了建议的表土保存及利用方式。

(4)系统归纳了公路节约占地设计技术,提出了"公路环保绿线"设计与施工理念,发明了包裹式加筋格宾挡土墙。

(5)系统归纳了公路施工集约用地技术及施工组织模式,提出了施工场地、便道选址(线)集约用地要求及用地控制指标。

(6)系统总结了公路建设临时用地不同土地复垦方式的适用条件及技术要点。

同时,课题研究还形成了《公路建设中土地资源保护与利用技术指南》,可系统指导公路建设节约、集约用地工程实践。

3. 推广应用

该项技术在湖南长湘高速公路、吉茶高速公路、溆怀高速公路、汝郴高速公路、衡炎高速公路、张花高速公路和山西闻垣高速公路等项目推广应用,成为"资源节约""环境友好"的工程典范,取得了较好的社会效益和生态效益。项目成果同时对铁路、水利等其他建设工程也具有一定的借鉴作用。

六、特殊桥隧铺装关键技术

1. 项目简介

该项目来源于湖南省交通厅科技计划项目"吉茶高速公路特殊桥隧铺装关键技术研究"。课题研究成果达到国际先进水平,其中基于矮寨大桥结构特点及使用条件所提出的浇筑式沥青混凝土铺装体系成功应用,解决了大跨径悬索桥桥面铺装技术难题,居国际领先水平,适用于各类特殊桥梁和隧道的防水黏结体系、铺装组合结构。

2. 主要创新

通过广泛调查桥隧铺装破坏类型,分析产生病害的原因,建立桥隧铺装层受力模型,对层间剪应力和铺装层内部拉应力进行计算分析。同时分析特殊桥梁和隧道的使用特点,选取不同沥青混合料、防水黏结体系进行研究,推荐铺装组合结构,并进行实体工程应用研究。

抗凝冰技术是针对冬季道路凝冰危害而进行的研究。分析抗凝冰填料路面的除冰机理,研究抗凝冰填料混合料的设计方法。分析抗凝冰涂料的储存稳定性影响因素,提出抗凝冰涂料性能的评价方法,确定抗凝冰涂料的配方。

3. 推广应用

该课题成果除了在吉茶高速公路上推广应用4.7万 m^2 以外,还在四川雅西高速公路、青岛胶州湾海底隧道、重庆嘉陵江高家花园大桥、深圳港西部港区疏港道路、重庆市嘉陵江大桥、南昌洪都大桥、南昌英雄大桥、福建厦漳跨海大桥、张花高速公路醴水大桥、南宁英华大桥、铜陵长江公铁大桥等特殊桥梁隧道工程中得以推广应用。

在大跨径桥梁工程中,为适应桥梁的结构特性、延长桥面使用寿命和降低后期养护费用,应用了该课题的研究成果:溶剂型复合加劲防水体系+浇筑式沥青混凝土+改性沥青SMA13 的铺装结构。

在长大、海底隧道工程中,为确保施工质量和降低隧道运营期的安全隐患,应用了该课题的研究成果:在铺装面层 SMA 中采用阻燃和温拌技术、在隧道出入口设计路表抗滑磨耗层警示带等。

在冬季容易发生凝冰的道路工程中,为有效延缓冰层覆盖在路表,防止路面抗滑性急剧降低,应用了该课题的研究成果:采用抗凝冰填料和抗凝冰涂料雾封层等。

七、山区高速公路超长连续纵坡行车安全关键技术

1. 项目简介

连续长下坡路段严峻的交通安全形势给我国道路安全造成了一定程度的负面影响,也引起了相关政府部门和社会各界的关注。湖南吉首至茶洞高速公路、四川雅安至泸沽高速公路的连续长下坡路段规模国内外罕见,给运营安全带来极大考验。结合山区高速公路存在的连续长大纵坡路段进行了超长连续纵坡行车安全关键技术研究,取得了一系列创新性成果。

该研究成果总体居国际先进水平,其中基于交通事故率、驾驶员视觉、心理素质的超长连续纵坡路段线形质量评价理论,高速公路双螺旋隧道展线技术,基于货车制动毂温度的连续长下坡路段缓坡设置技术和连续长下坡路段综合安全评价技术体系,基于可变载、变速、变试件厚度车辙试验方法及其技术与新型网索式避险车道拦截系统达到国际领先水平。

2. 主要创新

以山区高速公路超长连续纵坡路段为主要研究对象,探索山区高速公路超长连续纵坡路段产生交通安全问题的原因,分析其交通事故的特征机理、发生原因及其发展规律。通过理论分析和实践检验相结合的方法,吸纳国内外先进的研究成果,研究超长连续纵坡路段的安全评价技术与安全对策。

该项目首先对长大纵坡路段山区高速公路存在的交通安全隐患进行系统地甄别,有针对性地采取一系列技术手段和管理措施,极大地提高山区高速公路长大纵坡路段的安全水平。

课题成果建议在山区高速公路长大纵坡路段,在初步设计和施工图设计阶段应该开展交通安全评价工作,对全线连续长下坡路段应进行专项分析,在运营初期应开展交通工

程设施的评价工作。在初步设计阶段,重点分析连续长下坡路段线形设计的安全性,从优化线形指标选择方面提出安全完善建议;在施工图设计阶段,重点从连续长下坡路段安全保障措施角度进行评价,从主动安全和被动安全、安全技术和安全管理角度提出安全对策措施;在公路开通运营后,还应对全线进行现场踏勘,针对避险车道、服务区停车区、护栏、标志标线等交通工程及沿线设施提出安全完善建议。同时,还应根据工程需要,提出连续长下坡路段的典型车型;在设计和施工过程中,对连续长下坡路段避险车道和减速护栏提出设置建议。

3. 推广应用

通过山区高速公路超长连续纵坡路段的新型安全保障关键技术研发和特殊安全评价技术应用,可以有效减少营运期间的交通事故,从而获得极佳的经济效益和社会效益。

该项技术涵盖了高速公路的设计、施工和运营等阶段。成果在湖南安邵高速公路、汝郴高速公路上应用,节省大量建设资金,确保安全运营。

八、山区大跨度悬索桥设计与施工关键技术

1. 项目简介

湘西矮寨大桥是长沙至重庆公路通道湖南省吉首至茶洞高速公路的控制性工程,主桥采用1176m塔梁分离式单跨钢桁梁悬索桥,跨越风景秀丽的德夯大峡谷和我国公路史上著名的"公路奇观"——矮寨盘山公路。

以该项目为依托,湖南省交通规划勘察设计院牵头承担了交通运输部西部建设科技项目"矮寨悬索桥关键技术研究",从2005年8月至2013年6月对矮寨悬索桥关键技术研究涉及的设计、施工等关键技术进行了系统研究。

该项目成果解决了深切峡谷悬索桥设计、建设等诸多技术难题,为矮寨悬索桥的建设提供了有力的技术支撑,为我国特大跨径悬索桥设计与施工积累了宝贵经验,取得了显著的经济和社会效益,总体达到国际领先水平,获2015年国际道路联盟"GRAA(国际道路成就奖)"。

2. 主要创新

该项目依托矮寨悬索桥工程,在新结构、新工艺、新材料、新技术等方面取得了一系列创新成果。

(1)提出了一种塔-梁分离式悬索桥新结构。该结构能很好地适应山区地形,减少两岸山体开挖,有效降低工程投资,实现了结构与自然的完美融合,成为一种新的山区桥梁建设方案。对新结构的力学行为开展了深入研究,获得了吊跨比对主缆应力、吊索索力、吊索应力幅、加劲梁应力与位移等结构力学参数的影响规律;对无吊索区受力性能改

善措施进行了系统研究,为新型结构优化设计提供了科学依据。

(2)发明了一种悬索桥加劲梁架设的新工艺——"轨索滑移法",成为悬索桥加劲梁架设的第4种方法。成功解决了深切峡谷悬索桥主梁架设难题,实现了高效、经济、安全的施工目标。同时,还将索结构的应用拓展到了大跨、重载范围。

(3)研发了一种采用高性能复合材料CFRP的新型预应力岩锚体系,提出了CFRP筋黏结强度计算公式和黏结锚固段长度计算公式,建立了基于CFRP和RPC的新型岩锚体系的设计理论,为解决传统预应力岩锚体系的耐久性难题提供了一种方案。

(4)开发了一种悬挂式高空风环境现场观测系统。通过在桥面水平沿桥轴向布置高空悬索,可以在桥面关键断面任意布置测点,能准确获得桥面高度沿轴向的风参数分布规律,为抗风设计提供最有价值的数据。

矮寨大桥成果赢得了国内外同仁的高度评价。交通运输部原总工凤懋润提出:"'轨索滑移法'是改革开放30年来中国桥梁技术领域具有'中国首创'意义的两大原始创新性成果之一。"国际桥协副主席藤野阳三教授说:"轨索滑移法是中国桥梁技术进步的典范,值得世界同仁大力推广"。

3. 推广应用

该项目成果通过在依托工程矮寨大桥的实际应用,创造性地解决了矮寨大桥跨山区峡谷、复杂地质、超大跨径、钢桁架设等诸多技术难题。该课题新结构、新工艺、新技术的成功应用,极大地降低工程成本,提高了工作效率,确保大桥建设过程的安全和整体质量,创造直接经济效益17357万元。

九、预应力混凝土公路桥梁通用设计图成套技术

1. 项目简介

标准化水平是一个国家科技与经济发展水平的反映,也是一个国家技术与管理水平高低的重要指标。改革开放以来,我国公路建设事业迅猛发展,面对发展需求、技术进步和规范更新等多重压力,板式桥梁通用设计图及时开展专门的修订与完善工作已迫在眉睫。

该项目旨在对板式桥梁的病害及应用现状深入调研基础上对各项关键技术进行联合攻关,同时广泛吸收国内外板式桥梁的先进技术、科研成果,最终通过通用设计图的形式将成套技术快速普及推广,以有效促进科技创新成果向生产力的转化,推动我国公路桥梁建设行业的技术进步。

科研成果充分体现了关键技术研究与国内外先进技术、新工艺、新设备和新材料的完美结合,为行业提高标准化水平、促进科技进步奠定了基础。

2. 主要创新

（1）首次以新的《公路工程技术标准》和相关桥梁结构新规范为基础，编制了一套能满足全国不同公路等级、不同路基宽度、不同斜交角度、不同跨径、不同预应力施加工艺的各类板式桥梁上部构造通用设计图，并由交通部作为标准设计在全国采纳推广。形成了一套涵盖公路板式桥梁受力性能、分析方法、工程措施和施工工艺的成套技术，填补了国内外研究空白。

（2）确定了板式桥梁板高、板宽、顶底板及腹板厚度等合理的结构尺寸和优化的设计参数。

（3）首次全面研究了新标准下板式桥梁各种工况下的横向分布系数，为今后板式桥梁的设计提供了指导性的建议。

（4）首次运用混凝土叠合结构原理、结合实桥检测成果定量分析了桥面现浇层参与结构共同受力的机理，提出了适用于设计的计算方法和相应的工程措施。

（5）首次通过对新、旧规范下板端应力进行的有限元空间计算，同时将计算结果与空心板桥端部破坏的调研情况相结合，确定了合理的板端局部加强钢筋布置方式和数量。

（6）首次通过对大悬臂边板受撞击时的受力性能研究，提出了相应的解决方案，填补了国内外研究空白。

（7）开发了一套适用于不同等级、不同跨径、不同工艺的通用钢制内模。

3. 推广应用

据初步统计，该成果已在全国22省份64个项目中得到应用。仅以衡炎、邵永、广明、兴桂及东济等高速公路为例，推广该技术后共产生直接经济效益19555万元。

十、深埋隧道勘察技术

1. 项目简介

该项目针对深埋隧道工程地质勘查所面临的几大难题展开研究，成果达到国际先进水平，可广泛应用于公路、铁路、水电、地下管线的隧道勘察。

2. 主要创新

（1）设计与定义了适合地形复杂、地质界面陡倾环境下的工程地震反射波法的理论模型。

（2）在野外工作方法上，设计并实施了共排列双向变偏移距宽频激发的高分辨率反射波多次覆盖技术，开发了适合山区复杂地形条件下的人工地震震源激发技术，解决了复杂地形条件下地震反射波和折射波同步勘测技术问题。在地震数据处理方面，进行了地层速度谱研究，进行了折射静校正处理研究，提高了山区地震勘探数据处理精度。

(3)研究了高频大地电磁信号特征规律,并研究了风及50Hz工业电流干扰对EH-4电磁测深高频大地电磁信号的影响,研究了具体的压制技术。首次将EH-4电磁测深法应用于隧道的工程地质勘探。

(4)建立了一套在勘察阶段通过多种地应力测试方法对越岭深埋特长隧道地应力场进行预测的方法,通过研究岩爆及大变形与地质构造、岩性、地应力场及水动力场的相关性,提出了一套预测岩爆与大变形的程序与方法。

3. 推广应用

该研究成果应用于雪峰山隧道勘察,经施工验证大大提高了勘察精度。减少钻探进尺约3000m,节省的钻探费用约6800万元,缩短勘察工期约6个月,节省工程造价约1500万元。由于采用研制的绿色环保的地震勘探技术,大大减少了对环境的破坏,环境效益显著。

截至2008年底,除雪峰山隧道外,研究成果还应用于湖南省衡炎高速公路、四川省雅西高速公路、宜万铁路等10余座隧道的勘察。应用于这些项目共节省勘探费用11150万元,节省工程费用4800万元,取得了显著的经济效益与社会效益。

第二节 勘察设计成果

"九五"以来,为适应交通基础设施建设的快速推进,交通部适时提出勘察设计"六个坚持、六个树立"的新理念。湖南交通勘察设计单位与时俱进,伴随高速公路的不断延伸,逐步形成具有自身特色的勘察设计理念:"安全至上、以人为本,师法自然、环保为先,资源节约、持续发展,品质工程、公众认可,灵活设计、创新设计,建管结合、系统最优。"在公路、桥梁、隧道等交通基础设施建设过程中,取得了一大批特色突出、国内领先的勘察设计成果。

一、临湘至岳阳二级汽车专用公路

临湘至岳阳二级汽车专用公路是G107省境临湘至衡阳改建工程的一段。1987年11月开始勘察设计,1989年12月完成设计,1991年10月建成通车。这也是湖南省交通规划勘察设计院第一次承担高等级公路的勘察设计。

该项目北起临湘巴嘴坳,南至岳阳新开铺,经路口铺、云溪、冷水铺、王古、北港河、长石桥。该路段北临长江,与京广铁路并行,沿线有岳阳化工总厂、长岭炼油厂及岳阳市新兴的大中厂矿企业。全线设4条支线分别与临湘县城、路口镇、云溪镇、岳阳市连接。该项目全长50.638km,按平原微丘区二级汽车专用公路标准设计,设计速度80km/h,路基宽

12m,路面宽 8m。建有大桥 1 座/105.3m,中小桥 39 座/783.2 延米,涵洞 240 道/6046.58 延米,通道 209 道,人行天桥 5 座,互通式立交 3 处,分离式立交 18 处。竣工决算 12659.50 万元,平均每公里造价 250 万元,当时在全国也是比较低的。

G107 国道是国内第一条并入亚洲道路网的干线公路,也是纵贯省境南北交通的大动脉,而临岳二级汽车专用公路又是 107 国道上的高等级公路,它的建成通车,使湖南省高等级公路的建设实现了零的突破。

该项目勘察设计特点如下:

(1)采用航片成图、纸上定线、坐标控制线位等创新设计,完成了纵断面、平面组合设计,从而克服了过去凭经验实地选线定测,以致视野受到局限,使平纵组合设计考虑不周的缺点。

(2)公路大部分沿山边布线,达到少占农田、少拆迁的要求。全线最小平曲线半径 500m/1 处(规范为 400m),最小纵坡为 4%/1 处(规范为 5%),平纵面组合得当,经透视图检验,线形流畅、优美。

(3)云溪、路口铺三岔喇叭形互通设计构思完整,达到较高的经济、适用和行车安全舒适的要求。

(4)按 GBM 工程❶要求,各类标志齐全,做到了鲜明、流畅、顺适,基本上达到路景、物交织协调。GBM 工程被交通部评为 G107 国道全线第一名。

二、湘潭至耒阳高速公路

该项目起于长沙至湘潭高速公路终点——湘潭马家河互通,于马家河跨湘江进入株洲县境,经大石桥、梅市、太高向南,跨湘江进入衡东县境,经石湾、新塘、炮石岭,于潭泊跨洣水,经霞流、七一二矿、刘公桥进入衡南县境,再经洪市、冠市进入耒阳市境,经新市、龙五庙、大市至该路终点——耒阳市城东 3km 处的陈家坪,主线长 168.848km。

主线采用平原微丘区四车道高速公路标准建设,设计速度为 120km/h,路基宽 28m;水泥混凝土路面;荷载等级:汽-超 20 级、挂-120;设计洪水频率:特大桥 1/300,其余 1/100。全线共有特大桥 3 座/2283 延米、大桥 3 座/321 延米、中桥 14 座/816 延米、小桥 10 座/241 延米、人行天桥 30 处、涵洞 640 座/26639 延米、互通 10 座、分离式立体交叉 120 处;设管理所 3 处、服务区 3 处、停车场 3 处、收费站 10 个。此外,全线设大石桥互通连接线(长 16.10km)、朱亭互通连接线(长 5.03km)、新市互通连接线(长 2.963km)、耒阳互通连接线(长 8.425km)。其中,大石桥联络线(通车后改名为"天易联络线")按一级公路

---

❶GBM 工程是实施具有中国特色的公路标准化、美化建设工程的简称。它是在 1987 年 3 月第一次正式提出的,同时决定在 G107 国道率先试行。GBM 工程是交通部为改善和提高现有公路技术状况,推进公路标准化、美化建设进程的一项重要措施,被称为我国公路继增加里程、提高质量之后的"第三次飞跃"。

技术标准建设,路基宽24.50m;其余按二级公路技术标准建设,路基宽12.00m。

该项目全面、系统地引进国内外高速公路规划、设计、修筑和管理技术。在工程可行性研究阶段,通过大规模的OD调查和路网调查,提出了合理路线方案和技术标准;路线方案论证充分,技术标准掌握恰当,环境景观协调,线形流畅顺适,交通安全、管理、养护、监控、通信、收费设施完善齐全,行车安全舒适。

该项目形成高速公路标准图集162册,包括空心板桥、T梁桥、各类上跨天桥、各类涵洞及路基防护、路基排水等,如《湘耒高速公路技术标准》《湘耒高速公路勘察设计规定》《湘耒高速公路勘察设计文件编制办法》《初步设计通用表格及填写规定》《施工图设计通用表格及填写规定》等,对提高设计质量、加快设计进度、推广标准化设计作出了重要贡献。

该项目勘察设计特点如下:

(1)1994年,GPS与航空摄影技术第一次大规模的应用于公路测量中,该项目是较早采用这两项技术的高速公路之一。

(2)国内最早在路面设计中考虑超载影响,并通过设计有效解决了相关技术难题的高速公路项目。

(3)结合项目勘察设计进行的"京珠高速公路湘潭至耒阳段红砂岩地带路基修筑技术研究"的课题,解决了潭耒路近100km的泥质砂岩、砂质泥岩、泥质页岩的路堑开挖与路堤填筑的稳定性难题。

(4)注重环保与绿化,对全线(尤其是互通内、服务区、停车场、管理所、中央分隔带及路基边坡)进行全新设计,造型讲究、样式新颖。

该项目获2003年"国家环境保护百佳工程奖"(全国首个获此殊荣的交通建设项目),2003年湖南省优秀工程设计一等奖,2004年全国第11届优秀设计项目金质奖,2004年"第四届詹天佑土木工程大奖"。

三、临湘至长沙高速公路

该项目北起湖北省武汉至土城高速公路终点湘鄂交界处的坦渡河,止于长沙市牛角冲,与长沙至湘潭高速公路起点相接,主线长182.788km。

主线采用平原微丘区四车道高速公路标准建设,设计速度为120km/h,路基宽28m;沥青混凝土路面;荷载等级:汽-超20级、挂-120;设计洪水频率:特大桥1/300,其余1/100;全线共有特大桥2座/1381延米、大桥8座/1643延米、中桥30座/1492延米、小桥6座/170延米、涵洞867座/33942延米、互通11座、分离式立体交叉90处;沿线设管养工区3处,服务区3处,停车场3处和1处监控分中心、11处收费站。此外,全线共设岳阳、平江、开慧、广福等4条联络线,全长43.78km;其中岳阳联络线15.10km按一级公路技术标准建设,路基宽 25.50m;其余按二级公路技术标准建设,路基宽 12.00m。

该项目设计期间,在国内首次完成《公路设计交通安全手册》,开创了国内公路安全评价的先河。2007 年世界银行专题研究报告《中国的高速公路:连接公众与市场,实现公平发展》指出:"高速公路网在交通安全上也发挥了重要作用……以京珠高速公路的部分路段为例,湖南和湖北省原有公路的事故件数下降了三分之二。"

该项目勘察设计特点如下:

(1)在省内第一次将 GPS 技术引入到高速公路控制测量工作中,是省内第一条大规模将航测技术应用于公路测量的项目。结合该项目开展"GPS 实时动态测量新技术在高速公路工程测量中的应用研究"。将 GPS 实时动态定位高新技术应用于高速公路路线勘测平、纵、横测量的数据采集与处理及其与公路 CAD 一体化技术中,实现了高速公路外业勘测成果质量与进度的提高。

(2)该项目是省境第一条采用该设计理念进行绿色生态通道设计的高速公路。

(3)第一次在省内高速公路采用了中央分隔带变宽、分离式路基等全新设计。其设计思想、设计标准、设计工艺及总体技术水平处于国际领先水平。

(4)设计期间在国内首次编制了《山区高速公路水土保持设计指南》《山区高速公路水土保持设计文件编制办法》《山区高速公路水土保持措施通用图》和水土流失预测程序,首次成功地将雷诺护坡技术应用到山区高速公路的防护。

(5)提出并应用了对风化花岗岩进行改良和改进施工工艺的填筑技术,避免了远距离借土和大量弃土占用耕地。

该项目荣获 2005 年第五届"詹天佑土木工程大奖",2006 年首届"国家环境友好工程"奖以及公路交通优秀勘察二等奖。

四、长沙国道绕城城高速公路(西南段)

该项目起点位于京珠高速公路李家塘互通,走李洞公路南边,在莫家坳跨 G107 国道,在炮兵学院南边至东瓜湖地段先后跨越大托机场铁路专用线和京广铁路,于堤老子跨越湘江后抵达坪塘,经靳江河、学士、长丰峡谷、梅溪滩至黄花塘与 G319 国道相交,终点与绕城公路西北段相接,路线全长 28.665km。

主线采用四车道高速公路标准建设,设计速度 100km/h,路基宽度 26m;河西二环、三环连接线按四车道一级公路标准建设,设计速度 60km/h,路基宽度 20m。桥涵设计荷载:汽车-超 20 级,挂车-120;设计洪水频率:大、中、小桥及涵洞 1/100,特大桥 1/300;全线设特大桥 1 座/600m,大桥 1 座/272.32m,中小桥 13 座/604.42 延米,涵洞 117 道/4428 延米,互通式立体交叉 5 处(1 处预留),分离式立体交叉 22 处/1177 延米,通道 61 道/2123.65 延米,收费站 4 处(后匝道收费站全部取消,只设一处主线收费站)。

该项目勘察设计特点如下：

(1)在勘察设计中将GPS、航测技术、遥感技术引入市政工程项目进行工程测绘、地质与资源分析,结合项目开发了《路线一体化可视设计系统(DigiRoad)》等实用程序,填补了市政行业计算机应用领域的多项空白。结合项目进行的"高速公路地面数字模型与航测遥感技术研究"课题,成果获2003年度湖南省科技进步三等奖。

(2)省境公路建设中率先引进多种先进绿化技术,如土壤改良法、植生袋法、微生物团粒喷播、沃尔德客土喷播、土工格室等岩石边坡生态防护技术。

该项目获2001年度湖南省优秀工程设计一等奖。

五、衡阳至枣木铺高速公路

该项目起于湘耒高速公路洪市互通,途经衡南县、衡阳市、祁东县、祁阳县和芝山区,在枣木铺村与广西全州黄沙河镇交接,全长186.065km。主线采用四车道高速公路标准建设。其中,K0+960~K15+500段,设计速度120km/h,路基宽度28m;K15+500~终点段,设计速度100km/h,路基宽度26m。桥涵设计荷载:汽车—超20级,挂车—120;设计洪水频率:特大桥1/300,其他1/100。连接线分两段:一是衡阳西连接线,按城市快速主干道标准,设计速度100km/h,路基宽40m,全长7.412km;二是常宁连接线,按二级公路标准,设计速度80km/h,路基宽12.00m,全长24.04km。

该项目勘察设计特点如下:

(1)用"运五"飞机、RC-10No6074相机航测完成1:2000带状地形图,其航测技术当时处于国内交通行业领先水平。

(2)在省内第一次采用数字化地面模型(DT米)获取所需的地面数据,与路线CAD配合完成初步设计阶段的三维多方案、多次数比选,真正实现了三维公路设计。

(3)以该项目为依托,2000年在全国首次归纳有关成果出版了《公路设计交通安全手册》。

该项目获2000年省优秀工程咨询一等奖,2007年获湖南省优秀工程设计一等奖。

六、常德至张家界高速公路

该项目起于长沙至常德高速公路终点檀树坪,经善卷垸、桃花源机场北、木塘垸、河洑、热市、慈利县北、岩泊渡、甘堰至终点阳湖坪,通过连接线连接张家界市区永定大道,主线全长160.68km,连接线长9.945km。

主线按双向四车道高速公路标准建设,设计速度按路段分别采用120km/h、100km/h和80km/h。全线共设12处互通式立交(预留3处),分离式立交桥98处;特大桥10座/13690.98延米,大桥47座/9473.86延米,中桥28座/2005延米,小桥1座/12.8m,隧道 3 座/1839 延米(按单洞计);设有监控中心 1 处,养护工区 4 处,服务区 1 处,停车场 1 处,收费站 10 处。

斗姆湖互通是常张高速公路与常吉高速公路相交的枢纽互通,同时连接 G319 国道和常德绕城高速公路,交通组织复杂。该项目位于洞庭湖行洪垸和德山活动大断裂内,局部软基及液化砂土层深达 62m,工程规模宏大。设计开展了"复杂枢纽互通设计方法研究",结合规划、防洪、抗震等要求进行了多达 11 个方案的专题研究,最终采用了功能齐全、造型优美的半苜蓿叶 + 定向匝道(大鹏展翅)方案,节约耕地 130 亩,节约造价 7078 万元。

该线将常德古城、桃花源风景名胜、河洑国家森林公园、五雷山道教圣地、江垭温泉、张家界景区珠连成串,沿线生态环境差异大、环保景观要求高。项目设计中结合地形,成功绕避了河洑国家森林公园 420 多年的苦槠和 300 多年的古樟树,实现最大限度环境保护。狗子滩至七里潭路段傍山临水,悬崖陡峻,风景奇特,设计中择优采用伴河而行、平面与纵面均分离的独墩高架桥方案,整条高速像悬挂在绝壁上的画廊,又宛如伏在澧水河岸的长龙,与张家界自然风光融为一体。

该项目勘察设计特点及创新技术如下:

(1)提出了"地质选线、生态环保选线"的新理念。

(2)首次使用工程物探与钻探相结合的方法对"覆盖型"软弱土进行勘察。

(3)省境高速公路中第一次采用了中央分隔带变宽、分离式路基、独柱式墩等全新设计,并成功应用于七里潭、狗子滩等地形条件极为复杂路段。

(4)首次应用三维直流电阻率法,实现了三维空间任意剖面的地质解释。

(5)首次将可伸缩变形的 U 形型钢、纤维混凝土、吸音板等多项新材料新技术运用于隧道设计。

(6)在全国首创装配式盖板涵的设计。

(7)多处使用了卵形曲线、三心卵形曲线等新的设计技术,缩减路线长度明显,线形更加流畅自然,技术经济效益显著。

该项目获 2006 年湖南省优秀工程设计一等奖,2008 年第二届国家环境友好工程奖和全国优秀工程设计金质奖。

依托该项目的交通部西部课题"溶岩地区公路修筑成套技术研究"成果获 2007 年中国公路学会科学技术特等奖和 2008 年国家科学技术进步二等奖;结合该项目进行的"南方山区特殊土公路路基处治关键技术研究"获 2006 年国家科学技术进步二等奖;结合该项目进行的"公路桥梁通用图设计成套技术研究",获 2008 年中国公路学会科学一等奖;结合该项目进行的"沥青路面柔性基层半刚性底基层结构设计及施工工艺研究",获 2008 年湖南省科学技术进步一等奖。

七、常德至吉首高速公路

该项目起于常德市斗姆湖(连接常张高速公路),经许家桥、桃花源、郑家驿、杨溪桥,于太平铺进入怀化市沅陵县,再经沅陵官庄、楠木铺、马底驿、凉水井、麻溪铺过舒溪口后进入湘西自治州,于泸溪县武溪镇跨沅水,然后经洗溪、潭溪,于河溪进入吉首市,在吉首城区乾州跨越 G209 国道及焦柳铁路到达项目终点林木冲,主线里程 223.75km,连接线长 13.7km。

主线按双向四车道高速公路标准建设,起点至茶庵铺互通(60.965km),设计速度为 100km/h,路基宽高 26m;茶庵铺互通至终点(162.785km),设计速度为 80km/h,路基宽高 24.5m。全线土方 1311 万 m^3,石方 2432 万 m^3;特大桥 2 座/1029 延米,大桥 57 座/13560 延米,中桥 17 座/1097 延米;涵洞 166 道/6400 延米;渡槽 3 座/151 延米;隧道 49 座/38351 延米;互通 9 处;分离式立交 29 座/1712 延米;人行天桥 6 座/324 延米。设管理处、服务区、停车场各 2 处,收费站 7 处。

该项目勘察设计特点及创新技术如下:

(1)首次对长大纵坡进行了专题研究,并首次在湖南省高速公路上设置了避险车道。

(2)省内首次使用设置于隧道入口的彩色减速涂料,创新性地利用景观设计创造和完善公路行车安全性。

(3)首次提出"全方位、全过程、无缝隙"的安全设计理念。首次运用驾驶员在模拟驾驶中的心理行为分析,优化道路几何线形,有效地控制速度差,均衡平纵面。

(4)结合该项目进行的"岩溶地区公路修筑成套技术研究",荣获 2008 年国家科学技术进步二等奖。

(5)研发出"CS 高次团粒混合纤维法的生态防护技术",用于该项目硬质岩石边坡,成功实现了此类边坡的一次性永久绿化,自然生长,完全零养护,有效杜绝外来生物入侵和植被单一化等问题。

(6)结合该项目,开发了"预应力混凝土公路板式桥梁通用设计图成套技术研究",在国内首次编制了《山区高速公路水土保持设计指南》《山区高速公路水土保持措施通用图》。

该项目获 2003 年全国优秀工程咨询一等奖,获 2005 年全国优秀测绘工程银奖。结合该项目的"公路桥梁上部结构通用图"获 2008 年度全国优秀工程设计银质奖。

八、吉首至茶洞高速公路

该项目起于湘西首府吉首市,路线沿湘川公路(G319 国道)走向,途经吉首市的寨阳乡、矮寨镇及花垣县的排碧乡、麻栗场镇、窝勺乡、道二乡、团结镇,终于湘黔渝三省(市)

交界处的"边城"茶洞镇,全长 64.31km。

主线按双向四车道高速公路标准建设,设计速度 80km/h,路基宽度为 24.5m(整体式)、2×12.25m(分离式),路面结构以沥青混凝土路面为主。花垣连接线长 5.76km,采用二级公路标准。全线设桥梁 40 座/19676 延米,隧道 13 座/6070 延米,互通 4 处,服务区 1 处,停车区 2 处,收费站 5 个。

根据该项目特点,对路线、地质、悬索桥、隧道、交通安全、环保、投资分析等方面进行了专题研究,对所有的设计方案进行了充分的论证,主要专题有:①遥感环境地质专题报告;②路线地质选线及矮寨特大桥选址专题报告;③路线方案研究专题报告;④隧道方案研究专题报告;⑤矮寨特大桥方案研究专题报告;⑥矮寨特大桥两岸悬崖稳定性研究专题报告。

另外,对长大坡路段采用特殊设计:①设置降温水槽和路面限速带,特别是结合地形及平纵情况,设置了 4 处避险车道,供失控车辆驶出并安全减速;②设置爬坡车道,有效地解决了设计指标与实际行车所要求的指标脱节问题,提高了道路的安全性与协调性;③全线共设置休息区、观景平台 2 处;④长下坡段提高超高标准。

该项目勘察设计特点及创新技术如下:

(1)2002 年 6 月编制的工可报告初稿推荐矮寨修建 9395m 的隧道,后经专家会议多次论证、有关部门决策,2004 年 11 月完成的工可报告推荐修建长 1160m、跨越德夯峡谷的矮寨悬索桥。

(2)为了使矮寨悬索桥与周边秀丽的自然景观协调一致,在设计中专门进行了景观设计。

(3)该项目在路线设计中提出了"面向对象的山区高速公路定线方法""运行车速检验法"和"I/R+I 指标检验图法"等新方法,使公路的"势"感、"动"感更加强烈,且可以进行量化分析、比较和优化。

(4)该项目在路基设计中,对边坡坡率的取定采取灵活自然、因地制宜、顺势而为的方针。

依托该项目进行的科研课题主要有:

(1)矮寨悬索关键技术研究,主要包括:

①灰岩地区隧道锚碇设计施工成套技术;

②直立的自然岩体边坡的稳定性分析及工程加固技术;

③桥-隧相互影响分析技术;

④桁式加劲梁抗震技术;

⑤深切峡谷悬索桥施工技术。

(2)桥隧铺装关键技术研究,主要包括:

①桥面及隧道路面铺装的防水黏结体系研究；

②桥面及隧道路面铺装结构研究；

③桥面及隧道路面铺装层材料的技术指标研究；

④桥面及隧道路面铺装的施工工艺研究。

（3）吉茶高速公路选线定线关键技术研究，主要包括：

①山区高速公路选线关键技术研究；

②山区高速公路方案比较评价体系研究；

③山区高速公路定线关键技术研究；

④山区高速公路路线质量评价体系研究。

（4）分岔和小净距隧道设计与施工关键技术对比研究。

（5）SMA路面新材料研究。

（6）高速公路长大下坡强制制动设施开发研究。

（7）山区高速公路环境资源保护的遥感技术应用研究。

该项目获湖南省优秀工程设计一等奖，湖南省优秀测绘工程一等奖，全国优秀工程测绘铜奖。

九、湘西矮寨大桥

湘西矮寨大桥位于吉首矮寨镇，是长沙至重庆公路通道吉首至茶洞高速公路上的控制性工程。该项目于2000年3月开始进行工可研究；2004年3月开始初步设计，在初步设计中重点对隧道与悬索桥方案进行了比较，最后确定为悬索桥方案。大桥于2007年10月开工，2011年8月20日钢桁梁架设合龙，2012年3月31日建成通车。

该桥采用塔梁分离钢桁加劲梁悬索桥，跨径布置为242m+1176m+116m，主梁全长1000.5m。主缆矢跨比1/9.6，主缆中心横桥向间距27m。索塔均采用双柱式门式框架结构。为了使矮寨现代悬索桥与周边秀丽的自然景观协调一致，在设计中专门进行了景观设计。设计安全等级为一级，设计基准期100年，设计按全寿命周期考虑。设计速度80km/h；设计汽车荷载为公路-Ⅰ级，桥面设计风速34.9m/s。

在大桥设计建造过程中，创造了4个世界之最：世界上跨度最大的峡谷桥梁工程，世界上首创"塔-梁分离式悬索桥"新结构，世界上首创"轨索滑移法"架设加劲梁新工艺，世界上首创碳纤维材料岩锚体系。

该项目设计特点及创新技术如下：

（1）新结构——塔-梁分离式悬索桥结构。将加劲梁与索塔分离布置，主梁两端直接与公路隧道相连，有效降低了高速公路线位，减小塔高50m，缩短了梁长175.5m，节省了投资4882万元；提高了全桥整体刚度，具有更好的抗风性能；减少了山体开挖67万m³，实现了结构与自然的完美融合。

（2）新材料——碳纤维材料岩锚体系。研发了一种采用高性能复合材料的新型预应力岩锚体系，建立了相关的理论公式和设计方法，为解决传统预应力岩锚体系的耐久性难题提供了一种方案。

（3）新技术——高空悬索吊挂式风环境现场观测系统。开发了高空悬索吊挂式风环境现场观测系统，可直接观测桥面高度处任意点风参数，观测精度高、费用低、适用性强，为现场风特性观测提供了一种可靠的新技术。

（4）新工艺——轨索滑移法架梁工艺。在矮寨大桥的建设中，"轨索滑移法"有效打破了缆载吊机法、缆索吊装法、桥面吊机法等3种传统施工方法受建设条件限制较大的瓶颈，实现了矮寨大桥安全、经济、高效的建设目标，成为悬索桥加劲梁架设的第4种方法。

该项目获2013年湖南省优秀工程设计一等奖。依托该项目开展的"大跨度悬索桥加劲梁'轨索滑移法'架设新技术"获2012年湖南省科技进步一等奖、中国优秀专利奖；依托该项目开展的"矮寨大桥关键技术研究"获2013年中国公路学会科学技术奖特等奖。

十、岳阳洞庭湖二桥

岳阳洞庭湖二桥位于洞庭湖至长江入口处，是临湘至岳阳高速公路的控制性工程，是当时世界第二、中国最大的钢桁加劲梁悬索桥。2013年11月正式开工，2018年初建成通车。

洞庭湖二桥方案设计阶段，经历了三次大的变动。初始方案是主跨1280m单跨悬索桥；2009年更改为2008m+664m双跨悬索桥；2012年4月，最终确定为1480m+460m的双跨钢桁梁悬索桥方案。大桥全长2390.18m，主桥为双塔双跨钢桁加劲梁悬索桥，主塔高约236m，主跨布置为1480m+453.6m，主缆中心间距为35.4m，桁高9.0m。

该项目设计特点及创新技术如下：

（1）结构设计方面，国内首次采用板梁结合钢桁梁构造，既可提高主梁刚度，增强抗风能力，又可减少钢材用量，节约工程造价。

（2）景观设计方面，精心构思了"潇湘琴韵"特色的索塔，并建造可360°观景的塔冠平台，在200多米高处饱览洞庭湖、君山岛、岳阳楼等巴陵胜景。

（3）主要创新技术有：

①特大跨径缆索支承桥梁抗风性能研究；

②特大跨径缆索支承桥梁抗震性能研究；

③结构疲劳性能研究；

④特大跨径缆索支承桥梁缆吊系统材料研究；

⑤特大跨径缆索支承桥梁钢箱梁选型；
⑥特大跨径缆索支承桥梁施工与施工控制。

十一、雪峰山隧道

雪峰山隧道位于邵阳至怀化高速公路雪峰山上，为邵怀高速公路最大的控制工程，是当时国内设计最长的公路隧道。2003年10月开工建设，2007年11月竣工通车。

该隧道设计为上下行分离的四车道双洞隧道，左线长6946m，右线长6956m，隧道建筑限界净宽9.75m，净高5.0m，采用三心圆曲墙式衬砌，净空面积61.7m²。左右洞室净距离在洞身深埋地段约35m，洞口段在15~20m。隧道的最大埋深约850m；约50%的地段隧道埋深大于450m；左右线隧道均设人字坡，进口段为+1.14%的上坡，长约400m，其余段为-0.95%的下坡。由于受地形限制，隧道进出口路段均在狭窄的山谷之中布线。隧道左右洞均采用纵向分段送排式通风，其中，左线隧道分3段通风，右线隧道分2段通风，洞内设置了3处地下风机房、2处斜井和1处竖井。洞门形式结合雪峰山地形条件设置，进口为削竹式洞门，出口为端墙式洞门。

隧道进口地段地质条件较差，较长距离为Ⅱ类围岩，且相对埋置深度较浅，出口段地形地质条件相对较好。为保证边仰坡在施工期与使用期的稳定，使隧道建成后尽量恢复洞口自然景观，明洞段边坡及仰坡在施工过程中采用锚杆加喷混凝土防护。

该项目勘察设计特点及创新技术如下：

（1）开展了"雪峰山特长公路隧道关键技术研究"，其目的就是通过研究取得成果，为西部山区特长公路隧道的勘察、设计、施工、管理提供有效的新技术和新工艺。研究分6个子课题进行，各子课题主要研究内容为：

①雪峰山隧道施工地质勘查技术研究；
②雪峰山隧道信息化设计、施工技术研究；
③雪峰山隧道通风技术研究；
④雪峰山隧道防灾技术研究；
⑤雪峰山隧道监控、管理技术研究；
⑥雪峰山隧道区域地下水影响调查研究。

（2）在地质勘查技术研究上，为探明隧道的地质情况，除广泛收集该地区前人的地质成果外，先后开展了"深埋隧道勘察技术研究""雪峰山隧道施工地质勘查技术研究"。主要成果包括：

①对隧址地质构造特征的判断精确，隧道开挖所遇到的断层位置与推测的位置仅相差5~20m。
②对围岩类别划分的精度达到国内领先水平：一是施工证明岩性、产状、节理特征与

勘察报告一致；二是变更比例小于12%。

③对隧道涌水量的预测准确,预测总量为16000m^3/d,施工期实测水量为18798m^3/d,相差约17%。

④对岩爆的预测准确,预测以轻微岩暴为主,仅局部有中暴出现,实际与预测总体相符,岩暴现象得到了有效预防。

该项目入选"建国60周年十大经典交通工程",获2008年湖南省优秀工程设计一等奖、2010年交通运输部优秀设计一等奖。

十二、云阳山隧道

云阳山隧道位于茶陵县城东侧的云阳山,为衡炎高速公路控制性工程。该项目于2006年10月开工建设,2008年11月贯通,2009年12月正式通车。

云阳山隧道左洞长3196m,右洞长3230m,按双向四车道高速公路单洞隧道设计,隧道内设计速度100km/h。隧道净宽10.75m,净高5.0m。

由于隧道跨度较大,净空较高,成洞面处边坡及仰坡高度在15m左右,为了保证边仰坡在施工期间与使用期间的稳定,使隧道建成后尽量恢复洞口自然景观,不仅洞口段边坡及仰坡采用锚杆加喷混凝土防护,而且在洞口均设置一段明洞。衡阳端为扩大喇叭式洞门,炎陵端为端墙式洞门。左右洞隧道中部各设4处紧急停车带以及4处行车横洞和8处行人横洞,分别供隧道内出事故的车辆使用,以及作为巡查、维修、救援通道。

该项目勘察设计特点及创新技术如下:

(1)先进、环保的震源激发技术。由于隧址内硬质基岩普遍出露,传统的坑炮激发技术不能有效激发地震波,经现场试验采用轻型凿岩机钻探震源孔,既有效地增加了单炮激发能量,又拓宽了地震波的频带宽度,从而保证了深部反射信号的有效性,也最大限度地减少对森林植被的破坏,实现了环保施工。

(2)首次在国内公路深埋隧道中采用12道叠加观测系统,从而保证600m深度内地震反射信号的有效性;针对隧址地形相对高差大的特点,采用先进的折射静校正处理技术,精确实行了地形静校正,从而保证了反射剖面的质量;采用2维叠前偏移技术,实现了岩层、断裂的归位处理,从而为隧址区内地质模型的建立提供有力依据;采用数字滤波技术,有效地压制了干扰波,突出有效波,从而提高了各地层反震波的分辨率,真正在山区公路工程中实现了高分率反射波法勘探。

(3)运用了手持GPS对地质点进行测量、绳索取芯、Dips、Unwedge软件等先进新技术。

该项目获2012年度交通运输部优秀设计二等奖。

第三章
国家高速公路

2004年12月17日,国务院审议通过《国家高速公路网规划》。国家高速公路网(以下简称"国高网")规划采用放射线与纵横网格相结合的布局方案,形成由中心城市向外放射以及横连东西、纵贯南北的大通道,由7条首都放射线、9条南北纵向线和18条东西横向线组成,简称为"7918网"。国高网在湖南省的布局为"一射二纵四横一联线",总规模约3500km。

2013年6月20日,《国家公路网规划(2013—2030年)》公布。新规划的国高网进一步完善,在西部增加了两条南北纵线,成为"71118"网,规划总里程11.8万km。湖南省境内国家高速公路由3561km调整为5333km。

截至2016年底,湖南高速公路通车里程达6081.489km,其中国家高速公路4714km。经过湖南的国家高速公路有G4京港澳线、G4W2许广线、G4E武深线、G1517莆炎线、G55二广线、G5513长张线、G5515张南线、G59呼北线、G65包茂线、G56杭瑞线、G60沪昆线、G60N杭长线、G72泉南线、G76厦蓉线、G0401长沙绕城线。

常张高速公路(于二彩供图)

吉怀高速公路

第三章 国家高速公路

凤大高速公路收费站

第一节　G4（北京至香港、澳门）湖南段

北京至香港、澳门高速公路，简称京港澳高速公路，原称京珠高速，国高网编号为 G4，是一条首都放射型国家高速，地处我国重要的经济走廊带，是我国重要的公路南北交通大动脉，连接京津冀经济圈、河南中原城市群、长江经济带、长株潭城市群、珠三角经济区。

京港澳高速公路湖南段是湖南省新修订的高速公路规划"七纵七横"中第二纵，是湖南省最重要的交通主动脉。省境沿线包括湖南农产品重要基地的洞庭湖区、有"金三角"之称的长株潭城市群、拥有五岳独秀旅游资源的衡阳地段、以钨铋储量居全国第一位被誉为"有色金属之乡"的郴州地段，为工农业生产、自然资源开发、旅游事业以及外向型经济发展，提供了舒适便捷的交通环境。

京港澳高速湖南段全长 528.216km，分临（湘）长（沙）、长（沙）（湘）潭、（湘）潭耒（阳）、耒（阳）宜（章）4 段修建。经由岳阳市（临湘市、岳阳县、平江县、汨罗市）、长沙市（长沙县、芙蓉区、雨花区）、湘潭市（湘潭县、岳塘区）、株洲市（天元区、株洲县）、衡阳市（衡山县、衡东县、衡南县、耒阳市）、郴州市（永兴县、苏仙区、北湖区、宜章县），共 6 市 19 区县。

G4 湖南段建设项目信息、路面信息、交通流量状况、项目建设单位信息、收费站点设置情况、服务区设置情况等，分别见表 3-1-1 ~ 表 3-1-6。

一、临（湘）长（沙）高速公路

临湘至长沙高速公路，简称临长高速公路，是 G4 京港澳高速公路湖南境内的第一段，北起于湘鄂两省交界处的临湘坦渡河，南止于长沙县牛角冲，与长潭高速公路相接，途经岳阳、长沙两市，全长 182.788km，总投资 50.9 亿元人民币，于 2000 年 4 月开工建设，2002 年 11 月 30 日建成通车，是湖南省境第一条全线采用沥青混凝土路面和实施绿色通道工程的高速公路。

临长高速公路投建前,其所在区域面积占全省的1/5,人口占全省的1/4,而地区生产总值却占全省的40%,人均地区生产总值为全省平均值的1.46倍,时为省内社会经济发展迅猛和城市化程度极高的地带,省际市际交流日益繁忙,交通运输需求持续增长,对公路通行能力和服务水平要求越来越高。但由于历史原因,该区域交通设施相对滞后,区域内公路运输任务主要由G107国道承担,严重超负荷运营的交通状况加上日益恶化的运输条件,致使G107国道很快病入膏肓,路面屡修屡坏,交通经常阻塞,交通事故接连不断。20世纪90年代中期始,要求改善临湘至长沙路段交通环境的社会呼声与日俱增,形势日趋紧迫。

　　1992年8月,省交通规划勘察设计院开始临长高速公路预可行性研究。1998年5月,国家计委将此项目列入国内利用世界银行1999财政年度贷款计划。同年11月,省人民政府成立临长高速公路建设指挥部和"湖南省临长高速公路开发总公司"(简称临长公司)。

　　1998年11月12日,省人民政府召开临长高速公路征地拆迁会议,落实征地拆迁任务与经费安排。确定主干线按120万元/km包干,协调工作经费按1万元/km补足。11月14日,长沙、岳阳两市分别成立以市长为首的"临长高速公路建设协调领导小组",沿线5县(市)、2区、28乡(镇)、141个行政村相应成立协调指挥机构,具体负责辖区内的征地拆迁工作和协调项目中的地方关系。共征用土地23001.17亩,拆迁各类建筑物422095m²,迁移电力、通信、广播杆线29.337万m。

　　该项目主线土建工程划分为11个合同段,均为国际竞争性招标。报名投标者95家,通过资格预审者47家(其中联营体1家)。通过公证处公证,54份投标书公开开标。经专家评审后,湖南省招标领导小组、交通部和世界银行审批,确认交通部第一公路工程总公司、湖南路桥建设总公司、四川路桥建设集团有限公司等11家企业中标。联络线土建工程分9个合同段,为国内竞争性投标,中铁十四局等8家企业中标。房建工程也为国内竞争性投标,湖南省建筑工程集团总公司等5家企业中标。

　　2000年4月,临长高速公路建设全线开工。临长高速公路主线为双向四车道,路基宽28m,设计速度120km/h,停车视距210m,最大纵坡3%,平曲线最小半径1000m。建有特大桥2座/1380.84延米,大桥8座/1880.92延米,中桥35座/1780.70延米,小桥12座/284.56延米,涵洞1053道/36824.05延米,通道565处/22743.01延米。设置分离式立交桥75处,互通式立交桥11处,人行天桥42座/2342.06延米。联络线共4条,其中岳阳联络线按一级公路标准建设,路基宽25.5m,水泥混凝土高级路面;平江、开慧、广福联络线按二级公路标准建设,路基宽12m,沥青路面。

　　2002年11月30日,临长高速公路正式通车。全线在与湖北交界处设羊楼司1个主线收费站,设金鸡、临湘、桃林、岳阳、荣家湾、大荆、平江西7个匝道收费站,均为政府还贷性收费站,由省高管局岳阳管理处和长沙管理处按辖区负责运营管理。全线设羊楼司、临湘、巴陵、平江、长沙5个服务区,设桃林、大荆、安沙3个停车区。

二、长(沙)(湘)潭高速公路

长沙至湘潭高速公路,简称长潭高速公路,是 G4 京港澳高速公路湖南段第二段,北起长沙县牛角冲,南止湘潭市马家河,与潭耒高速公路相接,连接长沙、湘潭两市,全长 44.76km,于 1994 年 7 月 1 日开工建设,1996 年 12 月 15 日建成通车,是湖南第一个利用亚洲开发银行贷款修建的公路项目。

长潭高速公路修建前,G107 国道长潭段是长株潭三市的重要通道。1986 年完成改造的 G107 国道长潭段,1989 年车流量达到 9035 辆/d,超过设计标准 23%。加之其穿越长沙市境 17km 和湘潭市境的 14km 已基本街道化,平交 32 处,厂矿企业、机关、商店、学校横向干扰大,行驶车速平均约 35km/h,交通事故频繁(1989 年共发生 739 起)。

1989 年 11 月,省交通规划勘察设计院开始编制长潭高速公路预可行性研究报告。1992 年冬,国务院批准国家计委《关于审批长沙至湘潭高等级公路工程可行性报告的请示》,长潭高速公路正式立项。

长潭高速公路项目是省交通厅首次利用亚洲开发银行贷款建设的公路项目,项目工程决算金额 117398 万元,其中利用亚行贷款 58000 万元,国内银行贷款 14276 万元,交通部补助 18300 万元,省交通重点建设基金 26627 万元,地方自筹 195 万元。

长潭全线征用土地 5702.481 亩,拆迁房屋 822 户,涉及 2754 人,拆迁房屋面积共 139641.35m^2,临时用地 1508 亩,电力线路及通信线路 450 处,水系调整 315 处。

长潭高速公路项目建设单位为长潭高速公路建设开发公司,长潭公司对整个工程按菲迪克条款进行全方位、全过程管理;其总监办公室按部颁标准制定《长潭高速公路项目工程监理实施办法》《长潭高速公路施工及验收技术规范》等进行监理。

长潭高速公路是利用亚洲开发银行贷款的项目,根据亚行规定,工程施工及监理应面向成员国进行公开招标。土建工程的招标工作由省交通厅委托中国技术进出口总公司国际招标公司作为招标代理,招标文件的商务条款及技术条款由该公司编写,图纸部分由省交通规划勘察设计院编制。招标文件编制及招标,均按亚行"采购指南"规定的程序和办法进行。项目共分 7 个土建工程标段,通过国际、国内竞争性招标,确定由湖南路桥建设总公司等单位中标承建;交通工程设施由河北武安交通工业集团总公司等 13 家公司中标。

1994 年 7 月 1 日,长潭高速公路正式动工。主线为平原微丘区双向四车道高速公路,路基宽 27.5m,双向四车道,中间绿化隔离带宽 3.5m,最大纵坡 3%,平曲线最小半径 1000m,主线设计速度 120km/h,匝道设计速度 40km/h。共建桥梁 41 座/1971.70 延米,涵洞 256 座/11213 延米,通道 118 处/4331.8 延米。其中,牛角冲立交桥为苜蓿叶形大型立交桥,是京港澳高速公路与 G319 国道交会点;李家塘立交桥为单喇叭形,通过李洞公路与 G107 国道相接。

1996年12月15日,长潭高速公路建成通车。全线设雨花、李家塘、马家河3个收费站,由湖南现代投资股份有限公司长沙分公司负责运营管理。设昭山1个服务区。2003年5月,湖南现代投资股份有限公司投资4.22亿元对路面进行了改造,历时7个月采取半幅通车、半幅施工的方式将原来的混凝土路面全部改造为改性沥青路面。

三、(湘)潭耒(阳)高速公路

湘潭至耒阳高速公路,简称潭耒高速公路,是G4京港澳高速公路湖南段第三段,北起于长潭高速公路起点湘潭马家河互通立交,南止于耒阳市陈家坪,与耒宜高速公路相接,连接湘潭、株洲、衡阳三市,全长168.848km,是我省第一条建设里程超过100km的高速公路。项目总投资为44.8164亿元,于1997年10月1日开工建设,2000年12月26日建成通车,是湖南第一个利用世界银行贷款修建的公路项目。

潭耒高速公路修建时,湘潭、株洲、衡阳三市是全省生产力布局的中轴地带,经济发达、资源丰富,具有重要的地域优势、经济优势和战略地位,各种运输需求迅猛增长,邻近各市和广东、广西、湖北等省(自治区)的过境车辆也日益增多,而该区域交通设施则相对滞后,G107国道湘潭至耒阳段交通量大,不堪重负。因此,尽快在湘潭至耒阳间修建高速公路,以连通省境南北运输大通道,是湖南省委、省政府制定的"打开南北两个通道,建设五区一廊"经济发展战略计划的重要组成部分。

1993年12月,潭耒高速公路申请立项。1995年11月,国家计委正式批复工程可行性研究(以下简称"工可")报告。1996年4月,交通部批准初步设计。1997年8月18日,潭耒高速公路在株洲县金龙茶场举行开工典礼,同年10月1日正式开工,于1998年8月完成路基工程,2000年9月完成路面工程,同年12月26日建成通车。

潭耒高速公路是利用世界银行贷款修建的公路项目,按FIDIC条款进行管理建设。该项目建设总投资448164.21万元,其中世行贷款145580万元,国家开发银行贷款40000万元,建设银行贷款80000万元,交通部拨款81400万元,省财政非经营基金10000万元,省交通重点建设资金2671万元,省交通重点建设资金回收20000万元,地方财政专项(国债)30000万元,省高速公路建设开发总公司组织贷款38513.21万元。

根据世行的采购程序及省招标领导小组的有关规定,潭耒高速公路进行了国际、国内竞争性招标。投标单位共192家,经过资格预审,合格投标单位为41家(其中联营体6家),最终确认湖南路桥建设总公司等11家单位中标土建工程。工程监理采取国内邀请投标形式,江苏华宇交通工程咨询监理公司等8家监理单位中标。

潭耒高速公路的征迁工作从1996年7月开始,至1997年2月基本结束,实际征地拆迁总经费为24503.4万元,全线共征用土地20486.62亩,全线拆迁房屋总面积为329602.53m^2,迁移电力电信等各类线路401.93km。

潭耒高速公路主线为平原微丘区双向四车道高速公路，水泥混凝土路面，路基宽28m，设计速度为120km/h。主线有特大桥3座，大桥3座，中桥15座，小桥9座，分离式立交116处，互通式立交10处，人行天桥14座，渡槽12座，通道431座，涵洞612座，倒虹吸99座。

潭耒高速公路全线设株洲西、伞铺、王十万、朱亭、新塘、大浦、冠市、新市、耒阳9个收费站，由湖南现代投资股份有限公司潭耒分公司负责运营管理，设朱亭、大浦、耒阳3个服务区和建宁、冠市、衡山3个停车区。

2012年5月，潭耒高速公路分两期实施提质改造工程。改造范围包括全线路面、防护及排水工程、桥梁、互通式立交、安全设施、通信系统、收费系统、监控系统等。在保持潭耒高速公路原有28m路基宽度不变的基础上进行改建，继续维持原双向四车道高速公路标准，采用"连续配筋混凝土+沥青面层"的"白改黑"方式，对原有路面进行加铺改造，总加铺厚度为30.5cm。改造工程于2013年11月底完成。

四、耒（阳）宜（章）高速公路

耒阳至宜章高速公路，简称耒宜高速公路，是京港澳高速公路湖南段第四段，北起于耒阳市陈家坪，与潭耒高速公路相连，南止于宜章小塘，与广东省粤北高速公路相接，途经耒阳、永兴、苏仙、北湖、宜章等县市，计21个乡镇、95个行政村，全长131.821km，总投资392714万元，1998年11月1日开工建设，2001年12月28日建成通车。

1993年5月，省交通规划勘察设计院开始对耒宜高速公路进行预可行性研究。1996年4月，省交通厅委托交通部第二公路勘察设计院进行施工图设计。1997年9月，国家计委批准立项。1998年8月，交通部批准初步设计。1998年10月28日，耒宜高速公路在郴州市成人中专学校举行开工典礼，1998年11月1日正式开工。

耒宜高速公路主线土建工程分11个标段，竞投单位有40家企业，通过资格预审的38家经过公开唱标、评议，最终有湖南省路桥建设总公司等8家企业中标；绿化工程分7个合同段，6家企业或联营企业中标；路面工程划分8个合同段，3家企业中标；交通安全设施工程划分为22个合同段，22家企业中标；中央分隔带水泥混凝土护栏及通讯管道工程分7个合同段，6家企业中标；土建监理分为5个合同段，8家单位参与竞标，最终5家胜出。

征地拆迁工作与招投标工作同步进行。1998年7~8月，耒宜高速公路建设开发公司与耒宜高速公路建设指挥部先后成立，前者为建设单位，后者为组织领导机构。征地拆迁经费主线按122万元/km包干，联络线一级公路按70万元/km包干，二级公路按30万元/km包干，特殊情况适当增补经费。全线共征用土地19223.42亩，拆迁房屋总面积196137.54m^2，迁移电力、电信各类线杆4411根，电力、电线架塔14座。2001年12月征地拆迁工作结束，实际征地拆迁总经费为24422万元。

G4 湖南段建设项目信息

表 3-1-1

项目名称	规模 里程(km)	规模 四车道	建设性质	设计速度(km/h)	永久占地(亩)	投资情况(亿元) 概算	投资情况(亿元) 决算	资金来源	建设时间(开工~通车)
临长高速公路	182.788	182.788	新建	120	22113.76	50.9174	50.9152	银行贷款、中央补助、地方自筹	2000.5~2002.11
长潭高速公路	44.76	44.76	新建	120	5702.48	11.9427	11.7398	交通部补助、省交通建设基金、地方债券、亚行贷款	1994.7~1996.12
潭耒高速公路	168.848	168.848	新建	120	20486.62	44.82(含划拨未宜高速公路建设的0.46)	44.82(含划拨未宜高速公路建设的0.46)	银行贷款、交通部拨款、财政非经营基金、省交通重点建设资金、省财政专项回收、地方财政专项(国债)、银行贷款	1997.10~2000.12
潭耒高速公路(改造)	168.848	168.848	改建	120	20486.62	26.86	决算报告未出	企业自有资金、银行贷款	2012.5~2013.11
耒宜高速公路	131.821	131.821	新建	100	19223.4	39.2714	39.2076	交通部补助、省重点建设基金、国债转贷、银行贷款	1998.11~2001.12

G4 湖南段路面信息

表 3-1-2

项目名称	起讫里程	长度(m)	路面形式
临长高速公路	K1310+000~K1492+788	182788	沥青混凝土路面
长潭高速公路	K1492+788~K1537+548	447600	沥青混凝土路面
潭耒高速公路	K1537+548~K1706+396	168848	水泥混凝土路面
潭耒高速公路(改建)	K1537+548~K1706+396	168848	沥青混凝土路面
耒宜高速公路	K1739.612~K1841.768	102156	沥青混凝土路面

第三章 国家高速公路

表 3-1-3　G4 湖南段交通流量状况（单位：辆/日）

年份	临长高速公路				长潭高速公路		潭耒高速公路				耒宜高速公路			
	羊楼司	桃林	大荆	日平均流量	雨花	日平均流量	株洲西	新塘	耒阳	日平均流量（自然数）	永兴	郴州	小塘	日平均流量
2003					6248	6248	3814	2098	1507	9849				
2004					17500	17500	4240	2009	1580	11090	1703	3480	10540	19520
2005					21519	21519	4846	2330	1691	12594	1775	3955	11255	21319
2006					25994	25994	5839	2563	1983	14552	1901	4806	11976	23508
2007					25190	25190	9913	3034	2411	20376	2332	5989	13219	27174
2008					28921	28921	7464	3289	3089	19474	2762	7710	12680	28927
2009					33588	33588	9806	3835	2982	23659	3096	7224	13705	29114
2010					30465	30465	8409	4200	2940	23192	3994	8794	14928	34415
2011					29444	29444	7919	4687	3159	24923	3668	8023	15330	32643
2012					32631	32631	6025	3259	3244	20266	4948	8427	14800	34351
2013	13467	15957	27859	20749	38020	38020	8552	4326	2873	24823	3180	5630	13646	27460
2014	13498	14291	26413	19496	48305	48305	7837	3849	3391	23349	2556	6560	15997	32541
2015	14247	18451	29233	22430	44380	44380	6909	3233	3515	21943	2331	5166	18059	30551
2016					37821	37821	7738	3296	3676	23887				

耒宜高速公路主线路基宽27m,双向四车道,中央分隔带宽2m,设计速度100km/h,最大纵坡3.96%,平曲线最小半径1000m;全线路基土方2277.486万m^3,石方1576.479万m^3,防护工程71.53万m^3;特殊路基处理32.7km。建有大桥10座/2059.57延米,中桥20座/1240.91延米,小桥30座/756.35延米,互通式立交桥7处,涵洞592道/25878.6延米,通道143处/5510.73延米。

耒宜高速公路全线设公平、马田、永兴、五里牌、郴州、良田和宜章共7处匝道收费站,在与广东交界处设宜章主线收费站,按管辖权限由省高管局衡阳管理处和郴州管理处负责运营管理。全线设永兴、良田2个服务区。

2013年5月,耒宜高速公路启动大修改造。同年11月,改造工程完成。

G4湖南段项目建设单位信息❶　　　　　　　　　　　　　　　　　　　表3-1-4

路段	参建单位	单位名称	合同段编号及起止桩号	负责人
临长高速公路	管理单位	湖南省临长高速公路建设开发有限公司	K0+000~K182+788	赵平
	设计单位	湖南省交通规划勘察设计院		彭建国
		中国公路工程咨询监理总公司	交通工程部分	
	监理单位	湖南省交通建设质量监督站		魏化宇
		育才—布朗交通咨询监理有限公司	K0+000~K37+060	
		河北通达工程监理咨询有限公司	K37+060~K70+300	赵彦东
		湖南省金衢交通咨询监理有限公司	K70+300~K101+000	胡伟
		湖南大学建设监理中心	K101+000~K134+520	吴方伯
		湖南省交通建设工程监理公司	K134+520~K182+788	彭国建
	施工单位	中国十五冶金建设有限公司	1:K0+000~K19+800	
		四川公路桥梁建设集团有限公司	2:K19+800~K37+060	夏虹
		交通部第一公路工程总公司第一工程公司	3:K37+060~K54+484	
		岳阳市公路桥梁基建总公司	4:K54+484~K70+300	胡知荣
		湖南环达公路桥梁建设总公司	5:K70+300~K84+200	胡佳祥
		深圳市道路工程公司	6:K84+200~K101+000	
		广州市公路工程公司/湖南省郴州市交通路桥有限公司	7:K101+000~K117+300	
		湖南公路桥梁建设总公司	8:K117+300~K134+520	龚智辉
		湖南公路桥梁建设总公司	9:K134+520~K152+300	龚智辉
		湖南公路桥梁建设总公司	10:K152+300~K171+000	龚智辉
		湖南公路桥梁建设总公司	11:K171+000~K182+788	龚智辉

❶因路段管理机构更迭,部分信息缺失。

第三章
国家高速公路

续上表

路段	参建单位	单位名称	合同段编号及起止桩号	负责人
长潭高速公路	管理单位	湖南省高速公路建设开发总公司	K0+000~K51+522	唐生德
	设计单位	湖南省交通规划勘察设计院	K0+000~K51+522	彭建国
	咨询单位	湖南省交通规划勘察设计院	K0+000~K51+522	彭建国
	监理单位	湖南大学	K0+000~K19+600	倪江华
		湖南省交通科研所	K19+600~K38+146	李建华
		长沙工程兵学院	K38+146~K51+522	易新云
	施工单位	湖南环达公路桥梁建设总公司	2：K5+625~K6+191	郭彬生
		湖南省公路桥梁建设总公司	3：K19+600~K29+500	刘启元
		湖南省公路桥梁建设总公司	4：K29+500~K38+146	杨志达
		岳阳路桥总公司	5：K38+146~K44+760	胡知荣
		湖南省建设集团公司	6：K44+760~K51+522	郭淑良
		湖南环达公路桥梁建设总公司	7：K9+000~K19+600	张超
潭耒高速公路	管理单位	湖南省湘耒高速公路建设开发总公司	K1537+548~K1706+396	杨志达、吴亚中、余超良、谢立新
	设计单位	湖南省交通规划勘察设计院	K1537+548~K1706+396	彭建国
		中国公路工程咨询监理总公司（交通工程部分）	K0+000~K167+865	贾国杰
	监理单位	江苏华宁交通工程咨询监理公司	K0+000~K25+600	司马昌
		湖南金衢交通咨询监理有限公司	K25+600~K46+000	王维
		湖南大学建设监理中心	K46+000~K56+000、朱亭联络线	官邑
		中国公路工程咨询监理总公司	K56+000~K73+139	尹若冰
		湖南长工工程建设监理有限公司	K73+139~K103+551	王智彦
		育才—布朗交通咨询监理有限公司	K103+551~K119+051	王学军
		长沙铁道学院建设监理公司	K119+051~K132+850	尹健
		湖南省交通建设工程监理公司	K132+850~K167+865、新市联络线	周铁士
		湖南省公路工程咨询监理公司	耒阳联络线	王良斌
		湖南省兴达建设监理公司	房建工程	孟斌程
	施工单位	湖南省公路桥梁建设总公司	土建1：K0+000~K6+640	周伟义
		湖南省公路桥梁建设总公司	土建2：K6+640~K25+600	周正凯
		湖南省公路机械工程公司	土建3：K25+600~K31+600	岳建学
		湖南省郴州路桥建设总公司	土建3：K31+600~K38+000	刘红宝
		湖南环达公路桥梁建设总公司	土建3：K38+000~K46+000	郭彬生
		湖南省公路桥梁建设总公司	土建4：K46+000~K56+000	袁太平
		铁道部第二十工程局	土建5：K56+000~K67+000	俞忠安

续上表

路段	参建单位	单位名称	合同段编号及起止桩号	负责人
潭耒高速公路	施工单位	海南公路工程公司	土建5：K67+000~K70+000	黄钧
		广东省公路施工总公司	土建5：K70+000~K73+139	刘志岳
		四川公路桥梁工程总公司	土建6：K71+835~K79+480K82+350~K85+051	石维平
		湖南省衡阳公路桥梁建设总公司	土建6：K79+480~K82+350	仇武政
		中国水利水电第八工程局	土建7：K85+051~K91+650	黄宝铭
		岳阳市公路桥梁工程施工处	土建7：K91+650~K98+500	苏俭来
		湖南省湘中公路桥梁建设总公司	土建7：K98+500~K100+680	张俊德
		湖南省株洲市路桥总公司	土建7：K100+680~K103+551	谭若坚
		哈尔滨公路工程处	土建8：K103+551~K111+350	施洪滨
		湖北省路桥公司	土建8：K111+350~K119+051	马建刚
		湖南省建筑工程总公司	土建9：K119+000~K132+850	李辉中
		湖南省岳阳公路桥梁基建总公司	土建10：K132+850~K141+000	李勤
		湖南省益阳路桥建设总公司	土建10：K141+000~K144+560	杨定朝
		核工业25公司	土建10：K144+560~K147+092	张书刚
		交通部一公路工程总公司	土建11：K147+092~K151+250	王兵
		铁道部第五工程局一处	土建11：K151+250~K155+180	黄谷根
		中国建筑第五工程局	土建11：K155+180~K167+865	沈涛
		株洲市路桥总公司	联络线土建1：K0+000~K5+025	郭建文
		交通部第一公路工程总公司	联络线土建3：K0+000~K2+962.89	刘维生
		邵阳路桥总公司	联络线土建4：K1+534.62~K6+136.8	张飞成
		核工业长沙中南建设工程总公司	联络线土建5：K6+136.8~K9+235.29 K0+000~K0+724.56	黄宝明
		湖南省第四工程公司	房建19：株洲管理所、伞铺停车场、伞铺收费站、王十万收费站、朱亭服务区、朱亭收费站	黄中远
		衡阳市第三建筑工程公司	房建20：新塘管理所、新塘停车场、大浦收费站、大浦服务区、洪市收费站、古城管理所	刘建雄
		长沙东方红建筑公司	房建21：冠市收费站、冠市停车场、新市收费站、耒阳服务区、耒阳收费站	朱向阳

第三章
国家高速公路

续上表

路段	参建单位	单 位 名 称	合同段编号及起止桩号	负责人
潭耒高速公路（改造）	\multicolumn{4}{c}{潭耒提质改造项目建设单位信息}		
	管理单位	现代投资潭耒高速公路提质改造工程项目部	K1537+548~K1706+396	刘初平、张剑波、余超良、张建军
	设计单位	湖南省交通规划勘察设计院	K1537+548~K1706+396	刘琴
	咨询单位	长沙理工大学	路面技术咨询	刘朝晖
		湖南省交通规划勘察设计院	桥梁施工技术咨询	廖建宏
	监理单位	洛阳市路星公路工程监理有限公司	K1537+548~K1588+000	彭春明
		湖南金路工程咨询监理有限公司	右幅K1588+000~K1641+500	滕德会
		湖南金路工程咨询监理有限公司	左幅K1588+000~K1641+100	滕德会
		北京华路捷公路工程技术咨询有限公司	K1537+548~K1706+396	邰俊凯
		南京安通工程咨询监理有限公司	右幅K1641+500~K1674+000	段发宏
		南京安通工程咨询监理有限公司	右幅K1641+100~K1674+000	段发宏
		广东虎门技术咨询有限公司	K1674+000~K1706+396	曹习明
	施工单位	武汉公路桥梁建设集团有限公司	土建S1：K1537+548~K1555+000	汪健
		山东省路桥集团有限公司	土建S2：K1550+000~K1571+000	李伟
		湖南省怀化公路桥梁建设总公司	土建S3：K1571+000~K1588+000	周永新
		中交第四公路工程局有限公司	土建S4：K1588+000~K1605+000	彭波
		吉林省长城路桥建工有限责任公司	土建S5：K1605+000~K1623+000	王俊文
		沈阳高等级公路建设总公司	土建S6：K1623+000~K1641+500	欧晓峰
		湖南同力交通实业有限责任公司	交安S16：右幅K1537+548~K1641+500、左幅K1537+548~K1641+100	彭朝晖
		湖南天弘交通建设工程有限公司	机电S18：右幅K1537+548~K1641+500、左幅K1537+548~K1641+100	张跃东
		河南省大河筑路有限公司	土建S7：右幅K1641+500~K1658+000、左幅K1641+100~K1658+000	潘路星
		河北冀通路桥建设有限公司	土建S8：K1658+000~K1674+000	李志东
		岳阳市公路桥梁基建总公司	土建S9：K1674+000~K1690+000	吴建交
		湖南省怀化公路桥梁建设总公司	土建S10：K1690+000~K1706+396	周永新
		苏州交通工程集团有限公司	交安S11：右幅K1641+500~K1674+000、左幅K1641+100~K1674+000	曹志
		湖南省郴州公路桥梁建设有限责任公司	交安S12：K1674+000~K1706+396	杨小年
		江苏长城交通设施设备有限公司	交安S17：右幅K1641+500~K1706+396、左幅K1641+100~K1706+396	曹志

湖 南

续上表

路段	参建单位	单位名称	合同段编号及起止桩号	负责人
潭耒高速公路（改造）	施工单位	江苏铁电交通科技集团有限公司	机电 S19：右幅 K1641+500~K1706+396、左幅 K1641+100~K1706+396	刘洪涛
		江苏智运科技发展有限公司	株洲西收费站机电项目	丁胜
		湖南长沙榔梨建筑工程有限公司	株洲西收费站房建项目	袁峰
耒宜高速公路	管理单位	耒宜高速公路建设开发有限公司	K167+865~K309+707.5	罗恒
	设计单位	中交第二公路勘察设计研究院	主体工程设计、路面深化设计	
		湖南省交通勘察设计所	路面深化设计、交通安全设施（中央分隔带混凝土护栏及相关工程）	
		中国公路工程咨询监理总公司	交通安全设施（除中央分隔带混凝土护栏及相关工程）	
		北京深华科交通工程有限公司	交通安全设施（中央分隔带混凝土护栏及相关工程）	
		湖南省交通规划勘察设计院	房建工程	
	监理单位	湖南省交通建设监理公司	土建标：土建 1~4 合同段；路面标：路面 1~3 合同段；绿化标：绿化 1、2 合同段；交安标：交安 1、2、7、8、13、14、19、22、23、27 合同段	
		北京华宏路桥咨询监理公司	土建标：土建 8、9 合同段；路面标：路面 6、7 合同段；绿化标：绿化 5、6 合同段；交安标：交安 5、11、17、20、22、25、28 合同段；联络线：联络线 1、2 合同段	
		湖南长工工程建设监理有限公司	土建标：土建 10、11 合同段；路面标：路面 8 合同段；绿化标：绿化 6、7 合同段；交安标：交安 6、12、18、21、22、26、29 合同段；联络线：联络线 3 合同段	
		湖南省公路咨询监理公司	土建标：土建 5 合同段；路面标：路面 3 合同段；绿化标：绿化 3 合同段；交安标：交安 3、9、15、22、24 合同段	
		江苏华宁交通咨询监理公司	土建标：土建 6、7 合同段；路面标：路面 4、5 合同段；绿化标：绿化 3、4 合同段；交安标：交安 4、10、16、22 合同段	
		湖南大学监理中心	房建工程	
		中国公路工程咨询监理总公司	收费、通信及监控系统	

第三章
国家高速公路

续上表

路段	参建单位	单位名称	合同段编号及起止桩号	负责人
耒宜高速公路	施工单位	湖南省公路桥梁建设总公司	土建1：K167+865～K183+940	
		湖南省公路桥梁建设总公司	土建2：K183+940～K194+500	
		湖南省公路桥梁建设总公司	土建3：K194+500～K207+550	
		中国有色金属工业第十五冶金建设公司	土建4：K207+550～K218+060	
		湖南省建筑工程总公司/湖南省第六工程公司联营体	土建5：K218+060～K227+960	
		湖南省岳阳市公路桥梁基建总公司	土建6：K227+960～K241+700	
		湖南环达公路桥梁建设总公司/湖南怀化路桥总公司联营体	土建7：K241+700～K255+800	
		湖南省郴州市公路桥梁建设总公司/湖南省湘潭公路桥梁建设总公司/广州军区中人企业集团联营体	土建8：K255+800～K269+900	
		中国水利水电第八工程局	土建9：K269+900～K285+145	
		湖南省建筑工程总公司/湖南省第六工程公司联营体	土建10：K285+145～K299+000	
		交通部第一公路工程总公司	土建11：K299+000～K309+707.5	
		湖北省路桥公司	路面1：K167+865～K182+436.71	
		湖南省公路桥梁建设总公司	路面2：K182+436.71～K205+430	
		湖南省公路桥梁建设总公司	路面3：K205+430～K227+830.66	
		湖南省公路桥梁建设总公司	路面4：K227+830.66～K241+700	
		交通部第二公路工程局第四工程处	路面5：K241+700～K255+800	
		湖南环达公路桥梁建设总公司	路面6：K255+800～K273+190	
		湖南省郴州市公路桥梁建设总公司	路面7：K273+190～K288+085	
		岳阳市公路桥梁基建总公司	路面8：K288+085～K309+707.5	
		湖南省郴州市景园建设开发有限公司	绿化1：K167+865～K194+500	
		湖南省交通机关服务中心/湖南省湘虹园艺有限公司联合体	绿化2：K194+500～K214+950	
		深圳市绿高美园艺发展有限公司	绿化3：K214+950～K233+060	
		株洲市建湘园林绿化工程有限责任公司	绿化4：K233+060～K251+620	
		湖南省郴州市景园建设开发有限公司	绿化5：K251+620～K269+900	
		湖南长沙国景园林实业有限公司	绿化6：K269+900～K289+100	
		昆明今业花卉园林有限公司	绿化7：K289+100～K309+707.5	
		湖南省路桥总公司	交安1：K167+865～K196+000	
		湖南省交通科研所	交安2：K196+000～K218+000	
		湖南省公路机械工程公司	交安3：K218+000～K241+700	

续上表

路段	参建单位	单位名称	合同段编号及起止桩号	负责人
耒宜高速公路	施工单位	湖南省邵阳路桥建设总公司	交安 4：K241+700~K264+000	
		长沙捷通交通配套设施公司	交安 5：K264+000~K288+085	
		湖南益阳交通钢塑构件厂	交安 6：K288+085~K309+707.5	
		湖南省醴陵志远交通工程设施公司	交安 7：K167+865~K196+000	
		湖南省路桥总公司	交安 8：K196+000~K218+000	
		湖南省铁路工程公司	交安 9：K218+000~K241+700	
		长沙海陆交通安全设施公司	交安 10：K241+700~K264+000	
		湖南环达桥建设总公司	交安 11：K264+000~K288+085	
		北京华纬交通公司	交安 12：K288+085~K309+707.5	
		中国公路工程咨询监理海南公司	交安 13：K167+865~K196+000	
		河北银达交通工业集团公司	交安 14：K196+000~K218+000	
		广州市番安交通设施工程有限公司	交安 15：K218+000~K241+700	
		湖南省长路实业有限公司	交安 16：K241+700~K264+000	
		江阴市护栏板公司	交安 17：K264+000~K288+085	
		长沙海鸿工贸有限公司	交安 18：K288+085~K309+707.5	
		湖南省公路机械工程公司	交安 19：K167+865~K220+000	
		湖南省醴陵志远交通工程设施公司	交安 20：K220+000~K264+000	
		四川京川公路工程公司	交安 21：K264+000~K309+707.5	
		湖南省交通科研所	交安 22：K167+865~K309+707.5	
		湖南省常德公路桥梁建设总公司	交安 23：K167+865~K208+000	
		湖南省益阳路桥建设总公司	交安 24：K208+000~K240+000	
		郴州公路桥梁建设总公司	交安 25：K240+000~K275+700	
		湖南省交通科研所	交安 26：K275+700~K309+707.5	
		湖南省路桥总公司	交安 27：K167+865~K220+000	
		长沙捷通交通配套设施公司	交安 28：K220+000~K264+000	
		湖南省交通科研所	交安 29：K264+000~K309+707.5	
		中亚公司	郴州联络线（JK3+600~JK6+000）	
		郴州市交通路桥公司	郴州联络线（JK6+000~JK8+775.613）	
		湖南省林业机械施工公司	良田联络线（AK1+450~AK3+375.399）	
		湖南省建筑工程集团总公司	房建 FJ1 标：公平管理所、马田收费站、永兴服务区、永兴收费站	
		中建五局一公司	房建 FJ2 标：五里牌收费站、郴州收费站、耒宜管理处	
		望新建设集团股份有限公司	房建 FJ3 标：良田服务区、良田收费站、宜章停车场、宜章匝道收费站	
		湖南省建筑工程集团总公司	房建 FJ4 标：耒宜管理处监控楼	
		中建五局一公司	房建 FJ5 标：小塘收费站	
		华能基础产业投资有限公司	收费、通信及监控系统施工	

G4 湖南段收费站点设置情况

表 3-1-5

路段	站点名称	车道数	收费方式
临长高速公路	羊楼司	18 出	16 出人工,2 出 ETC
	金鸡	3 进 4 出	2 进 3 出人工,1 进 1 出 ETC
	临湘	3 进 7 出	2 进 6 出人工,1 进 1 出 ETC
	桃林	3 进 5 出	2 进 4 出人工,1 进 1 出 ETC
	岳阳	5 进 13 出	3 进 11 出人工,2 进 2 出 ETC
	荣家湾	3 进 5 出	2 进 4 出人工,1 进 1 出 ETC
	大荆	3 进 6 出	2 进 5 出人工,1 进 1 出 ETC
	平江西	3 进 7 出	2 进 6 出人工,1 进 1 出 ETC
	板仓	2 进 4 出	1 进 3 出人工,1 进 1 出 ETC
	广福	3 进 5 出	2 进 4 出人工,1 进 1 出 ETC
	杨梓冲	2 进 5 出	1 进 4 出人工,1 进 1 出 ETC
长潭高速公路	星沙	4 进 6 出	3 进 5 出人工,1 进 1 出 ETC
	雨花	4 进 8 出	2 进 6 出人工,2 进 2 出 ETC
	李家塘	0 进 5 出	0 进 3 出人工,0 进 2 出 ETC
	马家河	3 进 5 出	2 进 4 出人工,1 进 1 出 ETC
潭耒高速公路	株洲西	5 进 10 出	3 进 8 出人工,2 进 2 出 ETC
	伞铺	2 进 3 出	1 进 2 出人工,1 进 1 出 ETC
	王十万	2 进 2 出	1 进 1 出人工,1 进 1 出 ETC
	朱亭	2 进 2 出	1 进 1 出人工,1 进 1 出 ETC
	新塘	3 进 5 出	2 进 4 出人工,1 进 1 出 ETC
	大浦	2 进 4 出	1 进 3 出人工,1 进 1 出 ETC
	冠市	2 进 3 出	1 进 2 出人工,1 进 1 出 ETC
	新市	2 进 2 出	1 进 1 出人工,1 进 1 出 ETC
	耒阳	3 进 5 出	2 进 4 出人工,1 进 1 出 ETC
耒宜高速公路	小塘	0 进 25 出	0 进 23 出人工,0 进 2 出 ETC
	宜章	3 进 6 出	1 进 5 出人工,1 进 1 出 ETC,1 自动发卡机
	良田	2 进 2 出	1 进 1 出人工,1 进 1 出 ETC
	郴州	5 进 9 出	4 进 8 出人工,1 进 1 出 ETC
	五里牌	2 进 2 出	1 进 1 出人工,1 进 1 出 ETC
	永兴	3 进 6 出	1 进 5 出人工,1 进 1 出 ETC,1 自动发卡机
	马田	2 进 3 出	1 进 2 出人工,1 进 1 出 ETC

G4 湖南段服务区设置情况　　　　　表 3-1-6

路段	服务区名称	桩号	备注
临长高速公路	羊楼司	K1316+400	
	临湘	K1336+800	
	桃林	K1362+000	停车区
	巴陵	K1395+200	
	大荆	K1415+000	停车区
	平江	K1442+800	
	安沙	K1471+300	停车区
	长沙	K1480+980	
长潭高速公路	昭山	K1523	未投运
潭耒高速公路	建宁	K1555+547	停车区
	朱亭	K1589+047	
	衡山	K1630+503	停车区
	雁城	K1644+993	
	冠市	K1676+130	停车区
	耒阳	K1699+930	
耒宜高速公路	永兴	K1747+833	
	苏仙	K1805+271	
	宜章	K1830+714	

第二节　G4W2（许昌至广州）湖南段

许昌至广州高速公路，简称许广高速公路，国高网编号 G4W2，是《国家公路网规划（2013～2030 年）》中"7 射 11 纵 18 横"的第"4 射"，G4 京港澳高速的并行线。线路起于河南省许昌市，途经河南、湖北、湖南、广东 4 省，终点在广东省广州市，全长约 1385km。目前，除了湖南岳阳至望城段在建外，其余路段已全部建成通车。

许广高速公路沟通沿线 4 省的人流物流，推动工农业生产和旅游产业蓬勃发展，促进沿线区域经济的可持续发展，对加强我国中西部地区之间以及与东南部沿海地区之间的经济联系，促进西部大开发和中部崛起战略的实施具有十分重要的意义。

许广高速公路湖南段自湖北从岳阳入境，经岳阳、长沙、湘潭、衡阳、郴州等 5 市，在凤头岭（湘粤界）入广东，是湖南省新修订的高速公路规划"七纵七横"中的"三纵"，分随岳湖南段、岳望（在建）、长湘、潭衡、衡桂、桂武 6 段建设，现已建成通车 419.272km。

一、随（州）岳（阳）高速公路

随岳高速公路是 G4W2 许广高速公路湖南境内的起点段和最北段，北起云溪区道仁矶镇，接湖北荆岳长江公路大桥，南到岳阳市经济开发区，接京港澳高速公路岳阳连接线，路线全长 24km,概算总投资 17.17 亿元,于 2008 年 6 月 15 日开工建设,2011 年 12 月 26 日建成通车,是湖南省第一条双向六车道的高速公路。

随岳高速公路按双向六车道建设,路基宽 34.5m,设计行车速度 120km/h,全线有大桥 8 座,中桥 6 座,涵洞 83 道,互通式立交 3 处,分离式立交 7 处,通道 80 道,天桥 1 座,连接线 6.676km。全线贯通后,行驶京港澳高速公路湖北段的车辆可不必再绕行武汉,行程可缩短约 70km。

随岳高速公路湖南段属经营性高速公路,共设有道仁、巴陵、云溪、岳阳东等 4 个收费站,设有岳阳服务区 1 处,由湖南道岳高速公路实业有限公司负责该路段的运营管理。

二、长(沙)湘(潭)高速公路

长沙至湘潭高速公路,简称长湘高速公路,是许广高速公路湖南境内的第二段,起于长沙市望城区的茶亭,北接岳阳至望城高速公路,在铜官上游跨湘江,经新康、乌山(望城县西侧),在简家坳与长常高速公路相接,再从简家坳经白箬铺、道林、响塘,终于湘潭塔岭,与潭衡西线高速公路对接,全长 74.902km,2009 年 12 月开工建设,2012 年 12 月 23 日建成通车,是湖南省第一条交通运输部"两型科技"示范高速公路。

2009 年 6 月 30 日,省发展和改革委员会以湘发改交能〔2009〕646 号文件批复项目工程可行性研究报告;2009 年 8 月 21 日,省交通厅以湘交计统〔2009〕345 号文件批准本项目的初步设计,项目批复总工期为 3 年;2009 年 9 月 24 日,省交通运输厅以湘交基建〔2009〕410 号文件批复长沙至湘潭高速公路(复线)土建工程施工图设计;2009 年 12 月 29 日,省水利厅以湘水许〔2009〕209 号文件批复该项目工程水土保持方案同意书;2009 年 12 月 10 日办理了施工许可申请。

长湘高速公路全线共有土建工程施工合同段 15 个,生态防护工程和绿化工程合同段 11 个,路面工程施工合同段 4 个,房建工程施工合同段 4 个,机电工程施工合同段 2 个,桥梁伸缩缝采购与安装工程施工合同段 1 个,预埋通信管线及交通安全设施工程合同段 7 个;土建施工监理合同段 4 个,房建工程施工监理合同段 1 个,机电工程施工监理合同段 1 个。

长湘高速公路全线共征用公路用地 9231 亩,其中:水田 3329.68 亩,旱地 584.3 亩,专业菜地 54 亩,专业鱼池 13.94 亩,园地 487.64 亩,经济林 2875 亩,用材林 527.31 亩,水塘 575.2 亩,宅基地 314 亩,农村道路 255.72 亩,河流 93.717 亩,公路铁路 2.07 亩,农田水利用地 11 亩,荒地 5.6 亩,其他用地 101.49 亩。提供接改线用地 1110.5 亩,其中:水田 602.05 亩,旱地 93.307 亩,园地 63.445 亩,经济林 94.193 亩,用材林 219.67 亩,水塘 34.072 亩,宅基地 2.2871 亩,道路、荒地 1.277 亩,其他 0.15 亩。共拆迁房屋面积 341822m^2,其中:砖混 222671.2m^2,砖木 60032.61m^2,土木 59118.29m^2。共改迁高压电力铁塔 18 座,拆迁杆线 1765 处。协商处理征地拆迁个案 290 个。

长湘高速公路主线采用双向六车道高速公路标准修建,设计速度120km/h,路基宽34.5m。全线设置主线桥梁49座,其中,特大桥2座,分离式隧道5座,互通式立交9座。

长湘高速公路属于政府收费还贷性高速公路,共设有铜官、望城、乌山、白箬铺、莲花、南谷6个收费站,2个服务区,由省高管局长沙管理处和湘潭管理处按地域辖区负责运营管理。

三、(湘)潭衡(阳)高速公路

湘潭至衡阳高速公路,简称潭衡高速公路,是许广高速公路湖南境内的第三段,北出湘潭市的塔岭,接潭邵高速公路,往南经泉塘子、杨嘉桥、射埠、回龙桥、白果、东湖、石市、呆鹰岭,终于衡阳市的铁市,与衡枣高速公路相接,是湖南省"七纵七横"高速公路规划"第三纵"的重要组成部分,全长139.164km,总投资55亿元,2006年12月开工建设,2011年10月15日建成通车。

湖南省根据2006年3月17日交通部交函规划〔2006〕99号文《关于湘潭西至衡阳西公路项目的核准意见》精神,同意建设湘潭至衡阳西线公路,2006年8月21日,交通部批准项目初步设计,2007年1月28日国土资源部批准项目工程用地。该项目总投资核定为55亿元(静态投资52亿元),其中资本金19.25亿元(占总投资的35%),由泰邦投资股份有限公司出资,其余35.75亿元投资申请国内银行贷款解决。

潭衡高速公路建设共划分36个合同段,1~18合同为路基工程,19~26合同为路面工程,27合同为房建工程,28合同为机电工程。29~31合同为交安工程,32~35合同为绿化工程,36合同为交警房建。

全线共征用土地1057.3464公顷,平均每公里用地7.6公顷。

潭衡高速公路主线按双向四车道高速公路标准建设,设计速度100km/h,路基宽度26m,采用沥青混凝土路面。全线设特大桥2座,大桥25座,中桥86座,小桥1座;塔岭、泉塘子、杨嘉桥、射埠、回龙桥、白果、东湖、石市、杉桥、二塘、铁市11处互通式立交。

湖南潭衡高速公路有限公司负责该路段的运营管理,属经营性高速公路,沿线设置通信、监控分中心及管理处1处,服务区3处,养护工3处,收费站8处。

四、衡(阳)桂(阳)高速公路

衡阳至桂阳高速公路,简称衡桂高速公路,是许广高速公路湖南境内的第四段,路线起于衡阳市铁市互通,顺接湘潭至衡阳西线高速公路,与衡枣高速公路相交,经衡阳市的衡南县、常宁市,郴州市桂阳县和永州市新田县等3市4县22个乡镇,止于桂阳县流峰互通,与湖南省桂阳至临武高速公路相接,全长95.101km,概算总投资75.538亿元,2009年12月10日正式开工,2012年11月30日建成通车。

衡桂高速公路经省交通运输厅以湘交计统〔2008〕562号文件批准初步设计概算金额为75.538亿元（含建设期贷款利息4.926亿元，衡南连接线1.573亿元，常宁连接线2.264亿元），其中项目自筹18.88亿元，占总投资25%；银行贷款56.65亿元，占总投资的75%。

衡桂高速公路主线土建工程划分为15个合同段，路面工程划分为4个合同段，房建工程划分为4个合同段，机电工程划分为1个合同段，管道工程划分为2个合同段，绿化工程划分为16个合同段，交安工程划分为2个合同段。

该项目主线按双向六车道高速公路设计，路基宽度33.5m，采用全封闭全立交，设计行车速度100km/h，沥青混凝土路面；另设新田连接线37.72km，采用设计速度60km/h、路基宽度12m的二级公路标准，采用水泥混凝土路面。

衡桂高速公路是收费还贷性高速公路，全线共设置互通式立交6处，特大桥2座，设2个服务区、2个停车场，设车江、水口山、常宁、庙前、流峰5个收费站，由省高管局衡阳管理处和郴州管理处按地域辖区负责运营管理。

五、桂(阳)(临)武高速公路

桂阳至临武高速公路，简称桂武高速公路，是许广高速公路湖南段最后一段，北起于郴州桂阳流峰镇，经桂阳县、嘉禾县，在黄沙镇与宜连高速公路相交，在湘粤省界——凤头岭与广东省的清远至连州高速公路相接，终于郴州临武县，全长107.807km，2008年12月底开工建设，2012年12月建成通车。

该项目自筹备开始，即履行了基本的建设程序，确保项目顺利实施。可行性研究报告、初步设计、施工图设计、环境影响评价、用地许可、使用林地审核许可、项目防洪评价许可、施工许可相继获得政府各职能部门批复及备案。建设过程中及时向省交通建设质量安全监督管理局申报了质量监督申请，从合同履约、施工安全、工程质量等各方面加强监督，将项目管理能力与项目建设的适应能力纳入动态监管范围。实行项目跟踪审计制度，自觉接受、配合审计检查监督。

该项目概算总投资为74.4627亿元，资金来源为企业债券14亿元，注册资本5000万元，其他为银行贷款。

该项目采用双向六车道高速公路标准建设，路基宽度33.5m，设计速度100km/h。全线设大桥40座、中小桥20座、车行天桥12座、人行天桥10座、渡槽4座；涵洞、通道371道，分离式立交28座，无隧道，设互通8处。

桂武高速公路属收费还贷性高速公路，全线共设春陵江、行廊、麦市、楚江、临武、迎春6个收费站，设2个服务区，由省高管局郴州管理处负责运营管理。

G4W2湖南段建设项目信息、路面信息、交通流量状况、项目建设单位信息、收费站点设置情况、服务区设置情况等，分别见表3-2-1～表3-2-6。

G4W2湖南段建设项目信息

表 3-2-1

项目名称	规模(km)			建设性质(新、改、扩建)	设计速度(km/h)	永久占地(亩)	投资情况(亿元)			资金来源	建设时间(开工~通车)
	合计	六车道	四车道				估算	概算	决算		
随岳高速公路湖南段	24.08	24.08		新建	120	3172		17.17		银行贷款、其他	2008.6~2011.12
长湘高速公路	74.902	74.902		新建	120	9231	71.29	76.99	88.96	地方自筹、银行贷款	2009.12~2012.12
潭衡高速公路	139.164		139.164	新建	100	1057.3464		55.00		企业自筹	2006.12~2012.10
衡桂高速公路	95.101	95.101		新建	100	13206.75		75.538		项目自筹、银行贷款	2009.12~2012.11
桂武高速公路	107.807	107.807		新建	100	11972	74.46		74.45	中央补贴、地方自筹、银行贷款	2008.12~2012.11

G4W2湖南段路面信息

表 3-2-2

项目名称	路面形式	起讫里程	长度(m)	水泥混凝土路面	沥青路面
随岳高速湖南段	柔性路面	K1+320~K25+400	240800		沥青混凝土路面
长湘高速公路	柔性路面	K101+470~K176+361	74902		沥青混凝土路面
潭衡高速公路	柔性路面	K176+361~K315.465	139164		沥青混凝土路面
衡桂高速公路	柔性路面	K315.465~K410+566	95101		沥青混凝土路面
桂临高速公路	柔性路面	K410+566~K518.373	107807		沥青混凝土路面

G4W2 湖南段交通流量状况（单位：辆/日）

表 3-2-3

年份	随岳高速公路			长湘高速公路 长沙段 日平均流量	湘潭段 日平均流量	潭衡高速公路 日平均流量	衡桂高速公路 衡阳段			郴州段		桂武高速公路			
	道仁	岳阳东	日平均流量				松柏	常宁	日平均车流量(自然数)	流峰	日平均流量	行廊	麦市	楚江	日平均流量
2011						2832									
2012	8113	5811	13924			8299									
2013	10841	7989	18830	1221	6303	12305	7351	6000	6369	352	352	828	478	371	462
2014	12828	9481	22309	1801	9398	12259	7041	4741	5368	496	496	905	479	534	617
2015	14015	10161	24176	2744	14743	14205	7706	6101	6539	512	512	910	427	560	602
2016	14520	11218	25738	3074	20068	14664				569	569	868	428	500	575

G4W2 湖南段项目建设单位信息

表 3-2-4

路段	参建单位	单位名称	合同段编号及起止桩号	主要负责人
随岳高速公路	管理单位	湖南道岳高速公路实业有限公司	K1+320~K25+400	于利叶
	设计单位	湖南省交通规划勘察设计院	K1+320~K25+400	彭建国
	监理单位	江苏润通交通工程监理咨询有限公司	K1+320~K25+400	吕柳明
	施工单位	湖南省株洲公路桥梁建设有限公司	A:K1+320~K10+085	晏著生
		广东省基础工程公司	B:K10+085~K11+081	陈钦东
		岳阳市公路桥梁基建总公司	C:K11+081~K25+400	罗维
		深圳市路桥建设集团公司	路面工程	谢宇辉
		岳阳市岳阳楼区建筑工程总公司	房建工程	官华
		深圳市豪科园林有限公司	绿化工程	崔冬
		南京铁电通信工程有限公司	通信机电工程	陈湘灵
		淄博顺达交通设施工程有限公司	交通工程	刘好成
长湘高速公路	管理单位	湖南省长湘高速公路建设开发有限公司		钟放平
	设计单位	北京建达道桥咨询有限公司	K101+470~K136+438	马顺康
		湖南省交通规划勘察设计院	K136+604~K176+527.15	李正明
	监理单位	湖南湖大建设监理有限公司	K101+470~K118+336.1	钟新银
		北京港通路桥工程监理有限责任公司	K118+336.1~K136+438	黎德军
		湖南长顺工程建设监理有限公司	K136+604~K152+860	欧阳祖达
		湖南省交通建设工程监理有限公司	K152+860~K176+527.15	李建波
		长沙市建华工程建设监理有限责任公司（后更名：湖南明泰项目管理有限公司）	全线房建设施单体工程及室外总图工程	谢争文
		北京泰克华诚技术信息咨询有限公司	全线通信、监控、收费三大系统，隧道机电工程系统，以及全线通信管道工程	郭启栋
	施工单位	中冶交通工程技术有限公司	K101+470~K109+900	张凤金
		湖南省公路机械工程有限公司（后更名：湖南省湘筑工程有限公司）	K109+900~K112+183.1	汪展翅
		路桥集团国际建设股份有限公司（后更名：中交路桥建设有限公司）	K112+183.1~K113+458.1	宋超
		四川攀峰路桥建设集团有限公司	K113+458.1~K115+828.1	李元中
		中铁十一局集团第三工程有限公司	K115+828.1~K118+700	马元虎
		中铁二十五局集团有限公司	K118+700~K128+000	肖玉良
		湖南省建筑工程集团总公司	K128+000~K133+000	刘平红
		攀枝花公路桥梁工程总公司（后更名：攀枝花公路桥梁工程有限公司）	K133+000~K136+438	熊宏
		湖南省建筑工程集团总公司	K136+604~K142+800	胡富贵
		中铁十二局集团第一工程有限公司	K142+800~K147+260	张建军

第三章
国家高速公路

续上表

路段	参建单位	单位名称	合同段编号及起止桩号	主要负责人
长湘高速公路	施工单位	天津路桥建设工程有限公司	K147+260～K152+860	陈家驹
		许昌广茬公路工程建设有限责任公司	K152+860～K160+100	杨俭锋
		湖南省公路机械工程有限公司（后更名：湖南省湘筑工程有限公司）	K160+100～K170+000	蒋立志
		湖南湘潭公路桥梁建设有限责任公司	K170+000～K176+527.15	韩俊国
		中铁十二局集团第一工程有限公司	K106+931.8～K107+367.8；K128+262.74～K128+452.74	谈斌辉
		湖南是业园林艺术有限公司	K101+470～K109+900	刘坚
		株洲湘银园林绿化工程有限公司	K109+900～K118+700	成楚雄
		湖南美源园林景观工程有限责任公司	K118+700～K125+700	齐进
		岳阳绿丰园林产业有限公司	K125+700～K136+438	黄荣伟
		湖南庄和园林绿化建设有限责任公司	K137+000	陈彦
		长沙市锦绣江南风景园林有限公司	K136+604～K142+800	刘光辉
		岳阳市百绿园林有限公司	K142+800～K152+860	游正武
		湖南鑫旺园林绿化建设有限公司	K152+860～K160+100	刘运辉
		株洲湘银园林绿化工程有限公司	K160+100～K165+000	戴革伟
		湘潭市城市园林建设有限公司	K165+100～K170+000	龙里禧
		湖南绿洲园林建设有限公司	K170+000～K176+527.15	李建明
		江苏省交通工程集团有限公司	K101+470～K118+336.1	彭雪峰
		杭州市交通工程集团有限公司	K118+336.1～K136+438	杨卫军
		郑州市公路工程公司	K136+604～K152+860	傅海龙
		中交一公局第五工程有限公司	K152+860～K176+527.15	何仁清
		湖南金辉建设集团有限公司	铜官匝道收费站、望城匝道收费站、乌山匝道收费站（含养护工区、路政中队）	杨治平
		湖南建设集团有限公司	白箬铺匝道收费站、莲花匝道收费站、南谷匝道收费站（含养护工区、路政中队、隧道管理所）	秦川
		中铁七局集团第五工程有限公司	雷锋服务区	梁毅
		湖南省鸿腾建设工程有限公司	童家岭服务区	刘志明
		江苏平山交通设施有限公司	K101+470～K176+527	王建波
		江苏中路交通工程有限公司	K101+470～K136+438	赵从容
		湖北省路路通公路设施工程有限公司	K136+438～K176+527.15	胡超明
		湖南省湘筑工程有限公司	K101+470～K176+527.15	袁富军
		北京市高速公路交通工程有限公司	K101+470～K176+527.15	边海滨
		茂名市公路建设有限公司	K101+470～K136+438	梁庆东
		江苏兴路交通工程有限公司	K136+438～K176+527.15	范琴
		江苏铁电交通科技集团有限公司	K101+470～K176+527	陈湘灵
		成都曙光光纤网络有限责任公司	全线监控系统、通信系统、收费系统等机电工程	季凡
		石家庄泛安科技开发有限公司	隧道机电工程（如监控、供配电、照明、通风、消防等）	苏明瑞

续上表

路段	参建单位	单 位 名 称	合同段编号及起止桩号	主要负责人
	管理单位	湖南潭衡高速公路开发有限公司	K200+351.528~K339+515.732	
	设计单位	湖南省交通规划勘察设计院	K200+351.528~K339+515.732	余进修
	监理单位	湖南湖大建设监理有限公司	1、2、3、16 标	吴方伯
		湖南省交通建设工程监理有限公司	4、5、19、21、29、32 标	万剑平
		江西省公路工程监理公司	6、7、17、18、22、23、30、33 标	刘云川
		北京路桥通国际工程咨询有限公司	8、9 标	郭大进
		湖北中交公路桥梁监理咨询有限公司	10、11 标	黄佑卿
		长沙华南交通工程咨询监理公司	12、13、14、15、24、25、26、31、34 标	郁麒昌
		湖南华楚工程建设咨询监理有限公司	27、35 标	张伟
		湖南省交通建设工程监理有限公司	28 标	万剑平
		湖南省交通建设工程监理有限公司	36 标	万剑平
潭衡高速公路	施工单位	岳阳市公路桥梁基建总公司	老 1 标：K200+351.528~K206+782.66	付瑞祥
		湖南省怀化公路桥梁建设总公司	新 1 标：K200+351.528~K206+782.66	田文国
		湖南省怀化公路桥梁建设总公司	2 标：K206+782.66~K208+060.94	刘代武
		岳阳市通衢兴路公司	老 3 标：K208+060.94~K222+610	周颖
		山西运城路桥有限责任公司	新 3 标：K208+060.94~K222+610	吕安祥
		湖南军信公路桥梁建设有限公司	4 标：K222+610~K238+600	戴道国
		山西运城路桥有限责任公司	5 标：K238+600~K253+262	尚照民
		湖南对外建设有限公司	6 标：K253+262~K263+600	晏涤卿
		四川川交路桥有限责任公司	7 标：K263+600~K273+750 与东湖连接线	白茂
		湖南省怀化公路桥梁建设总公司	8 标：K273+750~K283+300	刘代武
		江西省现代路桥工程总公司	9 标：K283+300~293+100	刘红辉
		江苏海通建设工程有限公司	10 标：K293+100~K303+100	鲁虹
		中国第四冶金建设总公司	11 标：K303+100~K312+600	周凤鸣
		中铁五局集团第一工程有限责任公司	12 标：K312+600~K322+995.51	黄谷根
		中港第二航务工程局	13 标：K322+995.51~K324+199.69	王海怀
		湖南军信公路桥梁建设有限公司	14 标：K324+199.69~K333+900	戴道国
		河南平顶山中亚路桥建设工程有限公司	15 标：K333+900~K339+515.732	孙建豪
		浙江利越路桥建设集团有限公司	16 标：杨嘉桥连接线	葛德法
		湖南华达交通工程有限公司	17 标：白果连接线	杨建华
		衡阳公路桥梁建设有限公司	18 标：二塘连接线	万芃
		湖南省怀化公路桥梁建设总公司	19 标：K200+351.528~K228+350（含杨嘉桥连接线）	田文国
		四川川交路桥有限责任公司	21 标：K228+350~K256+600	白茂

第三章
国家高速公路

续上表

路段	参建单位	单位名称	合同段编号及起止桩号	主要负责人
潭衡高速公路	施工单位	山西运城路桥有限责任公司	22标:K256+600~K273+750(含东湖连接线)	尚照民
		河南平顶山中亚路桥建设工程有限公司	23标:K273+750~K290+000	孙建豪
		湖南省怀化公路桥梁建设总公司	24标:K290+000~K309+600	刘代武
		中铁五局集团机械化工程有限责任公司	25标:K309+600~K324+200	欧阳华勇
		东营市鲁东路桥有限责任公司	26标:K324+200~K339+515.732	闫国强
		北京中关村开发建设股份有限公司	27标:沿线各服务区及收费站相关房屋的建造	王会生
		北京瑞华赢科技发展有限公司	28标:全线机电工程	姜海林
		湖南天弘交通建设工程有限公司	29标:K200+700~K237+100	蔡长
		山西长达交通设施有限公司	30标:K237+100~K273+750	杜利民
		湖南省湘筑交通科技有限公司	31标:K273+750~K339+200	谭华
		湖南月意生态工程有限公司	32标:K200+700~K237+100	杜月意
		深圳市万信达环境绿化建设有限公司	33标:K237+100~K273+750	徐国钢
		广东如春园林工程有限公司	34标:K273+750~K339+200	陈振雄
		广州市华绿园林绿化有限公司	35标:服务区等房建设施绿化	甘劭平
		长沙建设工程集团有限公司	36标:交警营地的建造	朱建军
衡桂高速公路	管理单位	湖南省衡桂高速公路建设开发有限公司	K0+000~K95+100,L3K0+000~L3K37+718	袁江雅
	设计单位	湖南省交通规划勘察设计院	K0+000~K89+940,L3K0+000~L3K37+718	杨明
		湖南华罡交通规划设计院	K89+940~K95+100	刘建华
	监理单位	湖南交通建设工程监理有限公司	J1:K0+000~K20+200	彭国建
		长沙华南交通工程咨询监理公司	J2:K20+200~K46+600	蒋顺义
		北京交科工程咨询有限公司	J3:K46+600~K75+700	陈璠
		湖南金路工程咨询监理有限公司湖南金路工程咨询监理有限公司	J4:K75+700~K95+100	余友成
		湖南明泰项目管理有限公司	J5:K0+000~K95+100	谢课骁
		北京泰克华诚技术信息咨询有限公司	J6:K0+000~K95+100	张玲
	施工单位	衡阳公路桥梁建设有限公司	TJ01:K0+000~K3+620	刘建荣
		中际联发交通建设有限公司	TJ02:K3+620~K10+820	杨美群
		中铁十二局集团有限公司	TJ03:K10+820~K18+860	胡海强
		湖南路桥建设集团公司	TJ04:K18+860~K20+200	刘乐辉
		湖南省公路机械工程有限公司	TJ05:K20+200~K30+940	王术飞
		江苏省交通工程集团有限公司	TJ06:K30+940~K40+680	李俊

续上表

路段	参建单位	单位名称	合同段编号及起止桩号	主要负责人
衡桂高速公路	施工单位	岳阳市公路桥梁基建总公司	TJ07：K40+680~K46+600	胡楚荣
		温州交通建设集团有限公司	TJ08：K46+600~K58+000	郑建晓
		中铁二十局第四工程有限公司	TJ09：K58+000~K66+300	赵胜利
		成都华川公路建设(集团)有限公司	TJ10：K66+300~K71+100	罗剑虹
		中国水利水电第八工程局	TJ11：K71+100~K75+700	杨霁
		湖南省建筑工程集团总公司	TJ12：K75+700~K83+840	李盛看
		江西赣粤高速公路工程有限责任公司	TJ13：K83+840~K89+940	胡欣
		郴州公路桥梁建设有限责任公司	TJ14：K89+940~K95+100	何卓凯
		湖南省湘潭公路桥梁建设有限责任公司	TJ15：L3K0+000~L3K37+718	刘巍
		湖南林业科技园林绿化中心	LH01：K0+000~K10+820	蔡清
		湖南瑞丰园林建设有限公司	LH02：K10+820~K20+200	谭新建
		湖南建科园林有限公司	LH03：K20+200~K33+450	陈勇
		绍兴市第一园林工程有限公司	LH04：K33+450~K46+600	曹健
		湖南怡人园林绿化有限公司	LH05：K46+600~K58+000	范子平
		北京克劳沃草业技术开发中心	LH06：K58+000~K67+390	蔡文科
		江西吉美园林工程有限公司	LH07：K67+390~K81+910	何建林
		湖南天方绿化实业有限公司	LH08：K81+910~K95+100	倪建兵
		株洲市建湘园林绿化工程有限公司	LH09：LK0+000~LK37+718	龙里禧
		湖南鼎泰环境景观工程有限公司	LH10：K0+000~K7+800	章炳雄
		湖南劲普园林环境工程有限公司	LH11：K7+800~K18+860	肖建平
		长沙市华海风景园林有限公司	LH12：K20+200~K46+600	姜平建
		湖南金鹰建筑园林有限公司	LH13：K46+600~K60+800	付汉伟
		长沙唯美园林绿化工程有限公司	LH14：K60+800~K75+700	廖利希
		湖南美好园林绿化工程有限公司	LH15：K75+700~K87+300	莫北衡
		湖南东方园林工程有限公司	LH16：K87+300~K95+100LK0+000~LK37+718	戴卓林
		聊城市公路工程总公司	LM01：K0+000~K20+200	张兴成
		湖南环达公路桥梁建设总公司	LM02：K20+200~K46+600	郭进
		中交二公局第六工程有限公司	LM03：K46+600~K75+700	汪杰
		河北路桥集团有限公司	LM04：K75+700~K95+100	崔洪峰
		湖南高速公路配套设施有限公司	JA01：K0+000~K46+600	李自龙
		湖南省湘筑工程有限公司	JA02：K46+600~K95+100，L3K0+000~L3K37+718.34	邹仲坤
		湖北省路路通公路设施工程有限公司	JA03：K0+000~K20+200	胡耀明
		湖南省醴陵市志远交通工程施工安装有限公司	JA04：K20+200~K46+600	杨庆先

第三章
国家高速公路

续上表

路段	参建单位	单位名称	合同段编号及起止桩号	主要负责人
衡桂高速公路	施工单位	湖南湘潭公路桥梁建设有限责任公司	JA05:K46+600~K75+700	董娟
		苏州交通工程集团有限公司	JA06:K75+700~K95+100,L3K0+000~L3K37+718.34	程霞
		衡水市橡胶总厂有限公司	SF01:K0+000~K95+100	王福平
		湖南华鑫交通工程有限公司	GD01:K0+000~K46+600	乐家伟
		江苏智运科技发展有限公司	GD02:K46+600~K95+100	王彩俊
		湖南望新建设集团股份有限公司	FJ01:K0+000~K95+100	钟根生
		岳阳建设工程集团有限公司	FJ02:K0+000~K95+100	刘洋
		新余市珠珊建筑工程有限责任公司	FJ03:K0+000~K95+100	杨红军
		湖南高岭建设集团股份有限公司	FJ04:K0+000~K95+100	舒泽南
		西安金路交通工程科技发展有限责任公司	JD01:K0+000~K95+100	黄长久
桂武高速公路	管理单位	湖南省桂武高速公路建设开发有限公司	K6+175.179~K61+027.749	袁腾方
	设计单位	湖南华罡交通规划设计研究院	K95+100~K120+210.609	刘建华
		湖北省交通规划设计院	K119+353.236~K160+000	任亚
		浙江省交通规划设计研究院	K160+000~K202+049.840	楼坚林
	监理单位	重庆锦程工程咨询有限公司	K95+100~K126+000	游春燕
		北京港通路桥工程监理有限责任公司	K126+000~K151+806	王金斌
		长沙中核工程监理咨询有限公司	K151+806~K174+200	梁昕晔
		湖南和天工程项目管理有限公司	K174+200~K202+049.840	李林海
		北京天智恒业科技发展有限公司	K95+100~K202+049.84	李建军
		湖南明泰项目管理有限公司	K95+100~K202+049.84	胡新华
	施工单位	中冶交通工程技术有限公司	K95+100~K109+000	吴凤西
		四川攀峰路桥建设有限公司	K109+000~K120+210.609	罗良学
		道隧集团工程有限公司	K119+353.236~K126+000	尹修超
		成都华川公路建设(集团)有限公司	K126+000~K134+995	谢应文
		中铁十七局集团第五工程有限公司	K134+995~K140+560	卫清元
		许昌广莅公路工程建设有限责任公司	K140+560~K145+000	刘春
		深圳市市政工程总公司	K145+000~K151+806	姜永贵
		中交第四公路工程局有限公司	K151+806~K160+000	胡吉春
		湖南省公路机械工程有限公司	K160+000~K167+000	周强
		山东省滨州公路工程总公司	K167+000~K174+200	郑锦杰
		黑龙江嘉昌路桥建筑有限责任公司	K174+200~K181+655	孙俊峰
		中铁十一局集团第三工程有限公司	K181+655~K186+960	李军
		核工业华东建设工程集团公司	K186+960~K194+500	杨春

续上表

路段	参建单位	单位名称	合同段编号及起止桩号	主要负责人
桂武高速公路	施工单位	湖南省怀化公路桥梁建设总公司	K194+500~K202+049.840	田文国
		深圳市夺天工园林建设有限公司	K95+100~K102+160.68	吴志武
		湖南湘润园林景观工程有限公司	K102+160.68~K109+000	彭建民
		湖南怡人园林绿化有限公司	K109+000~K114+378.5	刘卫国
		长沙紫薇园林工程有限公司	K114+378.5~K120+210.609	鲁亚琳
		湖南鑫茂园林建设有限公司	K119+353.236~K126+000	唐红江
		湖南绿洲园林建设有限公司	K126+000~K134+995	张元方
		株洲市高新园林绿化有限公司	K134+995~K140+560	刘相迷
		湖南嘉原园林景观设计工程有限公司	K140+560~K148+000	谢江飞
		长沙市绿洲风景园林技术开发有限公司	K148+000~K151+806	刘连生
		湖南芙蓉园林环境工程有限公司	K151+806~K160+000	刘光耀
		长沙市锦绣江南风景园林有限公司	K160+000~K167+000	王仲麟
		湖南省城市园林实业有限公司	K167+000~K174+200	甘静
		湖南翔荣园林景观建设有限公司	K174+200~K181+655	张艳红
		湖南世纪园林绿化有限责任公司	K181+655~K186+960	段利明
		浏阳市镇头建筑园林有限责任公司	K186+960~K194+500	刘湘林
		株洲市建湘园林绿化工程有限公司	K194+500~K202+049.84	谢泽华
		岳阳市公路桥梁基建总公司	K95+100~K120+210.609	吴建勇
		中铁十四局集团有限公司	K119+353.236~K140+560	张西刚
		路桥华东工程有限公司	K140+560~K160+000	苏高峰
		福建路桥建设有限公司	K160+000~K181+655	肖光书
		中交公路一局第四工程有限责任公司	K181+655~K202+049.840	徐五安
		北京路安交通科技发展有限公司	K95+100~K202+049.84	顾迎春
		湖南中格建设集团有限公司	余田匝道收费站、行廊匝道收费站（含养护工区、路政中队）	杨建华
		长沙洞井建筑股份有限公司	麦市匝道收费站、楚江匝道收费站（含路政中队）	李斌
		湖南中天建设集团有限公司	临武匝道收费站（含养护工区）、迎春匝道收费站	任永宏
		国都建设(集团)有限公司	万水服务区	戴献军
		湖南马王堆建筑工程有限公司	宜章服务区	舒靖宏
		长沙市华海风景园林有限公司	房建区绿化工程	方妙妙
		北京云星宇交通工程有限公司	机电工程	胡昕强
		湖南通顺交通工程有限公司	K95+100~K151+806	史万军
		湖南天弘交通建设工程有限公司	K151+806~K202+049.84	蔡长

续上表

路段	参建单位	单 位 名 称	合同段编号及起止桩号	主要负责人
桂武高速公路	施工单位	湖南湘潭公路桥梁建设有限责任公司	K95+100~K126+000	张启华
		苏州交通工程集团有限公司	K126+000~K151+806	徐鸣
		苏州交通工程集团有限公司	K151+806~K174+200	徐鸣
		湖南同力交通实业有限责任公司	K174+200~K202+049.84	彭朝晖

G4W2 湖南段收费站点设置情况　　　　　　　　　　　　表 3-2-5

路段	站点名称	车 道 数	收 费 方 式
随岳高速公路	道仁	15	人工,ETC
	巴陵	5	人工,ETC
	云溪	7	人工,ETC
	岳阳东	12	人工,ETC
长湘高速公路	铜官	3进5出	人工,ETC
	望城	4进7出	人工,ETC
	乌山	3进5出	人工,ETC
	白箬铺	3进5出	人工,ETC
	莲花	3进5出	人工,ETC
	南谷	3进5出	人工,ETC
潭衡高速公路	湘潭西	2进3出	2进3出人工
	杨嘉桥	3进5出	1进1出ETC,2进4出人工
	射埠	3进3出	1进1出ETC,2进2出人工
	回龙桥	3进3出	1进1出ETC,2进2出人工
	白果	3进3出	1进1出ETC,2进2出人工
	东湖	3进3出	1进1出ETC,2进2出人工
	石市	3进3出	1进1出ETC,2进2出人工
	蒸湘	3进5出	1进1出ETC,2进4出人工
衡桂高速公路	车江	3进5出	2进4出人工,1进1出ETC
	水口山	3进6出	2进5出人工,1进1出ETC
	常宁	5进8出	4进7出人工,1进1出ETC
	庙前	3进5出	2进4出人工,1进1出ETC
	流峰	3进5出	2进4出人工,1进1出ETC
桂武高速公路	春陵江	3进5出	2进4出人工,1进1出ETC
	行廊	3进5出	2进4出人工,1进1出ETC
	麦市	3进5出	2进4出人工,1进1出ETC
	楚江	3进5出	2进4出人工,1进1出ETC
	临武	4进7出	3进6出人工,1进1出ETC
	迎春	3进5出	2进4出人工,1进1出ETC

G4W2 湖南段服务区设置情况　　　　　　　表 3-2-6

路段	服务区名称	桩号
随岳高速公路	岳阳	K13+400
长湘高速公路	雷锋	K216+683
	道林	K187
潭衡高速公路	射埠	K227+500
	石市	K285
	雨母山	K334+008
衡桂高速公路	常宁	K369+489
	欧阳海	K428+500
桂武高速公路	临武	K492+335
	宜章西	K531+225

第三节　G4E（武汉至深圳）湖南段

武汉至深圳高速公路，简称武深高速公路，国高网编号G4E，是国高网中的一条中部至南部纵线。线路北起湖北武汉，南止广东深圳，途经湖北、湖南、广东3省21个县市区，走向与京港澳高速基本并行，全长约1083km，建设目的在于为京港澳高速南段分流。

武深高速公路湖南段是湖南省新修订的高速公路规划"七纵七横"中的"一纵"，自湖北从平江通城界入境，经岳阳、长沙、株洲、衡阳、郴州5个地级市所辖的平江、浏阳、醴陵、攸县、茶陵、衡东、炎陵、桂东和汝城共计11县市，南止于湘粤边界汝城县的大麻溪，全长约481km，分通平、浏醴、醴茶、衡炎、炎汝5段高速公路修建。

武深高速公路湖南段是连接湘东区域经济干线，同时也是湖南省"一点一线"地区及湘东地区南下香港北上武汉的快捷通道，是泛珠三角经济区和中部崛起规划的重要南北省际通道，也是京港澳国家高速公路在湖南省"一点一线"地区重要的辅助通道。

一、通（城界）平（江）高速公路

通城界至平江高速公路，简称通平高速公路，是武深高速公路湖南境内的第一段，位于湖南省平江县境内，起于通城界，与湖北省通城至平江公路对接，经冬塔、南江桥、梅仙、平江县城东侧、安定镇，终于黄泥界，与浏阳至醴陵高速公路对接，全长73.027km，概算总投资53.78亿元，2010年初开工建设，2012年12月建成通车。

通平高速公路全线共划分3个土建和路面、1个机电、1个房建工程监理合同段，12个土建、3个路面、4个房建、9个交通安全、8个平面绿化、2个机电工程施工合同段。

通平高速公路主线为双向四车道高速公路,设计速度100km/h,路基宽为26m,全线路面采用沥青混凝土结构,共设主线桥70座,互通匝道桥4座,连接线桥2座,天桥9座(其中特大桥2座,大桥65座,中桥18座),涵洞439道,隧道3座,连接线长8.27km,设互通式立交5处。

通平高速公路在与湖北交接处设冬塔主线收费站,设安定、平江、梅仙、南江、上塔市5处匝道收费站,设服务区2处、养护工区1处,由省高管局岳阳管理处和长沙管理处按地域负责运营管理。

二、浏(阳)醴(陵)高速公路

浏阳至醴陵高速公路,简称浏醴高速公路,是武深高速公路湖南境内的第二段,北起于平江和浏阳分界点黄泥界,顺接通平高速公路,途经浏阳市、长沙县、醴陵市,在板杉互通与醴潭高速公路相交,顺接醴茶高速公路,全长99.364km,概算总投资为75.97亿元,2009年5月开工建设,2012年12月23日建成通车。

2009年3月6日,报经国务院同意,国家发展计划委员会以计基础〔2002〕2810号文件批准浏阳至醴陵高速公路建议书;同日,省发展和改革委员会以湘发改交能〔2009〕227号文件批复工程可行性研究报告,省环境保护局以湘环评〔2009〕29号文件批复环境影响报告书审意见;2009年4月28日,省交通厅以湘交计统〔2009〕145号文件批准项目初步设计,项目批复总工期为3年;2009年9月10日,国土资源部以国土资函〔2009〕1112文件批复项目建设用地;2009年9月21日,省交通厅以湘交基建〔2009〕400号文件批准项目施工图设计。

浏醴高速公路项目设计单位招标由省交通运输厅规划办公室组织实施,设计任务分别由河南交通规划勘察设计院有限责任公司、湖南省交通规划勘察设计院、安徽省交通规划设计研究院承担,其中湖南省交通规划勘察设计院为项目的总体设计单位。监理和施工单位招标具体招标情况为:土建施工单位(1～17标)、4个路面施工单位(18～21标)、1个机电施工单位(22标)、8个交安施工单位(23～30标)、1个管道施工单位(31标)、5个景观绿化施工单位(32～35标)、4个房建施工单位(36～40标),6个监理单位。全线共征地10251亩,支付征拆补偿资金9.5322亿元。

浏醴高速公路主线设计速度100km/h,双向四车道,全线设互通式立交9处,服务区2处,设社港、沙市、北盛、江背、普迹、跃龙、枫林7个匝道收费站,由省高管局长沙管理处和株洲管理处按地域负责运营管理。

三、醴(陵)茶(陵)高速公路

醴陵至茶陵高速公路,简称醴茶高速公路,是武深高速公路湖南境内的第三段,北起醴陵板杉乡，顺接浏阳（黄泥界）至醴陵高速公路，途经醴陵市、攸县、茶陵县，止于茶陵县平水镇，与衡炎高速相接，全长 105.3km，计划总投资 78.95 亿元，2010 年 2 月 20 日开工建设，2013 年 11 月 30 日建成通车。

2009 年 3 月 10 日，省发展改革委员会以湘发改交能〔2009〕231 号批复了项目的工程可行性研究报告，湖南省交通运输厅以湘交计统〔2009〕139 号批复了项目的初步设计；2009 年 9 月 23 日，省交通运输厅以湘交基建〔2009〕411 号批复了项目的施工图设计；2009 年 5 月 27 日，省政府在醴陵市城北陶瓷园举行醴茶高速公路开工动员大会。

醴茶高速公路计划总投资 78.95356512 亿元，其中：交通运输部补助 10.1 亿元，湖南省自筹 17.5338 亿元，国内银行贷款 51.31976512 亿元。

全线共征用土地 10272 亩，其中：醴陵征地 3865 亩，攸县 5356 亩，茶陵 1051 亩，平均每公里 97.83 亩，临时用地 3782 亩。拆迁房屋 1001 户，其中：醴陵 487 户，攸县 425 户，茶陵 89 户。电力线路费用 5465 万元总包干，其中国防 265 万元。

醴茶高速公路所有工程施工及监理单位都是在国内进行公开招标，共划分 52 个标段，1～18 标为土建工程，19～30 标为上边坡绿化工程，31～34 标为路面工程，36～39 标为房建工程，40 标为通信管道工程，41 标为机电工程，42～49 标为交通安全设施工程，50～53 为平面绿化工程。

醴茶高速公路位于株洲市境，路线走廊带位于湘东醴攸红层盆地丘陵、丘岗区，地势总体北高南低，最高海拔高程 260m，最低高程 50m，地面高程一般在 80～120m 之间。主线采用双向四车道高速公路标准建设，设计速度 100km/h，路基宽度 26m，采用沥青混凝土路面结构。全线共设置互通式立体交叉 10 处，桥梁 92 座/21184m，天桥 61 座，涵洞 235 道，通道 155 座，无隧道。

醴茶高速公路通车后，由省高管局株洲管理处负责运营管理。全线设虎踞、攸县、酒埠江、钟佳桥、泗汾、嘉树石方、黎家冲、皇图岭 8 个匝道收费站，收费方式采用人工半自动与电子不停车相结合的方式，对客车按照车型和行驶里程收取通行费，对货车实施计重收费。

四、衡（阳）炎（陵）高速公路❶

五、炎（陵）汝（城）高速公路

炎陵至汝城高速公路，简称炎汝高速公路，是武深高速公路湖南境内的最南段。其北接炎陵县三河镇衡炎高速炎帝陵连接线，路线走向整体呈北向南，沿 G106 经龙渣至桂东，在汝城县到达湘粤边界湖南一侧的大麻溪，接广东仁化至新丰高速公路，全长 151.197km。

---

❶衡（阳）炎（陵）高速公路相关内容已在 G72 中介绍，此处略。

项目概算总投资144.16亿元,2010年4月开工建设,起点至K134+350段于2013年12月30日通车,K134+350至终点段18.99km根据省政府要求,计划与广东省粤湘高速公路仁化至新丰段同步通车。

2008年8月,省交通厅规划办编制炎汝高速公路工程可行性研究报告;2009年3月5日,省水利厅以湘水许〔2009〕19号文件同意炎汝高速公路工程水土保持方案;同年3月6日,省环境保护局以湘环评〔2009〕31号批复炎汝高速公路环境影响报告书;2009年3月10日,省发展和改革委员会以湘发改交能〔2009〕232号文件批复炎汝高速公路工程可行性研究报告;2009年5月8日,省交通运输厅以湘交计统〔2009〕160号文件批复项目初步设计;2009年9月10日,国土资源部以国土资函〔2009〕1121号文件批复炎汝高速公路建设用地。

炎汝高速公路项目概算总投资144.16亿元,由国家投资、湖南省自筹和国内银行贷款三部分构成。截至2016年12月31日,上级拨款资金总计17,724,196,662.87元。其中:交通运输部补助1,813,000,000.00元,湖南省自筹457,651,610.06元,国内银行贷款15,453,545,052.81元。

炎汝高速公路共划分74个标段,1~39标为土建工程,40~47标为上边坡绿化工程,48~50为平面绿化工程,51~54标为路面工程,55~56标为通信管道工程,58~65标为交通安全设施工程,67~70标为房建工程,71~76标为机电工程。

炎汝高速项目途径株洲市炎陵县,郴州市桂东、汝城两市三县,自2009年11月开始征地拆迁至2010年5月基本完成,历时6个月。全线共征用土地14338亩(其中附属设施用地828亩),拆迁房屋建筑物31.8万m²,搬迁各类杆线210km。根据工程建设需要,自2010年4月起至2013年12月止,沿线各村组共提供各类临时用地9521亩,红线外补征土地2518亩。

炎汝高速公路属于典型的山区高速公路,它穿越罗霄山脉的崇山峻岭,沿线地势险峻,地质情况复杂。主线采用双向四车道高速公路标准建设,设计速度为80km/h,路基宽度为24.5m(整体式)、2×12.25m(分离式),路面结构以沥青混凝土路面为主。共有桥梁135座,其中特大桥4座,全线墩高大于50m的桥梁20座,其中11合同段洣水河特大桥最大墩高为143m;主线隧道22座,其中特长隧道3座,长隧道5座。桥隧占路比高达43.99%。

全线设置炎陵西、炎帝陵、船形、中村、八面山、沙田、田庄、汝城南、井坡9个匝道收费站和汝城1个主线收费站,服务区3处,停车区3处,隧管所3处,养护工区3处,监控分中心一处,由省高管局株洲管理处和郴州管理处按地域辖区负责运营管理。

G4E湖南段建设项目信息、路面信息、交通流量状况、项目建设单位信息、收费站点设置情况、服务区设置情况等,分别见表3-3-1~表3-3-6。

表 3-3-1

G4E 湖南段建设项目信息

项目名称	规模（km）		建设性质	设计速度（km/h）	永久占地（亩）	投资情况（亿元）			资金来源	建设时间（开工～通车）
	合计	四车道				估算	概算	决算		
通平高速公路	73.027	73.027	新建	100		52.04	53.7805		国家投资、省自筹、银行贷款	2010.1～2012.12
浏醴高速公路	99.196	99.196	新建	100	10239.8	75.54	75.9747		贷款、国家拨款	2009.12～2012.12
醴茶高速公路	105.248	105.248	新建	100	1088165.4		78.95		交通部补助、交通厅自筹、银行代款	2010.2～2013.11
衡炎高速公路	114.188	114.188	新建	100,80	14472.498	45.829	49.1048	还未竣工验收	国家投资、省自筹、银行贷款	2006.09～2009.12
炎汝高速公路	151.197	151.197	新建	80	12951.15	131.21	144.1638	尚未竣工验收	国家投资、地方自筹、银行贷款	起点至K134+350于2013年12月30日通车，K134+350至终点预计2017年12月通车

表 3-3-2

G4E 湖南段路面信息

项目名称	路面形式	起讫里程	长度(m)	
通平高速公路	柔性路面	K0+000～K73+027	73027	沥青混凝土路面
浏醴高速公路	柔性路面	K0+000～K30+100	30100	
浏醴高速公路	柔性路面	K30+100～K57+500	27347	
浏醴高速公路	柔性路面	K57+500～K80+962	22279	
浏醴高速公路	柔性路面	K80+962～K100+429.53	19470	
醴茶高速公路	柔性路面	K0+000～K105+203	105248	沥青混凝土路面
醴茶高速公路	柔性路面	黎家冲连接线	3980	沥青混凝土路面

续上表

项目名称	路面形式	起讫里程	长度(m)	水泥混凝土路面	沥青路面
醴茶高速公路	柔性路面	皇图岭连接线	3037		沥青混凝土路面
醴茶高速公路	柔性路面	攸县连接线	5057		沥青混凝土路面
衡炎高速公路	柔性路面	K722.275~K770.210	47935		沥青混凝土路面
炎汝高速公路	柔性路面	K329+000~K470+197	151197		沥青混凝土路面

表 3-3-3

G4E 湖南段交通流量状况（单位：辆/日）

年份	通平高速公路			浏醴高速公路			醴茶高速公路				炎汝高速公路					
												株洲段		郴州段		
	南江	平江	日平均流量	板杉		日平均流量	皇图岭	酒埠江	钟佳桥	日平均流量	炎陵西		日平均流量	八面山站	沙田站	田庄站	日平均流量
2013	768	841	806				709	1042	302	782				255	566	169	337
2014	1222	1296	1261				944	1191	405	914	1456		1456	245	671	228	419
2015	2186	2054	2118	3240		3240	978	1101	367	1005	1855		1855	278	709	217	477

湖 南

G4E 湖南段项目建设单位信息

表 3-3-4

路段	参建单位	单 位 名 称	合同段编号及起止桩号	主要负责人
通平高速公路	管理单位	湖南省通平高速公路建设开发有限公司	K1+000～K74+026	罗卫华
	设计单位	中国公路工程咨询集团有限公司	S1:K1+000～K74+026	吴昌涛
		西安公路研究所	S2:K1+000～K74+026;全线机电三大系统	蔺满盈
	监理单位	湖南省交通建设工程监理有限公司	J1:K1+000～K25+500	刘清
		湖南和天工程项目管理有限公司	J2:K25+500～K50+000	湛跃飞
		长沙华南交通工程咨询监理公司	J3:K50+000～K74+026	汪建鸽
		江苏伟信工程咨询有限公司	J4:K1+000～K74+026	姚海健
		湖南湖大建设监理有限公司	J5:K1+000～K74+026	覃国平
	施工单位	枣庄市道桥工程有限公司	B1:K1+000～K5+516.5	杨洁
		黑龙江省华龙建设有限公司	B2:K6+395～K12+164.6	唐梅梅
		中铁二十局集团有限公司	B3:K14+354～K19+032	金有炜
		湖南常德路桥建设有限公司	B4:K20+000～K25+317.5	刘振文
		核工业长沙中南建设工程集团公司	B5:K25+650～K31+150	张传武
		湖南省永州公路桥梁建设有限公司	B6:K31+668～K35+167.5	于建国
		山东省路通工程集团有限公司	B7:K35+635～K41+510.0	向良
		山东省滨州公路工程总公司	B8:K43+014～K49+500	罗翊
		陕西省通达公路建设集团有限责任公司	B9:K55+100～K54+690	谢昊
		湖南省建筑工程集团总公司	B10:K56+630～K62+060	何飞岳
		长沙市公路桥梁建设有限责任公司	B11:K63+790－PK1+170	刘高
		岳阳市通衢兴路公司	B12:K68+690～K74+132	肖静
		武汉东交路桥工程有限公司	B13:K1+000～K25+543.955	寻华景
		湖南环达公路桥梁建设总公司	B14:K25+543.955～K50+000	张沅华
		中交第三公路工程局有限公司	B15:K50+000～K74+026	许纯
		湖北路路通公路设施工程有限公司	B16:K1+000～K35+600;标线	张亚辉
		湖南省湘筑交通科技有限公司	B17:K35+600～K74+026;标线	陈周
		广西弘路交通工程有限公司	B18:K1+000～K74+026;标志、标牌	雷拥军
		北京深华科交通工程有限公司	B19:K1+000～K25+543;护栏	彭运祥
		湖南常德路桥建设有限公司	B20:K25+543～K50+000;护栏	刘振文
		苏州交通工程集团有限公司	B21:K50+000～K74+026;护栏	李珂
		贵州省交通工程有限公司	B22:K1+000～K35+600;隔离、防眩设施,桥梁护网	吴慧敏
		湖南省湘筑工程有限公司	B23:K35+600～K74+026;隔离、防眩设施,桥梁护网	李珂
		陕西政合汉唐工程有限公司	B24:K1+000～K74+026;管道预埋工程	陈周
		衡阳市长江建设工程有限责任公司	B25:省界治超站、南江、冬塔、上塔市收费站	李杨

第三章
国家高速公路

续上表

路段	参建单位	单位名称	合同段编号及起止桩号	主要负责人
通平高速公路	施工单位	江苏兴厦建筑安装有限公司	B26:南江服务区	肖强
		湖南省第五工程有限公司	B27:安定服务区	王联志
		湖南省鸿腾建设工程有限公司	B28:平江、梅仙、安定收费站,路政中队,监控通讯所,养护工区	唐文胜
		湖南高尔园林绿化工程有限公司	B29:K1+000~K10+060	郭涛
		长沙市华海风景园林有限公司	B30:K10+060~K21+400	韦标
		湖南省城市园林实业有限公司	B31:K21+400~K33+000	张文强
		长沙市森茂园林古建筑工程有限公司	B32:K33+000~K43+500	王领
		湖南天方绿化实业有限公司	B33:K43+500~K54+700	郑小勇
		江西省多维景观园林开发有限公司	B34:K54+700~K66+000	赵昆
		长沙富绿园园艺工程有限公司	B35:K66+000~K74+026	谢啸云
		江苏泓益交通工程有限公司	B36:K1+000~K74+026:全线声屏障	陆凤军
		北京云星宇交通工程有限公司	B37:K1+000~K74+026:三大系统	张太胜
		广州海特天高信息系统工程有限公司	B38:K1+000~K74+026:隧道强电	钟智峰
浏醴高速公路	管理单位	湖南浏醴高速公路建设开发有限公司	K0+000~K100+429.531	谭绍富
	设计单位	河南交通规划勘察设计院有限责任公司	K0+000~K30+100	叶洪波
		湖南省交通规划勘察设计院	K30+100~K80+962	蔡石
		安徽省交通规划设计研究院	K80+962~K100+429.531	许魁
	监理单位	中咨工程建设监理公司	J1:K0+000~K30+100	李培忠、田志
		湖南省汇林工程建设监理有限责任公司	J2:K30+100~K57+500	彭云
		湖北中交公路桥梁监理咨询有限公司	J3:K57+500~K80+962	曾清
		湖南省交通建设工程监理有限公司	J4:K80+962~K100+429.531	朱承强
		湖南明泰项目管理有限公司	J5:K0+000~K100+429.531	邓森
		江苏智远交通科技有限公司	J6:K0+000~K100+429.531	肖青来
	施工单位	西南交通建设集团有限公司	T1:K0+000~K7+600	李泽鹏
		中铁十六局集团第五工程有限公司	T2:K7+600~K14+500	蔡建良
		湖南省永州公路桥梁建设有限公司	T3:K14+500~K23+100	李琦旻
		广东惠州公路建设总公司	T4:K23+100~K30+100	陈福文
		杭州市市政工程集团有限公司	T5:K30+100~K37+347.387	周法根、姚毅
		湖南省湘筑工程有限公司	T6:K37+400~K42+721	卢伟
		朝阳建设集团有限公司	T7:K42+721~K47+100	陈同初、王子侠
		湖南省湘筑工程有限公司	T8:K47+100~K53+220	罗元军
		朝阳建设集团有限公司	T9:K53+220~K57+500	胡国峰、熊建刚
		中交第四公路工程局有限公司	T10:K57+500~K62+000	韩瑞生、陈学峰
		中铁二十局集团有限公司	T11:K62+000~K67+818.768	郑阳春

续上表

路段	参建单位	单位名称	合同段编号及起止桩号	主要负责人
浏醴高速公路	施工单位	湖南湘潭公路桥梁建设有限责任公司	T12:K69+000~K74+830	刘志元、刘乃玉
		浙江八咏公路工程有限公司	T13:K74+830~K80+962	邓云建
		中国建筑第五工程局有限公司	T14:K80+962~K84+122	贾超军
		湖南省第六工程有限公司	T15:K84+122~K89+000	刘武、胡立志
		中铁一局集团有限公司	T16:K89+000~K95+100	王友涛
		湖南对外建设有限公司	T17:K95+100~K100+429.531	单建平、曹文怀
		河北北方公路工程建设集团有限公司	M18:K0+000~K30+100	刘文斌、吕龙明
		中铁一局集团有限公司	M19:K30+100~K57+500	布强、熊立勇
		中铁十局集团第二工程有限公司	M20:K57+500~K80+962	黄世永、王世成
		中交二公局第三工程有限公司	M21:K80+962~K100+429.53	孙涛、白伟华
		北京云星宇交通工程有限公司	E22:K0+000~K100+429.53	张洪宾
		湖北省路路通公路设施工程有限公司	A23:K0+000~K100+429.53	闻佳清、张跃辉
		湖南省湘筑交通科技有限公司	A24:K0+000~K100+429.53	刘浩、潘辉
		湖北省路桥集团有限公司	A25:K0+000~K30+100	付建国
		湖南湘潭公路桥梁建设有限责任公司	A26:K30+100~K57+500	朱鼎新
		湖南三和通信交通工程有限公司	A27:K57+500~K80+962	黄晓燕
		广东立乔交通工程有限公司	A28:K80+962~K100+429.53	陈小羊
		苏州交通工程集团有限公司	A29::K0+000~K57+500	苟永斌
		湖南省郴州公路桥梁建设有限责任公司	A30:K57+500~K100+429.53	柳建军
		陕西政合汉唐工程有限公司	A31:K0+000~K100+429.53	万进
		湖南三木园林建设有限公司	H32:K0+000~K30+200	秦锐
		湖南省城市园林实业有限公司	H33:K30+200~K37+400	周俊成
		湖南美好园林绿化工程有限公司	H34:K37+400~K57+500	褚玉峰
		湖南金驰园林绿化有限公司	H35:K57+500~K81+080	蔡箐
		南昌市世纪园林实业有限公司	H36:K81+080~K100+429.531	姜华
		南昌市第一建筑工程公司	F37:社港、沙市、北盛收费站	陈天明
		湖南金辉建设集团有限公司	F38:北盛服务区	李荣华
		青岛亿联集团股份有限公司	F39:江背、跃龙、普迹收费站	薛光强
		衡阳市长江建设工程有限责任公司	F40:官庄服务区、枫林收费站	唐新华
		安徽皖通科技股份有限公司	F41:交通运输厅办公楼	刘清平

第三章
国家高速公路

续上表

路段	参建单位	单位名称	合同段编号及起止桩号	主要负责人
醴茶高速公路	管理单位	醴茶高速建设开发有限公司	K0+000~K105+203	刘浩
	设计单位	安徽省交通规划勘察设计研究院	K0+000~K1+100	洪春林
		北京建达道桥咨询有限公司	K1+100~K35+301.922	黄建
		中交第一公路勘察设计研究院有限公司	K35+400~K41+K70+500	魏广胜
		湖南省交通规划勘察设计院	K70+400~K105+203	邱凌
		湖南省建科园林有限公司	K0+000~K105+203	周晨
	监理单位	广西桂通公路工程监理咨询有限责任公司	K0+000~K29+100	王新春
		育才—布朗交通咨询监理有限公司	K29+100~K55+400	李树云
		福建中交工程监理咨询有限公司	K55+400~K83+100	刘纪平
		湖南和天工程项目管理有限公司	K83+100~K105+203	邝树华
		湖南方圆工程咨询监理有限公司	房建	刘泽宏
		北京天智恒业科技有限发展公司	机电	张永
	施工单位	湖南常德路桥建设有限公司	K0+000~K6+900	邱凤枝
		江西省地质工程(集团)公司	K6+900~K15+200	瞿强
		湖南省建筑工程集团总公司	K15+200~K21+100	孟浩
		中交第二公路工程局有限公司	K21+100~K29+100	孟小立
		云南第二公路桥梁工程有限公司	K29+100~K35+301.922	吕廷海
		陕西省通达公路建设集团有限责任公司	K35+400~K41+500	张长军
		十堰市双环公路建设有限公司	K41+500~K47+300	罗华春
		中铁十二局集团第二工程有限公司	K47+300~K55+400	王孝君
		中际联发交通建设有限公司	K55+400~K63+200	白继重
		长沙市公路桥梁建设有限责任公司	K63+200~K70+500	余汝斯
		安徽建工集团有限公司	K70+400~K76+300	裴承明
		江西际洲建设工程集团有限公司	K76+300~K83+100	程志刚
		湖南尚上公路桥梁建设有限公司	K83+100~K89+500	廖平若
		中铁二十三局集团第一工程有限公司	K89+500~K98+500	秦培雷
		中国交通建设股份有限公司	K98+500~K105+203	邹秋元
		中铁十五局集团第七工程有限公司	铁路桥	曾宪长
		中铁二十五局集团第三工程有限公司	铁路桥	朱金技
		中铁十五局集团第五工程有限公司	铁路桥	朱金技
		湖南隽秀绿色工程开发有限公司	K0+000~K6+900	龙双
		湖南力基园林景观工程有限公司	K6+900~K15+200	龙双
		江西省群力建设有限公司	K15+200~K29+100	沈潘
		湖南融洲园林绿化工程有限公司	K29+100~K41+500	何建林
		长沙唯美园林绿化工程有限公司	K41+500~K47+300	龚磊

湖 南

续上表

路段	参建单位	单位名称	合同段编号及起止桩号	主要负责人
醴茶高速公路	施工单位	长沙市绿洲风景园林技术开发有限公司	K47+300~K55+400	何建林
		湖南一建园林景观有限公司	K55+400~K63+200	刘尧顺
		湖南省绿林市政景观工程有限公司	K63+200~K70+500	何建林
		长沙城美园林工程有限公司	K70+400~K76+300	何建林
		湖南芙蓉园林环境工程有限公司	K76+300~K83+100	李炎
		湖南嘉原园林景观设计工程有限公司	K83+100~K89+500	常江
		湖南怡人园林绿化有限公司	K89+500~K105+203	常江
		中交一公局第三工程有限公司	K0+000~K29+100	徐利平
		中国云南路建集团股份公司	K29+100~K55+400	韦晓军
		保定申成路桥有限责任公司	K55+400~K83+100	王秋荣
		中交一公局第五工程有限公司	K83+100~K105+203	薛满红
		江西昌南建设集团有限公司	房建	李国佳
		衡阳市长江建设工程有限责任公司	房建	旷向社
		江西建工第四建筑有限责任公司	房建	周才柬
		江西省丰和营造集团有限公司	房建	张智泉
		山西交研科学实验工程有限公司	机电	王永丰
		黑龙江省北龙交通工程有限公司	机电	周景新
		长沙方达交通设施工程有限公司	机电	杨建民
		湖南省郴州公路桥梁建设有限责任公司	交安	邓立东
		湖南省湘筑工程有限公司	交安	燕平
		湖南天弘交通建设工程有限公司	交安	蔡长
		茂名市公路建设有限公司	交安	何凯徽
		衡阳公路桥梁建设有限公司	交安	谭鑫
		江苏中咨华扬交通工程有限公司	交安	窦书艳
		长沙市海陆交通安全设施公司	交安	蒋建国
		深圳市世房环境建设集团发有限公司	平面绿化	范建
		江西王阁环境建设有限公司	平面绿化	陶孟宁
		湖南美源园林	平面绿化	刘祺骆
		岳阳市园林建设总公司	平面绿化	李春

第三章
国家高速公路

续上表

路段	参建单位	单位名称	合同段编号及起止桩号	主要负责人
炎汝高速公路	管理单位	炎汝高速公路建设开发有限公司	K0+000~K152+142	李立新
	设计单位	江苏省交通规划设计院有限公司	K0+000~K33+597	何继峰
		中交第二勘察设计研究院有限公司	K39+440~K79+110.843	胡正荣
		湖南省交通规划勘察设计院	K79+800~K117+817.407	戴旺
		广东省公路勘察规划设计院有限公司	K118+000~K152+000	李志江
		北京中交植生科技有限公司	K0+000~K152+142	毕显爽
		西安公路研究院	K0+000~K133+900	蔺满盈
	监理单位	广西桂通公路监理咨询有限责任公司	第一监理处 K0+000~K28+302	黎初生
		湖南湖大建设监理有限公司	第二监理处 K28+302~YK46+745	张建国
		重庆锦程工程咨询有限公司	第三监理处 K28+302~K65+935	蒋绍成
		湖南交通建设工程监理有限公司	第四监理处 K65+935~K90+900	凌松
		湖南和天工程项目管理有限公司	第五监理处 K90+900~K112+600	曾庆云
		北京华通公路桥梁监理咨询有限公司	第六监理处 K112+600~K134+350	李瑞民
		长沙中核公路工程监理咨询有限公司	第七监理处 K134+350~K152+142.64	胡栾桥
		湖南省三湘交通建设监理事务所	第八监理处 LK0+000~LK30+193.412	丑成功
		湖南明泰项目管理有限公司	第九监理处 K0+000~K152+142.64	吴锦堂
		重庆中宇工程咨询监理有限责任公司	第十监理处 K0+00~K143+200	陈倚东
	施工单位	安徽建工集团有限公司	第一合同段 K0+000~K11+140	李亮义
		四川川交路桥有限责任公司	第二合同段 K11+140~K16+000	李亚舟
		山东黄河工程集团有限公司	第三合同段 K16+000~K21+060	李士光
		广东长宏公路工程有限公司	第四合同段 K21+060~K25+780	刘广明
		成都华川公路建设集团有限公司	第五合同段 K25+780~K28+302	张涌
		中铁二局第五工程有限公司	第六合同段 K28+302~K31+937	刘瑞斌
		中铁十五局集团第五工程有限公司	第七合同段 K31+937~K33+597	宋延涛
		中铁隧道集团有限公司	第八合同段 K33+597~K38+535.707	马彦敢
		山东东方路桥建设总公司	第九合同段 K39+440~K42+585	李文贤
		湖北省路桥集团有限公司	第十合同段 K42+585~YK46+745	彭良涛
		中铁十二局集团有限公司	第十一合同段 YK46+745~YK49+750	武峰
		中铁隧道集团有限公司	第十二合同段 YK49+750~YK52+968	张杰
		中铁三局集团第五工程有限公司	第十三合同的 YK52+968~YK56+160	张凡
		中国葛洲坝集团股份有限公司	第十四合同段 YK56+160~YK61+250	王继飞
		湖南省第六工程有限公司	第十五合同段 YK61+250~K65+935	张正根
		中国葛洲坝集团股份有限公司	第十六合同段 K65+935~YK68+940	严泽洪
		新疆北新路桥建设股份有限公司	第十七合同段 YK68+940~K74+140	陈荣凯
		天津城建道路工程有限公司	第十八合同段 K74+140~K79+110.843	张鹏

湖 南

续上表

路段	参建单位	单 位 名 称	合同段编号及起止桩号	主要负责人
炎汝高速公路	施工单位	岳阳市公路桥梁基建总公司	第十九合同段 K79+800~K86+800	周松柏
		顺吉集团有限公司	第二十合同段 K86+800~K90+900	华典年
		邵阳公路桥梁建设有限责任公司	第二十一合同段 K90+900~K95+700	熊继承
		益阳公路桥梁建设有限责任公司	第二十二合同段 K95+700~K101+000	汪向阳
		湖北长江路桥股份有限公司	第二十三合同段 K101+000~K105+700	林潜钟
		郴州公路桥梁建设有限责任公司	第二十四合同段 K105+700~K108+900	邓东华
		中交二公局第三工程有限公司	第二十五合同段 K108+900~K112+600	蔡周利
		朝阳建设集团有限公司	第二十六合同段 K112+600~K117+817.407	焦郁靓
		浙江正方交通建设有限公司	第二十七合同段 K118+000~K123+300	刘世伟
		中铁二局股份有限公司	第二十八合同段 K123+300~K127+100	任小平
		重庆渝达公路桥梁有限责任公司	第二十九合同段 K127+100~K131+300	罗浩华
		衡阳公路桥梁建设有限公司	第三十合同段 K131+300~K134+350	张科
		路港集团有限公司	第三十一合同段 K134+500~K138+000	丁立
		河南路桥建设集团有限公司	第三十二合同段 K138+000~K141+500	张道友
		中铁二十五局集团有限公司	第三十三合同段 K141+500~K145+000	尹育文
		枣庄市道桥工程有限公司	第三十四合同段 K145+000~K149+000	王贵财
		核工业西北工程建设总公司	第三十五合同段 K149+000~K152+000	李耀全
		中国建筑股份有限公司	第三十六合同段 LK0+000~LK8+000	旷庆华
		四川武通路桥工程局	第三十七合同段 LK8+000~LK17+300	纪任鑫
		山东沂蒙交通工程有限公司	第三十八合同段 LK17+300~LK25+700	林轻松
		中铁十一局集团第三工程有限公司	第三十九合同段 LK25+700~LK30+193.412	陈安伍
		湖南东星园林发展有限公司	第四十合同段 K0+000~K18+830	段利民
		江西洪洲园林工程有限公司	第四十一合同段 K18+830~K46+745	董汉岳
		湖南美好园林绿化工程有限公司	第四十二合同段 K46+745~K65+935 LK0+00~LK30+193	莫北衡
		湖南湘艺建筑园林有限公司	第四十三合同段 K65+935~K90+900	何建林
		江西吉美园林工程有限公司	第四十四合同段 K90+900~K101+000	蔡金海
		湖南省城市园林实业有限公司	第四十五合同段 K101+000~K112+600	周波涛
		河南省豫建市政园林工程有限公司	第四十六合同段 K112+600~K134+350	周晓波
		湖南集美园林艺术有限公司	第四十七合同段 K134+350~K152+142	简林
		绍兴市第一园林工程有限公司	第四十八合同段 K0+000~K46+760	周波涛
		江西景观园林有限公司	第四十九合同段 K46+760~K112+600	蔡凤平
		湖南美源园林景观工程有限责任公司	第五十合同段 K112+600~K152+142	陈勇

第三章
国家高速公路

续上表

路段	参建单位	单位名称	合同段编号及起止桩号	主要负责人
炎汝高速公路	施工单位	浙江省大成建设集团有限公司	第五十一合同段 K0+000~YK46+745	刘奇
		岳阳市公路桥梁基建总公司	第五十二合同段 YK46+745~K90+900	何霁威
		重庆交通建设(集团)有限责任公司	第五十三合同段 K90+900~K134+350	史串龙
		中交第三公路工程局有限公司	第五十四合同段 K134+350~K152+142	俞颖皓
		江苏铁电交通科技集团有限公司	第五十五合同段 K0+000~K63+600	陈湘长
		广东新粤交通投资有限公司	第五十六合同段 K63+600~K134+500	宋四河
		广东立乔交通工程有限公司	第五十八合同段 K0+000~K45+875	梁三春
		山西长达交通设施有限公司	第五十九合同段 K45+875~K90+500	孙合俊
		湖南三和通信交通工程有限公司	第六十合同段 K90+500~K134+500	易征
		扬州远通交通工程有限公司	第六十一合同段 K0+000~K63+600	朱隆礼
		江苏中路交通工程有限公司	第六十二合同段 K63+600~K134+500	莫北衡
		浙江久久交通设施有限公司	第六十三合同段 K0+000~K45+875	何凯
		湖南筑星交通工程有限公司	第六十四合同段 K45+875~K90+500	古小兵
		湖南湘筑交通科技有限公司	第六十五合同段 K90+500~K134+500	唐华
		湖南星大建设集团股份有限公司	第六十七合同段合同段 K0+000~K39+200	吴学
		河南省大成建设工程有限公司	第六十八合同段 K62+720~K105+615	刘小平
		河北工程建设有限责任公司	第六十九合同段 K126+535~K130+360	肖三平
		湖南长大建设集团股份有限公司/中机国际工程设计研究院有限责任公司	第七十合同段	张树云
		广东新粤交通投资有限公司	第七十一合同段 K0+000~K135+300	张涛
		陕西高速电子工程有限公司	第七十二合同段 K24+000~K33+590	王国君
		陕西科润公路沿线设施工程有限公司	第七十三合同段 K33+590~K49+900	李国庆
		中铁一局集团电务工程有限公司	第七十四合同段 K49+000~K64+771	邰炳生
		北京公科飞达交通工程发展有限公司	第七十五合同段 K64+771~K133+900	张啸骏
		西安金路交通工程科技发展有限责任公司/中交第一公路勘察设计研究院有限公司	第七十六合同段 K134+350~K152+142	黄长久

G4E 湖南段收费站点设置情况　　表3-3-5

路段	站点名称	车道数	收费方式
通平高速公路	冬塔(主线站)	16出	ETC:2出,人工:14出
	上塔市	3进5出	ETC:1进1出,人工:2进4出
	南江	3进5出	ETC:1进1出,人工:2进4出
	梅仙	3进5出	ETC:1进1出,人工:2进4出
	平江	4进6出	ETC:1进1出,人工:3进5出
	安定	3进5出	ETC:1进1出,人工:2进4出

续上表

路段	站点名称	车 道 数	收 费 方 式
浏醴高速公路	社港	3进5出	人工、自动
	沙市	3进5出	人工、自动
	北盛	5进8出	人工、自动
	江背	4进6出	人工、自动
	普迹	3进5出	人工、自动
	跃龙	3进5出	人工、自动
	枫林	3进5出	人工、自动
醴茶高速公路	虎踞	3进5出	2进4出人工,1进1出ETC
	攸县东	3进5出	2进4出人工,1进1出ETC
	酒埠江	3进5出	2进4出人工,1进1出ETC
	钟佳桥	3进5出	2进4出人工,1进1出ETC
	泗汾	3进5出	2进4出人工,1进1出ETC
	嘉树石方	3进5出	2进4出人工,1进1出ETC
	醴陵西	4进7出	3进6出人工,1进1出ETC
	皇图岭	4进6出	3进5出人工,1进1出ETC
炎汝高速公路	炎陵西	3进5出	人工
	炎帝陵	3进6出	人工
	船形	2进3出	人工
	中村	3进5出	人工
	八面山	3进5出	人工
	沙田	3进5出	人工
	田庄	2进4出	人工
	汝城南	3进7出	人工
	井坡	3进5出	人工

G4E 湖南段服务区设置情况　　　　　　　　　　　　　　表 3-3-6

路段	服务区名称	桩　号	备　注
通平高速公路	南江	K8+800	关停
	安定	K64+400	
浏醴高速公路	北盛	K105+827	
	官庄	K157+570	
醴茶高速公路	瓷城		未建成
	攸县	K261+300	
炎汝高速公路	炎陵	K368+300	
	桂东	K415+200	
	汝城南	K459+450	

第四节　G1517（莆田至炎陵）湖南段

莆田至炎陵高速公路，简称莆炎高速，是国家高速沈海高速公路（G15）的联络线，国高网编号为 G1517，起点在福建省莆田市（湄洲湾），经过福建、江西、湖南 3 省，终于炎陵县境。

莆炎高速公路是中西部连接东南沿海的一条重要通道，其湖南段自江西从炎陵睦村入境，止于炎陵分路口，编号 G1517，全长 29.949km，分炎陵、炎睦 2 段修建。

G1517 湖南段建设项目信息、路面信息、交通流量状况、项目建设单位信息、收费站点设置情况、服务区设置情况等，分别见表 3-4-1 ~ 表 3-4-6。

一、炎陵高速公路

炎陵高速公路，位于湖南革命老区炎陵县境内，起于炎陵分路口，顺接衡炎高速公路，沿 G106 国道以北布线，终于炎陵县城城东的霞阳镇沿城村，进而与江西省井冈山到睦村高速公路对接，主线全长 12.545km，概算总投资 9.22 亿元，2010 年 5 月 15 日开工建设，2012 年 12 月 23 日建成通车。

炎陵高速公路于 2007 年 7 月 16 日由省交通厅申请立项，2008 年 12 月 30 日省发改委批准项目可行性研究报告，2009 年 1 月 6 日省交通厅批复同意项目初步设计。批复概算 9.22 亿元，工程实际总投资为 10.363429 亿元，资金来源主要为省级交通建设资金计划投资、交通部计划投资和招商银行计划贷款，出资比例为银行贷款 65%，交通部补助和自筹 35%。

为便于管理，精简机构，经省高管局批复，炎陵高速公路由衡炎公司建设管理。炎陵高速公路主线为双向四车道，路基宽度 21.5m，设计速度 80km/h。项目共征收土地 984.725 亩，完成路基土石方 225.1291 万 m^3。

炎陵高速公路全线共有大桥 6 座，通道、涵洞 61 道，隧道 2 座/5289m，设 1 个收费站，由省高管局株洲管理处负责运营管理。

二、炎（陵）睦（村）高速公路

炎陵至睦村高速公路，简称炎睦高速公路，起于炎陵高速公路终点处的炎陵县城互通，沿 S321 走廊带经十里山、朱子桥至沔渡镇，设沔渡互通，跨沔水后新建沔渡隧道，再经老古庙至睦村（湘赣界），对接江西省井睦高速公路，全长 18.12km，概算总投资 10.8551 亿元，2009 年 5 月 26 日开工建设，2012 年 12 月 23 日建成通车。

炎睦高速公路于 2008 年 4 月 29 日由省交通厅以申请立项，2008 年 6 月 4 日省发改委批准项目可行性研究报告，2008 年 6 月 13 日省交通厅批复同意项目初步设计。批复

表 3-4-1

G1517 湖南段建设项目信息

项目名称	规模(km)		建设性质(新、改、扩建)	设计速度(km/h)	永久占地(亩)	投资情况(亿元)			资金来源	建设时间(开工~通车)
	合计	四车道				估算	概算	决算		
炎陵高速公路	12.545	12.545	新建	80	1187.61		9.22		中央财政拨款、省级财政拨款、银行贷款	2010.05~2012.12
炎睦高速公路	18.12	18.12	新建	80	1993.9125		10.8551		中央财政拨款、省级财政拨款、银行贷款	2009.05~2012.12

表 3-4-2

G1517 湖南段路面信息

项目名称	路面形式	起讫里程	长度(m)	水泥混凝土路面	沥青路面
炎陵高速公路	柔性路面	K0+000~K12+545	12545		沥青路面
炎睦高速公路	柔性路面	K0+000~K18+120	18120		沥青路面

表 3-4-3

G1517 湖南段交通流量状况(单位:辆/日)

年份	炎睦高速公路	炎陵高速公路
		日平均流量(当量数)
2014		2491
2015		1831
2014	2491	
2015	1831	

概算10.8亿元,工程实际总投资为15.126339亿元,资金来源为省级交通建设资金计划投资、省财政统筹资本金计划投资和国家开发银行计划贷款。

炎睦高速公路由衡炎公司负责建设管理,炎睦高速公路主线采用双向四车道高速公路标准,设计速度80km/h,路基宽度21.5m,沥青混凝土路面。共征用土地2767.46亩,完成路基土石方350.94万 m^3,大桥12座,立交互通2处,通道、涵洞100道。

炎睦高速公路全线设霞阳、神农谷、炎陵3个收费站,1对服务区,由省高管局株洲管理处负责营运管理。

G1517 湖南段项目建设单位信息 表3-4-4

路段	参建单位	单位名称	合同段编号及起止桩号	负责人
炎陵高速公路	管理单位	湖南省衡炎高速公路建设开发有限公司炎陵炎睦项目部	K0+000~K12+545	彭超志
	设计单位	湖南省交通规划勘察设计院		彭建国
		中资泰克交通工程有限公司		
	监理单位	河北翼民工程咨询有限公司	J1:全线	肖裔林
		北京华路捷公路工程技术咨询有限公司	J2:全线	黄建军
		湖南明泰项目管理有限公司	J3:房建	刘荣
	施工单位	衡阳公路桥梁建设有限公司	01D:K114+320~K121+420	万芃
		核工业华南建设工程集团公司	02D:K121+420~K123+825	乐凤武
		山东省滨州公路工程总公司	03D:K123+825~K125+675	张富山
		河南省豫建市政园林工程有限公司	04D:K114+320~K125+675	杨广
		浙江省宏途交通建设有限公司	06A:K114+320~K125+675	叶君
		黑龙江省北龙交通工程有限公司	07A:K114+320~K125+675	宋四海
		湖南省朝辉建设开发有限公司	08A:房建	吴旭
		湖南省湘筑交通科技有限公司	10A:K114+320~K125+675	刘朝辉
		湖南三和通信交通工程有限公司	11A:K114+320~K125+675	朱成东
		北京路安交通科技发展有限公司	12A:K114+320~K125+675	顾迎春
炎陵高速公路	管理单位	湖南省衡炎高速公路建设开发有限公司炎陵炎睦项目部	K0+000~K18+120	彭超志
	设计单位	湖南省交通规划勘察设计院		
		中资泰克交通工程有限公司		
	监理单位	河北翼民工程咨询有限公司	J1:全线	肖裔林
		北京华路捷公路工程技术咨询有限公司	J2:全线	黄建军
		湖南明泰项目管理有限公司	J3:房建	刘荣
	施工单位	温州交通建设集团有限公司	01D:K1+200~K10+800	胡爱民
		湖南省公路机械工程有限公司	02D:K10+800~K18+207.78	李满程

续上表

路段	参建单位	单位名称	合同段编号及起止桩号	负责人
炎陵高速公路	施工单位	惠州市沃德园林绿化有限公司	05D:K0+000~K18+120	吕雄君
		浙江省宏途交通建设有限公司	06B:K0+000~K18+120	叶君
		湖南省湘筑交通科技有限公司	10B:K0+000~K18+120	刘朝辉
		湖南三和通信交通工程有限公司	11B:K0+000~K18+120	朱成东
		黑龙江省北龙交通工程有限公司	7B:K0+000~K18+120	宋四海
		北京路安交通科技发展有限公司	12B:K0+000~K18+120	顾迎春
		湖南省朝辉建设开发有限公司	8B:房建	吴旭
		长沙新康建筑工程有限公司	9D:房建	徐军祥

G1517 湖南段收费站点设置情况　　　　　　　　　　　表 3-4-5

路段	站点名称	车道数	收费方式
炎陵高速公路	无		
炎睦高速公路	霞阳	3进5出	2进4出人工,1进1出ETC
	神农谷	3进3出	2进2出人工,1进1出ETC
	炎陵	10出	8进8出人工,2进2出ETC

G1517 湖南段服务区设置情况　　　　　　　　　　　表 3-4-6

路段	服务区名称	桩号
炎陵高速公路	无	
炎睦高速公路	炎陵东	K11

第五节　G55(二连浩特至广州)湖南段

二连浩特至广州高速公路,简称二广高速公路,国高网编号 G55,是纵贯中国南北的大动脉,北起中蒙边境的内蒙古自治区二连浩特市,南至广东省广州市,沿途穿越内蒙古、山西、河南、湖北、湖南、广东六个省、自治区,全长 2685km,2016 年 12 月 31 日全线通车。

二广高速公路湖南段将横向的长张、杭瑞、沪昆、益马(在建)等多条高速公路串联,使湖南高速公路路网结构更趋优化。二广高速贯通后,从广东往湘西北方向车流可通过二广高速北上,有效分流长张高速,尤其是长益段的车流。从广东往湖北、北京方向车流,也可绕开京港澳高速,选择二广高速北上。

二广高速公路湖南段起于澧县东岳庙(鄂湘界),经常德、桃江县武潭、安化县梅城、涟源市湄江、新邵县、邵阳县、东安县、冷水滩区、零陵区、双牌县、宁远县及蓝山县,止于蓝山县湘粤界,全长613.67km,分为东(岳庙)常(德)、常(德)安(化)、安(化)邵(阳)、邵(阳)永(州)、永(州)蓝(山)5段修建。

一、东(岳庙)常(德)高速公路

澧县东岳庙至常德高速公路,简称东常高速公路,是二广高速公路湖南境内的第一段,主线起自澧县东岳庙,接湖北荆州至东岳庙高速公路,途径澧县、津市市、临澧县,穿过常德市城郊,止于常德市德山经开区石门桥互通,与常安、长张高速公路相连,全长111.84km,项目概算总投资101.77亿元(不含柳叶湖特大桥和月亮湾互通投资),由湖南省东常高速建设开发有限公司投资建设。2009年8月1日开工建设,2014年12月31日建成通车。

2005年12月8日,省人民政府批复了东常高速公路建设项目;2006~2008年,先后通过了环保评估、水土保持方案和国家发展和改革委员会、国土资源部、交通运输部、国家林业局等政府部门的相关批复;2008年11月28日,举行开工动员大会。

该项目全线共分24个路基施工标段和5个监理标段,2009年6月完成了招标工作,并签订施工、监理合同协议书。同时,东常高速建设开发有限公司与常德市高速公路建设协调指挥部东常办签订了征地拆迁预算包干协议,常德区县(市)协调指挥部将该项目所征用的土地交给东常高速建设开发有限公司。

东常高速公路全线采用双向四车道高速公路标准建设,同步建设的有常德北连接线,起于肖伍铺互通接岳常高速公路,经柳叶湖旅游度假区、鼎城区石板滩镇、灌溪镇,在桃源县张家店与常张高速公路相连,长19.42km;白鹤山连接线3.86km;津市连接线5.14km,临澧连接线10.9km。主线起点至肖伍铺互通84km和常德北连接线17.92km,设计速度100km/h,路基宽26m;肖伍铺至终点石门桥互通27.79km,设计速度120km/h,路基宽28m。全线桥涵设计汽车荷载等级采用公路—Ⅰ级,其余技术指标按《公路工程技术标准》(JTG B01—2003)执行。白鹤山连接线采用一级公路标准建设,设计速度80km/h,津市、临澧连接线采用二级公路标准建设。

全线共有沅水、澧水、涔水、澹水、柳叶湖、渐河6座特大桥,大桥17座,有中、小桥54座,隧道2对。

东常高速公路为经营性高速公路,主线和连接线设复兴厂、澧县、津市南、临澧、双桥坪、柳叶湖、芦荻山、太阳山、灌溪等10个收费站,有城头山、临澧、常德3个服务区和石门桥停车区,2个养护工区,设有监控分中心,由湖南省东常高速建设开发有限公司负责经营管理。

二、常(德)安(化)高速公路

常德至安化高速公路,简称常安高速公路,起点位于常德市檀树坪以东的石门桥,北接二广高速东常高速公路,与长张高速公路交叉,向南沿 G207 走廊布设,经常德市鼎城区石门桥镇、黄土店镇、钱家坪乡至益阳市桃江县武潭镇西,在马迹塘西侧 2km 处跨越资江与 S308 交叉后,路线继续沿国道 G207 布设,经益阳安化县长塘镇、仙溪镇,从梅城镇东侧 2.5km 处通过、止于梅城镇联丰村,接安邵高速公路。主线全长 95.305km,按照双向四车道高速公路标准建设,设计速度 100km/h,路基宽度 26m。

2009 年省交通厅以《关于常德至安化(梅城)公路施工图设计的批复》(湘交基建〔2009〕221 号)对常安高速公路施工图进行了批复;2011 年国家发展和改革委员会以《国家发展改革委关于湖南省常德至安化(梅城)公路项目核准的批复》(发改基〔2011〕892 号)对项目进行了核准。

该项目原由浙江友诚控股集团有限公司以 BOT 形式全额投资,原批复建设总工期 3 年,2010 年开工建设,应于 2013 年建成通车。但由于浙江友诚控股集团有限公司资金链断裂,项目后续建设资金无法落实,项目于 2013 年全线停工,并且遗留工程量较大。

2015 年 5 月,省交通运输厅委托了由中交京纬公司牵头的 7 家单位对常安项目已完工程量和质量、安全状况进行了检测和评估。同年 6 月 3 日,《湖南常德至安化(梅城)高速公路项目投资框架协议书》签订,协议约定由省高速公路建设开发总公司投资入股常安项目,完成后续工程建设。8 月 28 日,发布常安高速土建剩余工程及路面工程招标公告,正式启动招标工作。9 月 24 日,省人民政府以湘政函〔2015〕146 号,正式批复省交通运输厅收回常德至安化(梅城)高速公路项目特许经营权,同意湖南省高速公路建设开发总公司接管常安高速公路后续工程建设。项目于 2015 年 11 月 1 日重新开工建设,2016 年 12 月 31 日正式建成通车。

该项目初步设计批复总概算 583458 万元,经省交通运输厅《湖南省交通运输厅关于常德至安化(梅城)高速公路概算预调整的批复》(湘交办函〔2014〕3 号)同意,总概算预调至 727980 万元。根据项目建设实际情况,工程预算费用较初步设计批复概算增加 384689 万元,总投资达 97 亿元。

2016 年 8 月 29 日,省交通运输厅批复同意省局常安公司与原 BOT 常安公司出资,并于 2016 年 9 月 23 日正式注册成立湖南德安高速公路有限责任公司,负责常安高速公路项目建成后的运营管理。同年 12 月 30 日,省政府办公厅以湘政办函〔2016〕128 号文件对常安高速公路设站收费进行了批复,并明确常安高速公路为经营性高速公路。全线设置花岩溪、武潭、马迹塘、长塘、仙溪、梅城6个匝道收费站,黄土店和马迹塘2对服务区。

三、安(化)邵(阳)高速公路

安化至邵阳高速公路,简称安邵高速公路,起于益阳市安化县梅城镇连接G55常德至安化段,止于邵阳市桔木山互通连接G55邵阳至永州段,主线全长130.892km,连接线合计28.699km,主线双向4车道,设计速度100km,2010年6月正式动工,2016年10月全线建成通车。

安邵高速公路由利联实业发展(深圳)有限公司、黑龙江省德利能源股份有限公司、鸿硕房地产开发(深圳)有限公司共同出资设立的湖南利联安邵高速公路开发有限公司负责投资、建设、经营和养护管理。

2007年项目由国家发改委核准立项,2008年6月交通运输部批复概算投资85.44亿元,2014年批复概算投资调整为115.61亿元。2009年,省交通运输厅批复施工图设计;2010年10月28日,交通运输部在施工许可申请书签署同意意见。安邵高速公路建设总投资133亿元,来源于企业自筹、银行贷款,累计到位资金129.74亿元,其中股东资本金31.96亿元,银行贷款97.78亿元。

该工程施工主线土建施工分为5个合同段,路面施工分为5个合同段,房建施工分为4个合同段,机电工程分为3个合同段,交通安全设施分为3个合同段,全线土建施工监理招标采用邀请招标的方式,分为3个合同段进行招标。

安邵高速公路共征用永久用地15594亩、临时(含三改)用地2298亩,拆迁房屋784084m^2。全线设互通式立交11座,特大桥1座,大桥63座,中小桥22座,隧道15座,通涵602道;路基宽26m,双向四车道,设计速度100km/h;在安化县清塘铺镇、涟源市伏口镇、龙塘镇、涟源东、白马镇、新邵西和邵阳西设置7处收费站,并设立安化梅城、涟源湄江、白马和邵阳蔡锷4对服务区。

四、邵(阳)永(州)高速公路

邵阳至永州高速公路,简称邵永高速公路。起于邵阳市西郊的桔木山,连接潭邵高速公路和安邵高速公路,向南经邵阳县、东安县、冷水滩区、零陵区,在零陵区接履桥镇与衡枣高速公路和永蓝高速公路相接,全长111.129km;同步建设冷水滩连接线6.407km、白仓互通连接线3.722km及邵阳县互通连接线2.352km。2006年5月开工建设,2009年11月建成通车。

邵永高速公路由广东省联泰集团有限公司投资建设,广东联泰集团于2004年6月在永州市注册成立湖南邵永高速公路有限公司。2005年2月和6月,交通部与国家发改委分别核准该项目;2005年7月13日,省交通厅批复初步设计;2007年6月4日,省交通厅批准施工许可。该项目批复概算为52.75亿元,决算审计金额56.71亿元,平均每公里造价5103万元。

邵永高速公路占地12591.2115亩,平均每公里占地113.3亩,全线共完成路基工程3578万m^3。全线共设置主线桥47座,互通匝道桥8座,人行天桥58座,渡槽14座,通涵680道。该项目按全封闭高速公路设计,路基宽度为26m,设计速度为100km/h。

邵永高速公路全线设置监控、收费中心1处(永州东),收费管理分中心1处(邵阳县),服务区2处(邵阳、冷水滩),停车区3处,养护工区及养护队3处,匝道收费站5处(邵阳县收费站、白仓收费站、花桥收费站、永州北收费站、永州东收费站),由湖南邵永高速公路有限公司负责经营管理。

五、永(州)蓝(山)高速公路

永州至蓝山(湘粤界)高速公路,简称永蓝高速公路,是二广高速公路在湖南省境内的最后一段。起于零陵区东北的接履桥,与泉南国家高速公路衡枣段相交叉,接邵永高速公路的终点,沿省道S216走廊向南,穿越阳明山、观音岭、九嶷山后进入广东省连州市。该项目途经零陵区、双牌县、宁远县及蓝山县,全长145.157km,2008年底开工建设,2012年底建成通车。

永蓝高速公路由广东省联泰集团有限公司以特许经营的方式依法投资、建设、经营、养护管理。2006年1月,广东联泰集团及其旗下子公司广东联泰交通投资有限公司在永州市依法注册成立了项目公司——湖南永蓝高速公路有限公司。同年4月24日,湖南永蓝高速公路有限公司与省交通厅签订永蓝高速公路项目的特许投资建设经营合同。2007年9月,项目获国家发改委核准批复;同年11月,交通部批复初步设计;2008年12月,交通部批复施工许可。项目批复概算为107.92亿元。

永蓝高速公路桥隧比为25.80%。设有桥梁89座,其中特大桥1037.5m/1座,大桥12038.82m/44座,中桥2664.5m/44座,小桥147.76m/4座;隧道21560.38m/17座,其中特长隧道11149.88m/3座,长隧道3596.5m/2座,中隧道5484m/8座,短隧道1330m/4座。路基宽度26m,双向四车道,设计速度100km/h,主线采用沥青混凝土路面。设互通式立交8处,分离立交28处,涵洞422道,通道268道,天桥17座。设南风坳主线收费站1个,阳明山、平田、宁远、宁远东、蓝山、长铺6个匝道收费站,设服务区3处、停车区2处、隧道管理站2处。

G55湖南段建设项目信息、路面信息、交通流量状况、项目建设单位信息、收费站点设置情况、服务区设置情况等,分别见表3-5-1~表3-5-6。

表 3-5-1

G55 湖南段建设项目信息

项目名称	规模(km)			建设性质(新、改、扩建)	设计速度(km/h)	永久占地(亩)	投资情况(亿元)			资金来源	建设时间(开工~通车)
	合计	四车道					估算	概算	决算		
东常高速公路	135	135		新建	100、120	13363.993	98	101.77	暂无	自筹	2009.6~2014.5
常安高速公路	95.305	95.305		新建	100	9513		72		国家投资,BOT项目企业自筹、银行贷款	2010.9~2016.12
安邵高速公路	130.895	130.895		新建	100	14199.183	85.44	115.6113	未决算	企业自筹,银行贷款	2010.6~2016.10
邵永高速公路	111.129	111.129		新建	100	12591.2115	42.23	52.76	56.71	银行贷款,其他	2006.5~2009.11
永蓝高速公路	145.157	145.157		新建	100	12472	108.72	131.68		银行贷款,自筹资金	2008.12~2012.12

表 3-5-2

G55 湖南段路面信息

项目名称	路面形式	起讫里程	长度(m)	
东常高速公路	刚性	K0+000~K0+950	950	水泥混凝土路面
东常高速公路	柔性	K0+950~K111+673.159	110723.159	沥青路面
东常高速公路	柔性	L2K1+722.78~L2K12+120	12100	沥青路面
常安高速公路	柔性	K0+998.923~K96+361.025	95305.000	沥青路面
安邵高速公路	柔性	K94+112.169~K224+787.198	130895	沥青混凝土路面
邵永高速公路	柔性	K2165+899~K2277+028	111.129	沥青路面
永蓝高速公路	刚性	K2291+768~K2296+095	4327	纤维混凝土
永蓝高速公路	刚性	K2297+428~K2298+943	1515	纤维混凝土
永蓝高速公路	刚性	K2314+178~K2319+398	5220	纤维混凝土
永蓝高速公路	刚性	K2330+538~K2333+458	2920	纤维混凝土
永蓝高速公路	刚性	K2369+281~K2371+228	1947	纤维混凝土
永蓝高速公路	刚性	K2384+477~K2385+627	1150	纤维混凝土
永蓝高速公路	刚性	K2405+341~K2407+644	2303	纤维混凝土
永蓝高速公路	刚性	K2418+200~K2422+185	3985	纤维混凝土

续上表

项目名称	起讫里程	长度(m)	路面形式	水泥混凝土路面	沥青路面
永蓝高速公路	K2277+028~K2291+768	14740	柔性		沥青混凝土
永蓝高速公路	K2296+095~K2297+428	1333	柔性		沥青混凝土
永蓝高速公路	K2298+943~K2314+178	15235	柔性		沥青混凝土
永蓝高速公路	K2319+398~K2330+538	11140	柔性		沥青混凝土
永蓝高速公路	K2333+458~K2369+281	35832	柔性		沥青混凝土
永蓝高速公路	K2371+228~K2384+477	13249	柔性		沥青混凝土
永蓝高速公路	K2385+627~K2405+341	19714	柔性		沥青混凝土
永蓝高速公路	K2407+644~K2418+200	10556	柔性		沥青混凝土

表 3-5-3 G55 湖南段交通流量状况（单位：辆/日）

年份	东常高速公路		安邵高速公路				邵永高速公路				永蓝高速公路			
	日均交通量	涟源东	白马	邵阳西	日平均流量		路段一	路段二	路段三	日平均流量	宁远	宁远东	蓝山	日平均流量
2011							4717	2815	3489	3673				
2012							5780	3216	3587	4194				
2013							8928	4756	6271	6651	4425	4277	2604	3956
2014	17911						10481	5610	7198	7762	5790	5712	2837	5079
2015	27050	3144			3144		13582	8285	10007	10624	9615	8965	7387	8873
2016	38716	9547	6940	4675	7054						11325	11248	10706	11172

第三章
国家高速公路

G55 湖南段项目建设单位信息 表 3-5-4

路段	参建单位	单位名称	合同段编号及起止桩号	负责人
东常高速公路	管理单位	湖南东常高速公路建设开发有限公司	K0+000~K111+673.159、LK2+840~LK20+711.99、L2K1+722.78~L2K12+120、QK1+940~QK5+800	张志敏
	设计单位	湖南省交通规划勘察设计院	1~8 标:K0+000~K56+380,22 标:L2K1+722.78~L2K12+120	张健
		华杰工程咨询有限公司	9~11 标:K56+380~K84+848.28,19~21 标:LK2+840~LK20+711.99	岳仁辉
		北京建达道桥咨询有限公司	12~18 标:K84+848.276~K105+220~K111+673.159,23 标:QK1+940~QK5+800	张淼
		湖南中大设计院有限公司	24 标:LK14+571.50~LK14+827.90	王思伟
	监理单位	中国公路工程咨询集团有限公司	1~4 标:K0+000~K28+540	王秀杰
		湖南和天工程项目管理有限公司	5~8 标:K28+540~K56+380,22 标:L2K1+722.78~L2K12+120	陈广
		河北华达公路工程咨询监理有限公司	9~11 标:K56+380~K84+848.28	周运栋
		湖南省交通建设工程监理有限公司	12~18 标:K84+848.276~K105+220~K111+673.159	郭亮才
		重庆育才工程咨询监理有限公司	19~21 标:LK2+840~LK20+711.99,23 标:QK1+940~QK5+800,24 标:LK14+571.50~LK14+827.90	田珍明
		北京华通公路桥梁监理咨询有限公司	K0+000~K111+673.159、LK2+840~LK20+711.99、L2K1+722.78~L2K12+120、QK1+940~QK5+800 房建、机电工程	江捷
	施工单位	中城建第二工程局有限公司	土建 1 标:K0+000~K12+180	杨龙安
		广东省航盛建设集团有限公司	土建 2 标:K12+180~K16+420	李太远
		路桥华祥国际工程有限公司	土建 3 标:K16+420~K25+060	韩友全
		湖南常德路桥建设有限公司	土建 4 标:K25+060~K28+540	胡志忠
		中铁大桥局股份有限公司	土建 5 标:K28+540~K31+000	代陵杰
		湖南省建筑工程集团总公司	土建 6 标:K31+000~K38+300、津市连接线	谢吉祥
		中交第一公路工程局有限公司	土建 7 标:K38+300~K48+000	彭爱民
		江苏省交通工程集团有限公司	土建 8 标:K48+000~K56+380	傅玉罗
		湖南省建筑工程集团总公司	土建 9 标:K56+380~K66+600	黄清平
		湖南省公路机械工程有限公司	土建 10 标:K66+600~K77+645	王跃武
		湖南金沙路桥建设有限公司	土建 11 标:K77+645~K84+848.28	何伟

续上表

路段	参建单位	单位名称	合同段编号及起止桩号	负责人
东常高速公路	施工单位	湖南常德路桥建设有限公司	土建 12 标:K84+848.276~K89+310	曲栋
		中铁十八局集团有限公司	土建 13 标:K89+310~K93+010	李振华
		湖南湘潭公路桥梁建设有限责任公司	土建 14 标:K93+010~K96+525	毛竹
		中铁二十局集团第四工程有限公司	土建 15 标:K96+525~K99+732	王文昌
		中铁二十四局集团有限公司	土建 16 标:K99+732~K102+477	金信国
		中交第二航务工程局有限公司	土建 17 标:K102+477~K105+220	曾葆春
		邵阳公路桥梁建设有限责任公司	土建 18 标:K105+220~K111+673.159	廖志荣
		湖南省公路机械工程有限公司	土建 19 标:LK2+840~LK11+522	罗志宏
		湖南金沙路桥建设有限公司	土建 20 标:LK11+522~LK16+440	李彪
		衡阳公路桥梁建设有限公司	土建 21 标:LK16+440~LK20+711.99	曲栋
		中国对外建设总公司	土建 22 标:L2K1+722.78~L2K12+120	孙明
		湖南省公路机械工程有限公司	土建 23 标:QK1+940~QK5+800	瞿有成
		中铁大桥局集团第三工程有限公司	土建 24 标:LK14+571.50~LK14+827.90	尹爱明
		湖南北山建设股份有限公司	F1 标:主线收费站、治超站、复兴厂服务区及收费站	吴振宇
		湖南北山建设股份有限公司	F2 标:澧县收费站、路政、交警二中队、津市南收费站	吴振宇
		湖南北山建设股份有限公司	F3 标:临澧收费站、临澧服务区、双桥坪收费站	吴振宇
		湖南北山建设股份有限公司	F4 标:丰收服务区、白鹤山、芦荻山、太阳山、灌溪收费站、石门桥停车区	吴振宇
		湖南北山建设股份有限公司	F5 标:管理处、路政、交警大队和一中队	吴振宇
		新疆交通建设(集团)有限责任公司	K0+000~K56+380	王永学
		湖南常德路桥建设集团有限公司	K56+380~K111+673.159	刘春复
		湖南尚上公路桥梁建设有限公司	LK2+840~LK20+711.9 及肖伍铺互通	陈以建
		湖南海鸿交通工程有限公司	交安工程 K0+000~K111+673、LK1+230~LK20+712	龙思宇
		湖南达路基交通工程有限公司	交安钢护栏 K0+000~K111+673、LK1+230~LK20+712	杨章财
		陕西科润公路沿线设施工程有限公司	交安通信管道 K0+000~K75+100	艾齐云
		陕西科润公路沿线设施工程有限公司	交安通信管道 K75+100~K111+673、LK1+230~LK20+712	艾齐云
		交科院(北京)交通技术有限公司	机电 K75+100~K111+673、LK1+230~LK20+712	王一峰
		桂林市馨艺园林有限公司	绿化 K0+000~K80+950	谭景文
		湖南金驰园林绿化有限公司	绿化 K80+950~K111+560	邹海军
		湖南长浏园林建设发展有限公司	绿化 LK2+840~LK20+711.9	黄艳

第三章
国家高速公路

续上表

路段	参建单位	单位名称	合同段编号及起止桩号	负责人
常安高速公路	管理单位	湖南省高速公路建设开发总公司常安高速公路公司	K0+998.923~K96+361.025	肖玉辉
	设计单位	中交第一公路勘察设计研究院有限公司	K0+998.923~K53+405.414	韩培发
		中交第二公路勘察设计研究院有限公司	K53+500~K96+361.025	曾飞云
	监理单位	长沙华南土木工程监理有限公司	K0+998.923~K61+400	梁少阳
		重庆锦程工程咨询有限公司	K61+400~K96+361.025	杨仕国
		湖南安泰工程项目管理有限公司	房建监理	邓合胜
		湖南省交通建设工程监理有限公司	机电监理	方伟
	施工单位	湖南路桥建设集团有限责任公司	土建路面工程1标：K0+998.923~K36+950	张宏兵
		中铁五局集团机械化工程有限责任公司	土建路面工程2标：K36+950~K61+400	吕茂丰
		湖南路桥建设集团有限责任公司	土建路面工程3标：K61+400~96+361.025	薛松
		中天建设集团有限公司中国有色金属长沙勘察设计研究院有限公司	房建工程4标：K0+998.923~K96+361.025	张亮
		江苏安防科技有限公司	机电工程：K0+998.923~K96+361.025	王克松
		湖南省好风光园林景观工程有限公司	绿化工程6标：K0+998.923~K96+361.025	全小平
		云林建设集团有限公司	绿化工程7标：K0+998.923~K51+500	王志强
		湖南花研园林景观有限公司	绿化工程8标：K51+500~K96+361.025	谭露
		湖南天弘交通建设工程有限公司	交通安全设施工程9标：K0+998.923~K96+361.025	彭梁
		广东新粤交通投资有限公司	交通安全设施工程10标：K0+998.923~K36+950	彭运祥
		湖南省湘筑交通科技有限公司	交通安全设施工程11标：K36+950~K61+400	马吉葵
		江西赣东路桥建设集团有限公司	交通安全设施工程12标：K61+400~K96+361.025	黄菊平
		湖南得大工程有限公司	隧道消防13标：K0+998.923~K96+361.025	江伏香

续上表

路段	参建单位	单位名称	合同段编号及起止桩号	负责人
安邵高速公路	管理单位	湖南利联安邵高速公路开发有限公司	K94+112~K224+787	杨钦华
	设计单位	湖南省交通规划勘察设计院	K94+112~K171+910	戴旺
		中交公路规划设计院有限公司	K171+200~K224+787	季小川
	监理单位	北京华路顺工程咨询有限公司	J1:K94+112~K127+660	周树林
		北京华路顺工程咨询有限公司	J2:K127+660~K171+910	李永前
		广东翔飞公路工程监理有限公司	J3:K171+200~K224+787	何学军
		珠海市华晨建设监理咨询有限公司	J4负责FJ1、FJ3标监理	杨梦
		江门市五邑建设工程监理有限公司	J5负责FJ2、FJ4标监理	龙志涛
		湖南省交通建设工程监理有限公司	J6负责全线机电工程监理	谭华全
	施工单位	中铁五局(集团)有限公司	TJ1:K94+112~K127+660	赵德先
		中国建筑第五工程局有限公司	TJ2:K127+660~K151+500	廖四海
		中国铁建大桥工程局集团有限公司	TJ3:K151+500~K171+910	祝庆凯
		中铁二十三局集团有限公司	TJ4:K171+200~K193+700	冯再军
		中铁二十三局集团有限公司	TJ5:K193+700~K224+787	肖洋
		中铁五局集团机械化工程有限责任公司	LM1:K94+112~K127+660	陈永安
		湖南路桥建设集团有限责任公司	LM2:K127+660~K151+500	方明科
		东盟营造工程有限公司	LM3:K151+500~K171+910	包国军
		中铁七局集团第三工程有限公司	LM4:K171+200~K193+700	周宝良
		江苏嘉隆工程建设有限公司	LM5:K193+700~K224+787	李增明
		中铁二十三局集团有限公司	FJ1承建邵阳西收费站	晏春龙
		湖南路桥建设集团有限责任公司	FJ2承建涟源东监控分中心	谭威海
		湖南天义建设集团有限公司	FJ3承建邵阳服务区	周春林
		湖南对外建设集团有限公司	FJ4承建白马、梅城、邵阳服务区、湄江停车区、白马收费站、清塘铺收费站	万承启
		江苏安防科技有限公司	JD1承建全线机电三大系统、通信管道工程	卢仲根
		中铁四局集团电气化工程有限公司	JD2承建清塘铺隧道及往小里程方向全部隧机电工程	周开勇
		四川京川公路工程(集团)有限公司	JD3承建黄家垅隧道及往大里程方向全部隧道机电工程	杨知学
		深圳市鸿华通交通设施工程有限公司	JA1:K94+112~K127+660	李彦杰
		湖南通顺交通工程有限公司	JA2:K127+660~K151+500	罗刚
		四川京川公路工程(集团)有限公司	JA3:K151+500~K224+787	吕洪义

续上表

路段	参建单位	单位名称	合同段编号及起止桩号	负责人
邵永高速公路	管理单位	湖南邵永高速公路有限公司	K2165+899~K2277+028	李文风
	设计单位	湖南省交通规划勘察设计院	土建、路面、交安SY-04-018:K2165+899~K2277+028	彭建国
		广东省冶金建筑设计研究院	房建K2165+899~K2277+028	栾杰
		长岭炼化岳阳工程设计有限公司	服务区加油站K2165+899~K2277+028	王奇龙
		中国公路工程咨询集团有限公司	SY-04-019:K2165+899~K2277+028	王国锋
	监理单位	深圳高速工程顾问有限公司	邵阳段土建、跨铁路、交安K2165+899~K2203+996	陶弘
		汕头市公路工程监理有限公司	永州段土建、跨铁路、交安K2203+996~K2277+028	贾守志
		广东联发工程咨询有限公司	房建工程SYFJJL01:K2165+899~K2277+028	王静莲
		湖南省交通建设工程监理有限公司	机电工程SYGLSSJI01:K2165+899~K2277+028	吴文凯
	施工单位	汕头市达濠市政建设有限公司	土建邵阳合同段:K2165+899~K2203+996	杨毅
		汕头市达濠市政建设有限公司	土建永州合同段:K2203+996~K2277+028	王首标
		中铁九局集团有限公司	跨铁路合同段TL:K2180+320~K2255+806	王志朋
		汕头市达濠市政建设有限公司	路面邵阳合同段SYLM01:K2165+899~K2203+996	廖光明
		汕头市达濠市政建设有限公司	路面永州合同段SYLM02:K2203+996~K2277+028	杨毅
		北京华纬交通工程有限公司	交通安全设施工程SYAQSS01:K2165+899~K2277+028	臧卫国
		汕头市达濠市政建设有限公司	房建工程SYFJ01:K2165+899~K2277+028	黄志雄
		湖南恒宇石油安装有限公司	服务区加油站设备采购安装工程SYJYZSB01:K2165+899~K2277+028	张宪蛟
		湖南华意建筑装修装饰有限公司	服务区加油站装饰工程SYJYZZX01:K2165+899~K2277+028	罗森
		中咨泰克交通工程有限公司	机电工程K2165+899~K2277+028	吴雪挺

续上表

路段	参建单位	单位名称	合同段编号及起止桩号	负责人
永蓝高速公路	管理单位	湖南永蓝高速公路有限公司	JS:K0+000~K143+610	俞源
	设计单位	中交第一公路勘察设计研究院(土建、路面、交安)	K0+000~K36+560、K42+400~K106+012.498	樊葆青
		湖南省交通规划勘察设计院(土建、路面、交安)	K36+560~K42+400	刘新奇、杨明
		中交公路规划设计院(土建、路面、交安)	K106+012.498~K143+610	刘永波
		中国公路工程咨询集团有限公司(机电工程设计)	K0+000~K143+610	彭锐
		广东省冶金建筑设计研究院(房建工程)	K0+000~K143+610	李远松
	监理单位	北京中交安通工程技术咨询有限公司	J1:K0+000~K49+192	伍宏涛
		北京华路顺工程咨询有限公司	J2:K49+192~K106+012.498	黄进荣
		长沙中核工程监理咨询有限公司	J3:K106+012.498~K143+610	杨春辉
	施工单位	汕头市达濠市政建设有限公司	T1:K0+000~K36+560及K42+400~K106+012.498	廖光明
		核工业华东建设工程集团公司	T2:K36+560~K42+400	杨鹏辉
		中铁十五局集团有限公司	T3:K106+012.498~K143+610	马金池

G55 湖南段收费站点设置情况　　表 3-5-5

路段	站点名称	车道数	收费方式
东常高速公路	城头山	15出	13出人工,2出ETC
	复兴厂	2进2出	1进1出人工,1进1出ETC
	澧县	3进5出	2进4出人工,1进1出ETC
	津市工业区	3进5出	2进4出人工,1进1出ETC
	临澧	3进5出	2进4出人工,1进1出ETC
	双桥坪	2进2出	1进1出人工,1进1出ETC
	常德东北(柳叶湖)	3进5出	2进4出人工,1进1出ETC
	常德东	5进8出	4进7出人工,1进1出ETC
	常德北(太阳山)	3进5出	2进4出人工,1进1出ETC
	灌溪	3进5出	2进4出人工,1进1出ETC
常安高速公路	花岩溪收费站	8	人工,ETC
	武潭收费站	8	人工,ETC
	马迹塘收费站	8	人工,ETC
	长塘收费站	8	人工,ETC
	仙溪收费站	8	人工,ETC
	梅城收费站	8	人工,ETC
安邵高速公路	清塘铺	3进5出	1进1出ETC,2进4出人工
	伏口	3进5出	1进1出ETC,2进4出人工
	龙塘	3进4出	1进1出ETC,2进3出人工
	涟源东	3进7出	1进1出ETC,2进6出人工

续上表

路段	站点名称	车道数	收费方式
安邵高速公路	白马	3进5出	1进1出ETC,2进4出人工
	新邵西	3进5出	1进1出ETC,2进4出人工
	邵阳西	4进7出	1进1出ETC,3进6出人工
邵永高速公路	永州东	3进5出	1进1出ETC,2进4出人工
	永州北	3进5出	1进1出ETC,2进4出人工
	花桥	2进2出	1进1出ETC,1进1出人工
	白仓	2进2出	1进1出ETC,1进1出人工
	邵阳县	3进5出	1进1出ETC,2进4出人工
永蓝高速公路	阳明山	3进5出	1进1出ETC,2进4出人工
	平田	3进5出	1进1出ETC,2进4出人工
	宁远	3进5出	1进1出ETC,2进4出人工
	宁远东	3进3出	1进1出ETC,2进2出人工
	蓝山	3进5出	1进1出ETC,2进4出人工
	长铺	3进5出	1进1出ETC,2进4出人工
	南风坳	19出	3出ETC,16出人工

G55湖南段服务区设置情况　　　　表3-5-6

路段	服务区名称	桩号	备注
东常高速公路	临澧	K1871+000	
	城头山		未建成
	常德		未建成
	石门桥		未建成
常安高速公路	黄土店	K1951+800	
	马迹塘	K1998	
安邵高速公路	梅城		未建成
	湄江		未建成
	白马	K2111	
	蔡锷		未建成
邵永高速公路	九公桥	K2173+199	停车区
	邵阳	K2191	
	大盛	K2215	停车区
	永州北	K2246+199	停车区
	冷水滩	K2272+600	
永蓝高速公路	阳明山	K2307+400	
	九嶷山	K2367+260	
	零陵	K2285	停车区
	蓝山	K2390+400	
	宁远北	K2349	停车区

第六节　G5513（长沙至张家界）高速公路

长沙至张家界高速公路，简称长常高速公路，国高网编号 G5513，是二广高速公路的联络线之一，为原国家重点干线公路泉州至毕节线的支线，途经长沙、益阳、常德、张家界，全长 308.8km，分长益、益常、常张 3 段修建。

一、长（沙）益（阳）高速公路

长沙至益阳高速公路，简称长益高速公路。该项目东起长沙湘江北大桥西直线端，西抵益阳资江二桥南引道，全长 71.508km，1995 年 12 月 18 日开工建设，1998 年 7 月 1 日建成通车。

1992 年春，省交通厅委托省交通规划勘察设计院在提交"预可"报告的基础上进行"工可"研究。省交通规划勘察设计院按高速公路"近城不进城"的原则，选择在 G319 北侧，基本与之平行，平均直线距离 5km 的位置布线，1993 年 6 月完成工程可行性研究报告编制。1994 年 4 月，完成外业测量和初步设计；12 月，完成施工图设计；翌年初完成招标文件的编制。

长（沙）益（阳）高速公路是湖南第一条利用境外资金合作建设的高速公路，由省高速公路建设开发总公司与香港路劲基建有限公司共同投资、共同管理、共享效益。该项目（含资江二桥）总投资 143258 万元，其中港商投资 61845 万元，其余为银行贷款、省交通重点建设资金、省交通厅拨款、省高速公路建设开发总公司自筹资金等。

长益高速公路建设分征地拆迁和施工两个阶段。征地拆迁按每公里 120 万元包干分发至各县、区政府，用于红线范围内的房屋拆迁、所征田土山林的补偿；另每公里补助拆迁费 1 万元。1995 年 12 月 25 日，线路所经 2 县（望城、宁乡）2 区（长沙市岳麓区、益阳市赫山区），计 17 个乡镇的 58 个行政村的征拆工作全部告竣。共征用土地 7260.77 亩，比设计用地减少 533 亩，共耗拆迁费 11155.53 万元。

长益高速公路土建工程共分 14 个标段，除两个标段由省人民政府定为奖励标段外，其余 12 个标段经过公开招标，由交通部第二工程局、湖南路桥建设总公司等 12 家单位中标。其房建工程共 11 个标段，经招标评审确定湖南省建四公司等 8 家企业中标。

长益高速公路路基宽 24.5～27m，双向四车道，设计速度 100km/h，最大纵坡 3.75%，最小平曲线半径 1890.39m。全线共建有特大桥 2 座/1891.68 延米，大中小桥 58 座/2422.75 延米，互通式立交桥 6 处/352.20 延米，分离式立交桥 20 处。共建涵洞 318 座/13453 延米，通道 219 处/7643 延米。

长益高速公路于2011年、2012年分两期实施道路大修工程。

二、益(阳)常(德)高速公路

益阳至常德高速公路,简称益常高速公路,是长常高速公路的二期工程,起自益阳资江二桥北岸引道直线端,经益阳迎丰镇、军山铺镇、太子庙镇、谢家铺镇至常德德山檀树坪,主线全长73.083km,1997年7月开工建设,1999年12月10日建成通车。

1992年冬,益常高速公路完成预可行性研究报告;1993年6月,省交通规划勘察设计院完成工程可行性研究报告的编制;1994年4月,完成初步设计文件编制;1996年10月,完成施工图设计和招标文件编制,概算工程总造价129745万元。

1996年3月,益常高速公路建设领导小组成立,10月改组为益常高速公路建设临时指挥部,筹划进行招标与征地拆迁工作。全线征用各类永久性土地共7051.75亩,其中益阳境内征地1868.958亩,常德市境内征地5182.792亩;征用临时用地3094.144亩,其中益阳市境内1093.95亩,常德市境内为2000.194亩;共拆迁房屋872栋/17.17万m^2。

1997年7月,益常高速公路建设全线开工。与此同时,长益高速公路建设开发公司与益常高速公路建设指挥部合并改组为长常高速公路建设开发有限公司,对长益和益常高速公路同时实行项目法人管理。

该工程建设总投资142455万元,其中国家交通部拨款33900万元,省重点建设基金23550万元,财政专项贷款10000万元,银行贷款65643.5万元,企业债券5000万元。招标分路基及构造物主体工程(含路面底基层)、路面工程(含基层)、交通工程与房建工程3部分。路基及构造物主体工程共14个标段,采取邀请招标方式,确定湖南省路桥建设总公司、铁道部第五工程局等11家企业中标;在合同谈判过程中,经省人民政府协调,其中8个标段划出部分工程指定分包单位,并报省招标领导小组批准。路面工程因受水泥混凝土滑模摊铺机的局限,由省内具有大型滑模摊铺能力的湖南省路桥建设总公司和湖南环达路桥公司公开议标,此两家企业分3个标段施工。交通工程与房建工程的招标,也采用邀请招标方式,确定四川京川工程公司、湖南综恒工程公司等14家企业中标;房建工程分6个标段,经评审报批,益阳住宅建设公司、常德建筑工程公司等6家企业中标。

益常高速公路主线路基宽27m,双向四车道,水泥混凝土路面宽25m,设计速度100km/h。建有大桥3座/616.16延米,中小桥20座/672.58延米,分离式立交50处/1889.89延米,互通式立交5处,圆管涵432座/12387.72延米,盖板涵85座/2999.91延米,倒虹吸管23座/880.97延米,渡漕7道/163.10延米,通道188处/6219.77延米。为考虑防汛需要,设有平交道口2处,通信管道36000m。

三、常(德)至张(家界)高速公路

常德至张家界高速公路,简称常张高速公路,主线起于长沙至常德高速公路终点檀树坪,途径常德市德山区、鼎城区、武陵区、桃源县、张家界市慈利县、永定区6个区县,终于张家界阳湖坪,通过张家界连接线连接张家界市永定大道,主线全长160.682km,连接线总计长9.945km,2002年12月1日举行开工典礼,2003年2月开工建设,2005年12月26日建成通车。

2002年1月25日,国家计委以计基础〔2002〕96号文批复项目可行性研究报告;2002年5月17日,交通部以交公路发〔2002〕202号文批准项目初步设计;2002年7月29日,交通部以交公路发〔2002〕343号文批准项目调整概算,概算金额687368万元;2002年9月25日,省交通厅以湘交计基字〔2002〕552号文批复了项目施工图设计;2003年1月16日,省交通厅于批准开工。全线共征用永久用地7118亩,临时用地3094亩,拆迁房屋192668m^2。

该项目建设总投资68.7亿元,其中国家开发银行贷款40亿元,专项基金7.1亿元,省交通重点建设资金16.2亿元,其他资金来源5.4亿元。竣工决算66.2988亿元。工程施工主线土建分为26个合同段,铁路分离式立交桥工程分为2个合同段,主线路面分为7个合同段。

该项目坚持保护生态环境与工程建设同步,提出了建设"生态路、环保路"的6条措施:一是制订了详尽的水土保持实施方案;二是组织科研院校对全线绿化景观进行课题研究,探索出山区高速公路、景区高速公路的绿化景观思路;三是重视绿化工程施工;四是关注取土场、弃土场的复垦、复耕及植被覆盖;五是落实涉河工程的施工及沿河地段的整治,及时恢复河道原貌;六是确保施工期间的环境监测。该项目经过常德桃花源景区和张家界景区,为融合景区风景,常张公司在桃源境内高速公路两旁栽植5万多株、60多个品种的桃树;在慈利至张家界山区路段移入大量奇异怪石作公路景观;并在张家界山区设置诸多野生动物通道,提供人与动物和谐相处的环境。这些措施的实施,为湖南乃至全国探索景区高速公路建设提供了重要借鉴。2008年7月,常张高速公路工程获国内建设项目环境保护最高奖——"国家环境友好工程"称号。

主线路基宽24.5m,双向四车道,均采用沥青混凝土路面,设计速度按路段分别采用120km/h、100km/h和80km/h。建有有特大桥10座,大桥47座,中桥23座,小桥1座,隧道3座,涵洞456道,渡槽10道。

常张高速公路属政府收费还贷性高速公路,通车后设1个服务区,1个停车场,10个收费站,由湖南省高速公路管理局常德管理处和张家界管理处按地域管辖负责运营管理。

G5513湖南段建设项目信息、路面信息、交通流量状况、项目建设单位信息、收费站点设置情况、服务区设置情况等,分别见表3-6-1~表3-6-6。

第三章 国家高速公路

G5513 湖南段建设项目信息

表 3-6-1

项目名称	规模(km)		建设性质(新、改、扩建)	设计速度(km/h)	永久占地(亩)	投资情况(亿元)			资金来源	建设时间(开工~通车)	备注
	合计	四车道				估算	概算	决算			
长益高速公路	71.508	71.508	新建	100	6923.899		12.3321	12.3086	银行贷款、港商投资、自筹资金	1996~1998	12.3321亿元不包括已修建的资江二桥
益常高速公路	73.083	73.083	新建	100	7118		14.2455	13.7541		1996~1999	
常张高速公路	160.682	160.682	新建	120,100,80	15288		68.7368	66.7665	银行贷款	2003.2~2005.12	

G5513 湖南段路面信息

表 3-6-2

项目名称	路面形式	起迄里程	长度(m)	水泥混凝土路面	沥青路面
长益高速公路	刚性路面（大修后为柔性路面）	K0+000~K74+430(含2个断链)	71508	普通混凝土	（大修后为沥青混凝土路面）
益常高速公路	柔性路面	K76+000~K149.083	73083		沥青混凝土路面
常常高速公路	柔性路面	K225+829~K309+765	83936		沥青混凝土路面
常张高速公路	柔性路面	K0+000~K167+900	160780		沥青混凝土路面

G5513 湖南段交通流量状况（单位：辆/日）

表 3-6-3

年份	长益高速公路	益常高速公路				常张高速公路							
	日平均流量	德山	迎风桥	幸福渠	日平均流量	常德西	架桥	热市	日平均流量	岩泊渡	阳和	张家界段	日平均流量
2004	20287	2329	821	533	4625								
2005	23602	6326	1308	1184	11263	1032	244	278	548	271	345	2322	988
2006	27879	5739	494	1705	10799	1253	277	248	662	248	475	2909	1159
2007	35308	6233	497	2181	12054	1445	295	278	751	297	558	3669	1597
2008	37380	8375	622	3189	16825	1708	343	404	860	303	630	3766	1530
2009	36755	6413	597	3112	14036	2683	425	5844	2509	390	1047	3794	1673
2010	42675	6754	744	3607	15910	5125	787	835	2069	547	1575	4094	2047
2011	47413	7456	924	3805	17974	5616	1422	726	2340	711	1702	4214	2310
2012	51756	8679	1043	4659	21632	5716	2066	796	2593	866	1949	4537	2646
2013	67489	9454	1200	5717	24699	6530	2142	909	2943	1097	2140	5125	3118
2014	83067	7536	982	5298	21274	6059	2607	965	2986	1097	2128	3962	2725
2015	90430					4296	2592	1046	2600	1264	2166	4093	2617
2016	98005												

第三章 国家高速公路

G5513 湖南段项目建设单位信息[1] 表 3-6-4

路段	参建单位	单位名称	合同段编号及起止桩号	主要负责人
长益高速公路	管理单位	长常高速公路建设开发有限公司	K0+000～K75+250	张超
	设计单位	湖南省交通勘察规划设计院	K0+000～K75+250	李永平
	监理单位	湖南省交通科研所	K0+000～K41+250	边惠英
		育才—布朗交通咨询监理有限公司	K41+250～K74+430.59	李亭
	施工单位	岳阳路桥公司	K41+250～K46+000	伏晓宁
		湖南省公路机械公司	K46+000～K48+000	许星平
		衡阳路桥公司	K48+000～K50+000	杨世浩
		益阳路桥公司	K50+000～K51+750	郭光辉
		铁十六局一处	K51+750～K58+000	龚新柏
		怀化路桥公司	K58+000～K62+640	肖志良
		零陵路桥公司	K62+640～K64+000	欧阳佳赐
		中建五局机械施公司	K64+000～K66+850	徐兴华
		交通部一航局	K66+850～K69+090	陈南松
		湖南省环达路桥公司	K69+090～K70+000	王才保
		岳阳路桥八公司	K67+424 宁乡铺桥 K67+778.5 烂泥湖桥	刘皓
		53701部队	K70+000～K74+000	祝丰祥
		岳阳通衢兴路公司	K74+000～K74+430.59	黎兴保
		资江二桥指挥部	K74+430.59～K75+250	阳宝华
		岳阳路桥公司	K41+250～K50+000 基层	伏晓宁
		怀化路桥公司	K57+378～66+850 基层	曾重庆
		湖南省路桥道路二公司	K50+000～K57+378 基层 K66+850～K75+250 基层	凌先河
		湖南省路桥道路二公司	K50+000～K75+250 面层	凌先河
		四川京川交通工程公司	K00+000～K38+377 标志	查龙
		张家港港丰交通安全设施有限公司	K41+250～K75+250 标志	宋照生
		湖南综恒交通工程有限公司	K00+000+K38+377 标线	张辉
		北京华纬交通工程公司	K41+250～K75+250 标线	王景春
		长捷通工程公司	K0+000～K14000 隔离墙	吴勇
		湖南省路桥公司	K14+000～K38+000 隔离墙	岳建学
		湖南公路机械工程公司	K38+000～K75+250 隔离墙	戚义方
		湖南长路实业有限公司	K00+000～K34+000 隔离栅	罗铁
		厦门宏辉实业有限公司	K34+000～K58+000 隔离栅	王庆
		湖南省高速公路配套设施公司	K58+000～K75+250 隔离栅	胡军
		山东潍坊钢管厂	K00+000～K11+810 钢护栏	初英杰

[1] 因路段管理机构更迭,部分信息缺失。

续上表

路段	参建单位	单位名称	合同段编号及起止桩号	主要负责人
长益高速公路	施工单位	河北中通镀铝防护栏厂	K11+810~K22+983 钢护栏	范永红
		河北武安交通工程机械厂	K22+983~K32+460 钢护栏	李彦平
		江阴市护栏板有限公司	K32+460~K44+135 钢护栏	邹志坚
		扬中太平洋实业总公司	K44+135~K55+000 钢护栏	方义明
		湖北高等级公路实业开发公司	K55+000~K66+704 钢护栏	孙汉生
		陕西公路机械厂	K66+704~K75+250 钢护栏	王崇仁
		湖南省林科所	K00+000~K15+000 绿化	李辉炫
		湖南省植物园	K15+000~K30+000 绿化	李轩
		湖南省绿委绿美公司	K30+000~K48+000 绿化	刘向荣
		星沙园林处	K48+000~K60+000 绿化	简培良
		岳阳花木公司	K60+000~K75+000 绿化	于普阳
		深圳思路得实业公司	全线防眩板	陈其军
		中国路桥总公司	全线路钮	许晓东
		湖南省建四公司	长沙管理区	袁署坤
		望城雷锋建筑公司	岳麓收费站	刘先麟
		长沙大托建筑工程公司	金桥收费站	李和平
		长沙第三建安公司	友仁收费站	黄汉文
		望新建筑公司	长沙服务区	宋松树
		四海工程公司	宁乡收费站	罗鸣宇
		益阳住宅公司	泉交河收费站	戴伏初
		益阳工程公司	益阳服务区	林跃强
		湖南省建四公司	益阳管理区	陈德
		望城建筑公司	白若收费站	龙万红
益常高速公路	管理单位	湖南益常公司公路开发有限公司	K746+000~K149+083	
	设计单位	湖南省建筑设计院	迎凤桥收费站	
		湖南省建筑设计院	军山铺收费站	
		湖南省建筑设计院	太子庙收费站	
		湖南国际工程咨询设计公司	太子庙服务区	
		长沙中联建筑设计有限公司	太子庙南、北加油站	
		湖南省建筑设计院	太子庙南、北加油站(油罐、管道安装)	
		湖南省建筑设计院	谢家铺收费站	
		湖南洛沙工程建筑设计有限公司	德山收费站	
		湖南省建筑设计院	樟木桥收费站	
		湖南省建筑设计院	常德管理所	
		岳阳市云溪设计院	幸福渠道收费站	

第三章
国家高速公路

续上表

路段	参建单位	单 位 名 称	合同段编号及起止桩号	主要负责人
长益高速公路	设计单位	湖南国际工程咨询设计公司	幸福渠收费站生活区	
	监理单位	育才—布朗交通咨询监理有限公司	路基桥涵 K79+389.5～K116+162,交通标志 S01、S03,隔离墙 S06、S08,护栏 S11、S12、S13,通信管道 S20,边坡喷草绿化 LH02,幸福渠绿化 LH03,主线绿化 LH04、LH05、LH08、LH09,迎风桥绿化 LH06,军山铺绿化 LH07	
		湖南省交通科研所	路基桥涵 K116+162～K152+472,交通标志 S02、S04,隔离墙 S07、S10,护栏 S14、S15、S16、S17,通信管道 S21,边坡喷草绿化 LH01,主线绿化 LH10、LH13、LH14、LH16,太子庙绿化 LH11,谢家铺绿化 LH12,联络线绿化 LH15	
		湘江监理公司	迎风桥收费站房建 H01、军山铺收费站房建 H02、太子庙收费站房建 H03、谢家铺收费站房建 H04、德山收费站房建 H05、常德管理所房建 H06	
	施工单位	益阳工程公司	幸福渠收费站生活区	
		二十三冶、湘东地矿等	设备及建井水塔等	
		岳阳路桥公司	K79+389.5～K82+780(01A)路基桥涵	
		有色二十三冶	K82+780～K84+000(01B)路基桥涵	
		交通公路二局	K84+000～K87+760(02A)路基桥涵	
		有色十五冶	K87+760～K89+366(02B)路基桥涵	
		湖南省路桥公司	K89+366～K93+120(03)路基桥涵	
		邵阳路桥公司	K93+120～K97+770(04)路基桥涵	
		铁十五工程局	K97+770～K100+250(05A)路基桥涵	
		铁十七工程局	K100+250～K102+400(05B)路基桥涵	
		益阳路桥公司	K102+400～K104+400(06A)路基桥涵	
		湘中路桥公司	K104+400～K107+150(06B)路基桥涵	
		岳阳通衢公司	K107+150～K110+020(07A)路基桥涵	
		衡阳路桥公司	K110+020～K112+520(07B)路基桥涵	
		中建五局	K112+520～K116+162(08A)路基桥涵	
		湖南省机械化施工公司	K116+162～K117+360(08B)路基桥涵	
		湘潭路桥公司	K117+360～K119+860(09A)路基桥涵	
		郴州路桥公司	K119+860～K112+400(09B)路基桥涵	
		怀化路桥公司	K122+400～K126+550(10)路基桥涵	
		湖南省路桥总公司	K126+550～K133+850(11)路基桥涵	
		湖南省路桥总公司	K133+850～K141+505(12)路基桥涵	

续上表

路段	参建单位	单位名称	合同段编号及起止桩号	主要负责人
长益高速公路	施工单位	环达路桥公司	K141+505~K147+020(13)路基桥涵	
		永州路桥公司	K147+020~K149+217(14A)路基桥涵	
		常德路桥公司	K149+217~K152+472(14B)路基桥涵	
		湖南省路桥公司	K0+000~K1+666(15A)路基桥涵	
		怀化路桥公司	K1+666~K3+333(15B)路基桥涵	
		常德路桥公司	K3+333~K5+197(15C)路基桥涵	
		岳阳路桥公司	K79+389~K91+560(G-1)路基桥涵	
		湖南省路桥总公司	K91+560~K112+520(G-2)路基桥涵	
		湖南省路桥总公司	K112+520~K133+246(G-3)路基桥涵	
		环达路桥公司	K133+246~K152+472(G-4)路基桥涵	
		湖南省路桥总公司	K79+389~K102+400(M-4)路基桥涵	
		湖南省路桥总公司	K102+400~K126+550(M-5)路基桥涵	
		环达路桥公司	K126+550~K152+472(M-6)路基桥涵	
		益阳住宅公司	迎风桥收费站房建H01	
		长沙建筑公司	军山铺收费站房建H02	
		常德工程公司	太子庙收费站房建H03	
		中建五局	谢家铺收费站房建H04	
		格塘建筑公司	德山收费站房建H05	
		湘华建筑公司	常德管理所房建H06	
		四川京川公司	K75+200~K116+005(S01)交通标志	
		张家港港丰公司	K116+005~K152+472(S02)交通标志	
		湖南综恒公司	K75+250~K116+005(S03)交通标志	
		北京华纬公司	K116+050~K152+472(S04)交通标志	
		中咨公司	K75+200~K152+472(S05)防眩板	
		湖南省筑路机械厂	K79+389~K116+005(S06)隔离墙	
		长沙捷通公司	K116+050~K152+472(S07)隔离墙	
		长路实业公司	K79+389~K104+120(S08)隔离墙	
		长路捷通公司	K104+120~K130+000(S09)隔离墙	
		益阳塑钢厂	K130+000~K152+472(S10)隔离墙	
		山东潍坊公司	K79+389~K90+200(S11)护栏	
		四川京川公司	K90+200~K101+000(S12)护栏	
		河北中通公司	K101+000~K111+800(S13)护栏	
		河北高速公路公司	K118+800~K112+600(S14)护栏	
		陕西公路公司	K112+600~K133+400(S15)护栏	
		醴陵铁路公司	K133+400~K141+400(S16)护栏	

第三章
国家高速公路

续上表

路段	参建单位	单位名称	合同段编号及起止桩号	主要负责人
长益高速公路	施工单位	江阴护栏公司	K141+400~K152+472（S17）护栏	
		中国路桥集团	K79+389~K122+507（S18）路钮	
		湖南省通业公司	K75+250~K152+472（S19）中央活动护栏	
		岳阳路桥公司	K89+400~K112+400（S20）通信管道	
		长沙捷通公司	K112+400~K152+472（S21）通信管道	
		深圳万信达公司	K112+500~K152+000（LH01）边坡喷草绿化	
		深圳新华丰公司	K79+390~K112+500（LH02）边坡喷草绿化	
		湖南省绿委	K79+390~K86+390（LH03）幸福渠绿化	
		益阳园林公司	K86+390~K89+500（LH04）主线绿化	
		湖南省公路局苗圃公司	K89+500~K93+500（LH05）主线绿化	
		湖南省林科所	K93+500~K101+500（LH06）迎风桥绿化	
		星沙园林公司	K101+500~K108+500（LH07）军山铺绿化	
		汉寿县苗圃公司	K108+500~K111+500（LH08）主线绿化	
		常德升源花木公司	K111+500~K114+500（LH09）主线绿化	
		岳阳花木公司	K114+500~K121+500（LH10）主线绿化	
		湖南省森林植物园	K121+500~K133+500（LH11）太子庙绿化	
		浏阳佳花木公司	K133+500~K141+500（LH12）谢家铺绿化	
		湘潭园林公司	K141+500~K149+217（LH13）主线绿化	
		常德路桥公司	K149+217~K152+472（LH14）主线绿化	
		常德湘荷花木公司	K0+000~K3+333（LH15）联络线绿化	
		湖南省电广装饰公司	K112+500~K152+470（LH16）主线绿化	
常张高速公路	管理单位	常张高速公路建设开发有限公司 常张高速公路总监办公室	K0+000~K167+900	谢立新
	设计单位	湖南省交通规划勘察设计院		
		长沙铁道学院勘察设计研究院		
		湖南国际工程毅然咨询设计公司		
		湖南大学设计研究院		
		中咨泰克交通工程有限公司		
		湖南路桥高格景观环境艺术有限公司		

湖 南

续上表

路段	参建单位	单位名称	合同段编号及起止桩号	主要负责人
常张高速公路	监理单位	湖南省交通建设质量监督站		
	施工单位	湖南路桥建设集团公司	土建1:K0+000.000~K7+585.000	方联民
		湖南路桥建设集团公司	土建2:K7+585.000~K9+494.580	方联民
		湖南省怀化公路桥梁建设总公司	土建3:K9+494.580~K12+500.000	瞿敏峰
		路桥集团第一公路工程局厦门工程处	土建4:K12+500.000~K19+700.000	洪清填
		湖南路桥建设集团公司	土建5:K19+700.000~K24+288.500	方联民
		湖南路桥建设集团公司	土建6:K24+288.500~K27+144.500,断链长1515.970m	方联民
		湖南军信公路桥梁建设有限公司	土建7:K25+628.530~K43+000.000	何英品
		湖南路桥建设集团公司	土建8:K43+000.000~K58+900.000	方联民
		北京市公路桥梁建设公司	土建9:K58+900.000~K72+924.991	金锋
		湖南路桥建设集团公司中铁隧道集团有限公司	土建10:K72+924.991~K78+500.000	方联民
		湖南路桥建设集团公司	土建11:K78+500.000~K86+460.000(=K94+136.939),断链短7676.939m	方联民
		路桥集团第一公路工程局天津工程处	土建12:K94+136.939~K99+000.000	吴宏斌
		湖南路桥建设集团公司	土建13:K99+000.000~K106+860.000	方联民
		岳阳市公路桥梁基建总公司	土建14:K106+860.000~K115+000.000	邹安平
		中铁十七局集团有限公司湖南娄底路桥建设有限公司	土建15:K115+000.000~K122+295.000	李新国
		中铁二局股份有限公司	土建16:K122+295.000~K130+850.986,断链短1049.014m	罗建敏
		衡阳公路桥梁建设有限公司	土建17:K130+900.000~K138+410.000	仇斌正
		湖南省建筑工程集团总公司	土建18:K138+410.000~K145+200.000	刘启元
		湖南环达公路桥梁建设总公司	土建19:K145+200.000~K150+900.000	陈忠平
		中铁隧道集团有限公司	土建20:K150+900.000~K156+400.000,断链短8.32m	汪纲领
		湖北省路桥公司	土建21:K156+400.000~K161+400.000	马建刚
		中铁十四局第一工程有限公司	土建22:K161+400.000~K167+900.000	袁全祥
		湖南常德路桥建设有限公司	土建23:L1K0+000.000~L1K6+280.000(常德连接线一级公路段)	曲斌
		湖南省益阳公路桥梁建设有限责任公司	土建24:L1K3+677.000~L1K4+043.000(常德连接线渐水大桥)	刘凯华
		湖南省永州公路桥梁建设有限责任公司	土建25:L1K6+600.000~L1K7+846.760(常德连接线二级公路段)	郭炎春

第三章 国家高速公路

续上表

路段	参建单位	单位名称	合同段编号及起止桩号	主要负责人
常张高速公路	施工单位	长沙星沙路桥建设有限公司	土建26：L2K2+000.000～L1K1+106.220（张家界连接线）	周克伦
		广州铁路工程有限责任公司	土建27：K1+292.695 铁路K99+224.888,断链长1515.97m	曾利民
		中国铁路工程总公司	土建28：K95+327,铁路K886+388	唐毅
		湖南路桥建设集团公司	路面29：K0+000～K24+288.5,断链短7676.939m	方联民
		四川川交路桥有限公司	路面30：K24+288.5～K48+000	郭祥辉
		岳阳市公路桥梁基建总公司	路面31：K48+000～K72+924.991,断链短1049.014m	易新祥
		湖南路桥建设集团公司	路面32：K72+924.991～K99+000,断链短8.32m	方联民
		中铁十二局集团有限公司	路面33：K99+000～K122+295	向远华
		中铁四局集团有限公司	路面34：K122+295～K145+200	马国利
		湖南路桥建设集团公司	路面35：K145+200～K167+900	方联民
		湖南望城(集团)有限公司	房建36：常德收费站、斗姆湖收费站	朱强军
		湖南黄花建筑股份有限公司	房建37：河洑收费站(养护工区)、盘塘桥收费站	孔仲春
		湖南岳阳工程公司	房建38：热市收费站、热市服务区	丁云祥
		湖南沙坪建筑有限公司	房建39：慈利东收费站(养护工区)慈利西收费站	罗立新
		湖南湘江工程建设有限公司	房建40：岩泊渡收费站、岩泊渡停车场	胡赛鸿
		湖南黄花建筑股份有限公司	房建41：阳和收费站(养护工区)、张家界主线收费站	孔仲春
		中国新兴建设开发总公司	房建42：张家界通信监控分中心	张渊
		北京汉威达交通运输设备有限公司	交通工程43：K0+000～K24+288.5、L1K0.000～L1K7+847、GK0+000～KG1+313	陈晶
		湖南路桥建设集团公司	交通工程44：K24+288.5～K48+000	周笃荣
		湖南筑星交通工程有限公司	交通工程45：K48+000～K72+924.991	颜世德
		湖南路桥建设集团公司	交通工程46：K72+294.991～K99+000	戴佑才
		湖南同力交通实业有限责任公司	交通工程47：K99+000～K122+295	袁静
		湖南天弘交通建设工程有限公司	交通工程48：K122+295～K145+200	蔡长

续上表

路段	参建单位	单位名称	合同段编号及起止桩号	主要负责人
常张高速公路	施工单位	湖南路桥建设集团公司	交通工程49:K145+200~K167+900及L2K0+000~L2K1+106	贺新元
		湖南同力交通实业有限责任公司	交通工程50:K0+000~K48+000及GK0+000~KG1+313	彭朝晖
		益阳宏业交通工程设施有限公司	交通工程51:K48+000~K99+000	丁文韬
		湖南天弘交通建设工程有限公司	交通工程52:K99+000~K167+900	蔡长
		湖南湘潭公路桥梁建设有限责任公司	交通工程53:K0+000~K167+900、GK0+000~KG1+313 隔离墙及柱式墙式护栏	彭兮
		益阳宏业交通工程设施有限公司	交通工程54:K0+000~K48+000、GK0+000~KG1+313、L1K0+000~L1K7+847 含突起路标及防眩板工程	胡晓红
		湖南路桥建设集团公司	交通工程55:K48+000~K99+000 含突起路标及防眩板工程	曹才勇
		湖南天弘交通建设工程有限公司	交通工程56:K99+000~K167+900、L2K0+000~L2K1+106 含突起路标及防眩板工程	蔡长
		湖南路桥建设集团公司	交通工程57:K0+000~K167+900、L1K0+000~L1K7+847、L2K0+000~L2K1+106、GK0+000~GK1+313 标志工程	朱忠民
		北京瑞华赢科技发展有限公司	交通工程58:K0+000~K48+000 预埋管线工程	张红宾
		北京瑞华赢科技发展有限公司	交通工程59:K48+000~K99+000 预埋管线工程	胡建荣
		北京瑞华赢科技发展有限公司	交通工程60:K99+000~K167+900 预埋管线工程	吴戈辉
		亿阳集团有限公司	通信监控收费系统工程61:通信监控收费系统的供货安装	杨阳
		湖南省路桥环境景观艺术工程有限公司	绿化环境工程62:K0+000~K7+585 主线、常德互通及常德收费站绿化及环境保护工程	苏建

续上表

路段	参建单位	单位名称	合同段编号及起止桩号	主要负责人
常张高速公路	施工单位	湖南省路桥环境景观艺术工程有限公司	绿化环境工程63：K9+494.58～K12+500主线、斗姆湖互通及斗姆湖收费站绿化及环境保护工程	苏建
		邵阳市美源园林花卉有限责任公司	绿化环境工程64：K12+500～K24+288.5主线绿化及环境保护工程	谢利达
		常德锦华园林艺术有限公司	绿化环境工程65：K25+628.5～K32+628.5主线绿化及河洑互通及河洑收费站绿化及环境保护工程	刘明安
		常德荷花园林艺术有限公司	绿化环境工程66：K32+628.5～K43+000主线绿化及盘塘互通及盘塘收费站绿化及环境保护工程	罗爱怀
		长沙红星园林艺术有限公司	绿化环境工程67：K43+000～K58+900主线绿化及环境保护工程	胡享荣
		邵阳市天华绿化美化有限责任公司	绿化环境工程68：K58+900～K64+700主线绿化及热市互通及热市收费站绿化及环境保护工程	刘会求
		长沙新城园林绿化工程有限公司	绿化环境工程69：K64+700～K78+500主线绿化及服务区绿化环境保护工程	高兵良
		株洲市高新园林绿化有限公司	绿化环境工程70：K78+500～K86+460主线绿化及慈利东互通及慈利东收费站绿化及环境保护工程	蔡凤平
		长沙市雨花风景园林有限公司	绿化环境工程71：K94+136.939～K106+860主线绿化及慈利西互通及慈利西收费站绿化及环境保护工程	容振坤
		株洲中南园林工程建设中心	绿化环境工程72：K106+860～K115+000主线绿化及岩泊渡互通绿化及环境保护工程	方献英
		湘潭市科华园林亭阁装饰有限公司	绿化环境工程73：K115+000～K130+850.99主线绿化及环境保护工程	王泽华
		湘潭市大地园林工程有限公司	绿化环境工程74：K131+900～K145+200主线绿化及环境保护工程	杨润孝
		湖南天方绿化工程有限公司	绿化环境工程75：K106+860～K115+000主线绿化及阳和互通和收费站绿化及环境保护工程	张威

续上表

路段	参建单位	单位名称	合同段编号及起止桩号	主要负责人
常张高速公路	施工单位	长沙紫薇园林工程有限公司	绿化环境工程76：K150+900～K161+400主线绿化及环境保护工程	袁长林
		长沙嘉华园林工程有限公司	绿化环境工程77：K161+400～K167+900主线绿化及张家界连接线及张家界收费站绿化及环境保护工程	杨军
		株洲中南园林工程建设中心	绿化环境工程78：L1K0+000～L1K7+846.76常德连接线绿化及环境保护工程	夏佳元
		湖南路桥环境景观艺术工程有限公司	常德管理处绿化及环境保护工程	李海涛

G5513湖南段收费站点设置情况　　　　　表3-6-5

路段	站点名称	车道数	收费方式
长益高速公路	长沙西	8进18出	3进3出ETC,5进15出人工
	友仁	2进2出	2进2出人工
	关山	4进6出	1进1出ETC,3进5出人工
	金洲	3进4出	1进1出ETC,2进3出人工
	宁乡	3进4出	1进1出ETC,2进3出人工
	泉交河	3进4出	1进1出ETC,2进3出人工
	朝阳	4进7出	2进2出ETC,2进5出人工
益常高速公路	幸福渠	3进5出	2进4出人工,1进1出ETC
	迎风桥	2进3出	1进2出人工,1进1出ETC
	军山铺	2进2出	1进1出人工,1进1出ETC
	太子庙	2进4出	1进3出人工,1进1出ETC
	谢家铺	2进2出	1进1出人工,1进1出ETC
	德山	4进8出	2进6出人工,2进2出ETC
常张高速公路	常德南(斗姆湖)	2进3出	1进2出人工,1进1出ETC
	常德西(河洑)	4进8出(扩站后)	3进6出人工,1进2出ETC
	架桥	2进2出	1进1出人工,1进1出ETC

续上表

路段	站点名称	车道数	收费方式
常张高速公路	热市	2进2出	1进1出人工,1进1出ETC
	慈利东	3进5出	2进4出人工,1进1出ETC
	慈利西	2进3出	1进2出人工,1进1出ETC
	岩泊渡	2进2出	1进1出人工,1进1出ETC
	阳和	3进4出	2进3出人工,1进1出ETC
	张家界	4进7出	2进5出人工,2进2出ETC

G5513湖南段服务区设置情况 表3-6-6

路段	服务区名称	桩号
长益高速公路	宁乡	K33
	益阳	K63
益常高速公路	太子庙	K123
常张高速公路	热市	K216
	慈利	K261

第七节　G5515（张家界至南充）湖南段

张家界至南充高速公路,简称张南高速公路,国高网编号G5515,是二广高速公路（G55）的一条联络线,是2013年印发的《国家公路网规划（2013～2030年）》中的一条新增国家高速公路,大致呈东南往西北走向,经过湖南、湖北、重庆、四川4省（市）,起于长张高速公路的终点张家界,止于四川南充市。

张南高速公路湖南段从张家界永定区出发,在龙山甘壁寨入湖北,全长159km,分张（家界）花（垣）、张（家界）桑（植）、桑（植）龙（山）、龙（山）永（顺）4段修建。截至2016年底,张花、龙永路段已建成通车。

一、张（家界）花（垣）高速公路

张家界至花垣高速公路,简称张花高速公路,起于张家界,与常张高速公路相接,终于湘西自治州的花垣县,与吉茶高速公路相连,途经张家界市永定区及湘西自治州的永顺县、保靖县、花垣县,主线全长147.216km,概算总投资130.9亿元,2009年6月开工建设,2013年11月30日建成通车。

张花高速公路为政府收费还贷性高速公路。2008年7月2日,省发改委以湘发改交能〔2008〕501号文件批复工程可行性研究报告,同年9月5日批复调整张花项目建设规模;10月,国家林业局林资许准〔2008〕211号《使用林地审核同意书》,同意项目征用林地687.5公顷;12月17日,省交通运输厅以湘交计统〔2008〕728号文件批复项目初步设计;2009年1月17日,国土资源部以国土资函〔2009〕110号同意批准建设用地971.9581公顷;2009年5月21日,省交通运输厅以湘交基建〔2009〕182号文件批复项目施工图设计。

张花高速公路主线采用双向四车道高速公路标准建设,设计速度为80km/h,全线地质情况复杂,施工难度大,桥梁、隧道多。共有17座隧道,互通式立交11处,大中小桥梁133座,桥隧比例约40%。全线设有9个收费站、4个服务区、3个路政中队、3个养护工区、2个桥隧管理所,由湖南省高速公路管理局张家界管理处和湘西管理处按地域辖区负责运营管理。

二、龙(山)永(顺)高速公路

龙山至永顺高速公路,简称龙永高速公路,起于龙山县甘壁寨村,经龙山、红岩溪、农车、永顺,止于永顺县泽家镇海洛村(湘鄂界),向北顺接湖北高速公路,向南与张家界至花垣高速公路相连,该项目主线长90.825km,连接线长53.193km,2012年10月开工建设,2016年12月全线建成通车。

龙永高速公路主线采用四车道高速公路标准建设,设计速度采用80km/h,路基宽度采用24.5m。龙山连接线20.649km,县城段3.4km路基宽度采用12m,其余路段路基宽度采用8.5m;永顺连接线12.933km,路基宽度采用12m;洗车连接线19.611km,路基宽度采用8.5m。该项目桥隧比高达58.7%,是当时省内桥隧比最高的高速公路。全线共设特大桥4座/5263.7延米,大桥57座/19973.4延米,特长隧道2座/6488.5延米,互通式立交7处,分离式立交2处,通道天桥86处。

龙永高速公路项目概算投资133.03亿元,资金主要来源于政府投资和国内银行贷款资金,是政府收费还贷性高速公路。龙永高速公路由省高速公路管理局湘西管理处负责运营管理,共设收费站7处、服务区2处、停车区1处、管养工区1处、桥梁隧道管理所2处、治超站1处、路政中队2处。

G5515湖南段(已建成)建设项目信息、路面信息、交通流量状况、建设单位信息、收费站点设置情况、服务区设置情况等,分别见表3-7-1~表3-7-6。

第三章 国家高速公路

表 3-7-1

G5515 湖南段建设项目信息

项目名称	规模（km）		建设性质（新、改、扩建）	设计速度（km/h）	永久占地（亩）	投资情况（亿元）			建设时间（开工~通车）	备注
	合计	四车道				估算	概算	决算		
张花高速公路	147.216	147.216	新建	80		121.15	130.9732	未竣工决算	湖南省自筹、银行贷款	2009.6~2013.11	估算包括古丈连接线，概算不包括古丈连接线
龙永高速公路（国高）	24.45	24.45	新建	80			46.85		银行贷款、财政拨款	2012.10~2016.12	
龙永高速公路（地高）	66.375	66.375	新建	80			75.24		银行贷款、财政拨款	2012.10~2016.12	
龙永高速公路（连接线）	53.193		新建	80			10.94		银行贷款、财政拨款	2012.10~2016.12	

表 3-7-2

G5515 湖南段路面信息

项目名称	路面形式	起迄里程	长度（m）	水泥混凝土路面	沥青路面
张花高速公路	柔性路面	K0+000~K139+760, HK0+000~HK7+880	147216		沥青路面
龙永高速公路	柔性路面	K0+000~K90+825	90825		沥青混凝土路面
龙永高速公路	刚性路面	LK0+000~LK19+380	19380	普通混凝土路面	
龙永高速公路	柔性路面	L1K0+000~L1K21+092	21092		沥青混凝土路面
龙永高速公路	刚性路面	L2K2+355~L2K15+312	12957	普通混凝土路面	

G5515 湖南段交通流量状况（单位：辆/日）

表 3-7-3

年份	张花高速公路						
	张家界段			湘西段			
	张家界西	茅岩河	日平均流量（自然数）		保靖东	保靖西	
2013	1605	424	1015		1368	443	
2014	1947	530	1239		1236	433	
2015	2400	541	1471		1124	480	
2016					1229	580	

年份	张花高速公路		龙永高速公路			
	湘西段					
	花垣	日平均流量（自然数）	农车	茨岩	永顺	日平均流量（自然数）
2013	2573	1040				
2014	2441	1036				
2015	2495	1051				
2016	2596	1152	339	191	858	562

第三章
国家高速公路

G5515 湖南段项目建设单位信息　　　　　表 3-7-4

路段	参建单位	单位名称	合同段编号及起止桩号	主要负责人
张花高速公路	管理单位	湖南省张花高速公路建设开发有限公司	K0+000~K139+760；K3+800~K7+880；K0+000~K3+800	赵朝阳
	设计单位	湖南省交通规划勘察设计院	K0+000~K100+252.861；K138+200~K139+760；K3+800~K7+880；K0+000~K3+800	姚翔
		湖南省交通科学研究院	K100+980~K137+920.256	谢上飞
	监理单位	湖南省交通建设工程监理有限公司	J01：K0+000~K14+000	姜小明
		湖南省交通建设工程监理有限公司	J02：K14+000~K26+780	杨洪
		中交建工程咨询（北京）有限公司	J03：K26+780~K33+620	陈宏毅
		河北华达公路工程咨询监理有限公司	J04：K33+620~K48+700	闫振江
		湖南省汇林工程建设监理有限责任公司	J05：K48+700~K68+760	蒲水山
		北京交科工程咨询监理有限公司	J06：K68+760~K83+000	李延明
		湖南长顺工程建设监理有限公司	J07：K83+000~K100+252.861	欧阳承春
		广西桂通公路工程监理咨询有限责任公司	J08：K100+980~K119+300	张尖纯
		育才-布朗交通咨询监理有限公司	J09：K119+300~K137+920.256	吴小芝
		湖南湖大建设监理有限公司	J10：K138+200~K139+760；K3+800~K7+880；K0+000~K3+800	张学著
		湖南明泰项目管理有限公司	J11：全线房建	袁光明
		北京华路捷公路工程技术咨询有限公司	J12：全线机电和通信管道	王成利
	施工单位	中铁二十五局集团有限公司 1A	TJ01：K0+000~K5+000	刘会球、李海燕
		中铁二十局集团第六工程有限公司 1B		胡代锋、李明
		中铁十二局集团有限公司	TJ02：K5+000~K9+800	沈捍明、甘建波
		中南市政建设集团股份有限公司	TJ03：K9+800~K14+000	彭小龙、纪仁华
		中铁十局集团第二工程有限公司	TJ04：K14+000~K16+020	陈志峰、王世远
		湖南省公路机械工程有限公司	TJ05：K16+020~K22+940	易卫锋、覃国杰
		山东省昆仑路桥工程有限公司	TJ06：K22+940~K26+780	于涛、李书洋
		中铁十七局集团第五工程有限公司	TJ07：K26+780~K32+200	张庚武、徐志刚
		路桥集团国际建设股份有限公司	TJ08：K32+200~K33+620	刘华、王学锋
		核工业长沙中南建设工程集团公司	TJ09：K33+620~K38+800	谢建平、罗成昌
		邵阳公路桥梁建设有限责任公司	TJ10：K38+800~K42+160	唐新林、张源泽
		中铁一局集团有限公司	TJ11：K42+160~K45+700	高虎军、曹英汉
		中铁二局股份有限公司	TJ12：K45+700~K48+700	周后春、徐天良
		中铁十二局集团有限公司	TJ13：K48+700~K51+000	陈俊、安刘生
		岳阳市公路桥梁基建总公司	TJ14：K51+000~K57+900	肖志辉、熊先富
		湖南省建筑工程集团总公司	TJ15：K57+900~K68+760	刘勇、肖锋
		北京鑫畅路桥建设有限公司	TJ16：K68+760~K72+040	李昌平、吴杰

续上表

路段	参建单位	单位名称	合同段编号及起止桩号	主要负责人
张花高速公路	施工单位	温州交通建设集团有限公司	TJ17:K72+040~K75+000	徐登票、张朝者
		核工业华南建设工程集团公司	TJ18:K75+000~K77+700	欧小祥、彭安平
		中冶交通工程技术有限公司	TJ19:K77+700~K83+000	郁祖平、李代光
		中交第四公路工程局有限公司	TJ20:K83+000~K85+800	吴宏斌、钱育强
		湖北兴达路桥股份有限公司	TJ21:K85+800~K90+920	胡志强、李国凤
		湖南省益阳公路桥梁建设有限责任公司	TJ22:K90+920~K94+200	谭建端、谭建端
		湖南省郴州公路桥梁建设有限责任公司	TJ23:K94+200~K100+252.861	蔡春林、徐勋
		张家口路桥建设集团有限公司	TJ24:K100+980~K105+800	杨锡成、张继文
		中铁二十三局集团有限公司	TJ25:K105+800~K109+450	韩树栋、王晓斌
		杭州市交通工程集团有限公司	TJ26:K109+450~K114+600	何艳春、陈金武
		湖南省公路机械工程有限公司	TJ27:K114+600~K119+300	潘路星、田槐湘
		湖南对外建设有限公司	TJ28:K119+300~K124+800	文艺、陈炼军
		岳阳市通衢兴路公司	TJ29:K124+800~K129+650	李清波、向伟林
		湖南省怀化公路桥梁建设总公司	TJ30:K129+650~K133+720	向长福、陈明航
		中原油田建设集团公司	TJ31:K133+720~K137+920.256	贾超君、罗文艺
		中铁二十三局集团第一工程有限公司	TJ32:K138+200~K139+760	徐在华、耿涛
		江西井冈路桥(集团)有限公司	TJ33:K3+800~K7+880	胡春生、赵云
		衡阳公路桥梁建设有限公司	TJ34:K0+000~K3+800	钟建军、唐林阳
		长沙星城园林绿化工程有限公司	LH35:K0+000~K16+588,包括张家界连接线	胡健、王德贵
		岳阳绿丰园林产业有限公司	LH36:K16+588~K42+000	刘胜凯、王春浓
		湖南森鑫环境景观园林工程有限公司	LH37:K42+000~K63+590	林河华、张剑飞
		湖南省好风光园林景观工程有限公司	LH38:K63+590~K80+535	李玉石、易雪华
		江西吉美园林工程有限公司	LH39:K80+535~K97+093	孙全军、王伟云
		深圳市万信达环境绿化建设有限公司	LH40:K97+093~K116+770	郭名定、龙元贤
		湖南东星园林发展有限公司	LH41:K116+770~K131+335	梁聪、游涛
		湖南集美环境艺术有限公司	LH42:K131+335~终点	石梁、彭志如
		湖南神光园林建设工程有限公司	LH43:K0+000~K22+940	周军、王国彬
		湖南省风景源园林有限公司	LH44:K22+940~K51+000	沙石、罗杏辉
		长沙市征程建筑装饰园林有限公司	LH45:K51+000~K77+700	肖成吉、付桂长
		长沙梨江生态园林有限公司	LH46:K77+700~K100+252.861	覃天巨、柳毅辉
		长沙市创源园林工程有限公司	LH47:K100+980~K122+705	徐锋、杜勇
		湖南瑞丰园林建设有限公司	LH48:K122+705~K132+545	刘瑞清、赵汉龙
		湖南省现代园林绿化有限公司	LH49:K132+545~终点	杨智锋、孙子泉
		湖南怡人园林绿化有限公司	LH50:K1+800管理处	李爱生、曹咏红

第三章
国家高速公路

续上表

路段	参建单位	单位名称	合同段编号及起止桩号	主要负责人
张花高速公路	施工单位	湖南天弘交通建设工程有限公司	GD51：K0+000～K48+700	刘奉江、张敏
		江苏铁电交通科技集团有限公司	GD52：K48+700～K100+252.861	王登明、华壮志
		北京深化科交通工程有限公司	GD53：K100+252.861～K139+760，HK0+000～HK7+800	夏晓津、葛庆国
		河南省公路工程局集团有限公司	LM54：K0+000～K33+740	范广宇、姬中达
		中铁五局集团机械化工程有限责任公司	LM55：K33+740～K57+900	胡呈龙、罗东
		中铁二十三局集团第一工程有限公司	LM56：K57+900～K85+800	王明安、毕春慧
		江西省交通工程集团公司	LM57：K85+800～K105+800	刘政军、喻义明
		中交路桥建设有限公司	LM58：K105+800～K129+650	周先念、冀海军
		中铁十九局集团第三工程有限公司	LM59：K129+650～K139+760，HK0+000～HK7+880	李宝成、郭文军
		衡阳市长江建设工程有限责任公司	FJ60：张家界西收费站、三家馆收费站（含路政中队）、青坪收费站、石堤收费站	熊杰、曾毅
		湖南金辉建设集团有限公司	FJ61：三家馆服务区（含养护工区、桥隧管理站）	陈国华、肖建明
		江西建工第二建筑有限责任公司	FJ62：抚志收费站（含隧道管理站）、抚志养护工区（含路政中队）、泽家收费站、保靖收费站（含路政中队）	熊兆华、刘建刚
		安庆市第一建筑安装工程公司	FJ63：泽家服务区、复兴收费站（含养护工区）	江斌、潘文胜
		湖南省朝辉建设开发有限公司	FJ64：花垣收费站、清水岗服务区	周海涛、贾魁桐
		山西欣奥特自动化工程有限公司	JD65：全线监控、通信和收费系统，网络平台和网络管理（不含隧道及澧水大桥监测）	张国华、王远明
		北京瑞华赢科技发展有限公司	JD66：K0+000～K51+000	顾剑平、于洲
		中铁一局集团电务工程有限公司	JD67：K51+000～K139+760	左传文、孙鸿斌
		盛世国际路桥建设有限公司	JA68：K0+000～K33+620（含张家界连接线）	黄元日、蔡旭君
		北京深华科交通工程有限公司	JA69：K33+620～K68+760	宋国荣、张俊义
		湖南省湘筑交通科技有限公司	JA70：K68+760～K100+252.861	徐明伏、邱喜华
		北京汉威达交通运输设备有限公司	JA71：K100+252.861～K139+760；HK0+000～HK7+880	戴勇、季兵
		河北科力交通设施有限公司	JA72：K0+000～K68+760（含张家界连接线）	赵剑军、王海江
		湖南常德路桥建设集团有限公司	JA73：K68+760～终点	许德富、曲斌
		北京路桥方舟交通科技发展有限公司	JA74：K0+000～K68+760（含张家界连接线）	王竹青、谢永民
		湖南通顺交通工程有限公司	JA75：K68+760～终点	袁自能、周乐

续上表

路段	参建单位	单位名称	合同段编号及起止桩号	主要负责人
龙永高速公路	管理单位	湖南省永龙高速公路建设开发有限公司		罗卫华
	设计单位	湖南省交通规划勘测设计院		陈卓
		湖南中大设计院有限公司		张浩
		北京建达道桥咨询有限公司		况鹏
	监理单位	江苏华宁工程咨询监理有限公司	1~5合同段,28、29合同段	朱国伟
		西安方舟工程咨询有限责任公司	6~10合同段	杨为华
		武汉桥梁建筑工程监理有限公司	11~15合同段,26、27合同段	李武
		中咨工程建设监理公司	16~20合同段	刘霞辉
		广西桂通工程咨询有限公司	21~25合同段,30、31合同段	吴勋海
	施工单位	中铁一局集团第二工程有限公司	1合同段:K0+028~K6+000	宋琼
		河北路桥集团有限公司	2合同段:K6+000~K10+560	魏玉军
		湖南常德路桥建设集团有限公司	3合同段:K10+560~K17+000	王文斌
		中铁隧道集团有限公司	4合同段:K17+000~K21+200	纪国清
		中铁十五局集团第五工程有限公司	5合同段:K21+200~K24+028.573	管秀海
		中铁二十一局集团第三工程有限公司	6合同段:K23+700~K26+800	俱六五
		中铁一局集团有限公司	7合同段:K26+800~K28+950	王智
		中铁四局集团第一工程有限公司	8合同段:K28+950~L31+500	陈广雅
		浙江省交通工程建设集团第三交通工程有限公司	9合同段:K31+500~K33+570	姜炜
		湖南路桥建设集团公司	10合同段:K33+570~K37+000	彭官友
		湖南路桥建设集团公司	11合同段:K37+000~K39+695	陈继发
		湖南省永州公路桥梁建设有限公司	12合同段:K39+700~K41+900	唐恩文
		中交一公局第五工程有限公司	13合同段:K41+900~K52+000	郭祥生
		云南第二公路桥梁工程有限公司	14合同段:K52+000~K57+000	郑培刚
		湖南省湘筑工程有限公司	15合同段:K57+000~K59+761.9	周国良
		岳阳市通衢兴路公司	16合同段:K59+761.9~K62+104	曾霄
		湖南常德路桥建设集团有限公司	17合同段:K62+104~K65+600	叶三林
		中铁十七局集团第一工程有限公司	18合同段:K65+600~K69+000	曲挨平
		中交一公局第六工程有限公司	19合同段:K69+000~K71+500	朱俊虎
		中交一公局第三工程有限公司	20合同段:K71+500~K75+200	刘绍焕

续上表

路段	参建单位	单位名称	合同段编号及起止桩号	主要负责人
龙永高速公路	施工单位	河北北方公路工程建设集团有限公司	21 合同段：K75+200~K77+605	金九茹
		浙江金筑交通建设有限公司	22 合同段：K77+605~K82+100	郑克如
		江西省宜春公路建设集团有限公司	23 合同段：K82+100~K85+675	陆灿根
		陕西路桥集体有限公司	24 合同段：K85+675~K88+300	李玉幸
		中铁港航局集团第三工程有限公司	25 合同段：K88+300~K90+852.852	李宗新
		湖南省铁路工程有限公司	26 合同段：LK0+000~LK12+000 洗车连接线	曾平
		青海省正平公路桥梁工程集团有限公司	27 合同段：K12+000~LK19+380.374 洗车连接线	李元洪
		益阳远程公路建设有限公司	28 合同段：L1K0+000~L1K14+000 龙山连接线	熊勇
		山西远方路桥(集团)有限责任公司	29 合同段：K14+000~L1K21+167.257 龙山连接线	马德宏
		张家界市道路桥梁开发建设总公司	30 合同段：L2K2+355~L2K10+840 永顺连接线	许年发
		山东鑫泰公路工程有限公司	31 合同段：L2K10+840~L2K15+312 永顺连接线	张刚
		湖南环达公路桥梁建设总公司	34 合同段：K0+028~K28+950 路面标	王强
		中交路桥建设有限公司	35 合同段：K28+950~K59+761.9 路面标	邹海军
		新疆北新路桥集团股份有限公司	36 合同段：K59+761.9~K90+852.852 路面标	曾照波

G5515 湖南段收费站点设置情况 表 3-7-5

路段	站点名称	车道数	收费方式
张花高速公路	张家界西	4 进 7 出	人工，ETC
	茅岩河	2 进 3 出	人工，ETC
	青坪	3 进 5 出	人工，ETC
	芙蓉镇东	3 进 5 出	人工，ETC
	猛洞河	3 进 6 出	人工，ETC
	芙蓉镇西	3 进 5 出	人工，ETC
	保靖东	3 进 5 出	人工，ETC
	保靖西	2 进 3 出	人工，ETC
	花垣	3 进 6 出	人工，ETC
龙永高速公路	湘西北	13 出	11 出人工，2 出 ETC
	龙山	3 进 5 出	2 进 4 出人工，1 进 1 出 ETC
	茅坪	3 进 5 出	2 进 4 出人工，1 进 1 出 ETC
	红岩溪	3 进 5 出	2 进 4 出人工，1 进 1 出 ETC
	农车	3 进 5 出	2 进 4 出人工，1 进 1 出 ETC
	首车	3 进 5 出	2 进 4 出人工，1 进 1 出 ETC
	永顺	3 进 5 出	2 进 4 出人工，1 进 1 出 ETC

G5515 湖南段服务区设置情况　　　　　　　　　表 3-7-6

路段	服务区名称	桩号	备注
张花高速公路	张家界	K03+450	未投运
	茅岩河	K32+350	未投运
	泽家	K94+840	未投运
	保靖	K130+400	
龙永高速公路	龙山	k14+250	
	农车	k50+500	

第八节　G59（呼和浩特至北海）湖南段

呼和浩特至北海高速公路，简称呼北高速公路，国高网编号为 G59，是 2013 年 6 月发布的《国家公路网规划（2013～2030 年）》11 条南北纵向国家高速之一，为新增纵线。线路位于 G55 二广高速公路和 G65 包茂高速公路之间，北起内蒙古自治区呼和浩特市，南至广西壮族自治区北海市，途经内蒙古、山西、河南、湖北、湖南、广西 6 个省、自治区，线路全长约 2678km。

呼北高速公路湖南段是湖南高速公路规划"七纵七横"中的第六纵，自湖北从慈利炉红山入境，经张家界、怀化、益阳、娄底、邵阳 5 市，在新宁塔子寨入广西，全长 458km。截至 2016 年底，已建成通车 91km，其中新（化）至溆（浦）段 27km、洞（口）至新（宁）段 64km。

呼北高速公路湖南段途经湖南西部地带，这里地域偏僻、发展滞后，产业结构松散，贫困程度较深，是湖南省主要的欠发达地区、少数民族地区和生态脆弱地区。同时，也是承接东西部、连接长江和华南经济区的枢纽区，具有突出的区位特征和重要的战略地位。呼北高速公路湖南段的建设将对完善湖南西部地区交通网络、打通交通瓶颈、促进少数民族地区和贫困地区经济社会发展具有非常重要推动作用。

一、新（化）溆（浦）高速公路

新化至溆浦高速公路，简称新溆高速公路，是呼北高速公路湖南境内的一段，起于娄底至新化高速公路新化互通，经炉观、西河、太平铺、金凤庵、两江、油洋、桥江，止于溆浦县卢峰镇，与溆浦至怀化高速公路相接。全长 92.677km，总投资 76.15 亿元，2009 年 7 月 14 日开工建设，2014 年 12 月 31 日建成通车。

新溆高速公路主线经山岭重丘地区，地质条件复杂，是一条典型的山区高速公路。全线采用双向四车道高速公路标准建设，其中起点至太平铺互通段里程长 38.5km，桥江互通至终点段里程长 7.764km，设计速度 100km/h，路基宽 26.0m；太平铺互通 K38+500 至桥江互通 K84+900 段里程长 46.413km,设计速度 80km/h,路基宽 24.5m。同步建设三级公路连接线 46.676km(其中紫鹊界连接线 36.048km,桥江连接线 10.628km),设计速度 40km/h,路基宽 8.5m。全线划分土建合同段 22 个,监理处 5 个。共有桥梁 108 座,其中特大桥 4 座,大桥 86 座;设互通 6 处,分离式立交 12 处;隧道 13 座,其中特长隧道 1 座,长隧道 1 座。

全线设有服务区 2 处,停车区 1 处,高速公路管理中心 1 处,养护管理所 2 处,隧道管理所 1 处,收费站 5 处。由现代投资有限公司怀化分公司负责运营管理。

二、洞(口)新(化)高速公路

洞口至新宁高速公路,简称洞新高速公路,起于邵怀高速公路大水枢纽互通,途经高沙、湾头桥、武冈东、大甸、司马冲、万塘、新宁、崀山,止于湘桂交界的塔子寨,继续向南延伸可在广西境内连接泉南高速,全长 117.895km,2010 年 4 月开工建设,2013 年 12 月建成通车。

2008 年 8 月,省交通科学研究院对项目进行工可编制;2009 年 3 月,省发改委批复项目立项;5 月,省交通运输厅批复初步设计;10 月,省交通运输厅批复施工图设计;11 月,完成征地拆迁工作,项目转入建设阶段;2010 年 4 月,正式开工建设。项目概算总投资 82.35 亿元,由省交通运输厅补助 35%,其余 65% 由银行政策性贷款。

洞新高速公路项目招投标全部采用国内公开招标,全线土建工程分为 22 个合同段,路面工程分为 5 个合同段,绿化工程分为 18 个合同段,房建工程分为 2 个合同段,交安工程分为 5 个合同段,管道工程分为 1 个合同段,机电工程分为 2 个合同段,土建工程监理分为 5 个合同段,房建工程监理分为 1 个合同段,全线机电工程监理分为 1 个合同段。

洞新高速公路协全线共征用土地 12810.612 亩,全线共拆迁房屋总面积 201550m^2,沿线受影响的居民生产和生活设施得到了较好的恢复和完善,妥善处率达 98%。

洞新高速公路全线地形以平原微丘为主,沿线地质下伏以石灰岩为主,处于岩溶发育区,地质情况非常复杂:岩溶、裂隙、断层发育、软土及中等膨胀土地基地等地质不良现象十分普遍。主线洞口至新宁段 92.862km,路基宽度 26m,采用沥青混凝土路面,设计速度 100km/h;武冈至城步(西岩)段 25.033km,路基宽度 24.5m,采用沥青混凝土路面,设计速度 100km/h;花园、绥宁连接线采用二级公路,设计行车速度 60km/h,路基宽度为 10m;武冈东连接线采用一级公路,设计速度 80km/h,路基宽度 15m;新宁、武冈西连接线采用二级公路,设计速度 80km/h,路基宽度为 12m。全线设桥梁 65 座,隧道 4 座,互通式立交 8 处,通道天桥 140 座。

G59 湖南段建设项目信息、路面信息、交通流量状况、项目建设单位信息、收费站点设置情况、服务区设置情况等,分别见表 3-8-1～表 3-8-6。

表 3-8-1

G59 湖南段建设项目信息

项目名称	规模(km)		建设性质(新、改、扩建)	设计速度(km/h)	永久占地(亩)	投资情况(亿元)			建设时间(开工~通车)
	合计	四车道				估算	概算	决算	资金来源
新溆高速公路	92.738	92.738	新建	80/100	8675.1885	72.67	76.15		交通部补助,湖南省自筹,银行贷款	2010~2014
洞新高速公路	118	118	新建	100	13305	75.14	82.35		中央补助,地方自筹,银行贷款	2010.4~2013.12

表 3-8-2

G59 湖南段路面信息

项目名称	路面形式	起讫里程	长度(km)	沥青路面
新溆高速公路	柔性路面	K0+000.00~K91+363.654	92.738	沥青混凝土路面
洞新高速公路	柔性路面	K0+000~K91+810, WK0+000~WK25+132.824	118.071	沥青混凝土路面

表 3-8-3

G59 湖南段交通流量状况(单位:辆/日)

年份	娄底段		怀化段			新溆高速公路		洞新高速公路		
	大熊山(年车流量)	日平均流量	怀化北	溆浦	日平均流量	大水	武冈西	崀山	日平均流量
2014	342624	939	3483	6643	5063	3911	2073	50	1995
2015	428931	1175	3957	8357	6157	4785	2478	74	2438
2016						5530	2944		2849

第三章 国家高速公路

G59 湖南段项目建设单位信息

表 3-8-4

路段	参建单位	单位名称	合同段编号及起止桩号	主要负责人
新溆高速公路	管理单位	湖南省新溆高速公路建设开发有限公司		魏刚
	设计单位	中交公路规划设计院有限公司	1合同段:K0+000.00~K44+321.731、LK0+000.00~LK36+042.000(紫鹊界连接线)	胡江顺
		中交第二公路勘察设计研究院有限公司	2合同段:ZK43+009.43~K91+363.654	陈洪涛
		西安公路研究所	3合同段:K0+000.00~K91+363.654机电工程施工图	崔录库
	监理单位	广东虎门技术咨询有限公司	土建监理第J1合同段:K0+000.00~K32+800.000	周南德
		湖南省交通建设工程监理有限公司	土建监理第J2合同段:K32+800.00~ZK53+237.000	喻泽文
		湖南金路工程咨询监理有限公司	土建监理第J3合同段:ZK53+237.00~ZK70+400.000	胡正怡
		海南交通建设咨询有限公司(海南交通工程监理公司)	土建监理第J4合同段:ZK70+400.00~K91+363.654	邱应强
		湖南和天工程项目管理有限公司	土建监理第J5合同段:LK0+000.00~LK36+042.000(紫鹊界连接线)	唐英旺
		北京华路捷公路工程技术咨询有限公司	机电监理第J6合同段:K0+000.00~K91+363.654	邓本红
		湖南明泰项目管理有限公司	房建监理第J7合同段:K0+000.00~K91+363.654	欧湘平
	施工单位	杭州市交通工程集团有限公司	1合同段:K0+000.00~K9+100.000	杨云锋、石德富
		湖南环达公路桥梁建设总公司	2合同段:K9+100.00~K17+240.000	孙思中、滕小春
		湖南省湘筑工程有限公司	3合同段:K17+240.00~K25+360.000	钟辉煌、李翱
		湖南常德路桥建设集团有限公司(湖南常德路桥建设有限公司)	4合同段:K25+360.00~K32+800.000	陈立君、潘道辉
		山东通达路桥工程有限公司	5合同段:K32+800.00~K37+180.000	刘中战、王泽玉
		许昌广苙公路工程建设有限责任公司	6合同段:K37+180.00~K40+950.000	董留栓、刘斌

续上表

路段	参建单位	单位名称	合同段编号及起止桩号	主要负责人
新溆高速公路	施工单位	湖北省路桥集团有限公司	7 合同段:K40+950.00~K44+321.731	李国圣、谢应赞
		河南省中原水利水电工程集团有限公司	8A 合同段:ZK43+009.43~ZK45+800.000	郭军峰、桑相明
		长沙市公路桥梁建设有限责任公司	8B 合同段:ZK45+800.00~K49+500.000	孙盖球、朱梅珍
		江西井冈路桥(集团)有限公司	9 合同段:K49+500.00~ZK53+237.000	刘钢炳、龙文
		中国建筑第五工程局有限公司	10 合同段:ZK53+237.00~ZK56+272.000	徐新宝、张艺农
		四川武通路桥工程局	11 合同段:ZK56+272.00~K60+000.000	柳刚、王开平
		中国水电建设集团路桥工程有限公司	12 合同段:K60+000.00~K62+880.000	刘宇哲、丁荣奇
		江西赣粤高速公路工程有限责任公司	13 合同段:K62+880.00~ZK67+200.000	孙剑、成安洪
		黑龙江省华龙建设有限公司	14 合同段:ZK67+200.00~ZK70+400.000	徐红卫、宋幸福
		湖南省怀化公路桥梁建设总公司	15 合同段:ZK70+400.00~K75+400.000	候旭光、杨正文
		湖南省湘筑工程有限公司	16 合同段:K75+400.00~ZK81+080.000	刘湘平、易建辉
		湖北兴达路桥股份有限公司	17 合同段:ZK81+080.00~K85+560.000	谭志文、董明海
		安徽省路桥工程集团有限责任公司	18 合同段:K85+560.00~K91+363.654	朱大俊、陆在银
		四川攀峰路桥建设集团有限公司(四川攀峰路桥建设有限责任公司)	19 合同段:LK0+000.00~LK11+460.000	杨永军、戴益新
		江苏省交通工程集团有限公司	20 合同段:LK11+460.00~LK19+000.000	龚万斌、郑广田
		湖南省益阳公路桥梁建设有限责任公司	21 合同段:LK19+000.00~LK36+042.000	龚志敏、李常青
		中铁十五局集团第五工程有限公司	22 合同段:LK0+584.75、K90+417.75、LAK1+133.66	何勇、王晓峰
		江西福乐园林有限责任公司	23 合同段:K0+000~K9+100	涂序流、吴财盛

续上表

路段	参建单位	单位名称	合同段编号及起止桩号	主要负责人
新溆高速公路	施工单位	湖南金驰园林绿化有限公司	24 合同段：K9+100~K17+240	章杰、叶平
		湖南省联铭园林工程有限公司	25 合同段：K17+240~K32+800、LK0+000~LK36+042（紫鹊界连接线，全长36.042km）	邓煜、杨广
		湘潭市城市园林建设有限公司	26 合同段：K32+800~K44+321.731	田斌、杨达
		广东中绿园林建设有限公司（广东中绿园林集团有限公司）	27 合同段：ZK43+009.43~K62+880	刘立新、何良勇
		湖南怡人园林绿化有限公司	28 合同段：K62+880~ZK81+080	陈剑莲、赖亚雄
		长沙市华海风景园林有限公司	29 合同段：ZK81+080~K91+363.654	周波、周斌
		中交一公局第五工程有限公司	路面工程30 合同段：K0+000.00~ZK53+237.000	孙永平、何仁清
		湖南省怀化公路桥梁建设总公司	路面工程31 合同段：ZK53+237.00~K91+363.654	蔡江帆、王忠
		湖南天弘交通建设工程有限公司	施工32 合同段：K0+000~K50+100	刘奉江、侯桂荣
		北京路安交通科技发展有限公司	施工33 合同段：K50+100~K91+363.654	王勇、唐农
		广州航天海特系统工程有限公司	机电工程（三大系统）34 合同段：K0+000~K91+363.654	欧永强、杨俊
		广西交通科学研究院	机电工程（隧道机电）35 合同段：K0+000~K91+363.654	李祖文、陈志
		广东新粤交通投资有限公司	交通安全设施工程（标志、标线等）36 合同段：K0+000~K91+363.654	岳炼红、刘嘉群
		湖南三和通信交通工程有限公司	交通安全设施工程（护栏等）37 合同段：K0+000~K32+800	黄晓燕、余勇
		湖南省湘筑交通科技有限公司	交通安全设施工程（护栏等）38 合同段：K32+800~K64+900	刘浩、林善红
		衡阳公路桥梁建设有限公司	交通安全设施工程（护栏等）39 合同段：K64+900~K91+363.654	刘玉明、顾青

续上表

路段	参建单位	单位名称	合同段编号及起止桩号	主要负责人
新溆高速公路	施工单位	湖南省怀化公路桥梁建设总公司	交通安全设施工程（隔离栅、声屏障等）40 合同段：K0+000~K91+363.654	赵三、张飞云
		湖南新康建设集团有限公司	41 合同段：炉观收费站、西河收费站（含路政、养护工区）、琅塘收费站	邹建新、袁立人
		湖南省沙田建筑工程有限责任公司	42 合同段：新化服务区	陈丹、高新国
		湖南兴湘建设有限公司	43 合同段：两江收费站（隧道监控站）、桥江收费站（与含路政、养护工区合址建设）	刘校林、温茨华
		湖南禹班建设集团有限公司	44 合同段：桥江服务区、	蒋才良、罗卫华
洞新高速公路	管理单位	湖南省洞新高速公路建设开发有限公司	K0+000~K91+810，WK0+000~WK25+132.824	覃名晟
	设计单位	中铁二院工程集团有限责任公司	1 合同段，K0+000~K31+828，WK0+000~WK1+350，HYK0+000~HYK15+985	王茂
		北京建达道桥咨询有限公司	2 合同段，K30+700~K61+686，WDK0+000~WDK4+791	夏宏光
		湖南省交通规划勘察设计院	3 合同段，K61+686~K91+810，XNK0+000~XNK9+880	陈科
		湖南省交通勘察设计所	4 合同段，WK1+350~WK25+133，WXK0+000~WXK2+500，SNK0+000~SNK17+535	邓奇春
	监理单位	河南恒通工程监理咨询有限公司	J1 合同段，K0+000~K26+600，HYK0+000~HYK16+000	符振华
		中国公路工程咨询集团有限公司	J2 合同段，K26+600~K48+370，WK0+000~WK0+493，WDK0+000~WDK4+791	马涛
		长沙中核公路工程监理咨询有限公司	J3 合同段，K48+370~K68+700，XNK0+000~XNK9+751	陈振华
		湖南金路工程咨询监理有限公司	J4 合同段，K68+700~K91+500	马爱农

续上表

路段	参建单位	单位名称	合同段编号及起止桩号	主要负责人
	监理单位	育才－布朗交通咨询监理有限公司	J5合同段,WK0+493~WK25+033,WXK0+000~WXK2+403,SNK0+000~SNK17+660	黄平良
		湖南明泰项目管理有限公司	J6合同段,K0+000~K91+810,WK0+000~WK25+132.824	钟刚
		浙江通衢交通建设监理咨询有限公司	J7合同段,K0+000~K91+810,WK0+000~WK25+132.824	王广粮
洞新高速公路	施工单位	湖南湘潭公路桥梁建设有限责任公司	1合同段,K0+000~K9+500	谢卫红
		长沙市公路桥梁建设有限责任公司	2合同段,K9+500~K18+090	陈建伟
		湖南省怀化公路桥梁建设总公司	3合同段,K18+090~K26+600	张应波
		邵阳市宝庆公路桥梁工程有限公司	4合同段,HYK0+000~HYK16+000	刘华平
		湖南省建筑工程集团总公司	5合同段,K26+600~K31+778.342、WK0+000~WK0+493.418	卜宏海
		路港集团有限公司	6合同段,K30+700~K37+350	齐明辉
		湖南尚上公路桥梁建设有限公司	7合同段,K37+350~K42+490	陈立科
		山东沂蒙交通工程有限公司	8合同段,K42+490~K48+370	胡学林
		沈阳市公路建设股份有限公司	9合同段,WDK0+000~WDK4+790.959	熊升
		安徽建工集团有限公司	10合同段,K48+370~K53+750	唐胜
		湖南环达公路桥梁建设总公司	11合同段,K53+750~K61+408	高飞
		长沙市公路桥梁建设有限责任公司	12合同段,K61+408~K68+700	曾新春
		湖南省郴州公路桥梁建设有限责任公司	13合同段,XNK0+000~XNK9+751	欧阳彧

湖 南
高速公路建设实录

续上表

路段	参建单位	单 位 名 称	合同段编号及起止桩号	主要负责人
洞新高速公路	施工单位	湖南省郴州公路桥梁建设有限责任公司	14 合同段,K68+700~K73+300	刘建刚
		浙江八咏公路工程有限公司	15 合同段,K73+300~K80+700	陈海明
		湖南省建筑工程集团总公司	16 合同段,K80+700~K83+965	莫前校
		中铁二十三局集团有限公司	17 合同段,K83+965~K86+800	王晓忠
		中铁十二局集团第一工程有限公司	18 合同段,K86+800~K91+500	张全明
		南通路桥工程有限公司	19 合同段,WK0+493.418~WK7+000	高波
		湖南省益阳公路桥梁建设有限责任公司	20 合同段,WK7+000~WK18+000、WXK0+000~WXK2+403	陈达新
		湖南省怀化公路桥梁建设总公司	21 合同段,WK18+000~WK25+033.11	谢挺
		中国十五冶金建设有限公司	22 合同段,SNK0+000~SNK17+660	吴锡平
		湖南高尔园林绿化工程有限公司	25 合同段,K0+000~K18+090	戴俊军
		江西省路景建设有限公司	26 合同段,K18+090~K26+300、HYK0+000~HYK15+985.04	汪凯
		株洲湘银园林绿化工程有限公司	27 合同段,K26+300~K31+828.142、WK0+000~WK1+349.543	陈乾
		湖南天鹰园林绿化工程有限公司	28 合同段,K30+700~K48+280	曾泽彪
		湖南美好园林绿化工程有限公司	29 合同段,K48+280~K58+700	莫蝶影
		深圳市城基园林发展有限公司	30 合同段,K58+700~K69+000、XNK0+000~XNK9+880	杨广
		湖南金驰园林绿化有限公司	31 合同段,K69+000~K81+250	鲁李龙
		湖南汇智园林景观建设有限公司	32 合同段,K81+250~K91+810	蒋红峰
		江西春苑园林开发有限公司	33 合同段,WK1+349.543~WK13+440	佘建伟
		湖南大韵景观建筑工程有限公司	34 合同段,WK13+440~WK25+132.824、SNK0+000~SNK17+660	张权
		湖南劲普园林环境工程有限公司	35 合同段,K0+000~K9+500	程定阳
		湖南省城市园林实业有限公司	36 合同段,K9+500~K26+300、HYK0+000~HYK15+985	谢江丽

第三章
国家高速公路

续上表

路段	参建单位	单 位 名 称	合同段编号及起止桩号	主要负责人
洞新高速公路	施工单位	湖南花研园林景观有限公司	37 合同段，K26+300～K48+280、WK0+000～WK1+349.543	梁凯
		长沙富绿园园艺工程有限公司	38 合同段，K48+280～K61+686	王璞
		惠州市新世纪园林绿化工程有限公司	39 合同段，K61+686～K69+000、XNK0+000～XNK9+880	向竹
		浙江中瓯建设工程有限公司	40 合同段，K69+000～K82+600	刘超
		江西省中汉建设有限公司	41 合同段，K82+600～K91+810	杨汝炫
		广州市越源景观工程有限公司	42 合同段，WK1+349.543～WK25+132.824、SNK0+000～SNK17+660	万涛
		湖南省郴州公路桥梁建设有限责任公司	LM1 合同段，K0+000～K26+300	刘建刚
		浙江省大成建设集团有限公司	LM2 合同段，K26+300～K31+828.142、K30+700～K48+280、WK0+000～WK1+349.543	张优良
		中铁十局集团第二工程有限公司	LM3 合同段，K48+280～K69+000	辛显峰
		中交一公局第五工程有限公司	LM4 合同段，K69+000～K91+810	李朝朋
		湖南省湘筑工程有限公司	LM5 合同段，WK1+349.543～WK25+132.824	丁俊剑
		北京诚达交通科技有限公司	GD01 合同段，K0+000～K91+810，WK0+000～WK25+132.824	苏勇
		安庆市第一建筑安装工程公司	FJ1 合同段，大水收费站、高沙收费站、司马冲收费站、武冈东收费站、武冈西收费站、武冈服务区房建	喻文林
		金光道集团经纬建筑工程有限公司	FJ2 合同段，崀山收费站、新宁匝道收费站、新宁主线收费站、新宁服务区房建	肖勇
		陕西政合汉唐工程有限公司	JD1 合同段，全线（除3座隧道）监控、通信和收费系统	姜文军
		中铁四局集团电气化工程有限公司	JD2 合同段，曾家冲、黄花水、陈家湾3座隧道监控、通信、供配电、照明和通风系统	姚大为

续上表

路段	参建单位	单位名称	合同段编号及起止桩号	主要负责人
洞新高速公路	施工单位	湖南华鑫交通工程有限公司	JA1 合同段,K0+000~K26+300	旷辉
		湖南三和通信交通工程有限公司	JA2 合同段,K26+300~K31+828.142,K30+700~K48+280,WK0+000~WK1+349.543	余勇
		盛世国际路桥建设有限公司	JA3 合同段,K48+280~K69+000	王良昱
		湖南天弘交通建设工程有限公司	JA4 合同段,K69+000~K91+810	吴戈辉
		长沙市公路桥梁建设有限责任公司	JA5 合同段,WK1+349.543~WK25+132.824	朱忠佳

G59 湖南段收费站点设置情况 表3-8-5

路段	站点名称	车道数	收费方式
新溆高速公路	紫鹊界	3进5出	2进4出人工,1进1出ETC
	大熊山	3进5出	2进4出人工,1进1出ETC
	苏溪湖	3进5出	2进4出人工,1进1出ETC
	两江	3进5出	2进4出人工,1进1出ETC
	桥江	3进5出	2进4出人工,1进1出ETC
洞新高速公路	大水	3进5出	人工,ETC
	高沙	3进5出	人工,ETC
	武冈东	3进5出	人工,ETC
	司马冲	3进5出	人工,ETC
	新宁	3进5出	人工,ETC
	八角寨	3进5出	人工,ETC
	武冈西	3进5出	人工,ETC
	西岩	3进5出	人工,ETC

G59 湖南段服务区设置情况　　　　　　　　　　　　　表 3-8-6

路段	服务区名称	桩　　号	备　　注
新溆高速公路	新化	K67+513	
	溆浦	K177	
洞新高速公路	武冈	K16+500	
	崀山	K70+700	未投运

第九节　G65（包头至茂名）湖南段

包头至茂名高速公路，简称包茂高速公路，国高网编号 G65，起点为内蒙古自治区包头市，途经内蒙古、陕西、四川、重庆、湖南、广西和广东 7 个省份、26 个县市区，全长 3130km。

包茂高速公路湖南段自重庆从湘西州吉首入境，经湘西自治州、怀化等 2 市（州），在怀化通道入广西，全长 367.42km，分吉茶、吉怀、怀通 3 段修建。

包茂高速公路湖南段将杭瑞、沪昆等多条高速公路及国道、省道连接起来，实现湖南高速公路骨架网络与国家干线公路网的有效衔接，形成纵横交织的交通网络，使湖南高速公路路网结构更趋优化。

一、吉（首）茶（洞）高速公路

吉首至茶洞高速公路，简称吉茶高速公路，起于湘黔渝三省（市）交界处的"边城"——花垣县茶洞镇，止于吉首市，与常吉高速公路相接，主线全长 64.946km，2007 年 9 月开工建设，2012 年 3 月 31 日建成通车。其关键控制性工程矮寨大桥，是当时世界上跨径最大的跨峡谷钢桁梁悬索桥。

2005 年 10 月 17 日，国家发展与改革委员会以发改交运〔2005〕2017 号文件批准项目工可报告；2006 年 6 月 6 日，交通部以交公路发〔2006〕260 号文件批准项目初步设计；2006 年 8 月 30 日，交通部批准项目技术设计；2006 年 12 月，国土资源部以国土资函〔2006〕699 号文件批复项目建设用地批复；2007 年 12 月 20 日，省交通厅批准项目施工图设计。该项目概算总投资 72.267 亿元，其中矮寨大桥投资 12.87 亿元，由国家投资、湖南省自筹、国家开发银行贷款和亚洲开发银行贷款四部分构成。

吉茶高速公路项目共有 42 个合同段。其中，16 个国际竞争性招标路基合同和 1 个国内竞争性招标路基合同，3 个路面合同，5 个房建和附属设施合同（包括项目管理办公室、交通监控中心、养护中心、隧道管理中心和2个服务区、4个收费站),6个交通工程合同,5个绿化工程合同,2个机电工程合同,2个通信管道工程合同,2个伸缩缝工程合同。

吉茶高速公路征地拆迁、移民安置各项工作由于遵循了先补偿到位、再征地拆迁、再提供建设用地的原则,在工程施工全过程没有出现未补偿安置即先行用地的现象,也未出现因征地拆迁资金不到位、安置补偿不及时而影响工程建设进展的现象。

吉茶高速公路地处湖南省湘西山岭重丘区,属典型的山区高速公路,桥隧比例大,全线共有特大桥5座、大桥12座、长隧道1个,桥梁、隧道长度占总里程的37.9%。按双向四车道高速公路标准建设,设计速度为80km/h,路基宽度为24.5m(整体式)、2×12.25m(分离式),路面结构为沥青混凝土路面。全线设有1个主线收费站茶洞收费站,矮寨、花垣东、花垣西3个匝道收费站,由省高管局湘西管理处负责运营管理。

二、吉(首)怀(化)高速公路

吉首至怀化高速公路,简称吉怀高速公路,北起吉首市东的小庄村,途经湘西自治州的吉首市、凤凰县,怀化市的麻阳县、鹤城区、芷江县,止于怀化市鹤城区的牛栏坡,全长104.836km。2009年6月12日下达开工令,2012年9月29日湘西段建成通车,2012年12月23日怀化段建成通车。

2007年10月,国家水利部以水保函〔2007〕281号文件批复了水土保持方案;2007年11月,国家环保总局以环审〔2007〕476号批复了环境影响报告书;2008年6月,国家发展改革委员会以发改交运〔2008〕1323号文件批复了项目可行性研究报告;2008年7月,国家林业总局以林资许准〔2008〕198号批准征用林地339.6196公顷;2008年8月,交通运输部以交公路发〔2008〕224号文件批复了项目初步设计;2008年10月,省交通厅以湘交基建〔2008〕591号文件批复了施工图设计(土建工程);2009年1月,国土资源部以国土资函〔2009〕97号文件批复了征用建设用地622.1083公顷。项目批复概算88.19亿元,批复工期48个月,全线共征用土地8492亩。

吉怀路施工监理和土建施工招标均采取国内竞争性招标,共分为54个标段,1～20、34标为土建工程,21～33标为绿化工程,35～38标为路面工程,39～40标为通信管道工程,41～44标为房建工程,45～50标为交通安全工程,JD1～4标为机电工程标。施工监理的评标方法为综合评分法;土建1～20标施工的评标方法为合理低价法;34标跨铁路桥施工招标采取邀请招标资格后审方式;绿化工程施工招标采取公开招标资格预审方式;路面工程、通信管道工程、房建工程、交通安全工程、机电工程施工招标采取合理定价评审抽取法。

主线按四车道高速公路标准建设,其中起点凤凰K34+730段和怀化北至终点K105+128.672段,设计速度100km/h,路基宽26m;K34+730至怀化北K89+325段,设计速度80km/h,路基宽24.5m。同步建设的怀化西互通立交连接线1.462km采用一级公路标准建设,麻阳互通立交连接线3.374km采用二级公路标准建设,隆家堡互通立交连接线7.837km采用三级公路标准建设。

全线共有桥梁83座/26895延米,其中特大桥3座/3090延米、大桥76座/23556延米、中小桥4座/249延米;隧道26座/18333延米(单洞长);涵洞113道;通道87座;天桥24座;设吉首、吉首南、吉信、凤凰、石羊哨、麻阳、隆家堡、怀化北、怀化西互通立交,其中:吉首互通、凤凰互通、怀化北互通为枢纽互通;全线设服务区2处。

吉怀高速公路全线通车后,湘西段由省高速公路管理局湘西管理处负责运营管理,设有3个收费站、1个路政中队、1个桥隧管理所和服务区1处;怀化段由省高速公路管理局怀化管理处负责运营管理,设有4个收费站、1个路政中队、2个桥隧管理所和服务区1处。

三、怀(化)通(道)高速公路

怀化至通道高速公路,简称怀通高速公路,起于沪昆高速邵怀段竹田枢纽,北与吉怀高速公路相接,经怀化市中方县、洪江市、洪江区、会同县、靖州县、邵阳市的绥宁县,至怀化市通道县坪阳,与厦蓉高速广西桂林至三江高速公路相接,全长197.634km,连接线长91.786km,总投资约169亿元,2008年12月开工建设,2013年12月25日建成通车。

怀通高速公路主线起点至黔城互通设计速度为100km/h,路基宽度为26m;黔城互通至终点设计速度80km/h,路基宽度24.5m(分离式路基2×12.25m)。洪江、桐木、会同、通道连接线按二级公路标准建设,其余按三级公路标准建设。

怀通高速公路六跨渠水、三跨沅水、两跨舞水,全线共有桥梁199座/104791.2延米,其中特大桥4座/15108.28延米、大桥154座/85632.04延米、中小桥41座/4050.88延米;隧道35座,其中长隧道10座/27909.93延米、中隧道4座/5042延米、短隧道21座/10074.47延米,桥隧比为37.397%;通道212座/9807.26延米,涵洞645座/25106.33延米,人行及机耕天桥27座/1696.2延米,互通式立体交叉12处。

怀通高速公路属政府收费还贷性高速公路,全线设主线收费站1处,匝道收费站12处,服务区4处,停车区5处,隧道养护管理所4处,由省高速公路管理局怀化管理处负责运营管理。

G65湖南段建设项目信息、路面信息、交通流量状况、项目建设单位信息、收费站点设置情况、服务区设置情况等,分别见表3-9-1~表3-9-6。

表 3-9-1 G65 湖南段建设项目信息

项目名称	规模(km)		建设性质(新、改、扩建)	设计速度(km/h)	永久占地(亩)	投资情况(亿元)			资金来源	建设时间(开工~通车)
	合计	四车道				估算	概算	决算		
吉茶高速公路	65.346	63.346	新建	80	6307		50.59		银行贷款	2007.9~2012.3
吉怀高速公路	104.836	104.836	新建	100、80	8491.02	80.9	88.19		银行贷款	2009.6~2012.12
怀通高速公路	198	198	新建	80	20048	159	159.0949	212.9976	中央补贴、银行贷款	2008~2013.12.25

表 3-9-2 G65 湖南段路面信息

项目名称	路面形式	起讫里程	长度(m)	水泥混凝土路面	沥青路面
吉茶高速公路	柔性路面	K0+000~K64+946	649460		沥青混凝土路面
吉怀高速公路	柔性路面	K0+000~K104.836	104836		沥青混凝土路面
怀通高速公路	刚性、柔性路面	K2183+491~K2381+125	1979634	钢筋混凝土路面	沥青混凝土路面

表 3-9-3 G65 湖南段交通流量状况(单位:辆/日)

年份	吉茶高速公路				日平均流量(自然数)	湘西段				日平均流量(自然数)	怀化段	日平均流量
	矮寨	花垣东	茶峒			吉首南	吉信	凤凰			怀化西	
2012	1248	2571	2023		1607	2371	628	5984		2994	11070	11070
2013	1455	2600	3571		2064	2674	1133	5968		3258	16471	16471
2014	1607	941	5079		2078	2936	1262	6901		3700	18424	18424
2015	1720	973	5939		2337	2782	932	7131		3615	21831	21831
2016	1862	1105	5416		2294							

第三章 国家高速公路

G65 湖南段项目建设单位信息[1] 表 3-9-4

路段	参建单位	单位名称	合同段编号及起止桩号	主要负责人
吉茶高速公路	管理单位	湖南省吉茶高速公路建设开发有限公司		喻波
	设计单位	湖南省交通规划勘察设计院	K0+000～K64+946	吴典文
	监理单位	长沙华南土木工程监理有限公司	J1：K0+000～K15+073.65	颜向群
		武汉桥梁建筑工程监理有限公司	J2：K14+000.00～ZK15+073.65	张建平
		湖南省交通建设工程监理有限公司	J3：ZK15+074.65（YK15+073.5）～K38+700	余致生
		重庆锦程工程咨询有限公司	J4：K38+700～K65+000	成厚昌
		北京华路捷公路工程技术咨询有限公司	J5：K000+000～K065+000	段欢喜
		湖南省湘咨工程项目管理有限公司	J6：K0+000～K65+029	吴锦堂
	施工单位	湖南路桥建设集团公司	C1：K0+000～K3+280	胡畏
		山东省路桥集团有限公司	C2：K3+280～K5+800	张军伟
		岳阳市公路桥梁基建总公司	C3：K5+800～K7+960	刘奔江
		怀化公路桥梁建设总公司	C4：K7+960～K11+500	刘逸华
		中铁七局集团第三工程有限公司	C5：K11+500～K14+000	谢军
		湖南路桥建设集团公司	C6：K14+010～K15+068.57	盛希
		中铁十三局集团有限公司	C7：ZK15+074.65（YK15+073.5）～K19+440	刘海波
		福建建工集团总公司	C8：K19+440～K22+489	叶顺汉
		云南阳光道桥股份有限公司	C9：K22+489～K25+600	陈东
		湖南路桥建设集团公司	C10：K25+600～K30+400	欧小祥
		中铁二十二局集团第四工程有限公司	C11：K30+400～K34+800	刘军煜
		湖南路桥建设集团公司	C12：K34+800～K38+700	刘曙光
		邯郸光太公路工程有限公司	C13：K38+700～K45+000	陈伯良
		中铁十二局集团有限公司	C14：K45+000～K49+500	沈焊明
		湖南路桥建设集团公司	C15：K49+500～K54+875	张宏兵
		湖南省第六工程有限公司	C16：GK54+875～K60+200	黄勇军
		湖南路桥建设集团通和公司	C17：K60+200～K65+000	陶炎
		怀化公路桥梁建设总公司	C18：K0+000～K15+000	姜淼
		湖南环达公路桥梁建设有限公司	C19：K15+073.56～K38+700	孙傲
		湖南省湘筑工程有限公司	C20：K38+700～K65+000	刘坚
		北京公科飞达交通工程发展有限公司	C21：K000+000～K026+830	邓强
		哈尔滨交研交通工程有限责任公司	C22：K026+830～K065+000	吴戈辉
		长沙洞井建筑股份有限公司	C23：监控分中心	郭云舟

[1] 因路段管理机构更迭，部分信息缺失。

湖 南
高速公路建设实录

续上表

路段	参建单位	单位名称	合同段编号及起止桩号	主要负责人
吉茶高速公路	施工单位	邯郸市邯一建筑工程有限公司	C24：麻栗场匝道收费站、矮寨养护工区	张明玉
		湖南省鸿腾建设工程有限公司	C25：茶洞服务区	王斌
		长沙市建设工程集团有限公司	C26：茶洞匝道收费站、治超站	陈建平
		青岛亿联集团股份有限公司	C27：边城主线收费站	刘国栋
		湖南金驰园林绿化有限公司	C28：K0+000～K15+073.65	刘勤
		湖南东星园林发展有限公司	C29：K15+073.65～K30+400	范碧球
		湘潭市城市园林建设有限公司	C30：K30+400～K49+500	简培军
		江西省路景建设有限公司	C31：K49+500～K65+000	杜英姿
		深圳市城基园林发展有限公司	C32：湘西高速公路管理处	戴俊军
		湖南通顺交通工程有限公司	JA1：K0+000～K65+029	周湘亮
		湖南天弘交通建设工程有限公司	JA2：K000+000～K065+000	唐翰林
		安徽省路桥工程集团有限责任公司	JA3：K0+000～K34+800	章兴红
		湖南省湘筑工程有限公司	JA4：K34+800～K65+029	刘英
		盛世国际路桥建设有限公司	JA5：K0+000～K65+029	刘棣勤
		黑龙江省北龙交通工程有限公司	JA6：K0+000～K65+029	孙明刚
		湖南天弘交通建设工程有限公司	E1：K0+000～K65+000	张跃东
		北京瑞华赢科技发展有限公司	E2：K000+000～K065+000	杨善双
		衡水宝力工程橡胶有限公司	C42：K0+000～K14+500	张臣忠
		湖南国合桥梁附件有限公司	C43：K15+073.65～K64+695	郭伟
吉怀高速公路	管理单位	湖南省吉怀高速公路建设开发有限公司	K0+000～K104+836	聂善文
	设计单位	中交第二公路勘察设计研究院有限公司	K0+000～K39+250	翁德平
		湖南省交通规划勘察设计院	K39+250～K104.836	彭建国
	监理单位	湖南省交通建设工程监理有限公司	监理1　K0+301.834～K22+600	张立华
		湖南湖大建设监理有限公司	监理2　K22+600～K44+100	李和平
		长沙华南交通工程咨询监理公司	监理3　K44+100～K65+340	胡晓东
		湖南岳阳交通工程监理有限公司	监理4　K65+340～K85+680	钟芳臻
		北京港通路桥工程监理有限责任公司	监理5　K85+680～K105+128.672	丁峰
		中国公路工程咨询集团有限公司	监理6　机电工程施工监理	魏书广
		长沙市建华工程建设监理有限公司	监理7　房建工程施工监理	欧湘平
	施工单位	中铁一局集团有限公司	1　K0+301.834～K5+100　土建	段晓东
		中国路桥工程有限责任公司	2　K5+100～K10+400　土建	连卫东
		中铁十五局集团有限公司	3　K10+400～K17+000　土建	郭建周
		中交第四公路工程局有限公司	4　K17+000～K22+600　土建	杨新明
		湖南环达公路桥梁建设总公司	5　K22+600～K29+000　土建	胡志刚
		中铁二十局集团第四工程有限公司	6　K29+000～K34+730　土建	李善明

第三章 国家高速公路

续上表

路段	参建单位	单位名称	合同段编号及起止桩号	主要负责人
吉怀高速公路	施工单位	岳阳市公路桥梁基建总公司	7 K34+730～K39+250.927 土建	钟勇
		攀枝花公路建设有限公司	8 K39+250～K44+100 土建	胡朝财
		中铁隧道集团有限公司	9 K44+100～K48+700 土建	邓建林
		中铁二局股份有限公司	10 K48+700～K53+000 土建	陈琼宇
		陕西明泰工程建设有限责任公司	11 K53+000～K59+700 土建	刘峰
		中南市政建设集团股份有限公司	12 K59+700～K65+340 土建	谷海波
		中交第四公路工程局有限公司	13 K65+340～K70+860 土建	刘正兵
		中铁十二局集团有限公司	14 K70+860～K75+180 土建	邓宗刚
		中铁十二局集团有限公司	15 K75+180～K79+100 土建	何英伟
		湖南省公路机械工程有限公司	16 K79+100～K85+680 土建	周华山
		湖南省怀化公路桥梁建设总公司	17 K85+680～K91+200 土建	金建新
		浙江正方交通建设有限公司	18 K91+200～K97+280 土建	马奔腾
		长沙市公路桥梁建设有限责任公司	19 K97+280～K100+080 土建	张建平
		中铁二十二局集团有限公司	20 K100+080～K105+128.672 土建	孙锡寿
		湖南天鹰园林绿化工程有限公司	21 K0+301～K15+770 绿化	李继耀
		杭州萧山新街花木产业集团有限公司	22 K15+770～K22+600 绿化	王争平
		湖南鼎泰环境景观工程有限公司	23 K22+600～K29+000 绿化	张希然
		湖南美好园林绿化工程有限公司	24 K29+000～K44+100 绿化	肖高华
		湖南省绿林市政景观工程有限公司	25 K44+100～K59+700 绿化	刘相逯
		湖南三木园林建设有限公司	26 K59+700～K65+340 绿化	刘强
		湖南汇智园林景观建设有限公司	27 K65+340～K79+100 绿化	周岳凌
		湖南省林业科技园林绿化中心	28 K79+100～K85+680 绿化	肖斌
		湖南融洲园林绿化工程有限公司	29 K85+680～K97+280 绿化	佘建武
		湖南神光园林建设有限公司	30 K97+280～K105+128.672 绿化	盛建光
		株洲市生态园林工程有限责任公司	31 K0+301～K30+000 绿化	姚团结
		湖南高尔园林绿化工程有限公司	32 K30+000～K65+000 绿化	刘道先
		湖南花研科技有限公司	33 K65+000～K105+128.672 绿化	谢华中
		中铁大桥局集团第六工程有限公司	34 施金坪铁路分离式立交桥：K5+870.05、朝堰塘高架桥：K85+898、顺溪铺高架桥：K97+753.5 土建	袁赤波
		葛洲坝集团第五工程有限公司	35 K0+301.834～K28+000 路面	汪少雄
		中铁二十三集团第一工程有限公司	36 K28+000～K51+540 路面	陈宗国
		河北路桥集团有限公司	37 K51+540～K77+780 路面	张建斌
		中交第二公路工程局有限公司	38 K77+780～K105+110.533 路面	李林
		湖南省湘筑交通科技有限公司	39 K0+301～K52+900 管线预埋	饶金海

续上表

路段	参建单位	单位名称	合同段编号及起止桩号	主要负责人
吉怀高速公路	施工单位	湖南省湘筑交通科技有限公司	40 K52+900~K105+128.9 管线预埋	徐扬江
		新余市珠珊建筑工程有限责任公司	41 吉凤收费站(含隧道监控站)、吉信收费站(含养护工区)、凤凰收费站	胡细龙
		衡阳市长江建设工程有限责任公司	42 凤凰服务区	董锡建
		重庆市吉力建设集团有限公司	43 石羊哨收费站、麻阳收费站、隆家堡收费站(含养护工区、隧道监控站)	蒋泽荣
		湖南望新建设集团股份有限公司	44 怀化服务区、怀化西收费站(含隧道监控站)	薛永宽
		苏州交通工程集团有限公司	45 K0+301.834~K51+540 交安	辛仁庆
		北京路安交通科技发展有限公司	46 K51+540~K105+128.672 交安	李文清
		湖南环达公路桥梁建设总公司	47 K0+301.834~K35+240 交安	江小良
		湖南省湘筑工程有限公司	48 K35+240~K70+600 交安	刘英
		湖南省怀化公路桥梁建设总公司	49 K70+600~K105+128.672 交安	陈正刚
		山西长达交通设施有限公司	50 K0+301.834~K105+128.672 交安	牛彦民
		陕西汉唐计算机有限责任公司	机电1 三大系统	许来斌
		江苏智运科技发展有限公司	机电2 3000m以下隧道(包含监控、通风、照明、供配电)	孙珣
		紫光捷通科技股份有限公司	机电3 3000m以下隧道(包含监控、通风、照明、供配电)	王果
		中铁十二局集团电气化工程有限公司	机电4 3000m以下隧道(包含监控、通风、照明、供配电)	白东晖
怀通高速公路	管理单位	湖南省怀通高速公路建设开发有限公司	K0+000~K200+998.125	刘维民
	设计单位	湖南省交通规划勘察设计院		
		中交第一公路勘察设计研究院有限公司		
		招商局重庆交通科研设计院有限公司		
		中铁第四勘察设计院集团有限公司		
	监理单位	北京华路捷公路工程技术咨询有限公司	K0+000~K28+000	杨一剑
		北京路桥通国际工程咨询有限公司	K28+000~K47+000、HLK0+190~HLK32+076.056	李玉新
		中交建工程咨询(北京)有限公司	K47+000~K77+000	邹三康
		重庆育才工程咨询监理有限公司	K77+000~K100+300	文辉
		江苏安达工程咨询监理有限公司	K100+300~K121+550	吴建军
		广东虎门技术咨询有限公司	K121+550~K155+480、SLK0+000~SLK36+997.2	欧阳建辉

第三章
国家高速公路

续上表

路段	参建单位	单位名称	合同段编号及起止桩号	主要负责人
怀通高速公路	监理单位	北京正立监理咨询有限公司	K155+480~K177+500	张宪福
		湖南省交通建设工程监理有限公司	K177+500~YK200+992.456	龙卫东
		湖南省湘咨工程项目管理有限公司	房建监理	李稳
		北京路桥通国际工程咨询有限公司	机电监理	陆永泉
	施工单位	路桥华东工程有限公司	土建 K0+000~K4+770	辜力武
		安徽省路港工程有限责任公司	土建 K4+770~K11+180	吴荣川
		杭州市交通工程集团有限公司	土建 K11+180~K21+400	黄灵
		吉林省长城路桥建工有限责任公司	土建 K21+400~K28+000	范军
		中交二公局第三工程有限公司	土建 K28+000~K34+600	张有飞
		湖南路桥建设集团公司	土建 K34+600~K37+824.268 长链 824.268m	刘晋
		中铁二十四局集团有限公司	土建 K37+000~K43+570 长链 3.613m，短链 2.086m	王平
		湖南省郴州公路桥梁建设有限责任公司	土建 K43+570~K47+000	王俊文
		中交第四公路工程局有限公司	土建 K47+000~K51+050	谢海林
		中铁二十五局集团有限公司	土建 K51+050~K56+000	袁成社
		浙江大地交通工程有限公司	土建 K56+000~K59+980	张亦华
		中铁十四局集团第三工程有限公司	土建 K59+980~K64+100	卢兴墨
		南京东部路桥工程总公司	土建 K64+100~K67+700	郭志杰
		中铁二局股份有限公司	土建 K67+700~K75+450 断链 K75+450~K77+000，短链 1550m	党泽周
		中铁十九局集团有限公司	土建 K77+000~ZK83+670、YK83+680	都兴伟
		成都华川公路建设(集团)有限公司	土建 ZK83+670、YK83+680~K87+360	王正夫
		中南市政建设集团股份有限公司	土建 K87+360~K94+560	袁学军
		湖南省益阳公路桥梁建设有限责任公司	土建 K94+560~K100+300	周运清
		中铁二十三局集团有限公司	土建 K100+300~ZK105+120、YK105+120	黄明波
		临沂市政工程总公司	土建 ZK105+120、YK105+120~ZK108+100、YK108+105	吴仕锋
		中铁十二局集团有限公司	土建 ZK108+100、YK108+105~ZK110+960、YK110+965	李兵
		湖南省建筑工程集团总公司	土建 ZK110+960、YK110+965~ZK113+345、YK113+350	曹健
		四川攀峰路桥建设有限责任公司	土建 ZK113+345、YK113+350~ZK115+920、YK115+920	戴龙志

续上表

路段	参建单位	单位名称	合同段编号及起止桩号	主要负责人
怀通高速公路	施工单位	中铁十七局集团有限公司	土建 ZK115+920、YK115+920~K121+550	周渊韬
		中铁二十局集团有限公司	土建 K121+550~K130+310 断链、K121+760=K125+600.255、短链3840.225m	管庆健
		中铁十五局集团第五工程有限公司	土建 K130+310~K135+100	黄军华
		青海路桥建设股份有限公司	土建 K135+100~K139+450	阙胜明
		道隧集团工程有限公司	土建 K139+450~K147+100	王全勇
		江西省宜春公路桥梁工程有限责任公司	土建 K147+100~K155+480	梁平
		许昌广茌公路工程建设有限责任公司	土建 K155+480~K159+400	边俊福
		岳阳市通衢兴路公司	土建 K159+400~K166+204.938 短链K161+536.984=K161+540	鲁胜
		中南市政建设集团股份有限公司	土建 K166+204.938~K169+500 长链K184+330.435=K184+330	罗雄辉
		黑龙江省华龙建设有限公司	土建 K169+500~K177+500	胡朴
		河南路桥建设集团有限公司	土建 K177+500~K184+330.435	娄琳
		中铁四局集团第四工程有限公司	土建 K184+330~K188+080	贤建民
		中铁一局集团第一工程有限公司	土建 K188+080~K191+500	樊新仓
		湖北长江路桥股份有限公司	土建 K191+500~K194+770	刘建
		湖南金沙路桥建设有限公司	土建 K194+770~K197+460	张前伟
		湖南省怀化公路桥梁建设总公司	土建 K197+460~ZK200+998.125、YK200+992.456	周永建
		大庆建筑安装集团有限公司	土建 HLK0+190~HLK16+260	吴振祥
		河南高速发展路桥工程有限公司	土建 HLK16+260~HLK32+076.056	张大伟
		核工业长沙中南建设工程集团公司	土建 SLK0+000~SLK15+860	卿笃林
		益阳远程公路建设有限公司	土建 SLK15+860~SLK36+997.2	范术浩
		河北路桥集团有限公司	路面	
		重庆交通建设(集团)有限责任公司	路面	
		湖南省湘筑工程有限公司	路面	
		驻马店市公路工程开发公司	路面	
		中交第二公路工程局有限公司	路面	
		中交第四公路工程局有限公司	路面	
		安庆市第一建筑安装工程公司	房建	
		金光道集团经纬建筑工程有限公司	房建	
		重庆市吉力建设集团有限公司	房建	
		湖南省朝辉建设开发有限公司	房建	

第三章
国家高速公路

续上表

路段	参建单位	单位名称	合同段编号及起止桩号	主要负责人
怀通高速公路	施工单位	河南宏盛建设开发有限公司	房建	
		望新建筑集团股份有限公司	房建	
		湖南新康建设集团有限公司	房建	
		长沙梨江生态园林有限公司	绿化	
		武汉农尚环境股份有限公司	绿化	
		广东中绿园林集团有限公司	绿化	
		深圳市万信达环境绿化建设有限公司	绿化	
		湖南瑞丰园林建设有限公司	绿化	
		湖南立达人投资股份有限公司	绿化	
		湖南锦华园林艺术有限公司	绿化	
		湖南省风景源园林工程有限公司	绿化	
		湖南三木园林建设有限公司	绿化	
		湖南省园林建设有限公司	绿化	
		江西景态园林艺术有限公司	绿化	
		深圳市绿奥环境建设有限公司	绿化	
		湖南世纪园林建设有限公司	绿化	
		湖南天福景观建设有限公司	绿化	
		湖北省清江路桥建筑有限公司	绿化	
		张家界市园林总公司	绿化	
		北京克劳沃草业技术开发中心	绿化	
		长沙紫薇园林工程有限公司	绿化	
		湖南省联铭园林工程有限公司	绿化	
		江西威乐建设集团有限公司	绿化	
		杭州萧山永和园林绿化工程有限公司	绿化	
		杭州元东园林绿化工程有限公司	绿化	
		长沙市天之娇园林绿化工程有限公司	绿化	
		深圳市深绿园林技术实业有限公司	绿化	
		娄底市现代园林绿化有限公司	绿化	
		长沙城美园林工程有限公司	绿化	
		南昌市世纪园林实业有限公司	绿化	
		湖南嘉原园林景观设计工程有限公司	绿化	
		湖南路美达园林景观工程有限公司	绿化	
		湖南怡人园林绿化有限公司	绿化	
		湖南天泉科技开发有限公司	绿化	
		湖南建科园林有限公司	绿化	

续上表

路段	参建单位	单位名称	合同段编号及起止桩号	主要负责人
怀通高速公路	施工单位	长沙市雨花风景园林有限公司	绿化	
		益阳市园林绿化工程有限公司	绿化	
		湖南省现代园林绿化有限公司	绿化	
		陕西政合汉唐工程有限公司	预埋通信管道	
		黑龙江省北龙交通工程有限公司	预埋通信管道	
		陕西政合汉唐工程有限公司	预埋通信管道	
		辽宁省路桥建设集团有限公司	交安	
		岳阳市公路桥梁基建总公司	交安	
		江苏泓益交通工程有限公司	交安	
		茂名市公路建设有限公司	交安	
		辽宁省路桥建设第一有限公司	交安	
		湖南天弘交通建设工程有限公司	交安	
		盛世国际路桥建设有限公司	交安	
		江苏兴路交通工程有限公司	交安	
		湖南天弘交通建设工程有限公司	机电	
		福建新大陆电脑股份有限公司	机电	
		中铁四局集团电气化工程有限公司	机电	
		石家庄泛安科技开发有限公司	机电	
		北京公科飞达交通工程发展有限公司	机电	

G65 湖南段收费站点设置情况表　　　　表 3-9-5

路段	站点名称	车道数	收费方式
吉茶	矮寨	2 进 4 出	1 进 3 出人工，1 进 1 出 ETC
	花垣东	3 进 5 出	2 进 4 出人工，1 进 1 出 ETC
	花垣西	3 进 5 出	2 进 4 出人工，1 进 1 出 ETC
	茶峒	14 进 14 出	12 进 12 出人工，2 进 2 出 ETC
吉怀	吉首南	3 进 5 出	2 进 4 出人工，1 进 1 出 ETC
	吉信	3 进 3 出	2 进 2 出人工，1 进 1 出 ETC
	凤凰	3 进 5 出	2 进 4 出人工，1 进 1 出 ETC
	怀化西	4 进 11 出	2 进 9 出人工，2 进 2 出 ETC
	隆家堡	2 进 2 出	1 进 1 处人工，1 进 1 出 ETC
	石羊哨	2 进 2 出	1 进 1 处人工，1 进 1 出 ETC
	麻阳	3 进 5 出	2 进 4 出人工，1 进 1 出 ETC

续上表

路段	站点名称	车道数	收费方式
怀通	桐木	3进4出	人工,ETC
	洪江	3进6出	人工,ETC
	江市	3进4出	人工,ETC
	坪村	3进4出	人工,ETC
	会同	3进5出	人工,ETC
	甘棠	3进4出	人工,ETC
	靖州	3进5出	人工,ETC
	乐安铺	3进5出	人工,ETC
	万佛山	3进5出	人工,ETC
	双江	3进4出	人工,ETC
	陇城	2进4出	人工,ETC

G65湖南段服务区设置情况　　　　表3-9-6

路段	服务区名称	桩号
吉茶高速公路	花垣	K43+200
吉怀高速公路	凤凰	K93+700
	怀化	K158
怀通高速公路	洪江	K14+300
	会同	K69+000
	靖州	K101+300
	通道	K163+300

第十节　G56(杭州至瑞丽)湖南段

浙江杭州至云南瑞丽高速公路(以下简称"杭瑞高速"),国家高速网编号为G56,东起于浙江杭州,途经安徽、江西、湖北、湖南、贵州,西止于云南瑞丽,全程3404km(规划路线云南曲靖至昆明段与G60沪昆高速公路共线,湖南常德境内与常吉高速公路共线),是一条横贯中国东西部的高速公路大动脉。

杭瑞高速公路湖南段,在湖南省内将纵向的(北)京(香)港澳(门)、(北)京(香)港澳(门)复线、二(连浩特)广(州)、包(头)茂(名)等多条高速公路及国道、省道连接起来,形成纵横交织的交通网络,使湖南高速公路路网结构更趋优化,有效破解了湖南省岳阳、益阳、常德、湘西州地区的交通瓶颈,对湖南省贯彻落实国家中部崛起发展战略,加强与中国中西部、东部长三角地区之间的交通经贸往来,促进区域社会经济的发展,具有十分重要的意义。

杭瑞高速公路湖南段全长468.43km,分大岳(临湘至岳阳)、岳(阳)常(德)、常(德)吉(首)、凤(凰)大(兴)4段修建。杭瑞高速湖南段自湖北从岳阳临湘入境,途径岳阳、常德、怀化、湘西自治州4市(州),在湘西州凤凰入贵州。

一、大岳(临湘至岳阳)高速公路

杭瑞高速公路临湘(鄂湘界)至岳阳高速公路,简称大岳高速。起于临湘市大界村,接湖北省阳新至通城高速公路,终于君山区建新农场十大队,与杭瑞线岳阳至常德段对接。主线全长72.198km,途经临湘市、岳阳经开区、岳阳楼区、云溪区、君山区等区县。该项目投资概算为120.26亿元,2014年4月全面开工,2015年12月31日底大界至桃林段建成通车,2016年12月12日桃林至君山段(不含洞庭湖大桥)建成通车。

2008年7月,受省交通厅委托,省交通规划勘察设计院开始编制《杭瑞国家高速公路临湘(湘鄂界)至岳阳公路工程可行性研究报告》。基于项目过洞庭湖段,通道资源重要紧缺、跨湖工程扩建难度大等情况,工可报告对过洞庭湖段13.0km(冷水铺互通~君山互通)采用四车道和六车道两种技术标准进行研究比较,六车道与四车道相比,投资的增幅均低于通行能力的增幅,从有效利用走廊带资源的角度,推荐跨湖段宜采用六车道方案。

2010年12月7日,国家发展改革委以发改基础〔2010〕2883号文件批复工程可行性研究报告;2011年8月30日,交通运输部以交公路发〔2011〕470号文件批准本项目的初步设计,其中临湘至冷水铺互通段工期3年;2012年11月21日,交通运输部以交公路发〔2012〕647号文批准该项目洞庭湖大桥技术设计,项目建设总工期4年;2012年5月14日,省交通运输厅以湘交基建字〔2012〕247号文批复项目K0+000~K50+743.231段施工图设计;2013年5月13日,省交通运输厅以湘交基建字〔2013〕184号文批复项目冷水铺互通至岳阳段(不含洞庭湖大桥)施工图设计。项目投资概算为120.26亿元(含洞庭湖大桥),其中中央专项基金10.51亿元,省交通建设资金28.22亿元,其他81.53亿元为国内银行贷款。

项目土建工程分为15个合同段,其中第三合同段西冲隧道于2012年8月7日先行开工,其他土建工程合同段于2014年4月正式开工;路面工程分为2个合同段,房建工程1个合同段,机电和管道工程1个合同段,绿化工程分为3个合同段,交安工程分为3个合同段,共招标5家监理单位实施施工监理。

大岳高速主线设计速度100km/h,冷水铺互通至君山互通15.424km(含洞庭湖大桥)段为双向六车道,路基宽度33.5m;其他56.744km为双向四车道,路基宽度26m;主线为沥青混凝土路面;沿线设临湘南和君山服务区2个服务区,大界主线收费站和詹桥、忠防、金凤桥、冷水铺和君山5处匝道收费站;设特大桥9座/22600.73延米,大桥37座/9121.097延米,中桥14座/916.22延米,隧道2座/1607.5延米。

二、岳(阳)常(德)高速公路

岳(阳)常(德)高速公路,简称岳常高速,东起岳阳市君山区,途经华容县、南县、安乡县、鼎城区,止于常德市肖伍铺,与二(连浩特)广(州)高速公路相接。该项目全长140.895km,2009年底开工建设,2013年12月30日建成通车。

2007年3月22日,河南高速公路发展有限责任公司与省交通厅签订《杭州至瑞丽国家高速公路湖南境岳阳至常德高速公路项目框架协议书》;2008年5月12日,岳常公司与省交通厅签订了《杭州至瑞丽国家高速公路湖南境岳阳至常德高速公路项目特许投资、建设、经营、养护管理合同》。同年,环境保护部批复环境影响报告书;国家发改委核准工程可行性报告;交通运输部批复初步设计。2009年3月,国土资源部批复建设用地,省交通运输厅批复施工图设计,省高速公路管理局批复土建施工及施工监理的招标文件。批复概算为104.525亿元。

岳常高速主线设计为双向四车道,路基宽26m,设计速度为100km/h,沥青混凝土路面;设有特大桥6座/37948延米,大桥18座/5676延米,53座/中、小桥3004延米,涵洞、通道500道,互通式立交8处,分离式交叉23处,天桥12处。全线设监控通信分中心1处,许市、华容东、华容西、南县、安乡、西洞庭、周家店7处匝道收费站,主线临时收费站1处,服务区3处。

三、常(德)吉(首)高速公路

常德至吉首高速公路,简称常吉高速,起于常德市斗姆湖,接常德至张家界高速公路,经常德市鼎城区和桃源县、怀化市沅陵县、湘西自治州泸溪县和吉首市,在吉首市城区跨越209国道及枝柳铁路到达项目终点林木冲,与吉首至茶洞高速公路相连。主线长223.7km,连接线长13.760km,概算总投资106.489亿元人民币。2004年5月18日开工建设,2008年12月18日正式通车。

常吉高速全线按双向四车道高速公路标准建设,其中起点至茶庵铺互通段71.6km,设计速度100km/h,路基宽度26m;茶庵铺互通至终点段152.1km,设计速度80km/h,路基宽度24.5m(整体式)、2×12.25m(分离式),均为沥青混凝土路面。沿线设有桃花源、乌云界、茶庵铺、官庄、马底驿、沅陵、筲箕湾、泸溪、吉首东、吉首10个互通收费站、4个养护工区、3个隧道管理站、3个服务区、1个管理处(含通信监控分中心)。

四、凤(凰)大(兴)高速公路

凤(凰)大(兴)高速公路,简称凤大高速,起于凤凰县城城北,接吉怀高速公路凤凰枢纽互通,经唐家湾、王家寨、坪辽村、木林桥、火烧坪、溪水垄、大坪、沙子坡、麻家村、岩板堰、炮楼坡、后洞,终于湘黔省界大兴镇,与杭瑞高速贵州境大兴至思南段相连。路线全长30.848km,概算总投资为19.36亿元,2010年7月23日正式开工,2013年11月6日建成通车。

凤凰古城是国家级旅游景区,随着旅游业的快速发展,原有道路已不能满足日益增长的交通流量。凤大高速公路的建设不仅是完善国家高速公路网和湖南省主骨架公路网的需要,也是联通湘黔地区大通道的需要,对进一步加强中国中西部地区与东南部地区的经济联系,促进沿线资源开发,促进西部大开发具有十分重要的意义。

2009年6月29日,国家发展和改革委员会以发改基础〔2009〕1701号同意该项目的建设;同年8月12日,交通运输部以交公路发〔2009〕418号批复初步设计方案;12月4日,国土资源部以国土资函〔2009〕1325号文对建设用地进行了批复;12月23日,省交通运输厅以湘交基建〔2009〕574号文批复施工图设计。

凤大高速项目均采用公开招标形式,共有施工标段19个,其中土建工程6个标,生态防护与景观绿化工程6个标,交通安全设施3个标,路面、通信管道预埋、房建、机电等工程各1个标;监理标4个。

项目主线按双向四车道高速公路标准建设,设计速度为80km/h,标准路基宽度为24.5m,有特大桥1座/2167延米,大桥8座/2542.1延米,隧道1座/1357延米,互通式立交1处,分离式立交7处。设置主线凤凰西及匝道黄丝桥收费站各1处、服务区1对、治超站1处、路政中队1处、养护工区1处、交警基地1处。

G56湖南段建设项目信息、路面信息、交通流量状况、项目建设单位信息、收费站点设置情况、服务区设置情况等,分别见表3-10-1~表3-10-6。

第三章 国家高速公路

表 3-10-1 G56 湖南段建设项目信息

项目名称	规模（km）			建设性质（新、改、扩建）	永久占地（亩）	设计速度（km/h）	投资情况（亿元）			资金来源	建设时间（开工～通车）	备注
	合计	六车道	四车道				估算	概算	决算			
大岳高速公路	72.198	15.424	56.774	新建	7197.45	100	110.67	120.26		中央专项基金、湖南省交通建设资金、银行贷款	2012.8～2016.12（洞庭湖大桥除外）	表格数据含洞庭湖大桥
岳常高速公路	140.895		140.895	新建	11106.3735	100		104.525		自筹、银行贷款	2009.12～2013.12	
常吉高速公路	223.7		223.7	新建	23197.09	100、80		106.49	116.2	基建拨款、亚洲开发银行贷款、地方财政专项资金、其他银行拨款	2004.5～2008.12	
凤大高速公路	30.848		30.848	新建	2450.12	80	17.7	19.36		中央专项基金、省级拨款、银行贷款	2010.7～2013.11	

表 3-10-2 G56 湖南段路面信息

项目名称	路面形式	起迄里程	长度（m）	
大岳高速公路	柔性路面	K759+718～K831+916	72198	沥青路面
岳常高速公路	柔性路面	K0～K140.859	140859	沥青混凝土
常吉高速公路	柔性路面	K4+117.9～K182+300	178182.1	沥青路面
常吉高速公路	刚性路面	K182+300～K186+085	3785	水泥混凝土路面
常吉高速公路	柔性路面	K186+085～K224+354	38269	沥青混凝土
凤大高速公路	柔性路面	K0+16.5～K30+832	30848	沥青混凝土

表 3-10-3

G56 湖南段交通流量状况（单位：辆/日）

常吉高速公路

年份	常 德 段			怀 化 段		沅陵
	桃花源	乌云界	茶庵铺	日平均流量（自然数）	乌底驿	
2008	714	245	216	392	353	1075
2009	757	202	197	385	341	1305
2010	923	235	237	465	407	1497
2011	1200	299	283	594	450	1787
2012	1597	363	328	763	566	2114
2013	1905	441	408	918	681	2474
2014	2029	548	422	1000	737	2421
2015	2402	626	425	1151	734	2188

常吉高速公路

年份	怀 化 段		吉 首 段			日平均流量（自然数）
	箐箕湾	日平均流量（自然数）	泸溪	吉首东	吉首	
2008	817	697	1162	744	1415	1107
2009	917	787	1273	1022	1618	1304
2010	1079	911	1550	1227	1992	1590
2011	1606	1151	1658	1270	2460	1796
2012	1882	1364	1618	1397	5504	2840
2013	1441	1403	1747	1511	6617	3292
2014	1645	1449	1451	1411	6545	3136
2015	1503	1346	1593	1468	6361	3141

G56 湖南段项目建设单位信息

表 3-10-4

路段	参建单位	单 位 名 称	合同段编号及起止桩号	主要负责人
大岳高速公路	管理单位	湖南省大岳高速公路建设开发有限公司	K0+000~K52+896、K55+286.18~K73+361	袁江雅
		湖南省大岳高速洞庭湖大桥建设开发有限公司	K52+896~K55+286.18	梁振西
	设计单位	中铁第四勘察设计院集团有限公司	初步设计、施工图设计 S1,K0+000~K48+021	龚尚国
		湖南省交通规划勘察设计院与中交公路规划设计院联合体	初步设计、施工图设计 S2,K49+220~K73+361	李瑜,闫永伦
		中国公路工程咨询集团有限公司	交通工程初步设计 S3,K0+000~K73+361	郭骁炜
	监理单位	湖南金路工程咨询监理有限公司	路基、路面、绿化、交安监理 J1,K0+000~K23+200	吴荣安
		中国公路工程咨询集团有限公司	路基、路面、绿化、交安监理 J2,K23+200~K50+741	何明新
		育才—布朗交通咨询监理有限公司	路基、路面、绿化、交安监理 J3,K50+741~K73+361	刘雄
		湖南明泰项目管理有限公司	房建监理 J4,K0+000~K73+361	张卫东
		北京泰克华诚技术信息咨询有限公司	机电监理 J5,K0+000~K73+361	温从瑜
	施工单位	中交第二航务工程局有限公司	土建 TJ1,K0+000~K7+000	易贤圣
		河北广通路桥工程有限公司	土建 TJ2,K7+000~K13+920	瞿有成
		中铁隧道集团三处有限公司	土建 TJ3,K13+920~K15+200	杨跃斌
		中铁五局集团第二工程有限责任公司	土建 TJ4,K15+200~K20+954.5	林目国
		天津第二市政公路工程有限公司	土建 TJ5,K20+954.5~K23+200	陈新
		临沂市政工程有限公司	土建 TJ6,K23+200~K29+600	吴仕锋
		山东省公路桥梁建设有限公司	土建 TJ7,K29+600~K38+780	朱兆同
		吉林宏运公路工程股份有限公司	土建 TJ8,K38+780~K46+243.5	胡立中
		怀化铁路工程总公司	土建 TJ9,K42+032.5~K42+240.5、K47+048~K47+168	刘志平
		中铁隧道集团有限公司	土建 TJ10,K46+243.5~K50+743.23	欧阳文权
		中交路桥建设有限公司	土建 TJ11,K50+743.23~K52+896	党权交
		中铁五局集团第四工程有限责任公司	土建 TJ13,K55+286.18~K58+120	刘犇
		中交第二公路工程局有限公司	土建 TJ14,K58+120~K60+845	袁名旺
		中交二公局第三工程有限公司	土建 TJ15,K60+845~K66+072	李强战
		湖南省湘筑工程有限公司	土建 TJ16,K66+072~K73+361.36	彭南越

续上表

路段	参建单位	单位名称	合同段编号及起止桩号	主要负责人
大岳高速公路	施工单位	中交第三公路工程局有限公司	路面LM1,K0+000~K23+200	程锦
		山东东方路桥建设总公司	路面LM2,K23+200~K73+361	熊先勇
		湖南美源园林景观工程有限责任公司	绿化LH1,K0+000~K20+K20+954.5	陈立军
		津市市园林绿化有限责任公司	绿化LH2,K20+954.5~K40+000	李丹东
		长沙市华海风景园林有限公司	绿化LH3,K40+000~K73+361.36	宋建军
		湖南华鑫交通工程有限公司	交通工程JT1,K0+000~K23+200	赵湘辉
		湖南省金达工程建设有限公司	交通工程JT2,K23+200~K50+743.231	向目良
		湖南省永州公路桥梁建设有限公司	交通工程JT3,K50+743.231~K73+361.36	唐恩文
		湖南省湘筑交通科技有限公司招商局重庆交通科研设计院有限公司	机电设计施工总包JD1,K0+000~K73+361	刘浩
		湖南省建筑工程集团总公司	房建设计施工总包FJ1,K0+000~K73+361	王贤金
岳常高速公路	管理单位	湖南岳常高速公路开发有限公司	K0+000~K140+859	汪德民
	设计单位	湖南省交通勘察设计所	K0+000~K44+230	宁夏元
		北京建达道桥咨询有限公司	K46+000~K90+199.75	杨征宇
		湖南省交通勘察设计院	K90+200~K146+664.953	彭建国
	监理单位	河南省高等级公路建设监理部有限公司	监理土建1~7合同段	侯波
		湖南省交通建设工程监理有限公司	监理土建8~14合同段	胡古月
		河南省豫通公路工程监理事务所	监理土建15~21合同段	肖雪华
		黑龙江省公路工程监理咨询公司	监理土建22~27合同段	刘英辉
	施工单位	华通路桥集团有限公司	K0+000.000~K2+490.500	孙富钢
		华通路桥集团有限公司	K2+490.500~K5+093.500	蔡万军
		山东黄河工程集团有限公司	K5+093.500~K9+090.500	孙继铮
		岳阳市公路桥梁基建总公司	K9+090.500~K12+030.500	卢先猛
		中铁十五局集团第五工程有限公司	K12+030.500~K16+621.500	袁鹰
		中铁十八局集团有限公司	K16+621.500~K26+827.920	赵丽君
		河南省公路工程局集团有限公司	K26+827.920~K36+041.350	郭立军
		河南省中原水利水电工程集团有限公司	K36+041.350~K44+230.000	王清明
		中国云南路建集团股份公司	K46+000~K50+789	胡瑞宁
		湖北长江路桥股份有限公司	K50+789~K57+285.42	吴京西
		中铁七局集团有限公司	K57+285.42~K63+043.42	刘朋涛
		河南省大河筑路有限公司	K63+043.42~K66+483	张献波
		葛洲坝集团第五工程有限公司	K66+483~K69+183	朱峰
		中铁十五局集团第五工程有限公司	K69+183~K71+877	徐培军

第三章
国家高速公路

续上表

路段	参建单位	单位名称	合同段编号及起止桩号	主要负责人
岳常高速公路	施工单位	湖南省公路机械工程有限公司	K71+877~K77+198	郭建宏
		中铁十一局集团第四工程有限公司	K77+198~K79+734	连永亮
		中交一公局海威工程建设有限公司	K79+734~K84+533	邱洲
		中交一公局桥隧工程有限公司	K84+533~K90+199.75	张海斌
		河南省大河筑路有限公司	K90+200~K91+851	张海永
		河南路桥建设集团有限公司	K91+851~K96+265	金山
		开封市通达公路工程有限公司	K96+265~K105+217.82	杨开生
		河南路桥建设集团有限公司	K105+217.82~K107+929.90	徐永明
		中城建第二工程局有限公司	K107+929.90~K115+145	夏明阳
		中铁十五局集团第一工程有限公司	K115+145~K121+343	吴忠明
		中铁十五局集团有限公司	K121+343~K128+888	张九林
		中交一公局第六工程有限公司	K128+888~K136+340	于力昌
		中交一公局第二工程有限公司	K136+340~K142+664.953	刘宝忠
常吉高速公路	管理单位	湖南省常吉高速公路建设开发有限公司	K4+117.9~K224+354	罗恒
	设计单位	湖南省交通规划勘察设计院		卜创宇
		湖南方圆建筑工程设计有限公司	房建1合同段	蒋芝孟
		湖南国际工程咨询设计公司	房建工程设计2、4合同段	曹建湘
		长沙市建筑设计院有限责任公司	房建3合同段	罗昕
		北京交科公路勘察设计研究院		
	监理单位	湖北中交公路桥梁监理咨询有限公司	K4+117.91~K19+000 LK0+000~LK3+543	黄佑卿
		厦门市路桥咨询监理有限公司	K31+400~K137+00	何大喜
		湖南湖大建设监理有限公司	K65+100~K90+300	邓铁军
		湖南金衢交通咨询监理有限公司	K90+300~K119+000	胡伟
		湖南金路工程咨询监理有限公司	K119+000~K149+500	张炳寿
		广西桂通公路工程监理咨询有限责任公司	K149+500~K175+384	韦海
		重庆正大工程监理咨询有限公司	K175+384~K197+860	翟本超
		湖南省交通建设工程监理有限公司	K197+860~K224+354	唐翰林
		湖南湖大建设监理有限公司		王非平
		湖南省湘咨工程项目管理有限公司		龙鸿辉
		北京路桥通国际工程咨询有限公司	K1016+139~K1190+754	汪期焜
	施工单位	湖南省路桥建设集团公司	路基K4+117.919~K19+000	方联民
		湖南省怀化公路桥梁建设总公司	路基K19+000~K31+400	瞿敏峰
		天津五市政公路工程有限公司	路基K31+400~K46+000	杨世勇
		湖南省路桥建设集团公司	路基K46+000~K56+000	方联民

续上表

路段	参建单位	单 位 名 称	合同段编号及起止桩号	主要负责人
常吉高速公路	施工单位	岳阳市公路桥梁基建总公司	路基 K56+000~K65+100	邹安平
		湖南省路桥建设集团公司	路基 K65+100~K75+385.646	方联民
				李满程
		中国冶金建设集团公司	路基 K72+498.5~K82+800	王继雷
		湖南常德路桥建设有限公司	路基 K82+800~K90+300	胡兵
		湖南省路桥建设集团公司	路基 K90+300~K97+000	方联民
				欧小祥
		中铁五局集团第一工程有限责任公司	路基 K97+000~K103+600	郭俊
		湖南环达公路桥梁建设总公司	路基 K103+600~K109+500	王小民
		中铁十二局集团有限公司	路基 K109+500~K114+200	向远华
		岳阳市通衢兴路公司	路基 K114+200~K119+000	胡跃华
		中铁十二局集团有限公司	路基 K119+000~K123+200	向远华
		湖南省路桥建设集团公司	路基 K123+200~K129+500	方联民
		中铁隧道集团有限公司	路基 K129+500~K135+000	洪开荣
		湖南省路桥建设集团公司	路基 K135+000~K141+700	方联民
		中铁十一局集团第二工程有限公司	路基 K141+700~K149+500	黄勤
		衡阳公路桥梁建设有限公司	路基 K149+500~K157+527	申仲华
		湖南省怀化公路桥梁建设总公司	路基 K157+527~K166+556	瞿敏峰
				骆伟
		路桥二公局第三工程有限公司	路基 K166+556~K175+384.027	庄艳伟
		湖南路桥建设集团桥梁四公司	路基 K175+233.68~K176+395.48	方联民
		湖南路桥建设集团桥梁三公司		陈革辉
		湖南路桥建设集团通盛工程有限公司	路基 K176+395.48~K178+765	方联民
		路桥集团国际建设有限公司	路基 K178+765~K181+484	李汉文
		湖南路桥建设集团隧道公司	路基 K181+484（YK181+420）~K186+240（YK186+240）	方联民
		中铁十二局集团有限公司		向远华
		路桥集团第二公路工程局	路基 K186+240（YK186+420）~K190+800	石小昉
		中铁五局集团第三工程有限责任公司	路基 K190+800~K193+300	邓波
		中铁十一局集团第四工程有限公司	路基 K193+300~K197+860	周正万
		中铁二局股份有限公司	路基 K197+860~K201+650（YK201+680）	罗建敏
		云南第二公路桥梁工程有限公司	路基 K201+650（YK201+680）~K206+100（YK206+080）	裴正芳
		中铁四局集团有限公司	路基 K206+100（YK206+080）~K210+100（YK210+166.986）	李仲峰

第三章
国家高速公路

续上表

路段	参建单位	单位名称	合同段编号及起止桩号	主要负责人
常吉高速公路	施工单位	中铁十一局集团第二工程有限公司	路基 K210+100（YK210+166.986）~K212+950	黄勤
		中铁十三局集团有限公司	路基 K212+950~K215+450	安熔南
		湖南路桥建设集团通泰工程有限公司	路基 K215+450~K220+908	方联民
		湖南路桥建设集团道路九公司	路基 K220+908~终点 K224+353.695	方联民
		湖南路桥建设集团桥梁十公司		胡习阳
		中铁十二局集团有限公司		何常胜
		湖南省路桥建设集团公司	路面 K4+117.9~K31+400	马捷
		湖南省路桥建设集团公司	路面 K31+400~K65+100	马捷
		湖南省路桥建设集团公司	路面 K65+100~K90+300	马捷
		路桥华东工程有限公司	路面 K90+300~K119+000	谢锐良
		中铁十二局集团有限公司	路面 K119+000~K149+500	何常胜
		湖南省怀化公路桥梁建设总公司	路面 K149+500~K175+384	瞿敏峰
		湖南省路桥建设集团公司	路面 K175+384~K197+860	马捷
		湖南省路桥建设集团公司	路面 K197+860~K224+354	马捷
		长沙洞井建筑股份有限公司	房建	刘柱
		湖南对外建设有限公司	房建	
		湖南长沙麟辉建筑工程有限公司	房建	夏泽维
		长沙洞井建筑股份有限公司	房建	熊智
		湖南天鹰建设有限公司	房建	张维新
		湖南建设集团有限公司	房建	王树清
		北京瑞华赢科技发展有限公司	机电	廖一兵
		中铁一局集团电务工程有限公司	机电	南海洋
		北京瑞华赢科技发展有限公司	机电	廖一兵
		广州海特天高信息系统工程有限公司	机电	吴孔会
		长沙市海陆交通安全设施公司	交通工程	
		长沙市海陆交通安全设施公司	交通工程	
		湖南筑星交通工程有限公司	交通工程	于中力
		长沙市公路桥梁建设有限责任公司	交通工程	谭华
		湖南省怀化公路桥梁建设总公司	交通工程	候旭光
		湖南高速公路配套设施有限公司	交通工程	高胤洪
		湖南同力交通实业有限责任公司	交通工程	谢朝辉
		湖南省益阳公路桥梁建设有限责任公司	交通工程	肖卓能
		湖南路桥建设集团公司	交通工程	马捷
		湖南常德路桥建设有限公司	交通工程	曾平

续上表

路段	参建单位	单 位 名 称	合同段编号及起止桩号	主要负责人
常吉高速公路	施工单位	湖南省怀化公路桥梁建设总公司	交通工程	候旭光
		湖南路桥建设集团公司	交通工程	马捷
		北京汉威达交通运输设备有限公司	交通工程	戴勇
		湖南省长路交通设施建设有限公司	交通工程	罗秩
		江苏耀鑫交通设施有限公司	交通工程	扬小平
		长沙方达交通设施科技有限公司	交通工程	曾立章
		湖南省醴浏铁路交通工程有限公司	交通工程	梁钟明
		上海交大天长交通有限公司	交通工程	李健军
		北京深华科交通有限公司	交通工程	李姜伟
		陕西高速电子工程有限公司	交通工程	王坚
		湖南天弘交通建设工程有限公司	交通工程	
		山西四和交通工程有限责任公司	交通工程	王承志
		浏阳市镇头建筑园林有限责任公司	绿化工程	刘湘林
		株洲云田花木有限公司	绿化工程	李熙
		湖南月意生态工程有限公司	绿化工程	张凯
		湖南芙蓉园林环境工程有限公司	绿化工程	李钢
		湖南东方园林工程有限公司	绿化工程	曾凯
		湖南绿源环保工程有限公司	绿化工程	刘毅权
		湖南柏加建筑园林有限公司	绿化工程	骆文通
		湖南省好风光园林景观工程有限公司	绿化工程	俞平
		长沙梨江生态园林有限公司	绿化工程	邹海军
		湖南农大园林发展中心	绿化工程	周岳凌
		湖南美源园林景观工程有限责任公司	绿化工程	谢利达
		湖南柏加建筑园林有限公司	绿化工程	骆文通
		湖南省湘林科技园林工程有限公司	绿化工程	刘焱
		株洲市新苗园林绿化有限责任公司	绿化工程	陈回华
		湖南金驰园林绿化有限公司	绿化工程	章杰
		株洲云田花木有限公司	绿化工程	李熙
凤大高速公路	管理单位	湖南省凤大高速公路建设开发有限公司	－K0＋16.5～K30＋832	唐前松
	设计单位	华杰工程咨询有限公司	－K0＋16.5～K30＋832 土建、路面、绿化、交安	姜涛
		江苏省交通规划设计院股份有限公司	－K0＋16.5～K30＋832 房建	李欣
		中国公路工程咨询集团有限公司	－K0＋16.5～K30＋832 机电	彭锐
	监理单位	武汉大通公路桥梁工程咨询监理有限责任公司	J1：－K0＋16.5～K16＋700	陆宏军

续上表

路段	参建单位	单位名称	合同段编号及起止桩号	主要负责人
凤大高速公路	监理单位	河南豫路工程技术开发有限公司	J2：K16+700～K30+832	胡杰
		湖南明泰项目管理有限公司	J3：-K0+16.5～K30+832	何越强
		广东华路交通科技有限公司	J4：-K0+16.5～K30+832	钟子锦
	施工单位	黑龙江省华龙建设有限公司	T1：-K0+16.5～K2+500	赵立东
		山东省滨州公路工程总公司	T2：K2+500～K7+980	薛江波
		湖南省益阳公路桥梁建设有限公司	T3：K7+980～K16+700	李立安
		中铁十二局集团第四工程有限公司	T4：K16+700～K19+080	王春景
		中铁五局集团第一工程有限责任公司	T5：K19+080～K24+000	王东川
		中铁二十五局集团有限公司	T6：K24+000～K30+832	范波
		湖南天华园林绿化有限公司	T7：-K0+16.5～K7+980	刘贻亩
		浙江天工市政园林有限公司	T8：K7+980～K16+700	方宝生
		长沙市华海风景园林有限公司	T9：K16+700～K30+832	罗锡光
		湖南湘艺建筑园林有限公司	T10：-K0+16.5～K7+980	许征杜
		湖南省城市园林实业有限公司	T11：K7+980～K19+080	吴勇
		湖南省联铭园林工程有限公司	T12：K19+080～K30+832	周硕
		中铁十局集团第二工程有限公司	T13：-K0+16.5～K30+832	杨武
		中交路桥建设有限公司	T14：-K0+16.5～K30+832	巴庆松
		广东立乔交通工程有限公司	T15：-K0+16.5～K30+832	何平锋
		河北龙威交通工程有限公司	T16：-K0+16.5～K30+832	刘翠德
		湖南天弘交通建设工程有限公司	T17：-K0+16.5～K30+832	赵等层
		江西中南建设工程集团公司	T18：-K0+16.5～K30+832	吴明来
		广东飞达交通工程有限公司	T19：-K0+16.5～K30+832	马志忠

G56 湖南段收费站点设置情况 表 3-10-5

路段	站点名称	车道数	收费方式
大岳高速公路	大界	15 出	人工，ETC
	詹桥	3 进 5 出	人工，ETC
	忠防	3 进 5 出	人工，ETC
	金凤桥	3 进 5 出	人工，ETC
	冷水铺	3 进 5 出	人工，ETC
	君山	3 进 5 出	人工，ETC
岳常高速公路	许市	8	人工，ETC
	华容东	8	人工，ETC
	华容西	8	人工，ETC
	南县	8	人工，ETC
	安乡	8	人工，ETC

续上表

路段	站点名称	车道数	收费方式
岳常高速公路	西洞庭	8	人工+ETC
	周家店	8	人工+ETC
常吉高速公路	桃源❶	3进4出	2进3出人工,1进1出ETC
	桃花源❷	3进5出	2进4出人工,1进1出ETC
	乌云界	2进2出	1进1出人工,1进1出ETC
	茶庵铺	2进2出	1进1出人工,1进1出ETC
	官庄	2进2出	1进1出人工,1进1出ETC
	马底驿	2进2出	1进1出人工,1进1出ETC
	沅陵	3进5出(扩站后)	2进4出人工,1进1出ETC
	筲箕湾	2进4出	1进3出人工,1进1出ETC
	泸溪	2进3出	1进2出人工,1进1出ETC
	吉首东	2进2出	1进1出人工,1进1出ETC
	吉首	4进7出	3进5出人工,2进2出ETC
凤大高速公路	黄丝桥	3进6出	2进5出人工,1进1出ETC
	凤凰西	4进15出	2进13出人工,2进2出ETC

G56湖南段服务区设置情况　　　　　表3-10-6

路段	服务区名称	桩号	备注
大岳高速公路	临湘南	K19+600	未投运
	君山	K68+580	未投运
岳常高速公路	华容	K863	
	安乡	K926	
	鼎城	K966+600	
常吉高速公路	桃花源	K1051+300	
	沅陵	K1140+400	
	泸溪	K1205+300	

第十一节　G60(上海至昆明)湖南段

沪昆高速公路,即上海至昆明高速公路(以下简称"沪昆高速"),编号为G60,为我国国家高速公路横向主干线,将我国长三角地区、中部地区、云贵地区有机连接在一起。其

---
❶2008年~2016年9月为桃花源收费站,2016年9月23日经省政府批准更名为桃源收费站。
❷2016年11月28日开通。

湖南段也是湖南省新修订的高速公路规划"七纵七横"中第五横,沿线经过工业实力较强的长株潭核心区,矿产资源丰富的娄底和邵阳地区,以及生态旅游资源较多的怀化地区,对促进省境经济发展具有重要作用。

G60 湖南段全长 539.062km,分 4 段建设管理,分别是醴陵至湘潭段、湘潭至邵阳段、邵阳至怀化段、怀化至新晃段。它起于湘赣两省交界处的醴陵市金鱼石,止于新晃县鲇鱼铺。途经株洲市(醴陵市、荷塘区、石峰区)、长沙市(浏阳市)、湘潭市(岳塘区、湘潭县、湘乡市)、娄底市(双峰县)、邵阳市(邵东县、双清区、大祥区、隆回县、洞口县)、怀化市(洪江区、中方县、鹤城区、芷江县、新晃县),共 6 市 18 区县。

一、醴(陵)(湘)潭高速公路

醴(陵)(湘)潭高速公路,简称醴潭高速,是上海至昆明高速公路 G60 湖南境内的第一段,自湘赣两省交界处金鱼石与上瑞高速江西段相接,终于长潭高速公路殷家坳互通(潭邵高速公路起点)。途经株洲、长沙、湘潭 3 市。项目主线全长 72.391km,联络线长 4.39km(一级公路)。批复项目概算为 227191.12 万元,2004 年 5 月 20 日工程正式开工,2007 年 10 月 19 日全线建成通车。

醴潭高速公路是湖南第一条由内资企业以 BOT 形式修建的高速公路。2002 年 11 月,湖南省路桥建设集团、广西公路桥梁工程总公司、湖南省交通规划勘察设计院共同出资组建湖南海威投资有限公司。各股东持股比例为省路桥建设集团 55%、广西路桥 35%、省交通规划勘察设计院 10%。

2003 年 8 月 20 日,交通部以交规划发〔2003〕335 号批复醴潭高速公路工程可行性研究报告;同年 9 月,湖南海威投资有限公司与湖南省高速公路建设开发总公司签订关于醴陵至湘潭高速公路的《合作建设经营合同》;10 月,双方共同出资组建了湖南省醴潭高速公路建设开发有限公司(以下简称醴潭公司),其中湖南海威投资有限公司占 85% 的股份,湖南省高速公路建设开发总公司占 15% 的股份;10 月 16 日,在深圳湖南投资项目招商会上,醴潭公司与省交通厅签署特许权经营合同;10 月 21 日,交通部以交公路发〔2003〕440 号批复初步设计,确定该项目总投资 22.372 亿元,其中国内银行贷款 14.541 亿元,交通部与省交通厅投资 7.831 亿元;2004 年 9 月 8 日,环境保护总局以环审〔2004〕304 号批复环境影响评价报告书;2005 年 8 月 1 日,省交通厅以湘交基建字〔2005〕418 号批复本施工图设计和预算;2005 年 11 月 16 日,国土资源部以国土资函〔2005〕1072 号批复项目建设用地。

该项目全线征用土地 8255.63 亩,其中长沙市 1177.01 亩,株洲市 6689.54 亩,湘潭市 380.08 亩;拆迁房屋 1162 户,计 232417.5m²,其中长沙市 15947.8m²,株洲市 212889.2m²,湘潭市 3580.5m²;迁移电力、电信、广电"三杆"1850 根,地下光缆 3 处。

经湖南省人民政府批准,醴潭高速公路全线土建、房建、机电、交通工程施工图设计招标采用国内邀请招标的方式。中交第二公路勘察设计研究院为土建施工图设计中标单位,湖南省交通规划勘察设计院为房建、机电、交通工程施工图设计中标单位。其土建、路面、绿化、交通、机电、房建工程,以及监理采用国内竞争性公开招标、资格预审的方式进行招投标。

醴潭高速公路为平原微丘区高速公路,主线为双向四车道。与江西相接段 AK0+000～AK10+600,设计速度为100km/h,路基宽26.0m;其余路段设计速度为120km/h,路基宽28.0m,采用沥青混凝土路面。全线共建大桥8座,中、小桥36座,高架桥1座,天桥13座,互通式立交桥5处,分离式立交桥59处。全线设株洲东、芷钱桥、醴陵北、醴陵东、金鱼石5处收费站,设醴陵服务区、跳马停车区2处。

二、(湘)潭邵(阳)高速公路

(湘)潭邵(阳)高速公路,简称潭邵阳高速,起于莲易高速公路的终点株易路口,接长(沙)(湘)潭高速公路殷家坳互通,经竹埠港,过响水坝,翻塔岭,穿楠竹山,出湘乡茶场,越棋梓桥,跨水府庙水库,走扶州,入走马街,进廉桥,逾宋家塘,绕邵阳南,至隆回县周旺铺与320国道相接,历经3市10县(市、区)。该项目总投资60.99亿元人民币,2000年7月1日开工建设,2002年12月26日建成通车,实际工期较计划建设工期提前18个月。

横贯湘中的(湘)潭宝(庆,今邵阳)古驿道,是进入湘西联通贵州的南线要道,"逶迤盘旋于旷野山岭间,崎岖颇甚"。民国10年(1921),湖南省议会部分议员与外籍牧师组成"华洋义赈会",商决以工代赈修筑公路之策,纵观湖南省"待筑孔亟者莫若自湘潭至宝庆之一线"(熊希龄:《湖南华洋义赈会创修潭宝汽车路纪事》),乃以赈款修筑潭宝公路,历时6年竣工,耗银140万两。其后,又经过11年的努力修通至榆树湾(今怀化)的公路,称为"湘黔南线"。

中华人民共和国成立后,潭宝路改称潭邵公路,1981年,划为国道320线(上海—瑞丽)的湘中段。1988年,320国道所经的湘潭市城区段、湘乡县(后改市)城区段、双峰县城区段、邵东县廉桥镇区段、邵阳市城区段已基本街道化,成为混合交通道;市县之间有些路段已接近半街道化,车辆行人拥塞现象日趋严重;尤以邵阳市城区14.9km路段,商店鳞次栉比,人车熙攘往来,出行难度大。"邵阳三怪"之一就是"板车比汽车跑得快"。

1994年11月,省交通厅委托省交通规划勘察设计院对潭邵高速公路进行可行性研究,1996年7月完成预可行性研究(以下简称"预可")报告的编制,1998年5月完成工可文件的编制。同年7月,开始初步设计,随后由中交第二公路勘察设计研究院和省交通规划勘察设计院共同完成施工图设计。

1999年11月,湖南省人民政府成立潭邵高速公路建设指挥部。湘潭、娄底、邵阳三市分别成立了潭邵高速公路建设协调指挥部,沿线10县(市、区)40个乡镇都相应成立了协调指挥机构,具体负责辖区内的征地拆迁和项目实施中路地关系的协调。全线共征用土地27089.79亩,拆迁房屋总面积662372.8m^2。

潭邵高速主线长217.763km,路基宽分别为26m(K57+250~K161+100)和28m(K0+000~K57+250及K160+100~K216+240),双向四车道;有沥青混凝土路面145.5km,其余为水泥混凝土路面;设计速度分别为120km/h和100km/h。另按一级公路标准修建湘潭、娄底、邵阳东、邵阳南4条联络线,总长35.627km。建设特大桥3座/1991.05延米,大桥13座/3232.85延米,中小桥56座/1357.26延米,分离式立交桥148处/8079.68延米,人行天桥43座/2395.78延米,通道555处/21021.34延米,涵洞906道/37125.49延米,渡漕15座/661.73延米,倒虹吸管78座/348.23延米。

全线设竹埠港、湘潭、湘乡、水府庙、娄底、双峰、三塘铺、廉桥、邵东、邵阳东、邵阳南、周旺铺13个收费站(含易家湾主线收费站),均为政府还贷性收费站,由省高速公路管理局湘潭管理处、娄底管理处、邵阳管理处按辖区负责管理。设湘潭、水府庙、邵阳3对服务区(停车区)。

三、邵(阳)怀(化)高速公路

邵(阳)怀(化)高速公路,简称邵怀高速,是湖南境内建设的第一条山区高速公路,也是当时省境工程最浩大、施工条件最艰苦的高速公路项目。该项目起于潭邵高速公路终点周旺铺互通,途经隆回县、洞口县,在江口镇穿越雪峰山,于安江镇南跨沅水,穿鸡公界,止于中方县竹田,与怀(化)新(晃)高速公路相连,在竹田互通经怀化连接线与怀化市区相接,概算总金额为83.6190亿元,2003年9月19日开工建设,2007年11月10日建成通车。

1938年9月,为抗战需要,赶修洞(口)榆(树湾,即今怀化)公路。此路自九井湾,经塘湾、安江,跨平溪水(资水支流)、沅水、巫水(沅江支流),越雪峰山,工程甚为艰巨,赖筑路员工同仇敌忾,全力以赴,于1939年6月通车。至此,自湘潭起横贯湘中腹地直通贵州的公路全线贯通,时称"湘黔第二线",亦称"湘黔南线"。在抗日战争时期,从西南运往东南、华中等地的军需、民用物资,多通过此线,因而有"生命线"之称。

上海至云南瑞丽高速公路规划后,该线湖南境内邵阳至怀化新晃(湘黔界)公路被迅速提出,并被确定为湖南省"十五"重点建设工程。规划将邵怀高速公路与怀新高速公路作为一个项目上报。1999年5月,项目预可报告编制完成;2000年3

月,工可报告编制完成;2001年1月,交通部公路规划设计院对项目工可报告进行评审;2002年7月8日,国家计划委员会批复项目工可报告;2003年2月,交通部批复初步设计。

按国家计委批复,邵阳至新晃高速公路项目总投资约118亿元(静态投资111亿元)。其中,国家专项基金15.49亿元,湖南省交通建设资金44.153亿元,日本国际协力银行贷款230亿日元(折合人民币约15.33亿元,其中186.85亿日元用于邵阳至怀化段项目的建设,其余43.15亿日元用于地方道路竹市经武冈至城步公路项目的建设),日元贷款本息及付费由湖南省负责偿还,国家开发银行贷款45.9亿元。邵怀段投资约83.6亿元。

2003年3月24日,湖南省人民政府在长沙召开"邵怀高速公路暨竹城公路征地拆迁工作动员大会",成立邵怀高速公路建设指挥部。邵阳、怀化两市分别成立邵怀高速公路建设协调指挥部;沿线5县(市、区)26个乡(镇)123个行政村都相应地成立协调指挥机构,具体负责辖区内的征地拆迁和协调项目实施过程的路地关系。共征用土地15629.73亩,拆迁房屋337722.17m^2,迁移坟墓5561座,电力、通信、电视等"三杆"3277根。

邵怀高速公路主线长155.69km,怀化连接线长12.66km,洞口、隆回连接线长5.72km。主线按双向四车道高速公路标准建设。其中,周旺铺(K0+000)—隆回(K23+920)段,设计速度120km/h,路基宽28m;隆回(K23+920)—洞口(K66+650)段,设计速度100km/h,路基宽26m;洞口(K66+650)—竹田(K162+800)段,设计速度80km/h,路基宽24.5m(为分离式路基,宽2×12.5m);怀化连接线设计速度100km/h,路基宽26m。共完成路基土石方2723.65万m^3,建特大桥、高架桥等各式桥梁199座,计71.619km(单幅);开挖隧道14座,计30.256km(单洞);设置周旺铺、隆回、黄桥、大水、洞口、江口、安江和竹田8处互通式立交桥。全线除K78+021~K103+400段采用水泥混凝土路面外,其余均采用沥青混凝土路面。

邵怀高速公路横跨资江、沅水两大水系,穿越雪峰山,桥隧比接近三分之一,其中雪峰山隧道(左6946m,右6956m)是当时国内设计最长的高速公路隧道;大于30m的深切路基80余处,最高的切方达74m;大于20m的高填路基40余处,最高的填方路堤达40m;陡坡路堤160处;桥梁超长立柱多,有5000多根,最高的达40m。

国家环保总局和交通部环境保护办公室将邵怀高速公路列为环境监理试点项目。该项目建设确定了"先保护、再破坏、后恢复"的原则,施工过程中,对生态环境和水土保持的实际方案进行了全面、系统的调查,先后完成优化设计30多处。在开挖路基之前,先用竹篱笆、木篱笆等做好水土流失的防护,然后动工开挖,工程完工之后再按原样恢复。

邵怀高速公路全线设隆回、黄桥、大水、洞口、江口、安江、中方、怀化南8个匝道收费站,均为政府还贷性收费站,由湖南省高管局邵阳管理处和怀化管理处按辖区负责运营管理。全线设宝庆、洞口、隆回(2016年新建)3处服务区(停车区)。

四、怀(化)新(晃)高速公路

怀(化)新(晃)高速公路,简称怀新高速,起于中方县牌楼镇竹田互通,与邵怀高速公路相连,途经中方县、芷江,终于新晃鲇鱼铺,与贵州玉(屏)三(穗)高速公路相接。主线全长93.218km。概算总投资42.69亿元,2004年3月18日开工建设,2007年11月10日建成通车。

2003年9月27日,怀新高速公路征地拆迁动员大会召开,征地拆迁工作展开。怀化市征拆协调指挥部明确提出"一个确保,两个统一,三个公开"的要求,即确保11月15日前圆满完成征拆工作不动摇;统一政策口径,统一补偿标准;征地拆迁面积、等级和补偿标准公开,村、组、户拆迁数目公开,应得补偿公开。

2003年10月,项目招投标工作开始。根据省人民政府、省交通厅的意见,怀新高速公路项目土建招标工作实行改革。招标人随招标文件公布各合同段的预算金额及建设单位标底范围;投标人的投标文件分两次递交:投标人先后递交投标文件技术和商务部分、报价和工程量清单部分。省招标工作领导小组对评标结果进行认真的会审,确定了19个土建施工标段的中标单位。中标合同首次列入了"严禁拖欠民工工资"条款,开省境建设项目先河。

作为国家重点工程环境保护试点项目,怀新高速的每一处人工景观都尽量进行全自然化和恢复性设计,让路、桥、隧在山水融合中延伸;服务区、收费站的设计,则创意地引入侗乡风雨桥的建筑特色,成为怀化乃至湖南高速公路的一张新"名片"。

全线采用四车道高速公路标准设计,路基宽24.5m,路面为沥青混凝土结构。设竹田、芷江、土桥和新晃4处互通,预留一处互通;建特大桥梁4座,大桥58座,中桥20座,天桥33座,隧道10座,涵洞226道,通道259处,服务区2个。全线设芷江、土桥、兴隆、新晃4个收费站,设新晃、芷江2对服务区(停车区)。

G60湖南段建设项目信息、路面信息、交通流量状况、项目建设单位信息、收费站点设置情况、服务区设置情况等,分别见表3-11-1~表3-11-6。

表3-11-1 G60湖南段建设项目信息

项目名称	规模（km）		建设性质（新、改、扩建）	设计速度（km/h）	永久占地（亩）	投资情况（亿元）			资金来源	建设时间（开工～通车）
	合计	四车道				估算	概算	决算		
醴潭高速公路	72.391	72.391	新建	100,120	8255.63		22.72	29.14	贷款、股东单位投入、其他自有资金	2004.7～2007.10
潭邵高速公路	217.968	217.968	新建	120	27089.79	55	60.9957	59.2972	银行贷款、交通部资金、省重点建设资金、国债资金、现代投资派息	2000.6～2002.12
邵怀高速公路	168.381	168.381	新建	80,100,120	18236.55		83.619	81.927	国家专项基金、省公路建设基金安排、银行贷款	2003.9～2007.11
怀新高速公路	93.218	93.218	新建	80	8596.29		42.29	42.69	银行贷款	2004.3～2007.11

表3-11-2 G60湖南段路面信息

项目名称	路面形式	起讫里程	长度（m）	路面
醴潭高速公路	柔性路面	K983+000～K1054+400	71400	沥青混凝土路面
潭邵高速公路	刚性路面	K0+000～K43+500，K189+000～K217+968	72468	水泥混凝土路面
	柔性路面	K43+500～K189+000	145500	沥青混凝土路面
	刚性路面	K1274+500～K1339+100	64600	普通混凝土路面
	柔性路面	K1339+100～K1352+600	13500	沥青混凝土路面
	刚性路面	K1352+600～K1376+890	24290	普通混凝土路面
邵怀高速公路	柔性路面	K1376+890～K1402+700	25810	沥青混凝土路面
	刚性路面	K1402+700～K1417+300	14600	普通混凝土路面
	刚性路面	K1417+300～K1418+200	900	钢筋混凝土路面
	柔性路面	K1418+200～K1430+081	11881	沥青混凝土路面

第三章 国家高速公路

续上表

项目名称	路面形式	起讫里程	长度(m)	水泥混凝土路面	沥青路面
怀新高速公路	柔性路面	K1430+081~K1433+281	3200		沥青混凝土路面
	刚性路面	K1433+281~K1434+210	929	钢筋混凝土路面	
	柔性路面	K1434+210~K1436+216	2006		沥青混凝土路面
	刚性路面	K1436+216~K1436+626	410	钢筋混凝土路面	
	柔性路面	K1436+626~K1480+350	43724		沥青混凝土路面
	刚性路面	K1480+350~K1482+743	2393	钢筋混凝土路面	
	柔性路面	K1482+743~K1489+225	6482		沥青混凝土路面
	刚性路面	K1489+225~K1500+405	11180	钢筋混凝土路面	
	刚性路面	K1500+405~K1502+415	2010		沥青混凝土路面
	柔性路面	K1502+415~K1523+299	20884		沥青混凝土路面

G60湖南段交通流量状况(单位:辆/日)　　表3-11-3

年份	醴潭高速公路				潭邵高速公路	邵怀高速公路				怀新高速公路			
	茫线桥	醴陵东	金鱼石	日平均流量	日平均流量	隆回	洞口	江口	日平均流量	新晃点	芷江	老怀化南点	日平均流量
2007	23454	193272	378834	9350									
2008	107244	1212270	2293216	12030									
2009	216690	1978916	2698272	18222									
2010	304595	1404940	3263420	16314									
2011	408029	1045625	3636152	17897									
2012	369556	1170194	4133643	20280									
2013	285873	1319010	4516684	22873	27589	26746	25199	23332	25092	15153	16515	12900	14856
2014	278577	1197078	5430587	26114	28864	33940	31770	30004	31905	15544	20032	15846	17141
2015	355017	350011	6779462	30433	28942	36590	31205	28456	32084	14402	19372	22033	18602
2016	532441	2494	7974032	36576	21811					13328	18057	26151	19179

G60 湖南段项目建设单位信息

表 3-11-4

路段	参建单位	单位名称	合同段编号及起止桩号	主要负责人
醴潭高速公路	管理单位	湖南省醴潭高速公路建设开发有限公司	K0+046~K72+437	方联民
	设计单位	中交第二公路勘察设计研究院	K0+046~K72+437	张福玉
		湖南省交通规划勘察设计院	FJ1 标~2 标、JD1 标~2 标、JT1 标~3 标	彭建国
	监理单位	湖南省金衢交通咨询监理有限公司	TJ1~4 标:K0+046~K26+850、LH1 标:K0+046~K26+850、JT1 标:K0+046~K26+850	王维
		长沙华南交通工程咨询监理公司	TJ5~8 标:K26+850~K52+300、LH2 标:K26+850~K53+300、JT2 标:K26+850~K52+300	易剑
		湖南省交通建设工程监理有限公司	TJ9~12 标:K52+300~K72+437、LH3 标:K53+300~K72+437、JT3 标:K52+300~K72+437	周漱溟
		湖南省金衢交通咨询监理有限公司	LM1 标:K0+046~K36+000	王维
		长沙华南交通工程咨询监理公司		易剑
		长沙华南交通工程咨询监理公司	LM2 标:K36+000~K72+437	易剑
		湖南省交通建设工程监理有限公司		周漱溟
		湖南湖大建设监理有限公司	FJ1 标~FJ2 标	黄幼华
		湖南省交通建设工程监理有限公司	JD1 标~JD2 标	龙卫红
	施工单位	贵州省桥梁工程总公司	TJ1 标:K0+046~K7+000	杨贵平
		中港第二航务工程局	TJ2 标:K7+000~K13+000	王海怀
		广东冠粤路桥有限公司	TJ3 标:K13+000~K18+775	姚滔尹
		北京鑫畅路桥建设有限公司	TJ4 标:K18+775~K26+850	张小川
		岳阳市公路桥梁基建总公司	TJ5 标:K26+850~K36+000	刘国庆
		湖南省常德路桥建设有限公司	TJ6 标:K36+000~K41+150	李小华
		湖南省建筑工程集团总公司	TJ7 标:K41+150~K46+360	李建
		中铁十二局集团有限公司	TJ8 标:K46+360~K52+300	甘建波
		湖南省娄底路桥建设有限责任公司	TJ9 标:K52+300~K57+000	向斌
		湖南娄底路桥建设有限责任公司	TJ10 标:K57+000~K63+220	姜晓东
		湖南省怀化公路桥梁建设总公司	TJ11 标:K63+220~K70+490	覃文明
		中铁大桥局集团有限公司	TJ12 标:K70+490~K72+437	左新军
		广西远航公路桥梁工程有限公司	LM1 标:K0+046~K36+000	饶东平
		广东冠粤路桥有限公司	LM2 标:K36+000~K72+437	彭镇
		长沙小康园林园艺有限公司	LH1 标:K0+046~K26+850	肖君泽
		湖南金驰园林绿化有限公司	LH2 标:K26+850~K53+300	章海波
		浏阳市长浏园艺工程有限责任公司	LH3 标:K53+300~K72+437	王建存
		广西壮族自治区交通科学研究院	JT1 标:K0+046~K26+850	周文
		益阳宏业交通工程设施有限公司	JT2 标:K26+850~K52+300	管绍华

第三章 国家高速公路

续上表

路段	参建单位	单位名称	合同段编号及起止桩号	主要负责人
醴潭高速公路	施工单位	湖南省长路交通设施建设有限公司	JT3标：K52+300～K72+437	罗铁
		湖南省第六工程公司	FJ1标：醴陵服务区、跳马停车场	陈志勇
		长沙市岳麓山建筑工程公司	FJ2标：金鱼石主线收费站、黄沙匝道收费站、醴陵养护工区、芷钱桥匝道收费站、株洲监控分中心、白马垄匝道收费站	胡文全
		河南盈科交通工程有限公司	JD1标：监控系统	钟志峰
		北京路安交通科技发展有限公司	JD2标：通信、收费系统	易志平
潭邵高速公路	管理单位	湖南省潭邵高速公路建设开发有限公司	K0+000～K216+445	周伟义
	设计单位	湖南省交通规划勘察设计院	K79+660.28～K216.240	傅立新
		中交第二公路勘察设计研究院	K0+000～K79+660.28	伍友云
	监理单位	湖南省金衢交通咨询监理有限公司	K0+000～K19+000 湘潭连接线	王维
		湖南省交通建设工程监理有限公司	K19+000～K56+300	林建
		湖南大学建设监理中心	K56+300～K89+300	邹新运
		育才－布朗交通咨询监理公司	K89+300～K115+378.01	李金宝
		江苏华宁交通工程咨询监理公司	LK0+000～LK19+092.421（娄底连接线）	曹微萍
		湖南三湘交通建设监理所	K114+808.76～K149+360	许足怀
		湖南省金路工程咨询监理有限公司	K149+360～K188+953.49，邵阳东互通及连接线	陈膺
		武汉大通公路桥梁工程咨询公司	K188+953.49～K216+445，邵阳南连接线	陈仁春
		湖南和天建设监理公司	K0+000～K216+445 房建	罗定
		北京华路捷公路工程技术咨询有限公司	通信、监控及收费系统和供货与安装	
	施工单位	中铁大桥工程局	主线土建 TJ2：K0+000～K6+920.75	黄铁生
		湖南省公路桥梁建设总公司	主线土建 TJ3：K6+920.75～K19+000	杨镇华
		湖南省岳阳市公路桥梁基建总公司	主线土建 TJ4：K19+000～K31+182.031	何鹏祥
		中港第二航务工程局第四工程公司	主线土建 TJ5：K31+095～K43+500	庞裕金
		中铁第二十工程局	主线土建 TJ6：K43+500～K56+300	周富
		湖南省公路桥梁建设总公司	主线土建 TJ7：K56+300～K68+000	杨镇华
		中国冶金建设集团公司	主线土建 TJ8：K68+000～K79+660.28	王爱平
		中港第四航务工程局	主线土建 TJ9：K79+250～K89+300	梁桌仁
		交通部第二公路工程局第三工程处/湖南省娄底公路桥梁建设总公司	主线土建 TJ10：K89+300～K103+612.22	杜会民
		中港第一航务工程局	主线土建 TJ11：K103+612.22～K115+378.01	李保平

续上表

路段	参建单位	单位名称	合同段编号及起止桩号	主要负责人
潭邵高速公路	施工单位	中国路桥(集团)总公司	主线土建 TJ12：K114+808.76~K126+530.01	艾利群
		湖南省怀化公路桥梁建设总公司	主线土建 TJ13：K126+500~K137+000	瞿敏峰
		广西壮族自治区公路桥梁工程公司	主线土建 TJ14：K137+000~K149+360	陈振怡
		中铁第一工程局	主线土建 TJ15：K149+360~K161+100	邓昌华
		中铁第十八工程第四工程处	主线土建 TJ16：K161+100~K175+000	赵兴存
		深圳市市政工程总公司	主线土建 TJ17：K175+000~K188+953.49	刘声向
		四川公路桥梁建设集团有限公司	主线土建 TJ18：K189+000~K201+100	罗守宏
		湖南省邵阳公路建设总公司 湖南省第四工程公司	主线土建 TJ19：K201+100~K216+445	蒋和清、刘光谱
		湖南省湘潭公路桥梁建设总公司	土建 TJ21：湘潭连接线 LK0+000~LK3+519	陈四庚
		湖南常德公路桥梁建设总公司、湖南湘中公路桥梁建设总公司	土建 TJ22：娄底连接线 LK0+000~LK5+623 LK5+623~LK11+116.761	曲斌、何贤锋
		湖南省第四工程公司	土建 TJ23：娄底连接线 LK11+582.4~LK19+092.421	刘光谱
		中铁第三工程局	土建 TJ24：邵阳南连接线 LK0+000~LK3+312.81	周凯
		湖南省公路桥梁建设总公司	土建 TJ25：邵阳南连接线 LK0+388~LK3+700	方联民
		湖南省公路桥梁建设总公司	土建 TJ26：邵阳南连接线 LK3+700~LK6+298.021	方联民
		湖南省建筑工程集团总公司	土建 TJ27：邵阳东互通	刘启元
		湖南路桥建设集团公司	路面 LM28：邵阳东互通 LK0+388~LK6+298.021	方联民
		湖南环达公路桥梁建设总公司	路面 LM31：K0+000~K19+000 湘潭连接线 LK2+000~LK5+519	王小民
		中铁一局集团有限公司	路面 LM32：K19+000~K43+500	何根旺
		湖南省公路桥梁建设总公司	路面 LM33：K43+500~K68+000	杨镇华
		湖南省株洲公路桥梁建设总公司	路面 LM34：K68+000~K89+300	谢志方
		岳阳市公路桥梁基建总公司	路面 LM35：K89+300~K115+378	毛跃成
		湖南省市湘潭市公路桥梁建设总公司	路面 LM36：LK0+000~LK19+092	曹剑
		中铁第十一工程局	路面 LM37：K114+808~K137+000	王泽
		路桥集团第二公路工程局	路面 LM38：K137+000~K161+100	赵桢远
		路桥集团第一公路工程局第一工程公司	路面 LM39：K161+100~K188+953	王春霞

第三章 国家高速公路

续上表

路段	参建单位	单位名称	合同段编号及起止桩号	主要负责人
潭邵高速公路	施工单位	湖南省公路桥梁建设总公司	路面 LM40：K189+000~K216+445 邵阳南连接线	杨镇华
		湘潭市红楼美景园林绿化有限公司	绿化 LH41：K0+000~K43+500 LK2+000~LK5+519	杨荣波
		湖南省嘉铁路管理处	绿化 LH42：K43+500~K89+300	彭小玉
		株洲市云田花木有限公司	绿化 LH43：K89+300~K103+612 LK0+000~LK19+092	易仕林
		长沙市景谷园林开发有限公司	绿化 LH44：K103+612~K137+000	朱开明
		湖南锦锈园林建设有限公司	绿化 LH45：K137+000~K161+100	余孝武
		株洲市石峰园林公司	绿化 LH46：K161+100~K188+954	牛贤福
		湖南湘林科技园林工程有限公司	绿化 LH47：K188+954~K216+445 LK0+000~LK3+313	刘焱
		湖南省路桥环境景观艺术工程有限公司	绿化 LH401：K0+000~K9+400 LK2+000~LK5+519	黄敏
		株洲市建湘园林绿化工程有限责任公司	绿化 LH402：K9+400~K21+615	刘文胜
		长沙南国园林工程有限公司	绿化 LH403：K21+615~K41+600	简培军
		湖南碧水园林环保工程有限公司	绿化 LH404：K41+600~K64+560	李轩
		长沙市天心园林花卉有限公司	绿化 LH405：K64+560~K84+000	田明蓓
		株洲云田花木有限公司	绿化 LH406：K84+000~K99+600	易仕林
		湖南集翠园林绿化有限公司	绿化 LH407：K99+600~K114+808 LK0+000~LK19+092 邵阳东互通及连接线	张昌道
		湖南新海实业有限公司	绿化 LH408：K114+808~K133+548	周跃斌
		湖南省湘林科技园林工程有限公司	绿化 LH409：K133+548~K154+000	刘楚雄
		长沙市三华发展有限公司	绿化 LH410：K154+000~K171+363	文翔
		长沙绿园草业景观工程有限公司	绿化 LH411：K171+363~K191+000 LK0+000~LK3+313	邓学军
		浏阳市柏加建筑园林有限公司	绿化 LH412：K191+000~K216+445	朱林初
		湖南省公路桥梁建设总公司、中国建筑第五工程局第三建筑安装公司	房建 FJ：51 易家湾收费站、潭邵管理处	匡小楼、李向凡
		湖南高岭建设集团股份有限公司	房建 FJ52：竹埠港收费站、韶山收费站	邹新平
		湖南省公路桥梁建筑总公司 中国建筑第五工程局第三建筑安装公司	房建 FJ53：湘乡收费站、水府庙收费站	匡小楼、李向凡
		长沙东方红建筑公司	房建 FJ54：水府庙收费站	陈德兴
		泛华工程湖南有限公司	房建 FJ55：双峰收费站、三塘铺收费站	罗诗践
		湖南娄底工程公司	房建 FJ56：娄底管理所	兰小明

续上表

路段	参建单位	单位名称	合同段编号及起止桩号	主要负责人
潭邵高速公路	施工单位	湖南长沙格塘建筑工程有限公司	房建FJ57：廉桥收费站、邵东收费站	彭玉龙
		湖南望新建设集团	房建FJ58：邵阳服务区、邵阳东收费站	周国辉
		长沙洞井建筑股份有限公司	房建FJ59：邵阳管理所、周旺铺收费站	周正坤
		湖南省公路桥梁建设总公司	交通工程JT61：K100+600～K114+950混凝土护栏	周雄
		岳阳市公路桥梁基建总公司	交通工程JT62：K114+950～K130+435，邵阳东互通及连接线混凝土护栏、波形梁、隔离栅、标线、路钮、轮廓标、防眩板、收费土建	余超
		湖南省公路桥梁建设总公司	交通工程JT63：K130+435～K146+385混凝土护栏	周雄
		湖南省公路机械工程公司	交通工程JT64：K0+000～K31+182波形梁护栏	于中力
		湖南省铁路工程公司	交通工程JT65：K31+182～K57+250波形梁护栏	邓当平
		北京华纬交通工程公司	交通工程JT66：K57+250～K107+050波形梁护栏	高振江
		衡阳路桥责任有限公司	交通工程JT67：K107+050～K150+000波形梁护栏	任斌正
		长沙海鸿工贸有限公司	交通工程JT68：K150+000～K189+000波形梁护栏	邱林
		江阴市护栏板有限公司	交通工程JT:69：K189+000～K216+240波形梁护栏	曾松柏
		长沙捷通交通配套设施工程有限公司	交通工程JT70：K0+000～K31+182隔离栅	李克非
		湖北省路桥公司	交通工程JT71：K31+182～K57+250隔离栅	梅永安
		湖南省公路机械工程公司	交通工程JT72：K57+250～K107+050隔离栅	于中力
		宁夏华通达实业有限公司	交通工程JT73：K107+050～K150+000隔离栅	李林
		湖南省公路机械工程公司	交通工程JT74：K150+000～K189+000隔离栅	于中力
		上海佳艺冷弯型钢厂	交通工程JT75：K189+000～K216+240隔离栅	谭柳
		湖南省醴陵志远交通工程有限公司	交通工程JT76：K0+000～K31+182，湘潭连接线、标线	侯礼成

第三章
国家高速公路

续上表

路段	参建单位	单 位 名 称	合同段编号及起止桩号	主要负责人
潭邵高速公路	施工单位	湖南省醴陵志远交通工程设施有限公司	交通工程 JT77：K31+182～K57+250 标线	侯礼成
		湖南省交通科学研究院	交通工程 JT68：K57+250～K107+050,娄底连接线、标线	万剑平
		北京深华科交通工程有限公司	交通工程 JT79：K107+050～K150+000 标线	赵文江
		上海佳艺冷弯型钢厂	交通工程 JT80：K150+000～K189+000 标线	谭柳
		湖南环达公路桥梁建设总公司	交通工程 JT81：K189+000～K216+240,邵阳南连接线、标线	陈平
		长沙海陆交通设施公司	交通工程 JT82：K0+000～K79+660 湘潭连接线、标线	蔡楚才
		北京深华科交通工程有限公司	交通工程 JT83：K79+660～K150+000,娄底连接线、标线	赵文江
		长沙海陆交通设施公司	交通工程 JT84：K150+000～K216+240,邵阳南连接线、标线	蔡楚才
		湖南省公路机械工程公司	交通工程 JT85：K0+000～K107+050 隔离墙	于中力
		宁夏华通达实业有限公司	交通工程 JT86：K107+050～K216+240 隔离墙	李林
		湖南省醴浏铁路管理处	交通工程 JT87：K0+000～K107+050 活动护栏	潘桂斌
		湖南省醴浏铁路管理处	交通工程 JT88：K107+050～K216+240 活动护栏	潘桂斌
		常德路桥建设有限公司	交通工程 JT89：K0+000～K216+240,各连接线护柱、墙式护栏等	胡兵
		湖南省醴陵志远交通工程设施有限公司	交通工程 JI90：K0+000～K216+240,各连接线、轮廓标	侯礼成
		湖南省交通科学研究院	交通工程 JT91：K0+000～K216+240 防眩板	万剑平
		湖南省交通科学研究院	交通工程 JT92：K0+000～K216+240 突起路标	万剑平
		长沙海陆交通设施公司	交通工程 JT93：K0+000～K40+000 预埋管道、收费土建	蔡楚才
		岳阳公路桥梁基建总公司	交通工程 JT94：K40+000～K79+660.28 预埋管道、收费土建	余超

续上表

路段	参建单位	单位名称	合同段编号及起止桩号	主要负责人
潭邵高速公路	施工单位	湖北省路桥公司	交通工程 JT95：K79+250～K125+000 预埋管道、收费土建	梅永安
		江阴市护栏板有限公司	交通工程 JT96K125+000～K170+000 预埋管道、收费土建	吴智强
		湖南省公路桥梁建设总公司	交通工程 JT97K170+000～K216+445 预埋管道、收费土建	尹旭东
		清华紫光股份有限公司	通信、监控、及收费系统供货与安装 K0+000～K216+445 机电工程	周迅
邵怀高速公路	管理单位	湖南省邵怀高速公路建设开发有限公司	K0+000～K162+800	蒋鹏飞
	设计单位	湖南省交通规划勘察设计院	K0+000～K64+000/K106+543～K162+800	刘义虎
		中交第二公路勘察设计院	K64+00～K106+543	廖朝华
	监理单位	湖南大学建设监理中心	土建 K0+000～K35+736	唐英旺
		湖南省金衢交通咨询监理有限公司	土建 K35+760～K64+000	高伏良
		湖南省交通建设工程监理有限公司	土建 K64+000～K82+700	郑罗云
		福建省交通建设工程监理咨询公司	土建 K82+700～K99+875	陈孙强
		铁二院咨询监理公司	土建 K99+875～K121+400	范宏刚
		安徽省公路工程建设监理有限公司	土建 K121+400～K143+210	吴忠鑫
		江苏交通工程咨询监理有限公司	土建 K143+210～K158+200	余善俊
		湖南金路工程咨询监理有限公司	土建 K158+200～K162+800 怀化连接线：LK4+000～LK16+800	刘红华
		泛华工程湖南有限公司	房建,雪峰山以东	王非平
		湖南兴发建设监理有限责任公司	房建,雪峰山以西	罗辉中
		北京泰克华诚技术信息咨询有限公司	机电监理	刘玉明
	施工单位	湖南路桥建设集团公司	K0+000～K13+700	张泽丰
		湖南环达公路桥梁建设总公司	K13+700～K23+920	张怀宇
		湖南路桥建设集团公司	K23+920～K35+736	刘晓佳
		中铁四局集团第一工程有限公司	K35+760～K47+700	罗成利
		岳阳市公路桥梁基建总公司	K47+700～K64+000	胡楚荣
		湖南路桥建设集团公司	K64+000～K71+700	杨爱均
		湖北省路桥公司	K71+700～K78+021.493	罗国
		浙江环宇隧道工程有限公司	K78+021.493～K80+708	陆建民
		中铁五局集团第三工程有限责任公司	K80+708～K83+105	古桂林
		中铁十一局集团第四工程有限公司	K83+105～K85+463	张超
		云南公路桥梁工程有限公司	K85+628～K88+580	李洪舟

第三章 国家高速公路

续上表

路段	参建单位	单 位 名 称	合同段编号及起止桩号	主要负责人
邵怀高速公路	施工单位	中铁十三局集团第三工程有限公司	K88+580～K91+687	刘栋
		路桥集团第一公路工程第五工程公司	K91+687～K93+970	谢守东
		吉林省中盛路桥工程有限公司	K93+970～K95+340	徐野
		贵州省桥梁工程总公司	K95+340～K99+200	李大江
		中铁二十局集团第二工程有限公司	K99+200～K103+370	陈琼
		湖南路桥建设集团公司	K103+370～K106+543	姚铁钢
		湖南省株洲公路桥梁建设有限公司	K112+020～K117+300	江志义
		湖南路桥建设集团公司	K117+300～K121+400	潘朝晖
		湖南路桥建设集团公司	K121+400～K128+006	潘朝晖
		湖南路桥建设集团公司	K128+400～K133+480	陈潘
		中铁四局集团第一工程有限公司	K133+480～K135+800	万青
		湖南路桥建设集团公司	K135+800～K137+200	李学红
		湖南路桥建设集团公司	K137+200～K143+210	胡畏
		路桥华南工程有限公司	K143+210～K145+260	蔡春林
		湖南省怀化市公路桥梁建设总公司	K145+220～K148+200	李百龙
		湖南路桥建设集团公司	K148+200～K150+825	汪立东
		广西壮族自治区公路桥梁工程总公司	K150+825～K154+300	覃林
		湖南路桥建设集团公司	K154+300～K158+200	曾更新
		湖南路桥建设集团公司	K158+200～K161+450	赵统生
		中铁四局集团有限公司	K161+450～K162+800	崔陆林
怀新高速公路	管理单位	怀新高速公路建设开发有限公司	K0+000～K93+096	刘爱民
	设计单位	湖南省交通规划勘察设计院	K0+000～K93+096	李子
	监理单位	省金衢交通咨询监理有限公司	K0+000～K22+480	于放明
		中国公路工程咨询监理总公司	K22+480～K48+700	张山均
		河北冀民公路工程咨询监理有限公司	K48+700～K72+800	肖林离
		湖南金路工程咨询监理有限公司	K72+800～K93+096	牛华水
		湖南省交通建设监理有限公司	K0+000～K93+096	王国辉
		湖南省交通建设监理有限公司	收费站、服务区	熊新华
		北京泰克华诚技术咨询有限公司	K0+000～K93+096	谭岐山
	施工单位	湖南路桥建设集团公司	第1合同段 K0+000～K2+500	毛刚
		湖南路桥建设集团公司	第2A合同段 K2+500～K6+300	陈焕新
		中铁十二局集团有限公司	第2B合同段 K2+500～K6+300	林胜利
		中铁一局集团有限公司	第3合同段 K6+300～K11+000	刘明代
		湖南省路桥建设集团公司	第4合同段 K11+000～K17+780	彭杰
		湖南省路桥建设集团公司	第5合同段 K17+780～K22+480	肖勤章

续上表

路段	参建单位	单位名称	合同段编号及起止桩号	主要负责人
怀新高速公路	施工单位	湖南省路桥建设集团公司	第6合同段 K22+480~K28+500	肖勤章
		怀化路桥建设总公司	第7合同段 K28+500~K34+000	李高刚
		路桥二公局第三工程公司	第8合同段 K34+000~K38+490	杨旭光
		湖南路桥建设集团公司	第9合同段 K38+490~K43+500	蒋建武
		湖南路桥建设集团公司	第10合同段 K43+500~K48+700	胡志强
		中铁隧道集团有限公司	第11合同段 K48+700~K52+650	李永凯
		中铁十一局第四工程公司	第12合同段 K52+650~K58+000	王显吕
		路桥二公局第三工程公司	第13合同段 K58+000~K63+500	赵玉峰
		湖南省路桥建设集团公司	第14合同段 K63+500~K69+870	张宁益
		中铁十二局集团有限公司	第15合同段 K69+870~K72+800	梁金瑞
		怀化路桥建设总公司	第16合同段 K72+800~K75+920	刘逸华
		湖南路桥建设集团公司	第17合同段 K75+920~K80+100	李昆
		中铁一局集团有限公司	第18合同段 K80+100~K83+300	邓尚华
		湖南路桥建设集团公司	第19合同段 K83+300~K87+700	谢子伟
		湖南路桥建设集团公司	第20合同段 K87+700~K93+096	彭爱清
		中铁一局集团有限公司	第21合同段 K31+679~K36+129	张杨安
		中铁一局集团有限公司	第22合同段 K80+893~K89+399.5	张杨安
		路桥集团国际建设股份公司	第23合同段 K0+000~K22+480	孙昕
		路桥二公局第三工程公司	第24合同段 K22+480~K48+700	邓建国
		湖南路桥建设集团公司	第25合同段 K48+700~K72+800	彭杰
		中铁十二局集团有限公司	第26合同段 K72+800~K93+096	傅英俊
		湖南建设集团有限公司	第27合同段 K0+000~K11+000	孙汤
		长沙富绿园园艺工程公司	第28合同段 K11+000~K22+480	陈战平
		湖南路美达园林景观工程公司	第29合同段 K22+480~K34+000	姜子洁
		长沙市雨花风景园林有限公司	第30合同段 K34+000~K48+700	金光明
		湖南高岭园林绿化有限公司	第31合同段 K48+700~K72+800	苏爱民
		怀化市三叶生态工程有限公司	第32合同段 K72+800~K83+300	李交东
		湖南路美达园林景观工程公司	第33合同段 K83+300~K93+096	唐笑
		湖南常德路桥建设有限公司	第34合同段 K0+000~K48+700	胡志忠
		山东省路桥集团有限公司	第35合同段 K48+700~K93+096	张英亮
		湖南路桥建设集团公司	第36合同段 K0+000~K48+700	刘战勇
		湖南省金达工程有限公司	第37合同段 K48+700~K93+096	王汉群
		江苏国强镀锌实业有限公司	第38合同段 K0+000~K22+480	龙明成
		湖南路桥建设集团公司	第39合同段 K22+480~K48+700	刘伟瑞
		怀化路桥建设总公司	第40合同段 K48+700~K72+800	李秀刚

续上表

路段	参建单位	单位名称	合同段编号及起止桩号	主要负责人
怀新高速公路	施工单位	长沙市公路桥梁建设有限公司	第41合同段 K72+800～K93+096	向道本
		衡阳公路桥梁建设有限公司	第42合同段 K0+000～K93+096	盛汉阳
		益阳宏业交通工程设施有限公司	第43合同段 K0+000～K22+480	胡晓红
		湖南三和通信交通工程有限公司	第44合同段 K22+480～K48+700	吴勇
		湖南路桥建设集团公司	第45合同段 K48+700～K72+800	刘伟瑞
		湖南省天弘交通建设工程公司	第46合同段 K72+800～K93+096	付达
		醴浏铁路交通工程有限公司	第47合同段 K0+000～K93+096	李建刚
		湖南省天弘交通建设工程公司	第48合同段 K0+000～K48+700	吴文辉
		湖南省天弘交通建设工程公司	第49合同段 K48+700～K93+096	吴文辉
		湖南望城建设(集团)有限公司	第50合同段芷江收费站、养护工区(含隧道管理站)、土桥收费站	李德良
		长沙市基础基建公司	第51合同段芷江服务区	吴特明
		湖南省马王堆建筑工程有限公司	第52合同段主线收费站、新晃收费站、养护工区(含隧道管理站)	徐世军
		湖南望城建设(集团)有限公司	第53合同段新晃服务区	吴新明
		北京瑞华赢科技发展有限公司/石家庄泛安科技开发有限公司	第JD1合同段,全线通信、收费及隧道外的监控系统	寇志宏
		紫光股份有限公司	第JD2合同段,隧道的通风、照明、供配电、检测、监控、消防控制、紧急电话系统和隧道监控管理站系统	方伟平

G60湖南段服务区设置情况　　　　　　　表3-11-5

路段	站点名称	车道数	收费方式
醴潭高速公路	株洲东	3进4出	人工,ETC
	芷钱桥	2进3出	人工,ETC
	醴陵北	2进5出	人工,ETC
	醴陵东	3进5出	人工,ETC
	金鱼石	10进10出	人工,ETC
潭邵高速公路	湘潭北	4进8出	人工收费2进6出,ETC 2进2出
	岳塘	4进6出	3进5出,ETC 1进1出
	湘乡	2进6出	2进5出,ETC 1进1出
	水府	3进5出	人工收费2进4出,ETC 1进1出

续上表

路段	站点名称	车 道 数	收 费 方 式
邵怀高速公路	隆回	2进4出	1进3出人工,1进1出ETC
	黄桥	2进2出	1进1出人工,1进1出ETC
	洞口	3进5出	2进4出人工,1进1出ETC
	江口	2进2出	1进1出人工,1进1出ETC
	安江	2进3出	1进2出人工,1进1出ETC
	中方	3进5出	2进4出人工,1进1出ETC
	怀化南	5进7出	4进6出人工,1进1出ETC
怀新高速公路	芷江	3进5出	2进4出人工,1进1出ETC
	土桥	2进2出	1进1出人工,1进1出ETC
	兴隆	2进3出	1进2出人工,1进1出ETC
	新晃	4进8出	3进6出人工,1进2出ETC

G60湖南段服务区设置情况　　　　　　　　表3-11-6

路段	服务区名称	桩 号	备 注
醴潭高速公路	醴陵	K1014	
	跳马	K1046+500	
潭邵高速公路	湘潭	K1069	
	水府庙	K1147+530	
	宝庆	K1242+030	
邵怀高速公路	隆回	K1294	未投运
	洞口	K1340+000	
	安江	K1407+000	
怀新高速公路	芷江	K1457+330	
	新晃	K1511+845	

第十二节　G60N(杭州至长沙)湖南段

杭州至长沙高速公路,简称杭长高速,高速公路编号G60N,起于浙江杭州市,经开化、德兴、余干、南昌、奉新、铜鼓、浏阳,到达湖南长沙,连通湘赣皖浙4省,是国道主干线 G60 沪昆高速的北复线,路线全长约 890km。湖南段自江西从浏阳洪口界入境,止于长沙县牛角冲互通,全长 129.837km,分大浏、长浏、长永 3 段修建。

杭长高速湖南段缓解了 G60 浙江至湖南区间的交通压力,是长株潭地区连接江西南昌及长三角的重要通道,对湖南省承接东部地区产业转移,加速融入长江三角洲等经济发达地区创造了有利条件。

一、大(围山)浏(阳)高速公路

大围山至浏阳高速公路,简称大浏高速,起于浏阳大围山东麓铁树坳(湘赣界),与江西省南昌至铜鼓高速公路对接,经上洪、张坊、官渡、沿溪、浏阳工业园、古港、道吾山、蕉溪,止于长沙至浏阳高速公路砰山互通,全线全长 83.753km。项目设计概算为 65.987 亿元,2010 年 1 月 8 日开工建设,2012 年 12 月 23 日建成通车。

2009 年 3 月,省发展和改革委员会以湘发改交能〔2009〕263 号文批复大浏高速公路项目的工程可行性研究;2009 年 3 月 16 日,省环境保护局以湘环评〔2009〕35 号文批复项目环境影响报告;2009 年 4 月,省交通厅以湘交计统〔2009〕140 号批复初步设计;2009 年 9 月 10 日,国土资源部以国土资函〔2009〕1108 号批复建设用地。施工图设计分两段上报,省交通厅分别于 2009 年 9 月及 2010 年 4 月下发《关于大围山(湘赣界)至浏阳高速公路 K0+000~K58+000 段施工图设计的批复》(湘交基建〔2009〕390 号)、《关于大围山(湘赣界)至浏阳高速公路 K58+000 至终点段施工图设计的批复》(湘交基建〔2010〕140 号)。

大浏高速沿线经过 10 个乡镇,31 个村组,375 个村民小组,征地拆迁按预算包干的形式进行。即先由地方协调指挥部根据高速公路红线用地图按实物量预算征地拆迁费用,再由建设单位实地核实,并与地方协调指挥部根据相关政策文件协商后签订包干协议。在 26d 的时间内完成了 805 户房屋及 8112 亩土地征迁协助及征迁工作,在征迁工作中,未发现有违规、违纪、强征等事件,受到省政府表扬。

大浏高速公路设计中标单位为湖南省交通规划勘察设计院和湖南省交通勘察设计所。土建工程分为 14 个合同段,路面工程、交通工程、绿化工程、房建工程、机电工程共 23 个合同段。

大浏高速公路主线为双向四车道,路基宽度 26m,设计速度 100km/h,设置张坊、官渡、古港、蕉溪、砰山 5 处互通式立交,1 处枢纽互通。全线设置 2 处高速公路服务区,1 处省界治超站,1 处桥隧管理所,蕉溪、浏阳东、古港、官渡、大围山南、蕉溪 6 处匝道收费站和张坊主线收费站,均为政府还贷性收费站。

二、长(沙)浏(阳)高速公路

长(沙)浏(阳)高速公路,简称长浏高速,起于湘、赣省界的洪口界,途经浏阳市的金刚、大瑶、荷花、集里、太平桥、蕉溪、洞阳、永安和长沙县的江背镇等9个乡镇办事处,在浏阳市的永安镇对接长永高速公路,主线全长65.324km,概算投资40.25亿元,2009年10月18日开工建设,2013年10月16日建成通车。

长浏高速是一条以BOT模式修建的高速公路。2006年9月27日,利嘉实业(福建)集团有限公司(简称利嘉集团)与省交通运输厅签定《湖南长浏高速公路投资、建设、经营、养护管理合同》,经营期30年(不含建设期)。2008年,国家发改委以发改交运〔2008〕2189号文件,核准长浏高速公路项目以邀请招标形式进行招投标。

长浏高速征地拆迁涉及浏阳市金刚镇、大瑶镇、荷花街道、集里街道、太平桥镇、蕉溪乡、洞阳镇、永安镇和长沙县,红线内征地7054.11亩,拆迁房屋约28105m²,线外房屋补偿约45户,临时工程用地约6600亩,企业补偿82家,实际发生征地拆迁费用109820万元。

长浏高速主线设计速度100km/h,双向四车道,路基宽26m,设互通式立体交叉7处,主线桥33座(含9座分离式桥梁)/6191.81延米,匝道桥9座/755.93延米,人行天桥4座/211.52延米,隧道6座/3555延米,通涵构造物352道。全线设洪口界、大瑶、浏阳南、浏阳西、洞阳、永安6个匝道收费站,设服务区1处。

三、长(沙)永(安)高速公路

长(沙)永(安)高速公路,简称长永高速,是319国道湖南境内的一段。起于长沙县牛角冲,西接长沙湘江北大桥东接线;止于浏阳市永安镇,东连永(安)浏(阳)公路,于浏阳东风界出赣西北;经过长沙县谷塘时有高速公路支线直通黄花国际机场,全长26.294km,系湖南第一条真正的高速公路。

1992年初,长永高速批准立项。同年2月20日,长沙市建设委员会和省公路局召开湘江北大桥东接线技术协调会,确定其西段(湘江北大桥至四方坪)由长沙市规划设计院进行施工图设计,四方坪以东由省交通规划勘察设计院进行施工图设计。3月20日,省交通厅和长沙市政府签订《关于长沙湘江二桥东接线工程建设协议书》,确定西段由长沙市专项建设指挥部组织施工,费用主要由长沙市财政负责,省交通厅补助投资2017万元;四方坪以东路段由省公路局组织专业队伍施工,工程费用按预算承包。

长永高速公路地处长沙县和浏阳市两个县市,征地拆迁工作由长永公司分别与长沙县和浏阳市签订原则协议。补偿标准按湖南省和长沙市的有关规定计算,长永公司负责向两个指挥部支付。全线共计征地拆迁补偿费用4133万元。

1992年5月,东接线工程开工。其中西段长2.08km,路幅分别为46m(1km)和36m(1.08km),于伍家岭设两层立交广场:即3座各宽8.5m、长47.3米的跨线桥,1座宽24m、长527.72m的高架桥和1座长379.9m的接湘江北大桥的引桥;四方坪至牛角冲接G107线为城外路段,长6.12km,为一级汽车专用线,路面宽24m,双向四车道,中设隔离带;牛角冲由原平交改为互通式大型立交。1994年12月,东接线工程竣工通车。

长永高速公路是湖南境内第一条采用股份制修建的公路。1993年3月28日,由湖南省高速公路建设开发总公司、建设银行湖南铁道支行与电力支行、长沙市公路工程管理处、长沙县土地综合开发公司共同组建湖南长永公路股份公司(2000年10月更名为现代投资股份有限公司)。共认购8800万股(股票面值1元);对外定向发行1.1亿股,由湖南金鹏证券公司代理发行,集资1.1亿元;另向银行贷款1.7亿元。

长永高速第一期工程自牛角冲至黄花机场,长18.678km(含通黄花国际航空港支线3.714km),路基宽21.5m,双向四车道,路面为水泥混凝土结构,厚24cm。1993年5月28日破土动工,1994年12月28日建成通车。

第二期工程自机场口至永安,长7.616km,路基宽23m。1994年7月15日开工建设,1996年8月20日建成通车。全线共建造桥梁34座,涵洞200座,通道44处。项目设计概算2.8687亿元,竣工决算为2.7695亿元。

长永高速公路是省境第一条高速公路。按当时国家一级线形设计,双向四车道,路基宽24.5m,其中混凝土路面宽21.5m,设计速度100km/h。全线设通道85个、立交桥3座、主线桥8座、跨线桥18座。全线设服务区1处,长沙、三一、黄花、永安4个收费站。

由于历史原因,长永高速公路设计标准较低,封闭不严,到2000年底,路面错台、断板现象十分严重,危及行车安全。省交通厅决定对该路段以路面为中心全面改建。改建项目主线起于黄花互通,终于星沙收费站,主线长15.460km。支线起于黄花互通,终于黄花机场,支线全长3.713km。

2001年8月,省计委以湘计基础〔2001〕525号文批准工程可行性研究报告,省高管局以湘高速工字〔2001〕523号文批准该项目一阶段施工图设计。路基拓宽到24.5m,路面宽21.5m,路面结构形式采用改性沥青混凝土路面,厚度为"4+6+2"型。项目概算为13121万元,由现代投资股份有限公司筹措。改建工程于2001年8月24日开工,2002年3月15日竣工通车。

G60N湖南段建设项目信息、路面信息、交通流量状况、项目建设单位信息、收费站点设置情况、服务区设置情况等,分别见表3-12-1~表3-12-6。

表 3-12-1

G60N 湖南段建设项目信息

项目名称	规模（km）		建设性质（新、改、扩建）	设计速度（km/h）	永久占地（亩）	投资情况（亿元）			资金来源	建设时间（开工～通车）
	合计	四车道				估算	概算	决算		
长浏高速公路	65.324	65.324	新建	100	6675		40.25		自筹、银行贷款	2009.10～2013.10
长永高速公路	26.294	26.294	新建	100				2.7659		1993.5～1994.12（第一期） 1994.7～1996.08（第二期）
大浏高速公路	83.753	83.753	新建	100	6846.14		61.4	65.9872	交通部、省内补助、国内银行贷款	2010.1～2012.12

表 3-12-2

G60N 湖南段路面信息

项 目 名 称	路 面 形 式	起讫里程	长度（m）	沥青路面	水泥混凝土路面
长浏高速公路	柔性路面	K0+000～K65+324	65324	沥青混凝土路面	
长永高速公路	柔性路面	K0+000～K28+896	26294	沥青混凝土路面	
大浏高速公路	柔性路面	K0+000～K83+753	83753	沥青混凝土路面	

表 3-12-3

G60N 湖南段交通流量状况（单位：辆/每日）

年份	长永高速公路		长浏高速公路		大浏高速公路			
	日平均流量	三一	日平均流量	路段一	路段二	路段三	日平均流量	
2011		28967	28967					
2012		30168	30168					
2013		33139	33139	825	1444	889	1053	
2014	16269	35296	35296	2620	2360	2691	2557	
2015	18002	36014	36014	3962	3175	2286	3141	
2016	20304	38192	38192	4539	3979	2599	3706	

第三章
国家高速公路

G60N 湖南段项目建设单位信息 表 3-12-4

路段	参建单位	单 位 名 称	合同段编号及起止桩号	主要负责人
大浏高速公路	管理单位	湖南省大浏高速公路建设开发有限公司	K0+000～K83+753	黄斌
	设计单位	湖南省交通勘察设计所	设计1标 K0+000～K39+098.738	陈露、陈敏
		湖南省交通规划勘察设计院	设计2标 K41+000～K85+545.437	刘小强、陈建明
	监理单位	重庆锦程工程咨询有限公司	监理1标 K0+000～K20+500	杨麦旺
		湖南省交通建设工程监理有限公司	监理2标 K20+500～K39+098	刘朝霞
		湖南省三湘交通建设监理事务所	监理3标 K39+098～K67+030	唐善础
		湖南岳阳交通工程咨询监理公司	监理4标 K67+030～K83+545	郭卫秋
	施工单位	江西省宜春公路建设集团有限公司	土建1标 K0+000～K3+350	周游
		湖南湘筑工程有限公司	土建2标 K3+350～K8+340	杨培弘
		中铁二十五局集团有限公司	土建3标 K8+340+K14+200	陈琳
		中国路桥工程有限责任公司	土建4标 K14+200～K20+500	苏建萍
		湖南省怀化公路桥梁建设总公司	土建5标 K20+500～K25+240	黄程春
		中铁十七局集团第五工程有限公司	土建6标 K25+240～K30+110	张立玉
		湖南省建筑工程集团总公司	土建7标 K30+110～K35+270	谢江勇
		湖南尚上公路桥梁建设有限公司	土建8标 K35+270～K39+098.738	赵锋
		安徽建工集团有限公司	土建9标 K41+000～K48+700	何彬
		中铁二十局集团有限公司	土建10标 K48+700～K58+000	王武刚
		湖南金沙路桥建设有限公司	土建11标 K58+000～K67+030	郭检
		中铁十二局集团有限公司	土建12标 K67+030～K70+600	曾宇乐
		湖南省湘筑工程有限公司	土建13标 K70+600～KK76+700	赵统生
		湖南湘潭公路桥梁建设有责任公司	土建14标 K76+700～K85+545.437	刘曙光
长浏高速公路	管理单位	湖南长浏高速公路建设发展有限公司	K0+000～K65+324	胡小平
	设计单位	湖南省交通规划勘察设计院	K0+000～K65+324	宋智
	监理单位	浙江通衢交通建设监理咨询有限公司	土建 TJJL K0+000～K65+324	郑茂参
		湖南省通信建设监理有限公司	房建 FJJL K0+000～K65+324	聂红兵
		北京泰克华诚技术信息咨询有限公司	机电 JDJL K0+000～K65+324	蔺育斌
	施工单位	湖南省株洲公路桥梁建设有限公司	土建 T01 K0+000～K13+000	尹建群
		深圳市路桥建设集团有限公司	土建 T02 K13+000～K29+150	黄伟强
		深圳市路桥建设集团有限公司	土建 T03 K29+150～K36+250	俞伯汀
		湖南省郴州公路桥梁建设有限责任公司	土建 T04 K36+250～K42+250	李晗之
		湖南省郴州公路桥梁建设有限责任公司	土建 T05 K42+250～K52+660	邓通平
		湖南省怀化公路桥梁建设总公司	土建 T06 K52+660～K65+324	李祥熙
		湖南路桥建设集团公司	路面 LM01 K0+000～K33+740	戴佑才
		湖南路桥建设集团公司	路面 LM02 K33+740～K65+324	王术飞
		湖南省衡南第五建筑工程有限公司	房建 FJ01 K0+000～K65+324	黄鹏飞

续上表

路段	参建单位	单位名称	合同段编号及起止桩号	主要负责人
长浏高速公路	施工单位	福建广元建筑工程有限责任公司	房建 FJ02 K0+000～K65+324	游智春
		南京凌云科技发展有限公司	机电 JD01 K0+000～K65+324	孙银中
		湖南天弘交通建设工程有限公司	交安 AS01 K0+000～K65+324	尹文源
		湖南金驰园林绿化有限公司	绿化 LH01 K0+000～K65+324	王革平
长永高速公路	建设单位	湖南长永公路股份有限公司	K1165+528.86～K1185+776.74 及机场支线 K0+000～K3+713	傅安辉
	设计单位	湖南省交通规划勘察设计院	K1165+528.86～K1185+776.74 及机场支线 K0+000～K3+713	李仁
	监理单位	湖南省交通科学研究所	K1165+528.86～K1185+776.74 及机场支线 K0+000～K3+713	边惠英
	施工单位	长沙县综合开发公司	第1合同段 K1185+776.74～K1183+254.74	肖义成
		益阳公路总段路桥公司	第2合同段 K1183+254.74～K1177+644.74	夏仲昌
		岳阳交通工程建设总公司	第3合同段 K1177+644.74～K1172+324.72	陈玉涛
		邵阳公路总段机械工程队	第4合同段 K1172+324.72～K1171+74.74 及机场支线 K0+000～K3+713	刘小平
		湖南省机械化施工公司与湖南省国际经济技术合作公司联营体	第9合同段 K1171+74.74～K1165+528.86	张友成、杨春唐

G60N 湖南段收费站点设置情况　　　　表 3-12-5

路段	站点名称	车道数	收费方式
大浏高速公路	蕉溪	5	人工,ETC
	浏阳东	13	人工,ETC
	古港	8	人工,ETC
	官渡	9	人工,ETC
	大围山南	9	人工,ETC
	张坊	15	人工,ETC
长浏高速公路	洪口界	12进10出	人工,ETC
	大瑶	4进5出	人工,ETC
	浏阳南	3进4出	人工,ETC
	浏阳西	4进7出	人工,ETC
	洞阳	3进3出	人工,ETC
	永安	3进4出	人工,ETC
长永高速公路	长沙	5进7出	3进5出人工,2进2出 ETC
	三一	3进5出	2进4出人工,1进1出 ETC
	黄花	4进5出	2进3出人工,2进2出 ETC
	永安	2进4出	1进3出人工,1进1出 ETC

G60N 湖南段服务区设置情况　　　　　　表 3-12-6

路　段	服务区名称	桩　号
大浏高速公路	大围山	K7+500
	浏阳	K58+870
长浏高速公路	洞阳	K56+600
长永高速公路	星沙	K11+200

第十三节　G72（泉州至南宁）湖南段

泉州至南宁高速公路，简称泉南高速，高速公路编号为 G72，是国家"7918"高速公路网中的第 15 横，途经福建、江西、湖南、广西，全程 1635km，是中国南部东西大动脉、泛珠三角区域重要干线公路。

泉南高速湖南段是湖南省新修订的高速公路规划"七纵七横"中的"第六横"，它的建成，完善了湖南省高速公路网，密切了湘中湘南与北部湾经济区、海西经济区之间的联系，对促进湖南率先在中部地区崛起和经济持续快速发展起到积极的推动作用。

泉南高速湖南段全长 345.5km，分垄茶、衡炎、衡枣 3 段修建。自江西从株洲茶陵入境，经株洲、衡阳、永州等 3 市，在永州枣木铺入广西。

一、（界化）垄茶（陵）高速公路

（界化）垄茶（陵）高速公路，简称垄茶高速，位于茶陵县境内，起自茶陵县界化垄（湘赣界），接江西省拟建的吉安至莲花（赣湘界）高速公路，经高垄镇、火田镇、腰陂镇、洣江乡、下东乡，止于孟塘，接已建成的衡阳至炎陵高速公路。项目主线长 45.242km，概算总投资 30.16 亿元，2010 年 11 月正式开工建设，2013 年 12 月 30 日建成通车。

垄茶高速是一条红色旅游线路，也是省交通运输厅确定的美丽高速示范工程项目。它把井冈山革命圣地和炎帝陵、南岳衡山更加紧密地联系在一起，对进一步加强茶陵与长株潭等地区的经济融合具有重要作用。

2009 年 7 月 24 日，国家发改委以发改基础〔2009〕1939 号文件批复项目工可研究报告；2009 年 9 月 7 日，交通运输部以交公路发〔2009〕462 号文件批准项目初步设计；项目施工图设计文件由省交通运输厅以湘交基建〔2010〕43 号文件审核通过。项目征地 4700 余亩，拆迁房屋 360 余栋，迁移坟墓 3000 座。

垄茶高速公路项目土建招标采用资格预审和合理低价法的评标办法，土建监理招标采用资格预审和综合评估法的评标办法。路面、绿化、交安、管线、机电、房建工程以及房建监理、机电监理,均采用合理定价评审抽取法的评标办法。垄茶高速公路项目共有9个土建合同段,2个路面合同段,7个绿化合同段,2个房建合同段,4个交安合同段,1个管线合同段和1个机电合同段,4个施工监理合同段。

垄茶高速公路主线双向四车道,设计速度100km/h,路基宽度26m;同步建设茶陵连接线4.29km,路基宽度12m,采用二级公路标准建设,设计速度60km/h。垄茶高速公路主线以及互通式立体交叉匝道采用沥青混凝土路面结构,互通匝道收费广场及主线收费广场采用水泥混凝土路面。全线建特大桥、大桥18座/7741.98延米,中小桥11座/745.16延米,涵洞124道/3945.46延米,通道132道/5365.67延米,以及孟塘互通、茶陵东互通、腰陂互通、光明互通4处互通式立交。设高陇收费站1处省界主线收费站,茶陵东、腰陂、光明3处匝道收费站,云阳山1对服务区。

二、衡(阳)炎(陵)高速公路

衡(阳)炎(陵)高速公路,起于衡阳大浦互通一期工程终点,终于炎陵县分路口,途经衡阳市(衡东县)、株洲市(攸县、茶陵县、炎陵县),批准概算49.1048亿元,2005年12月29日开工建设,2009年12月26日通车。

衡炎高速公路地处湘东地区,连接井冈山革命老区和国家级旅游景区衡山,连接国家级自然保护区、国家森林公园神农谷、中华民族始祖神农氏安寝之所炎帝陵,是湘赣两省区域发展的重要运输通道。

2003年1月17日,国家发展计划委员会以计基础〔2003〕90号文件对项目予以批复;2004年8月,国家发展和改革委员会以发改交运〔2004〕1509号文件对项目予以批复;2004年12月22日,国家环境保护总局以环审〔2004〕582号文件对项目予以批复;2005年1月12日,交通部以交公路发〔2005〕14号文件对项目初步设计予以批复;2006年4月28日,省交通厅以湘交基建〔2006〕193号文件对项目予以批复。

项目主线长114.188km,K0+000~K83+200段设计速度100km/h,路基宽度26m;K83+200~K113+846.831段设计速度80km/h,路基宽度24.5m。衡东连接线和炎陵县城连接线设计速度80km/h,路基宽度15m;炎帝陵连接线L2K0+000~L2K8+800路段采用设计速度80km/h、路基宽度24.5m,L2K8+800~L2K10+968.55终点路段为景区道路,按城市道路标准设计。

衡炎高速高速公路主线设互通7处,大桥16座,中桥23座,隧道4座。全线设高湖、衡东、攸县、茶陵、浣溪6个收费站,均为政府还贷性收费站;衡东、茶陵2处服务区(停车区)。由省高速公路管理局株洲管理处和衡阳管理处按辖区负责运营管理。

三、衡(阳)枣(木铺)高速公路

衡枣高速公路东起京港澳高速公路洪市互通,西至与广西接壤的永州市零陵区枣木铺村,项目总投资52.4187亿元,2000年12月20日开工建设,2003年12月26日建成通车。

民国17年(1928),湘桂两省沿古驿道走向修筑公路,时称衡桂线。该路历时8年修通衡阳至枣木铺路段,全长208km,耗银66.2万余两。该路窄而曲,坡大弯多,设渡口5处,抗战时遭严重破坏。

中华人民共和国成立后,衡桂线衡阳至枣木铺路段几经修复、改建、扩建,历40年成为国道322线(衡阳—凭祥)湘境段,技术状况为二级公路29km,三级公路70km,四级公路89km。1989年,实际车流量已超设计流量的35.5%,交通事故连续5年(1985～1989年)上升。

1990年,省交通厅委托湖南省交通规划勘察设计院对衡枣高速公路建设进行预可行性研究。1998年初,湖南省交通规划勘察设计院对衡枣高速公路预可行性研究报告进行修改并完成重新编制。同年12月,交通部公路科学研究所承担的工程可行性研究报告编制完成。

2000年3月,省交通规划勘察设计院完成《衡枣高速公路两阶段初步设计》。同年7月,交通部通过了衡枣高速公路设计方案,国家环保总局也通过了该项目的环保评估报告。

2000年6月,衡枣高速公路招投标工作启动。同年7月,衡枣高速公路建设指挥部成立,征地拆迁工作展开,衡阳、永州2市及线路所经各县相继成立协调指挥机构。完成永久性征地26306.1亩,拆迁房屋457241.07m^2,拆迁线杆3968根,拆迁光、电缆16根,租赁临时用地8931亩。11月5日,衡枣高速公路开工典礼在永州市零陵区七里店办事处晓深塘村举行,12月20日,正式破土动工。

该项目主线长186.065km,连接线长35.82km(其中衡西连接线按一级公路建设标准,常宁连接段按二级公路标准建设)。主线路基宽26～28m,设计速度100～120km/h。建有特大桥4座/3260延米,大桥11座/1911.09延米,中小桥24座/1199.62延米,分离式立交桥124处,互通式立交桥12处,通道423处,涵洞844道。全线设古城、珠晖南、雁峰、硫市、粮市、归阳、潘市、白水、大忠桥、永州、黄田铺、珠山12个匝道收费站和1个主线跨省收费站枣木铺收费站,由省高速公路管理局衡阳管理处和永州管理处按辖区负责运营管理,设衡南、洪山、珠山、永州、潘市5对服务区(停车区)。

G72湖南段建设项目信息、路面信息、交通流量状况、项目建设单位信息、收费站点设置情况、服务区设置情况等,分别见表3-13-1～表3-13-6。

G72 湖南段建设项目信息

表 3-13-1

项目名称	规模（km）		建设性质（新、改、扩建）性质	设计速度（km/h）	永久占地（亩）	投资情况（亿元）				建设时间（开工~通车）
	合计	四车道				估算	概算	决算	资金来源	
垄茶高速公路	45.242	45.242	新建	100		29	30.16		银行贷款	2010.11~2013.12
衡炎高速公路	114.188	114.188	新建	80、100	14472.498	45.829	49.1048	未竣工	交通部、省建设资金，银行贷款	2006.09~2009.12
衡枣高速公路	186.065	186.065	新建	100、120	24284.08	46.83	52.4187	52.4187	交通部、省建设资金，银行贷款	2000.12~2003.12

G72 湖南段路面信息

表 3-13-2

项目名称	路面形式	起讫里程	长度（m）	水泥混凝土路面	沥青路面
垄茶高速公路	柔性路面	K0+000~K45+242	45242		沥青路面
衡炎高速公路（衡阳段）	柔性路面	K722.275~K770.210	47935		沥青路面
衡枣高速公路（衡阳段）	刚性、柔性路面结合	K785.997~K865.354	79357		
衡枣高速公路（永州段）	刚性路面	K865.354~K972.062	106708	水泥混凝土路面	

G72 湖南段交通流量状况表 单位：辆/日

表 3-13-3

年份	垄茶高速公路		衡炎高速公路				衡枣高速公路				
			株洲段		衡阳段		衡阳段			永州段	
	界化垄	日平均流量	茶陵	日平均流量（当量）	衡东	日平均流量（自然数）	洪市	石埠	日平均流量（自然数）	大忠桥	枣木铺	日平均车流量
2013					4169	4169	5396	11726	8376	9467	8748	9149
2014			4734	4734	4142	4142	7834	12106	9845	8989	8423	8739
2015	2463	2463	4489	4489	5386	5386	9415	12403	10822	10387	8975	9762
2016								12804	9212	11215		

G72 湖南段项目建设单位信息

表 3-13-4

路段	参建单位	单位名称	合同段编号及起止桩号	主要负责人
垄茶高速公路	管理单位	湖南省垄茶陵高速公路建设开发有限公司	K0+000~K45+242,LK0+000~LK6+231	肖玉辉
	设计单位	湖南省交通规划勘察设计院	K0+000~K45+242,LK0+000~LK6+231	宋智
	施工单位	中国水电建设集团路桥工程有限公司	1标 K0+0~K4+960	罗录云
		杭州市市政工程集团有限公司	2标 K4+960~K10+220	何念祥
		广东省佛山公路工程有限公司	3标 K10+220~K17+500	刘阳
		江苏省交通工程集团有限公司	4标 K17+500~K23+000	唐超
		湖南省湘筑工程有限公司	5标 K23+000~K27+000	彭建江

第三章
国家高速公路

续上表

路段	参建单位	单位名称	合同段编号及起止桩号	主要负责人
垄茶高速公路	施工单位	湖南省湘筑工程有限公司	6标 K27+000~K36+390	廖结成
		浙江省大成建设集团有限公司	7标 K36+390~K40+500	曹俊杰
		陕西省通达公路建设集团有限责任公司	8标 K40+500~K45+242.416	曹会东
		湖南娄底路桥建设有限责任公司	9标 LK0+000~LK6+231,茶陵东连接线	康新华
		湖南天鹰园林绿化工程有限公司	10标 K0+000~K10+220	沈海波
		湖南汇智园林景观建设有限公司	11标 K10+220~K17+500	吴卫民
		江西福乐园林有限责任公司	12标 K17+500~K23+000	熊辉
		湖南汇智园林景观建设有限公司	13标 K23+000~K27+000	郭雁
		湖南高尔园林绿化工程有限公司	14标 K27+000~K33+400	许方
		湖南长浏园林建设发展有限公司	15标 K33+400~K40+500	卢向东
		湖南天方绿化实业有限公司	16标 K40+500~K45+242,LK0+000至LK6+231	唐永跃
		中交公路一局第四工程有限责任公司	17标 K0+000~K23+000	曲宏福
		杭州市交通工程集团有限公司	18标 K23+000~K45+242	金建根
		衡阳市长江建设工程有限责任公司	19标高陇治超站、主线收费站、光明收费站(区)	欧阳亚平
		广西建工集团第二建筑工程有限责任公司	20标腰陂收费站(区)、茶陵东收费站(区)、服务区	农红涛
		湖南常德路桥建设集团有限公司	21标 K0+000~K23+000	曲栋
		北京路桥方舟交通科技发展有限公司	22标 K0+000~K45+242	张荣华
		苏州交通工程集团有限公司	23标 K0+000~K45+242	王少寅
		黑龙江省北龙交通工程有限公司	24标 K0+000~K45+242	孙明刚
		兰州朗青交通科技有限公司	25标 K0+000~K45+242	王建民
		上海电科智能系统股份有限公司	26标 K0+000~K45+242	李圣钊
衡炎高速公路	管理单位	衡炎高速公路建设开发有限公司	K0+000~K114+188	李立新
	设计单位	湖南省交通规划勘察设计院	K0+000~K114+188	仲湘江
	监理单位	湖南省交通建设工程监理有限公司	K0+000~K23+800 L1K0+000~L1K9+429.377	赵伟联
		湖南长顺工程建设监理有限公司	K23+800~K48+291.588	欧阳祖达
		湖南省交通建设工程监理有限公司	K48+000~K77+310	谭敏
		北京路桥通工程监理咨询有限公司	K77+310~K106+200	杭伯安
		湖南省金衢交通咨询监理有限公司	K106+200~K113+846.831 L2K0+000~L2K10+968.55	蒋绍成
		长沙市建华工程建设监理有限责任公司	高湖收费站、衡东收费站、衡东服务区、衡炎管理处房建	谢争文
		湖南兴发建设监理有限责任公司	安攸收费站(含养护工区)、茶陵收费站、云阳山隧道监控所、炎帝陵收费站、茶陵服务区	陈琳

续上表

路段	参建单位	单位名称	合同段编号及起止桩号	主要负责人
衡炎高速公路	监理单位	北京路桥通国际工程咨询有限公司	K0+000~K114+188,L1K0+000~L1K9+029.377,L2K0+000~L2K10+968.55,L3K0+250~L3K10+437.89	董毅
	施工单位	湖南怀华公路桥梁建设总公司	K0+000~K8+200	陈宏友
		天津五市政公路工程有限公司	K8+200~K17+000	李湘云
		湖南路桥建设集团公司	K17+000~K23+800	谭小湖
		湖南环达公路有限公司	L1K0+000~L1K9+429.377	万卫国
		云南第二公路桥梁工程有限公司	K23+800~K29+505	袁刚
		江西赣北公路工程有限公司	K29+505~K32+650	龙昌炳
		山东省路桥集团有限公司	K32+650~K41+860	邹宗民
		广东省长大公路工程有限公司	K41+860~K48+291.588	汪徐送
		衡阳公路桥梁建设有限公司	K48+000~K60+820	邹剑
		中铁十二局集团有限公司	K60+820~K73+180	林胜利
		湖南路桥建设集团公司/中铁十二局集团有限公司(联合体)	K73+180~K77+310	李智昌
		中铁十二局集团有限公司	K83+200~K92+860	杜湘豪
		中铁二十局集团第四工程公司	K92+860~K101+000	王树文
		吉林省长城路桥建工有限公司	K101+000~K106+200	刘锋
		中铁隧道集团有限公司	K106+200~K108+920	王群选
		湖南路桥建设集团公司	K108+920~K112+600	彭益民
		湖南省怀化公路桥梁建设总公司	K112+600~K113+846.831	李秀刚
		南京东部路桥工程总公司	L2K3+580~L2K10+968.55	赵军
		湖南省怀化公路桥梁建设总公司	K0+000~K23+800	蔡江帆
		杭州交通工程集团有限公司	K23+800~K48+291.588	向良
		中铁十二局集团有限公司	K48+000~ZK73+442(YK73+440)	邱胜华
		中铁一局集团有限公司	ZK76+638(YK76+670)~K108+920	彭安平
		湖南环达公路桥梁建设总公司	K108+920~K113+846.831 L2K0+000~L2K10+968.55	孙思中
		中铁一局集团电务工程有限公司	K0+000~K23+800	李刚
		湖南华鑫交通工程公司	K23+800~K48+291.588	曾松柏
		北京深华科交通工程有限公司	K48+000~K77+310	唐力
		湖南天弘交通建设工程有限公司	K77+310~K113+846.83 L3K0+250~L3K10+437.89	吴戈辉
		湖南东方建设股份有限公司	衡炎管理处(7183m)	王小飞
		江苏金陵建工集团有限公司	衡东收费站、停车场、高湖收费站(2784m)	胡西林
		长沙洪山建筑有限公司	安仁收费站(含养护工区)、茶陵收费站、云阳山隧道监控所(5255m)	廖勇

第三章
国家高速公路

续上表

路段	参建单位	单位名称	合同段编号及起止桩号	主要负责人
衡炎高速公路	施工单位	长沙市洪山建筑有限公司	浣溪收费站(含养护工区及大面山隧道监控所)、炎帝陵收费站(4853m)	杨权
		长沙市建设工程集团有限公司	衡东服务区(4107m)	张传武
		重庆龙辉建设有限公司	茶陵服务区(3832m)	沈甲乙
		南京公路防护设施工程有限责任公司	K0+000~K23+800 L1K0+000~L1K9+029.377	刘宝生
		湖南交通国际经济工程合作公司	K23+800~K48+291.588	李琦
		南京长城交通设施设备厂	K48+000~K77+310	涂向东
		湖南天弘交通建设工程有限公司	K77+310~K113+846.83 L3K0+250~L3K10+437.89	刘奉江
		湖南三和通信交通工程有限公司	K0+000~K23+800	陈果
		湖南通顺交通工程有限公司	K23+800~K48+291.588	刘伟端
		湖南天弘交通建设工程有限公司	K48+000~K77+310、L1K0+000−L1K9+029.377、L2K0+000~L2K10+968.55	吴戈辉
		哈尔滨交研交通工程有限责任公司	K77+310~K113+846.83	廖结成
		湖南省醴陵市志远交通工程施工安装有限公司	K0+000~K48+291.588,L1K0+000~L1K9+029.377	杨庆先
		湖南环达公路桥梁建设总公司	K48+000~K113+846.83,L2K0+000~L2K10+968.55	蔡利平
		湖南三和通信交通工程有限公司	K0+000~K48+291.588,L1K0+000~L1K9+029.377	肖剑
		湖南通顺交通工程有限公司	K48+000~K113+846.83,L2K0+000~L2K10+968.55	吴小毛
		湖南天弘交通建设工程有限公司	K0+000~K113+846.83,L1K0+000~L1K9+029.377、L2K0+000~L2K10+968.55	唐翰林
		长沙红星园林绿化有限公司	衡炎管理处	林志勇
		湖南芙蓉园林环境工程有限公司	K0+000~K23+800	周翼文
		长沙市华海风景园林有限公司	K23+800~K48+000	廖利希
		湖南天方绿化实业有限公司	K48+000~K77+310	俞平
		株洲市中南园林工程建设中心	K77+310~K106+200	盛建光
		湖南绿洲园林建设有限公司	K106+200~K113+846.83,L2K0+000~L2K10+968.55	周勇
		紫光捷通科技股份有限公司	K0+000~K114+188	黄旭
		湖南天弘交通建设工程有限公司	K28+837~K29+252(YK28+837~YK29+25)官冲隧道 K73+442~K76+638(YK73+440~YK76+670)云阳山隧道	付达
		亿阳信通股份有限公司	K107+152~K108+490(YK107+236~YK108+49)由义隧道 K108+920~K111+225(YK108+915~YK111+220)大面山隧道	隋岳君
		湖南毛勒桥梁附件有限公司	K0+000~K114+188,L1K0+000~L1K9+029.377,L2K0+000~L2K10+968.55,L3K0+250~L3K10+437.89	李力

续上表

路段	参建单位	单位名称	合同段编号及起止桩号	主要负责人
衡枣高速公路	管理单位	湖南省衡枣高速公路建设开发有限公司	K0+000~K186+065	张镇鑫
	设计单位	湖南省交通规划勘察设计院		仲湘江
	监理单位	湖南省金衢交通咨询监理有限公司	K0+960~K31+967,衡阳连接线LK0+055~LK4+692	姜方武
		湖南公路工程监理咨询公司	K32+000~K60+140	唐巨卿
		湖南省交通建设工程监理有限公司	K100+200~K114+768	韩宇乐
		湖南大学建设监理中心	K60+140~K100+200,(河洲湘江大桥)LK10+759~LK11+677	徐厚兴
		育才—布朗交通咨询监理有限公司	K114+000~K147+860	卢正宇
		重庆正大工程监理咨询有限公司	K147+860~K185+427	李锡三
		湖南华楚工程建设咨询监理公司	常宁连接线LK0+000~LK24+037	张伟
		泛华工程湖南有限公司	50、51、52、53标房建	曹建湘
		湖南方圆工程监理咨询有限公司	54、55、56、57标房建	李洪
		天津市国腾公路咨询监理有限公司	机电	穆建章
	施工单位	交通部第一公路工程总公司第二工程处	土建工程K7+220~K14+000	吴宏斌
		湖南交通国际经济工程合作公司	土建工程K0+000~K7+220	阳公维
		湖南路桥建设集团公司	土建工程K14+000~K17+430	贺淑龙
		广州铁路集团工程总公司	土建工程K16+267.6~K16+715.54	彭裕村
		湖南省路桥建设集团公司	土建工程K17+430~K31+967.275	杨子钦
		湖南省路桥建设集团公司	土建工程K32+000~K46+000	杨镇华
		湖南省路桥建设集团公司	土建工程K46+000~K60+140	陈浩
		长沙市公路桥梁建设总公司	土建工程K60+140~K66+070	何贤锋
		湖南湘中公路桥梁建设总公司	土建工程K66+070~K73+857.32	胡明珠
		湖南省路桥建设集团公司	土建工程K74+000~K87+400	张志敏
		湖南省路桥建设集团公司	土建工程K87+400~K100+200	周强
		湖南省怀化公路桥梁建设总公司	土建工程K100+200~K114+768.134	刘中奇
		重庆渝通公路工程总公司	土建工程K114+000~K127+000	钟远国
		湖南省第六工程公司	土建工程K134+600~K140+080	陈三喜
		湖南省永州公路桥梁建设总公司	土建工程K127+000~K134+600	康树德
		湖南省路桥建设集团公司	土建工程K140+080~K147+860	肖国强
		湖南环达公路桥建设总公司	土建工程K147+876.67~K158+900	刘浪
		湖南省怀化公路桥梁建设总公司	土建工程K158+900~K172+000	梁贤贞
		交通部第二公路工程局	土建工程K172+000~K185+427.83	王立英
		岳阳市公路桥梁基建总公司	土建工程HLK0+055.6~HLK4+692.788	高新颖
		深圳交运工程公司—郴州市交通路桥有限公司联合体	土建工程GLK0+000~GLK5+350	周先军
		岳阳通衢兴路公司	土建工程GLK5+350~GLK10+759.14	谭勇

第三章　国家高速公路

续上表

路段	参建单位	单位名称	合同段编号及起止桩号	主要负责人
衡枣高速公路	施工单位	湖南省路桥建设集团公司	土建工程 GLK10+759.14～GLK11+677.50	张九初
		张家界市道路桥梁开发建设总公司	土建工程 GLK11+677.50～GLK14+200	胡亚军
		铁道部第四工程局第六工程处	土建工程 GLK14+200～GLK18+000	张乃镜
		湖南常德公路桥梁建设总公司	土建工程 GLK18+000～GLK24+037.13	罗军
		湖南省衡阳公路桥梁建设总公司	土建工程 HLK4+700～HLK8+152	邹剑
		天津五市政公路工程有限公司	路面工程 K32+000～K55+000	孙喜民
		路桥集团第二公路工程局	路面工程 K55+000～K75+590	王迅
		湖南省路桥建设集团公司	路面工程 K75+590～K99+295.26	肖红光
		岳阳市公路桥梁基建总公司	路面工程 K99+295.26～K114+768.134	陈鹏
		湖南省路桥集团公司	路面工程 K114+000～K140+080	彭安平
		湖南省株洲公路桥梁建设有限公司	路面工程 K140+080～K158+900	冯伟良
		湖南环达公路桥梁建设总公司	路面工程 K158+900～K186+065	侯展
		衡阳公路桥梁建设有限公司	路面工程 K0+000～K16+267.5	徐勍
		湖南省路桥建设集团公司	路面工程 K16+267.5～K31+967.275	孟宪
		湖南省郴嘉铁路管理处	绿化及生物防护工程 K0+000～K31+967.275	廖廷云
		湖南省绿源实业有限公司	绿化及生物防护工程 K32+000～K60+140 衡西联络线	雷光福
		长沙万年青园林绿化有限公司	绿化及生物防护工程 K60+140～K73+857.316 常宁联络线	周劲松
		湘潭市沏涌草业有限公司	绿化及生物防护工程 K74+000～K114+768.134	曾昭安
		醴陵市山水园林建设有限公司	绿化及生物防护工程 K114+000～K158+900	邓泽民
		长沙嘉华园林有限公司	绿化及生物防护工程 K158+900～K186+065	杨军
		长沙市雨花风景园林有限公司	绿化及生物防护工程 K0+000～K17+425.6	王仲
		邵阳市园艺花木研究有限公司	绿化及生物防护工程 K17+430～K32+000 衡西联络线	黎明
		长沙市道路绿化管理处劳动服务公司	绿化及生物防护工程 K32+000～K60+140	石觉穗
		长沙市三华物业发展有限公司	绿化及生物防护工程 K60+140～K73+857.316 常宁联络线	文翔
		湖南省园林建设总公司	绿化及生物防护工程 K74+000～K87+400	李一凡
		海南港银投资有限公司长沙园林绿化分公司	绿化及生物防护工程 K87+400～K100+200	刘洪利
		长沙市园林广告发展中心	绿化及生物防护工程 K100+200～K114+768.134	黎玉才
		湖南碧水园林环保工程有限公司	绿化及生物防护工程 K114+000～K127+000	文剑清
		海南港银投资有限公司长沙园林绿化分公司	绿化及生物防护工程 K127+000～K147+860	余洪辉
		湖南省湘林科技园林工程有限公司	绿化及生物防护工程 K147+876.67～K172+000	刘焱

续上表

路段	参建单位	单 位 名 称	合同段编号及起止桩号	主要负责人
衡枣高速公路	施工单位	湖南省路桥环境景观艺术工程有限公司	绿化及生物防护工程 K172+000~K186+065	康四清
		湖南路桥建设集团公司	交通工程 K0+000~K31+967.275	鲁乐春
		湖南同力交通实业有限责任公司	交通工程 K32+000~K60+140	彭朝晖
		湖南路桥建设集团公司	交通工程 K60+140~K87+400	肖国庆
		江阴市青舜冷弯型钢制造有限公司	交通工程 K87+400~K114+768.134	曾松柏
		湖北路桥工程公司	交通工程 K114+000~K147+860	余佳志
		湖南天弘交通建设有限公司	交通工程 K147+876.67~K186+065	吴书辉
		湖南省金达工程建设有限公司	交通工程 K0+000~K31+967.275	张方
		凯通交通工程有限公司	交通工程 K32+000~K60+140	钟明德
		江阴市青舜冷弯型钢制造有限公司	交通工程 K60+140~K87+400	黄可安
		湖南省郴州公路桥梁建设有限责任公司	交通工程 K87+400~K114+768.134	何建军
		湖南省醴浏铁路交通工程有限公司	交通工程 K114+000~K147+860	李思永
		湖南醴陵市志远交通工程施工安装公司	交通工程 K147+876.67~K186+065	潘德希
		湖南三和通信交通工程有限公司	交通工程 K0+000~K60+140	王海林
		湖南三和通信交通工程有限公司	交通工程 K60+140~K114+768.134	王海林
		北京深华科交通工程有限公司	交通工程 K114+000~K147+860	赵文海
		湖南醴陵市志远交通工程施工安装公司	交通工程 K147+876.67~K186+065	宋玉宇
		北京京华路捷交通工程有限公司	交通工程 K0+000~K60+140	杨长武
		湖南海鸿交通工程有限公司	交通工程 K60+140~K114+768.134	王刃
		湖南醴陵市志远交通工程施工安装公司	交通工程 K114+000~K186+065	肖剑
		宁夏华通达实业有限公司	交通工程 K0+000~K60+140	周长安
		湖南益阳公路桥梁建设有限公司	交通工程 K60+140~K114+768.134	彭佩勤
		山西长达交通设施有限公司	交通工程 K114+000~K186+065	黄胜
		岳阳市公路桥梁基建总公司	交通工程 K0+000~K100+220	胡楚荣
		湖南天弘交通建设有限公司	交通工程 K100+200~K186+065	范奎
		湖南路桥建设集团公司	交通工程 K0+000~K186+065	鲁乐春
		湖南天弘交通建设有限公司	交通工程 K0+000~K186+065	范奎
		湖南常德路桥建设有限公司	交通工程 K0+000~K186+065	刘春复
		北京瑞华赢科技发展有限公司	交通工程 K0+000~K31+967.275	周强
		中国路桥(集团)总公司	交通工程 K32+000~K73+857.316	王海林
		山西四和交通工程有限公司	交通工程 K74+000~K114+768.134	宁顺华
		成都曙光纤网络有限责任公司	交通工程 K114+000~K147+860	范林
		广西壮族自治区交通科学研究所	交通工程 K147+876.67~K186+065	杨正球
		湖南长大建设集团股份有限公司	房建洪市主线临时收费站、古城收费站、衡阳东收费站、衡阳西收费站	张伟

续上表

路段	参建单位	单位名称	合同段编号及起止桩号	主要负责人
衡枣高速公路	施工单位	湖南中奇建筑工程有限公司	房建衡枣管理处	赵礼
		湖南长沙中格建设(集团)有限公司	房建硫市服务区	张伟
		湖南对外建设有限公司	房建硫市收费站、石埠收费站、归阳收费站	胡伟
		长沙市建筑安装工程公司	房建潘市收费站、潘市停车场、白水收费站	陈国亮
		湖南岳阳工程公司	房建大忠桥收费站、永州服务区	罗水平
		湖南望城建筑(集团)有限公司	房建永收费站、黄田铺收费站	廖阳保
		泛华工程湖南有限公司	房建珠山收费站、珠山主线收费站	赵克强
		广州海特天高信息系统工程有限公司	机电 K0+000~K186+065	杨俊

G72 湖南段收费站点设置情况　　　　表 3-13-5

路段	站点名称	车道数	收费方式
垄茶高速公路	高陇	24	人工,ETC
	光明	8	人工,ETC
	腰陂	7	人工,ETC
	茶陵东	8	人工,ETC
衡炎高速公路	高湖	2进2出	1进1出人工,1进1出ETC
	衡东	2进3出	1进2出人工,1进1出ETC
	攸县	5	人工,ETC
	茶陵	5	人工,ETC
	浣溪	4	人工,ETC
衡枣高速公路	古城	2进2出	1进1出人工,1进1出ETC
	珠晖南	3进7出	2进6出人工,1进1出ETC
	雁峰	3进5出	2进4出人工,1进1出ETC
	硫市	2进3出	1进2出人工,1进1出ETC
	粮市	2进4出	1进3出人工,1进1出ETC
	归阳	3进5出	2进4出人工,1进1出ETC
	潘市	3进5出	2进4出人工,1进1出ETC
	白水	3进4出	2进3出人工,1进1出ETC
	大忠桥	2进4出	1进3出人工,1进1出ETC
	永州	3进6出	1进4出人工,2进2出ETC
	黄田铺	3进5出	2进4出人工,1进1出ETC
	珠山	2进2出	1进1出人工,1进1出ETC
	枣木铺	8进8出	6进6出人工,2进2出ETC

G72 湖南段服务区设置情况　　　　表 3-13-6

路段	服务区名称	桩号
垄茶高速公路	云阳山	K30+366

续上表

路　　段	服务区名称	桩　　号
衡炎高速公路	衡东	K739+000
	茶陵	K304+870
衡枣高速公路	洪市	K790+700
	衡南	K831+623
	潘市	K882+067
	珠山	K912+197
	永州	K961+000

第十四节　G76（厦门至成都）湖南段

厦门至成都高速公路，简称厦蓉高速公路，国家公路网编号G76，是国家高速公路七射九纵十八横网内18条东西向高速公路中的第16条，起于福建厦门，经福建（漳州、龙岩），江西（于都、赣州），湖南（郴州），广西（兴安），贵州（榕江、都匀、贵阳、毕节），四川（泸州、内江），止于四川成都，全长2295km。规划路线由原国家重点公路厦门至昆明线厦门—毕节段，包头至友谊关线毕节—隆昌段，国道主干线沪蓉线隆昌—成都段组成。厦蓉高速公路是我国西南腹地通往东南沿海地区的主要出海通道。

厦蓉高速湖南段是湖南省规划的"五纵七横"高速公路网的第七横，不仅是湖南省南部地区连接闽台经济区和长江上游成渝经济圈的东西向出省通道，也是湖南省东出厦门的出海大通道的重要组成部分。

厦蓉高速湖南段全长308.47km，分汝郴、郴宁、宁道3段修建。自江西从郴州汝城入境，经郴州、永州2市，在永州道县入广西。

一、汝（城）郴（州）高速公路

汝城至郴州高速公路，简称汝郴高速，是厦蓉国家高速公路湖南境内最东的一段，起于汝城县热水镇百担丘村东，途径郴州市汝城县、宜章县、苏仙区，终于郴州市苏仙区水龙村东2km处，接厦蓉线与京珠线枢纽。项目概算总投资为96.6795亿元，2008年12月18日（除赤石特大桥外）正式开工，2012年12月7日（除赤石特大桥外）建成。其中，赤石特大桥于2010年3月28日正式开工，2016年10月28日建成。

2007年1月11日，交通部以交函规划〔2007〕9号文件批准项目建议书；2007年11月19日，国家发展改革委员会以发改交运〔2007〕3521号文件批复可行性研究报告；2007年1月3日，国家环境保护总局以环审〔2007〕361号文件批复环境影响报告书；2008年5月

5日,交通运输部以交公路发〔2008〕56号对厦蓉高速湖南段汝城至道县高速公路初步设计进行批复,批复概算总投资196.72亿元;2008年6月10日,省交通厅以湘交计统〔2008〕349号文件批复天鹅塘至虎形山段技术设计;2008年7月2日,省交通厅以湘交基建〔2008〕398号文件批复施工图设计(除赤石特大桥外的土建工程);2008年10月13日,国土资源部以国土资函〔2008〕660号批复建设用地;2009年11月6日,交通部以交公路发〔2009〕647号文件批复赤石特大桥设计变更。全线共征用土地11016亩,拆迁房屋13.9万 m^2,集中安置13处,安置拆迁户307户。

该项目主线长112.345km,连接线长4.354km。主线为双向四车道,设计速度80km/h,整体式路基全幅宽24.5m,分离式路基宽12.25m;汝城连接线采用二级公路标准,设计行车速度60km/h,路基宽度12m。设益将、汝城、岭秀、文明、里田、平和6处互通,汝城、苏仙南2处服务区,热水、集益、汝城北、岭秀、文明、里田、平和共7处匝道收费站,在与江西交界处设主线收费站。

二、郴(州)宁(远)高速公路

郴(州)宁(远)高速公路,简称郴宁高速,起于郴州市苏仙区坳上镇水龙村(汝城至郴州高速终点),终于蓝山县祠堂圩,途经郴州市苏仙区、北湖区、桂阳县、嘉禾县、蓝山县,终于蓝山县祠堂圩。概算总投资为59.995亿元,2008年12月开工,2012年12月23日建成通车。

郴宁高速全线共分为47个施工合同段,其中一期土建16个合同段,路面4个合同段,绿化13个合同段,交安6个合同段,预埋管线1个合同段,房建4个合同段,机电3个合同段;6个监理合同段,其中土建4个监理合同段,房建1个监理合同段,机电1个监理合同段。

该项目主线全长104.252km,郴州连接线7.076km。主线按双向四车道,设计速度100km/h,路基宽度26m;郴州连接线7.076km,按一级公路标准建设,设计速度80km/h,路基宽度24.5m。建有特大桥2座/3270.98延米,大桥37座/11735.73延米,中桥20座/1152.56延米,小桥8座,隧道7座/18407延米,涵洞378道,通道120道,分离式立交23座/1763.13延米,互通8处,人行天桥14座。

三、宁(远)道(县)高速公路

宁(远)道(县)高速公路,简称宁道高速,穿越永州市蓝山县、宁远县、道县三地。投资概算为40.04亿元,2008年12月开工,2012年底建成通车。

宁道高速公路沿线经过宁远县九嶷山舜帝陵、双牌县阳明山、道县玉蟾岩遗址(新出土陶瓷、稻种,有上万年历史)、濂溪故里、月岩风景区等景点,它的修建,对促进当地经济发展特别是旅游业、加工业的发展产生巨大影响具有重要作用。

宁道高速公路项目主线长91.734km,连接线长22.6km。主线双向四车道,设计速度100km/h,路基宽26m,改性沥青混凝土路面结构;连接线按二级公路标准建设,设计速度60km/h,路基宽12m,水泥混凝土路面结构。全线路基土石方约1200万m^3,互通6处,桥梁81座(含天桥9座),隧道4座。设宁远南、梅岗、道州东、道州、道州西、仙子脚6个匝道收费站和永安关1个主线收费站,设舜源、濂溪两对服务区。

G76湖南段建设项目信息、路面信息、交通流量状况、项目建设单位信息、收费站点设置情况、服务区设置情况等,分别见表3-14-1~表3-14-6。

G76湖南段建设项目信息   表3-14-1

项目名称	规模(km)		建设性质(新、改、扩建)	设计速度(km/h)	永久占地(亩)	投资情况(亿元)				建设时间(开工~通车)
	合计	四车道				估算	概算	决算	资金来源	
汝郴高速公路	112.345	112.345	新建	80	11016		96.6795		中央专项基金、湖南省自筹、银行贷款	2008.12~2012.12
郴宁高速公路	104.252	104.252	新建	120	10331.8	85.3	59.99	85.2	政府投资、银行贷款	2008.12~2012.12
宁道高速公路	91.73	91.73	新建	120	9314.02	46	40.04		交通部、湖南省自筹、银行贷款	2008.12~2012.11

G76湖南段路面信息   表3-14-2

项目名称	路面形式	起讫里程	长度(m)	水泥混凝土路面	沥青路面
汝郴高速公路	柔性路面	K532~K644.345	112345		沥青路面
郴宁高速公路	柔性路面	K664.345~K768.597	104252		沥青路面
宁道高速公路	柔性路面	K748.753~K840.486	91733		沥青路面

G76湖南段交通流量状况(单位:辆/日)   表3-14-3

年份	汝郴高速公路				郴宁高速公路						宁道高速公路			
	汝城北	里田	平和	日平均流量	郴州段				永州段		宁远南	梅岗	仙子脚	日平均流量
					郴州南	郴州西	嘉禾	日平均流量	祠堂圩	日平均车流量				
2012	1523	1105	339	641	489	705	548	478						
2013	1716	1334	566	769	517	1861	911	826	2271	2271	966	224	444	413
2014	1393	1405	867	820	454	1809	963	806	3681	3681	1119	253	483	456
2015	1259	1320	779	773	445	1542	989	785	4389	4389	1320	271	556	519
2016									5364	5364				

G76 湖南段项目建设单位信息

表 3-14-4

路段	参建单位	单位名称	合同段编号及起止桩号	主要负责人
汝郴高速公路	管理单位	湖南省汝郴高速公路建设开发有限公司	K0+010.56～K112+572.203	蔡向阳
	设计单位	湖南省交通规划勘察设计院	K0+010.56～K112+572.203	彭建国
	监理单位	重庆锦程工程咨询有限公司	J1:K0+010.56～K18+000；土建标:1～4合同段、路面标:38合同段、绿化标:25、31、35、36合同段；交安标:49、50、52合同段	朱传刚
		育才—布朗交通咨询监理有限公司	J2:K18+000～K48+200；土建标:5～8合同段、路面标:39合同段、绿化标:26、32、35、36合同段；交安标:46合同段	周松泉
		广东虎门技术咨询有限公司	J3:K48+200～K62+200；土建标:9～12合同段；绿化标:27、35、36合同段；交安标:47合同段	王青松
		湖南湖大建设监理有限公司	J4:K62+200～K78+100；土建标:13～16合同段、路面标:40合同段、绿化标:28、33、35、37合同段；交安标:49、50、51、52合同段	胡立辉
		湖南省交通建设监理有限公司	J5:K78+100～K94+700；土建标:17～20合同段、路面标:41合同段、绿化标:29、35、37合同段；交安标:49、51、52合同段	郑罗云
		湖南金路工程咨询监理有限公司	J6:K94+700～K112+572.203；土建标:21～24合同段、绿化标:30、34、35、37合同段；交安标:48合同段	胡正怡
		广西交通科学研究院	J7:K0+010.56～K112+572.203；管线标:55、56、57合同段	许志斌
		沈阳方正建设监理有限公司	J8:房建标:42、43、44、45合同段	周晓峰
	施工单位	中国路桥集团西安实业发展有限公司	土建1:K0+010.56～K4+060	刘宇龙
		中铁十二局集团有限公司	土建2:K4+060～K7+758	江良雄
		道隧集团工程有限公司	土建3:K7+758.24～K11+580	胡伟
		中交第四公路工程局有限公司	土建4:K11+580～K18+000	刘旭斌
		四川武通路桥工程局	土建5:K18+000～K20+600	冯朝凯
		中交二公局第三工程有限公司	土建6:K20+600～K27+180	同辉
		中铁十二局集团有限公司	土建7:K27+180～K34+460	周炜
		青海路桥建设股份有限公司	土建8:K34+460～K48+200	潘朝晖
		中铁隧道集团有限公司	土建9:K48+200～K51+435	王志龙

续上表

路段	参建单位	单位名称	合同段编号及起止桩号	主要负责人
汝郴高速公路	施工单位	中铁十四局集团第五工程有限公司	土建10：K51+435~K54+050	刘立新
		中铁十七局集团第二工程有限公司	土建11：K54+050~K56+361.92	王晓兵
		中交二公局第六工程有限公司	土建12：K56+361.92~K62+200	骆铁峰
		中铁十一局集团第四工程有限公司	土建13：K62+200~K66+291	程相峰
		中铁五局集团机械化工程有限责任公司	土建14：K66+291~K68+200	王勇
		江苏捷达交通工程集团有限公司	土建15：K68+200~K75+400	罗文斌
		张家口路桥建设集团有限公司	土建16：K75+400~K78+100	刘湘源
		中铁十一局集团第三工程有限公司	土建17：K78+100~K84+000	朱延海
		浙江利越路桥建设集团有限公司	土建18：K84+000~K87+360	黄红良
		中铁大桥局集团有限公司	土建19A：K87+360~K88+341	江雄、吕新阳
		中交第二航务工程局有限公司	土建19B：K88+341~K89+720	王磊、李志成
		中铁二十五局集团有限公司/中铁十一局第五工程有限公司	土建20：K89+720~K94+700	刘德成
		湖南省建筑工程集团总公司	土建21：K94+700~K100+220	张小忠
		湖南湘潭公路桥梁建设有限责任公司	土建22：K100+220~K105+400	周晋超
		中铁十三局集团第五工程有限公司	土建23：K105+400~K107+410	牛洪刚
		湖南省建筑工程集团总公司	土建24：K107+410~K112+572.203	邓国新
		长沙唯美园林绿化工程有限公司	绿化25：K0+010.56~K18+000	朱继承
		湖南美源园林景观工程有限公司	绿化26：K18+000~K48+200	谢利达
		湖南一建园林景观有限公司	绿化27：K48+200~K62+200	易德刚
		株洲市高新园林绿化有限公司	绿化28：K62+200~K78+100	黄光强
		广东中绿园林建设有限公司	绿化29：K78+100~K94+700	蔡小林
		湖南芙蓉园林环境工程有限公司	绿化30：K94+700~K112+572.203	刘卫国
		津市市园林绿化有限责任公司	绿化31：K0+010.56~K18+000	曹智
		杭州萧山新街花木产业集团有限公司	绿化32：K18+000~K48+200	汪叶生
		湖南海天园林绿化有限公司	绿化33：K62+200~K78+100	胡贵
		湖南芙蓉园林环境工程有限公司	绿化34：K94+700~K112+572.203	刘卫国
		湖南美源园林景观工程有限公司	绿化35：K0+010.56~K112+572.203	刘志军
		湖南庄和园林绿化建设有限责任公司	绿化36：K0+010.56~K68+000	刘长军
		浏阳市兰艺苑园林有限责任公司	绿化37：K68+000~K112+572.203	杨正清
		湖南路桥建设集团公司	路面38：K0+010~K27+180	方明科
		中交二公局第三工程有限公司	路面39：K27+180~K56+361	廉福明
		胜利油田胜利工程建设(集团)有限责任公司	路面40：K56+361~K87+360	杨彦兵
		中国云南路建集团股份公司	路面41：K87+360~K112+572.203	叶青
		南昌市第一建筑工程公司	房建42：治超站K13+400 主线收费站K14+200 益将互通K14+460 汝城互通K30+000	王冬生

第三章
国家高速公路

续上表

路段	参建单位	单 位 名 称	合同段编号及起止桩号	主要负责人
汝郴高速公路	施工单位	湖南省第五工程有限公司	房建43：外沙服务区 K42+800 岭秀互通 K58+000 文明互通 K70+000	谢斌
		江西昌南建设工程集团公司	房建44：里田互通 K81+337 平和互通 K96+388	彭义高
		重庆黄金建设(集团)有限公司	45：郴州监控分中心	周康群
		长沙市海陆交通安全设施公司	交安46：K0+010.56~K48+200	蒋建国
		湖南省湘筑交通科技有限公司	交安47：K48+200~K78+100	饶金海
		盐城金阳交通设施有限公司	交安48：K78+100~K112+572.203	徐晗
		沈阳高等级公路建设总公司	交安49：K0+10.56~K112+572.204	张连新
		长沙市海陆交通安全设施公司	交安50：K0+10.56~K62+200	邹团结
		湖南省湘筑工程有限公司	交安51：K62+200~K112+572.206	彭阳
		湖南省怀化公路桥梁建设总公司	交安52：K0+10.56~K112+572.204	夏昌林
		广东飞达交通工程有限公司	管线55：K0+010~K48+050	莫北衡
		北京深华科交通工程有限公司	管线56：K48+050~K78+250	葛庆国
		湖南省湘筑交通科技有限公司	管线57：K78+250~K112+572.203	曹智
		江苏安防科技有限公司	机电58：K0+010.56~K112+572.203	徐振田
		兰州朗青交通科技有限公司	机电59：K0+010.56~K48+200	陈波
		中铁十二局集团电气化工程有限公司	机电60：K48+200~K78+100	薛丙有
		陕西政和汉唐工程有限公司	机电61：K78+100~K112+572.203	谷俊
郴宁高速公路	管理单位	郴宁高速公路建设开发有限公司		杨献章
	设计单位	铁道第四勘测设计院	1~5 合同段(一标)	周中兴
		湖南华罡交通规划设计研究院	6~9、16 合同段(一标)	谢永彰
		中国公路工程咨询总公司	10~15 合同段(二标)	周智涛
	监理单位	广东虎门技术咨询有限公司	1 监理处	肖勇
		长沙华南交通工程咨询监理公司	2 监理处	梁少阳
		浙江通衢交通建设监理咨询有限公司	3 监理处	孙国勇
		湖南省三湘交通建设监理事务所	4 监理处	陈沐敏
		北京华路捷公路工程技术咨询有限公司	5 监理处机电	邓本红
		湖南方圆工程咨询监理有限公司	6 监理处房建	田远平
	施工单位	中铁十一局集团第三工程有限公司	K112+473~K114+482　1 合同段	彭天军
		广西壮族自治区公路桥梁工程总公司	K114+442~K117+800　2 合同段	黄伟
		中铁十七局集团第五工程有限公司	K117+800.00~K121+900.00　3 合同段	李永军
		安通建设有限公司	K121+900~K128+040　4 合同段	李世杰
		四川武通路桥工程局	K128+040~K131+311.522　5 合同段	贺风春
		中铁十一局集团第三工程有限公司	K131+300~K138+040　6 合同段	程鹏辉

续上表

路段	参建单位	单位名称	合同段编号及起止桩号	主要负责人
郴宁高速公路	施工单位	中铁一局集团第一工程有限公司	K138+040~K151+134 7合同段	允俊堂
		中铁十三局集团有限公司	K151+134~K154+100 8合同段	姜保权
		湖南金沙路桥建设有限公司	K154+100~K164+948 9合同段	周新益
		浙江省交通工程建设集团第三交通工程有限公司	K164+942.647~K174+200 10合同段	王栋
		湖南省建筑工程集团总公司	K174+200~K182+300 11合同段	朱进
		衡阳公路桥梁建设有限公司	K182+300~K186+700 12合同段	陈新
		江苏中瑞路桥建设有限公司	K187+500~K187+570 13合同段	李汶罗
		湖南湘潭公路桥梁建设有限责任公司	K199+100~K214+140 14合同段	陈祖平
		湖南湘潭公路桥梁建设有限责任公司	K214+140~K216+760.75 15合同段	阳志坚
		北京城建远东建设投资集团有限公司	LK0+000~LK7+066.94 16合同段	何国其
		长沙市锦绣江南风景园林有限公司	K112+473~K128+040 17合同段	李晋平
		娄底市园林绿化有限公司	K128+040~K137+800 18合同段	李梦松
		湖南六建园林工程有限责任公司	K137+800~K154+600 19合同段	周勇
		海南华成建设有限公司	K154+600~K169+745 20合同段	刘雨
		长沙市征程建筑装饰园林有限公司	K169+745~K186+700 21合同段	贺峰云
		株洲市生泰园林工程有限责任公司	K186+700~K205+440 22合同段	杨发云
		湖南省风景源园林工程有限公司	K205+440~K216+765 23合同段	黄松德
		湖南芙蓉园林环境工程有限公司	K112+473~K138+040 24合同段	符维庚
		深圳市艺园园林绿化有限公司	K138+040~K151+134 25合同段	姚志勇
		株洲湘银园林绿化工程有限公司	K151+134~K177+280 26合同段	李磊
		湖南德群园林绿化有限公司	K177+280~K189+300 27合同段	杨正清
		岳阳市绿茵花木有限公司	K189+280~K199+100 28合同段	贺斌
		湖南美源园林景观工程有限责任公司	K199+100~K216+761 29合同段	谢雯蔷
		中交二公局第三工程有限公司	K112+473~K131+311.52 31合同段	李克刚
		湖南省怀化公路桥梁建设总公司	K131+310.00~K164+948.01 32合同段	杨维炳
		河北路桥集团有限公司	K164+942.647~K190+200 33合同段	赵国卫
		中铁十局集团第二工程有限公司	K164+942.647~K190+200 34合同段	杨保全
		长沙市公路桥梁建设有限责任公司	K112+473~K164+942.647 35合同段	潘爱华
		周口市公路交通设施有限公司	K164+942.647~K1216+760.753 36合同段	李振川
		湖南筑星交通工程有限公司	K112+473~K164+948 37合同段	汤铸
		郴州公路桥梁建设有限责任公司	K164+942.6~K216+760.8 38合同段	邓通平
		江苏泓益交通工程有限公司	K112+473~K164+948.01 39合同段	陆凤军
		岳阳市公路桥梁基建总公司	K164+942.647~K216+760.754 40合同段	高新颖
		江苏安防科技有限公司	K112+473~K216+761 41合同段	张辉

第三章
国家高速公路

续上表

路段	参建单位	单位名称	合同段编号及起止桩号	主要负责人
郴宁高速公路	施工单位	湖南南托建筑股份有限公司	AK0+470~AK0+470　42合同段	蒋桂存
		河北工程建设有限责任公司	K158+200~K158+200　43合同段	郑志刚
		国都建设(集团)有限公司	K171+448~K211+100　44合同段	崔东林
		长沙市建设工程集团有限公司	K000+100~K000+100　45合同段	刘晓
		上海电科智能系统股份有限公司	K112+473~K216+760　46合同段	李圣钊
		湖南天弘交通建设工程有限公司	K100+001~K100+001　47合同段	张跃东
		中铁十二局集团电气化工程有限公司	ZK138+105~ZK154+090　48合同段	梁卫兵
宁道高速公路	建设单位	湖南省宁道高速公路建设开发有限公司		龚先兵
	设计单位	中国公路工程咨询总公司	宁道高速公路工程勘察设计第一合同段[初步设计、施工图设计、施工招标文件所需的图纸和工程量清单(仅细目号和数量)]	鲁东福
		中交第二公路勘察设计研究院	宁道高速公路工程勘察设计第二合同段[初步设计、施工图设计、施工招标文件所需的图纸和工程量清单(仅细目号和数量)]	陈岐龙
		中国公路工程咨询总公司	宁道高速公路工程勘察设计第三合同段[初步设计、施工图设计、施工招标文件所需的图纸和工程量清单(仅细目号和数量)]	张艳
	监理单位	湖南省交通建设工程监理有限公司	土建第1~3合同段、路面30合同段、绿化合同段13~16合同段、交安及其他施工合同段	周漱溟
		湖南和天工程项目管理有限公司	土建第4~6合同段、路面31合同段、绿化合同段17~21合同段、交安及其他施工合同段	李刘军
		湖南省交通建设工程监理有限公司	土建第7~9合同段、路面32合同段、绿化合同段22~25合同段、交安及其他施工合同段	周雄
		湖北楚维工程咨询监理有限责任公司	土建第10~12合同段、路面33合同段、绿化合同段26~29合同段、交安及其他施工合同段	雷序周
		长沙市建华工程建设监理有限责任公司	全线房建监理	李稳
		北京华路捷公路工程技术咨询有限公司	全线机电工程监理	姚晓宇
	施工单位	中铁二局股份有限公司	K216+800~K222+800　第1合同段	檀业霖、陈唯忠
		路桥集团国际建设股份有限公司	K222+800~K226+100　第2合同段	郑祖明、刘磊
		中铁十四局集团第三工程有限公司	K226+100~K233+600　第3合同段	周洪顺、郭奉春
		湖南环达公路桥梁建设总公司	K233+600~K242+900　第4合同段	孙昌开、胡立中

续上表

路段	参建单位	单位名称	合同段编号及起止桩号	主要负责人
宁道高速公路	施工单位	重庆市公路工程(集团)股份有限公司	K242+900~K252+500 第5合同段	黎靖、何建军
		中铁二十三局集团第一工程有限公司	K252+500~K267+430 第6合同段	李全峰、聂成友
		路桥华东工程有限公司	K267+993~K273+020 第7合同段	杨占群、邓少平
		吉林省长城路桥建工有限责任公司	K273+020~K284+500 第8合同段	刘锋、毛世湘
		河南省平顶山中亚路桥建设工程有限公司	K284+500~K292+800 第9合同段	郭延辉、刘启平
		新疆昆仑陆港工程公司	K292+800~K297+850 第10合同段	张文龙、武杰
		中铁五局集团第三工程有限责任公司	K297+850~K303+050 第11合同段	李天宣、肖小泉
		湖南益阳公路桥梁建设有限责任公司	K303+050~K308+880 第12合同段	尹奋山、唐胜
		湖南金驰园林绿化有限公司	K216+800~K220+604 第13合同段	章炳雄
		湖南省绿林市政景观工程有限公司	K220+604~K225+853 第14合同段	袁年林
		湖南柏加建筑园林有限公司	K225+853~K232+200 第15合同段	倪军武
		湖南金驰园林绿化有限公司	K232+200~K239+020 第16合同段	彭碧辉
		湖南路美达园林工程有限公司	K239+020~K247+600 第17合同段	姜伟
		北京金五环风景园林工程有限责任公司	K247+600~K252+060 第18合同段	赵宏生
		湖南绿源环保工程有限公司	K252+060~K257+040 第19合同段	王义军
		北京绿茵达绿化工程技术公司	K257+040~K263+300 第20合同段	王建忠
		湖南天福景观建设有限公司	K263+300~K270+100 第21合同段	曾学明
		湖南森鑫环境景观园林工程有限公司	K270+100~K273+760 第22合同段	杨胜伟
		湖南瑞丰园林建设有限公司	K273+760~K282+200 第23合同段	易超
		湖南天鹰园林绿化工程有限公司	K282+200~K289+025 第24合同段	彭旭东
		广东中绿园林建设有限公司	K289+025~K292+070 第25合同段	蔡小林
		广东中绿园林建设有限公司	K292+070~K296+229 第26合同段	罗家廷
		湖南长浏园林建设发展有限公司	K296+229~K302+320 第27合同段	舒东簪
		湖南天鹰园林绿化工程有限公司	K302+320~K305+047 第28合同段	倪铜祥
		湖南锦华园林艺术有限公司	K305+047~K308+870 第29合同段	陈永安
		山东省公路建设(集团)有限公司	K216+800~K241+050 第30合同段	王绍兵、王绍波
		中铁二十三局第一工程有限公司	K241+050~K267+430 第31合同段	李全峰、聂成友
		江西省宜春公路建设集团有限公司	K267+992~K286+060 第32合同段	刘世亮、叶勇

续上表

路段	参建单位	单 位 名 称	合同段编号及起止桩号	主要负责人
宁道高速公路	施工单位	湖南环达公路桥梁建设总公司	K286+060~K308+870 第33合同段	祁东、李超
		衡阳市长江建设工程有限责任公司	宁远收费站、梅岗收费站、道州东收费站、道州收费站第34合同段	黄昌林、李耀光
		广西五鸿建设集团有限公司	舜源服务区、道州西收费站 第35合同段	韦勇群、李逢春
		湖南高岭建设集团股份有限公司	仙子脚收费站、主线收费站、濂溪服务区、主线治超站第36合同段	李珍喜、袁金义
		广东新粤交通投资有限公司	K216+800~K308+870 第37合同段	潘越、詹润取
		毛勒桥梁附件有限公司	K216+800~K308+870 第38合同段	李进、马任查
		湖南省金达工程建设有限公司	K216+800~K308+870 第39合同段	尹俊丰
		湖南交通国际经济工程合作公司	K216+800~K241+600 第40合同段	唐杰、廖爱民
		湖南省湘筑工程有限公司	K241+600~K267+430 第41合同段	彭阳、燕平
		河南瑞航公路养护技术有限公司	K267+993~K292+800 第42合同段	刘华均、曹晓新
		盐城金阳交通设施有限公司	K292+800~K308+870 第43合同段	徐晗、赵恒志
		湖南省郴州公路桥梁建设有限责任公司	K216+800~K308+870 第44合同段	刘湘源、张学录
		湖南湘潭公路桥梁建设有限责任公司	K216+800~K308+870 第45合同段	李茂良、陈宏
		山西四和交通工程有限责任公司	K216+800~K308+870 第46合同段	史江涛、帅亮红

G76湖南段收费站点设置情况　　　　　表3-14-5

路 段	站点名称	车 道 数	收 费 方 式
汝郴高速公路	热水	0进14出	0进14出人工,0进0出ETC
	集益	3进5出	1进4出人工,1进1出ETC,1自动发卡机
	汝城北	3进5出	1进4出人工,1进1出ETC,1自动发卡机
	岭秀	2进3出	0进2出人工,1进1出ETC,1自动发卡机
	文明	3进5出	1进4出人工,1进1出ETC,1自动发卡机
	里田	3进5出	1进4出人工,1进1出ETC,1自动发卡机

续上表

路　　段	站点名称	车道数	收费方式
汝郴高速公路	平和	3进5出	1进4出人工,1进1出ETC,1自动发卡机
郴宁高速公路	楠市	3进4出	2进3出人工,1进1出ETC
	郴州西	4进7出	3进6出人工,1进1出ETC
	郴州南	4进7出	2进6出人工,1进1出ETC,1自动发卡机
	桂阳	3进6出	1进5出人工,1进1出ETC,1自动发卡机
	龙潭	3进5出	1进4出人工,1进1出ETC,1自动发卡机
	嘉禾	3进6出	2进5出人工,1进1出ETC
宁道高速公路	宁远南	3进5出	2进4出人工,1进1出ETC
	梅岗	3进5出	2进4出人工,1进1出ETC
	道州东	3进5出	2进4出人工,1进1出ETC
	道州	5进9出	4进8出人工,1进1出ETC
	道州西	3进5出	2进4出人工,1进1出ETC
	仙子脚	3进5出	2进4出人工,1进1出ETC
	永安关	12进12出	10进10出人工,2进2出ETC

G76湖南段服务区设置情况　　　表3-14-6

路　　段	服务区名称	桩　号
汝郴高速公路	汝城	K574
	苏仙南	K634
郴宁高速公路	桂阳	K689
	洪观	K734
宁道高速公路	舜源	K792+175
	濂溪（未运营）	K837+930

第十五节　G0401长沙绕城高速公路

长沙绕城高速公路,简称长沙绕城高速,编号为G0401,是《国家公路网规划(2013～2030年)》中长沙城市环线。

长沙绕城高速公路的建设,分流了京港澳高速公路过境长沙市的交通量,大大缩短了过境车辆的运行时间,同时有效改善了长沙市区域交通条件,提高交通运输能力。项目沿线途经7个区县、6大园区、3个片区,带动沿线的经济发展,为长沙新一轮城市建设、发展拓展空间,培育长沙城市新的增长轴线。

长沙绕城高速全线约101km,按顺时针方向分为东北段、东南段和西南段、西北段。

一、长沙绕城高速公路东北段、东南段

长沙绕城高速公路东北段、东南段项目,简称长沙绕城东线,是长沙市规划的"环加射线"高速公路网环线的重要组成部分。东北段起于京港澳高速公路杨梓冲互通,止于长株高速公路黄花互通;东南段路线起于长株高速公路干杉互通,止于京港澳高速李家塘互通。该项目初步设计概算为243999万元,2010年3月8日正式开工,2013年12月20日建成通车。

2009年8月,省发展和改革委员会分别以湘发改交能〔2009〕959号《关于长沙绕城高速公路杨梓冲至金龙段工程可行性研究报告的批复》、960号《关于长沙绕城高速公路李家塘至杨梅段工程可行性研究报告的批复》、961号《关于长沙绕城高速公路杨梅至干杉段工程可行性研究报告的批复》和962号《关于长沙绕城高速公路金龙至毛冲段工程可行性研究报告的批复》批复了长沙绕城东线项目工可报告,长沙绕城东线项目正式立项;2009年9月,省交通运输厅以湘交计统〔2009〕399号文《关于京港澳国家高速公路长沙绕城线东北、东南段初步设计调整的批复》批复了项目的初步设计,以湘交基建〔2009〕412号文批复了项目的施工图设计。

长沙绕城高速为双向四车道高速公路,设计速度100km/h。绕城东线共征用土地3192.22亩,拆迁房屋391户,279380.34m^2;拆除电力杆线434根,坟墓迁移2124座。东北段路线长13.122km,有互通式立交3处、桥梁20座、天桥2座;东南段路线长12.600km,有互通式立交4处、桥梁21座、天桥5座。

省高管局长沙管理处负责长沙绕城东线高速公路运营管理,全线设松雅湖、长龙、干杉、鹿芝岭、红旗5个收费站。全线未设服务区。

二、长沙绕城高速公路西北段

长沙绕城高速西北段以G319线岳麓区黄花塘为起点,至京港澳高速公路杨梓冲互通式立交桥,全长35.081km(2001年公路普查为34.703km),通过5座互通式立交桥与京港澳高速公路、长常高速公路、107国道、319国道、长沙市城区主干线及环线相连,构成长沙市高速公路主骨架和交通网络。该项目计划投资80037万元,实际投资82131.61万元,1996年12月18日开工建设,1999年10月30日建成通车。

1995年4月22日,长沙绕城高速由长沙市交通局上报立项,通过预可行性研究报告、工程可行性研究报告和初步设计的批准。1996年11月,成立长沙市国道绕城公路建设指挥部和长沙市国道绕城公路建设开发总公司(一门二牌),实行公司化运作,项目法人管理。

长沙绕城高速西北段项目征用土地3837.6亩,拆迁房屋453户,9.04万m^2;拆除电

力杆线99根、铁塔1座,新立电力杆线137根、铁塔13座;拆除电信杆线68根,新立电信杆线64根,地埋电缆1350m。由长沙市重点公路工程建设指挥部组织望城县、岳麓区、开福区、长沙县按每公里补助100万元承包征地拆迁任务。

该项目路基宽24.5m,双向四车道,设计速度为100km/h。全线设互通式立交5处:与长益高速公路相接设双喇叭形金桥互通立交桥,与雷锋大道相接设单喇叭形金沙互通立交桥,与金霞大道(长湘公路)相接设单喇叭形金霞互通立交桥,与廖茶线(原1825线)、捞北线相接设单喇叭形蔡家坝互通立交桥,与107国道相接设简易互通,与京港澳高速公路相接设杨梓冲互通(单喇叭形,列入京港澳高速公路临长段建设项目)。建分离式立交桥26处(其中跨石长铁路、京广铁路各1座),特大桥1座/1984m,大桥1座/126.22m,中桥20座/1105.63延米,小桥6座/130.47延米(中、小桥中含分离式立交桥),高架桥1座/322米,通道76处,涵洞151座。

长沙市环路建设开发总公司与深圳高速公路有限公司(香港上市公司)合作组成"深长快速干道有限公司",负责长沙绕城高速西北段收费、经营与管理,全线设捞刀河、新港站、星城、金桥4个收费站,无服务区。

三、长沙绕城高速公路西南段

长沙绕城高速西南段为长沙绕城高速第二期工程,项目起于京港澳高速公路李家塘互通立交桥,沿李洞公路南侧,上跨107国道,西行跨长沙大道、大托铺军用飞机场铁路专用线、京广铁路,过黑石铺湘江大桥后抵坪塘,经学士、长丰峡谷、梅溪滩至黄花塘319国道(原平交改建为互通式立交),终于绕城高速西北段起点。主线全长28.091km,支线由学士互通至长沙市二环线罗家嘴互通3.2km。项目总投资10.7447亿元,1999年12月开工建设,2004年5月27日建成通车。

1998年省计委批复立项,1999年省交通厅批准初步设计。长沙绕城高速西南段共征用土地2766亩,拆迁房屋333户,81485.1m²;拆除电力杆线62根,长5120m,新立杆165根,地埋电力缆线752m;拆除通信杆120根,长8005m,新立杆333根,地埋通信电缆11155m。

长沙绕城高速西南段主线路基宽26m,双向四车道,设计速度100km/h。建黑石铺湘江特大桥长3068m、靳江河大桥长600m,中桥15座/911.67延米,小桥4座/108.76延米。全线设互通式立交桥5处:与319国道相接的单喇叭形黄花塘互通立交桥(上跨),与支线相通的学士单喇叭形互通立交桥,坪塘预设的单喇叭形互通立交桥,与107国道相接的双喇叭形洞井互通立交桥(上跨),大托互通立交桥。

长沙绕城高速西南段由湖南投资集团股份有限公司绕城公路西南段分公司负责运营管理,全线设坪塘、大托、黄花塘、洞井、万家丽南5个收费站,无服务区。

G0401 建设项目信息、路面信息、交通流量状况、项目建设单位信息、收费站点设置情况等,分别见表 3-15-1 ~ 表 3-15-5。

G0401 建设项目信息　　　　　表 3-15-1

项目名称	规模(km)		建设性质(新、改、扩建)	设计速度(km/h)	永久占地(亩)	投资情况(亿元)				建设时间(开工~通车)
	合计	四车道				估算	概算	决算	资金来源	
长沙绕城高速公路东北东南段	25.722	25.722	新建	100	3192.22	32	24.399	未完成	省级交通建设资金,银行贷款	2010.3~2013.12
长沙绕城高速公路西南段	28.091	28.091	新建	100	3708.82		10.7447		交通部、省交通厅投资,地方专项贷款,单位自筹(含银行贷款)	1999.12~2004.5
长沙绕城高速公路西北段	34.508	34.508	新建	100			8.0037	8.2131	部省级交通建设资金,市级政府投资,国债,企业自筹	1996.12~1999.10

G0401 路面信息　　　　　表 3-15-2

项目名称	路面形式	起讫里程	长度(m)	水泥混凝土路面	沥青路面
长沙绕城高速公路东北东南段	柔性路面	K0+000~K13+122;K0+000~K12+600	25722		
长沙绕城高速公路西南段	柔性路面	K38+140~K66+231	28091		沥青路面
长沙绕城高速公路西北段	柔性路面		34508		沥青路面

G0401 交通流量状况(单位:辆/日)　　　　　表 3-15-3

年份	长沙绕城高速公路东北段	长沙绕城高速公路东南段	长沙绕城高速公路西南段		长沙绕城高速公路西北段
	日平均流量	日平均流量	进口流量	出口流量	日平均流量
2011			3133379	2793222	9774
2012			4015597	3841987	13882
2013			3827262	3380357	14521
2014	5365	6789	3962264	3495314	16674
2015	10015	11916	3430324	3134362	17660
2016	15617	17166	4734247	3718474	27142

湖 南

G0401 项目建设单位信息❶

表 3-15-4

路段	参建单位	单 位 名 称	合同段编号及起止桩号	主要负责人
长沙绕城高速公路东北段、东南段	管理单位	长沙高速公路建设开发有限公司	东北 K0+000~K13+122;东南 K0+000~K12+600	姚志立
	设计单位	湖南省交通规划勘察设计院	东北 K0+000~K13+122;东南 K0+000~K12+600	
		湖南华罡交通规划设计研究院	东北 K0+000~K13+122;	莫世民
		华杰工程咨询有限公司	东南 K0+000~K12+600	黎立新
	监理单位	厦门市路桥咨询监理有限公司	东北 K0+000~K13+122;	谭志胜
		北京中资路捷工程技术咨询有限公司	东南 K0+000~K12+600	章成华
		湖南明泰项目管理有限公司	东北 K0+000~K13+122;东南 K0+000~K12+600	王小衡
		湖南省交通建设工程监理有限公司	东北 K0+000~K13+122;东南 K0+000~K12+600	方伟
	施工单位	四川武通路桥工程局	A1 东北 K0+000~K3+400	陈纪中、林和恩
		湖南金沙路桥建设有限公司	A2 东北 K3+400~K13+122.5	黎克、肖建国
		山东通达路桥工程有限公司	A3 东南 K0+000~K5+000	李雨民、黄敬平
		中国建筑第六工程局有限公司	A4 东南 K5+000~K6+209.57	喻立新、李准群
		沈阳市公路建设股份有限公司	A5 东南 K6+209.57~K12+600	徐刚、杜伟
		中交一公局第六工程有限公司	B1 东北 K0+000~K13+122;东南 K0+000~K12+600	袁智煦、谢守东
		陕西政合汉唐工程有限公司	TG1 东北 K0+000~K13+122;东南 K0+000~K12+600	万进、郭效尧
		中铁十二局集团电气化工程有限公司	D1 东北 K0+000~K13+122;东南 K0+000~K12+600	崔荣军、胡艳峰
		南昌市第一建筑工程公司	FJ1 东北 K0+000~K13+122;东南 K0+000~K12+600	黄志平、周丽
		中交一公局交通工程有限公司	C1 东北 K0+000~K13+122;东南 K0+000~K12+600	石磊、周广利
		广州市云林绿化工程有限公司	E1 东北 K0+000~K13+122;东南 K0+000~K12+600	李蓉、方锐坚
长沙绕城高速公路西北段	设计单位	湖南省交通规划勘测设计院	K66+897~K101+405	罗弘
		铁道部大桥工程局勘测设计院	月亮岛特大桥	叶能来
	监理单位	育才—布朗交通咨询监理有限公司	K82+297~K101+405	
		中国湖南建设集团建设监理公司	K66+897~K82+297	
	施工单位	中国湖南建设集团	1:K66+897~K68+897	
		广州市公路工程公司	2:K68+897~K70+597	刘必其

❶因路段管理机构更迭,部分信息缺失。

第三章
国家高速公路

续上表

路段	参建单位	单位名称	合同段编号及起止桩号	主要负责人
长沙绕城高速公路西北段	施工单位	常德公路桥梁建设总公司	3：K70+597～K72+297	黄武才
		株洲公路桥梁建设总公司	4：K72+297～K74+397	
		长沙建设集团公司	5：K74+397～K76+597	
		铁道部第十五工程局	6：K76+597～K78+397	
		湘潭公路桥梁建设总公司	7：K78+397～K80+297	谭秀珍
		环达公路桥梁建设总公司	8：K80+297～K82+297	
		湖南省华雁建设集团公司	9：K82+297～K84+312	
		铁道部第四工程局	10：K84+312～K84+621	吴凤平
		铁道部大桥工程局	11：K84+621～K86+657	
		长沙路桥总公司一分公司	12：K86+657～K88+897	彭金涛
		铁道部第十四工程局	13：K88+897～K90+897	沈强
		湖南省建筑工程总公司	14：K90+897～K92+797	张迪洪
		岳阳公路桥梁基建总公司	15：K92+797～K94+897	宾术球
		中南航空港建设公司	16：K94+897～K96+507	莫必坚
		中国有色第二十三冶金建设公司	17：K96+507～K98+897	刘益才
		长沙星沙桥建设有限公司	18：K98+897～K101+600	马鑫
		交通部公路第二工程局	19a：K66+897～K84+621	王洪昌
		铁道部第四工程局	19b：K84+621～K101+405	熊新伦
		黄花望江苗圃	20A	
		长沙华农苗圃（技协）	20B	
		浏阳百佳	20C	
		兰苑园林	20D	
		跳马扶冲	20E	
		三湘园林	20F	
		华农园林	20G	
		长沙市高岭建筑股份有限公司	21A	苏建新
		长沙市捞刀河建筑有限公司	21B	李万刚
		湖南星大建筑股份有限公司	21C	张高清
		长沙市雷锋建筑工程公司	21D	董武
		成都曙光机电工程	21I	
		中建五局一公司	21J	佘德义
		温州顺达高速公路安全设施工程有限公司	21K	
		上海振宇新型轻质建材厂	21L	
		湖南中人有限公司	21M	
		湖南盾威	21N	卢尚

续上表

路段	参建单位	单位名称	合同段编号及起止桩号	主要负责人
长沙绕城高速公路西北段	施工单位	长沙广福建筑工程公司	22H	
		成都通信建设工程局	22I	柏代平
		上海海钦实业公司	22J	
		长路实业公司	22K	
		湖南点金公司	22L	
		湖南海鸿工贸公司	22M	
		海鸿工贸公司防眩板	22N	
		江苏常熟橡胶厂	22O	
		天虹公司	22P	
		化工部长沙地质工程勘察院	22Q	
		北京云星雨交通工程有限公司	22U	
		湖南星大建筑股份有限公司	23a	
		深圳如茵	23b	
		深圳通四路交通工程有限公司	23c	廖青
		南京南轧交通工程有限公司	23d	
		湖南省长途通信实业发展公司	23e	曹盛文
		郑州彩达隔离栅采购	23f	牛智民
		河南现代交通隔离栅采购	23h	李战刚
		长沙市长路实业有限公司	23i	
		铁四局预制场	23j	
		成都通信建设工程局	23k	
		厦门宏辉护栏销售有限公司	23l	
		武汉双立交通工程材料有限公司	23m	
		上海交大交通工程有限公司	23n	
		河南开封安利达金属工程公司	24a	
		长沙县北山麻石公司	24b	
		湖南省交通科研所圆涵加固	24c	
		长沙市勘察设计院台背处理	24d	
		长沙市开福建筑有限公司	24e	
长沙绕城高速公路西南段	管理单位	长沙市国道绕城公路建设开发总公司	K0+000~K28+665	
	设计单位	湖南省交通规划勘察设计院	K0+000~K28+665	彭立
		长沙铁道学院勘察设计研究院	K10+549~K11+199 黑石铺大桥东引桥	
	施工单位	湖南省常德公路桥梁总公司	SG01A~K0+000~K5+100 路基	黄戈飞
		中国十五冶金建设有限公司第一工程公司	SG01B~K0+000~K1+525 路基	熊耀来
		中国建筑第五工程局联营体	SG02A~K5+100~K9+946 路基	佘德义

续上表

路段	参建单位	单 位 名 称	合同段编号及起止桩号	主要负责人
长沙绕城高速公路西南段	施工单位	长沙洞建机械化施工有限公司	SG02B－K7＋400～K9＋946 路基	周正文
		广州铁路集团工程总公司	SG03A－K9＋946～K10＋549 路基	周猛
		连云港华详国际工程有限公司	SG03B－K10＋549～K11＋199 路基	孙大权
		铁道部大桥工程局	SG04－K11＋199～K13＋014 黑石铺大桥	李厚怡
		铁道部第四工程局	SG05－K13＋014～K16＋500 路基	李中庸
		广州市公路工程公司	SG06－K16＋500～K20＋000 路基	李开荣
		广州中人企业(集团)有限公司	SG07A－K20＋000～K24＋400 路基	陈飞株
		湖南省岳阳市公路桥梁基建总公司	SG07B－K20＋000～K22＋120 路基	宾术球
		铁道部第十四工程局	SG08A－K24＋400～K28＋664.927 路基	王培君
		长沙市公路桥梁建设总公司	SG08B－K24＋400～K25＋650 路基	旷志明
		深圳市路野交通实业有限公司	SJ01－K0＋000～K28＋664.92 和连接线 3.2kmA 标志项目	金小平
		湖南省公路机械工程公司	SJ02－K0＋000～K13＋014B 封闭	于中力
		益阳宏业交通工程设施有限公司	SJ03－K13＋014～K28＋664.92 和连接线 3.2kmB 封闭	章曦
		岳阳公路桥梁基建总公司	SJ04－K0＋000～K13＋014C 波形护栏	何鹏祥
		长沙海鸿工贸工程有限公司	SJ05－K13＋014～K28＋664.92 和连接线 3.2kmC 波形护栏	邱林
		成都曙光光纤网络有限责任公司	SJ06－K0＋000～K28＋664.92 和连接线 3.2kmD 机电工程	周晓春
		湖南坪塘建设(集团)有限公司	SJ08－K13＋014～K28＋664.92 和连接线 3.2kmE 收费站	于佑荣
		洞井机械施工有限公司	SJ07－洞井互通收费站	周正文
		新世纪绿化园林绿化有限公司	SJ09－全线绿化	沈爽春
		贵州省桥梁工程总公司	SL01－K2＋000～K2＋904.22	甘鸿
		中国建筑第二工程局	SL02－K2＋904.22～K4＋040	苏是嵋
		湖南对外建设总公司	SL03－K4＋040～K5＋020	晏涤卿
		路桥集团第二工程局	SM01－K13＋014～K28＋664.93 路面	翟建国
		中铁第四工程局	SM02－K0＋000～K13＋014 路面	高贵平

G0401 收费站点设置情况　　　　　　　　　　表 3-15-5

路　　段	站 点 名 称	车 道 数	收 费 方 式
东北段、东南段	松雅湖	4 进 6 出	人工, ETC
	长龙	4 进 6 出	人工, ETC
	干杉	4 进 6 出	人工, ETC
	鹿芝岭	4 进 6 出	人工, ETC
	红旗	4 进 6 出	人工, ETC
西北段	捞刀河	2 进 3 出	人工＋ETC

续上表

路　　段	站 点 名 称	车　道　数	收 费 方 式
西北段	新港	3进4出	人工,ETC
	星城	2进3出	人工,ETC
	金桥	3进8出	人工,ETC
西南段	坪塘	2进3出	人工,ETC
	大托	2进3出	人工,ETC
	黄花塘	3进5出	人工,ETC
	洞井	3进5出	人工,ETC
	万家丽南(一站四点)	5进7出	人工,ETC

第四章
地方高速公路

1985年,湖南开始探索修建高速公路,在107国道临湘巴嘴坳至新开塘和汨罗新塘铺至白沙坳修建了两段全封闭、全立交的二级汽车专用公路。在基础处理、路面铺设、边坡防护、涵渠组合、生态融合等方面取得颇为丰富的实践经验,收集勘测、设计、施工的数据资料两万余项,从组织、技术上为高速公路建设创造了条件。

1992年1月,莲(花冲)易(家湾)高速公路(时称一级汽车专用公路)动工修建;1993年5月,长(沙)永(安)高速公路动工修建。1994年12月,两条公路竣工通车,结束了省境无高速公路的历史。

湖南高速公路依据国家路网规划和省境交通布局逐步建设,形成国家高速公路和地方高速公路相结合的路网结构。根据2014年批准实施的《湖南省高速公路网规划》,地方高速公路有3289km,截至2016年底,已建成1365km。

娄衡高速公路

怀化绕城高速公路

南岳高速公路收费站

湖南省地方高速公路建设项目信息见表4-0-1；湖南省地方高速公路路面信息见表4-0-2。

湖南省地方高速公路建设项目信息　　　　　表4-0-1

项目名称	规模（km）		建设性质（新、改、扩建）	设计速度（km/h）	永久占地（亩）	投资情况（亿元）				建设时间（开工~通车）
	合计	四车道				估算	概算	决算	资金来源	
韶山高速公路	13.295	13.295	新建	100	1443	3.8435	3.8691	6.8886	交通部补助、省交通重点建设资金、银行贷款	2006.8~2008.12
长株高速公路	41.574	41.574	新建	100			16.0514	27.8317	股东自筹资金和借款	2006.11~2010.8
宜凤高速公路	48.451	48.451	新建	80	4739	18.82	18.5237		银行贷款	2007.6~2011.9
长沙机场高速公路	17.338	17.338	新建	100		8.7	8.4	7.65	银行贷款、自筹	2001.9~2003.9
长潭西高速公路	27.951	27.951	新建	100			15.08			2004.6~2007.2
长韶娄高速公路	139.151	139.151	新建	100	979.73	87.93	93.66		政府投资、银行贷款	2010.12~2014.12
南岳高速公路	51.816	51.816	新建	120	5060.871		25.1154		地方自筹、银行贷款	2009.6~2012.12

第四章
地方高速公路

续上表

项目名称	规模(km) 合计	规模(km) 四车道	建设性质(新、改、扩建)	设计速度(km/h)	永久占地(亩)	投资情况(亿元) 估算	投资情况(亿元) 概算	投资情况(亿元) 决算	资金来源	建设时间(开工~通车)
娄新高速公路	95.713	95.713	新建	100			61.44			2008.8~2012.12
新溆高速公路	92.738	92.738	新建	100、80	8675.1885	72.67	76.15		交通部补助、湖南省自筹和国内银行贷款	2010~2014
溆怀高速公路	91.781	91.781	新建	100、80	8925.7596	76.61	81.9		企业自筹、银行贷款	2010.6~2013.12
怀化绕城高速公路	23.211	23.211	新建	100	3175.37	20.33	21.73		政府投资、银行贷款	2010.12~2014.12
娄衡高速公路	116.899	116.899	新建	100	17010.8685		94.93		国有资金投资、银行贷款	2014.5~2016.12
益阳南线高速公路	40.261	40.261	新建	80	4309	26.02	32.25	30.83	银行贷款	2012.12~2015.12
邵坪高速公路	35.232	35.232	新建	100			30.1081		省政府建设资金、银行贷款	2013.11~2015.12
衡大高速公路	24.45	24.45	新建	100	3825	8.74	9.4591	9.0181	交通部、省交通重点建设资金、银行贷款	2003.08~2005.12
衡邵高速公路	132.059	132.059	新建	100	13717.4505	60.34	60.34		自筹、银行贷款	2007.12~2010.12
道贺高速公路	50.652	50.652	新建	100	4696.863		25.886	27.98	自筹、银行贷款	2009.6~2011.12
石华高速公路	13.44	13.44	新建	120			8.18		银行贷款	2011.3~2013.12

湖南省地方高速公路路面信息

表 4-0-2

项目名称	路面形式	起讫里程	长度(m)	水泥混凝土路面	沥青路面
韶山高速公路	柔性路面	K0+000~K13+295	13295		沥青混凝土路面
长株高速公路	柔性路面	K1+600~K43+174	41.574		沥青混凝土路面
宜凤高速公路	柔性路面	AK1+622.992~K48+910.988	48451		沥青混凝土路面
长沙机场高速公路	柔性路面	K0+000~K17+338	17338		沥青混凝土路面
长韶娄高速公路	沥青混泥土路面	主线 PK5+384~K123+268、韶山支线 LK1+000~LK14+951	139151		沥青路面
南岳高速公路	柔性路面	K0+000~K37+400、LK0+000~LK13+800	51816	钢筋混凝土路面	沥青混凝土路面
娄新高速公路	柔性路面	K0+900~K96+613	95713		沥青混凝土路面
新溆高速公路	柔性路面	K0+000.00~K91+363.654	92738		沥青混凝土路面
溆怀高速公路	刚性路面/柔性路面	K187+887~K279+668	91781	连续钢筋混凝土路面	沥青混凝土路面
怀化绕城高速公路	柔性路面	K0+000~K23+211.05	232110		沥青混凝土路面
娄衡高速公路	柔性路面	K0+000~K118+194，其中 K76+688 处有断链为 1.292km	158.4990（含连接线）		沥青混凝土路面
益阳南线高速公路	沥青混凝土	K0+000~K40+261	40261		沥青路面
邵坪高速公路	柔性路面	K0+000~K35.007	35232		沥青混凝土路面
衡大高速公路	柔性路面	K0.862~K25.312	24450		沥青混凝土路面
衡邵高速公路	柔性路面	K25+312~K98+947	73.635		厂拌沥青碎石路面
	刚性路面	K98+947~K103+144	4.197	普通混凝土路面	
	柔性路面	K103+144~K111+660	8.516		厂拌沥青碎石路面
	刚性路面	K111+660~K114+293	2.633	普通混凝土路面	
	柔性路面	K114+293~K153+636	39.343		厂拌沥青碎石路面
	刚性路面	K153+636~K155+312	1.676	普通混凝土路面	
	柔性路面	K155+312~K155+891	0.579		厂拌沥青碎石路面
	刚性路面	K155+891~K157+371	1.480	普通混凝土路面	

续上表

项目名称	路面形式	起讫里程	长度(m)	水泥混凝土路面	沥青路面
道贺高速公路	柔性路面	K1+070～K51+779	50652		沥青混凝土路面
道贺高速公路江永联络线	柔性路面	L1:LK0+340～KLK12+475	12135		沥青混凝土路面
石华高速公路	柔性路面	K0+0.06～K13+500	13400		沥青混凝土路面

第一节 莲花冲至易家湾高等级公路

醴陵莲花冲至湘潭易家湾高等级公路,简称莲易高等级公路,是湖南省第一条开工建设的高速公路,东起湘赣交界处的醴陵莲花冲,西至湘潭易家湾,接京港澳高速公路与107国道线。项目总投资5.78亿元,其中交通部拨款1.62亿元,湖南省公路重点建设基金3.03亿元,株洲市筹资586万元,银行贷款1亿元,动用车辆建设费570万元,其他集资192万元。征地拆迁费用占投资总额的11.02%,每公里造价为当时全国最低。1992年1月27日动工建设,1994年12月28日竣工通车。

莲易高等级公路为上海至昆明320国道湖南境内的一段,项目全长71.29km。其中,莲花冲至株洲白关长48.13km,为双向二车道二级汽车专用公路,设计速度80km/h;白关至易家湾21.028.16km,为双向四车道高速公路,设计速度100km/h。沿线建有大桥4座/829.52延米,中小桥33座/1086.88延米;隧道2座,其中白关隧道长105m,建宁隧道长275m;人行天桥16座,互通式立交桥5处。

2014年10月,莲易高等级公路启动改建。改建项目路线全长50.384km,起点至醴陵段(K1093+829～K1111+907.207)全长18.078km,采用双向四车道一级公路,设计速度80km/h,路基宽度21.5m;醴陵至终点段(K1111+829～K1144+134.918)全长32.306km,设计速度100km/h,路基宽度24.5m。设置白关、姚家坝互通、板杉处3处收费站。概算总投资296833万元,其中资本金约74208.3万元由建设单位自筹,其余部分利用国内银行贷款,2017年竣工通车。

第二节 S01(湘潭至韶山)高速公路

湘潭至韶山高速公路,简称韶山高速,路线编号S01,起于潭邵高速公路韶山互通,经银田镇北,跨韶山灌渠和韶山铁路,止于韶山市清溪镇洞江口,连接韶山市天鹅路,全长13.295km,总投资3.86亿元,2006年8月正式开工建设,2008年12月24日建成通车。

韶山高速公路是湖南旅游精品线路"长沙—花明楼—韶山—灰汤—乌石"名人名泉走廊的重要一环。作为首批中国优秀旅游城市之一，韶山在国家红色旅游整体战略格局中占有非常重要的地位。2003年10月1日，中共中央总书记、国家主席胡锦涛来到韶山参观毛泽东故居时提出，一定要把韶山建设好。2004年，国家决定将韶山、井冈山、延安作为爱国主义教育示范基地"一号工程"来建设。同年，省发展和改革委员会以湘发改基础〔2004〕148号文批复了项目可行性研究报告，省交通厅以湘交计统字〔2004〕821号文批复初步设计。2004年12月26日，毛泽东诞辰111周年之际，韶山高速公路举行奠基典礼。

2006年12月26日，时任湖南省委书记张春贤视察韶山高速公路工程，对工程建设提出了更高的期望和要求；2007年1月，交通部公路司的领导和有关专家先后两次专程考察该项目，并确定了"自然、和谐、秀美、精致"的工程建设总目标和原则。2007年5月14日，中共中央政治局常委李长春视察项目时，对工程建设给予高度的评价。

韶山高速公路全线按双向四车道高速公路标准建设，设计速度100km/h，路基宽26m，沥青混凝土路面；设置2座主线桥，12处分离式立交桥，3处互通式立交内桥，1处渡槽和1座跨铁路分离式立交；设有1个匝道收费站，1个主线收费站和1个主线出口迎宾区。

为展现韶山景区"万山红遍，层林尽染"的风光，项目沿线设有5.1km长的景观带，有城镇景观、村落景观、田园景观、山林景观和休闲游乐区、珍稀植物观赏区、湿地公园等12个景点。建筑设施注重表现湖湘文化，绿色景观追求三季有花，四季常青，突出时代特征与传统风情的对比与统一。

韶山高速公路交通流量状况、项目建设单位信息、收费站点设置情况等，分别见表4-2-1~表4-2-3。

S01 韶山高速公路交通流量状况（单位：辆/日）　　　　　　　　　　　　表4-2-1

年　份	日平均车流量（自然数）	年　份	日平均车流量（自然数）
2013	5148	2015	5251
2014	5540	2016	4342

S01 韶山高速公路项目建设单位信息　　　　　　　　　　　　表4-2-2

参建单位	名　称	合同段编号及起止桩号	主要负责人
管理单位	韶山高速公路建设开发有限公司	K0+000~K13+063.339	毛涤怀
设计单位	广东省公路勘察设计院	联合设计 K0+000~K13+063.339	彭向荣
设计单位	湖南省交通勘察设计所	K0+000~K13+063.339	杨进
	北京中交国路公司	绿化景观 K0+000~K13+063.339	孟强

续上表

参建单位	名称	合同段编号及起止桩号	主要负责人
监理单位	湖南省交通建设工程监理有限公司	K0+000~K13+063.339	许百瑞
施工单位	广西壮族自治区公路桥梁工程总公司	路基工程第一合同段:K0+000~K4+200	罗业凤
	中铁二十三局集团有限公司	路基工程第二合同段:K4+200~K9+200	高克伦
	湖南省路桥建设集团公司	路基工程第三合同:K9+200~K13+063.339	马捷
	中铁二十五局集团第一工程有限公司	铁路桥第四合同段:K11+672	李建武
	核工业华南建设工程集团公司	路面工程第五合同段:K0+000~K13+063.339	蔡高雄
	湖南省铁路工程公司	交通安全设施第六合同段:K0+000~K13+063.339	陈立飞
	北京华纬交通工程有限公司	通信管道预埋第七合同段:K0+000~K11+300	刘承华
	湖南花研科技有限公司	绿化工程第八合同段:K0+000~K4+200	姚建功
	湖南美好园林绿化工程有限公司	绿化工程第九合同段:K4+200~K13+063.339	曾松柏
	湖南南托建筑股份有限公司	房建工程第十合同段:K0+000~K13+063.339	罗定宇
	湖南天弘建设工程有限公司	机电工程第十一合同段:K0+000~K13+063.339	蔡长

S01 韶山高速公路收费站点设置情况　　　　表4-2-3

站点名称	车道数	收费方式
韶山	4进6出	人工收费3进5出,ETC 1进1出
楠竹山	2进2出	人工收费1进1出,ETC 1进1出

第三节　S21(长沙至株洲)高速公路

长沙至株洲高速公路,简称长株高速,路线编号S21。该项目起于长沙县黄花镇排头村,与长永高速公路相连,主线终于与醴潭高速公路相交的龙头铺互通,株洲连接线终于株洲电机厂西北,由北往南依次经过长沙县黄花镇、榔梨镇、干杉乡、黄兴镇、跳马乡,浏阳市柏加镇,株洲市石峰区云田乡、龙头铺镇,批复概算为16.0514亿元,2006年11月开工建设,2010年8月31日建成通车。

长株高速公路地处长株潭核心区,沿线经济发达,特别是经过国家级长沙经济技术开发区和株洲云龙经济示范区,所在区域工业产值在省内前列。它是株洲到长沙的快速干道,对促进加强长沙株洲的联系,促进两地经济发展具有重要作用。2004年10月,省交通厅与武汉奥深科技集团有限公司签订了"特许经营合同",由武汉奥深科技集团有限公司负责筹集资金,投资建设和管理长株高速公路项目。

长株高速公路为平原微丘区双向四车道高速公路,主线长41.6km,设计速度100km/h,路基宽度26m;其株洲连接线为一级公路,设计速度80km/h。长沙市绕城线东线与长株高速公路部分路段共线。

长株高速公路由越秀·长株高速公路公司负责运营管理,全线设榔梨东、仙人市、团头、云龙、株洲5个收费站,服务区(停车区)1个。其交通流量状况、项目建设单位信息、收费站点设置情况、服务区设置情况等,分别见表4-3-1~表4-3-4。

S21 长株高速公路交通流量状况(单位:辆/日)　　　　表4-3-1

年　　份	榔　梨	云　龙	日平均流量
2010	2797	8724	4622
2011	4321	12073	6709
2012	6226	14974	8921
2013	7528	15919	9782
2014	10842	19589	16282

S21 长株高速公路建设单位信息　　　　表4-3-2

参建单位	单位名称	合同段编号及起止桩号	主要负责人
管理单位	湖南长株高速公路开发有限责任公司	K1+600~K43+220	郑益清
设计单位	中国公路咨询集团有限工程公司	K1+600~K43+220	王国锋
监理单位	湖南省交通建设工程监理工程有限公司	K1+600~K43+220	赵昌清
施工单位	中铁七局集团有限公司	LJ1合同段(K1+600~K14+300) LJ2合同段(K14+300~K23+350)	孙堂生
	湖南第六工程公司	LJ3合同段(K23+350~K43+220)	彭亦宁

S21 长株高速公路收费站点设置情况　　　　表4-3-3

站点名称	车道数	收费方式
榔梨东	5进6出	4进5出人工(扩建后6进9出),1进1出ETC
仙人市	2进3出	1进2出人工,1进1出ETC
团头	2进3出	1进2出人工,1进1出ETC

续上表

站点名称	车道数	收费方式
云龙北	3进4出	2进3出人工,1进1出ETC
株洲	4进7出	3进6出人工,1进1出ETC

S21长株高速公路服务区设置情况　　　　　　表4-3-4

服务区名称	桩号
长沙东	K15+200

第四节　S31(宜章至凤头岭)高速公路

宜章至凤头岭段高速公路,简称宜凤高速,路线编号S31,是湖南省对接粤港澳的又一条出省通道,起于京港澳高速宜章互通,止于湘粤两省交界处的凤头岭,全线位于宜章县境。工程实际投资达25亿余元,2007年6月开工建设,2011年9月25日建成通车。

宜凤高速公路主线全长48.451km,双向四车道,设计速度100km/h,路面为水泥混凝土路面。设有桥梁26座/4886延米,其中大桥13座、中桥11座、小桥2座;互通式立交5处,分离立交6处,涵洞121道,通道53道,天桥5座。全线设宜章南、梅田、长村、黄沙4个匝道收费站和堡城1个省际主线收费站,设黄沙服务区1对,由湖南宜连高速公路发展有限公司投资兴建和运营管理。

宜凤高速公路项目建设单位信息、收费站点设置情况、服务区设置情况等,分别见表4-4-1~表4-4-3。

S31高速公路项目建设单位信息　　　　　　表4-4-1

参建单位	单位名称	合同段编号及起止桩号	主要负责人
管理单位	湖南宜连高速公路发展有限公司	AK1+622.292~K48+910.988	杨杰
设计单位	中交第一公路勘察设计研究院	AK1+622.292~K48+910.988	倪全
监理单位	北京泰克华诚技术信息咨询有限公司	J1、J10监理合同段 AK1+622.292~K21+000	刘邦永
	云南省公路工程监理咨询公司	J2监理合同段 K21+000~K48+910.988	杨晓明
	湖南省浏阳市建设监理有限公司	J3、J9监理合同段 AK1+622.292~K48+910.988	吴建良
	重庆中宇工程咨询监理有限责任公司	J6、J7、J8监理合同段 AK1+622.292~K48+910.988	刘卫

续上表

参 建 单 位	单 位 名 称	合同段编号及起止桩号	主要负责人
施工单位	上海警通建设(集团)有限公司	S1 施工合同段 AK1+622.292~K21+000	邱明
	深圳华泰企业公司	S2 施工合同段 K21+000~K48+910.988	何永财
	湖南麟辉建设集团有限公司	S3 施工合同段 AK1+622.292~K48+910.988	卞迪良
	湖南省湘筑交通科技有限公司	S6 施工合同段 AK1+622.292~K48+910.988	刘浩
	湖南省湘筑交通科技有限公司	S7 施工合同段 AK1+622.292~K48+910.988	周和平
	南京长城交通设施设备厂	S8 施工合同段 AK1+622.292~K48+910.988	王琦
	湖南金弛园林绿化有限公司	S9 施工合同段 AK1+622.292~K48+910.988	王革平
	天津路桥建设工程有限公司	S10 施工合同段 AK1+622.292~K48+910.988	夏立明

S31 高速公路收费站点设置情况　　　　　　　　　　　　表 4-4-2

站 点 名 称	车 道 数	收 费 方 式
宜章南	3 进 6 出	2 进 5 出人工,1 进 1 出 ETC
梅田	2 进 3 出	1 进 2 出人工,1 进 1 出 ETC
长村	2 进 2 出	1 进 1 出人工,1 进 1 出 ETC
黄沙	2 进 4 出	1 进 3 出人工,1 进 1 出 ETC
堡城(凤头岭)	13 进 19 出	11 进 17 出人工,2 进 2 出 ETC

S31 高速公路服务区设置情况　　　　　　　　　　　　表 4-4-3

服务区名称	桩　　号	备　　注
长村	K28+273	未投运
黄沙	K45+700	

第五节　S40(长沙机场)高速公路

　　长沙机场高速公路,简称机场高速,路线编号 S40,西起长潭高速公路雨花(原名赤新)互通式立交桥,连接长沙市雨花大道,东止黄花国际机场跑道西侧,途经雨花区黎托乡、长沙县口梨镇、干杉乡、黄花镇,全长 17.338km(含连接线 2.2km),建设总投资 7.65亿元,2001 年 9 月开工建设,2003 年 9 月 2 日建成通车。

　　机场高速公路为长沙城区连接黄花机场的快速通道之一,也是湖南省第一条实施全线亮化工程的高速公路。

　　机场高速公路于 2001 年 2 月立项,同年 5 月长沙市建设委员会批复初步设计。由中国中铁二院工程集团有限责任公司(简称中铁二院)、贵阳勘测设计院与湖南大学设计研究院设计。

全线共拆迁建筑物54100m²,其中拆迁房屋265栋、涉及336户;林带及辅道共拆迁房屋191栋,230户。主线征用土地1350亩,开发用地3100亩。拆除电力、电信杆236根,铁塔8座,新立杆196根,新建铁塔19座,地埋电缆6694m。该项目路基分5个标段组织施工,通过招投标,分别由广州市公路工程公司、湖南军信工程公司、湖南环路工程有限公司等10个单位参与施工;路面为沥青混凝土结构,由交通部公路二局施工;交通工程由衡阳路桥建设公司、湖南省交通科研所施工;监理单位为育才—布朗交通咨询监理有限公司。

该项目路基宽26m,双向四车道,设计速度为100km/h(匝道40km/h),全线沥青混凝土路面;建浏阳河大桥1座/315m,朗梨高架桥1座/320.5m,中桥5座,小桥10座,涵洞和通道91座,互通式立交桥1处。

机场高速公路由长沙市环路建设开发有限公司机场路分公司运营管理。全线设长沙东、椰梨2个主线收费站。

长沙机场高速公路交通流量状况、项目建设单位信息、收费站点设置情况等,分别见表4-5-1~表4-5-3。

S40长沙机场高速公路交通流量状况(单位:辆/日) 表4-5-1

年　　份	路段一	路段二	日平均流量
2007年	6860	7140	7000
2008年	7938	8262	8100
2009年	12348	12852	12600
2010年	15680	16320	16000

S40长沙机场高速公路项目建设单位信息 表4-5-2

参 建 单 位	单 位 名 称	合同段编号及起止桩号	主要负责人
管理单位	长沙机场高速路建设经营有限公司	K0+000~K17+338	王革立
设计单位	长沙市勘测设计研究院	K0+000~K17+338	彭连保
	长沙铁道学院勘察设计研究院	K0+000~K17+338	廖福贵
监理单位	育才布朗交通监理有限公司	全线	莫彬
施工单位	广州市路桥工程公司	K0+600~K2+287	刘琪韧
	中国地质工程集团公司	K2+367.8~K3+482	陆自雄
	湖南军信工程有限公司	K4+050~K6+080	张志明
	中铁十四局	浏阳河大桥	勒军
	湖南省株洲公路桥梁建设有限公司	K5+050~K6+080	高欣
	中国建筑第五工程局	朗梨高架桥	佘德义

续上表

参 建 单 位	单 位 名 称	合同段编号及起止桩号	主要负责人
施工单位	中国建筑第五工程局	机场口匝道桥	佘德义
	核工业华南建设有限公司	K6+585~K9+800	周国光
	湖南环路工程有限公司	11+820~K17+338	李政安
	长沙公路桥梁建设总公司	K9+800~K11+820	曾新春
	二公路(洛阳)第四处	路面工程	张翔
	长沙市建筑安装工程公司	K0+014~K0+600	王会伟

S40长沙机场高速公路收费站点设置情况　　　　　表4-5-3

站 点 名 称	车 道 数	收 费 方 式
榔梨	3进3出	2进2出人工,1进1出ETC
长沙东	6进6出	4进4出人工,2进2出ETC

第六节　S41(长沙至湘潭西)高速公路

长沙至湘潭西线高速公路,简称长潭西高速,路线编号S41,起于望城县含浦镇斑马村,与长沙绕城高速公路学士联络线顺接,往西南经庙嘴上,于青草冲以东跨赤江,从含浦中学西侧通过,然后转向东南,经燕子窝以西跨靳江河后进入坪塘镇,经鸦鹊坳、下养塘、李家塘、曾家屋场、陶家屋场,从石牛峰西侧进入湘潭县响水乡,再经行路塘、轿子坳、九华,至响水乡乐塘村下穿潭邵高速公路后,与湘潭联络线对接。主线全长27.951km,其中长沙市境20.560km,湘潭市境7.391km。

长潭西高速公路是湖南第一条外商独资建设的高速公路,概算15.08亿元,由凯旋国际投资(澳门)有限公司(以下简称"凯旋公司")出资。2004年6月19日开工建设,2007年2月6日建成通车。

1999年9月,省交通厅委托省交通规划勘察设计院进行长潭西线高速公路工程可行性研究,2002年9月完成可行性研究报告修编;2003年9月11日,省交通厅批准由中交第一公路勘察设计研究院编制初步设计。

2002年5月,省交通厅在上海经贸招商会上与凯旋公司签订合作协议书草案。同年10月,凯旋公司向省交通厅提交该公司拟就的全额投资协议文本。12月27日,省人民政府形成《关于澳门凯旋国际投资有限公司独资建设经营长潭西线高速公路有关问题的会议纪要》。根据会议精神,省交通厅与凯旋公司修订协议文本,2003年1月6日在长沙举行签字仪式。

工可批复后,以协议文本和《关于澳门凯旋国际投资有限公司独资建设经营长潭西线高速公路有关问题的会议纪要》为基础,省交通厅与凯旋公司共同为起草正式合同进行了多次商谈。2003年8月1日,省交通厅向省人民政府呈报《关于审批<湖南省长潭西线高速公路特许权经营合同>的请示》。8月22日,省人民政府批准该合同。8月26日,双方在深圳经贸洽谈会上举行合同签字仪式。

2003年9月27日,在长沙举行长潭西线高速公路征地拆迁动员大会。由于长潭西线高速公路经过的长沙、湘潭两市经济发达,居民房屋建筑标准、土地平均年产值高于其他地区,省人民政府组织有关部门于2004年2月至5月多次现场调查核实,在充分考虑投资者利益的基础上,采取"政策不变、个案处理"的原则,适当增加拆迁补偿费用。同年6月1日,湘潭县段正式开始拆迁房屋。全线共征用土地在2879.53亩;拆迁房屋总面积94167m²;迁移电力电信等各类线路37.24km。2004年6月19日,在望城县含浦镇斑马村长潭西线高速公路起点举行开工典礼。

2003年10月23日,省对外贸易经济合作厅批准成立项目公司,由5人组成执行管理委员会。公司按照国家有关规定对项目进行公开招标,全线分为4个合同段,由山东路桥集团有限公司、中国路桥(集团)总公司、湖南省环达公路桥梁建设总公司、湖南省株洲公路桥梁建设有限公司分别承建。湖南省交通建设工程监理有限公司为施工监理单位。

长潭西高速公路全线按高速公路标准建设,路基宽度26m,双向四车道,设计速度为100km/h;建有特大桥1座、大桥1座、中桥7座、小桥5座、上跨天桥16座、通道45处、涵洞90座;置学士、栗山塘、白泉和湘潭4处互通式立交。设学士、九华2个主线收费站,以及栗山塘和白泉收费站2个匝道收费站,服务区1处。

S41长潭西高速公路交通流量状况、项目建设单位信息、收费站点设置情况、服务区设置情况等,分别见表4-6-1~表4-6-4。

S41长潭西高速公路交通流量状况(单位:辆/日)   表4-6-1

年份	路段一	路段二	日平均流量
2007	9481	9466	9473
2008	12517	12545	12531
2009	16916	17009	16963
2010	19329	19399	19364
2011	22021	22098	22060
2012	26748	26773	26761
2013	27361	27291	27326
2014	33286	33067	33176

S41 长潭西高速公路项目建设单位信息　　　　　　　　　　　　　　　　　表 4-6-2

参建单位	单 位 名 称	合同段编号及起止桩号	主要负责人
管理单位	湖南凯旋长潭西线高速公路有限公司	K0+780~K28+731	刘开勇
设计单位	中交第一公路勘察设计研究院	K0+780~K28+731	陈建湘
监理单位	湖南省交通建设工程监理有限公司	路基、路面、交安、绿化、机电标 K0+780~K28+731	彭国建
监理单位	湖南和天工程项目管理有限公司	房建工程 K0+780~K28+731	皮建文
施工单位	山东路桥集团有限公司	路基 1 标/K0+780~K7+000	刘应旺
施工单位	中国路桥集团总公司	路基 2 标/K7+000~K15+500	李龙
施工单位	湖南省环达路桥建设有限公司	路基 3 标/K15+500~K21+340	张军
施工单位	株洲公路桥梁建设有限公司	路基 4 标/K21+340~K28+731	杨培基
施工单位	株洲公路桥梁建设有限公司	路面标/K0+780~K28+731	刘进伟
施工单位	常德第一建筑工程有限公司	房建标/K0+780~K28+731	钱勇军
施工单位	山东路桥集团有限公司	交通工程/K0+780~K28+731	刘应旺
施工单位	湖南天弘交通建设工程公司	机电工程/K0+780~K28+731	曾伟奇
施工单位	湖南时利园绿化工程公司	绿化 A 标/K0+780~K12+000	胡琢
施工单位	湖南天鹰园林绿化公司	绿化 B 标/K12+000~K28+731	王含科

S41 长潭西高速公路收费站点设置情况　　　　　　　　　　　　　　　　　表 4-6-3

站 点 名 称	车 道 数	收 费 方 式
学士	7 进 11 出	人工收费,ETC 自动收费
栗山塘	2 进 2 出	人工收费,ETC 自动收费
白泉	2 进 2 出	人工收费,ETC 自动收费
九华	5 进 10 出	人工收费,ETC 自动收费

S41 长潭西高速公路服务区设置情况　　　　　　　　　　　　　　　　　表 4-6-4

服务区名称	桩 号
坪塘	K130+130

第七节　S50(长沙至韶山、娄底)高速公路

长沙至韶山、娄底高速公路,简称长韶娄高速,路线编号 S50,起于赤江枢纽型互通、与长潭西线高速公路相接,终于涟源龙塘镇井边互通,与二广高速公路相连,路经岳麓区、宁乡县、韶山市、湘乡市、娄星区、涟源市 6 县市区。

长韶娄高速的建设,打通了长沙来往花明楼、灰汤、韶山的便捷通道,实现了长沙、韶

山、娄底三市之间的直接连通,增强了长株潭地区辐射湘中的能力。概算总投资93.66亿元,2010年12月26日开工建设,2014年12月31日建成通车。

项目全长139.151km,韶山支线全长14.942km,娄底北线连接线全长7.226km,双江连接线全长11.283km。主线设计速度100km/h,双向4车道,路基宽度26m。设有赤江、五丰、道林、花明楼、韶山北、狮子山、金石、灰汤、洪门塘、岐山、娄底北、桥头河、龙塘共13处互通,岳麓、金凤、道林、花明楼、金石、灰汤、翻江、娄底、桥头河9个收费站,花明楼、湘乡、桥头河3处服务区以及韶山支线紫林1处停车区。

长韶娄高速公路交通流量状况、项目建设单位信息、收费站点设置情况、服务区设置情况等,分别见表4-7-1~表4-7-4。

S50 长韶娄高速公路交通流量状况(单位:辆/日) 表4-7-1

年 份	日平均流量	年 份	日平均流量
2014	15300	2016	35659
2015	29572		

S50 长韶娄高速公路项目建设单位信息 表4-7-2

参建单位	单位名称	合同段编号及起止桩号	主要负责人
管理单位	湖南长韶娄高速公路有限公司	PK5+384~K123+268、LK1+000~LK14+951	罗亮
设计单位	湖南省交通规划勘察设计院	K0+000~K45+275,LK1+000~LK14+951	贾军
	湖南省交通科学研究院	K45+275~K86+200	吕邵文
	中交路桥技术有限公司	K86+200~K123+268	郝建秀
监理单位	安徽虹桥交通建设监理有限公司	J1(K0+000~K29+600)	靳军
	中国公路工程咨询集团有限公司	J2(K29+600~LK14+951)	汪群
	北京中交公路桥梁工程监理有限公司	J3(K45+275~K78+100)	李晓林
	福建中交工程监理咨询有限公司	J4(K78+100~K102+000)	黄海山
	湖北华捷工程咨询监理有限公司	J5(K102+000~K123+268)	徐涛
施工单位	中铁十二局集团有限公司	(LJ1合同段)K0+000~K4+700	黎建华
	中铁三局集团有限公司	(LJ2合同段)K4+700~K11+000	史宏权
	中交四公局第一工程有限公司	(LJ3合同段)K11+000~K20+000	孙哲宇
	中国水电建设集团路桥工程有限公司	(LJ4合同段)K20+000~K29+600	李纪全

续上表

参 建 单 位	单 位 名 称	合同段编号及起止桩号	主要负责人
施工单位	浙江利越路桥建设集团有限公司	（LJ5 合同段）K29+600～K36+500	申屠德金
	攀枝花公路桥梁工程有限公司	（LJ6 合同段）K36+500～K45+275	代德发
	中交第二公路工程局有限公司	（LJ7 合同段）LK1+000～LK7+900	李松
	广州市公路工程公司	（LJ8 合同段）LK7+900～LK14+951	邓思民
	中铁五局(集团)有限公司	（LJ9 合同段）K44+375.436～K52+000	刘修正
	浙江金筑交通建设有限公司	（LJ10 合同段）K52+000～K60+000	李成财
	济宁市公路工程公司	（LJ11 合同段）K60+000～K69+100	高建国
	天津第三市政公路工程有限公司	（LJ12 合同段）K69+100～K78+100	胡跃
	江西赣粤高速公路工程有限责任公司	（LJ13 合同段）K78+100～K82+000	陈明波
	中铁十六局集团第五工程有限公司	（LJ14 合同段）K82+000～K86+200	彭邦兴
	中铁二十五局集团第五工程有限公司	（LJ15 合同段）K86+200～K90+700	李雄标
	山东省大通公路工程有限责任公司	（LJ16 合同段）K90+700～K96+300	刘凡盛
	中国建筑第五工程局有限公司	（LJ17 合同段）K96+300～K102+000	刘永良
	佳木斯市路桥工程有限公司	（LJ18 合同段）K102+000～K109+200	杨海军
	湖南尚上公路桥梁建设有限公司	（LJ19 合同段）K109+200～K116+100	孙洪军
	湖南省湘平路桥建设有限公司	（LJ20 合同段）K116+100～K123+268	童新波
	中交一公局第五工程有限公司	（LM1）K0+000～K11+000	龙志涛
	河北路桥集团有限公司	（LM2）K11+000～K32+500	谭华全
	安徽省路桥工程集团有限责任公司	（LM3）K32+500～K45+275	戴旺
	湖南省怀化公路桥梁建设总公司	（LM4）K45+275～K69+100	季小川
	中交一公局第六工程有限公司	（LM5）K69+100～K96+300	蒋永能
	中交路桥华东工程有限公司	（LM6）K96+300～K123+268	郑祖明

续上表

参建单位	单位名称	合同段编号及起止桩号	主要负责人
施工单位	海南中咨泰克交通工程有限公司	交安单位（JA1）K0+000～K11+000	杨晓明
	湖北利航交通开发公司	交安单位（JA2）K11+000～K32+500	范小平
	河北泰兴交通设施有限公司	交安单位（JA3）K32+500～K45+275	汪如田
	湖南通顺交通工程有限公司	交安单位（JA4）K45+275～K69+100	涂向东
	湖南省湘筑工程有限公司	交安单位（JA5）K69+100～K96+300	汤向东
	河北科力交通设施有限公司	交安单位（JA6）K96+300～K123+268	米继军
	河北路桥交通工程有限公司	交安单位（JA7）PK5+384～K123+268、LK1+000～LK14+951	刘国平

S50 长韶娄高速公路收费站点设置情况 表 4-7-3

站点名称	车道数	收费方式
岳麓	5进8出	3进6出人工，含ETC 2进2出
金凤	3进5出	2进4出人工，含ETC 1进1出
道林	4进4出	2进2出人工，含ETC 2进2出
花明楼	3进5出	2进4出人工，含ETC 1进1出
金石	3进5出	2进4出人工，含ETC 1进1出
灰汤	3进5出	2进4出人工，含ETC 1进1出
翻江	3进5出	2进4出人工，含ETC 1进1出
娄底	5进9出	3进7出人工，含ETC 2进2出
桥头河	3进5出	2进4出人工，含ETC 1进1出

S50 长韶娄高速公路服务区设置情况 表 4-7-4

服务区名称	桩号	服务区名称	桩号
花明楼	K23+300	桥头河	K108+500
湘乡	K62+600		

第八节 S51（衡阳至南岳）高速公路

衡阳至南岳高速公路，简称南岳高速，路线编号 S51，起于坪上，经烧田、杨家湾，至大王庙设南岳互通（连接大源渡至南岳连接线），经肖家湾、龙叫冲，进入九渡铺，沿 107 国道西侧经白鹭坳、樟木市，于周家坳跨 107 国道，经张老屋至松木塘与衡大高速公路、衡阳市绕城公路相接,途经衡阳市石鼓区、衡阳县、衡山县、衡东县和南岳区5个县(区)。项目批复概算25.1154亿元,2009年6月10日正式动工,2012年12月23日建成通车。

南岳高速公路原系衡阳市人民政府招商引资的BOT项目,后由于原投资方建设资金无法到位,2008年9月2日,衡阳市政府向省政府请求移交南岳高速公路项目建设;同年10月12日,省政府批准湖南省高速公路建设开发总公司接手建设。

南岳高速总长51.816km,其中南岳至衡阳段长37.318km,大源渡至南岳大王庙互通长14.498km。全线设计速度120km/h,路基宽度26m,路面宽22.5m,沥青混凝土路面。设桥梁21座,通涵272道,互通式立体交叉5处、分离式立体交叉13处,人行天桥14座,收费站3处。

S51南岳高速公路交通流量状况、项目建设单位信息、收费站点设置情况,分别见表4-8-1~表4-8-3。

S51南岳高速公路交通流量状况(单位:辆/日)　　表4-8-1

年　份	祝　融	衡　阳　北	日平均车流量(自然数)
2013	2452	2776	2631
2014	3420	3349	3381
2015	4840	4116	4439

S51南岳高速公路项目建设单位信息　　表4-8-2

参建单位	单位名称	合同段编号及起止桩号	主要负责人
管理单位	湖南省南岳高速公路建设开发有限公司		肖跃成
设计单位	湖南省交通规划勘察设计院		宋智
监理单位	北京中通公路桥梁工程咨询发展有限公司	第一监理处	周旺兵
	湖南省交通建设工程监理有限公司	第二监理处	张灵湘
	湖南格瑞工程建设有限公司	第三监理处	张进科
	北京泰克华诚技术信息咨询有限公司	第四监理处	常新生
施工单位	抚州远大路桥工程有限公司	第一合同段 K0+000~K10+940	丁志文
	中国路桥工程有限责任公司	第二合同段 K10+940~K16+000	邱飞军
	岳阳市公路桥梁基建总公司	第三合同段 K16+000~K28+000	张友红
	中铁二十局集团有限公司	第四合同段 K28+000~K37+400	罗铁钢
	中铁大桥局股份有限公司	第五合同段 LK0+000~LK1+622.84	潘中秋
	浙江天宇交通建设集团有限公司	第六合同段 LK1+622.84~LK8+900	刘建军

续上表

参建单位	单位名称	合同段编号及起止桩号	主要负责人
施工单位	中铁四局集团第四工程有限公司	第七合同段 LK8+900~LK13+800	王爱军
	新疆兴达公路工程部	第八合同段 LK0+000~LK13+800、LyK0+000~LyK0+700、K0+000~K10+940	王晟
	武汉东交路桥工程有限公司	第九合同段 K10+940~K37+400	刘沛
	湖南绿林市政景观工程有限公司	第十合同段 LK0+000~LK13+800、LyK0+000~LyK0+700、K0+000~K10+940	蔡菊香
	江西福乐园林有限责任公司	第十一合同段 K10+940~K37+400	涂晓阳
	北京市高速高速公路交通工程有限公司	第十二合同段 全线	罗莉
	湖南湘筑工程有限公司	第十三合同段 LyK0+000~LyK0+700 LK0+000~LK13+800 K0+000~K10+940	唐举一
	湖南交通国际经济工程合作公司	第十四合同段 K10+940~K37+400	李琦
	广东立乔交通工程有限公司	第十五合同段 全线	朱旭华
	南京铁电通信工程有限公司	第十六合同段 全线	方中明
	长沙洞井建筑股份有限公司	第十八合同段	张继平
	湖南金辉建设集团有限公司	第十九合同段	曹建军
	四川新路桥机械有限公司	第二十一合同段	王伟
	西安金路交通工程科技发展有限责任公司	第二十合同段	唐治金

S51 南岳高速公路收费站点设置情况 表 4-8-3

站点名称	车道数	收费方式
南岳	5进10出	3进8出人工,2进2出ETC
石鼓	5进9出	3进7出人工,2进2出ETC
新场市	3进3出	2进2出人工,1进1出ETC

第九节　S70（娄底至怀化）高速公路

娄底至怀化高速公路,简称娄怀高速,路线编号S70,是湖南省"七纵七横"高速公路网中的第四横。起于沪昆高速公路娄底互通,止于鹤城区黄金坳枢纽互通,分娄新、新溆、溆怀3段修建。线路全长280.393km,其中新溆27km划入国道G59路段。

一、娄(底)新(化)高速公路

娄新高速公路即娄底至新化高速公路,是娄怀高速公路的第一段。起于沪昆高速公路娄底互通,止于新化县城南盐井冲,全线穿越双峰县、娄星区、涟源市、新邵县、冷水江市、新邵县、新化县,通过与纵向的二广高速的连接,形成"十"字形高速公路网骨架。该项目由省高速公路建设开发总公司投资建设,批复概算614430万元,其中214430万元资本金为总公司自筹,400000万元来自银行贷款,2009年4月17日开工建设,2012年12月16日建成通车。

2007年1月,省交通厅规划办公室组织进行娄新高速公路工程勘察设计公开招标工作,中标单位为武汉中咨路桥设计研究院有限公司(负责第一合同段K0+900~K41+372.051范围内共40.472km设计工作)、湖南省交通规划勘察设计院(负责第二合同段55.241kmK41+698.69~K96+940范围内共55.241km设计工作)。2008年7月26日,完成土建工程施工单位、监理单位的资格预审,11月11日签订监理合同,11月14日签订土建合同。全线征收土地11212亩,其中娄底境内为9936亩,邵阳境内为1276亩拆迁房屋1152栋,其中娄底境内1034栋房屋,新邵境内118栋房屋。

娄新高速公路长95.713km,按双向四车道山区高速公路标准设计,设计速度为100km/h,路基宽度26m。全线桥梁86座,隧道3座,通涵580道,收费站10个,服务区2个。

二、新(化)溆(浦)高速公路

已在国高网G59中介绍,此处略。

三、溆(浦)怀(化)高速公路

溆浦至怀化高速公路,简称溆怀高速公路,是娄怀高速公路S70最后一段。起于溆浦县卢峰镇,与新化至溆浦高速公路相连,与包茂高速公路吉首至怀化高速公路相接,经江口、火马冲、泸阳,止于鹤城区黄金坳枢纽互通。该项目概算总投资81.9亿元,2010年6月17日开工建设,2013年12月30日正式通车。

2009年3月13日,省发展和改革委员会批复了该项目的可行性研究报告,此后获得了初步设计、项目使用林地、水土保持方案、项目建设用地、环境影响评价报告书、施工图设计等批复。同年7月14日,成立湖南省溆怀高速公路建设开发有限公司和湖南省溆怀高速公路总监办公室,负责溆怀高速公路项目的建设、管理工作,主要职能是全方位组织工程实施管理工程质量、施工进度、工程计价、工程技术及审批变更设计和安全监督管理工作。

溆怀高速公路长91.781km,采用四车道高速公路标准建设,设计速度100km/h,路基宽26m(分离式路基宽13m),全线路面结构以沥青混凝土路面为主,白岩山、黄双坪、燕子

第四章 地方高速公路

洞隧道为连续配筋混凝土路面,隧道进出洞 300m 范围为复合路面。隧道设计速度为80km/h。主线两侧遍布煤层采空区;岩溶地区分布广泛,局部岩溶发育强烈。全线建桥梁 87 座(特大桥 2 座),隧道 7 座(特长隧道 1 座);设 7 个互通,5 个收费站,2 个服务区,1 个通信监控中心,1 个停车区(暂未启用)。

S70 娄怀高速公路交通流量状况、项目建设单位信息、收费站点设置情况、服务区设置情况等,分别见表 4-9-1 ~ 表 4-9-4。

S70 娄怀高速公路交通流量状况(单位:辆/日) 表 4-9-1

年份	娄新高速娄底段				新溆高速娄底段		溆怀高速			
	新化(年车流量)	茶园(年车流量)	涟源(年车流量)	日平均车流量	大熊山(年车流量)	日平均车流量	溆浦	辰溪	怀化	日平均流量
2013	1327870	4136180	2993000	7078						
2014	1572420	4184360	3296315	7731			2700	5702	1986	3323
2015	2652090	3462390	3955870	9311	342624	939				
2016	3586125	3071840	4567245	10840	428931	1175				

S70 娄怀高速公路项目建设单位信息 表 4-9-2

路段	参建单位	单位名称	合同段编号及起止桩号	主要负责人
娄新	管理单位	娄新高速公路建设开发有限公司	K0+900 ~ K96+613	陈勇鸿
	设计单位	中国公路工程咨询集团有限公司	K0+900 ~ K45+000	廖小勇
		湖南省交通规划勘察设计研究院	K45+000 ~ K96+613	陈卓
	施工单位	湖南娄底路桥建设有限责任公司	B1:K0+900 ~ K16+000	毛友俭
		江苏中瑞路桥建设有限公司	B2:K16+000 ~ K25+500	张志全
		中铁四局集团有限公司	B3:K25+500 ~ K34+500	罗成利
		中铁二十五局集团有限公司	B4:K34+500 ~ K41+372.05	卫建峰
		湖南省建筑工程集团总公司	B5:K41+698.69 ~ K51+000	谭鹏
		中交二公局第六工程有限公司	B6:K51+000 ~ K62+200	马华兵
		中铁十二局集团第二工程有限公司	B7:K62+200 ~ K75+200	何常胜
		中铁十七局集团第五工程有限公司	B8:K75+200 ~ K80+300	魏文秀
		中铁五局集团有限公司	B9:K80+300 ~ K85+300	晏学志
		温州交通建设集团有限公司	B10:K85+300 ~ K96+613	胡爱民
溆怀	管理单位	湖南省溆怀高速公路建设开发有限公司	K91+900 ~ K183+671.978	刘忠
	设计单位	湖南省交通规划勘察设计院	K91+900 ~ K160+085.367	胡琼、刘伟
		湖南省交通勘察设计所	K160+200 ~ K183+671.978	易建章
		湖南中大设计院有限公司	K109+228.35 沙罐冲大桥上跨沪昆铁路,K141+132.85 白泥湾大桥上跨部队铁路专用线,ZK130+436.96 燕子洞大桥上跨沪昆铁路,K177+338 仇家 1 号分离式立交上跨焦柳铁路	肖伟

续上表

路段	参建单位	单位名称	合同段编号及起止桩号	主要负责人
溆怀	设计单位	西安公路研究院（原西安公路研究所）	机电工程	吴雄
	监理单位	中咨工程建设监理公司	土建监理 K91+900~K115+420	张兴国
		湖南省交通建设工程监理有限公司	土建监理 K115+420~K130+040	唐中华
		浙江通衢交通建设监理咨询有限公司	土建监理 K130+040~K153+760	宋佑发
		湖南省三湘交通建设监理事务所	土建监理 K153+760~K183+671.978	张志伟
		北京天智恒业科技发展有限公司	机电项目监理 K91+900~K183+671.978	朱金玉
		湖南省湘咨工程项目管理有限公司	房建项目监理 K91+900~K183+671.978	谢争文
	施工单位	湖南省湘筑工程有限公司	土建1标 K91+900~K98+400	胡永春
		成都华川公路建设集团有限公司	土建2标 K98+400~K103+080	杨志杰
		中国水利水电第八工程局有限公司	土建3标 K103+080~K106+320	王宏金
		长沙市公路桥梁建设有限责任公司	土建4标 K106+320~K111+400	江正群
		中铁二十三局集团第一工程有限公司	土建5标 K111+400~K115+420（ZK115+450）	刘加华
		中铁十五局集团第五工程有限公司	土建6标 K115+420~K118+300	卢尔聪
		湖南尚上公路桥梁建设有限公司	土建7标 K118+300~K121+200	周国珍
		中铁五局集团第一工程有限责任公司	土建8标 K121+200~K124+600	张登林
		中铁十二局集团有限公司	土建9标 K124+600~K127+630	旷映梁
		中铁二十局集团第二工程有限公司	土建10标 K127+630~K130+040（ZK130+010）	张王杰
		中交路桥建设有限公司	土建11标 K130+040~K134+600	王志强
		湖南省湘筑工程有限公司	土建12标 K134+600~K138+420	向红斌
		中铁二局工程有限公司	土建13标 K138+420~K142+900	陈清刚
		湖南娄底路建设有限责任公司	土建14标 K142+900~K147+460	余卫国
		湖南湘潭公路桥梁建设有限责任公司	土建15标 K147+460~K153+760	彭兮
		中铁二十局集团第四工程有限公司	土建16标 K153+760~K160+085.367	李天明
		许昌广苾公路工程建设有限责任公司	土建17标 K160+200~K166+000	许俊科
		河南高速发展路桥工程有限公司	土建18标 K166+000~K172+060	张大伟
		湖南省郴州公路桥梁建设有限责任公司	土建19标 K172+060~K178+500	王学坤
		湖南省怀化公路桥梁建设总公司	土建20标 K178+500~K183+671.978	李秀刚
		中铁二十五局集团有限公司	跨铁路立交桥21标 K91+900~K183+671.978	谢赛军
		湖南怡人园林绿化有限公司	上边坡生态防护22标 K91+900+200~K138+420	周国平
		湖南天方绿化实业有限公司	上边坡生态防护23标 K138+420~K183+672	蒋香元
		湖南省怀化公路桥梁建设总公司	路面24标 K91+900.00~K124+600.00	王英俊

续上表

路段	参建单位	单位名称	合同段编号及起止桩号	主要负责人
溆怀	施工单位	湖南尚上公路桥梁建设有限公司	路面25标 K124+600.00~K160+200.00	温晓曦
		中交一公局第二工程有限公司	路面26标 K160+200.00~K183+671.98	谭桂根
		黑龙江省北龙交通工程有限公司	通信管道27标 K91+900~K183+671.978	周景新
		江苏中道园林建设有限公司	绿化28标 K91+900~K115+420	何勤贤
		湖南森鑫环境景观园林工程有限公司	绿化29标 K115+420~K138+420	谈剑
		湖南花研园林景观有限公司	绿化30标 K138+420~K160+085	何春阳
		湘潭市城市园林建设有限公司	绿化31标 K160+085~K183+671	陈奇兵
		湖南螺丝建筑有限公司	房建32标 K91+900~K183+671.978	吴清林
		湖南省金达工程建设有限公司	交安33标 K91+900~K183+671	刘国安
		山西长达交通设施有限公司	交安34标 K91+900~K124+600	王博
		湖南省郴州公路桥梁建设有限责任公司	交安35标 K124+600~K153+760	刘湘源
		湖南湘潭公路桥梁建设有限责任公司	交安36标 K153+760~K183+671	朱鼎新
		河南瑞航公路工程有限公司	交安37标 K91+900~K183+671	刘华钧
		浙江久久交通设施有限公司	交安38标 K91+900~K183+671	魏可明
		中铁电气化局集团第一工程有限公司	JD1标、全线监控、通信、收费三大系统	张发明
		中铁一局集团电务工程有限公司	JD2标、虎儿岩隧道、油榨冲隧道、白岩山隧道、岩屋冲隧道、芦冲隧道5个隧道的通风、照明、供配电系统（含电力监控系统）	南海洋
		江苏铁电交通科技集团有限公司	JD3标、黄双坪隧道、关虎冲隧道两个隧道的通风、照明、供配电系统（含电力监控系统）	石胜华

S70娄怀高速公路收费站点设置情况 表4-9-3

路段	站点名称	车道数	收费方式
娄新	扶州	8	人工
	娄底南	12	人工
	娄底西	15	人工
	杨市	8	人工
	涟源	10	人工
	三甲	8	人工
	坪上	8	人工
	金竹山	8	人工
	冷水江	8	人工
	新化	8	人工

续上表

路　段	站点名称	车道数	收费方式
溆怀	溆浦	3进6出	人工,ETC
	大江口	3进5出	人工,ETC
	辰溪南	3进5出	人工,ETC
	花桥东	3进5出	人工,ETC
	怀化北	7进12出	人工,ETC

S70娄怀高速公路服务区设置情况　　　　　　　　　　　表4-9-4

路　段	服务区名称	桩　号	备　注
娄新	涟源	K22+700	
	新邵		未建成
溆怀	辰溪	K227+687	
	中方	K259+037	

第十节　S7001(怀化绕城)高速公路

怀化绕城高速公路,是娄怀高速公路(S70)的支线,路线编号S7001,起于怀化城区泸阳镇荒公冲,在泸阳枢纽互通接娄怀高速公路,经骑龙山、杨村,在董家枢纽互通与包茂高速相接,共同构成高速公路环线,相当于怀化城区外环路。项目总投资21.73亿元,2010年12月3日正式开工,2014年12月31日建成通车。

怀化绕城高速公路全长23.211km,按双向四车道高速公路标准建设,设计速度100km/h,整体式路基宽度26m,采用沥青混凝土路面。全线大中桥28座,隧道2座,互通式立体交叉5处,分离式立体交叉3座,通道、天桥32道。设池回、怀化南、杨村、怀化东4个收费站。

怀化绕城高速缓解了包茂高速和娄怀高速怀化段的交通压力,经娄怀高速到怀化的车辆节约26km路程[原由娄怀高速到怀化需转包茂高速(南向)和沪昆高速],配套沪昆高铁和怀邵衡铁路,实现高铁到高速的快速转换(高铁站距离怀化绕城高速怀化南互通仅2km),实现怀化这一交通枢纽的高速公路、铁路、普通公路和城市道路综合交通转换。

怀化绕城高速公路交通流量状况、项目建设单位信息、收费站点设置情况等,分别见表4-10-1~表4-10-3。

第四章

地方高速公路

S7001 怀化绕城高速公路交通流量状况（单位：辆/日）　　　　表 4-10-1

年　份	怀 化 东 点	日平均流量
2015	3344	3344
2016	4222	4222

S7001 怀化绕城高速公路项目建设单位信息　　　　表 4-10-2

参 建 单 位	单 位 名 称	合同段编号及起止桩号	主要负责人
管理单位	湖南省高速公路建设开发总公司	K0+000～K23.211	徐爱民
设计单位	湖南省交通规划勘察设计院	K0+000～K11+805	
	湖南华罡规划设计研究院有限公司	K11+805～K23+225.789	
	北京交科公路勘察设计院有限公司	K0+000～K23+225.789	
监理单位	广西桂通工程咨询有限公司	J1：K0+000～K23+211.05	向继山
	广西桂通工程咨询有限公司	J2：K0+000～K23+211.05	向继山
	中国华西工程设计建设有限公司	J3：YK4+668.95、K20+139.5	曾永旺
	北京华路捷公路工程技术咨询有限公司	J4：K0+000～K23+211.05	姚晓宇
施工单位	中交二公局第三工程有限公司	1：K0+000～K3+700	张晓
	内蒙古联手路桥有限责任公司	2：K3+700～K7+100	王立虎
	长沙市公路桥梁建设有限责任公司	3：K7+100～K14+700	赵锋
	中铁十五局集团有限公司	4：K14+700～K20+400	雷跃民
	湖南省建筑工程集团总公司	5：K20+400～K23+211.05	侯术林
	中铁十二局集团第四工程有限公司	6：K0+000～K23+211.05	李庆光
	怀化铁路工程总公司	7：YK4+668.95、K20+139.5	李运球
	江西建工第一建筑有限责任公司	8：K0+000～K23+211.05	熊晓明
	湖南花研园林景观有限公司	9：K0+000～K23+211.05	谢华中
	中铁五局集团机械化工程有限责任公司	10：K0+000～K23+211.05	李军雄
	北京诚达交通科技有限公司	11：K0+000～K23+211.05	钟剑
	衡阳公路桥梁建设有限公司	12：K0+000～K23+211.05	文家明

S7001 怀化绕城高速公路收费站点设置情况　　　　表 4-10-3

站 点 名 称	车 道 数	收 费 方 式
怀化南	5进7出	人工，ETC
池回	2进2出	人工，ETC
怀化东	5进7出	人工，ETC
杨村	5进7出	人工，ETC

第十一节 S71（娄底至衡阳）高速公路

娄衡高速公路为湖南省高速公路网规划的益娄衡高速公路的南段，分接潭邵、衡邵、衡枣高速公路，起自娄底市双峰县长冲村，止于祁东县归阳镇，与衡枣高速公路相接。2010年3月9日，省发改委批复娄底至衡阳高速公路工程可行性研究报告，该项目概算总投资约97.84亿元。主线于2014年5月正式开工，2016年12月30日建成通车。

娄衡高速公路主线长116.899km，双向四车道，设计速度100km，路基宽度26m，采用沥青混凝土路面。双峰连接线起点至蚊子山段10.3km，设计速度80km/h，路基宽度15m，蚊子山至终点荷叶镇37.2km，设计速度60km/h，路基宽度12m；S210连接线设计速度60km/h，路基宽度12m；祁东连接线设计速度80km/h，路基宽度15m；丁字桥连接线、洪市连接线设计速度60km/h，路基宽度10m；岐山连接线采用三级公路标准建设，设计速度40km/h，路基宽度8.5m。全线建有大桥65座/13474延米，中桥56座/12799延米，小桥9座/675m，隧道3座/5073延米；互通式立体交叉10处；分离式立体交叉15座/1661.16延米；通道、天桥300道。设置1处隧道管理所，1个养护工区、2个服务区、7个收费站、2处路政管理所。

S71娄衡高速公路项目建设单位信息、收费站点设置情况、服务区设置情况等，分别见表4-11-1～表4-11-3。

S71娄衡高速公路项目建设单位信息 表4-11-1

参 建 单 位	单 位 名 称	合同段编号及起止桩号	主要负责人
管理单位	湖南省娄衡高速公路建设开发有限公司	K0+000～K116+899	黄斌
设计单位	湖南省交通规划勘察设计所院	K0+000～K41+345.906	陈晶
	中交第二公路勘察设计研究院有限公司	KK41+353.722～K76+688.95	蒋鹏
	湖南省交通科学研究院	K77+980～K118+194.31	吴家旺
	湖南中大设计院有限公司	K0+098～K10+300.9（双峰连接线）	张新兵
监理单位	湖南省交通建设工程监理有限公司	K0+000～K41+345段土建、路面、交安、绿化工程	李剑波
	湖南金路工程咨询监理有限公司	K41+345～K69+200段土建、路面、交安、绿化工程	张云
	湖南省湘通工程咨询有限公司	K69+2000～K94+500段土建、路面、交安、绿化工程	刘朝霞
	中交建工程咨询（北京）有限公司	K94+500～K118+194段土建、路面、交安、绿化工程	章孝建
	湖南明泰项目管理有限公司	K0+000～K116+899	柏苏坡

第四章
地方高速公路

续上表

参 建 单 位	单 位 名 称	合同段编号及起止桩号	主要负责人
监理单位	北京华路捷公路工程技术咨询有限公司	K0+000~K116+899	姚晓宇
施工单位	湖南路桥建设集团有限责任公司	C1:K0+000~K13+900	潘路星
	湖南路桥建设集团有限责任公司	C2:K13+900~K41+345	邹国庆
	湖南省湘筑工程有限公司	C3:K41+345~K55+100	彭阳
	湖南省怀化公路桥梁建设总公司	C4:K55+100~K69+200	郭志杰
	湖南省益阳公路桥梁建设有限责任公司	C5:K69+200~K76+688	尹奋山
	湖南环达公路桥梁建设总公司	C6:K77+980~K94+500	孙昌开
	中交路桥华东工程有限公司	C7:K94+500~K104+000	白同斌
	湖南娄底路桥建设有限责任公司	C8:K104+000~K114+000	佘卫国
	湖南省湘筑工程有限公司	C9:K114+000~K118+194	刘军
	怀化铁路工程总公司	C10:K92+352~K92+569	李运球
	中交一公局第六工程有限公司	C11:K0+000~K55+100	刘伟
	长沙市公路桥梁建设有限责任公司	C12:K55+100~K86+000	方明科
	湖南路桥建设集团有限责任公司	C13:K86+000~K118+194.31	刘坚
	广州中绿园林集团有限公司	C14:K0+000~K18+000	周颉
	湖南世纪园林建设有限公司	C15:K18+000~K42+345	黎启昌
	湖南天方绿化实业有限公司	C16:K41+353.722~K57+770	董汉岳
	湖南嘉园园林景观建设有限公司	C17:K57+770~K76+688	吴栋梁
	湖南三木园林建设有限公司	C18:K77+980~K94+500	李青
	江苏三恒环境建设有限公司	C19:K94+500~K118+194	殷志威
	湖南长大建设集团股份有限公司	C20:K0+000~K118+194	李拥军
	湖南天弘交通建设工程有限公司	C21:K0+000~K118+194	祝勇
	湖南省湘平路桥建设有限公司	C22:K0+000~K69+200、洪市连接线	陈勇军
	湖南交通国际经济工程合作公司	C23:K69+200~K118+149.31、檀山咀连接线、丁字桥连接线	肖志辉
	黑龙江省北龙交通工程有限公司	C24:K0+000~K41+345.906	闵赞光
	湖南省金达工程建设有限公司	C25:K41+353.722~K69+200、洪市连接线	单乐飞
	北京深华科交通工程有限公司	C26:K69+200~K94+500、檀山咀连接线	夏晓津

续上表

参 建 单 位	单 位 名 称	合同段编号及起止桩号	主要负责人
施工单位	湖南省永州公路桥梁建设有限公司	C27:K94+500~K118+194.31、丁字桥连接线	周剑舟
	湖北利航交通开发公司	C28:K0+000~K69+200、洪市连接线	张亚辉
	衡阳公路桥梁建设有限公司	C29:K69+200~K118+194.31、檀山咀连接线、丁字桥连接线	雷勇
	湖南省湘筑交通科技有限公司	C30:K0+000~K55+100	杨柳
	兰州朗青交通科技有限公司	C31:K55+100~K118+194	任健
	湖南环达公路桥梁建设总公司	C32:K0+000~K118+194.31	孙志华

S71娄衡高速公路收费站点设置情况　　　　表4-11-2

站 点 名 称	车 道 数	收 费 方 式
楠木桥	3进5出	2进4出人工,1进1出ETC
祁东	3进5出	2进4出人工,1进1出ETC
岐山	3进5出	2进4出人工,1进1出ETC
檀山咀	3进5出	2进4出人工,1进1出ETC
洪市	3进5出	2进4出人工,1进1出ETC
锁石	3进5出	2进4出人工,1进1出ETC
双峰	3进5出	2进4出人工,1进1出ETC

S71娄衡高速公路服务区设置情况　　　　表4-11-3

服务区名称	桩　　号	备　　注
檀山嘴	K65+520	
双峰	K18+322	未建成

第十二节　S7101(益阳市南线)高速公路

益阳市南线高速公路,线路编号S7101,起于长常高速苏家坝枢纽互通,往西经杨梅塘、石笋、邓石桥,跨资水进入李昌港乡,终于长常高速迎风桥枢纽互通,与长常高速公路相连接,形成益阳市高速公路"一环七射"的空间结构。[1] 该项目线路长40.26km,批准概算为25.6亿元。2012年12月21日省交通运输厅下达施工许可,2015年12月31日建成通车。

---

[1] "一环"即由益阳市南线高速公路与长常高速公路组成的环线;"七射"即通过这条"环线"形成益娄高速、益马高速、益南高速、益长高速复线、益平高速、益长高速、益常高速七条射线。该项目与益阳市现有的G319、益宁城际干道、益桃一级公路相接。

第四章
地方高速公路

益阳市南线高速公路原由香港隆财实业有限公司投资承建,后因该公司涉嫌虚假出资,骗取施工单位大额投标保证金等原因被益阳市司法机关立案侦查,项目因此于2008年10月全面停工。2009年9月,省人民政府批准同意益阳市重新以BOT方式招商引资建设该项目,益阳市政府于2009年10月27日、12月28日两次发布招标公告,启动招标程序,但均告流标。2010年初,湖南省铁路建设投资有限公司(简称铁投公司)作为投资人参与该项目建设。

由于该项目与多条高速公路和国道相连,里程短,互通较多;临近城区,受文物的影响,跨铁施工、跨线施工;人工、材料价格上涨,政府征地拆迁补偿标准提高,沿线个案处理费用较多,征地拆迁费用不断攀升;银行贷款利率调整及新增贷款利息增加等原因,原批复概算不能满足建设需求。2015年,省交通运输厅调整概算,最终批复为32.25亿元。

该项目采用双向四车道高速公路建设标准,路基宽度为24.5m,设计速度为80km/h,设置互通式立交7处,分离式立交17处,各种桥梁6945.04m/60座,隧道380m/1处,通道82道(不含互通),涵洞60道(不含互通),人行天桥及机耕天桥8处,路基土石方815万m^3,设计荷载为公路-I级,采用沥青混凝土路面。设收费站3处,服务区1处。

S7101益阳南线高速公路交通流量状况、项目建设单位信息、收费站点设置情况、服务区设置情况等,分别见表4-12-1~表4-12-4。

S7101益阳南线高速公路交通流量状况(单位:辆/日) 表4-12-1

年 份	邓 石 桥	日平均车流量(自然数)
2016	3693	3693

S7101益阳南线高速公路项目建设单位信息 表4-12-2

参建单位	单位名称	合同段编号及起止桩号	主要负责人
管理单位	湖南铁投银城高速公路有限公司	K0+000~K40+261	夏焘
设计单位	湖南省交通规划勘察设计院	K0+000~K40+261	刘棠
中心试验室	湖南交院试验检测有限责任公司	K0+000~K40+261	陈贵湘
监理单位	湖南湖大建设监理有限公司	JL1:K16+300~K25+500	熊壮
	湖南长顺工程建设监理有限公司	JL2:K0+000~K16+300	姚华东
	湖南省汇林工程建设监理有限责任公司	JL3:K25+500~K40+261	陈列
	湖南省农林工业勘察设计研究总院	FJJL1:K0+000~K40+261	刘炜
	河北华达公路工程咨询监理有限公司	JDJL1:K0+000~K40+262	李鲜明
	湖南省建筑工程集团总公司	TJ1:K16+300~K25+500	谢江勇
	湖南常德路桥建设集团有限公司	TJ2:K0+000~K8+000	张晓晖

续上表

参 建 单 位	单 位 名 称	合同段编号及起止桩号	主要负责人
施工单位	中铁航空港集团第一工程有限公司	TJ3：K8+000～K16+300	陈兆波
	广西壮族自治区公路桥梁工程总公司	TJ4：K25+500～K31+000	韦永代
	陕西明泰工程建设有限责任公司	TJ5：K31+000～K40+261	罗小平
	湖南望岳园林建设工程有限公司	LH1：K0+000～K16+300	胡昂
	湖南森鑫环境景观园林工程有限公司	LH2：K16+300～K31+000	丁德
	湖南世纪园林建设有限公司	LH3：K0+000～K16+302	龙镇海
	中交第三公路工程有限公司	LM1：K0+000～K21+200	苏红军
	湖南省怀化公路桥梁建设总公司	LM2：K21+200～K40+261	谢恩赞
	湖南天鹰建设有限公司	FJ1：K0+000～K40+261	林振球
	长沙市公路桥梁建设有限责任公司	JT1：K0+000～K21+200	汤绍阳
	湖南省金达工程建设有限公司	JT2：K21+200～K40+261	王俊文
	湖南天弘交通建设工程有限公司	JD1：K0+000～K40+261	谭翀

S7101益阳南线高速公路收费站点设置情况 表4-12-3

站 点 名 称	车 道 数	收 费 方 式
邓石桥	3进6出	2进5出人工,1进1出ETC
金盆山	3进5出	2进4出人工,1进1出ETC
新桥河	3进5出	2进4出人工,1进1出ETC

S7101益阳南线高速公路服务区设置情况 表4-12-4

服务区名称	桩 号
益阳南	K13+500

第十三节　S75（邵阳至坪上）高速公路

邵阳至坪上高速公路，线路编号S75，是邵阳市区至沪昆高铁客运专线邵阳北站的一条快速通道，也是区域高速公路网与沪昆高铁之间的联系通道。线路起于新邵县雀塘，与衡邵高速公路相接，往北经花桥东侧，于大富坪与安邵高速公路相交，经寸石以隧道形式穿越岱山林场，终点与娄新高速公路涟源西服务区相接，在坪上镇设单喇叭互通建一级公路连接线连接沪昆高铁邵阳北站。2013年11月开工建设，2015年12月31日提前一年顺利建成通车。

2010年11月8日,省发改委以《关于邵阳至坪上公路工程可行性研究报告(代项目建议书)的批复》(湘发改基础〔2010〕1236号)文对该项目工可予以批复;2011年9月9日,省交通运输厅以湘交计统〔2011〕469号文批复初步设计;2012年9月4日,省交通运输厅以湘交基建〔2012〕450号文批复施工图设计。

项目主线长35.232km,同步建设四条连接线,投资概算为30.1亿元,主要控制性工程寸石隧道全长2997m。主线为双向四车道,路基宽24.5m,设计速度100km/h,全线土石方共1524万m^3,桥涵构造物共256座,其中中小桥11座、通道涵洞228道、人行天桥2座、过车天桥2座、互通立交5处、收费站4个。全线设置安全设施主要有波形梁钢护栏117688延米、轮廓标797根、路面标线62860m^2、反光路钮16680个、浸塑点焊隔离栅45680延米、钢筋混凝土隔离墙1160延米等。

S75邵坪高速公路建设项目建设单位信息、收费站点设置情况等,分别见表4-13-1、表4-13-2。

S75邵坪高速公路项目建设单位信息 表4-13-1

参建单位	单位名称	合同段编号及起止桩号	主要负责人
管理单位	湖南省邵坪高速公路建设开发有限公司	K0+000~K35+007	张端良
设计单位	湖南省交通科学研究院	K0+000~K14+120	
	湖南省交通规划勘察设计院	K14+000~K35+007	
监理单位	北京华通监理有限公司	K0+000~K35.007	肖雪华
施工单位	邵阳路桥工程公司	第2合同段 K0+000~K3+000	赵细平
	衡阳路桥工程公司	第3合同段 K3+000~K14+120	张科
	中交一公局	第4合同段 K14+000~K24+200	张冰清
	中铁二十局	第5合同段 K24+200~K32+750	周志武
	中铁一局	第1合同段 K32+750~K35+007	黄云龙

S75邵坪高速公路收费站点设置情况 表4-13-2

站点名称	车道数	收费方式
邵阳北	4进7出	3进6出人工,ETC 1进1出
寸石	3进5出	2进4出人工,ETC 1进1出
大同	3进5出	2进4出人工,ETC 1进1出
新邵西	3进5出	2进4出人工,ETC 1进1出

第十四节　S80 衡阳(大埔)至邵阳高速公路

衡阳(大埔)至邵阳高速公路,简称衡邵高速,路线编号 S80。项目纵跨东西大通道沪昆高速、320 国道,横穿二广高速、岳临高速、南岳高速,连接京港澳高速,串联蒸水、湘江和资江,连通省境著名景区衡山和崀山,对于改善两市投资环境、促进旅游开发、推动经济发展、加快区域性中心城市的建设具有重要的作用。S80 衡邵高速分衡大、衡邵两段建设。

一、衡(阳)大(浦)高速公路

衡阳至大浦高速公路,简称衡大高速,起于衡东县大浦,与京港澳高速公路和衡炎高速公路相接,穿越衡东县、衡南县、珠晖区、石鼓区,止于衡阳市西外环路柳公塘处,是衡阳市区连接对外交通"主动脉"——京港澳高速公路的快捷通道,也是衡阳市城市高速公路绕城环线的一部分。

衡大高速概算投资 9.46 亿元,其中国家交通部投资 9500 万元,省交通重点建设资金投资 23591 万元,招商银行贷款 61500 万元,实际总投资 9.0181 亿元。2003 年 8 月 4 日开工建设,2005 年 12 月 18 日建成通车。

2002 年 6 月 18 日,省发展计划委员会以湘计基础〔2002〕571 号文件批复可行性报告;2002 年 11 月 7 日,省交通厅以湘交计统字〔2002〕633 号文件批复了初步设计和概算,批准衡大高速公路概算为 94590.981 万元;2003 年 5 月 23 日,省交通厅以湘交基建字〔2003〕678 号文件批复施工图设计。

衡大高速公路征用各类土地 3824.78 亩,拆迁房屋 296 户、718614m^2,红线挂角房屋 53 户、面积 13310.32m^2;拆除水泥坪 11566.7m^2,围墙 577m,水井 267 口,水池 11 个,鱼塘 28 口,砖石护坡 235m^3,管道 360m;迁移坟墓 2164 座;拆移砖厂 2 间,电杆 749 根,电线架 2 座,各类线路 26.08 万 m。该项目施工招标采用国内竞争性招标和邀请招标两种招标方式,包括土建工程 5 个、铁路桥施工 2 个、路面工程 2 个、房建工程 1 个、绿化工程 1 个、交通工程 5 个、机电工程 1 个,共计 17 个合同段。

衡大高速公路全长 25.93km,其中高速公路 24.45km,一级公路 1.48km。全线双向四车道,设计速度 100km/h。有特大桥 1 座,大桥 5 座,中桥 26 座,小桥 5 座。设置福星庙(现珠晖北)、楠木、大浦和松木塘互通立交(2012 年由于南岳高速公路建成通车该互通已停止使用)4 处。设有楠木和珠晖北 2 个收费站。

二、衡(阳)邵(阳)高速公路

衡阳到邵阳高速公路,简称衡邵高速,起自衡大高速公路松木塘互通,向西偏北与S315并行,在西渡跨蒸水,于演陂桥跨S210,经库宗桥,于金兰寺镇北再度跨蒸水,在佘田桥附近与S315交叉后,过仙槎桥、绕魏家桥机场南折向西北跨邵水,与沪昆高速公路交叉,在高崇山镇附近跨洛湛铁路和G320,经雀塘铺后接新邵严塘互通式立交,路线经过邵阳市新邵县、双清区、邵东县和衡阳市衡阳县、石鼓区。项目总投资60.3437亿元,2007年12月16日开工建设,一期工程于2010年12月30日建成通车,二期工程于2015年6月完成所有交工检测。由上海致达科技(集团)股份有限公司投资建设,2013年山东高速集团收购控股权并进行运营。

2005年1月24日,省发展和改革委员会以湘发改交能〔2005〕43号文件批复项目可行性研究;2006年1月24日,省交通厅以湘交计统字〔2006〕53号文批复初步设计;2007年2月14日,国土资源部以国土资函〔2007〕85号文件批准建设用地申请;同年9月27日,省交通厅以湘交基建字〔2007〕457号文批复施工图设计。项目征用各类土地914.4967公顷,临时用地179.0426公顷,房屋拆迁1713栋共349687.95m²,迁坟8927座,"三杆"搬迁1102处。

衡邵高速公路长132.059km,按双向四车道高速公路标准建设,路基宽度为26.0m,设计速度100km/h,以沥青混凝土路面为主。沿线建大桥46座、中桥75座、小桥10座、渡槽3座、涵洞417道、通道223道;设监控管理分中心1处,西渡、演陂、金兰、杨桥、邵东南、邵阳北、匝道收费站6处,新邵主线收费站1处,西渡和火厂坪服务区2对。

S80衡邵高速公路交通流量状况、项目建设单位信息、收费站点设置情况、服务区设置情况等,分别见表4-14-1~表4-14-4。

S80衡(大浦)邵高速公路交通流量状况(单位:辆/日)　　　表4-14-1

年份	衡大高速		衡邵高速		
	松木塘	日平均车流量	西渡	邵东南	日平均车流量
2013	8797	8797	6057	3691	4798
2014	7038	7038	7838	4468	6045
2015	8777	8777	9952	4995	7314

S80衡(大浦)邵高速公路项目建设单位信息　　　表4-14-2

路段	参建单位	单位名称	合同段编号及起止桩号	主要负责人
衡大	管理单位	衡大高速公路建设有限责任公司	K0+860~K25+310	肖跃成
	设计单位	湖南省交通规划勘察设计院	K0+860~K25+310	仲湘江
	监理单位	育才—布郎交通咨询监理公司	K0+860~K10+104.22	许泓

续上表

路段	参建单位	单位名称	合同段编号及起止桩号	主要负责人
衡大	监理单位	湖南省交通建设工程监理	K10+104.22~K25+310	谭敏
		湖南众鑫工程咨询监理公司	K0+860~K25+310	刘金初
		长沙华南交通工程咨询监理公司	K0+860~K25+310	杨月初
		湖南省交通建设工程监理	K0+860~K25+310	吴文凯
	施工单位	湖南省益阳公路桥梁建设有限公司	K0+860~K3+510	罗炼谋
		湖南省常德路桥建设有限公司	K3+510~K10+104.22	潘道辉
		岳阳市公路桥梁基建总公司	K10+104.22~K19+036	卢先猛
		湖南省路桥建设集团公司	K19+036~K20+046.80	谢辉明
		路桥集团第一公路工程局	K20+046.80~K25+310,LK0+000~LK1+482.508	张海波
		湖南省环达公路桥梁建设总公司	K0+860~K10+104.22	周越江
		湖南路桥建设集团公司	K10+104.22~K25+310	向坤山
		中铁十五局集团第二工程有限公司	K4+439~K4+505	胡良贵
		广州铁路工程集团有限责任公司	K9+897~K10+104.2	曾宪铁
		湖南路桥建设集团公司	K0+860~K25+310	黄道军
		泰州市海阳实业总公司	K0+860~K25+310	盛建新
		湖南天弘交通建设有限公司	K0+860~K25+310	范迖
		湖南路桥建设集团公司	K0+860~K25+310	李满程
		山西四和交通工程有限责任公司	K0+860~K25+310	杨正球
		湖南花研科技有限责任公司	K0+860~K25+310,LK0+000~LK1+482.508	何春阳
		湖南花研科技有限责任公司	K0+860~K25+310	谭育新
		安徽皖通科技发展有限公司	K0+860~K25+310	王建海
衡邵	管理单位	湖南衡邵高速公路有限公司	K25+312~K157+371	徐开国
	设计单位	中交第一公路勘察设计院	K25+312~K157+371	吴明先
	监理单位	湖南省交通建设工程监理有限公司	J1:K25+312~K58+612、全线（通信管道）	宁夏元
		上海建通工程建设有限公司	J2:K58+612~K86+415	董雪奎
		厦门港湾咨询监理有限公司	J3:K86+339~K128+112	王晓明
	施工单位	北京泰克华诚技术信息咨询有限公司	J4:K128+112~K155+782、全线（机电工程）	樊锐
		湖南方圆工程咨询监理有限公司	FJJL-1:监控管理分中心、西渡服务区、金兰收费站、演陂收费站、西渡收费站、养护工区	李进
		湖南湖大建设监理有限公司	FJJL-2:火厂坪服务区、邵阳北收费站、养护工区,邵东南收费站,杨桥收费站	吴锦堂
		湖南省绿化市政景观工程有限公司	HB1:K25+312~K33+512	阎慧
		湖南森鑫环境景观园林工程有限公司	HB2:K33+512~K47+612、西渡收费站、养护工区	肖四红

第四章
地方高速公路

续上表

路段	参建单位	单位名称	合同段编号及起止桩号	主要负责人
衡邵	施工单位	长沙富绿园园艺工程有限公司	HB3:K47+612~K58+612、西渡服务区	师正辉
		湖南海天园林绿化有限公司	HB4:K58+612~K65+412、演陂收费站	胡锷
		长沙唯美园林绿化工程有限公司	HB5:K65+412~K78+212	严宇杰
		江西吉美园林工程有限公司	HB6:K78+212~K86+415、金兰收费站	周干雨
		株洲湘银园林绿化工程有限公司	HB7:K86+339~K94+212	张希然
		江西福乐园林有限责任公司	HB8:K94+212~K101+412、杨桥收费站	涂序流
		深圳市万信达环境绿化建设有限公司	HB9:K101+412~K110+212、火厂坪服务区	张平
		浏阳市镇头建筑园林有限责任公司	HB10:K110+212~K121+212、邵东南收费站、仙槎桥互通左侧	陈必谋
		湖南省林业科技园林绿化中心	HB11:K121+212~K128+112、仙槎桥互通右侧	刘益兴
		株洲市方圆园林绿化工程有限公司	HB12:K128+112~K135+412、范家山互通左侧	方东
		株洲市建湘园林绿化工程有限公司	HB13:K135+412~K138+712、范家山互通右侧	陈林
		江西昌宏园林建设有限公司	HB14:K138+712~K145+212、邵阳北收费站、养护工区	李明
		湖南普瑞园林景观工程有限公司	HB15:K145+212~K155+783	吴建设
		北京深华科交通工程有限公司(隔离栅+护栏)	HSJA-1:K25+312~K58+612	刘小源
		湖南省醴陵市志远交通工程施工安装有限公司(标识标牌)	HSJA-6:K25+312~K58+612	杨庆先
		深圳市中业交通工程有限公司(标线)	HSJA-11:K25+312~K58+612	吴开才
		陕西科润公路沿线设施工程有限公司(隔离栅+护栏)	HSJA-2:K58+612~K86+415	杨宏立
		长沙方达交通设施科技有限公司(标识标牌)	HSJA-7:K58+612~K86+415	袁友忠
		长沙方达交通设施科技有限公司(标线)	HSJA-12:K58+612~K86+415	李龙大
		长沙市海陆交通安全设施公司(隔离栅+护栏)	HSJA-3:K86+339~K107+412	尹建群
		湖南省长路建设有限公司(标识标牌)	HSJA-8:K86+339~K107+412	付春辉
		湖南捷达交通工程有限公司(标线)	HSJA-13:K86+339~K107+412	向道本
		北京深华科交通工程有限公司(隔离栅+护栏)	HSJA-4:K107+412~K128+112	张俊义
		湖南省醴浏铁路交通工程有限公司(标识标牌)	HSJA-9:K107+412~K128+112	黎辉
		湖南省醴浏铁路交通工程有限公司(标线)	HSJA-14:K107+412~K128+112	黎辉
		北京深华科交通工程有限公司(隔离栅+护栏)	HSJA-5:K128+112~K155+782	张俊义
		湖南省湘筑交通科技有限公司(标识标牌)	HSJA-10:K128+112~K155+782	雷岢
		湖南省湘筑交通科技有限公司(标线)	HSJA-15:K128+112~K155+782	刘浩
		海南公路工程公司	1:K25+312~K58+612	容昌俊

续上表

路段	参建单位	单位名称	合同段编号及起止桩号	主要负责人
衡邵	施工单位	辽宁交通建设集团有限公司	2：K58+612～K86+415	张辉
		核工业长沙中南建设工程集团公司	3A：K86+339～K99+912	彭定湘
		中建八局基础设施建设有限公司	3B：K99+912～K128+112	丁旭彬
		中交二公局第六工程有限公司	4A：K128+112～K135+412	陈兴
		中铁十五局集团第五工程有限公司	5：K135+412～K150+112	李俊
		中铁一局集团有限公司	6：K145+212～K155+783	张为和
		北京城建道桥建设集团有限公司	31：K25+312～K58+612	姚自然
		中铁十四局集团有限公司	32：K58+612～K86+415	张挺军
		浙江省交通工程建设集团第三交通工程有限公司	33：K86+339～K107+412	武可爽
		中交二公局第六工程有限公司	34：K107+412～K128+112	陈兴
		中铁十五局集团第五工程有限公司	35：K128+112～K155+782	李俊
		湖南省第六工程有限公司	HSFJ-1：监控管理分中心	王勇
		长沙市建筑工程有限责任公司	HSFJ-2：西渡服务区	王镇伟
		衡阳市长江建设工程有限责任公司	HSFJ-3：金兰收费站、演陂收费站、西渡收费站、养护工区	梁冬青
		湖南雷锋建设有限公司	HSFJ-4：火厂坪服务区	易双立
		湖南省宇泰建筑工程有限公司	HSFJ-5：邵阳北收费站、养护工区，邵东南收费站，杨桥收费站	郑海波
		中铁电气化局集团有限公司	TD1：衡邵高速公路全线	徐行军
		北京瑞华赢科技发展有限公司	HSJD-1：衡邵高速公路全线	谢会先

S80 衡（大浦）邵高速公路收费站点设置情况　　　　　表4-14-3

路 段	站点名称	车道数	收费方式
衡大	楠木	2进2出	1进1出人工，1进1出ETC
	珠晖北	3进5出	2进4出人工，1进1出ETC
衡邵	西渡	3进5出	2进4出人工，1进1出ETC
	演陂	2进4出	1进3出人工，1进1出ETC
	金兰	3进3出	2进2出人工，1进1出ETC
	杨桥	3进4出	2进3出人工，1进1出ETC
	邵东南	3进4出	2进3出人工，1进1出ETC
	邵阳北	4进7出	3进6出人工，1进1出ETC
	新邵	3进4出	2进3出人工，1进1出ETC

S80衡(大浦)邵高速公路服务区设置情况 表4-14-4

路　段	服务区名称	桩　号
衡大	无	
衡邵	西渡	K55+212
	火厂坪	K79

第十五节　S81(道县至贺州)高速公路

道县至广西贺州高速公路,简称道贺高速,由湖南段和广西段两部分组成,路线编号S81,是湖南、广西两省区在国家高速公路网规划的基础上,规划建设的一条区域性骨架公路,是厦蓉高速公路和包茂高速公路之间的连接线。

道贺高速公路起于道县南,设道州枢纽互通与厦蓉高速公路湖南宁道段相接,途经白路塘、李家坝、大盘铺、桥头铺、桃子山、石盘坝水库、黄甲岭、清水塘,止于湘桂两省区交界地永济亭以东约1.5km的长塘。原为招商引资项目,后改为国家投资建设项目,前期部分工作由永州永贺高速公路建设开发有限公司完成。初步设计批准概算为25.886亿元。2009年1月正式开工,2011年12月31日建成通车。

2008年6月,省发展和改革委员会以湘发改交能〔2008〕491号文批复立项;同年7月16日,省交通厅以湘交统计〔2008〕442号批复初步设计;9月27日,省交通运输厅以湘交基建〔2008〕580号对工程预算进行了批复。

道贺高速公路土建6个标段由湖南常德路桥建设有限公司、岳阳市公路桥梁基建总公司等6家单位中标,2个监理标由湖南金路工程咨询监理有限公司、湖南省交通建设工程监理有限公司中标,2个路面标由新疆交通建设集团有限责任公司、湖南省湘筑工程有限公司中标,房建3个标段由湖南星大建设集团股份有限公司等3家单位中标,交通工程5个标段由湖南路桥建设集团公司等5家单位中标。

该项目主线全长50.652km,江永连接线12.14km。主线采用双向四车道,设计速度为100km/h,路基宽度26m,路面类型为沥青混凝土;全线共设置2个主线收费站、4个匝道收费站。

S81道贺高速公路交通流量状况、项目建设单位信息、收费站点设置情况、服务区设置情况等,分别见表4-15-1~表4-15-4。

S81道贺高速公路交通流量状况(单位:辆/日)　表4-15-1

年　份	道州南	回龙圩	日平均车流量
2013	2384	771	1468
2014	2394	828	1504

续上表

年 份	道 州 南	回 龙 圩	日平均车流量
2015	3117	848	1828
2016	3927	897	2206

S81 道贺高速公路项目建设单位信息 表 4-15-2

参建单位	单 位 名 称	合同段编号及起止桩号	主要负责人
管理单位	湖南道贺高速公路建设开发有限公司	K1+070~K51+779	周文、熊志华
设计单位	中交第二公路勘察设计研究院有限公司	K1+070~K51+779	胡江顺
监理单位	湖南金路工程咨询有限公司	K1+070~K23+860 A1、A2、T1、8、9、10、11、12、18、24、25、26、27、28、29、30	吴荣安
	湖南交通建设监理咨询有限公司	K23+860~K51+779 A3、A4、A5、L1、13、14、15、16、17、19、24、25、26、27、28、29、30	李中连
	北京泰克华诚技术信息咨询有限公司	20	温从瑜
	中机国际工程设计研究院有限责任公司	21、22、23	李省华
施工单位	湖南常德路桥建设有限公司	A1:K1+070~K12+900	何伟军
	岳阳市公路桥梁基建总公司	A2:K12+900~K23+860	罗奇志
	中交第四公路工程局有限公司	A3:K23+860~K32+260	吴云义
	青海路桥建设股份有限公司	A4:K32+260~K41+880	魏强
	核工业华南建设工程集团公司	A5:K41+880~K51+779	张红国
	湖南省湘平路桥建设有限公司	L1:LK0+340~KLK12+475	奉秋菊
	中铁二十五局集团有限公司	T1:K23+449	李灿刚
	新疆交通建设集团有限责任公司	18:K1+070~K23+860	吴建勇
	湖南省湘筑工程有限公司	19:K23+860~K51+779	张泽丰
	湖南星大建设集团股份有限公司	21:监控中心	王国武
	湖南马王堆建筑工程有限公司	22:道州南收费站、道州服务区	严志武
	青岛亿联集团股份有限公司	23:江华收费站、江永收费站、回龙圩收费站、永济亭收费站、回龙圩路政治超站、道贺养工区	薛光强
	山西交研科学实验工程有限公司	20:K1+070~K51+779	傅达
	陕西政合汉唐工程有限公司	29:K1+070~K51+779	刘洪涛
	湖南湘潭公路桥梁建设有限责任公司	24:K1+070~K51+779	董娟

续上表

参建单位	单位名称	合同段编号及起止桩号	主要负责人
施工单位	湖南三和通信交通工程有限公司	25:K1+070~K51+779	肖建
	湖南路桥建设集团公司	26:K1+070~K23+860	陈建武
	湖南路桥建设集团公司	27:K23+860~K51+779	孙波
	广东立乔交通工程有限公司	28:K1+070~K51+779	莫双妮
	山西交科桥梁附件有限责任公司	30:K1+070~K51+779	王伟
	深圳市万信达环境绿化建设有限	8:K1+070~K7+505	陈战平
	湖南华研科技有限公司	9:K7+505~K12+900	魏建萍
	湖南省绿林市政景观工程有限公司	10:K12+900~K18+197	覃矩
	湖南美好园林绿化工程有限公司	11:K18+197~K23+860	莫北衡
	湖南泓信环境景观工程有限公司	12:K23+860~K27+927	舒东智
	湖南天福景观建设有限公司	13:K28+058~K32+260	李勇武
	湖南汇智园林景观建设有限公司	14:K32+260~K38+959	刘朝新
	长沙市金凯园林有限公司	15:K38+959~K41+880	周勇
	湖南瑞丰园林建设有限公司	16:K41+880~K48+030	谢来德
	湖南鑫旺园林绿化建设有限公司	17:K48+030~K51+778	刘捷

S81道贺高速公路收费站点设置情况　　　表4-15-3

站点名称	车道数	收费方式
道州	5进9出	人工,ETC
道州南	2进4出	人工,ETC
江华	3进5出	人工,ETC
江永	3进5出	人工,ETC
回龙圩	2进4出	人工,ETC
永济亭	未开通	

S81道贺高速公路服务区设置情况　　　表4-15-4

服务区名称	桩号
道县	K522+580

第十六节　S92(石首至华容)高速公路

石首至华容高速公路,简称石华高速,路线编号S92,起于华容县万庚镇与湖北省石首市高基庙镇相接的湘鄂界,与宜岳高速公路湖北段对接,沿S203东侧布设线位,路线往南经华容县白家铺、蹋西湖、吴家咀,路线跨越S203后至万庚镇西侧,经叶家台、汪家台,止于长台子,与杭瑞高速岳阳至常德段相接。项目概算总投资8.184亿元,2011年3月正式动工,2013年底12月30日建成通车。

2009年12月9日,省发改委以湘发改交能字〔2009〕1340号文件批复可行性研究报告;同年12月22日,省交通运输厅以湘交计统字〔2009〕567号文批复初步设计;2010年8月16日,省交通运输厅以湘交人事字〔2010〕367号文件批复,成立"湖南省石华高速公路建设开发有限公司"和"湖南省石华高速公路总监办公室",负责石首至华容高速公路项目工程的建设、投资和管理工作。

该项目土地征收主要涉及华容县的万庾镇和护城乡两个乡镇,共征用各类土地1042.236亩,迁移坟墓55座,房屋拆迁56户60栋、面积约9297.21m²。

石华高速公路全长13.44km,双向四车道,设计速度120km/h,路基宽度24.5m。建有桥梁20座(其中14座主线桥、6座互通匝道桥),通涵73道,枢纽互通式立交1处,收费管理所1处和主线收费站1处。

S92石华高速公路交通流量状况、项目建设单位信息、收费站点设置情况等,分别见表4-16-1~表4-16-3。

S92石华高速公路交通流量状况(单位:辆/日)　　　　　　　　　　表4-16-1

年　份	华　容	日平均流量
2014	1340	1340
2015	1808	1808

S92石华高速公路项目建设单位信息　　　　　　　　　　表4-16-2

参建单位	单位名称	合同段编号及起止桩号	主要负责人
管理单位	湖南省石华高速公路建设开发有限公司	K0+060~K13+500	郭一枝
设计单位	中交第一公路勘察设计研究院有限公司	K0+060~K13+500	任国杰
监理单位	湖南金路工程咨询监理有限公司	K0+060~K13+500	张英泽
施工单位	湖南尚上公路桥梁建设有限公司	K0+060~K9+550	张剑波
	湖南环达公路桥梁建设总公司	K9+550~K13+500	潘广湘
	湖南湘筑工程有限公司	K0+060~K13+500	姜铁军
	山东省济青高速公路绿化工程有限公司	K0+060~K13+500	刘小庆
	湖北省高速公路实业开发有限公司	K0+060~K13+500	田为海
	山东博安智能科技有限公司	K0+060~K13+500	张宇翔
	长沙新康建筑工程有限公司	K0+060~K13+500	严新泉
	湖南省交通建设工程监理有限公司	K0+060~K13+500	朱传武

S92石华高速公路收费站点设置情况　　　　　　　　　　表4-16-3

站点名称	车道数	收费方式
华容北	11出	9出人工,2出ETC

第五章
桥梁与隧道

道路建设的控制性工程主要是桥梁、隧道。在湖南高速公路建设过程中,始终将桥梁、隧道工程作为施工管理的重点,强化基础,不断创新,推进了湖南桥梁、隧道建设水平的不断发展,总体建造技术跻身国内先进水平,部分成果达到世界先进水平。

第一节 桥梁建设

湖南境内水系发达,河流众多,无论是桥梁的建造历史、建造数量还是架桥水平均享誉海内外。1928年通车的永丰桥是当时国内最大的钢筋混凝土拱桥,1929年建成的白竹桥是当时我国最大的公路石拱桥,1938年建成的能滩吊桥是我国第一座现代悬索桥。

20世纪中叶开始,湖南桥梁建设进入跨越式发展阶段。自1959年建成主跨60m的石门黄虎港大桥,打破赵州桥保持1300余年之久的石拱桥最大跨径世界纪录以来,在拱式体系、梁式体系、悬吊体系等各型桥梁建设方面均取得骄人成就,相继建造了常德沅水大桥、望城沩江大桥、长沙橘子洲大桥、长沙银盆岭大桥、凤凰乌巢河大桥、洞口淘金大桥、长沙月亮岛大桥、长沙三叉矶大桥、长沙洪山庙大桥、岳阳洞庭湖大桥、益阳茅草街大桥等多座技术成果堪称国内乃至世界之最的大桥,提升了我国桥梁建设的技术水平,为中国跻身世界桥梁建设先进行列作出了重要贡献。可以说,湖南高速公路桥梁建设是在一个较高水平上起步的。

截至2014年底,湖南高速公路运营桥梁总数为5745座,总长度达1114.3km,含特大桥106座/180925.37延米、大桥2641座/773776.59延米、中桥2488座/147619.80延米、小桥510座/10214.92延米。

截至2016年,省境国家高速公路共有桥梁3483座/849156延米,包括特大桥96座/208257延米、大桥1833座/561105延米、中桥1124座/69497延米、小桥430座/10297延米。其中,长沙黑石铺大桥、吉首矮寨大桥、宜章赤石大桥、岳阳洞庭湖二桥、汝城文明大桥、张花澧水大桥、龙山红岩溪大桥、沅江南洞庭大桥等创造的技术成果领先国内水平。

在湖南高速公路桥梁建设中,随着桥梁结构形式、建造技术、施工难度的变化和增加,新理论、新技术、新材料、新工艺的运用日益广泛。例如:

衡炎高速公路窑背大桥为全国第一座按全寿命理论设计的桥梁。由此,湖南高速公路桥梁全寿命设计理念得到广泛应用。

大岳高速公路洞庭湖大桥在世界上首次整桥应用超高性能轻型组合桥面技术,同时解决了钢结构疲劳开裂和铺装层破损两大世界级难题,能减少车轮对钢板80%左右的作用力,成为世界首座百年不开裂的特大悬索桥。

汝郴高速公路文明大桥应用了建筑业推广使用的10项新技术中的7大项18子项,主要包括地基基础和地下空间工程技术、高性能混凝土技术、钢筋及预应力技术、模板及脚手架应用技术等。

龙永高速公路红岩溪大桥在全国率先对T梁负弯矩张拉全部采用智能张拉,并在国内首次采用大跨PC刚构桥箱梁施工临时张拉体外预应力束技术,有效攻克了大跨预应力混凝土刚构桥开裂和下挠等制约大跨PC刚构桥发展的技术难关。

张花高速公路在澧水悬索桥施工中,采用"高塔大横梁无支架施工法",为国内首创;选用火箭抛绳系统来解决大桥先导索过深切峡谷的难题,成为湖南公路建设史上第一个、国内第二个采用火箭抛送先导索技术的项目。

一、拱桥

拱桥是最古老也是我国最常用的一种桥梁结构,其式样之多、数量之大,为各种桥型之冠。省境多为山岭重丘区或平原微丘区,尤其适合拱桥的修建。

中华人民共和国成立以来,湖南修建了大量的拱桥,包括石拱桥、板拱、肋拱、双曲拱、箱形拱、桁架拱、刚架拱、钢管混凝土拱桥等各式拱桥,在拱桥设计理论、架设技术等方面取得了一系列成果。

(一)长沙黑石铺大桥

黑石铺大桥又名湘江五桥,位于长沙绕城高速公路西南段,跨越湘江。大桥由中铁大桥局集团建造,于2000年8月开工,2004年5月建成通车。

黑石铺大桥为三跨中承式钢管混凝土拱桥,全长3068m。大桥由东、西引桥和主桥三部分组成:东引桥布置为 $14 \times 30m + (30m + 3 \times 40m + 30m) + 10 \times 29m + 12 \times 30m = 1250m$;主桥长1182m,孔跨布置为 $5 \times 80m$ 箱肋拱 $+ (144 + 162 + 144)m$ 钢管拱 $+ 3 \times 80m$ 箱肋拱的11连拱结构;西引桥孔跨径为 $9 \times 30m = 270m$。下部结构桥墩均为 $\phi 2.2m$ 双柱式圆柱墩,基础为 $\phi 2.5m$ 钻孔灌注桩。桥面宽度:标准断面宽26m,箱肋拱桥宽29m,钢管拱桥桥宽34m。主桥上部构造设计采用缆索吊装施工,缆索吊机跨度 $187m + 2 \times 653m + 187m$,设置3个塔架,平均高度106m,设计最大吊重70t。

黑石铺大桥造型为11连拱,别出心裁的三连跨钢管拱结构,国内罕见;其与当时已有的跨湘江大桥相比,创长、宽、设计速度之最,堪称"湘江第一桥",规模在同类型桥梁中亦属全国之最。

黑石铺大桥(李锋供图)

(二)海螺猛洞河大桥

海螺猛洞河大桥是张花高速公路唯一一座钢管混凝土拱桥,由中交第四公路工程局承建。

大桥全长578.28m,桥面到水面距离230m,是当时湖南境内最高的拱桥。桥跨布置:5×30m T 梁+252m 上承式钢管混凝土拱桥+5×30m T 梁。主桥主拱圈为整体式结构,由两条拱轴组成,拱肋为等截面四管全桁式结构。主拱肋计算跨径 $L=255$m,计算矢高 $f=46.364$m,矢跨比为1/5.5,设计拱轴线采用悬链线,拱轴系数 $m=1.65$。拱上建筑采用空腹梁式拱上建筑,桥面系左右幅分离,行车道板采用 14×19.43m 桥面连续简支小箱梁。因大桥所处的地理环境特殊,建桥时融合了悬索桥、斜拉桥建造技术。依地形特点,大桥主拱圈施工采用了缆索吊装系统吊扣分离技术。

2009年9月9日,海螺猛洞河大桥正式开工。2010年10月9日,缆索吊装系统施工。2011年3月7日,拱座浇筑施工。2011年9月23日,钢管拱首阶段吊装。2012年1月1日,主拱完成合龙。2013年11月30日,大桥正式通车。

二、梁桥

梁桥是以承重构件受弯为主的桥梁,按结构受力可分为简支梁、悬臂梁、连续梁、T形刚构和连续刚构按截面形式可分为 T 梁、箱梁、桁架梁等。梁桥在我国已形成了完善的设计和施工工艺,除特大跨径桥梁外,是一般桥梁在设计时所优先考虑的结构体系。

20世纪80年代以来,湖南修建的梁桥,大部分是连续梁、连续刚构以及刚构-连续组合体系结构。其中,龙山红岩溪大桥桥跨布置116m+220m+116m,是省境跨径最大的连续刚构梁桥。

海螺猛洞河大桥

(一)长沙牛角冲互通立交桥

长永高速公路牛角冲互通立交桥为湖南省第一座高速公路桥梁。由省交通规划勘察设计院设计,省公路桥梁建设总公司施工。1993年6月动工建设,1994年12月竣工通车。

该桥位于长永高速公路的起点,与京珠高速公路长潭段的起点交汇。初为简支空心板结构,经历长潭高速公路、临长高速公路两次大的改造,变成现在全苜蓿叶式互通。主线里程2628m,匝道总长2790m;路幅宽:长潭高速公路为26～41.5m,长永高速公路为24.5～39.25m。包括中桥1座/76m,小桥2座/36延米,涵洞14处/222.06延米。立交桥下部结构为单排四柱式桥墩,钻孔灌注桩基础;上部结构为预应力混凝土连续箱形梁桥。

该桥是当时长沙结构最复杂、投资最多、工程最大的互通式立交桥,成为省城东北部公路交通枢纽。

长沙牛角冲互通立交桥

(二)长沙月亮岛大桥

长沙月亮岛大桥是长沙绕城高速公路西北段跨越湘江的一座特大型桥梁,位于长沙开福区龙王庙附近,铁道部大桥局设计院设计,大桥局五公司施工,于1999年10月19日建成通车。

月亮岛大桥是一座并列式的公、铁两用桥。铁路桥长2434m,铁路单线;公路桥长1984m,桥面宽22m。主桥上部结构为62m+7×96m+62m的预应力钢筋混凝土单箱单室连续梁;主跨为当时国内同类型桥梁的最大跨径。该桥为国内首次采用大型造桥机进行预应力箱梁预制节段悬臂拼装法施工,大跨径造桥机对称悬拼,铁路桥主桥连续箱梁节段采用长线台座法预制,公路桥连续箱梁节段采用挂篮对称悬臂现浇,其成桥技术在国内居于领先水平。

该桥获2000年度铁道部优秀设计奖和铁道部优质工程一等奖;2001年获国家优质工程银质奖,这也是该年度国家优质工程奖中唯一获奖的桥梁工程。

长沙月亮岛大桥(黄启球供图)

(三)桃源木塘垸沅水大桥

桃源木塘垸沅水大桥是常张高速公路跨越沅水的一座特大型桥梁,位于桃源县木塘垸乡。2005年竣工,湖南省交通规划勘察设计院设计,湖南路桥建设集团施工。

木塘垸沅水特大桥总长2856m,主孔连续长度为869.2m,采用74.6m+6×120m+74.6m八孔一联预应力混凝土刚构-连续组合体系,其中第一、二、三、六、七、八跨采用连续梁,第四、五跨采用刚构。

该桥当时为湖南境内连续长度最长的桥梁。该桥采用的预应力混凝土变截面刚构—连续组合箱形梁结构,也为湖南首次采用。

(四)安江沅水大桥

安江沅水大桥位于安江镇下游2000m处,是邵阳至怀化高速公路跨越沅水的一座特大桥,2003年10月开工建设,2007年11月竣工通车。大桥由湖南省交通规划勘察设计院设计,湖南路桥建设集团施工。

桃源木塘垸沅水大桥(黄启球供图)

大桥总长为1141.2m,宽28m,由两幅分离式桥(各宽14m)组成,跨径组合为30m+72m+120m+72m+11×40m+10×40m。上部结构为预应力混凝土变截面悬浇连续刚构、预应力混凝土T梁。下部结构是薄壁墩承台基础,0号台为轻型桥台,25号台为重力式桥台扩大基础。

该桥的主桥和引桥位于两岸的陡崖之间,桥墩高30~47m,是当时湖南高速公路桥墩最高的特大桥梁。

安江沅水大桥

(五)汝城文明大桥

汝城文明大桥地处汝城县文明乡,为厦蓉高速公路汝城至郴州段控制性工程。由湖南省交通规划勘察设计院设计,中铁五局集团机械化工程有限责任公司承建。

汝城文明大桥全长1909m,宽24.5m,跨径布置:(1×25m)T梁+(20×40m)T梁+(66m+6×120m+66m)连续刚构+(2×40m)T梁,主桥采用较大跨径的高墩多跨连续刚构结构。因线形、地形、地质等情况复杂,左、右线桥型布置不尽相同,左幅桥长

1775.38m，右幅桥长 1795.88m。左、右线桥设计线在 K67+200 之前分离，之后重合。右幅桥在 YK67+200.621（K67+200）处设一断链，断链长 0.621m。主桥上部结构为 8 孔高墩连续刚构，有 32 个主墩，64 个薄壁空心墩，最高桥墩高 110.4m，平均桥墩高 84m，高墩数量不但在湖南省内位居首位，在国内桥梁中也属罕见。

该桥在国内首次将无横支撑柔性哑铃形双肢薄壁空心墩运用于连续钢结构主墩，同时将多段跨分段合龙工序应用于桥梁施工中，桥隧相接，科技含量高，施工难度极大。工程建设过程中应用了建筑业推广使用的 10 项新技术中的 7 大项 18 子项，主要包括地基基础和地下空间工程技术、高性能混凝土技术、钢筋及预应力技术、模板及脚手架应用技术等。

汝城文明大桥 2008 年 12 月 18 日开工建设，2012 年 6 月 30 日竣工通车。工程获 2012~2013 年度中国建设工程鲁班奖。

汝城文明大桥

（六）汝城山店江大桥

汝郴高速公路山店江大桥位于汝城县两江口，是当时湖南省境跨径最大的刚构桥，由湖南省交通规划勘察设计院设计，中铁十四局集团五公司承建。

桥位跨山店江河道，总长 611m，跨径布置：(4×40m) 连续 T 梁+(105m+200m+105m) 连续刚构+40m 简支 T 梁。大桥设计左右两幅完全分离，设左、右测设线，由引桥和主桥两部分组成，主桥跨越 V 形山谷采用较大跨径的高墩刚构箱梁结构。桥面至江面高差达 226m，主墩承台底高程距桥梁横向主便道的路面高程高差 152m；超过 110m 墩身 4 个，最高墩高达 127.6m。

在施工过程中，建设方创造了山店江特大桥的"五大亮点"：一是首次将辉绿岩作为混凝土原材料，配制 C60 高强度等级、高性能的聚丙烯混凝土进行悬灌施工；二是成功运用超长高空泵送技术进行混凝土施工，其混凝土泵送的垂直高度达 140m、水平距离达

100m，为省内桥梁施工所罕见；三是箱梁施工的裂纹控制效果好；四是线形控制距目标值仅有2cm的差值；五是安全生产"零伤亡"，建设过程中未发生一起安全责任事故。

2008年12月30日，山店江大桥正式开工建设。2012年8月12日，大桥全面合龙。2014年12月26日，工程获国家优质工程银质奖。

汝城山店江大桥

(七)东常高速公路沅水特大桥

东常高速公路沅水特大桥总长为15888m，为当时湖南省境最长的桥梁，北京建达道桥咨询有限公司设计。

全桥按施工合同段分为5个特大桥，桥长分别为3697.5m、3515m、3182m、2770m和2723.5m。5家施工单位分别是中铁十八局、湘潭路桥公司、中铁二十局、中铁二十四局和中交二航局。其中，中交二航局承建的第17合同段，横跨沅水主航道，主桥长800m，采用75m+5×130m+75m刚构-连续组合结构，桥宽31.5m。

该桥于2009年11月8日开工建设，2012年11月18日全线贯通，2014年12月31日正式通车。

东常高速公路沅水特大桥(薛祥锋供图)

三、斜拉桥

斜拉桥是一种由塔、梁、索三种基本构件组成的,以塔、梁作为桥面体系受压,而索作为支承体系受拉的组合桥梁结构体系。

现代斜拉桥的诞生和发展被誉为20世纪世界桥梁建造史上最重大的事件。1955年在瑞典建成的Stromsund桥,主跨跨径为182.6m,是世界上第一座现代斜拉桥。我国第一座斜拉桥是1977年在四川云阳修建的汤溪河桥,跨径76m。

湖南从20年代80年代起开始修建斜拉桥,1985年建成一座试验性的板拉桥——桃江马迹塘桥。至1989年建成了浏阳达浒二桥以来,相继建造了长沙银盆岭大桥、岳阳洞庭湖大桥、衡阳湘江三桥、湘潭湘江三桥、株洲建宁湘江大桥、长沙洪山庙大桥、岳阳荆岳长江公路大桥、宜章赤石大桥、沅江南洞庭大桥等在省内及我国斜拉桥建造史上有重要影响的斜拉桥。

(一)荆岳长江公路大桥

荆岳长江公路大桥是首座连接湖南、湖北两省的长江大桥,位于两省交界处的长江城螺河段上,是随州至岳阳高速公路跨越长江的特大型桥梁工程,上距荆州长江公路大桥256km,下距武汉军山长江公路大桥189km。该桥于2006年12月开工建设,2010年12月9日正式通车。湖北省交通规划设计院设计,湖南路桥集团、四川路桥集团施工。

该桥为六跨连续钢—混凝土混合梁双塔双索面斜拉桥,全长5419.6m,桥面宽度33.5m,主体工程为跨南汊深泓主桥和跨北汊滩桥。主桥为混合梁斜拉桥,跨径布置为(100+298)m+816m+(80+2×75)m,桥塔为H形,南塔高224.5m,北塔高267m;北滩桥为100m+5×154m+100m 7孔预应力混凝土连续梁桥。

该桥的主要特点及关键技术有:

(1)为世界上唯一一座单侧边跨采用混凝土主梁、不对称边中跨布置、高低塔、主跨和另一侧边跨采用钢主梁的千米级斜拉桥。

(2)主桥设计采用的关键技术有:钢—混凝土混合主梁及其结合段、超宽度分离式边箱混凝土主梁、最大索力8900kN、最大长度443m的斜拉索及其减震技术、267m高主塔及主塔钢锚梁、北塔基础直径33m的双钢围堰施工。

(3)北滩桥主跨154m、联长970m预应力混凝土连续梁桥的抗裂和耐久性技术。

(4)高地震烈度区特大型主桥和北滩桥的抗震技术。

(5)钢桥环氧沥青混凝土桥面铺装技术。

荆岳长江公路大桥主跨孔816m,是世界上跨径最大的高低塔斜拉桥,也是湖南境内的第一座长江大桥。

荆岳长江大桥

(二)宜章赤石大桥

赤石大桥位于宜章县赤石乡渔溪村、平光村之间的河流阶地及河漫滩上,为厦蓉高速公路湖南汝郴段的关键控制性工程。由湖南省交通规划勘察设计院设计,中铁大桥局集团有限公司和中交第二航务工程局承建。

赤石大桥主桥全长1470m,跨越宽度约1500m的山谷。主桥为165m+3×380m+165m四塔预应力混凝土双索面斜拉桥,边塔支承、中塔塔梁墩固结体系,边、中跨之比为0.4342,桥塔呈H形索塔,主桥各塔均布置为23对斜拉索,拉索纵向呈扇形布置,设计速度80km/h。全桥跨径布置为:左幅(4×40m)连续T梁+(165m+3×380m+165m)斜拉桥+(16×40m)连续T梁,桥梁总长2272.76m;右幅(4×40m)连续T梁+(165m+3×380m+165m)斜拉桥+(15×40m)连续T梁,桥梁总长2253.88m。

主桥斜拉桥桥梁全宽为28m,布置为1.75m(斜拉索区)+0.5m(护栏)+11m(行车道)+2×0.75m(分隔带)+11m(行车道)+0.5m(护栏)+1.75m(斜拉索区)。主梁采用单箱四室箱形断面,主梁中心高3.2m。5~8号为主桥索塔,承台或扩大基础以上4个塔柱总高分别为246.63m、274.13m、278.63m、266.13m。7号主塔高287.63m,8号主塔高273.63m。

赤石大桥创下7项世界第一:

(1)主跨380m,为世界第一大跨径高墩多塔混凝土斜拉桥。

(2)最高桥墩高182m,为世界第一高混凝土斜拉桥桥墩。

(3)为提高索塔整体刚度,四座主塔塔形设计为双面双曲线收腰的"S"形,为世界首创。

(4)施工中,同一承台下34根桩最大桩长差达58m,创世界桥梁史上同一承台下群桩最大桩长差。

(5)主梁悬浇采用最大承载力达760t的前支点挂篮施工,为世界承载力最大的桥梁施工挂篮。

(6)主梁安装下拉抗风索,并在梁端安装横桥向电涡流调谐质量阻尼器的抗风措施,可提高抗风能力,世界首创。

(7)大桥安装的高防护等级景观钢护栏,是世界首个防护等级达最高等级HA级的桥梁钢护栏。

2010年3月28日赤石大桥开工建设。2013年10月30日,大桥4个主塔封顶。2014年10月29日,赤石特大桥6号桥墩左幅塔顶(中铁大桥局所在标段)起火,造成9根斜拉索断裂,断索侧桥面下降约2.15m、未断索侧桥面下降约95cm。2016年6月3日,全桥顺利合龙。2016年10月28日正式通车。

宜章赤石大桥

(三)沅江南洞庭大桥

南洞庭大桥位于沅江市境,跨越澧水,是当时湖南省境跨径最大、桩长最长的斜拉桥,也是南县至益阳高速公路的控制性工程。承建方为湖南省路桥建设集团有限责任公司。

该桥全长3285.91m,跨径布置为:(22×25m)连续T梁+(12×40m)连续T梁+(182m+450m+182m)双塔斜拉桥+(88m+2×140m+88m)连续箱梁+(9×45m)连续T梁+(23×25m)连续T梁,主梁采用钢箱梁正交异性板结构。大桥主墩桩基直径2.5m,其中35号墩桩长106m,36号墩桩长98m,塔高162m。

南洞庭大桥位于松澧洪道及沱江、藕池河西支、南茅运河等水汇流区,水面开阔。在施工过程中,建设施工方创造性地提出"钻孔平台+龙门吊"大平台施工、"水上船舶运输混凝土"方案等施工组织方案,做到工程经济与"青山绿水"完美结合。该桥于2015年6月开工建设,预计2018年底正式通车。

沅江南洞庭大桥(效果图)

四、悬索桥

悬索桥又名吊桥,是以承受拉力的缆索或链索作为主要承重构件的桥梁。悬索桥由悬索、索塔、锚碇、吊杆、桥面系等部分组成。悬索桥的主要承重构件是悬索,它主要承受拉力,一般用抗拉强度高的钢材(如钢丝、钢绞线、钢缆等)制作。悬索桥在各种体系桥梁中的跨越能力最大。1998年4月建成的日本明石海峡大桥,主跨1991m,是目前世界上跨径最大的桥梁及悬索桥。

湖南境内的公路悬索桥包括我国第一座现代悬索桥——能滩吊桥,我国第一座悬带桥——洞口淘金桥,世界上最大的自锚式悬索桥——长沙三叉矶大桥。省境高速公路建造的吉首矮寨大桥、岳阳洞庭湖二桥、张花澧水大桥等悬索桥,技术成果达到了国内先进水平。

(一)吉首矮寨大桥

矮寨大桥位于湘西州吉首市矮寨镇境内,距吉首市区约20km,是长沙至重庆通道湖南段吉茶高速公路中的关键性工程,由湖南路桥建设集团施工建设。

矮寨大桥桥型为钢桁加劲梁单跨悬索桥,全长1073.65m,悬索桥的主跨为1176m。主缆的孔跨布置为:242m+1176m+116m。全桥除采用68对吊索(吊索标准间距为14.5m)外,另外在吉首布置1对岩锚吊索,在茶洞岸离布置2对岩锚吊索。钢桁梁全长为1000.5m,采用华伦式结构,桁高(主桁中心线处)7.5m,桁宽27.0m,节间长度7.25m。索塔采用门式框架结构,塔柱顶设置预应力混凝土空心横梁,索塔基础采用扩大基础,两个索塔分别位于矮寨峡谷两侧悬崖上部的山体上。

矮寨悬索桥两端直接与隧道相连,采用双向四车道高速公路标准,桥面路基宽度24.5m,设计速度为80km/h,设计汽车荷载为公路-1级,桥面设计风速34.9m/s。

矮寨大桥创造了4项世界第一,具体为:

(1)大桥主跨1176m,在跨峡谷悬索桥中世界第一。

(2)采用塔、梁完全分离的结构设计方案,世界首创。使用塔梁完全分离结构可以最大限度减少对山体的开挖,缩短钢桁梁长度,节省投资;实现了桥梁结构与自然景观的完美融合。

(3)采用"轨索滑移法"架设钢桁梁,世界首创。"轨索滑移法"架设加劲梁新工艺,成功解决了峡谷悬索桥加劲梁架设难题,被国际道路联合会(IRF)评为施工工艺"全球道路成就奖"。

(4)采用岩锚吊索结构,并用碳纤维作为预应力筋材,世界首创。采用高性能的碳纤维作为预应力筋材,与传统钢绞线相比,碳纤维材料具有重量轻、强度高、耐腐蚀的特点,为桥梁的安全提供充分的保障。

2007年10月,启动施工建设。2010年3月28日,矮寨大桥茶洞岸端飞艇成功跨越德夯大峡谷,将先导索引牵到吉首岸,进入主索缆施工阶段。2011年8月20日,钢桁梁正式合龙,标志着大桥主体工程建设完工。2012年3月31日,矮寨大桥正式通车,长沙至重庆高速公路全线贯通。

吉首矮寨大桥

(二)张花澧水大桥

张花高速公路澧水大桥位处张家界永定区与湘西自治州永顺县接壤,是张家界至花垣高速公路上的一座特大型桥梁,也是湖南高速公路中第二座特大悬索桥,由中交路桥建设有限公司承建。

澧水大桥横跨澧水河峡谷,谷顶宽约420m,谷顶与谷底高差达280m左右。两塔高度分别为137.488m、123.192m。大桥设计主缆跨径布置为200m+856m+190m,主缆矢跨比为1/10,2根主缆横向间距为28m。全桥共69对吊索,吊索标准间距为12.0m,端吊索至索塔的距离为20m。钢桁梁全长为854m,桁高6.5m,桁宽28.0m,节间长度6.0m,在桥塔下横梁处设竖向支座及横向抗风支座,跨中设柔性中央扣。索塔采用门式框架结构,两岸锚碇均采用重力式锚碇。

澧水大桥经过张家界茅岩河九天洞风景区,桥型设计融入了民族文化元素,是具有极高观赏价值的人文景观。

大桥施工技术创下3项国内第一,具体为:

(1)在横梁施工中,采用"高塔大横梁无支架施工法",为国内首创。

(2)从先导索抛送到猫道施工完成,全部用时33天,创下单日完成6根猫道承重绳架设的施工纪录,并刷新了国内猫道施工最快速度。

(3)在锚碇施工中,首次在国内采用大型冷水机温控技术。

2009年6月6日,开工建设。2011年5月22日,成功利用火箭抛送技术将先导索自张家界岸发送至800m的花垣岸。2011年10月中旬,完成主缆架设工程,进入索夹吊索施工阶段。2012年6月11日,成功实现合龙。2012年8月21日,主体工程全部完工,实现了全桥贯通。

张花高速公路澧水大桥

(三)岳阳洞庭湖二桥

岳阳洞庭湖二桥是杭瑞高速公路临湘至岳阳段控制性工程,东起岳阳七里山,横跨洞庭湖,西至君山区芦苇场,是当时世界第二、国内第一大跨径钢桁梁悬索桥。大桥由湖南路桥建设集团、中交路桥建设集团承建。大桥概算投资36.67亿元,建设工期4年。

大桥全长2390.18m,采用双塔双跨钢桁加劲梁悬索桥,跨径组成为(1480+453.6)m,采用六车道高速公路标准建设,设计速度为100km/h,桥面宽33.5m。在结构设计方面,洞庭湖大桥在国内首次采用板梁结合钢桁梁构造,既可提高主梁刚度,增强抗风能力,又可减少钢材用量,节约工程造价。在景观方面,精心设计了"潇湘琴韵"特色的索塔造型,与岳阳楼遥相呼应,大桥与环境完美融合。

2013年11月,洞庭湖二桥正式开工。2016年4月,大岳高速洞庭湖大桥启用无人飞行器成功架设先导索,大桥施工正式转入上部结构安装阶段。2016年8月,大桥正式启动主缆架设施工。2017年4月,大桥开始钢桁梁架设,于2018年初建成通车。

建设中的岳阳洞庭湖二桥

表5-1-1为湖南省国家高速公路300m以上桥梁一览表;表5-1-2为湖南省地方高速公路300m以上桥梁一览表。

湖南省国家高速公路300m以上桥梁一览表(单位:m)　　　表5-1-1

编号	路段	名称	规模	桥梁长度(左)	桥梁长度(右)	主跨长度	跨障碍物	结构类型
G4	临长	水渡河大桥	大桥	726.48	726.48	30	河流	预应力钢筋混凝土T梁
		临湘匝道	大桥	424.8	424.8	20	河流	空心板梁
		新墙河大桥	大桥	652.36	652.36	30	河流	T梁
		伍市汨水大桥	大桥	464.44	464.44	42	河流	连续箱梁
	潭耒	马家河大桥	大桥	938	938	90	河流	预应力空心板、变截面连续箱梁
		朱亭大桥	大桥	832	832	90	河流	预应力空心板、变截面连续箱梁
		洣水大桥	大桥	513	513	40	河流	预应力空心板、变截面连续箱梁
G4W2	随岳	杨家冲2号高架桥	大桥	336.08	306	30	无	先简支后连续预应力T梁
	长湘	湘江大桥	特大桥	8301.5	8301.5	130	河流	连续刚构、先简支后连续现浇箱梁,先简支后连续预制T梁
		铁弓洲大桥	特大桥	1512	1512	45	田地、道路	连续箱梁、先简支后连续预制T梁
		铺子屋场大桥	大桥	306	306	30	道路	先简支后连续预制T梁
		油子塘大桥	大桥	576	576	30	道路	先简支后连续预制T梁
		简家坳枢纽主线桥	大桥	681.5	706.5	30	道路	先简支后连续预制T梁、现浇箱梁
		金洲分离式	大桥	396	426	30	道路	先简支后连续预应力混凝土小箱梁

续上表

编号	路段	名称	规模	桥梁长度（左）	桥梁长度（右）	主跨长度	跨障碍物	结构类型
G4W2	长湘	刘家湾大桥	大桥	365.28	365.28	20	道路	先简支后连续预应力混凝土空心板
		靳江河大桥	大桥	336	336	35	河流	先简支后连续预应力混凝土T梁
		文家坝大桥	大桥	436	436	40	铁路	预应力混凝土T梁
	潭衡	梅花渡涟水大桥	特大桥	1278.28	1278.28	50	河流	预应力混凝土T梁
		牌楼2号高架桥	大桥	306	306	25	道路	预应力混凝土T梁
		中心高架桥	大桥	345.32	345.32	25	道路	预应力混凝土连续箱梁
		呆鹰岭蒸湘大桥	特大桥	1204.18	1204.18	40	河流	预应力混凝土T梁
		柿江河大桥	大桥	306	306	25	道路	预应力混凝土T梁
		华公塘大桥	大桥	305	305	20	道路	预应力混凝土空心板梁
	衡桂	陈家洲湘江大桥	特大桥	1312	1312	100	河流	预应力混凝土连续T梁、悬浇连续箱梁
		老屋场大桥	特大桥	1146	1146	30	其他	预应力混凝土连续T梁
		满家村大桥	大桥	396	396	30	道路	预应力混凝土连续T梁
		枫树下1号大桥	大桥	306	276	30	道路	预应力混凝土连续T梁
		禁山背大桥	大桥	426	426	30	道路	预应力混凝土连续T梁
		流峰互通主线桥	大桥	385.5	385.5	18	道路	现浇连续箱梁
	桂武	杨家坪大桥	大桥	367	367	30	道路	柱式墩、桩基础
		山湾冲高架桥	大桥	325.16	325.16	30	道路	柱式墩、桩基础
		歧石高架桥	大桥	325.16	325.16	30	道路	柱式墩、桩基础、扩大基础
		岩口高架桥	大桥	307	307	30	道路	柱式墩、桩基础
		门口河大桥	大桥	406	406	40	河流	柱式墩、桩基础
		陶家河大桥	大桥	326.04	326.04	30	河流	柱式墩、孔桩基础
		双罗大桥	大桥	766.16	766.16	40	道路	圆柱墩薄壁墩、桩基础
		泮头大桥	大桥	486.16	486.16	30	水库	柱式墩、桩基础
		岩背大桥	大桥	566	566	30	道路	柱式墩、桩基础
		水尾大桥	大桥	607.66	607.66	30	水库	柱式墩、桩基础
		坪山2号大桥	大桥	506.08	506.08	30	道路	柱式墩、桩基础
		包公庙大桥	大桥	364.274	367.9	30	道路	柱式墩、桩基础
		大湾大桥	大桥	916.1	906.1	40	河流	柱式墩、桩基础
		武水河大桥	大桥	356.08	356.08	30	河流	柱式墩、桩基础
		左阁头大桥	大桥	381.08	381.08	30	道路	柱式墩、桩基础
		人民河大桥	大桥	646.14	466.1	40	道路	柱式墩、桩基础

第五章
桥梁与隧道

续上表

编号	路段	名　称	规模	桥梁长度（左）	桥梁长度（右）	主跨长度	跨障碍物	结 构 类 型
G4W2	桂武	大津水库坝下大桥	大桥	425.08	425.08	40	道路	柱式墩、桩基础
		黄沙互通2号桥	大桥	465.58	465.58	50	道路	柱式墩、桩基础
		黄沙互通3号桥	大桥	469.08	469.08	50	道路	柱式墩、桩基础
G4E	通平	汪家塝高架桥	大桥	325.08	325.08	20	峡谷	预应力混凝土T梁
		杨家祠堂高架桥	大桥	324.57	324.57	20	峡谷	预应力混凝土T梁
		栗树咀高架桥	大桥	397.08	397.08	30	峡谷	现浇箱梁
		天鹅高架桥	大桥	307	307	30	峡谷	预应力混凝土T梁
		下白高架桥	大桥	367	367	30	峡谷	预应力混凝土T梁
		柘桩立交桥	大桥	485.88	485.88	20	峡谷	预应力混凝土现浇箱梁、预应力混凝土T梁
		沙园里高架桥	大桥	306.08	306.08	25	峡谷	预应力混凝土T梁
		王坡里高架桥	大桥	397	397	30	峡谷	预应力混凝土T梁
		罐头岭仙江大桥	大桥	677	677	40	河流	预应力混凝土T梁
		上坪汨罗江大桥	特大桥	1087.06	1087.06	40	河流	预应力混凝土T梁
		团山屋高架桥	大桥	365.08	365.08	20	峡谷	预应力混凝土T梁
		山里屋高架桥	大桥	577	577	30	峡谷	预应力混凝土T梁
		沙湾里高架桥	大桥	457	457	30	峡谷	预应力混凝土T梁
	浏醴	小阮河高架桥	大桥	450	450	30	沟谷	预应力混凝土T梁
		石江河大桥	大桥	450	450	30	河流	预应力混凝土T梁
		达峰高架桥	大桥	480	480	30	沟谷	预应力混凝土T梁
		中州大桥	大桥	450	450	30	沟谷	预应力混凝土T梁
		捞刀河大桥	大桥	960	960	40	河流	预应力混凝土空心板、T梁
		洞阳河大桥	特大桥	1460	1460	30	沟谷	预应力混凝土T梁
		乌川高架桥	大桥	637	637	40	沟谷	预应力混凝土T梁
		黄泥冲高架桥	大桥	300	300	30	沟谷	预应力混凝土T梁
		跃龙大桥	大桥	360	360	30	沟谷	预应力混凝土T梁
		浏阳河大桥	大桥	470	470	40	河流	预应力混凝土T梁
		团结一号桥	大桥	430	430	30	沟谷	预应力混凝土T梁
		团结二号桥	大桥	380	380	30	沟谷	预应力混凝土T梁
		涧江二号桥	大桥	356	356	40	沟谷	预应力混凝土T梁
		官庄一号桥	大桥	566	566	40	沟谷	预应力混凝土T梁
		官庄二号桥	大桥	456	456	30	沟谷	预应力混凝土T梁
		寨下二号桥	大桥	531	531	25	沟谷	预应力混凝土T梁
	醴茶	渌水大桥	大桥	386.5	193.25	30	河流	先空心板,后挂篮式现浇箱梁
		连接线渌水大桥	大桥	308	154	50	河流	先简支后连续预应力混凝土T梁

续上表

编号	路段	名称	规模	桥梁长度（左）	桥梁长度（右）	主跨长度	跨障碍物	结构类型
G4E	醴茶	龙虎大桥	大桥	431	406	25	村道	梁式
		灌水冲大桥	大桥	426	213	30	村道	梁式
		凤凰桥大桥	大桥	406	203	25	村道	T梁式
		符田村大桥	大桥	761	380.5	25	村道	梁式
		土灰坪大桥	大桥	456	228	25	村道	梁式
		南塘大桥	大桥	331	165.5	25	村道	梁式
		乐家庙高架桥	特大桥	1232.64	616.32	25	村道	梁式
		铁河大桥	大桥	542.08	271.04	25	河流	梁式
		石河大桥	大桥	447	223.5	40	村道	梁式
		耙冲大桥	大桥	332.08	166.04	25	村道	25m T梁
		攸水河大桥	大桥	367	183.5	40	河流	40m T梁
		贺家村大桥	大桥	582	291	25	村道	25m T梁
		钟佳桥1号大桥	大桥	481	240.5	25	河流	
		钟佳桥2号大桥	大桥	549.76	274.88	20	河流	
		新屋高架桥	大桥	324.88	162.44	20	河流	
		寨下大桥	大桥	846	423	30	河流	梁式
		铜锣湾2号	大桥	304.88	152.44	20	河流	板式
		虎里冲	大桥	344.88	172.44	20	河流、村道	
		大冲大桥	大桥	484.88	242.44	20	河流、村道	梁式
		苏家坝洣水大桥	特大桥	1153.04	576.52	25	河流	梁式
		蛇头嘴铁路跨线桥	大桥	376	376	25	铁路	先简支后连续预应力混凝土T梁
	炎汝	湖田大桥	大桥	706.12	706.12	20	村道	预应力混凝土空心板
		塘田大桥	大桥	331	331	40	洣水河	预应力混凝土T梁
		泷下大桥	大桥	401.5	401.5	40	沟谷	预应力混凝土T梁
		大窝里大桥	大桥	373	429	30	沟谷	预应力混凝土T梁
		曾家大桥	特大桥	728	728	160	洣水河	预应力混凝土T梁、连续刚构
		陡下大桥	大桥	522	522	120	洣水河	预应力混凝土T梁、连续刚构
		兰盆里大桥	大桥	711	292	40	沟谷	预应力混凝土T梁
		团山4号大桥	大桥	329.1	69.1	20	沟谷	空心板
		珠山背大桥	大桥	369	447	40	洣水河	预应力混凝土空心板
		下桐坑大桥	大桥	322	232	60	春江	预应力混凝土T梁、连续刚构
		沿潭大桥	大桥	877.04	789.04	110	河流	预应力混凝土T梁、连续刚构
		枫树排大桥	大桥	432	432	30	国道	预应力混凝土T梁
		水口山大桥	特大桥	1209.4	1207.7	40	沟谷	预应力混凝土T梁

第五章 桥梁与隧道

续上表

编号	路段	名称	规模	桥梁长度（左）	桥梁长度（右）	主跨长度	跨障碍物	结构类型
G4E	炎汝	洣水河大桥	特大桥	541	518	180	河流、省道	预应力混凝土T梁、连续刚构
		下湾大桥	大桥	313	313	30	沟谷	预应力混凝土T梁
		李家湾大桥	大桥	607	607	30	县道	预应力混凝土T梁
		罗家大桥	大桥	697.58	697.58	30	县道	预应力混凝土空心板
		四都大桥	大桥	548	548	30	县道	预应力混凝土T梁
		聚龙居大桥	大桥	549.75	540	30	村道	预应力混凝土T梁
		牛郎山大桥	大桥	437	407	40	村道	预应力混凝土T梁
		龙泉寺大桥	大桥	470	470	30	村道	预应力混凝土T梁
		贝溪大桥	大桥	942	942	30	县道	预应力混凝土T梁
		红豆大桥	大桥	329	329	40	县道	预应力混凝土T梁
		桂花大桥	大桥	577.04	577.04	30	沟谷	预应力混凝土T梁
		桃树脑高架桥	大桥	645.42	645.42	30	沟谷	预应力混凝土T梁
		水庄村高架桥	大桥	305.04	305.04	20	沟谷	预应力混凝土空心板
		沙田高架桥	大桥	445.16	445.16	30	沟谷、道路	预应力混凝土T梁
		周家村高架桥	大桥	345.16	345.16	20	沟谷、道路	预应力混凝土空心板
		胜利高架桥	大桥	620.9	620.9	30	沟谷、道路	预应力混凝土连续T梁
		龙巢高架桥	大桥	326.08	326.08	40	沟谷、道路	预应力混凝土连续T梁
		新复村高架桥	大桥	980.88	980.88	30	沟谷、道路	预应力混凝土连续T梁
		龙井头高架桥	大桥	481.06	481.06	30	G106线	预应力混凝土连续T梁
		洞心里高架桥	大桥	426.71	426.71	30	沟谷、道路	预应力混凝土连续T梁
		淇江大桥	大桥	658.56	658.56	90	河流	悬浇箱梁、连续T梁
		洭江大桥	大桥	906.7	906.7	145	河流	悬浇箱梁、连续T梁
		干坑垅高架桥	大桥	306.8	306.8	30	沟谷	预应力混凝土连续T梁
		石门山大桥	大桥	820.66	820.66	90	沟谷	预应力混凝土连续T梁
		老婆岭高架桥	大桥	666.02	666.02	30	沟谷	悬浇箱梁、连续T梁
		下黄垅1号高架桥	大桥	366	366	30	沟谷	预应力混凝土连续T梁
		下黄垅2号高架桥	大桥	380.94	380.94	30	沟谷	预应力混凝土连续T梁
		高村高架桥	大桥	567.5	567.5	40	沟谷、道路	预应力混凝土连续T梁
		浙水大桥	大桥	416	506	80	河流	先简支后连续预应力混凝土（刚构）T梁
		乐湾大桥	大桥	406	426	40	沟谷	先简支后连续预应力混凝土（刚构）T梁
		井坡河大桥	大桥	527.5	527.5	40	小河、县道	先简支后连续预应力混凝土T梁

续上表

编号	路段	名　称	规模	桥梁长度（左）	桥梁长度（右）	主跨长度	跨障碍物	结　构　类　型
G4E	炎汝	城溪大桥	大桥	843	843	40	沟谷	预应力混凝土连续刚构、先简支后连续T梁
		茶坪大桥	大桥	693	693	100	沟谷	预应力混凝土连续刚构、先简支后连续T梁
		黑垄大桥	大桥	790	790	100	沟谷	预应力混凝土连续刚构、先简支后连续T梁
		曲冲大桥	大桥	830	830	40	沟谷	预应力混凝土连续刚构、先简支后连续T梁
		刀山埂大桥	大桥	326	326	40	沟谷	先简支后连续预应力混凝土T梁
		清坑1号大桥	大桥	803	803	100	沟谷	预应力混凝土连续刚构
		清坑2号大桥	特大桥	1320	1320	40	沟谷	预应力混凝土连续刚构、先简支后连续T梁
		大垄里大桥	大桥	566	566	40	沟谷	预应力混凝土连续刚构、先简支后连续T梁
G1517	炎陵	牌坊大桥	大桥	366	366	30	道路	预应力混凝土T梁
		晏公潭大桥	大桥	366	366	30	道路	预应力混凝土T梁
		井字头大桥	大桥	325.1	456	30	道路、沟壑	预应力混凝土T梁
	炎睦	磨石湖大桥	大桥	305	305	20	道路、沟壑	预应力混凝土T梁
		朱子1号高架桥	大桥	347.6	347.6	40	道路	预应力混凝土T梁
		沔水大桥	大桥	486	486	40	道路、河流	预应力混凝土T梁
		下里湾大桥	大桥	396	396	30	道路、沟壑	预应力混凝土T梁
G55	东常	涔水大桥	特大桥	1734.88	1734.88	30	河流	预应力混凝土空心板梁
		澹水大桥	特大桥	1059.88	1059.88	35	河流、道路	预应力混凝土空心板梁
		津澧大桥	大桥	964.88	964.88	20	道路	预应力混凝土空心板梁
		澧水大桥	特大桥	2,341.34	2,341.34	150	河流	预应力混凝土（左幅）T梁、（右幅）连续箱梁
		跨S306立交桥	大桥	407	407	60	道路	预应力混凝土T梁
		沅水特大桥	特大桥	15,912.5	15,912.5	130	河流	预应力混凝土（左幅）空心板梁、（右幅）T梁
		盘塘湖大桥	大桥	547	547	30	湖	预应力混凝土、T梁
		渐河大桥	特大桥	1,099	1,099	40	河流	预应力混凝土、箱形梁
		柳叶湖大桥	特大桥	1,604	1,604	58	湖泊	预应力混凝土、箱形梁
		道水大桥	大桥	534.88	534.88	30	河流	预应力混凝土、连续T梁

续上表

编号	路段	名称	规模	桥梁长度（左）	桥梁长度（右）	主跨长度	跨障碍物	结构类型
G55	常安	石门桥互通主线桥	特大桥	1240.934	1240.934	30	国道、高速公路	现浇预应力混凝土箱梁
		黄土坡大桥	大桥	488	448	40	国道	预应力混凝土先简支后结构连续T梁
		石桥大桥	大桥	300.3	300.3	30	沟谷	先简支后连续预应力混凝土T梁
		夏家湾大桥	大桥	315	315	40	国道	先简支后连续预应力混凝土T梁、现浇预应力混凝土箱梁
		东江大桥	大桥	330.4	330.4	30	沟谷	先简支后连续预应力混凝土T梁
		资江大桥	大桥	460	460	120	河流	先简支后连续预应力混凝土T梁、现浇预应力混凝土箱梁
		长塘大桥	大桥	367.5	367.5	30	沟谷	先简支后连续预应力混凝土T梁、预制预应力混凝土空心板
		杨台大桥	大桥	306.5	306.5	30	国道	先简支后连续预应力混凝土T梁
		仙溪洢水1号特大桥	特大桥	1419.08	1560.08	30	沟谷	先简支后连续预应力混凝土T梁
		仙溪洢水2号大桥	大桥	674.08	470.08	50	河流	先简支后连续预应力混凝土T梁
		七里村洢水大桥	大桥	397	397	30	国道	先简支后连续预应力混凝土T梁
	安邵	横岩头高架桥	大桥	531.31	356.08	25	沟谷	预应力混凝土T梁
		胡家冲高架桥	大桥	431.08	406.08	25	河流	预应力混凝土T梁
		株树湾高架桥	大桥	396	396	30	沟谷	预应力混凝土T梁
		落水洞1号高架桥	大桥	608.28	573.78	30	沟谷	预应力混凝土T梁
		落水洞2号高架桥	大桥	364.35	337.65	30	沟谷	预应力混凝土T梁
		清塘高架桥	大桥	647.39	666	40	道路	预应力混凝土T梁
		罗家山1号高架桥	大桥	705.28	665.28	20	沟谷	预应力混凝土空心板
		罗家山2号高架桥	大桥	485.12	465.12	20	沟谷	预应力混凝土空心板
		石屋冲2号高架桥	大桥	456.08	456.08	25	沟谷	预应力混凝土T梁
		刘家垄1号高架桥	大桥	306.08	306.08	25	沟谷	预应力混凝土T梁
		喻家坪高架桥	大桥	426	426	30	沟谷	预应力混凝土T梁
		马家台高架桥	大桥	457.87	483.96	30	沟谷	预应力混凝土T梁

续上表

编号	路段	名称	规模	桥梁长度（左）	桥梁长度（右）	主跨长度	跨障碍物	结构类型
G55	安邵	伏口大桥	大桥	446	446	40	沟谷	预应力混凝土T梁
		沙坪1号高架桥	特大桥	1574.88	1574.88	50	河流	预应力混凝土空心板、预应力T梁
		沙坪2号高架桥	大桥	328.13	306.08	50	河流	预应力混凝土T梁
		龙塘镇高架桥	大桥	333.83	333.83	30	河流	预应力混凝土T梁
		木灵高架桥	大桥	833.07	833.07	28.9	河流	现浇连续箱梁、预制连续T梁
		涟水大桥	大桥	558.76	558.76	30	沟谷	现浇连续箱梁、预制连续T梁
		源头冲1号桥	大桥	376	351	30	沟谷	现浇箱梁、预制T梁
		库里大桥	大桥	306	306	30	沟谷	预应力混凝土T梁
		炉桶里大桥	大桥	326	326	40	道路	预应力混凝土T梁
		斗家冲大桥	大桥	386	356	40	沟谷	预应力混凝土T梁
		水坑岭大桥	大桥	652	472	40	沟谷	预应力混凝土空心板、预应力混凝土T梁
		吕家冲大桥	大桥	886	886	40	沟谷	预应力混凝土T梁
		资江大桥	大桥	646	646	60	河流	预应力混凝土T梁、预应力连续刚构
	邵永	资江大桥	大桥	776.64	776.64	50	河流	T形刚构
		湘江大桥	大桥	887.46	887.46	75	河流	T形刚构
	永蓝	排沙坪大桥	大桥	548.16	285.28	20	沟壑	预应力混凝土空心板梁
		竹山里大桥	大桥	545.4	561.4	40	沟壑	预应力混凝土连续箱梁
		铲子坪大桥	大桥	392.2	392.2	35	沟壑	预应力混凝土T梁
		茶林大桥	大桥	506	506	25	沟壑	预应力混凝土T梁
		大麻江大桥	大桥	345.28	345.28	20	河流	预应力混凝土空心板梁
		万里塘大桥	大桥	331	206	25	沟壑	预应力混凝土T梁
		蔡冲高架桥	大桥	742.2	742.2	35	河流	预应力混凝土T梁
		太平铺大桥	大桥	325.6	345.6	40	道路	钢混组合连续箱梁
		舜帝大桥	特大桥	1037.50	1037.50	110	沟壑	预应力混凝土连续刚构
		两江口高架桥	大桥	386	386	20	道路	预应力混凝土空心板梁
		龙溪高架桥	大桥	505.6	505.6	20	水渠	预应力混凝土空心板梁
		彭家围高架桥	大桥	367	367	30	沟壑	预应力混凝土T梁
		东山高架桥	大桥	337	337	30	沟壑	预应力混凝土T梁
		东路高架桥	大桥	710.5	710.5	78	沟壑	预应力混凝土连续刚构
		牛塘口2号高架桥	大桥	328	328	40	沟壑	预应力混凝土T梁
		半山1号高架桥	大桥	362	362	40	沟壑	预应力混凝土T梁

第五章
桥梁与隧道

续上表

编号	路段	名　　称	规模	桥梁长度（左）	桥梁长度（右）	主跨长度	跨障碍物	结　构　类　型
	长益	沩水大桥	大桥	604.4	604.4	30	沩水	预混凝土空心板
		资江二桥	特大桥	1287.28	1287.28	80	资江	连续箱梁、空心板
G5513	常张	善卷垸高架桥	特大桥	1909.58	1909.58	40	沟壑	预应力混凝土连续T梁
		李家坪高架桥	大桥	726	726	30	道路	预应力混凝土T梁
		木塘垸沅水大桥	特大桥	2856	2856	120	河流	预应力混凝土连续T梁、预应力混凝土连续刚构
		渐水河大桥	大桥	366	366	30	河流	预应力混凝土T梁
		扒船峪大桥	大桥	606	606	30	村道	T梁
		慈利澧水大桥	特大桥	1508.04	1508.04	50	澧水	T梁
		娄水大桥	大桥	447	447	30	娄水	
		失马溪大桥	大桥	306	306	30	失马溪	T梁
		渔米渡大桥	大桥	372.6	372.6	20	渔米渡	T梁
		宜冲桥高架桥	大桥	346	386	20	宜冲桥	T梁
		穿石溪高架桥	大桥	385	385	30	甘堰乡	T梁
		甘堰大桥	大桥	425	425	30	省道	T梁
		渡坦村高架桥	大桥	526.11		20	渡坦村	空心板梁
		七里潭高架桥	特大桥	1567.11	928.3	30	七里潭	T梁
		狗子滩高架桥	特大桥	1208	670.52	30	狗子滩	T梁
		将军堰高架桥	大桥	327.86	327.86	20	将军堰	空心板梁
G5515	张花	田家院子高架桥	大桥	726	726	30	河流、村道	先简支后连续预应力混凝土T梁
		黄沙泉2号桥架桥	大桥	744.8	324.8	20	村道	预应力混凝土空心板
		黄沙泉3号桥架桥	大桥	604.88	604.88	20	村道	预应力混凝土空心板
		太极溪特大桥	特大桥	1258.32	1258.32	120	道路、太极溪	预应力混凝土连续刚构
		桑平峪1号高架桥	大桥	406	406	40	村道	预应力混凝土连续T梁
		桑平峪2号高架桥	大桥	306	306	30	沟壑	预应力混凝土连续T梁
		黄家台高架桥	大桥	345	345	20	村道	预应力混凝土（后张）空心板
		茅溪河特大桥	特大桥	1086	1086	30	道路、河流	预应力T梁
		李家岗高架桥	大桥	431	431	25	道路	预应力T梁
		鸭果高架桥	大桥	456	456	30	沟壑	预应力连续T梁
		澧水大桥	特大桥	1194	1194	856	村道、澧水	单跨简支钢桁架悬索桥
		雷公洞3号高架桥	大桥	366	366	40	沟壑	预应力混凝土连续T梁
		大岩屋1号高架桥	大桥	418.94	418.94	30	沟壑	预应力混凝土连续T梁
		青坪大桥	大桥	937.63	937.63	120	道路	120m悬浇连续刚构箱梁、40m预制T梁

续上表

编号	路段	名称	规模	桥梁长度（左）	桥梁长度（右）	主跨长度	跨障碍物	结构类型
G5515	张花	高岭2号高架桥	大桥	326	326	40	沟壑	预应力混凝土连续T梁
		三角岩大桥	大桥	934.4	934.4	120	沟壑	连续刚构、预应力混凝土连续T梁
		张家洞大桥	大桥	738.72	658.72	120	沟壑	连续刚构、预应力混凝土连续T梁
		石堤高架桥	大桥	406.08	406.08	25	道路	预应力连续T梁
		羊峰高架桥	大桥	500	500	25	河流	预应力连续T梁
		老司城施河大桥	特大桥	1225.3	1225.3	40	河流	连续T梁、连续箱梁
		哈尼高架桥	特大桥	1726	1726	40	道路	连续T梁、简支T梁
		木鱼坪高架桥	大桥	566	566	40	道路	先简支后连续14×40m T梁
		那必2号高架桥	大桥	364.88	364.88	20	沟壑	20m后张法预应力空心板
		吉峰1号高架桥	大桥	364.88	364.88	20	村道	20m后张法预应力空心板
		吉峰3号高架桥	大桥	406	406	40	村道	40m后张法预应力T梁
		大同坳高架桥	大桥	424.88	424.88	20	沟壑	20m后张法预应力空心板
		打洞高架桥	大桥	546	546	30	村道	预应力混凝土连续T梁
		猛洞河大桥	特大桥	578.28	578.28	255	河流	钢筋混凝土拱
		金钩坪高架桥	大桥	367.5	367.5	30	沟壑	预应力混凝土T梁
		泽家互通主线桥	大桥	441	441	30	村道	现浇连续箱梁
		泽家湖高架桥	大桥	306	306	30	沟壑	预应力混凝土T梁
		管山河高架桥	大桥	399	399	30	村道	预应力混凝土连续T梁
		猫狼河高架桥	大桥	709	709	25	河流	预应力混凝土T梁
		上猫狼1号高架桥	大桥	310.5	310.5	30	村道	预应力混凝土T梁
		泗溪河一桥	大桥	416.16	416.16	50	河流	预应力混凝土T梁
		马步冲高架桥	大桥	566.24	566.24	40	山谷	连续T梁
		酉水大桥	大桥	471.28	471.28	145	河流	连续T梁、预应力连续梁
		腊水分离式立交桥	大桥	305.2	305.2	20	道路	预应力混凝土空心板
		梅花分离式立交桥	大桥	365.64	365.64	40	道路	预应力混凝土T梁、空心板
		香溪河大桥	大桥	380.08	380.08	40	河流	预应力混凝土T梁
		岩井溪大桥	大桥	445.32	445.32	20	河流	预应力混凝土空心板
		清水大桥	大桥	366.32	366.32	40	河流	预应力混凝土T梁
		大湾高架桥	大桥	446.24	446.24	40	河流	预应力混凝土T梁
		花垣河大桥	大桥	625.44	625.44	145	河流	连续钢结构+T梁
		丰和村高架桥	大桥	426	426	30	沟壑	预应力混凝土连续T梁
		老鸭塘高架桥	特大桥	1266	1266	30	道路	连续T梁、T梁连续刚构
		大头冲高架桥	大桥	606	606	30	道路	预应力混凝土T梁连续刚构
		依溪高架桥	大桥	725	725	40	沟壑	预应力混凝土T梁连续刚构
		排楼互通跨线桥	大桥	332	332	25	村道	连续箱梁

第五章
桥梁与隧道

续上表

编号	路段	名　　称	规模	桥梁长度（左）	桥梁长度（右）	主跨长度	跨障碍物	结　构　类　型
G5515	龙永	苦竹河1号大桥	大桥	401.5	367	30	道路、河流	钢筋混凝土桥
		果利河大桥	大桥	413	413	40	河流	预应力混凝土连续T梁
		班竹园河大桥	大桥	342	342	30	河流、道路	预应力混凝土连续T梁
		康家院子大桥	大桥	427	427	30	县道	预应力混凝土连续T梁
		洗洛1号桥	大桥	793.5	798.5	30	洗洛河	钢筋混凝土桥
		洗洛2号桥	大桥	338.5	368.5	30	洗洛河、村道	钢筋混凝土桥
		茅坪大桥	大桥	483.53	368.05	30	沟堑	预应力T梁
		郑家寨大桥	大桥	726.16	686.16	40	农田、山谷、河流	简支连续梁桥
		撮箕坡1号大桥	大桥	481.36	326.32	40	沟谷	
		夯力湖1号大桥	大桥	528	528	40	沟谷	连续梁
		夯力湖2号大桥	特大桥	1603	1646	40	沟谷、村道	连续梁
		红岩溪大桥	特大桥	1099.12	1099.12	220	省道、洗车河	连续刚构、T梁
		两叉口2号大桥左幅	大桥	419.79	423.26	40	峡谷	空心板、T梁
		树木沟1号大桥	大桥	364.614	367.891	40	峡谷	预应力混凝土连续T梁
		树木沟2号大桥	特大桥	1247.45	1285.792	40	国道	预应力混凝土连续T梁
		永龙1号大桥	大桥	767.938	724.73	40	溪沟	预应力混凝土连续T梁
		永龙2号大桥	大桥	723.045	723.045	40	国道	预应力混凝土连续T梁
		高加台1号大桥	大桥	449.625	449.625	40	国道	预应力混凝土连续T梁
		皮匠坳大桥	大桥	408.02	364.74	40	G209国道、溪流	连续T梁
		小干溪大桥	大桥	683.12	609.06	40	村道、溪流	连续T梁
		老鹰门大桥	大桥	406.246	406.246	40	大干溪	连续T梁
		野竹园2号大桥	大桥	325.987	286.415	40	峡谷	连续T梁
		杨家铺大桥	大桥	446.071	406.438	40	峡谷	连续T梁
		高溪林场大桥	特大桥	1406.8	1366.8	40	峡谷	连续T梁
		金星大桥	大桥	366.24	406.24	40	村道、农田	墩柱式
		向家湾1号高架桥	大桥	406.16	406.16	40	河流、农田、林地	柱式桥墩、薄壁空心墩

湖 南

续上表

编号	路段	名　称	规模	桥梁长度（左）	桥梁长度（右）	主跨长度	跨障碍物	结 构 类 型
G5515	龙永	向家湾2号高架桥	大桥	686.39	686.55	40	跨溪永顺县大坝乡河村农田、林地	柱式桥墩、薄壁空心墩
		上坡米1号大桥	大桥	790.88	750.56	120	山谷	连续刚构、40m预制T梁
		上坡米2号高架桥	大桥	725.248	727.919	40	山谷	40m预制T梁
		北门大桥	大桥	427（单幅）		30	河流、村道	梁式桥
G59	新溆	汝溪大桥	大桥	346	346	40	溪流	预应力混凝土连续T梁
		总干渠大桥	大桥	456	456	30	溪流	预应力混凝土连续T梁
		江水湾大桥	大桥	446	446	40	溪流	预应力混凝土连续T梁
		洞亭湾大桥	大桥	320	320	40	溪流	预应力混凝土连续T梁
		平乐大桥	大桥	366	366	30	山谷	预应力混凝土连续T梁
		白莲冲大桥	大桥	396	396	30	山谷	预应力混凝土连续T梁
		坳田一号大桥	大桥	362	362	40	山谷	预应力混凝土连续T梁
		坳田二号大桥	大桥	531	531	40	山谷	预应力混凝土连续T梁
		大兴大桥	大桥	370	370	40	山谷	预应力混凝土连续T梁
		大兴大桥	大桥	330	330	40	山谷	预应力混凝土连续T梁
		洞山溪大桥	大桥	449	449	40	山谷	预应力混凝土连续T梁
		大湾大桥	大桥	348	348	40	山谷	预应力混凝土连续T梁
		金鸡大桥	大桥	337	337	30	山谷	预应力混凝土连续T梁
		金鸡大桥	大桥	367	367	30	山谷	预应力混凝土连续T梁
		金鸡塘大桥	大桥	367	367	40	山谷	预应力混凝土连续T梁
		金鸡塘大桥	大桥	638	638	40	山谷	预应力混凝土连续T梁
		杂家背底2号特大桥	特大桥	1006	1006	20	山谷	预应力混凝土空心板
		葫芦磅大桥	大桥	604	604	20	山谷	预应力混凝土连续T梁
		大沙坪大桥	大桥	306	306	20	溪流	预应力混凝土连续T梁
		邓家磅1号大桥	大桥	862	862	40	山谷	预应力混凝土连续T梁
		邓家磅2号大桥	大桥	382	382	40	山谷	预应力混凝土连续T梁
		将军山大桥	大桥	404	404	40	山谷	预应力混凝土连续T梁
		周家湾1号大桥	大桥	336	336	30	山谷	预应力混凝土连续T梁
		梨坡岭1号大桥	大桥	332	332	40	山谷	预应力混凝土连续T梁
		梨坡岭2号大桥	大桥	328	328	40	山谷	预应力混凝土连续T梁
		两江1号特大桥	特大桥	1422	1422	170	两江	预应力混凝土连续T梁、连续刚构
		两江2号特大桥	特大桥	1172	1172	170	两江	预应力混凝土连续T梁、连续刚构

第五章
桥梁与隧道

续上表

编号	路段	名称	规模	桥梁长度（左）	桥梁长度（右）	主跨长度	跨障碍物	结构类型
		磬子湾大桥	大桥	566	566	40	山谷	预应力混凝土连续T梁
		大路冲大桥	大桥	307	307	30	道路	预应力混凝土连续T梁
		擂钵井1号大桥	大桥	458	458	40	山谷	预应力混凝土连续T梁
		擂鼓坡1号大桥	大桥	608	608	40	山谷	预应力混凝土连续T梁
		擂鼓坡2号大桥	大桥	568	568	40	山谷	预应力混凝土连续T梁
		廖家湾1号大桥	大桥	578	578	30	溪流	预应力混凝土连续T梁
	新溆	廖家湾2号大桥	大桥	548	548	30	溪流	预应力混凝土连续T梁
		向家山大桥	大桥	426	426	20	山谷	预应力混凝土空心板
		四都河大桥	特大桥	1296	1296	30	四都河	预应力混凝土连续T梁
		桥江互通主线1号桥	大桥	307	307	30	匝道	预应力混凝土连续T梁
		桥江连接线铁路跨线桥	大桥	607	607	30	铁路	预应力混凝土连续T梁
		金沙坪铁路跨线桥	大桥	798	798	40	铁路	预应力混凝土连续T梁
G59		蓼水河大桥	大桥	796	796	40	河流	预制T梁
		大水互通H匝道桥	大桥	348.08	348.08	38	道路	现浇箱梁
		帽子塘大桥	大桥	387.04	387.04	20	道路	预制空心板梁
		马头岭大桥	大桥	329.04	329.04	20	道路	预制空心板梁
		潘家冲大桥	大桥	426	426	30	道路	预制T梁
		武冈高架桥	特大桥	1063.54	1063.54	25	道路	预制T梁
		朱家高架桥	大桥	396	456	30	道路	预制T梁
		赧水大桥	大桥	767	767	40	河流	预制T梁
		郑家坪大桥	大桥	506	506	25	道路	预制T梁
		姐妹桥大桥	大桥	402	401	30	河流	预制T梁
	洞新	龙溪河大桥	大桥	430	430	40	河流	预制T梁
		庆丰路东大桥	大桥	345	345	40	河流	预制T梁
		新安铺大桥	大桥	669	694.8	30	道路	预制T梁
		桐木凼大桥	大桥	715	714.25	30	道路	预制T梁
		司马冲互通E匝道桥	大桥	326.94	326.94	18	道路	预制空心板梁
		万塘大桥	大桥	546	546	30	道路	预制T梁
		六斗湾大桥	大桥	390	393	30	河流	预制T梁
		大坝上高架桥	大桥	364.8	364.8	20	道路	预制空心板梁
		飞仙桥特大桥	特大桥	1116	1116	30	河流	预制T梁
		王河水库大桥	大桥	516	516	30	道路	预制T梁
		连村高架桥	大桥	703	703	30	道路	预制T梁

续上表

编号	路段	名　　称	规模	桥梁长度（左）	桥梁长度（右）	主跨长度	跨障碍物	结　构　类　型
G59	洞新	夫夷水大桥	大桥	846	846	40	河流	预制T梁
		坪头山大桥	大桥	304.886	304.886	20	道路	预制空心板梁
		大坪里高架桥	大桥	399	369	30	河流	预制T梁
		犬木塘特大桥	特大桥	2246	2246	40	河流	预制T梁
		鲤溪大桥	大桥	456	456	30	河流	预制T梁
		侯家寨1号大桥	大桥	516	516	40	河流	预制T梁
		侯家寨2号大桥	大桥	806	806	40	河流	预制T梁
		易家高架桥	大桥	306.16	306.16	30	道路	预制T梁
		龙田大桥	大桥	576	576	30	河流	预制T梁
		化山口分离式立交桥	大桥	786	786	30	道路	预制T梁
		杨家高架桥	大桥	396	396	30	道路	预制T梁
		石盘江大桥	大桥	396	396	30	河流	预制T梁
		袁家坳大桥	大桥	636	636	30	河流	预制T梁
		沙洲大桥	大桥	505.08	505.08	20	河流	预制空心板梁
		锁家冲大桥	大桥	696	696	30	河流	预制T梁
G65	吉茶	冲木林水库1号高架桥	大桥	703.2	703.2	30	道路	预应力混凝土连续T梁
		冲木林水库2号高架桥	大桥	703	725	30	沟谷	预应力混凝土连续T梁
		长田冲高架桥	大桥	484	484	40	沟谷	预应力混凝土连续T梁刚构
		峒河大桥	特大桥	1214	1214	90	道路、河流	预应力混凝土连续T梁、T梁连续刚构
		石家寨高架桥	大桥	645	615.7	40	沟谷	预应力混凝土连续T梁、T梁连续刚构
		庄稼坡高架桥	大桥	364	364	40	沟谷	预应力混凝土连续T梁、T梁连续刚构
		鹅梨坡大桥	特大桥	1063.12	1042.5	100	沟谷	预应力混凝土连续T梁、T梁连续刚构
		树耳1号高架桥	特大桥	1391.5	1391.5	40	沟谷	连续T梁、T梁连续刚构
		矮寨刚构桥	大桥	563.24	563.24	145	沟谷	连续刚构箱梁
		矮寨悬索桥	特大桥	1176	1176	1176	道路峡谷	钢桁加劲梁
		天问台1号高架桥	大桥	547	582.8	30	沟谷	预应力混凝土连续T梁
		天问台2号高架桥	大桥	402	377	30	沟谷	现浇连续箱梁

第五章
桥梁与隧道

续上表

编号	路段	名　　称	规模	桥梁长度（左）	桥梁长度（右）	主跨长度	跨障碍物	结　构　类　型
G65	吉茶	夯巴叫水库2号高架桥	大桥	394	216	30	沟谷	预应力混凝土连续T梁
		共阳坨高架桥左线	大桥	478.8	481.2	40	沟谷	预应力混凝土连续T梁刚构、连续T梁
		排楼坝高架桥	大桥	338	338	30	沟谷	预应力混凝土连续T梁
		排碧高架桥	大桥	340.82	340.82	30	沟谷	预应力混凝土简支T梁
		红英高架桥工程	大桥	516	516	30	道路	连续T梁
		尖岩高架桥	大桥	667.5	667.5	40	道路	连续T梁
		麻栗场高架桥	大桥	653	653	40	道路	预应力混凝土连续T梁
		望高坡大桥	大桥	324.48	324.48	20	沟谷	预应力连续空心板
		兄弟河水库大桥	大桥	427.04	427.04	50	水库	预应力混凝土连续T梁
		团结1号高架桥	大桥	307	346	20	沟谷	预应力混凝土连续空心板
		团结2号高架桥	大桥	720	720	30	沟谷	预应力混凝土连续T梁
		团结3号高架桥	特大桥	1033.488	1033.488	130	国道	连续刚构预应力混凝土连续T梁
		浮桥坪高架桥	大桥	783.88	783.88	30	沟谷	预应力T梁
		乐安田高架桥	大桥	516	516	30	沟谷	预应力T梁
		板栗坡2号高架桥	大桥	336	336	30	沟谷	预应力T梁
		花垣河大桥	大桥	574.6	574.6	30	河流	预应力连续T梁
	吉怀	G匝道桥	大桥	474.88		36	上跨B、C、D、J、米及T匝道	预应力混凝土箱梁、普通混凝土箱梁
		自落坪大桥	大桥	307	337	30	溶蚀谷地	装配式预应力混凝土T梁、先简支后结构连续体系、全桥共两联
		大冲大桥	大桥	620	564	40	溶蚀谷地	装配式预应力混凝土T梁、先简支后结构连续刚构体系、全桥共五联
		黄土岭大桥	大桥	306.5	304.5	30	洼地中沟	先简支后连续预应力混凝土T梁
		黎明村大桥	大桥	368.5	368.5	30	溶蚀谷地	先简支后连续预应力混凝土T梁
		大湾砂大桥	大桥	345	409	40	山谷、村道、农田	先简支后连续预应力混凝土T梁
		太阳冲大桥	大桥	495	488	40	上跨主线	T梁
		石板塘大桥	大桥	595.5	605.5	40	上跨主线	T梁
		沱江大桥	大桥	357.96	361	50	上跨主线	T梁
		峦洞坪1号高架桥	大桥	720	720	40	河流、农田	先简支后连续预应力混凝土T梁

续上表

编号	路段	名称	规模	桥梁长度（左）	桥梁长度（右）	主跨长度	跨障碍物	结构类型
G65	吉怀	野鸡宅大桥	特大桥	1320	1320	30	农田、山坳、村道	先简支后连续预应力混凝土T梁
		万召村1号高架桥	大桥	300	330	30	山坳、农田	先简支后连续预应力混凝土T梁
		万召村2号高架桥	大桥	450	450	30	山坳、农田	先简支后连续预应力混凝土T梁
		万召村3号高架桥	大桥	816	846	30	山谷	先简支后连续预应力混凝土T梁
		通冲垄1号高架桥	大桥	696	696	30	山谷	先简支后连续预应力混凝土T梁
		通冲垄3号高架桥	大桥	366	366	40	山谷	先简支后连续预应力混凝土T梁
		桥崽垄高架桥	大桥	326	326	40	山谷	先简支后连续预应力混凝土T梁
		长田1号高架桥	大桥	326	326	40	村道、山谷	先简支后连续预应力混凝土T梁
		长田2号高架桥	大桥	486	486	40	农田	先简支后连续预应力混凝土T梁
		楠木溪高架桥	大桥	456	426	30	村道、农田	预应力混凝土连续箱梁、先简支后连续预应力混凝土T梁
		黄泥冲1号高架桥	特大桥	1326	1326	30	村道、农田	先简支后连续预应力混凝土T梁
		荒田垄1号高架桥	大桥	364.88	364.88	30	冲沟	先简支后连续预应力混凝土空心板
		岩门河大桥	大桥	336	336	30	岩门河	先简支后连续预应力混凝土T梁
		石家器大桥	大桥	426	426	30	村道	先简支后连续预应力混凝土T梁
		锦江大桥	大桥	446	446	40	锦江河	先简支后连续预应力混凝土T梁
		长冲溪2号高架桥	大桥	456	456	30	河流、农田	先简支后连续预应力混凝土T梁
		通达林2号高架桥	大桥	786.4	786.4	30	村道、河流、水库	先简支后连续预应力混凝土T梁
		斋公湾1号高架	大桥	576		30	村道、沟壑	先简支后连续预应力混凝土T梁
		岩坡冲高架桥	大桥	446	460	40	村道、旱地	先简支后连续预应力混凝土T梁
		朝堰塘高架桥	特大桥	913	920	76	铁路、小溪、农田	预应力混凝土现浇箱梁+先简支后连续预应力混凝土连续T梁
		垄坡上高架桥	特大桥	480	480	40	村道、农田	先简支后连续预应力混凝土连续T梁
		马坡冲高架桥	特大桥	360	360	40	村道、农田	先简支后连续预应力混凝土连续T梁
		琵琶冲大桥	大桥	425	429	30	山谷、小溪	预应力混凝土连续T梁
		瓦溪铺大桥	大桥	306	306	30	小溪、农田	预应力混凝土连续T梁
		顺冲大桥	大桥	304.88	304.88	20	山谷、小溪	预应力混凝土连续混凝土空心板
		渚溪4号桥	大桥	304.88	264.88	20	山谷、小溪	预应力混凝土连续混凝土空心板
		顺溪铺高架桥	大桥	676	646	30	铁路、国道	先简支后连续预应力混凝土T梁
		舞水大桥	大桥	522.2	552.2	50	舞水、村道、农田	先简支后连续预应力混凝土T梁
		李公湾1号桥	大桥	446	416	40	村道、农田	先简支后连续预应力混凝土T梁

续上表

编号	路段	名称	规模	桥梁长度（左）	桥梁长度（右）	主跨长度	跨障碍物	结构类型
G65	怀通	江市互通A匝道1号	大桥		479.18	30	河流	预应力混凝土连续T梁
		靖州连接线桥	大桥		366	30	道路	预应力混凝土连续T梁
		江市互通A匝道2号桥	大桥		849.1	30.2	河流	预应力混凝土连续T梁
		黔城舞水大桥	大桥		329	40	河流	预应力混凝土连续T梁
		鱼塘村沅水大桥	大桥		385	100	河流	预应力混凝土连续刚构桥
		青山界沅水大桥	大桥		373	100	河流	预应力混凝土连续刚构桥
		竹田互通主线桥	大桥	502	502	35	道路	预应力混凝土箱形梁
		小元溪大桥	大桥	307	247	30	其他	预应力混凝土连续T梁
		大元溪大桥	大桥	337	247	30	其他	预应力混凝土连续T梁
		桐木互通主线桥	大桥	357	357	30	道路	预应力混凝土连续T梁
		浙溪大桥	大桥	727	787	40	其他	预应力混凝土连续T梁
		江市大桥	特大桥	2617	2617	120	河流	预应力混凝土T形刚构
		五岭水库大桥	大桥	456.4	456.4	30	其他	预应力混凝土连续T梁
		文岩塘大桥	大桥	368	368	40	其他	预应力混凝土连续T梁
		洛洛树大桥	大桥	306.4	306.4	30	其他	预应力混凝土连续T梁
		风形湾大桥	大桥	486.4	456.4	30	其他	预应力混凝土连续T梁
		走马盘1号大桥	大桥	336.4	366.4	30	其他	预应力混凝土连续T梁
		走马盘2号大桥	大桥	456.4	276.4	30	其他	预应力混凝土连续T梁
		江冲口1号大桥	大桥		576.4	30	其他	预应力混凝土连续T梁
		江冲口2号大桥	大桥	876.4	246.4	30	其他	预应力混凝土连续T梁
		库前大桥	大桥	366.4	336.4	30	其他	预应力混凝土连续T梁
		大坪大桥	大桥	687	687	40	道路	预应力混凝土连续T梁
		铺脚团大桥	大桥	486.4	486.4	30	其他	预应力混凝土连续T梁
		岩壁团大桥	大桥	456.4	456.4	30	其他	预应力混凝土连续T梁
		大坪头大桥	大桥	737.2	676.4	30	其他	预应力混凝土连续T梁
		小茶溪村1号大桥	大桥	368.5	368.5	40	其他	预应力混凝土连续T梁
		大茶溪村2号大桥	大桥	587.2	586.4	40	其他	预应力混凝土连续T梁
		渠水1号大桥	大桥	488.6	485.8	40	河流	预应力混凝土连续T梁
		渠水2号大桥	大桥	328	328	40	河流	预应力混凝土连续T梁
		宝照溪大桥	大桥	568	608	40	道路	预应力混凝土连续T梁
		太阳坪渠水大桥	特大桥	1360.64	1359.64	40	河流	预应力混凝土连续T梁
		贯堡渡渠水大桥	大桥	731.16	731.16	40	河流	预应力混凝土连续T梁

续上表

编号	路段	名称	规模	桥梁长度（左）	桥梁长度（右）	主跨长度	跨障碍物	结构类型
G65	怀通	渠阳渠水大桥	大桥	377.24	377.24	40	河流	预应力混凝土连续T梁
		团结高架桥	大桥	608.18	608.18	20	其他	预应力混凝土空心板梁
		城墙特大桥	特大桥	1926	2096	40	河流	预应力混凝土连续T梁
		磨石大桥左幅	大桥	366	726	30	其他	预应力混凝土连续T梁
		江口1号大桥	大桥	446	893	40	其他	预应力混凝土连续T梁
		江口2号大桥	大桥	366	456	30	其他	预应力混凝土连续T梁
		寨牙互通主线桥	大桥	465.76	401.43	25	其他	预应力混凝土连续箱梁
		拱撑1号高架桥	大桥	666	666	30	其他	预应力混凝土连续T梁
		拱撑2号高架桥	大桥	906	792	40	其他	预应力混凝土连续T梁
		路家冲大桥	大桥	328	368	40	其他	预应力混凝土连续T梁
		新塘湾大桥	大桥	667	560	30	其他	预应力混凝土连续T梁
		水口岭大桥	大桥	450	450	40	其他	预应力混凝土连续T梁
		小金盆大桥	大桥	494	494	40	其他	预应力混凝土连续T梁
		枞溪大桥	大桥	346	342	30	道路	预应力混凝土连续T梁
		临口大桥	大桥	550	550	30	道路	预应力混凝土连续T梁
		小洋冲1号大桥	大桥	338	338	30	其他	预应力混凝土连续T梁
		牙寨大桥	大桥	329.32	307.8	25	其他	预应力混凝土连续T梁
		主线1号桥	大桥	354.1	357.93	25	其他	预应力混凝土连续T梁
		主线2号桥	大桥	357.2	354.14	25	其他	预应力混凝土连续T梁
		半冲一桥	大桥	385.79	367.46	20	其他	预应力混凝土空心板梁
		坪溪冲大桥	大桥	307	307	30	其他	预应力混凝土连续T梁
		马龙分离式立交桥	大桥	311.4	250	30	道路	预应力混凝土连续T梁
		白粱冲大桥	大桥	368	368	30	其他	预应力混凝土空心板梁
		龙江分离式立交桥	大桥	389	422.6	40	道路	预应力混凝土连续T梁
		长安堡大桥	大桥	337	337	30	其他	预应力混凝土连续T梁
		陇城高架桥	大桥	636	636	30	其他	预应力混凝土连续T梁
		寨阳1号高架桥	特大桥	1566	1566	40	其他	预应力混凝土连续T梁
		寨阳2号高架桥	大桥	406.16	406.16	40	其他	预应力混凝土连续T梁
		普头河2号高架桥	大桥	525.08	525.08	20	道路	预应力混凝土空心板梁
		普头河3号高架桥	大桥	646	653	40	其他	预应力混凝土连续T梁
		老寨3-1号高架桥上行	大桥		402	30	其他	预应力混凝土连续T梁
		老寨3-1号高架桥下行	大桥	936		30	其他	预应力混凝土连续T梁

第五章 桥梁与隧道

续上表

编号	路段	名　　称	规模	桥梁长度（左）	桥梁长度（右）	主跨长度	跨障碍物	结　构　类　型
G65	怀通	老寨3-2号高架桥上行	大桥		456	30	其他	预应力混凝土连续T梁
		老寨4号高架桥	大桥	636	606	30	其他	预应力混凝土连续T梁
G56	大岳	骆家冲大桥	大桥	367	367	30	道路、河流	预应力混凝土T梁
		大朝陆家大桥	大桥	329	289	40	S301、河流	预应力混凝土T梁
		油港河大桥	特大桥	1262.5	1297.5	40	道路、河流	预应力T梁、箱梁
		王家冲大桥	大桥	307	337	30	道路	预应力混凝土T梁
		方家大桥	大桥	457	457	30	道路	预应力混凝土T梁
		龙家桥大桥	大桥	397	398	40	S301	预应力混凝土T梁
		胥家桥大桥	大桥	368	338	40	X022	预应力混凝土T梁
		芭蕉湖1号大桥	特大桥	935.6	935.6	50	G107、联港路、芭蕉湖	预应力T梁、箱梁
		冷水铺互通主线桥	大桥	500	500	42	粮食专线铁路、X026	预应力混凝土箱梁
		芭蕉湖2号桥	特大桥	2152.769	2152.769	55	村道	预应力混凝土箱梁
		洞庭湖引桥	特大桥	2860	2860	55	洞庭湖滩地	预应力混凝土箱梁
		洞庭湖引桥	特大桥	2725	2725	110	洞庭湖滩地	预应力混凝土箱梁
		君山1号高架桥	特大桥	3958	3958	55	东排渠	预应力混凝土箱梁
		君山互通主线桥	特大桥	1269	1269	30	君山垸堤	预应力混凝土箱梁
		君山互通B匝道桥	大桥	314.8	314.8	16	高架桥	预应力混凝土箱梁
		君山2号高架桥	特大桥	1776	1776	42	西环渠	预应力混凝土箱梁
		君山服务区主线桥	特大桥	1423	1423	30	君山垸堤	预应力混凝土箱梁
		君山3号高架桥	特大桥	4090.36	4090.36	55	五星渠	预应力混凝土箱梁
	岳常	建新高架一桥	特大桥	5086	5086	40	湿地	预应力混凝土连续箱梁
		建新高架二桥	特大桥	10584	10584	50	湿地	预应力混凝土连续箱梁
		横档湖大桥	大桥	381	381	25	河流	预应力混凝土连续箱梁
		华容河大桥	大桥	824	824	50	河流	预应力混凝土连续空心板
		安合垸大桥	特大桥	7422	7422	50	河流	预应力混凝土连续箱梁
		肚湖大桥	大桥	546	546	30	河流	预应力混凝土连续箱梁
		和康垸特大桥1号	特大桥	2536	2536	50	道路	预应力混凝土连续空心板
		和康垸特大桥2号	特大桥	5269	5269	50	河流	预应力混凝土连续箱梁

湖南

续上表

编号	路段	名称	规模	桥梁长度（左）	桥梁长度（右）	主跨长度	跨障碍物	结构类型
G56	岳常	新开口安乡河特大桥	特大桥	2368.505	2368.505	120	道路	预应力混凝土连续T梁、悬浇箱梁
		澧水大桥	特大桥	2712	2712	106	河流	预应力混凝土连续箱梁、悬浇箱梁
		夹堤河大桥	大桥	426	426	30	河流	预应力混凝土连续箱梁
		西洋陂2号大桥	大桥	506	506	25	河流	预应力混凝土连续箱梁
		共和乌江特大桥	特大桥	1082	1082	200	河流	单箱单室变高度连续箱梁和先简支后结构连续T梁
		宝光寺大桥	大桥	440.54	440.54	50	河流	预应力混凝土先简支后结构连续T梁
		保家1号大桥右幅	大桥	557.89	557.89	30	沟谷	预应力混凝土先简支后结构连续T梁
	常吉	双冲大桥	大桥	305.04	305.04	20	道路	预应力混凝土空心板梁
		回龙河大桥	大桥	305.16	305.16	20	道路	预应力混凝土空心板梁
		水溪大桥	大桥	765.52	765.52	20	道路	预应力混凝土空心板梁
		岩湾坝大桥	大桥	306.3	306.3	30	道路	预应力混凝土连续T梁
		三渡水大桥	大桥	349	349	30	河流	预应力混凝土连续T梁
		怡溪V号大桥	大桥	516	516	30	道路	预应力混凝土连续T梁
		马底驿2号大桥	大桥	390.74	390.74	20	旱地	预应力混凝土连续T梁
		峰子岗高架桥	大桥	447	447	40	旱地	预应力混凝土连续T梁
		蓝溪河大桥	大桥	489	489	30	旱地	预应力混凝土连续T梁
		荔溪大桥	大桥	336	336	30	旱地	预应力混凝土连续T梁
		舒溪口大桥	大桥	608.9	608.9	40	旱地	预应力混凝土T梁
		下溪大桥	大桥	306	306	30	旱地	预应力混凝土连续T梁
		上溪大桥	大桥	456.16	456.16	30	旱地	预应力混凝土连续T梁
		跌洞溪大桥	大桥	326.48	406.48	40	旱地	预应力混凝土连续T梁
		BK0+844斗姆湖互通匝道桥	大桥	485.23		24.4	旱地	预应力混凝土箱形梁
		JK0+665斗姆湖互通匝道桥	大桥		595.86	22	道路	预应力混凝土箱形梁
		沅陵连接线高架桥	大桥	339		30	旱地	预应力混凝土连续T梁
		蓝溪河大桥	大桥	885		30	河流	预应力混凝土连续T梁
	凤大	王家寨1号大桥	大桥	647.04	647.04	40	沟谷	预应力钢筋混凝土T梁
		沱江大桥	大桥	459.08	459.08	120	河流	预应力钢筋混凝土连续刚构
		把总湾大桥	特大桥	2167	2167	40	沟谷	预应力钢筋混凝土T梁
G60	醴潭	白马垄大桥	大桥	724.63	723	41	铁路	T梁箱梁组合
	潭邵	竹埠港湘江大桥	特大桥	1179	1179	98	河流	箱形梁
		资江大桥	特大桥	516.9	516.9	50	河流	预应力T梁、刚构

第五章
桥梁与隧道

续上表

编号	路段	名称	规模	桥梁长度（左）	桥梁长度（右）	主跨长度	跨障碍物	结构类型
G60	潭邵	金家大桥	大桥	306.1	306.1	30	其他	预应力T梁
		麻油冲高架桥	大桥	435.1	435.1	30	道路	预应力混凝土连续T梁
		南冲高架桥	大桥	439.1	439.1	30	村庄	预应力混凝土T梁
		株易高架桥	大桥	544.7	544.7	35	道路	
	邵怀	洞口塘纵向大桥（右幅）	特大桥		1860	40	其他	预应力混凝土T梁
		江口特大桥	大桥	640.35	640.98	40	道路	预应力混凝土T梁
		炉坪高架桥	大桥	380	286.26	50	道路	预应力混凝土T梁
		中盘特大桥	特大桥	1070	1070	20	其他	预应力混凝土T梁
		安江沅水大桥	特大桥	1141.6	1141.6	120	河流	预应力混凝土变截面悬浇连续刚构、预应力混凝土T梁变刚构
	怀新	新晃舞水大桥	大桥		395.28	50	河流	预应力混凝土T梁
		岩山堰高架桥	大桥	516	516	30	道路	预应力混凝土T梁
		上艾冲高架桥	大桥	845	845	20	道路	预应力混凝土空心板梁
		新拱桥大桥	大桥	331	331	25	道路	预应力混凝土连续T梁
		坳背高架桥	大桥	881	583	20	其他	预应力混凝土连续T梁
		杉木塘高架桥	特大桥	1183	1206	40	河流	预应力混凝土T梁
		滤子口高架桥	特大桥	1197.16	1259.28	20	道路	预应力混凝土空心板梁
		长乐坪舞水大桥	大桥	592.08	592.08	50	河流	预应力混凝土T梁
		鱼市镇高架桥	大桥	396.36	396.36	40	道路	预应力混凝土T梁
G60N	大浏	曾家坳高架桥	大桥	456	456	30	沟谷	预应力混凝土30mT梁
		双溪高架桥	大桥	610.8	610.8	30	沟谷	预应力混凝土30mT梁
		管冲分离式立体交叉	大桥	486	516	30	沟谷	预应力混凝土30mT梁
		俞家高架桥	大桥	606	606	30	沟谷	预应力混凝土30mT梁
		上洪分离式立体交叉	大桥	426	426	30	沟谷	预应力混凝土30mT梁
		西溪分离式立体交叉	大桥	426	426	30	沟谷	预应力混凝土30mT梁
		文竹分离式立体交叉	大桥	366	366	30	沟谷	预应力混凝土30mT梁
		蛇形山高架桥	大桥	306	306	30	沟谷	预应力混凝土30mT梁
		燕子窝高架桥	大桥	396	426	30	沟谷	预应力混凝土30mT梁
		周家屋高架桥	大桥	345	365	30	沟谷	预应力混凝土30mT梁
		白石高架桥	大桥	366	366	30	沟谷	预应力混凝土30mT梁
		石咀分离式立体交叉	大桥	343	366	30	沟谷	预应力混凝土30mT梁
		金鸡岭一号分离式立体交叉	大桥	396	276	30	沟谷	预应力混凝土30mT梁

续上表

编号	路段	名 称	规模	桥梁长度（左）	桥梁长度（右）	主跨长度	跨障碍物	结 构 类 型
G60N	大浏	金鸡岭六号高架桥	大桥	336	336	30	沟谷	预应力混凝土30mT梁
		官渡高架桥	大桥	385	465	20	沟谷	预应力混凝土20m空心板
		三口河大桥	大桥	325	325	40	沟谷	预应力混凝土20m空心板、40mT梁
		上云1号大桥	特大桥	1228	964	20	沟谷	预应力混凝土20m空心板
		上云2号大桥	大桥	325	325	20	沟谷	预应力混凝土20m空心板
		下云大桥	大桥	426	486	30	沟谷	预应力混凝土30mT梁
		蕉溪1号大桥	大桥	426	306	30	沟谷	预应力混凝土30mT梁
		蕉溪3号大桥	大桥	426	426	30	沟谷	预应力混凝土30mT梁
	长浏	洪口界高架桥	大桥	465.28	465.28	20	水库	预应力混凝土连续空心板
		松树园高架桥	大桥	445.28	445.28	20	田地	预应力混凝土连续空心板
		浏阳河大桥	大桥	476.08	476.08	40	浏阳河	预应力混凝土T梁
		七亩塅高架桥	大桥	636.08	636.08	30	村道	预应力混凝土T梁
		西竹山高架桥	大桥	686	686	40	村道	预应力混凝土T梁
G72	垄茶	红旗1号高架桥	大桥	726	726	30	道路	先简支后连续预应力混凝土T梁
		红旗2号高架桥	大桥	666	666	30	道路	先简支后连续预应力混凝土T梁
		荒塘亭大桥	大桥	766	766	20	道路	预应力装配式箱梁
		高垄河大桥	大桥	396	396	30	跨河	先简支后连续预应力混凝土T梁
		沙江2号大桥	大桥	366	366	40	跨河	先简支后连续预应力混凝土T梁
		洣水特大桥	特大桥	1196	1196	50	跨河	先简支后连续预应力混凝土T梁
		陈家湾高架桥	特大桥	1106	1106	40	跨河	先简支后连续预应力混凝土T梁
		洣水1号大桥	大桥	382	382	50	跨河	先简支后连续预应力混凝土T梁
		洣水2号大桥	大桥	472	472	50	跨河	先简支后连续预应力混凝土T梁
	衡炎	彭家屋场高架桥	大桥	336	336	30	道路	预应力混凝土连续T梁
		渔冲高架桥	大桥	406.08	366.8	40	沟壑	预应力混凝土连续T梁
		江田洣水大桥	大桥	554.8	554.8	50	洣水河	预应力连续梁
		岳霄洣水大桥	大桥	835.65	835.65	50	洣水河	预应力连续梁
		把集高架桥	大桥	545.7	549.5	30	道路	T梁
		顾母高架桥	大桥	368.64	368.64	30	道路	连续T梁
		大面山高架桥	大桥	306	306	30	水渠	预应力连续T梁
		分路口洣水大桥	大桥	516.2	516.2	50	洣水河	预应力连续T梁
		三河洣水大桥	大桥	542.12	542.12	50	洣水河	预应力连续T梁
	衡枣	曹门口耒水大桥	大桥	339.32	339.32	40	耒水	预应力混凝土连续箱梁
		东阳渡特大桥	特大桥	1128	1128	150	湘江	预应力混凝土连续箱梁
		河洲大桥	特大桥	918.36	918.36	90	河流	预应力混凝土连续箱梁

第五章 桥梁与隧道

续上表

编号	路段	名 称	规模	桥梁长度（左）	桥梁长度（右）	主跨长度	跨障碍物	结 构 类 型
G76	汝郴	百担丘大桥	大桥	366	366	30	河流	预应力混凝土T梁
		大坑高架桥	大桥	307	276	30	渠道	预应力混凝土T梁
		下洞高架桥	大桥	707.637	704.36	40	平坦水田区	预应力混凝土T梁
		益将江大桥	特大桥	837.48	857.48	145	益将江	预应力混凝土T梁及连续刚构
		神村Ⅱ号高架桥	大桥	396	366	30	益将林场公路	预应力混凝土T梁
		谭千垄高架桥	大桥	306	306	30	机耕道	预应力混凝土T梁
		蔡家高架桥	大桥	354.77	354.77	40	益将林场公路、益将江	预应力混凝土T梁
		东坑高架桥	大桥	524.306	567.367	40	梯田与小沟	预应力混凝土T梁
		水口高架桥	大桥	324.86	285.44	40	汝城互通T匝道、G106与水田区	预应力混凝土空心板、简支T梁
		山店江大桥	特大桥	611.08	611.08	200	山店江	T梁、连续刚构、箱梁
		长洞高架桥	大桥	344.834	347.104	40	机耕道、冲沟	预应力混凝土T梁
		驴鞍铺大桥	大桥	444.88	434.44	20	冲沟、S324	预应力混凝土空心板
		桥下山1号大桥	大桥	304.88	304.88	20	冲沟、水稻田、小河流	预应力混凝土空心板
		棉花垄高架桥	大桥	391	391	40	河谷	预应力混凝土T梁
		古桥村高架桥	大桥	816	828.59	40	河谷	预应力混凝土T梁
		五一村大桥	大桥	330	330	102	河谷	连续刚构
		文明大桥	特大桥	1775.38	1795.88	120	冲沟、小河、道路	预制T梁、连续刚构、T梁
		黄家塘高架桥	大桥	304.08	304.08	40	冲沟	预应力混凝土T梁
		坪上高架桥	大桥	459.5	459.5	30	冲沟	预应力混凝土T梁
		余家高架桥	大桥	533	533	40		预应力混凝土T梁
		上渡村大桥	特大桥	1476	1476	30	沟谷	预应力混凝土T梁
		岱下坪高架桥	大桥	324.88	284.88	20	沟谷	预应力混凝土空心板
		坳塘坪高架桥	特大桥	1026	1026	30	沟谷	预应力混凝土T梁
		赤石大桥	特大桥	2270	2230	4×40+165+3×380+165+16×40(4×40+165+3×380+165+15×40)	河谷	预应力混凝土斜拉桥

续上表

编号	路段	名　　称	规模	桥梁长度（左）	桥梁长度（右）	主跨长度	跨障碍物	结　构　类　型
G76	汝郴	平和高架桥	大桥	366	336.08	30	冲沟谷地	预应力混凝土T梁
		月梅村高架桥	大桥	301.8	301.8	30	低山坡脚、冲沟	预应力混凝土T梁
		上寨大桥	特大桥	1546.08	1516.08	40	小河	预应力混凝土T梁
		南水界高架桥	大桥	366.04	371	40	冲沟	预应力混凝土T梁
		黄家垄大桥	特大桥	1376.08	1376.08	80	冲沟	预应力混凝土T梁、连续刚构
		坳上镇高架桥	大桥	367.4	367.4	40	冲沟	预应力混凝土T梁
	郴宁	水龙互通主线桥左幅桥	特大桥	2009	2009	114	京港澳高速公路	T梁、连续刚构箱梁
		水龙互通主线桥右幅桥	特大桥	2009		114	京港澳高速公路	T梁、连续刚构箱梁
		水龙互通A匝道3号桥	特大桥	769.339	769.339	45	京港澳高速公路	连续T梁
		水龙互通E匝道2号桥	大桥	461.54	461.54	60	京港澳高速公路	连续箱梁
		水龙特大桥（左）	特大桥	1313.44	1301.94	114	京港澳高速公路	连续刚构
		水龙特大桥（右）	特大桥	1290.44		114	京港澳高速公路	连续刚构
		万寿大桥（右）	大桥	337.08	262.08	30	万寿河、107国道	T梁
		严塘王家大桥右幅	大桥	368.64	295.6	30	四清水库边缘	连续箱梁
		雷堡坳大桥左幅	大桥	801	797.4	40.4	地方路	连续T梁
		雷堡坳大桥右幅	大桥	793.8		40	地方路	连续T梁
		长江洞大桥	大桥	448	448	40	地方路	T梁
		黄狮江大桥	大桥	386.08	386.08	20	黄狮江	空心板
		武家湾一桥	大桥	608.16	608.16	30	县道X057	连续T梁
		方元大桥	大桥	425.28	425.28	20	方元水库下游、地方路	空心板
		下阳山大桥左幅	大桥	338.16	383.16	30	当地村道	连续T梁
		下阳山大桥右幅	大桥	428.16		30	当地村道	连续T梁
		里家高架桥左幅	大桥	730.3	612.65	30	车头电站引水渠	连续T梁
		里家高架桥右幅	大桥	495		30	车头电站引水渠	连续T梁

第五章
桥梁与隧道

续上表

编号	路段	名称	规模	桥梁长度（左）	桥梁长度（右）	主跨长度	跨障碍物	结构类型
G76	郴宁	洞里高架桥	大桥	427.00	427.00	30	当地村道	连续T梁
		袁家1号高架桥	大桥	397	397	30	地方路、水渠	连续T梁
		高头坑高架桥	大桥	368.5	368.5	30	当地村道	连续T梁
		陈家洞高架桥	大桥	727	727	30	地方道路	连续T梁
		钟水河大桥	大桥	547	547	30	S324、钟水河	连续T梁
		三广头高架桥	大桥	648	648	40	地方道路	简支连续
		塘城高架桥	大桥	386.06	386.06	20	地方道路	简支
		祠堂圩互通主线1号桥	大桥	412.46	412.46	30	地方道路	第一联先简支后连续、其他为连续梁
		祠堂圩分离式立体交叉桥	大桥	487.08	487.08	30	地方道路	第1~2及4联先简支后连续、第3联为先简支后连续刚构
		E匝道桥	大桥	525.06	525.06	20	地方道路	连续梁
		G匝道桥	大桥	415.08	415.08	20	地方道路	连续梁
	宁道	瓢勺洞大桥	特大桥	1392	1392	40	旱地	预应力混凝土T梁
		水源头高架桥	大桥	346.06	346.06	20	旱地	预应力混凝土空心板梁
		泠江大桥	大桥	786.08	786.08	26	道路	预应力混凝土连续T梁
		上茶高架桥桥	大桥	856.08	856.08	25	旱地	预应力混凝土连续T梁
		九嶷河大桥	大桥	331.08	331.08	25	河流	预应力混凝土连续T梁
		潇水河大桥	大桥	1009.08	1009.08	50	河流	预应力混凝土T梁
		濂溪河大桥	大桥	646	646	30	河流	预应力混凝土T梁
		金家寨大桥	大桥	307	307	30	旱地	预应力混凝土T梁
		深田村大桥	大桥	457	457	30	道路	预应力混凝土T梁
		白竹塘高架桥	大桥	310	373	20	旱地	预应力混凝土空心板梁
		新村高架桥	大桥	353	331	20	道路	预应力混凝土空心板梁
G0401	东北东南段	杨梓冲互通主线2号桥	大桥	427	427	30	道路	T梁
		捞刀河大桥	大桥	535	535	170	河流	连续刚构
		唐家大桥	大桥	605.72	605.72	20	沟壑	空心板梁
		浏阳河大桥	大桥	903.14	903.14	50	河流	连续T梁
	西北段	高架桥	大桥	322	322	20	河流	预应力钢筋混凝土、空心板梁
		月亮岛湘江大桥	特大桥	1979.4	1979.4	96	河流	预应力钢筋混凝土、连续箱梁
	西南段	黑石铺湘江大桥	特大桥	3068	3068	162	河流	桁架拱
		靳江河大桥	大桥	600	600	30	河流	连续箱梁

湖南省地方高速公路 300m 以上桥梁一览表（单位：m）

表 5-1-2

编号	路段	名称	规模	桥梁长度（左）	桥梁长度（右）	主跨长度	跨障碍物	结构类型
S21	长株	浏阳河大桥	大桥	577	577	50	河流	T 梁
		田心互通主线 1 号桥	大桥	658.68	658.68	30	道路	连续箱梁
S31	宜凤	焦溪河大桥	大桥	552	527	38	道路	预应力混凝土连续箱梁桥
		豆冲大桥	大桥	568	568	35	沟壑	预应力混凝土 T 梁桥
		武水河大桥	大桥	428.5	428.5	35	河流	预应力混凝土 T 梁桥
		东溪大桥	大桥	358.5	358.5	35	沟壑	预应力混凝土 T 梁桥
S40	长沙机场	川河洲大桥	大桥	567.74	567.74	20	河流	空心板梁
		朗梨高架桥	大桥	311.74	311.74	20	道路	空心板梁
		浏阳河大桥	大桥	504.6	504.6	50	河流	连续箱梁
S50	长韶娄	后星高架桥	大桥	365.08	365.08	30	道路	T 梁加空心板
		石湖韶河桥	大桥	405.64	405.64	30	河流	T 梁加空心板
		K63+533 山南冲高架桥	大桥	456	456	20	道路、河流	空心板
		K64+605 刘家湾大桥	大桥	456	456	30	道路、河流	T 梁
		江家坪大桥	大桥	366	366	30	河流、村庄	T 梁
		南松第高架桥	大桥	325.04	325.04	20	村庄	空心板
		岐山高架桥	大桥	305.04	305.04	20	道路	空心板
		洛湛铁路分离立交	大桥	726	726	40	铁路、河流	T 梁
		付家湾大桥	大桥	757.6	757.6	30	河流、村庄	预应力 T 梁
		小碧大桥	大桥	457.6	457.6	40	河流	预应力 T 梁
		颜家滩大桥	大桥	450	450	30	河流	T 梁
		易家冲大桥	大桥	300	300	30	河流	T 梁
		湄江河大桥	大桥	427.6	427.6	30	河流	T 梁
S51	南岳	南岳互通 AK1+634.6	大桥	361.4	361.4	40	其他	双柱式墩
		大源渡湘江大桥	特大桥	1220	1220	90	河流	双柱式墩
		大源渡互通 BK0+760.5	大桥	332	332	40	道路	单柱墩
		上林子冲高架桥	大桥	325	325	20	沟壑	多柱墩
		响水铺高架桥	大桥	345.04	345.04	20	其他	多柱墩
S70	娄新	株山高架桥	大桥	325.06	325.06	20	沟谷	预应力混凝土空心板
		福善和大桥	大桥	337	337	30	沟谷	预应力混凝土 T 梁
		禾湾高架桥	大桥	305.06	305.06	20	沟谷	预应力混凝土空心板

第五章
桥梁与隧道

续上表

编号	路段	名称	规模	桥梁长度（左）	桥梁长度（右）	主跨长度	跨障碍物	结构类型
S70	娄新	孙水河大桥	大桥	605.06	605.06	40	河流	预应力混凝土T梁
		枫坪高架桥	大桥	402	429	30	沟谷	预应力混凝土T梁
		磊石河大桥	大桥	427	427	30	河流	预应力混凝土T梁
		黄谭大桥	大桥	304.92	304.92	20	沟谷	预应力混凝土空心板
		日升高架桥	大桥	784.92	784.92	20	沟谷	预应力混凝土空心板
		墨溪1号大桥	大桥	306	306	30	沟谷	预应力混凝土T梁
		墨溪2号大桥	大桥	471	471	30	沟谷	预应力混凝土T梁
		湘黔支线铁路跨线桥	大桥	478.96	478.96	25	铁路	预应力混凝土T梁
		麻溪大桥	大桥	306	306	30	河流	预应力混凝土T梁
		资水大桥	大桥	942.16	942.16	80	河流	预应力混凝土箱梁、预应力混凝土T梁
		白义塘大桥	大桥	331.08	331.08	25	沟谷	预应力混凝土T梁
		建新大桥	大桥	306	306	30	沟谷	预应力混凝土T梁
		桥头大桥	大桥	431.08	656.08	25	沟谷	预应力混凝土T梁
		落龙塘大桥	大桥	431.08	406.08	25	沟谷	预应力混凝土T梁
	溆怀	化溪1号大桥	大桥	364.92	364.92	20	河流	预应力混凝土空心板
		罗家大桥	大桥	365.04	365.04	20	其他	预应力混凝土空心板
		石家大桥	大桥	396	456.16	30	道路	预应力混凝土T梁
		红阳大桥	大桥	366.2	366.2	30	其他	预应力混凝土T梁
		七里冲大桥	大桥	326.24	326.24	40	其他	预应力混凝土T梁
		油榨冲大桥	大桥	456	456	30	其他	预应力混凝土T梁
		白岩山大桥	大桥	366.16	366.16	30	其他	预应力混凝土T梁
		淑水大桥	大桥	378.4	378.4	60	河流	预应力混凝土T梁、悬浇刚构连续组合箱梁
		卢冲园大桥	大桥	426	426	30	其他	预应力混凝土T梁
		夏家大桥	大桥	365.04	365.04	20	其他	预应力混凝土空心板
		沅水大桥	大桥	798.12	798.12	100	河流	悬浇刚构、现浇预应力混凝土连续箱梁
		坟坪特大桥	特大桥	1206	1206	30	其他	预应力混凝土T梁
		清江溪大桥	大桥	366	366	30	河流	预应力混凝土T梁
		金桥湾大桥	大桥	612.08	636.08	30	沟壑	预应力混凝土T梁
		红星水库大桥	大桥	666	726	30	其他	预应力混凝土T梁
		燕子洞特大桥	特大桥	1166.16	966.08	50	道路	预应力混凝土T梁

续上表

编号	路段	名　　称	规模	桥梁长度（左）	桥梁长度（右）	主跨长度	跨障碍物	结构类型
S70	溆怀	熊家湾大桥	大桥	756.12	756.12	30	其他	预应力混凝土T梁
		祝家大桥	大桥	571	571	40	道路	预应力混凝土T梁
		山岳坎大桥	大桥	756	756	30	其他	预应力连续T梁、连续箱梁
		顾家坪大桥	大桥	816.16	816.16	30	其他	预应力混凝土T梁
		白泥湾大桥	大桥	368	408	40	道路	预应力混凝土T梁
		王家坡大桥	大桥	336.24	336.24	30	其他	预应力混凝土T梁
		杨柳湾大桥	大桥	756	756	30	其他	预应力混凝土T梁
		中伙铺大桥	大桥	313	313	30	道路	预应力混凝土T梁
		熊家大桥	大桥	366.24	396.24	30	其他	预应力混凝土T梁
		座岩高架桥	大桥	666.08	666.08	30	其他	预应力混凝土T梁
S7001	怀化绕城	秀利园大桥	大桥	396	396	30	其他	预应力混凝土连续T梁
		怀化东互通主线桥	大桥	406	406	40	道路	预应力混凝土连续箱梁
		黄冲分离式立体交叉大桥	大桥	357.12	357.12	40	道路	预应力混凝土连续箱梁
		青山冲分离式立体交叉桥	大桥	486.75	486.75	40	道路	预应力混凝土箱形梁
S71	娄衡	万福亭大桥	大桥	504.84	504.84	20	烧田河	预应力空心板
		印塘村大桥	大桥	304.88	304.88	20	S320	预应力空心板
		曲兰二号大桥	大桥	566	566	20	岁河	预应力空心板
		朱家老屋大桥	大桥	607	647	40	S210	预应力T梁
		蒸水大桥	大桥	367	367	40	蒸水	预应力T梁
		S315分离式立交	大桥	339	339	30	S315	预应力T梁
		干子糖大桥	大桥	366	366	20	村道	预应力空心板
		八字门大桥	大桥	667	667	30	农田	预应力T梁
		岐山互通王木塘高架桥	大桥	303	303	20	匝道	预应力空心板
		干塘高架桥	大桥	456	456	30	村道	预应力T梁
S75	邵坪	檀木高架桥	大桥	306	306	30	道路	预应力混凝土连续T梁
		青山洞大桥	大桥	366	336	30	道路	预应力混凝土连续T梁
		大富坪高架桥（跨207）	大桥	396	396	30	道路	预应力混凝土连续T梁
		雀塘互通B匝道桥	大桥	358.77		34	道路	预应力混凝土连续箱梁
S80	衡大	金堂湘江大桥	特大桥	1010.78	1010.78	96	湘江	混凝土空心板梁
	衡邵	蒸水河1号大桥	大桥	557	557	40	蒸水河	预应力混凝土连续T梁

续上表

编号	路段	名称	规模	桥梁长度（左）	桥梁长度（右）	主跨长度	跨障碍物	结构类型
S80	衡邵	蒸水河2号大桥	大桥	507	507	40	蒸水河	预应力混凝土连续T梁
		邵水河大桥	大桥	528.6	528.6	40	邵水河、县道	预应力混凝土连续T梁
		范家山互通式立交K133+630主线桥	大桥	306	306	25	其他	预应力混凝土连续箱梁
		曾家院子大桥	大桥	409	409	25	道路	预应力混凝土连续T梁
		鱼溪河大桥	大桥	306.6	306.6	30	鱼溪河	预应力混凝土连续T梁
		乔亭大桥	大桥	322.18	322.18	35	道路	预应力混凝土连续T梁
		鲤鱼大桥	大桥	322.2	322.2	35	其他	预应力混凝土连续T梁
S81	道贺	赵家特大桥	特大桥	1200	1200	40	其他	T梁
		永明河大桥	大桥	545	545	40	河流	连续T梁
		小盘大桥	大桥	420	420	30	其他	T梁
		白家塘大桥	大桥	480	480	20	其他	空心板梁
		桥头铺大桥	大桥	300	300	30	其他	T梁
		跨洛湛铁路分离式立交桥	大桥	355	355	40	铁路	T梁
		槐木塘2号大桥	大桥	600	570	30	道路	T梁
		四角山大桥	大桥	320	320	40	其他	T梁
		水流界2号大桥	大桥	440	440	40	水库	T梁
		社子塘大桥	大桥	480	480	30	其他	T梁
S92	石华	蒋家山大桥	大桥	618.44	618.44	32	水渠	整体现浇板
		吴家桥大桥	大桥	660.6	660.6	25	水渠	箱形梁
		互通BK0+507匝道桥	大桥	330.1	330.1	35	高速公路	空心板梁、箱梁

第二节 隧道建设

湖南修建隧道始于20世纪30年代，1933年修建的粤汉铁路金龙山隧道，长114.56m，为省境第一座隧道。1939年建成的洞（口）榆（树湾）公路洞口潭隧道（1号隧道长25m，2号隧道长15m）是湖南最早的公路隧道。1989年，全省共有公路隧道28座/4480.8延米。其中，长250m以上的隧道5座/2397延米，最长为1944年建成的辰溪方田隧道，长850m。

20世纪90年代以来,湖南山区公路尤其是山区高速公路建设快速发展,带来了隧道建设的高潮。湖南高速公路最早修建的隧道是莲易高速公路白关隧道、建宁隧道,虽然都是短隧道,却是当时湖南境内断面最大的公路隧道,也标志着湖南高速公路隧道建设的开始。

湖南高速公路多位于喀斯特地质区域和地质破碎带,施工难度大,多个隧道被称为"地质百科全书"或"隧道施工百科全书"。

莲易高速公路建宁隧道穿过元古界板溪群条状板岩,在施工掘进过程中遭遇破碎带,出现3次大的塌方,其中最大一次塌方穿达山顶。

邵怀高速公路雪峰山隧道地质条件特别复杂,前期勘测预计有10个断裂层,施工过程中发现有18个,全部为3级以上区域性大断裂层;前期预计有涌泉,实际施工不仅有频繁的涌泉,还有大量的地下水,施工技术难度在国内隧道施工中较为少见。

汝郴高速公路亭子坝隧道(后改为五盖山隧道)全长470m,埋深仅70m,是湖南省高速公路建设史上第一条穿越大型坡洪积山体的隧道。其间,因担心在沙石环境下的施工很可能会造成较大的沉降,施工方案从平常的两洞同时开挖调整为两边先后开挖,平均每天只开挖0.5m的方式进行。为保证施工质量和安全,在亭子坝隧道的挖掘过程中没有使用炸药,全程用小挖机和铲子进行挖掘作业。

龙永高速公路红岩溪瓦斯隧道是迄今为止国内高速公路修建史上首条富含一氧化碳、硫化氢等有害气体的高瓦斯分离式双车道长大隧道,是龙永高速公路最大的危险源。

溆怀高速公路关虎冲隧道(后改称燕子洞隧道)在施工过程中,遇到深30m呈倒葫芦形状的大溶洞。经国内专家和设计师现场踏勘、论证,最终确定采用架设永久性桥梁和疏堵溶洞来解决该问题,开创了湖南高速公路建设史上的首例。

2008年,全省共有公路隧道156座/83972延米,其中特长隧道3座/17687延米,长隧道16座/24114延米,中隧道30座/20984延米,短隧道107座/21187延米。

2016年,全省国家高速公路共有隧道452座/428772延米。其中,特长隧道21座/86626延米,长隧道109座/184920延米,中隧道共计138座/99385延米,短隧道184座/57841延米。雪峰山隧道全长6950m,是当时省境第一、全国高速公路第三长隧道。此外,出现了许多集中建设的高速公路"隧道群"。例如,位于湘西山区的常吉高速公路有隧道36座/41734延米,龙永高速公路有隧道19座/20000延米;湘东山区的炎汝高速公路有32座/32417延米,汝郴高速公路有隧道27座/24665延米。

一、关口垭隧道

关口垭隧道位于桃源县菖蒲村肖家湾与姜家湾之间,是常张高速公路的控制性工程之一。由湖南省交通规划勘察设计院设计,湖南路桥建设集团公司施工。2003年11月7

日开工建设,2005年6月15日隧道竣工。

关口垭隧道为分离式隧道,左洞长880m,右洞长700m,两洞之间设计一车行横洞和一人行横洞。净宽11.0m,净高7.10m,行车道(含路缘带)宽8.5m,检修道宽0.75m。设计速度100km/h。隧道进口为月牙式翼墙洞门,出口为小立柱式洞门,配以不同层面点缀,与该线路旅游特色相呼应。

该隧道所处地层包含页质岩、构造角砾岩、压碎岩。2004年5月,当地连续暴雨,右洞YK73+936～YK73+945段由于隧道埋深浅、围岩条件差,拱顶渗漏水导致大面积塌方,部分发展到地表。建设单位通过采用超前小导管预注浆法加固、及时喷混凝土封闭掌子面并及时施作临时支护等措施,确保了隧道工程质量及施工安全。

关口垭隧道

二、火麻冲隧道

火麻冲隧道位于泸溪县洗溪镇峒头寨四组。由湖南省交通规划勘察设计院设计,中铁五局集团第一工程有限责任公司施工。2004年3月开始施工,2005年9月左洞贯通,2008年12月正式通车。

火麻冲隧道是常吉高速公路的控制性工程,全长1208m,是湖南省当时最长的高速公路连拱隧道。隧道穿行于低山地貌,围岩类别为Ⅲ类。进出口皆位于缓和曲线中,中间为直线段,纵坡-2%。单洞建筑限界净宽9.75m,净高5m,行车道(含路缘带)宽8.5m,检修道宽0.75m,单洞净空面积为64.05m^2。隧道进出口均为端墙式洞门,边坡及明洞顶部采用植草绿化,洞门墙面用花岗岩石板装饰美化。

施工过程中,建设者采用"弱爆破、强支护、短进尺、快循环"双向开挖和拓展多个工作面的施工工艺,在中隔墙施工较薄弱地段,采取预裂控爆、控制超挖的措施。针对围岩破碎、岩层节里裂隙发育且有断层等情况,改用多布眼、少装药、增加爆破次数的方法解决局部掉块及塌方等难题,确保了隧道工程质量。

火麻冲隧道

三、岩门界隧道

岩门界隧道进口位于泸溪县上堡乡联盟村,出口位于泸溪县洗溪镇仲溪村。由湖南省交通规划勘察设计院设计,中铁十二局和湖南路桥建设集团公司施工。2004年3月开工,2005年10月贯通,2008年底建成通车。隧道设计获2012年交通运输部优秀设计三等奖。

岩门界隧道是常吉高速公路的控制性工程之一,总长7490m,其中左线全长3785m,右线全长3705m。隧道内设计速度80km/h,双向四车道,左、右线均为复合式上坡。常德端采用钢筋混凝土结构的端墙式洞门,吉首端设计为削竹式洞门。

在隧道施工过程中,工程队克服地质复杂、涌水大、施工场地狭小、长距离通风难度大等诸多困难,精心组织、科学管理,采用多项隧道施工新技术,以平均150m/月的速度掘进,提前6个月实现了全线贯通。

岩门界隧道吉首端洞口(湖南省交通规划勘察设计院供图)

岩门界隧道采用了一系列的新技术,包括采用钢纤维混凝土作为过水隧道二次衬砌,以抵抗水流冲刷。隧道视线诱导技术:湖南省内首次使用设置于隧道入口的彩色减速涂料、隧道左右两侧4m高度范围内表面加涂一层象牙白色无机防火涂料,侧壁设置蓝色条带,为驾驶人提供视觉引导,特别是在曲线段能够避免驾驶人出现视觉心理障碍。

四、雪峰山隧道

雪峰山隧道进口位于洞口县江口镇兰家村,出口位于洪江市铁山乡小溪村。由湖南省交通规划勘测察设计院设计,贵州省桥梁工程总公司承建进口端,中铁二十局集团第二工程有限公司承建出口端。2004年6月开工,2006年8月隧道贯通,2007年11月与邵怀高速公路一起正式通车。

雪峰山隧道是邵怀高速公路最大的控制性工程,也是当时全国第三大公路隧道。左右洞长度分别为6946m、6956m,隧道宽9.75m,即2×3.75m(车行道)+2×0.50m(路缘带)+1.0m(检修道)+0.25m,隧道高5.0m。设计速度为80km/h。隧道穿过的山体基本为单脊山峰——中间最高,两端逐渐变低,隧道最大埋深850m。隧道内共设2座斜井:邵阳端进洞1700m处设有斜井A,长579m,为左右洞施工通风和邵阳端施工增加工作面的辅助坑道,并作为右洞的运营通风;怀化端进洞2000m处设斜井B,长506m,为左右洞施工通风和怀化端施工增加工作面的辅助坑道,并作为左洞的运营通风。两斜井坡度均为25°,隧道内还设有14处行车横道和15处行人横道,以供巡查、救护及车辆转换方向之用。除采用单斜井分段纵向通风和静电吸尘方式通风外,并建有多道竖井通风。隧道进出口35m均按国防要求加强,采用钢筋混凝土模筑衬砌,施工支护以锚喷、钢筋、挂网为主,并辅以钢架支撑。

雪峰山隧道地质构造复杂、围岩结构多变、节理裂隙发育、裂隙水丰富。勘测预计有10个断裂层,结果施工中发现有18个,全部为3级以上区域性大断裂层;勘测预计有涌泉,结果不仅有频繁的涌泉,还有大量的地下水,施工技术难度在国内隧道施工中较为少见。为了治理涌水,技术人员使用了"渗透法双液注浆"法,通过大量有效注浆堵水,既防止了大量地下水资源的流失,又确保了隧道结构的稳定和安全。同时,施工单位从国外引进多臂凿岩钻孔台车、扒碴机、衬砌台车、GSP地质预报系统等具有国际先进水平的设备及仪器。完成了包括在国内首次采用"中心扩孔施工法"在内的10余项创新。

雪峰山隧道贯通的横向误差为"0",高程误差仅7mm,主洞贯通精度为当时国内最高水平。隧道的开通避开了"雪峰天险",汽车穿越雪峰山的时间由原来的100min缩短为7min。2008年,雪峰山隧道获湖南省优秀工程勘察一等奖、全国优秀工程勘察铜质奖。2009年,雪峰山隧道入选"建国60周年60项公路交通勘察设计经典工程"。2010年,获交通行业优秀设计一等奖。2017年,邵怀高速公路为湖南唯一获"詹天佑奖"项目,也是全国获奖的3个公路工程之一。

雪峰山隧道

五、云阳山隧道

云阳山隧道进口位于茶陵县平水镇把集村,出口位于云阳山林场四工区赤松仙村,是衡炎高速公路的控制性工程。由湖南省交通规划勘察设计院设计,湖南路桥建设集团公司和中铁十二局集团有限公司联合施工。2006年10月底开工,2008年11月15日贯通。该隧道设计获2012年交通运输部优秀设计二等奖。

云阳山隧道所在山地地形起伏大,山高坡陡,沿线地表植被发育,山内人烟稀少。围岩主要为中厚或厚层状的石英砂岩、长石石英砂岩、炭质板岩、变质砂岩。隧道围岩划分为Ⅱ、Ⅲ、Ⅳ、Ⅴ级。

隧道中部主体为标准间距分离式上下行隧道,大部分地段左、右洞室测设线间距控制在40m左右。进、出口为小间距隧道,衡阳端最小间距18.7m,炎陵端最小间距9.4m。隧道左洞长3196m,右洞长3230m。隧道单洞建筑限界净宽10.75m,净高5.0m。设置了8个行人横洞、4个行车横洞,隧道两端进口段采用彩色路面,洞内其余为水泥混凝土路面。隧道采用灯光照明,全纵向机械通风。设计速度100km/h。

云阳山隧道

六、羊角脑隧道

羊角脑隧道为厦蓉高速公路湖南段最长的隧道,郴宁高速公路标志性工程,左洞长2940m,右洞长2870m,为分离式双线隧道。由中铁十三局集团有限公司承建。2008年11月开工,2010年11月实现双洞贯通。

羊角脑隧道进口端位于桂阳县保和乡上张家村,采用端墙式洞门;出口位于方元镇周家水村,采用前竹式洞门。隧道左、右洞线型为大半径C形曲线。洞内设有3处车行横洞、4处人行横洞和6处紧急停车带。隧道地质条件十分复杂,各类隧道地质困难及处置方法在该隧道均有呈现,被称为"一部完整的隧道施工教科书"。

在羊角脑隧道施工过程中,多次发生地表塌陷及岩溶突水事故,建设施工方通过微分电测、探地雷达探测与钻探等手段,详细研究了事故发生地段的工程地质情况,分析了该隧道岩溶的发育、赋存、出露以及规模等特征,提出地形地貌、岩溶溶蚀、上覆土压力以及地下水下降等是造成地表塌陷及岩溶突水发生的主要因素。根据实际情况,建议结合超前地质预报,采用注浆处理、改进掘进措施并控制爆破作业工法等治理措施。同时遵照"管超前、短进尺、弱爆破、早支护、快封闭、勤量测"的原则,根据围岩变化及时调整掘进方法,采用超前小导管注浆、钢筋网、喷射混凝土等多种支护手段进行施工。并处理大小溶洞13次,塌方11次,化学注浆处理突水突泥23次。整个施工过程中未发生任何安全事故。

羊角脑隧道岩溶灾害处治办法为湖南高速公路提供了经验,也为复杂隧道问题处理和施工质量、安全管理提供了经验。

2010年10月26日,羊角脑隧道左线贯通

七、大奎隧道

大奎隧道为炎汝高速公路特长隧道,左洞长3192m,右洞长2828m,洞门形式为端墙式的山岭隧道。由中铁隧道集团有限公司承建。2009年5月27日开工建设,2013年12月30日建成通车。

大奎隧道起点位于炎陵县龙渣乡双奎村,路线南行,左线设大奎山隧道直接穿越山体,于李家湾北出洞。右线先设牛角湾隧道穿山后,沿山坡台地布明线,再设置大奎隧道,于李家湾北出洞。

大奎隧道地质条件极其复杂,围岩由破碎带组成,岩质软,拱部支护时易塌方、掉块后空隙裂隙水较大。隧道施工后,初期支护发生严重变形,钢支撑被压弯,下沉量严重侵入建筑限界。综合现场监测、地质雷达扫描结果,从涌水特征、地质情况和施工方法三方面出发,系统分析了大奎隧道富水软弱带初期支护后隧道严重变形的原因,并在此基础上,研究支护失效段和掌子面的支护设计及施工组织方案,通过控制涌水、反压回填及加固围岩、优化施工工法等措施,取得了非常满意的效果,保证了复杂地质条件下隧道施工的安全。该成果对富水软弱地层隧道修建具有重要的指导作用和参考价值。

大奎隧道运用围堵法破解了渗水难题,为湖南高速公路隧道建设探索一条重要经验。

大奎隧道

八、蓝田隧道

蓝田隧道位于安化县清塘镇黄家冲村至涟源市伏口镇猫公岩村路段,是二广高速公路湖南段安邵高速公路重点控制性工程。由中铁五局五公司承建。2010年3月开工建设,2013年12月全线贯通。

该隧道为双向分离式隧道。隧道左线全长4800m、右线全长4775m。隧道所在地为侵蚀构造低山丘陵谷地地貌,集涌水、突泥、浅埋、断层等复杂地质于一体,围岩穿越各种不同岩性,溶洞群多且复杂,V级围岩达400m,施工难度大,科技含量高。施工方通过加强科技创新和科技攻关力度,积极探索新工艺、新工法,掌握了不良地质公路长大隧道施工技术,隧道施工过程中遵循"管超前、严注浆、短进尺、弱爆破、强支护、紧封闭、勤量测"原则,运用新奥法原理组织施工,从"方案优化、要素匹配、早进晚出、工序质量、均衡生产、岩变我变、以人为本、环境保护、技术领先、终极责任"等方面提出了隧道施工必须遵守的"十项原则",狠抓工程安全质量,强化过程控制,严把工程质量关,确保了隧道施工安全稳步推进,实现了全线顺利贯通。

蓝田隧道

九、燕子洞隧道

燕子洞隧道(原名关虎冲隧道)位于辰溪县境内,是溆怀高速公路控制性工程,也是当时湖南省境第二长公路隧道。承建单位为中铁二十局和中铁十二局。2010年6月开工建设,2013年5月贯通,2013年12月正式通车。

燕子洞隧道为双洞单向四车道交通隧道,设计速度80km/h,左线全长4918m,右线全长4970m。隧道溆浦端洞口设计高程为287~289m,怀化端洞口设计高程为196m,洞内设5个车行横洞,间距约800m。燕子洞隧道采用分别从两端上下行线独头掘进到分界里程的施工方案,溆浦端最远独头掘进2560m,怀化端最远独头掘进2410m。

燕子洞隧道

燕子洞隧道呈东西向贯穿雪峰山,并呈弧形,由两大专业施工企业以雪峰山顶为界,从隧道两端对掘。在隧道开挖过程中,由于沿线布满溶洞与暗河,建设和与承建单位通过疏堵溶洞和在隧道内架设桥梁等措施开挖隧道,施工前期在溶洞中建设架设供施工车辆、人员临时过往的钢便桥,后期在溶洞中建成永久性预制钢筋混凝土箱梁桥。通过采用架设桥梁和疏堵溶洞来解决这溶洞、暗河两个棘手问题,开创了湖南高速公路建设史上的先例。

十、八面山隧道

八面山隧道是炎汝高速公路所有隧道中距离最长、施工耗时最久的控制性工程。左洞4715m,洞右4705m,洞门形式为端墙式的山岭隧道。先后由中铁三局集团第五工程有限公司、中国葛洲坝集团股份有限公司承建。2013年9月隧道贯通,同年12月30日正式通车。

八面山隧道地处罗霄山脉中段南端,跨炎陵、桂东县境。地质条件十分复杂,施工难度极大,是炎汝高速公路制约性工程。

2012年5月19日,中铁三局集团第五工程有限公司承建的湖南省炎汝高速公路八面山隧道工地一辆施工运输车发生重大爆炸事故,导致20人死亡、2人重伤,直接经济损失2008万余元。事故发生后,省人民政府依法成立了炎汝高速公路八面山施工隧道"5.19"重大爆炸事故调查组,调查组经过认真调查后认定,这是一起因施工单位违法运送民爆物品和有关部门安全监管不到位所引发的重大安全责任事故。经省人民政府审查并批复同意,决定对26人立案追究刑事责任,对30人给予党纪政纪等处分,并对事故负有责任的中铁三局集团第五工程有限公司、重庆锦程工程咨询有限公司和湖南炎汝高速公路建设开发有限公司分别给予行政处罚。同时责成相关责任单位作出书面检查。

该隧道后由中国葛洲坝集团股份有限公司承担剩余施工任务,于2013年7月中旬复工,采用了"从两头向中间"的开挖方式,在保证质量、施工安全和环保要求的前提下,用时两个月时间打通了隧道。

八面山隧道

十一、阳明山隧道

阳明山隧道位于双牌县境阳明山,右洞长4420m,左洞长4480m,是永蓝高速公路的控制性工程。2012年7月,隧道双线贯通,同年12月正式通车。

该隧道洞身岩层多为中风化砂岩,洞身受多个断层影响节埋裂隙发育,岩体破碎,地下水非常丰富,施工过程中多次出现突水突泥,施工难度大。各建设施工单位坚持"安全第一、质量第一"的原则,根据新奥法施工理论,采取防治结合,预防为主的理念,尽量减少对围岩的扰动破坏。施工中采用谨慎开挖,及时支护,二衬紧跟,加强监管,准时检测的整套施工组织方法逐步推进,克服了突水突泥、排水通风等诸多障碍,有效化解、排除了隧道施工中的诸般难题。

阳明山隧道

十二、九嶷山隧道

九嶷山隧道为湘粤两省第二长公路隧道,位于蓝山县所城镇半山村与广东省连州市三水瑶族乡牛洞村交界处,是二广高速公路全线最长的隧道,也是连州段的关键工程。由中国铁建十二局集团等单位承建。2013年6月12日,隧道双线贯通。

九嶷山隧道

九嶷山隧道穿越湘粤省界的南岭山脉,隧址区地质构造发育,山高林密,沟谷纵横,地表最大高程1099.1m,隧道最大埋深530m。隧道左洞全长6378m,右洞全长6385m。其中,永蓝高速公路公司负责投资建设湖南境内左线3578.746m和右线3585m的工程,还包括6个行车横洞、5个行人横洞及两个通风斜井。

隧道施工过程中,建设单位克服了隧道洞口段浅埋、偏压、小近距下挖进洞,隧道围岩复杂多变,地下水系发育,Ⅳ、Ⅴ级软弱围岩占隧道总长72%以上等诸多困难,战胜了隧道突水、突泥、塌方等安全风险,安全顺利完成隧道开挖任务。

十三、红岩溪隧道

红岩溪隧道位于龙山县红岩溪镇,为永龙高速公路关键控制性工程之一。隧道设计为分离式双车道,左洞总长1699m,右洞总长1680m。进口为端墙式洞门,出口为环框式洞门。由湖南省交通规划勘测设计院设计,永州公路桥梁建设有限公司承建。2013年4月28日正式施工,2014年10月8日双洞贯通。

红岩溪隧道

红岩溪隧道是迄今为止国内高速公路修建史上首条富含一氧化碳、硫化氢等有害气体的高瓦斯分离式双车道长大隧道,是龙永高速公路最大的危险源。该隧道于2013年11月在施工中发现掌子面及轮廓线周边围岩多处有害气体。检测结果表明,岩样释放的气体中存在甲烷、乙烷、丙烷、丁烷、一氧化碳等成分,红岩溪隧道被定性为高瓦斯隧道。为确保施工安全与质量,建设施工各方对红岩溪隧道瓦斯有毒有害气体防治进行了专题研究,并采取了有针对性措施。制订并完善了红岩溪瓦斯隧道的系列安全管理制度及专项施工方案;强化对施工人员培训及安全技术交底,普及瓦斯隧道施工安全知识;进行超前地质钻探,收集前方地质构造及有毒有害气体存储情况;建立了人机并用的有毒有害气体监测监控系统,采用混合式通风方式,强力驱排有毒有害气体;在初支、二衬的混凝土中添加气密剂,并外委重庆大学专业检测;及时对新开挖断面进行封堵,严防有毒有害气体溢出;购置了大量的防尘口罩、矿灯、防毒面具等安全防护用品,确保进洞人员使用;制订了详细的应急预案,成立了应急领导小组,配备必要的救援物资和设备器材,多次开展有针对性的有害气体中毒应急演练,确保施工安全和不留隐患。红岩溪高瓦斯隧道对有毒有害气体的有效防治及安全、优质施工,对全国含有高浓度一氧化碳、硫化氢的高瓦斯隧道施工有着极其重要的参考或指导作用。

十四、砂子坡隧道

砂子坡隧道进口位于龙山县洗洛乡小井村,为龙永高速公路最长隧道和控制性工程,左洞长3500m,右洞长3500m。由中铁隧道集团有限公司、中铁十五局第五工程有限公司承建。2013年4月开工建设,2016年3月实现双洞贯通。

隧道地形起伏较大、水文条件复杂、地质环境脆弱,有洞口偏压、浅埋、古滑坡、软弱围岩、偏压、涌水、涌泥、掉块、坍塌等一系列地质不良条件。进口端洞门形式为削竹型洞门,出口端洞门形式为端墙式。隧道左右洞出口分别位于半径为1450m、1350m的平曲线上,左、右洞进口纵坡为2.98%、竖曲线半径为34000m,全隧道纵坡为1.794%和1.8%,是施工中水文条件最复杂、地质环境最脆弱的地段。

建设施工通过科学管理、周密策划、精心组织,严格按照标准化管理和施工工序进行施作。始终把安全质量放在第一位,严格按新奥法施工,狠抓隧道专题施工方案落实到每个施工工序上,进行动态控制。设计均为四级围岩,全部采用三台阶法掘进,在施工中采取了一系列安全措施,严格控制短进尺,开挖下导和中导不超3榀,做好围岩渗水的定向引排措施,超前地质预报和监控量测及时提供施工安全资料。建设过程中对塌方、涌水、抢险支护的办法,为湖南高速公路隧道施工积累了有益经验,也为特长隧道施工工序、方法、现场管理提供了好的经验。

砂子坡隧道

十五、那丘隧道

那丘隧道位于永顺芙蓉镇境内,毗邻猛洞河,为永吉高速公路控制性工程。左线全长2875m,右线全长2860m,为连拱分离式隧道。中交一公局第一工程有限公司施工。2013

年7月开工建设,2016年12月双线贯通。

那丘隧道为永吉高速公路地质条件最复杂的隧道,穿行于武陵山脉二级隆起带中段为向斜系列断裂构造,竖直岩溶非常发育,数十米深的漏斗洞、溶岩洞随处可见,地质条件复杂,施工难度极大。隧道建设过程中频繁遇到溶洞60余处,其中那丘隧道出口左线出现的廊道厅堂式大溶洞是湖南省高速公路建设中遇到的最大型溶洞之一。对如此大型的溶洞进行抗偏压挡墙及护拱、溶洞底施做排水拱涵和溶洞内施做桥梁等处理,堪称湖南省高速公路建设史上之最。

自2014年7月发现溶洞以来,建设施工方迅速制订实施性处治方案,在保障安全的前提下,合理安排施工计划,并在全线率先采用施工安全管理系统,优化了安全管理流程,提高了管理效率,降低了安全风险。

那丘隧道廊道厅堂式大溶洞桩基—回填—围岩—衬砌等空间结构研究课题和岩溶隧道复杂结构施工工艺研究,取得了明显效果,为同类隧道施工提供了可资借鉴的经验和参考。

十六、梅溪湖隧道

长沙三环线梅溪湖隧道工程属于原西三环的改造工程,位于湘江新区核心规划范围梅溪湖片区,省交通规划勘察设计院设计,中铁七局承建。2013年10月15日启动建设,2016年5月28日正式通车。

梅溪湖隧道全长3320m,道路等级为双向四车道高速公路,路幅宽26m,路基段设计速度100km/h,隧道内设计速度为80km/h。改造工程南段沿线采用隧道方式(梅溪湖隧道)穿越龙王港河、湿地公园,上跨地铁2号线二期工程,终于黄花塘互通(北端),线路大致为南北走向。将绕城高速下地改造成为隧道,使封闭运行的绕城高速不再成为城市的"阻隔",这在湖南尚属首次实施。

梅溪湖隧道

第五章
桥梁与隧道

湖南省国家高速公路隧道汇总见表 5-2-1；湖南省地方高速公路隧道汇总见表 5-2-2。

湖南省国家高速公路隧道汇总表（单位：m）　　　　表 5-2-1

编号	路段	名称	规模	全长（左）	全长（右）	洞门形式	类别	
							按地质条件划分	按所在区域划分
G4W2	长湘	邓家湾隧道	中隧道	725	835	削竹式	土质隧道	山岭隧道
		龙洞隧道	中隧道	655	618	削竹式	土质隧道	山岭隧道
		李家冲隧道	短隧道	115	180	明洞式	土质隧道	山岭隧道
		毛栗冲隧道	中隧道	570	595	削竹式	土质隧道	山岭隧道
		狮子垄隧道	长隧道	1056	1107	削竹式	土质隧道	山岭隧道
G4E	通平	姜源岭隧道	长隧道	1790	1860	削竹式	石质隧道	山岭隧道
		刘家湾隧道	短隧道	278	278	削竹式	石质隧道	山岭隧道
		鹅公岩隧道	短隧道	448	458.24	削竹式	石质隧道	山岭隧道
	浏醴	双井隧道	短隧道	417	417	端墙式	石质隧道	山岭隧道
	炎汝	排里隧道	中隧道	1000	975	端墙式	石质隧道	山岭隧道
		长旺1号隧道	中隧道	855	835	台阶式	石质隧道	山岭隧道
		长旺2号隧道	中隧道	824	800	端墙式	石质隧道	山岭隧道
		河背隧道	短隧道	333	367	台阶式	石质隧道	山岭隧道
		牛角垄隧道	长隧道	2080.373	2104.992	端墙式	石质隧道	山岭隧道
		大湾背隧道	短隧道	510	444.156	端墙式	石质隧道	山岭隧道
		水源坑隧道	短隧道	260	300	端墙式	石质隧道	山岭隧道
		梅子山隧道	特长隧道	3585	3578	端墙式	石质隧道	山岭隧道
		花子坳隧道	中隧道	923	943.5	削竹式	石质隧道	山岭隧道
		田螺窝隧道	短隧道	125	125	端墙式	石质隧道	山岭隧道
		水口山隧道	中隧道	966	983	端墙式	石质隧道	山岭隧道
		新家洞隧道	中隧道	817	805	端墙式	石质隧道	山岭隧道
		四峰山隧道	长隧道	1349	1228	偏压端墙式	石质隧道	山岭隧道
		牛角湾隧道	短隧道		150	削竹式	石质隧道	山岭隧道
		大奎隧道	特长隧道	3192	2828	端墙式	石质隧道	山岭隧道
		八面山隧道	特长隧道	4715	4705	端墙式	石质隧道	山岭隧道
		熊猫洞隧道	短隧道	315	315	偏压端墙式	石质隧道	山岭隧道
		红军隧道	长隧道	2681	2855	削竹式	石质隧道	山岭隧道
		寒岭界隧道	长隧道	2820	2820	削竹式	土质隧道	山岭隧道
		乐湾线隧道	中隧道	944	870	削竹式	石质隧道	山岭隧道
		带角岭隧道	中隧道	547.5	568	端墙式	石质隧道	山岭隧道
		石磨岭隧道	长隧道	1350		削竹式	石质隧道	山岭隧道
G1517	炎陵	炎陵Ⅰ号隧道	短隧道	330	314.68	环框式	石质隧道	山岭隧道
		炎陵Ⅱ号隧道	长隧道	2340	2324	端墙式	石质隧道	山岭隧道
	炎睦	沔渡隧道	中隧道	750	725	环框式	石质隧道	山岭隧道

续上表

编号	路段	名称	规模	全长（左）	全长（右）	洞门形式	类别 按地质条件划分	类别 按所在区域划分
G55	东常	月亮湾隧道	短隧道	321	319	削竹式	石质隧道	山岭隧道
		太阳山隧道	短隧道	363	380	削竹式	石质隧道	山岭隧道
	常安	康家坳隧道	短隧道	322	322	端墙式	石质隧道	山岭隧道
		丫峰隧道	短隧道	464	475	端墙式	石质隧道	山岭隧道
		先锋隧道	长隧道	1265	1280	端墙式	石质隧道	山岭隧道
		仙溪隧道	中隧道	535	487	端墙式	石质隧道	山岭隧道
		木茶隧道	短隧道	130	130	端墙式	石质隧道	山岭隧道
		龙家冲隧道	短隧道	180	180	端墙式	石质隧道	山岭隧道
		高家塅隧道	中隧道	513	570	端墙式	石质隧道	山岭隧道
		岩溪隧道	短隧道	0	170	端墙式	石质隧道	山岭隧道
	安邵	横岩头隧道	短隧道	352	360	端墙式	石质隧道	山岭隧道
		秧田冲隧道	短隧道	452	395	端墙式、削竹式	石质隧道	山岭隧道
		柏树湾隧道	短隧道	218	140	端墙式、削竹式	石质隧道	山岭隧道
		谭山冲隧道	中隧道	573	535	端墙式	石质隧道	山岭隧道
		夏家桥隧道	中隧道	840	875	削竹式	石质隧道	山岭隧道
		蓝田隧道	特长隧道	4800	4775	端墙式	石质隧道	山岭隧道
		黄家垅隧道	中隧道	968	995	端墙式、削竹式	石质隧道	山岭隧道
		松树坪隧道	短隧道	478.5	496	端墙式、环框式	石质隧道	山岭隧道
		喻家坪隧道	短隧道	405	420	端墙式、削竹式	石质隧道	山岭隧道
		湄江隧道	中隧道	565	572.5	端墙式	石质隧道	山岭隧道
		岩山下隧道	短隧道	264	264	端墙式	石质隧道	山岭隧道
		源头冲隧道	短隧道	428	430	端墙式、削竹式	石质隧道	山岭隧道
		花山隧道	长隧道	1623	1629	端墙式、削竹式、台阶式	石质隧道	山岭隧道
		塘家岭隧道	短隧道	328	328	明洞式、台阶式	石质隧道	山岭隧道
	永蓝	肖家坳隧道	长隧道	1391	1404	明洞式、端墙式	石质隧道	山岭隧道
		白泥坳隧道	中隧道	901.2	815	削竹式	土质隧道	山岭隧道
		排沙坪隧道	长隧道	2090	2315	端墙式	石质隧道	山岭隧道
		茶林隧道	中隧道	726.4	714.1	端墙式	土质隧道	山岭隧道
		西山岭隧道	短隧道	395	400	削竹式	土质隧道	山岭隧道
		靛口隧道	中隧道	605	645	削竹式	土质隧道	山岭隧道
		桐子坳隧道	短隧道	252	285	端墙式	土质隧道	山岭隧道
		阳明山隧道	特长隧道	4480	4420	端墙式	石质隧道	山岭隧道
		麻江隧道	中隧道	898	803.3	削竹式	土质隧道	山岭隧道

第五章
桥梁与隧道

续上表

编号	路段	名称	规模	全长（左）	全长（右）	洞门形式	类别 按地质条件划分	类别 按所在区域划分
G55	永蓝	响鼓岭1号	短隧道	207	218	端墙式	土质隧道	山岭隧道
		响鼓岭2号	长隧道	1378	1410	端墙式	石质隧道	山岭隧道
		石梯岭隧道	中隧道	781.12	780	削竹式	土质隧道	山岭隧道
		观音岭隧道	特长隧道	3133	3103	削竹式	石质隧道	山岭隧道
		猫仔冲隧道	短隧道	447	456	端墙式	土质隧道	山岭隧道
		高家坪隧道	中隧道	459	557	削竹式	土质隧道	山岭隧道
		新铺子隧道	中隧道	561	582	端墙式	土质隧道	山岭隧道
		小牛塘隧道	中隧道	562	578	端墙式	土质隧道	山岭隧道
		九嶷山隧道	特长隧道	3578.75	3585	削竹式	石质隧道	山岭隧道
G5513	常张	关口垭隧道	中隧道	895	715	端墙式	岩质隧道	山岭隧道
		狗子滩隧道	短隧道		261.7（单洞）	端墙式	岩石隧道	山岭隧道
G5515	张花	岩门口隧道	中隧道	401	520	端墙式	石质隧道	山岭隧道
		刘家院子隧道	短隧道	415	388	端墙式	石质隧道	山岭隧道
		大栗坡隧道	短隧道	365	280	削竹式	石质隧道	山岭隧道
		老屋湾隧道	短隧道	350.7	352	削竹式、环框式	石质隧道	山岭隧道
		凉亭垭明洞	中隧道	845	845	无	明洞	山岭隧道
		楠木溪隧道	短隧道	316	311	环框式、端墙式	石质隧道	山岭隧道
		魏家湾隧道	短隧道		230	端墙式	石质隧道	山岭隧道
		刘家峪隧道	短隧道	322	320	削竹式	石质隧道	山岭隧道
		舒家湾隧道	长隧道	1635	1580	端墙式、削竹式	石质隧道	山岭隧道
		青坪隧道	中隧道	730.63	680	端墙式	石质隧道	山岭隧道
		老庄1号隧道	短隧道	260.5	260	端墙式、环框式	石质隧道	山岭隧道
		老庄2号隧道	短隧道	408	390	环框式	石质隧道	山岭隧道
		科洞Ⅰ号隧道	长隧道	2163	2233	端墙式、削竹式	石质隧道	山岭隧道
		科洞Ⅱ号隧道	短隧道	225	230	端墙式、削竹式	石质隧道	山岭隧道
		梅花隧道	短隧道	362	362	端墙式	石质隧道	山岭隧道
		马步冲隧道	短隧道	258	258	端墙式	石质隧道	山岭隧道
		排楼隧道	中隧道	994	994	削竹式	石质隧道	山岭隧道
	龙永	砂子坡隧道	特长隧道	3498	3500	削竹式、端墙式	石质隧道	山岭隧道
		茅坪隧道	特长隧道	3087	3092	端墙式、削竹式	石质隧道	山岭隧道
		庙岭界隧道	中隧道	674	715	削竹式、端墙式	石质隧道	山岭隧道
		撮箕坡Ⅰ号隧道	中隧道	742	835	端墙式、削竹式	石质隧道	山岭隧道
		撮箕坡Ⅱ号隧道	短隧道	97	156	端墙式	石质隧道	山岭隧道

续上表

编号	路段	名　　称	规模	全长（左）	全长（右）	洞门形式	类　别	
							按地质条件划分	按所在区域划分
G5515	龙永	水畬村隧道	中隧道	511	524	端墙式	石质隧道	山岭隧道
		红岩溪隧道	长隧道	1702	1680	端墙式、环框式	石质隧道	山岭隧道
		观音岩隧道	短隧道	335	350	削竹式	石质隧道	山岭隧道
		永龙界隧道	长隧道	1324	1311	削竹式、端墙式	石质隧道	山岭隧道
		大干溪Ⅰ号隧道	短隧道	468	488	端墙式	石质隧道	山岭隧道
		大干溪Ⅱ号隧道	中隧道	556	503	端墙式	石质隧道	山岭隧道
		大干溪Ⅲ号隧道	中隧道	889	882	端墙式	石质隧道	山岭隧道
		大干溪Ⅳ号隧道	短隧道	412	413	端墙式	石质隧道	山岭隧道
		响米坳隧道	中隧道	659.5	709	端墙式	石质隧道	山岭隧道
		利布坳隧道	中隧道	517	537	端墙式、削竹式	石质隧道	山岭隧道
		大坝隧道	长隧道	2238.21	2250.27	端墙式、削竹式	石质隧道	山岭隧道
		黑水塘隧道	短隧道	426		端墙式	石质隧道	山岭隧道
		玉屏山隧道	长隧道	815		端墙式	石质隧道	山岭隧道
		洗车隧道	中隧道	973		端墙式	石质隧道	山岭隧道
G59	新溆	伍家村隧道	短隧道	447	476	台阶式、削竹式	石质隧道	山区隧道
		芭油冲隧道	短隧道	499	421	台阶式、端墙式	石质隧道	山区隧道
		张家冲隧道	短隧道	250	250	端墙式	石质隧道	山区隧道
		金凤隧道	短隧道	362	368	削竹式、端墙式	石质隧道	山区隧道
		两金隧道	特长隧道	4333	4328	端墙式、偏压式、明洞	石质隧道	山区隧道
		芋头函隧道	短隧道	496	475	端墙式	石质隧道	山区隧道
		梨眼冲隧道	中隧道	605	645	端墙式、偏压式	石质隧道	山区隧道
		两江隧道	短隧道	395	395	削竹式、偏压端墙式	石质隧道	山区隧道
		将军山隧道	长隧道	1930	1935	削竹式、端墙式	石质隧道	山区隧道
		唐家湾隧道	短隧道	283	195	偏压端墙式、端墙式	石质隧道	山区隧道
		擂钵井隧道	短隧道	179	179	端墙式	石质隧道	山区隧道
		张家头隧道	短隧道	355	325	端墙式	石质隧道	山区隧道
		周家山隧道	中隧道	717	717	台阶式、端墙式	石质隧道	山区隧道
	洞新	曾家冲隧道	长隧道	1438	1241	端墙式、削竹式	石质隧道	山岭隧道
		黄花水隧道	长隧道	1135	982	端墙式、削竹式	石质隧道	山岭隧道
		陈家湾隧道	中隧道	950	990	削竹式	石质隧道	山岭隧道
		标塘隧道	短隧道	265		端墙式、削竹式	石质隧道	山岭隧道

第五章
桥梁与隧道

续上表

编号	路段	名 称	规模	全长（左）	全长（右）	洞门形式	类 别	
							按地质条件划分	按所在区域划分
G65	吉茶	两岔口隧道	中隧道	506	501.4	环框式、端墙式	石质隧道	山岭隧道
		仙人隧道	短隧道	330	330	削竹式、环框式	石质隧道	山岭隧道
		树耳隧道	短隧道	240	240	环框式、端墙式	石质隧道	山岭隧道
		树耳Ⅳ号隧道	短隧道	85	85	棚洞	棚洞	棚洞
		巴龙隧道	短隧道	181	181	端墙式	石质隧道	山岭隧道
		龙岛隧道	短隧道	185	185	环框式、端墙式	石质隧道	山岭隧道
		矮寨隧道	短隧道	180	180	端墙式	石质隧道	山岭隧道
		坡头隧道	中隧道	795.35	811.47	端墙式、削竹式	石质隧道	山岭隧道
		补育隧道	中隧道	713	754	环框式、削竹式	石质隧道	山岭隧道
		麻栗场隧道	长隧道	1161.8	1158	环框式、削竹式	石质隧道	山岭隧道
	吉怀	望城坡隧道	长隧道	1420	1392	端墙式	石质隧道	山岭隧道
		树岩桥隧道	中隧道	740	836	端墙式、削竹式	石质隧道	山岭隧道
		双河隧道	中隧道	870	874	端墙式、削竹式	石质隧道	山岭隧道
		洞门龙隧道	中隧道	630	630	端墙式	石质隧道	山岭隧道
		冲口隧道	中隧道	514	395	端墙式	石质隧道	山岭隧道
		龙子康隧道	短隧道	478	478	削竹式、端墙式	石质隧道	山岭隧道
		关冲隧道	中隧道	586	598	端墙式	石质隧道	山岭隧道
		杜夜隧道	短隧道	494	494	端墙式、削竹式	石质隧道	山岭隧道
		王坡隧道	短隧道	140	140	端墙式	石质隧道	山岭隧道
		峦洞坪隧道	短隧道	200	200	端墙式	石质隧道	山岭隧道
		国桃山隧道	中隧道	695	690	端墙式	石质隧道	山岭隧道
		大坡岭隧道	短隧道	240	240	削竹式	石质隧道	山岭隧道
		榆树冲隧道	短隧道	445	445	环框式、削竹式	石质隧道	山岭隧道
		岩鸡冲隧道	中隧道	590	590	环框式、削竹式	石质隧道	山岭隧道
		岩门隧道	中隧道	740	740	削竹式、端墙式	石质隧道	山岭隧道
		隆家堡连接线隧道	短隧道	435	435	端墙式	石质隧道	山岭隧道
		溪里冲隧道	短隧道	415	425	端墙式	石质隧道	山岭隧道
		土板冲隧道	短隧道	485	485	端墙式	石质隧道	山岭隧道
		桐木坳隧道	长隧道	1915	1835	端墙式	石质隧道	山岭隧道
		大林隧道	短隧道	380	465	端墙式、削竹式	石质隧道	山岭隧道
		羊和岩1隧道	长隧道	1832	1879	削竹式、端墙式	石质隧道	山岭隧道
		羊和岩2隧道	中隧道	900	882	端墙式	石质隧道	山岭隧道
		大坡垴隧道	长隧道	1088	1065	削竹式、端墙式	石质隧道	山岭隧道
		朝天坳隧道	短隧道	221	215	削竹式	石质隧道	山岭隧道

续上表

编号	路段	名　称	规模	全长（左）	全长（右）	洞门形式	类　别 按地质条件划分	类　别 按所在区域划分
G65	吉怀	梁家院隧道	长隧道	930	935	削竹式	土质隧道	山岭隧道
G65	吉怀	南山寨隧道	长隧道	1285	1300	削竹式	土质隧道	山岭隧道
G65	怀通	枫香隧道	短隧道		490	削竹式	石质隧道	山岭隧道
G65	怀通	十里铺隧道	长隧道		1107	端墙式、削竹式	石质隧道	山岭隧道
G65	怀通	谭木冲隧道	短隧道	325	325	端墙式	石质隧道	山岭隧道
G65	怀通	火碳湾隧道	长隧道	1094.5	1125.5	端墙式	石质隧道	山岭隧道
G65	怀通	桂花垠隧道	中隧道	633	593	端墙式	石质隧道	山岭隧道
G65	怀通	银匠界隧道	长隧道	1675	1655	端墙式	石质隧道	山岭隧道
G65	怀通	水冲隧道	短隧道	387	387	端墙式、削竹式	石质隧道	山岭隧道
G65	怀通	坪村镇隧道	中隧道	580	667	端墙式、削竹式	石质隧道	山岭隧道
G65	怀通	对门冲隧道	短隧道	175.25	175.25	端墙式	石质隧道	山岭隧道
G65	怀通	响溪隧道	长隧道	1200	1205	环框式、削竹式	石质隧道	山岭隧道
G65	怀通	大湾冲隧道	短隧道	410	410	削竹式、端墙式	石质隧道	山岭隧道
G65	怀通	燕子湾隧道	短隧道	333	308	环框式	石质隧道	山岭隧道
G65	怀通	埂马冲隧道	短隧道	338	353	削竹式、端墙式	石质隧道	山岭隧道
G65	怀通	城墙界隧道	短隧道	239	227	环框式	石质隧道	山岭隧道
G65	怀通	塘木冲隧道	短隧道	202	197	环框式	石质隧道	山岭隧道
G65	怀通	鱼梁坝隧道	长隧道	2600	2607	端墙式、环框式	石质隧道	山岭隧道
G65	怀通	磨石隧道	中隧道	835	732	削竹式、环框式	石质隧道	山岭隧道
G65	怀通	镰刀湾隧道	长隧道	1088	1070	端墙式、削竹式	石质隧道	山岭隧道
G65	怀通	正团冲隧道	长隧道	1850	1846	端墙式、削竹式	石质隧道	山岭隧道
G65	怀通	乐安铺隧道	长隧道	1429.3	1420	端墙式、削竹式	石质隧道	山岭隧道
G65	怀通	岩塘隧道	短隧道	215.73	217.75	端墙式	石质隧道	山岭隧道
G65	怀通	溪口隧道	长隧道	1209.63	1191	削竹式	石质隧道	山岭隧道
G65	怀通	临口隧道	短隧道	339.4	339	削竹式	石质隧道	山岭隧道
G65	怀通	杏花村隧道	短隧道	433	430	削竹式	石质隧道	山岭隧道
G65	怀通	陇城隧道	短隧道	365	315	削竹式、端墙式	石质隧道	山岭隧道
G65	怀通	八斗坡隧道	长隧道	1285	1252	削竹式、端墙式	石质隧道	山岭隧道
G65	怀通	坪阳隧道	短隧道	188	230	端墙式	石质隧道	山岭隧道
G65	怀通	阳洞滩1号隧道下行	短隧道	120		端墙式	石质隧道	山岭隧道
G65	怀通	阳洞滩1号隧道上行	短隧道		275	端墙式	石质隧道	山岭隧道
G65	怀通	阳洞滩1号隧道下行	短隧道	60		端墙式	石质隧道	山岭隧道
G65	怀通	阳洞滩2号隧道下行	短隧道	215		端墙式	石质隧道	山岭隧道
G65	怀通	阳洞滩2号隧道上行	短隧道		435	端墙式	石质隧道	山岭隧道

第五章
桥梁与隧道

续上表

编号	路段	名称	规模	全长（左）	全长（右）	洞门形式	类别 按地质条件划分	类别 按所在区域划分
G65	怀通	阳洞滩2号隧道下行	短隧道	215		端墙式	石质隧道	山岭隧道
		孟龙隧道	中隧道	462	540	端墙式	石质隧道	山岭隧道
		平等河隧道	短隧道	205.38	194.71	削竹式	石质隧道	山岭隧道
G56	大岳	向家隧道	短隧道	504	409	削竹式	山岭隧道	山岭隧道
		西冲隧道	长隧道	1151	1151	削竹式	山岭隧道	山岭隧道
	常吉	郭家溪隧道	短隧道	165	165	端墙式	石质隧道	山岭隧道
		梅子潭隧道	短隧道	420	420	端墙式	石质隧道	山岭隧道
		邓家湾隧道	短隧道	120	120	端墙式	石质隧道	山岭隧道
		地穆庵隧道	短隧道	430	430	端墙式	石质隧道	山岭隧道
		殿会坪隧道（右幅）	短隧道	193	163	端墙式	石质隧道	山岭隧道
		牛儿垭隧道	短隧道	468	468	立柱式	石质隧道	山岭隧道
		清水冲隧道	短隧道	165	165	削竹式	石质隧道	山岭隧道
		土江冲隧道	短隧道	410	410	月牙式	石质隧道	山岭隧道
		朱良溪隧道	短隧道	255	255	削竹式	石质隧道	山岭隧道
		青龙尖隧道	短隧道	345	345	端墙式	石质隧道	山岭隧道
		青山岗隧道（右幅）	长隧道	1245	1227	削竹式	石质隧道	山岭隧道
		豆子坪隧道（右幅）	中隧道	553	520	端墙式	石质隧道	山岭隧道
		樱桃湾隧道（左幅）	中隧道	825	730	削竹式、端墙式	石质隧道	山岭隧道
	凤大	对门坡隧道	短隧道	357	357	端墙式、削竹式	石质隧道	山岭隧道
G60	邵怀	雪峰山隧道	特长隧道	7023	7039	削竹式、端墙式	石质隧道	山岭隧道
		大湾隧道	长隧道	2065	2008	端墙式	石质隧道	山岭隧道
		拱坝隧道	长隧道	1066	1170	端墙式	石质隧道	山岭隧道
		腊山隧道	中隧道	738	716	端墙式	石质隧道	山岭隧道
		炉坪隧道	中隧道	568	632	端墙式	石质隧道	山岭隧道
		月溪隧道	短隧道/中隧道	455	550	端墙式	石质隧道	山岭隧道
		洞口塘隧道	短隧道	235	235	端墙式	石质隧道	山岭隧道
		曹垅隧道	短隧道	155	180	端墙式	石质隧道	山岭隧道
		芭蕉溪隧道	短隧道	192	190	端墙式	石质隧道	山岭隧道
		林家溪隧道	短隧道	288	288	端墙式	石质隧道	山岭隧道
		畔上隧道	短隧道	324	324	端墙式	石质隧道	山岭隧道
		土地坳隧道	短隧道	355	355	端墙式	石质隧道	山岭隧道
		鸡公界隧道	长隧道	1366	1426	端墙式	石质隧道	山岭隧道
		中方隧道	短隧道	155	155	端墙式	石质隧道	山岭隧道

续上表

编号	路段	名称	规模	全长（左）	全长（右）	洞门形式	类别 按地质条件划分	按所在区域划分
G60	怀新	船溪隧道	长隧道	1065	910	端墙式	石质隧道	山岭隧道
		许家坳隧道	短隧道	410	410	端墙式、削竹式	石质隧道	山岭隧道
		水冲隧道	短隧道	480	480	端墙式、削竹式	石质隧道	山岭隧道
		青山冲隧道	短隧道	320	320	端墙式、削竹式	石质隧道	山岭隧道
		分金石隧道	短隧道	80	80	端墙式	石质隧道	山岭隧道
		庙山隧道	长隧道	1645	1858	端墙式	石质隧道	山岭隧道
		炉坪隧道	中隧道	582	553	端墙式	石质隧道	山岭隧道
		长湾冲隧道	短隧道	105	105	端墙式	石质隧道	山岭隧道
		界牌坳隧道	短隧道	395	395	端墙式、削竹式	石质隧道	山岭隧道
		龙马田隧道	长隧道	1940	2010	端墙式	石质隧道	山岭隧道
G60N	大浏	金钟皂隧道	中隧道	828	832	端墙式	石质隧道	山岭隧道
		安全坳隧道	短隧道	425	400	削竹式、端墙式	石质隧道	山岭隧道
		长坑隧道	中隧道	465	570	端墙式	石质隧道	山岭隧道
		陈家老屋隧道	短隧道	191	191	端墙式	石质隧道	山岭隧道
		姜冲隧道	短隧道	275	275	端墙式	石质隧道	山岭隧道
		白屋坳隧道	短隧道	155	157	端墙式	石质隧道	山岭隧道
		道吾山隧道	长隧道	2948	2960	削竹式、环框式	石质隧道	山岭隧道
		义泰湾隧道	短隧道	400	390	端墙式、削竹式	石质隧道	山岭隧道
		老屋湾隧道	短隧道	445	403	端墙式、削竹式	石质隧道	山岭隧道
	长浏	河坎上隧道	短隧道	289	299	削竹式、偏压端墙式	石质隧道	山岭隧道
		长蛟冲1号隧道	短隧道	230	128	削竹式、偏压端墙式	石质隧道	山岭隧道
		长蛟冲2号隧道	短隧道	320	340	端墙式、偏压端墙式	石质隧道	山岭隧道
		菖蒲岭1号隧道	短隧道	170	155	环框式、端墙式、偏压端墙式	石质隧道	山岭隧道
		菖蒲岭2号隧道	长隧道	1635	1623.95	喇叭式、削竹式	石质隧道	山岭隧道
		七亩田隧道	中隧道	970	950	环框式、偏压端墙式	石质隧道	山岭隧道
	衡炎	云阳山隧道	特长隧道	3196	3230	环框式	石质隧道	山岭隧道
		由义隧道	长隧道	1338	1259	环框式	石质隧道	山岭隧道
		大面山隧道	长隧道	2305	2305	环框式	石质隧道	山岭隧道
		官冲隧道	短隧道	415	415	削竹式	石质隧道	山岭隧道

第五章
桥梁与隧道

续上表

编号	路段	名称	规模	全长（左）	全长（右）	洞门形式	类别 按地质条件划分	类别 按所在区域划分
G76	汝郴	殷家洞隧道	短隧道	347	445	削竹式	石质隧道	山岭隧道
		斗垄岭Ⅰ号隧道	短隧道	325	310	削竹式	石质隧道	山岭隧道
		斗垄岭Ⅱ号隧道	短隧道	162	175	削竹式	石质隧道	山岭隧道
		半江子隧道	长隧道	1795	1878	削竹式	石质隧道	山岭隧道
		朱记垄隧道	中隧道	580	605	削竹式	石质隧道	山岭隧道
		塔背口隧道	短隧道	416	416	削竹式	石质隧道	山岭隧道
		河源洞隧道	中隧道	848	835	削竹式	石质隧道	山岭隧道
		破石界Ⅰ号隧道	长隧道	2498	2540	削竹式	石质隧道	山岭隧道
		破石界Ⅱ号隧道	中隧道	503	505	削竹式	石质隧道	山岭隧道
		杨家山隧道	中隧道	623	605	削竹式	石质隧道	山岭隧道
		盐石沙隧道	长隧道	2180	2200	削竹式	石质隧道	山岭隧道
		五里墩隧道	长隧道	2380	2375	削竹式	石质隧道	山岭隧道
		陈家岭隧道	长隧道	1819	1834	削竹式	石质隧道	山岭隧道
		黄毛岭隧道	长隧道	2207	2135	削竹式	石质隧道	山岭隧道
		驴鞍铺隧道	短隧道	150	150	削竹式	石质隧道	山岭隧道
		望垄江隧道	短隧道	320	320	削竹式	石质隧道	山岭隧道
		棉花垄隧道	短隧道	295	295	削竹式	石质隧道	山岭隧道
		五一村隧道	中隧道	744	795	削竹式	石质隧道	山岭隧道
		吊坎垄隧道	中隧道	765	765	削竹式	石质隧道	山岭隧道
		白芒背隧道	中隧道	555	510	削竹式	石质隧道	山岭隧道
		界牌岭隧道	中隧道	517	495	削竹式	石质隧道	山岭隧道
		金银仙隧道	中隧道	1131	1131	端墙式	石质隧道	山岭隧道
		牛栏山隧道	中隧道	525	525	端墙式	石质隧道	山岭隧道
		田牛坪隧道	长隧道	2260	2260	端墙式	石质隧道	山岭隧道
		朝地村隧道	短隧道	271	271	端墙式	石质隧道	山岭隧道
		天鹅塘隧道	长隧道	1835	1790	端墙式	石质隧道	山岭隧道
		亭子坝隧道	中隧道	510	510	端墙式	土石质隧道	山岭隧道
	郴宁	虎开山隧道（左）	长隧道	1015	985	削竹式	石质隧道	山顶隧道
		芒头岭隧道左洞	短隧道	427	392	削竹式	石质隧道	山顶隧道
		顶上隧道左线	长隧道	1215	1219	削竹式	石质隧道	山顶隧道
		万华岩隧道左线	中隧道	927	897	削竹式	石质隧道	山顶隧道
		武阳隧道左线	长隧道	1465	1370	削竹式	石质隧道	山顶隧道
		牛牴岭隧道左线	长隧道	1340	1325	端端式、削竹式	石质隧道	山顶隧道
		羊角脑隧道左线	长隧道	2940	2870	端墙式、削竹式	石质隧道	山顶隧道

续上表

编号	路段	名称	规模	全长（左）	全长（右）	洞门形式	类别 按地质条件划分	类别 按所在区域划分
G76	宁道	九嶷山一号隧道	短隧道	445	445	削竹式	石质隧道	山岭隧道
		九嶷山二号隧道	中隧道	535	545	削竹式	石质隧道	山岭隧道
		九嶷山三号隧道	短隧道	325	325	削竹式	石质隧道	山岭隧道
		九嶷山四号隧道	短隧道	250	250	端墙式、削竹式	石质隧道	山岭隧道
G0401	西南段	梅溪湖隧道	特长隧道	3320	3320	削竹式	土质隧道	城市隧道

湖南省地方高速公路隧道汇总表（单位:m）　　　表5-2-2

编号	路段	名称	规模	全长（左）	全长（右）	洞门形式	类别 按地质条件划分	类别 按所在区域划分
S50	长韶娄高速公路	观音石隧道	长隧道	1130	1130	端墙式	石质隧道	山岭隧道
		界头口隧道	短隧道	300	300	端墙式	石质隧道	山岭隧道
	娄新	殷家屋隧道	中隧道	923	850	削竹式	土质隧道	山岭隧道
		潘桥隧道	中隧道	975	960	削竹式	石质隧道	山岭隧道
		刘家排隧道	长隧道	1233	1230	削竹式	石质隧道	山岭隧道
S70	溆怀	虎儿岩隧道	短隧道	320	335	削竹式	石质隧道	山岭隧道
		油榨冲隧道	中隧道	485	535	端墙式	石质隧道	山岭隧道
		白岩山岁隧道	长隧道	2410	2390	削竹式	石质隧道	山岭隧道
		岩屋冲隧道	中隧道	940	970	端墙式	石质隧道	山岭隧道
		芦冲隧道	中隧道	745	770	削竹式	石质隧道	山岭隧道
		黄双坪隧道	长隧道	1328	1355	端墙式	石质隧道	山岭隧道
		燕子洞隧道	特长隧道	4918	4970	端墙式	石质隧道	山岭隧道
S7001 怀化绕城高速公路		骑龙山隧道右洞	中隧道	823	840	削竹式	石质隧道	山岭隧道
		龙形村隧道右	中隧道	705	680	削竹式	石质隧道	山岭隧道
S71 娄底至衡阳高速公路		檀树湾隧道	长隧道	1028	1020	削竹式、端墙式	石质隧道	山岭隧道
		笋安山隧道	特长隧道	3540	3570	削竹式	石质隧道	山岭隧道
		金玉堂隧道	中隧道	468	520	端墙式、环框式	石质隧道	山岭隧道
S7101 益阳市南线高速公路		八斗仑隧道	短隧道	380	325	削竹式	土质隧道	山岭隧道
S75 邵阳至坪上高速公路		寸石隧道	长隧道	2992	2995	端墙式、削竹式	土质隧道	山岭隧道
		黄岭上隧道	中隧道	620	618	端墙式、削竹式	土质隧道	山岭隧道

第六章
建 设 管 理

湖南高速公路建设起步较晚,历经20余年的快速发展,通车里程突破6000km,跻身"高速大省"行列。在不断改革的发展过程中,行之有效的高速公路管理体制趋于完善,科学规范的工程建设管理体系和投融资管理模式逐步形成,保证了湖南高速公路的适度超前发展。

第一节 建设发展历程

20世纪80年代开始,随着国民经济的快速发展,公路客货运输量急剧增加、公路交通发展相对滞后的矛盾日益突出。主要干线公路普遍存在交通拥挤、行车缓慢、事故频繁的现象。国家有关部门通过深入研究,决定借鉴西方发达国家解决行车难题的经验,将高速公路建设作为应对干线公路交通紧张状况的有效途径。

中国内地最早修建的高速公路,分别为1984年6月开工的沈大高速公路,以及同年12月启动建设的沪嘉高速公路。湖南经过数年的研究探索和现场试验后,1992年1月莲易高等级公路破土动工,1994年12月长永高速公路建成通车,实现了湖南高速公路零的突破。

从探索到突破,再到步入"高速大省"行列,湖南高速公路建设大体经历了5个发展阶段。

一、探索期(1985—1992年)

1985年开始,纵贯湖南境内的107国道分期进行技术改造。为探索水网区与山丘区建设高速公路的途径,1988年省交通厅在G107线岳阳临湘巴嘴坳至新开塘和汨罗新塘铺至白沙坳修建了两段全封闭、全立交的二级汽车专用公路,总长74km,1991年12月建成通车。

1992年1月27日,莲(花冲)易(家湾)高等级公路正式动工建设。线路东起湘赣交界处醴陵莲花冲,西至湘潭易家湾,后接京港澳高速公路与G107线,全长71.29km。其中莲花冲至株洲白关长48.13km,为双向两车道二级汽车专用公路;白关至易家湾23.16km

为双向四车道一级汽车专用公路。工程总投资5.78亿元,每公里造价为当时全国最低。1994年12月28日建成通车,成为长沙、湘潭、株洲"金三角"地区与东部沿海省份联系交往的枢纽干线。

虽然G107线的技术改造和莲易高等级公路并不是真正意义上的高速公路,但是,它们的建设在公路基础处理、路面铺设、边坡防护、涵渠组合、生态融合等方面积累了实践经验,并收集勘测、设计、施工的数据资料2万余项,为湖南高速公路建设进行了有益探索。

二、起步期(1993—1999年)

1993~1999年,湖南开工建设了长永、长潭、长益、潭耒、长沙绕城西北段、益常、耒宜、长沙绕城西南段等8条583.219km高速公路,其中建成通车长永、莲易、长潭、长益、益常、长沙绕城西北段等7条271.175km高速公路。这些高速公路建设突破了工程建设多项重大技术瓶颈,积累了设计、施工、监理和运营等建设和管理全过程的经验,为今后的发展奠定了基础。

长(沙)永(安)高速公路,于1993年5月正式开工建设,整个工程分为两期施工。其中,第一期工程从长沙牛角冲至黄花国际机场,长18.68km,1994年12月建成通车,结束了湖南省没有高速公路的历史,被誉为"省门第一路"。

随着长永高速公路的建成通车,湖南拉开了高速公路建设的序幕,开始进入"一纵一横一环"高速公路建设期。

"一纵",即京港澳高速公路长沙至湘潭段(长潭高速公路)、湘潭至耒阳段(潭耒高速公路)。

长潭高速公路,北起长沙县牛角冲,南至湘潭市马家河,主线全长44.76km,总投资11.94亿元,于1994年7月开工建设,1996年12月建成通车。它的建成有效地缓解了长沙湘潭地区日益拥堵的交通状况,对于长沙、株洲、湘潭金三角地区的经济发展和一体化的形成,起到了积极的推进作用。

潭耒高速公路,线路北起湘潭马家河,接长潭高速公路,南至耒阳市陈家坪,接耒宜高速公路,全长168.848km,1997年10月开工建设,2000年12月26日建成通车。潭耒高速公路是湖南省内利用世界银行贷款修建的第一条高速公路,也是湖南高速从建设初期即重视生态环保的典范。

耒(阳)宜(章)高速公路,线路北起耒阳以东陈家坪与潭耒高速公路相连,南至郴州小塘与广东粤北高速公路相接,全长135.372km,1998年11月开工建设,2001年12月建成通车。耒宜高速沟通了湖南与粤、港、澳地区的经贸往来,对湖南省外向型经济的发展具有重要意义。

"一横",即长(沙)张(家界)高速公路长沙至益阳段、益阳至常德段。长张高速公路是国道主干线二广高速的联络线之一,分长益、益常、常张3段修建。长益高速公路,东起长沙湘江北大桥西接线一级汽车专用公路直线段末端,西抵益阳资江二桥南引道,项目全长68.9km,总投资14.3258亿元,1996年3月开工建设,1998年7月建成通车。益常高速公路,线路紧接长益高速公路,东起益阳资江二桥北岸引道直线端,西至常德德山檀树坪,全长73.083km,1997年7月开工建设,1999年12月建成通车。

"一环",即长沙绕城西南段、西北段。长沙绕城高速公路也称长沙市三环线,此时期修建的西北段、西南段和2010年开工建设的东北段、东南段共同构成了长沙市三环线,与城区主干线相连,构成了长沙市高速公路主骨架和交通网络。

长沙绕城西北段,线路起于G319线黄花塘,至京港澳高速杨梓冲互通式立交桥,全长34.508km,1997年6月开工,1999年10月建成通车。西南段线路起于京港澳高速李家塘互通立交桥,至黄花塘G319国道,终于绕城高速西北段起点,全长28.852km,1999年12月开工建设,西段2002年11月建成通车,南段2004年5月建成通车。

三、发展期(2000—2007年)

"九五"期间,全省高速公路按"一纵三横"规划有序推进,1998年为应对亚洲金融危机,党中央、国务院实施积极的财政政策,加大基础设施建设投入,实施交通优先发展战略。湖南把握机遇、结合实际,对"九五"期后3年计划及时进行战略调整,把主骨架由"一纵三横"发展为"一纵四横"。

2005年初,根据《国家高速公路网规划》,湖南编制了"五纵七横"高速公路网规划,加大投资力度,推动了高速公路建设步伐。

2000~2007年,湖南开工建设的高速公路有临长、潭邵、衡枣、长沙机场、常张、衡大、邵怀、怀新、常吉、醴潭、长潭西线、韶山、邵永、衡炎、长株、衡邵、潭衡西、宜凤、吉茶等19条2034.515km,建成通车的高速公路有潭耒、耒宜、临长、潭邵、长沙绕城西南段、长沙机场、衡枣、衡大、常张、长潭西线、醴潭、邵怀、怀新等13条1485.445km。省境"五纵七横"高速公路骨架网建设稳步推进,除2002年、2005年外,每年都有高速公路开工建设;除2004年、2006年外,每年都有高速公路建成通车。

在此时期,两条纵横交叉的国高网建成通车,分别是京港澳高速公路湖南段和沪昆高速公路湖南段。

京港澳高速公路湖南境内的最北段为临(湘)长(沙)高速公路,北起湘鄂交界处的坦渡河,南至长沙县牛角冲,与长潭高速公路直通,全长182.788km,2000年5月开工建设,2002年11月建成通车。它的建成,标志着京港澳高速湖南段全线贯通。京港澳高速公路从北向南,途经岳阳、长沙、湘潭、株洲、衡阳、郴州6市,分别由临长、长潭、潭耒、耒宜4段组成,全长531.768km。该路是湖南地区南北交通大动脉,对中南地区的经济社会发展具有重要促进作用。

沪昆高速公路则是省境东西交通大动脉,途经株洲、湘潭、娄底、邵阳、怀化5市,分别由醴潭、潭邵、邵怀、怀新4段组成,全长553.099km。其中,醴(陵)(湘)潭高速公路位于沪昆高速湖南境内东段,线路自湘赣两省交界处金鱼石与沪瑞国道主干线江西段相连,终于长潭高速殷家坳互通,全长71.4km,2004年5月开工建设,于2007年10月建成通车;西段怀(化)新(晃)高速公路起于中方竹田互通,抵新晃鲶鱼铺与贵州玉(屏)三(穗)高速公路相接,全长106.018km,2004年3月开工建设,2007年11月建成通车,沪昆国家高速公路湖南段全线贯通。

怀新高速公路的通车,标志着湖南正式形成纵横南北、连贯东西"十字形"国家高速公路主骨架,意味着湖南高速进入了"5小时过境"的发展阶段。

在此期间,湖南还先后建成了长沙机场高速公路、衡枣高速公路、衡大高速公路、常张高速公路、长潭西线高速公路。

四、高峰期(2008—2015年)

2008年,美国次贷危机引发国际金融风暴,导致全球经济进入"寒冬"。湖南抓住国家扩大内需、加快基础设施建设的战略机遇,及时调整高速公路发展规划,拉开了高速公路建设跨越式发展的序幕。

2008年,是湖南高速公路建设值得载入史册的一年。这一年,全省开工18条2135km高速公路,实际动工建设17条1473.783km,覆盖全省14个市(州)、67个县(市、区),是湖南高速公路建设史上开工里程最多的一年。见表6-1-1。

2008年湖南高速公路开工项目一览表　　　　　　　　表6-1-1

序　号	项目名称	开工时间	里程(km)
1	二广高速公路湖南段永州至蓝山段	2008年5月	145.16
2	随岳高速公路湖南段	2008年6月	24.08
3	南岳高速公路	2008年6月	51.82
4	娄新高速公路	2008年8月	95.71
5	道贺高速公路	2008年9月	50.65
6	宁道高速公路	2008年9月	91.54
7	炎睦高速公路	2008年9月	18.12
8	汝郴高速公路	2008年9月	112.35
9	郴宁高速公路	2008年9月	104.43
10	吉怀高速公路	2008年10月	104.8
11	澧常高速公路	2008年11月	131.26
12	常安高速公路	2008年11月	95.31

续上表

序　号	项 目 名 称	开 工 时 间	里程(km)
13	衡桂高速公路	2008年12月	95.1
14	桂武高速公路	2008年12月	107.81
15	长湘高速公路	2008年12月	74.89
16	益阳绕城高速公路	2008年12月	40.09
17	安邵高速公路	2008年12月	130.68

2008年,常吉高速公路、韶山高速公路建成通车,全省高速公路通车总里程突破2000km。常吉高速公路的建成通车,标志着湖南实现13个市(州)与省会长沙均有高速公路相连,全省构建起以长沙为中心,高速公路为纽带的"4h经济圈"。

2009年,湖南共有15条高速公路开工,实际动工高速公路项目8条819.994km。见表6-1-2。

2009年湖南高速公路开工项目一览表　　　　表6-1-2

序　号	项 目 名 称	开 工 时 间	里程(km)
1	炎陵高速公路	2009年3月	12.55
2	通平高速公路	2009年5月	73.03
3	大浏高速公路	2009年5月	83.64
4	浏醴高速公路	2009年5月	99.20
5	长浏高速公路	2009年5月	65.32
6	张花高速公路	2009年6月	147.59
7	怀通高速公路	2009年12月	197.64
8	岳常高速公路	2009年12月	141.03

2009年,邵永高速公路、衡炎高速公路建成通车。

2010年,湖南延续了前两年高速公路密集开工的势头,全年新开工10条740km高速公路,实际动工10条677.75km高速公路。见表6-1-3。

2010年湖南高速公路开工项目一览表　　　　表6-1-3

序　号	项 目 名 称	开 工 时 间	里程(km)
1	醴茶高速公路	2010年2月	105.25
2	长沙绕城高速东北东南段	2010年3月	25.72
3	洞新高速公路	2010年4月	118.07
4	炎汝高速公路	2010年4月	132.00
5	溆怀高速公路	2010年6月	91.78
6	凤大高速公路	2010年7月	30.85
7	新溆高速公路	2010年7月	92.68
8	垄茶高速公路	2010年11月	45.24
9	怀化绕城高速公路	2010年12月	23.58
10	南岳东延线高速公路	2010年12月	12.58

2010年,长株高速公路、衡邵高速公路建成通车,全省通车总里程2386km。2008～2010年,是湖南高速公路建设史上的"开工高峰期",3年新开工建设46条高速公路,这在湖南交通史上前所未有,在全国范围内也是独一无二。截至2010年,全省在建高速公路项目49个,在建里程4064km,全国排名第一,在建和通车总里程6450km,从2007年全国排名17位,一跃至全国前三。

按照高速公路建设周期一般为36个月的规律,从2011年起,湖南进入了高速公路"通车高峰期"。省高速公路管理局随之确定了"保通车、稳在建、抓重点、促稳定"的高速公路发展思路。

2011年,陆续建成通车宜凤、潭衡西、随岳、道贺4条共计262.287km高速公路,全省高速公路通车总里程达到2648.548km。其中,宜凤、道贺联通粤桂,是湖南及中部地区南下出海通道;随岳高速公路湖南段则是省境第一条双向六车道高速公路。

2012年,与2008年一样具有载入史册的重大意义,是湖南高速公路建设史上通车里程最多的一年,创造了全国省份年度通车里程新纪录。2012年12月17日上午,湖南省政府新闻办公室召开湖南省2012年高速公路集中通车新闻发布会,宣布将于12月23日建成通车15条高速公路,意味着这一年全省共建成通车吉茶、衡桂、桂武、宁道、娄新、炎睦、炎陵、吉怀、汝郴、郴宁、通平、大浏、长湘、南岳、浏醴、永蓝等16条(段)1309.9km高速公路,全省通车总里程达到3958.448km,新增出省通道7个,新增通高速公路县市区18个。

2013年,湖南高速公路继续保持了大建设、大发展的强劲势头,高速公路仍然是全省交通建设的主战场和排头兵,全年共建成通车张花、醴茶、怀通、洞新、长浏、凤大、京港澳长沙连接线、长沙绕城东北东南段、炎汝、石华、垄茶、溆怀、岳常等13条共1125km高速公路。新增6个出省通道,总共达到21个;新增通高速县市区14个,全省通高速的县市区达到111个。

2012年、2013年共建成29条2434.9km,相当于2011年前通车里程的93%,全省通车总里程达到5085.482km,全国排名由3年前的第17位跃升至第4位,湖南跨入全国高速公路大省行列。其中,吉茶高速公路通往湘黔渝交界的"边城"茶峒,其控制性工程矮寨大桥成为湖南旅游的新亮点;长浏高速公路是长沙连接江西南昌的最便捷的公路通道;凤大高速公路是湘西境内重要的旅游通道;怀通高速公路是全省建设里程最长的路段;洞新高速公路的修建,开辟出一条连通"桂林—崀山—凤凰"的4h精品旅游路线。

2014年,湖南共建成通车澧常、长韶娄、新溆、怀化绕城、安邵涟源段、汝郴里田至平和段等6条高速公路,新增通车里程412.827km,通车总里程达到5498.309km,继续位居全国前列,高速公路存量进一步扩大,连通度进一步提高。其中,长韶娄高速公路实现了长沙、韶山、娄底三市之间的直接连通,极大地增强了长株潭地区辐射湘中的能力。

2015年,湖南高速公路建设克服极端不利天气和少数BOT项目进展十分缓慢等困难,实现益阳绕城、邵坪、大岳高速大界至桃林段、龙永高速部分路段等4条(段)共计155.85km高速公路建成通车。其中,龙永高速公路桥隧长度占总里程的58.7%,是当时省内桥隧比最高、施工难度最大的高速公路项目。

"十二五"(2011~2015年)是湖南省高速公路发展历程中极其复杂、极不平凡的5年,也是发展速度最快、成效最为显著的5年。湖南高速公路圆满完成了"十二五"规划的各项目标任务,"量"和"质"都进入全国先进行列,为推进全省经济社会发展起到了十分重要的先导性和基础性作用。这一期间,新开工20条高速公路约1353km,建成通车43条3267.898km,是"十二五"前湖南省通车高速公路总里程2386km的1.4倍。相继完成了长益、益常、潭耒、耒宜高速公路大修和提质改造。截至2015年底,全省通车里程达到5654.159km,全国排名跃升到第6位,基本建成"五纵六横"的高速公路网,连通全省114个县市区,打通出省通道24个。

五、科学发展期(2016年以来)

2016年,是"十三五"(2016~2020年)计划的全新发展期。全省推进"五化同步",提出建设富饶幸福美丽新湖南,贯彻落实"一核三极四带多点"区域发展战略。这些重大举措的实施,是实现交通运输由"跟跑型"向"引领型"转变的重要引擎和关键支撑。

这一年,安邵、龙永、大岳、常安、娄衡、南岳东延线、汝郴赤石的大桥段、京港澳新开联络线等8条(段)高速公路建成通车,新增通车里程427.33km,完成年计划任务300km的142%。湖南高速公路建设史上再树一座里程碑,通车总里程突破6000km,达到6081.489km。其中,安邵、常安高速公路建成通车标志着二广国家高速公路全线贯通;汝郴高速公路控制性工程——赤石大桥,跨越宽约1500m的山谷,为世界第一大跨径高墩多塔混凝土斜拉桥;提质改造后的潭邵高速公路一期工程成为"平安高速"建设的典范。

经过近十年的跨越式发展,湖南高速公路取得了令人瞩目的成绩,为湖南经济社会步入发展"快车道",为推进"四化两型"、促进"三量齐升"发挥了重要的先导性和基础性作用。

湖南高速公路的大发展提升了湖南经济的"质"与"量"。湖南的经济总量从2005年的全国第13位跃升至2015年的第9位,而这10年也正是湖南高速发展最为迅猛的10年。10年间,高速公路由1403km增加到5653km,从全国第15位跃升至第6位。尤其是"十二五"的5年,交通完成投资3856亿元,按照1∶3的投入产出比例测算,拉动投资1万亿元以上,可以说,交通成为湖南综合实力提升最显著的因素。

湖南高速公路在保障经济社会发展和人民群众出行方面取得了令人瞩目的成绩,但是在基础设施建设方面,补齐短板、强化衔接、优化网络等结构性供给不足的问题比较突出。比如,高速公路尚未形成完善的网络;武陵山、罗霄山集中连片特困地区,交通条件落后,石门、桑植、古丈、湘阴、绥宁、城步、双牌等7个县未通高速公路;即便是长株潭地区,区域互联互通、高效运转仍存在一定问题,解决断头路、瓶颈路、拥堵路的问题十分繁重。

2016年11月,湖南省做出优化交通基础设施建设的战略部署:通过4~5年的努力,使每个市(州)通高铁,每个县(市)通高速,构建全省2h高铁经济圈,完善"七纵七横"高速公路网,推进普通干线公路、农村公路建设,提高现代化内河水运能力,形成中部地区航空枢纽,形成省内省外通道联通、区域城乡覆盖广泛、枢纽节点功能完善、运输服务一体高效、贯通南北连接东西的交通新格局。

2017年2月,全省高速公路工作会议对全面落实省交通运输厅"建设人民满意交通"新理念,进一步提出了4个方面要求。其中,"推进高速公路建设,建品质工程、安全工程、绿色环保工程、节约工程、廉洁工程"成为重中之重,即:坚持把推进高速公路建设作为落实"建设人民满意交通"的主抓手。继续保持一定的投资强度和建设规模,高质量、快节奏推进项目前期工作,加快构建对外大联通、对内大循环的高速公路网络,满足经济社会发展需要。提高投资的质量和效益,继续扎紧制度笼子,加强投资控制,用好人民的血汗钱,把钱用在刀刃上。贯彻落实五大发展理念,在项目建设中弘扬工匠精神,建成一批品质工程、绿色环保工程、节约工程、廉洁工程。坚持不懈狠抓质量安全,始终坚持安全第一,打造让人民满意的"放心工程"。

第二节 管理体制

湖南高速公路管理体制的构建和发展,顺应了时代潮流和高速公路事业发展需要,历经近30年的变革和运转,逐步形成了相对规范的管理体制和运行机制,高速公路管理机构基本实现职能配置明确、管理形式多样、适应事业发展的格局。

省高速公路管理局与省高速公路建设开发总公司是全省高速公路建设与管理机构,实行"两块牌子、一套班子、合署办公",是隶属湖南省交通运输厅归口管理的副厅级事业单位,对其直管的高速公路实行人、财、物垂直管理模式,管理范围为高速公路项目建设、运营管理、经营开发和行业管理。

一、机构沿革

1987年10月13日,湖南省编办以湘编直〔1987〕138号文件批复省交通厅,同意成立"湖南省公路重点工程建设办公室",配人员编制35名(事业),其中从公路管理局现有编制内调剂7名,新增28名。办公室设在省公路管理局。

1991年9月18日,湖南省编办以湘编直〔1991〕123号文件批复省交通厅,同意成立"湖南省高等级公路建设指挥部办公室",机构设在省公路管理局;同意在省公路管理局(省公路重点工程建设办公室)增配人员编制40名,用于调配、充实高等级公路建设指挥部办公室的工作力量,人员经费从公路建设管理费中开支。至此,省公路重点工程建设办公室及高等级公路建设指挥部办公室编制总人数为75名。

1993年3月19日,为加快湖南省高速公路建设,改善投资环境,促进改革开放和经济发展,湖南省人民政府以湘政办函〔1993〕62号文件批复同意成立"湖南省高速公路建设开发总公司",明确总公司为事业单位,实行企业化管理,人员编制由省交通厅内部调整解决,隶属省交通厅领导。总公司主要任务是:负责全省高等级公路的建设、养护、管理和沿线开发;负责全省高等级公路建设资金的筹措,包括收取机动车辆通行费,发行股票债券和利用外资及偿还贷款等。总公司收取的机动车辆通行费及开发性收入免缴一切税费和"两金",全部用于偿还贷款和高等级公路建设。

1998年4月20日,湖南省编办以湘编〔1998〕3号文件发文成立"湖南省高速公路管理局",与"湖南省高速公路建设开发总公司"两块牌子、一套人马、合署办公,为归口省交通厅管理的相当副厅级规格的事业单位。明确省高速公路管理局(总公司)主要职责7项,机关设办公室、政治处(纪检、监察合署办公)、工程质量处、计划财务处、审计处、路政安全处、养护收费处7个处室,暂定自收自支事业编制75名,其中局长(副厅级)1名、副局长(正处级)2名、总工程师(正处级)1名、处室主要负责人(副处级)7名。

2006年10月17日,湖南省编办以湘编办函〔2006〕99号文件复函批复,同意将省高速公路管理局(总公司)内设机构由原来的7个调整为9个,即:保留办公室、审计处、路政安全处,其中办公室加挂信息中心牌子,路政安全处加挂路政总队牌子;养护收费处分设为养护处、收费稽查处,其中收费稽查处加挂收费稽查总队的牌子;政治处更名为人事处、工程质量处更名为工程处、计划财务处更名为财务处;新增资产经营处。局(公司)机关自收自支事业编制由75名增至105名,核定副处级领导职数11名。党群和纪检监察机构按有关章程和规定设置。同意设立湖南省高速公路监控中心,由省高速公路管理局管理。

2010年底,省高速公路管理局(总公司)办公地址由长沙市芙蓉区远大一路649号迁至长沙市开福区三一大道500号。

2012年9月10日,时任省委副书记、省长徐守盛主持召开会议,专题研究全省高速公路管理体制改革有关问题。会议明确,改革高速公路管理体制势在必行,高速公路管理体制改革要坚持三条原则,即坚持市场化运作、继续精减人员、不断降低管理成本。会议议定,高速公路管理处的总体设置,与市(州)行政区划设置一致,与交通安全、治安属地管理原则统一,设置14个高速公路管理处。

同年12月4日,湖南省交通运输厅以湘交基建〔2012〕618号文件明确湖南省高速公路运营管理实施方案,明确了全省设置的14个高速公路管理处,对已通车的高速公路纳入属地管理的路段进行了具体划分。

12月13日,湖南省编办以湘编〔2012〕25号文件调整省高速公路管理局所属各管理处机构编制。机构设置按市(州)行政区划,省高速公路管理局下设14个高速公路管理处,机构名称统一为:湖南省高速公路管理局××管理处,管理处内设机构由省交通运输厅根据工作实际需要设立,其中路政科加挂"湖南省高速公路管理局××管理处路政大队"牌子,原设立的各高速公路管理处及路政大队的机构予以撤销。同时明确了机构编制配备和领导职数。湖南高速公路运营管理体制结束了"一路一管理处"的模式。

12月16日,省交通运输厅以湘交人事〔2012〕656号文件,调整省高速公路管理局所属各管理处机构编制,在省编委确定了14个管理处的基础上,明确各管理处机关下设办公室、政工科、财务科、工程养护科、征费稽查科(稽查大队)、服务区管理科、监控分中心、路政安全科(加挂管理处路政大队牌子)8个正科级内设处室,明确了高速公路管理处的主要职责和具体职责,明确了管理处编制配备和领导职数。

省高速公路管理局领导班子任职情况见表6-2-1。

省高速公路管理局领导班子任职情况(2000年1月至今) 表6-2-1

任职时间	职务	姓名	任 职 时 间
2000年1月至 2006年5月	局长	杨志达	2000.01~2004.10
	副局长	冯伟林	2000.05~2004.10
			2004.10~2006.05(主持工作)
	副局长	王锡凡	1999.12~2006.06
	副局长	彭澎	1999.12~2006.06
	纪委书记	杨淑元	1999.12~2006.06
2006年6月至 2008年12月	局长	吴亚中	2006.06~2008.06
	党委书记	冯伟林	2006.06~2008.03
			2008.03~2008.12(主持工作)
	副局长	王锡凡	2006.06~2008.12
	副局长	彭澎	2006.06~2006.11(退休)
	纪委书记	杨淑元	2006.06~2006.11(退休)
	纪委书记	孟繁魁	2006.09~2008.12
	副局长	谢立新	2006.09~2008.12
	副局长	宋祖科	2006.09~2008.12
	工会主席	贺定光	2006.09~2008.12

续上表

任职时间	职务	姓名	任职时间
2008年12月至 2011年8月	局长	冯伟林	2008.12~2011.08
	副局长	王锡凡	2008.12~2009.10(退休)
	纪委书记	孟繁魁	2008.12~2011.08
	副局长	谢立新	2008.12~2011.08
	副局长	宋祖科	2008.12~2011.08
	工会主席	贺定光	2008.12~2011.08
	副局长	何海鹰	2009.10.9~2011.08
	总工程师	李健	2009.10.9~2011.08
	总经济师	王辉扬	2009.10.9~2011.08
2011年8月至 2015年10月	局长	吴国光	2011.08~2012.04(主持工作) 2012.04~2015.10(退休)
	党委书记	肖文伟	2011.09~2012.09
	纪委书记	孟繁魁	2011.08~2015.10
	副局长	谢立新	2011.08~2015.10
	副局长	宋祖科	2011.08~2015.10
	工会主席	贺定光	2012.04~2013.12(退休)
	副局长	何海鹰	2011.08~2015.10
	总工程师	李健	2011.08~2015.10
	总经济师	王辉扬	2011.08~2015.10
2015年10月至今	局长 党委书记	谢立新	2015.10~2017.12
	纪委书记	孟繁魁	2015.10~2017.12
	副局长	宋祖科	2015.10~2017.01
	副局长	何海鹰	2015.10~2017.12
	总工程师	李健	2015.10~2017.09
	总经济师	王辉扬	2015.10~2017.12

二、机构设置及主要职责

省高速公路管理局(总公司)机关设9个处室和6个内设机构,分别为办公室(加挂信息中心、督查室牌子)、人事处,工程处(加挂工程建设督导办公室牌子),财务处(加挂融资支付中心牌子),审计处,路政安全处(加挂路政总队牌子),养护处,收费稽查处(加挂收费稽查总队牌子),资产经营处,监察室,政策法规处(加挂新闻宣传中心、文明办、编志办牌子),总工室(前期工作办公室),招标办,机关党委(团委),局机关服务中心,工会。如图6-2-1所示。

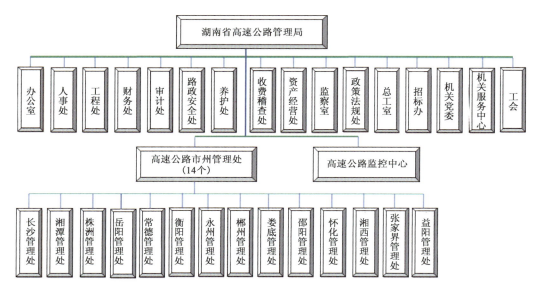

图6-2-1 省高速公路管理局组织机构框架图

根据湖南省编办湘编〔1998〕3号文件确定的省高速公路管理局机构编制方案,省高速公路管理局(总公司)的主要职责有以下7项:①依据省政府批准的高等级公路建设规划,负责编制项目计划和年度计划并具体实施,组织在建项目的施工、资金调拨、工程质量监督、安全生产等各项管理工作;②负责全省高速公路项目的筹备,招标、评标与合同管理,代表省交通厅对高速公路项目行使业主权;③负责全省高速公路财务管理和审计监督;④负责全省高速公路建设项目资金的筹措和管理,承办国际金融组织及境外财团资金的请领核算工作;⑤负责全省高速公路建成后的管理,通行费征收、公路养护、沿线开发及配套设施建设、维护和管理;⑥负责高速公路路政管理,保护公路产权,查处违章建筑,实施排除路障事故救援工作,规划、审批公路两侧各种构造物和沿线各种建筑设施;⑦承担省交通厅和上级有关部门交办的其他工作。

2016年,省高速公路管理局(总公司)直管14个正处级管理处(图6-2-2)、1个正处级监控中心、12个政府投资高速公路项目建设公司、31个项目扫尾单位(含后续连接线项目)、9个经营公司。另外,合作运营公司6个、参股合作公司1个,归口省高速公路管理局(总公司)行业管理单位20个。截至2016年底,省高速公路管理局(总公司)正式员工有1.2万余人,其中副处级以上干部160余人,科级干部1900余人,党员3968人;研究生学历270人,大专以上学历人数占总人数为81.39%,具有中级以上职称1000余人,具有副高以上职称400余人。

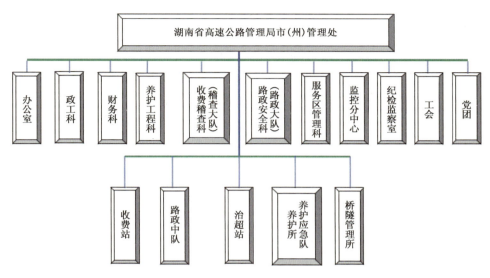

图6-2-2　省高速公路管理局市(州)管理处组织机构框架图

(一)正处级管理处

省高速公路管理局下设长沙管理处、湘潭管理处、株洲管理处、岳阳管理处、常德管理处、衡阳管理处、永州管理处、郴州管理处、娄底管理处、邵阳管理处、怀化管理处、湘西管理处、张家界管理处、益阳管理处共14个。

各管理处的主要职责是:履行辖区内高速公路行业监管的全面职责,具体负责对所辖区域内政府还贷性高速公路、省高速公路管理局(总公司)融资修建的高速公路进行统一管理,负责BOT项目、市州政府融资修建的高速公路的路政执法工作,负责所辖区域内BOT项目、地方政府融资修建的高速公路行业管理工作。

具体职责是:负责所辖高速公路依法依规收取车辆通行费,规范收费和服务行为,维护良好的通行费征收工作秩序和环境。负责所辖高速公路的路产、路权管理工作和路政执法工作,依法查处各类涉路违法行为。开展车辆超限超载的治理工作。负责所辖高速公路的清障救援服务工作,对车辆救援单位实行监管。负责协调公安、消防、高速公路经营企业等部门,协助做好所辖高速公路的运营安全管理工作。负责所辖高速公路(含机电设备、收费系统、监控系统、安保系统)等沿线设施的养护与管理工作,按规定进行综合统计并报送各类报表,协助做好大中修的招标工作,负责大中修施工管理工作。负责所辖高速公路运行监控、运行信息采集发布、通信管理、应急处理及相关设备的维护。负责所辖高速公路国有资产管理及其权益的维护和协调工作,配合做好所管辖路段的资产经营开发工作,并对高速公路经营和高速公路服务区经营实行业务指导和行业监管。负责所辖高速公路的信访、维稳等工作。承担上级主管部门交办的其他工作。

(二)湖南省高速公路监控中心

其职责为:负责全省高速公路机电系统的建设、运行和养护的行业管理。负责拟定和完善全省高速公路机电工程建设的总体规划和有关技术规范、技术标准和建设管理办法。参与、指导全省高速公路系统机电工程和设备的招投标工作。负责检查、监督机电工程实施过程中的质量、投资和进度情况。参与对机电工程重大变更的审批。负责指导机电工程交工验收、参与机电工程竣工验收。负责全省高速公路机电系统运营管理,监督、指导和协调管理机电系统的升级改造、重大故障抢修等工作,对各监控分中心机电系统使用、维护、维修等给予技术指导。负责收集和汇总全省高速公路道路交通信息和机电监控系统运行的各种数据、图像信息并协调交通信息处理和发布工作。参与编制修订高速公路机电系统运行和维护费用定额办法。参与对各管理处年度机电运营费用预算的审核及执行情况的检查。负责全省高速公路机电联网行业管理。参与全省高速公路机电系统管理和操作人员的技术培训及技术考试工作。承办局(总公司)领导交办的其他事项。

(三)政府投资项目建设公司

设有湖南省永吉高速公路建设开发有限公司、湖南省大岳高速洞庭湖大桥建设开发有限公司、湖南省张桑高速公路建设开发有限公司、湖南省武靖高速公路建设开发有限公司、湖南省益娄高速公路建设开发有限公司、湖南省龙琅高速公路建设开发有限公司、湖南省益南高速公路建设开发有限公司、湖南省益马高速公路建设开发有限公司、湖南省马安高速公路建设开发有限公司、湖南省莲株高速公路建设开发有限公司、湖南省长益高速公路扩容工程建设开发有限公司、湖南省祁常高速公路建设开发有限公司共12个政府投资项目建设公司。

(四)项目扫尾单位(含后续连接线项目)

设有湖南省张花高速公路建设开发有限公司(连接线项目部)、湖南省汝郴高速公路建设开发有限公司、湖南省炎汝高速公路建设开发有限公司、湖南省长湘高速公路建设开发有限公司、湖南省道贺高速公路建设开发有限公司、湖南省吉茶高速公路建设开发有限公司、湖南省宁道高速公路建设开发有限公司、湖南省桂武高速公路建设开发有限公司、湖南省娄新高速公路建设开发有限公司、湖南省大浏高速公路建设开发有限公司、湖南省吉怀高速公路建设开发有限公司、湖南省衡桂高速公路建设开发有限公司、湖南省郴宁高速公路建设开发有限公司、湖南省炎陵炎睦高速公路建设开发有限公司、湖南省通平高速公路建设开发有限公司、湖南省醴茶高速公路建设开发有限公司、湖南省娄茶高速公路建设开发有限公司、湖南省凤大高速公路建设开发有限公司、湖南省怀通高速公路建设开发有限公司、湖南省洞新高速公路建设开发有限公司、湖南省长沙高速公路建设开发有限公司、湖南省石华高速公路建设开发有限公司、湖南省沪昆高速公路潭市互通工程建设项目部、湖南省浏醴高速公路建设开发有限公司、湖南省新溆高速公路建设开发有限公司(大熊山连接线项目部)、湖南省怀化绕城高速公路建设开发有限公司、湖南省邵坪高速公路建设开发有限公司、湖南省永龙高速公路建设开发有限公司、湖南省大岳高速公路建设开发有限公司、湖南省娄衡高速公路建设开发有限公司、湖南省南岳高速公路建设开发有限公司共31个项目扫尾单位。

(五)经营公司

设有湖南省高速公路投资集团有限公司、湖南省高广投资有限公司、湖南省高速百通建设投资有限公司、湖南高速广通实业发展有限公司、湖南省高速广信投资有限公司、湖南高速一通投资有限公司、湖南高速广和投资有限公司、湖南高速项目管理有限公司、湖南高速集团财务有限公司共9个经营公司。

(六)运营合作公司

设有现代投资长沙分公司、现代投资潭耒分公司、现代投资怀化分公司、长益高速公路有限公司、德安高速公路有限责任公司、醴潭高速公路建设开发有限公司共6个运营合作公司。

(七)参股合作公司

央广交通传媒(湖南)有限公司(湖南高速广播FM90.5)。

(八)行业管理单位

湖南益常高速公路开发有限公司、长沙机场高速公路公司、湖南投资集团股份有限公司绕城公路西南段分公司、长沙深长快速干道公司、长潭西线高速公路有限公司、永蓝高速公路有限公司、邵永高速公路有限公司、长株高速公路有限公司、衡邵高速公路有限公司、宜连高速公路发展有限公司、湖南潭衡高速公路开发有限公司、道岳高速公路实业有限公司、岳常高速公路开发有限公司、长浏高速公路建设发展有限公司、澧(东)常高速公路建设开发有限公司、长韶娄高速公路开发有限公司、安邵高速公路开发有限公司、湖南铁投银城高速公路有限公司(益阳绕城公司)、岳长高速公路建设有限公司、怀芷高速公路建设开发有限公司。

三、2012年湖南高速公路运营管理体制改革

2012年底,湖南省高速公路运营管理体制进行了一次重大改革,将之前的"一路一管

理处"改为"一市(州)一管理处",全省成立14个运营管理处。

(一)2012年改革前的运营管理体制

2012年湖南省高速公路运营管理体制改革以前,政府还贷性高速公路按照"一路一公司"进行建设,建成后按"一路一管理处"进行运营管理;经营性高速公路建成后由省高速公路管理局按"一路一路政执法大队"进行路政管理。项目建设公司属临时机构,没有批复机构和编制,项目建成通车后人员大部分安置到相应的管理处。

由于当时高速公路网络尚未形成,成片连线管理存在困难,全省高速公路管理采取这种投资、建设、运营管理一体化的体制,有利于加强质量安全管理,推动快速发展,同时,也较好地解决了当时路网不畅、管理困难的情况。多年来,省高速公路管理局(总公司)这种建设、筹资、运营"三位一体"的管理体制,有力地促进和保障了全省高速公路工程建设、运营管理和经营开发的全面发展,在促进湖南省高速公路跨越式发展进程中功不可没。其主要优势在于:

一是推进项目建设力度大。建设项目从工可、立项、筹资到工程实施全过程,每个重要阶段都是在省政府及省交通运输厅的谋划、领导和监督下进行的,省政府各职能部门、各地方政府参与度和积极性都比较高。因此,在动员组织、征地拆迁、安置补偿、建设环境优化等工作中,执行力较强,确保了政府各项优惠政策的落实到位,从而以较低成本完成工程建设的各项预算,有效减轻了工程资金不足的压力,促进了高速公路建设的顺利进行。但离开政府的干预、行政推动和政策支持,仅依靠高速公路建设单位的力量来协调工程建设中的各种矛盾和问题,困难是比较大的。相对而言,"一门两牌"的体制有利于落实省委省政府关于加快高速公路发展的决策部署,保证了政令畅通。总公司代表政府行使高速公路建设管理职能,在招投标、融资、契约等活动中充当了市场主体角色;省高速公路管理局代表省委、省政府和省交通运输厅在全省高速公路工程建设、运营管理和经营开发中总揽全局,尤其是在工程建设征地拆迁和协调地方关系等方面借助了行政的力量,发挥了极其重要的作用。

二是有利于筹融资和统贷统还。总公司行使的政府职能是从国内外银行筹集建设资金,并担负高速公路建设管理职责,其实并非经营性的盈利公司,而是带有公益性质的提供"高速公路"公共产品的企业。若省高速公路管理局与总公司剥离,成为经营性的自负盈亏企业,总公司和很多民营资本、财团资本都不会愿意投资省内边远地区的高速公路,即使投资修建边远地区高速公路,借贷银行的资本与利息的偿还也得不到保证。因此,"一门两牌"管理体制,既有政府担保易于融资的优势,又有利于全省高速公路网平衡布局,也有利于以丰补歉,滚动发展。

三是便于实施监管开展。尽管高速公路投资主体多元,但其本身固有的统一、安全、快捷属性,决定了必须实行强有力的行业统一管理。省高速公路管理局作为政府行业管理机构,在实施收费还贷、维护路产路权、保障安全畅通、改善服务和综合开发等方面起到了整章建制、统一调度、统一标准和确保安全畅通的重要作用,特别是在应对灾害、突发事件、交通战备等方面发挥着不可替代的管理作用。

(二)2012年改革后的运营管理体制

随着高速公路的飞速发展,湖南省高速公路现行管理体制下的"一路一管理处"模式,客观上确实存在现有机构管理半径偏小、机构臃肿、事业编制膨胀等诸多弊端和隐患,导致了事企不分、政事不分、制度建设滞后、内部管理难度大等问题,已越来越不适应新形势、新任务的要求,改革势在必行。

2012年9月10日,省人民政府徐守盛省长(时任)主持召开会议,专题研究全省高速公路管理体制改革。随即,省编办以湘编〔2012〕25号文件批复:"按市(州)行政区划,在省高速公路管理局下设14个高速公路管理处,撤销原设立的各高速公路管理处以及路政大队。"改革后,按市(州)行政区划,路段项目建设公司在建成通车后,路段按属地划分到相应的市(州)管理处进行运营管理,人员大部分安置到相应的市(州)管理处。

改革后的高速公路运营管理体制充分体现了省委省政府确定的"精简高效"原则:

一是精简。据当时测算,全省按行政区划统一设置14个管理处,平均每个管理处管辖主线里程474km(现有管理机构平均管辖主线里程114km)。比按"一路一管理处"模式减少设置管理机构56个,机构总数精简80%;可减少处级干部配备126名,精简幅度达到53%;可减少机关干部2078名,精简幅度达到71%;可减少新建驻地建设22套,节约驻地建设直接成本22亿元,节约建设用地约3300亩。

二是高效。新成立的14个管理处管理幅度更大、管理内涵更丰富、市场化要求更高。14个高速公路管理处的设置与市(州)行政区划相一致,与交通安全、治安属地管理原则统一,与市(州)形成紧密的联系和融合,十分有利于高速公路的建设、管理纳入市州经济社会发展的总体布局,充分发挥属地化管理的优势,能够有效促进高速公路的长远发展。

第三节　工程建设管理

湖南从修建第一条高速公路起,就高度重视工程质量和安全,始终把质量和安全摆在工程建设的首要位置和核心位置,坚持"进度服从质量、效益服从安全"的建设理念,不断健全工程质量保证机制,不断强化安全生产保障措施,不断创新施工工艺,不断提升生态环保水平,逐步形成了适应需要、科学完备、高效可靠的工程建设管理体系。

一、项目前期管理

高速公路项目前期管理工作是指对高速公路规划网范围内的高速公路项目进行论证、评价以及方案确定的全过程。对项目投资的必要性、经济意义、交通量预测和建设规模、自然资源的合理利用、线路方案、设计技术方案、环境保护、工程管理、建设进度计划、投资估算及资金筹措、经济效果评价等方面进行系统深入调查研究。

前期工作具有时间周期长、涉及部门多及受制约影响因素复杂的特点，其决策与评价，对项目建设起着举足轻重的作用。为此，省高速公路管理局（总公司）成立了由主要领导兼任组长的前期工作领导小组，同时成立前期工作办公室。

按照高速公路投资属性，湖南高速公路主要分为政府还贷性和经营性两类高速公路。这两种投资模式的项目前期工作内容大部分都是一致的，但侧重点有所不同，对于前者采用审批制，而后者采用核准制。按照规划的不同类别，高速公路项目分为国家高速公路网项目（以下简称国高网）和地方高速公路网项目（以下简称省高网）。

（一）项目立项

项目立项一般分项目建议书和项目工程可行性（以下简称工可）研究两个阶段，是项目前期工作的主要内容，随着项目工可报告的批复，该项目的前期工作基本完成。2007年，国家发改委简化项目决策阶段的一般性手续，凡需要审批的国高网规划内的项目，直接审批工程可行性研究报告。

高速公路前期工作在工可阶段分以下工作来完成：①工可报告的编制及报批；②社会稳定风险评估；③规划选址；④通航论证报告；⑤用地预审报批。以上5个方面内容相互交错与影响，每一项工作都缺一不可。

1. 国高网还贷性高速公路工可报告批复流程

（1）首先由省交通运输厅规划办组织招标确定具有相关资质的单位进行编制，完成后由省发改委会同省交通运输厅规划办组织专家、各有关部门和地方政府进行省内预审，形成预评估报告，然后编制单位根据预评估报告进行修改、完善、编制出上报文本。工可报告编制要进行现场踏勘、测量及确定项目线路的走廊带和提出路线方案的合理比选，形成一套经济、科学的工可文件，特别是项目的工可估算要科学合理。

（2）交通运输部门的行业意见工可报告修改完成后，省交通运输厅规划办将书面行文上报交通运输部请求进行项目工可报告的审查。审查通过后，交通运输部下发正式的行业项目工程可行性研究审查批复意见。交通运输部行业意见主要是审查项目建设的必要性与合理性，项目建设的标准和规模，确定路线的走廊带，评价路线起终点和主要控制点、互通式立交设置的合理性，审查项目估算，提出初步设计阶段需要解决的问题等。目前,国家发改委已将批复权限下放至省发改委,待交通运输部行业意见出具后,由省发改委启动相应项目批复流程。

(3)社会稳定风险评估。高速公路建设是与人民群众利益密切相关、与社会公共秩序相关的重大工程建设项目,在其组织实施或审批审核前,要对可能影响社会稳定的因素开展系统的调查,科学的预测、分析和评估,制订风险应对策略和预案,以有效规避、预防、控制重大事项实施过程中可能产生的社会稳定风险,更好地确保高速公路建设顺利实施。由省发改委启动相应批复流程。

(4)通航论证报告。通航安全影响论证应对高速公路涉水工程建设是否对通航安全造成影响进行初步判断。在对涉水工程建设条件进行调查研究和必要的勘察、科学实验的基础上,依据航运发展规划、港口发展规划、船舶交通现状,分析通航安全形势,预测船舶交通流变化和通航环境、通航秩序适应能力,论证涉水工程建设带来的通航安全风险及其发生概率、通航安全保障能力、涉水工程建设的可行性以及保障通航安全的可行性建议。由省交通运输厅启动相应批复流程。

(5)建设用地审查。一是建设用地预审报告书的编制和报批。预审报告书是进行项目用地审批、核准、备案的必备文件和依据;二是土地利用总体规划修改方案的编制及报批审查。修编报告完成后,省国土资源厅规划处组织专家进行省内预审并形成专家组意见。修编单位根据专家组意见进行报告调整和修改,然后出具正式的国土修编报告,再由省国土资源厅向国土资源部报批;三是建设项目用地的规划审查。主要是审查项目用地是否符合土地利用总体规划。

2. 省高网还贷性高速公路工可批报告复流程

与国高网项目相比,省高网的项目工可阶段的事项只需要上报省发改委批复,工可所需的社会风险评估、通航论证报告、国土预审意见也分别由省发改委、省交通运输厅、省国土资源厅审批。

(二)项目初步设计

高速公路项目一般采用两阶段设计,即初步设计和施工图设计。对于技术复杂、基础资料缺乏和不足的项目必要时采用三阶段设计,即初步设计、技术设计和施工图设计。

1. 初步设计文件编制原则

初步设计文件是建设项目控制投资、编制招标文件、组织施工和竣工验收的重要依据。设计必须贯彻因地制宜、就地取材的原则;结合中国经济、技术条件,吸取国内外先进经验,积极采取新技术、新材料、新设备、新工艺;节约用地,重视环境保护,注意与农田水利及其他建设工程的协调和综合利用,使设计的工程建设项目取得经济、社会和环境综合效益。初步设计中必须充分进行方案比选,确定合理的设计方案。对难以取舍及投资有较大影响的路线、桥梁、互通式立体交叉、隧道、交通工程及沿线设施等方案,应以同等深度、多方案进行比较。

2. 初步设计文件编制内容

选定路线设计方案,基本确定路线位置;基本查明沿线地质、水文、气候、地震等情况;基本查明沿线筑路材料的质量、储量、供应量及运输情况,并进行原料、混合料的试验;基本确定排水系统与防护工程的位置、路段长度、结构形式和尺寸;基本确定路基标准横断面和特殊路基横断面的设计方案及沿线路基取土、弃土方案,计算路基土石方数量并进行调配;基本确定路面设计方案、路面结构类型及主要尺寸;基本确定桥梁、涵洞、通道、隧道等的位置、结构类型及主要尺寸;基本确定交通工程及沿线设施各项工程的位置、类型及主要尺寸;基本确定环境保护的内容、措施及方案;基本确定占用土地、拆迁建筑物及电力、电信等设施的数量;初步拟定施工方案;编制设计概算。

3. 防洪影响评估报告批复

按照国家有关规定,防洪影响评估要在工可立项决策阶段完成,但从操作层面来说防洪影响评估不影响工可批复,而且牵涉到桥孔和桥型的布置,为了将评估报告做得更细,一般在初步设计完成后进行防洪影响评估。对于线路途经的防洪区域和涉大江等大河的高速项目,工可立项阶段必须完成防洪影响评估报告,并需要长江水利委员会批复。

4. 项目环境影响评价报告

建设对环境有影响的项目,应当按照《环境影响评价法》和《建设项目环境保护管理条例》的规定,进行环境影响评价,向有审批权的环境保护行业主管部门报批环境影响评价文件。高速公路建设对沿线环境,尤其是在施工过程中对声环境和水环境会带来程度不同的影响,因此评价应对设计方案进行调查分析,达到环保选线、环境保护的目的。依据工可报告中的线路走向,现场设置环境观测点、敏感点,获取有效数据,进行分析评价以及项目建成后对环境的影响,提出有效的补救措施,并要求项目在建设期实施,目的是为了把对环境的影响降到最低。实行审批制的建设项目,建设单位应当在报送可行性研究报告前完成环境影响评价文件报批手续;实行核准制的建设项目,建设单位应当在提交项目申请报告前完成环境影响评价文件报批手续。国高网规划项目环境影响评价文件由国家环境保护部审批,省高网规划项目环境影响评价文件由省环境保护厅审批。

5. 水土保持方案

水土保持作为环境保护中一项相对独立的工作,由水土行政主管部门负责方案审批和竣工后的单项验收。根据2001年水利部、交通部发布的《公路建设项目水土保持工作规定》,必须在项目可行性研究阶段编报水土保持方案,由国家水利部批复。

6. 初步设计报批流程

初步设计工作在项目工可报告完成后启动,首先由省交通运输厅规划办组织设计招投标工作,确定设计单位。设计单位首先进行外业工作,外业验收完成后,设计单位按照初步设计文件编制办法进行初步设计文件编制工作。编制修改完成后,与防洪影响评估报告同时上报交通运输部,交通运输部通过后正式批复初步设计。

(三)用地报批和征地拆迁

1. 资料准备

新建高速公路属于单独选址建设项目,按照国土资源部和省国土资源厅有关文件规定,高速公路工程征地报批资料包括文字资料和图件资料。

(1)文字资料。市、县(区)人民政府农用地转用、土地征用报批单;市、县(区)国土资源部门建设用地审查意见;建设用地申请表和公路审查表;市、县(区)国土资源部门编制的"一书四方案";建设项目用地预审报告书;可行性研究报告批复文件或其他立项批准文件;初步设计批准文件或其他设计批准文件;市、县(区)人民政府关于征地补偿费用标准情况;工程项目概况和被征地情况;征地补偿费用标准情况;承诺能够保障征地农民生活水平不降低、长远生计有保障;市、县(区)国土资源部门关于征地程序的有关说明;在征地依法报批前,将拟征地的用途、位置、补偿标准、安置途径等告知被征地农村集体和农户;对拟征收土地权属、地类、面积以及地上附着物权属、种类、数量等现状进行调查,并由被征地农民集体、农户和地上附着物产权人对调查结果进行确认;告知被征地农村集体和农户对拟征地的补偿标准、安置途径可申请听证;是否压覆矿产资源的有关材料,是否位于地质灾害易发区的有关材料。

(2)图件资料。建设用地勘测界定技术报告书和勘测界定;1∶10000标准分幅土地利用现状图;建设项目总平面布置图规划局部调整、补画基本农田图件;委托补充耕地协议书及补充耕地位置图。

2. 用地报批流程

用地报批资料上报国土资源部以后,国土资源部组织专家现场进行用地论证会,出具专家审查意见,然后国土资源部有关司局进行会签,会签完后上报部务会议讨论,讨论通过后报国务院,国务院认可后返回国土资源部,出具正式用地批文。

3. 征地拆迁

省国土资源厅出具正式用地批文后,就可以进行征地拆迁。2014年9月,为改善当前征地拆迁工作进展慢、费用高的状况,省交通运输厅在总结以往征地拆迁工作经验的基础上,拟定了新的《湖南省高速公路征地拆迁包干实施办法》(以下简称"大包干"办法)。

"大包干"办法中具体明确了项目征地拆迁工作实行市州人民政府包干负责制,项目征地拆迁资金实行预算包干制。市州人民政府对预算包干资金有调剂、支配、使用的权利。

征地拆迁工作由湖南省交通运输厅(或 BOT 项目投资方)与项目所在地市州人民政府,根据省交通运输厅制订的征地拆迁包干合同协议书范本,协商具体事项细节,完成包干协议文本,湖南省交通运输厅(或 BOT 项目投资方)和市州人民政府签字盖章后生效。

市州人民政府应在签订包干协议后 6 个月之内(征地拆迁完成的具体时间在包干协议中确定)完成红线内 95% 及以上土地征收,90% 及以上房屋及其附属物拆迁,以保证施工需要。在征地拆迁基本完成后的 7d 内,由省交通运输厅组织有关单位对征地拆迁工作进行验收,验收通过后,建设单位应尽快组织施工单位进场施工。

湖南省高速公路项目建设征地拆迁实行省交通运输厅与市州政府签订"大包干"协议的形式,具有以下显著优点:

(1)明确征地拆迁各项定义及责任主体,提高地方政府协调力度。"大包干"针对以往征地拆迁中存在的责任界限模糊的问题(如红线、个案、征地拆迁风险费等)作出清楚细致的定义解释,并进一步明确市(州)政府是征地拆迁的责任主体。征地拆迁工作内容的确定,使征地拆迁工作更加规范,做到了有据可循,有规可依;而责任主体的确定,有利于进一步提高当地政府对征地拆迁工作的协调督查力度,强化责任主体工作责任心。

(2)征地拆迁资金由地方政府统一调度管理,提高工作积极性。项目征地拆迁工作实行市州人民政府包干负责制,项目征地拆迁资金实行预算包干制,市州人民政府对预算包干资金有调剂、支配、使用的权利,有利于调动地方政府工作积极性。

(3)严格控制征地拆迁完成时间,推进工作进度。以往征地拆迁采用的"小包干"形式,一般只包括红线内土地和房屋,地方政府在红线范围交地后,项目公司还需就个案、"三杆搬迁"、还塘和压线房屋拆迁等与其进行反复多次谈判,往往因此耗费数月甚至以上的时间,从而严重影响建设进度。而实行"大包干"的形式后,合同谈判时就必须把个案、杆线、还塘、压线房屋等统一包含在内,地方政府在红线范围交地时也须将以上相关问题一并完成交付。因此,采用"大包干"的形式,将要求地方政府严格控制征地拆迁开展进度,节约时间,确保工程建设如期开展。

(4)节约大量征地拆迁经费。以往的"小包干",如杆线搬迁、还塘等工作,在施工单位急于腾地施工情况下,地方政府在合同谈判时往往夸大实物量和漫天要价,而实行"大包干"的话,一般都是在实物调查的基础上按预算进行包干,地方政府也必须认真细致核实审计各项补偿费用,从而可以大大节约征拆费用。

(5)个案等工作量减少,工作效率提高。根据以往的征地拆迁工作经验,在没有实行"大包干"形式之前,需要更多的人员投入个案、杆线、还塘、压线房屋等情况进行实物复核和多次拉锯式的合同谈判,才能与地方政府签订个案协议,另还需完成多次的层层请款、汇款才能完成征地拆迁工作。而实行"大包干"后,路地双方在前期工作时就可以签订统一包干协议,红线范围交地的同时也就是征地拆迁工作全部完成的时间,因此即充分提高了工作效率。

(四)招投标

1999年湖南省高速公路建设开发总公司工程处下设招标办公室,2003年10月单独成立招标办公室,负责指导湖南省高速公路建设开发总公司下属各项目公司的自行招标工作,同时对民营BOT高速公路项目招标工作实施行业监管。

1. 招标现行主要法律法规

中华人民共和国招标投标法(1998年8月30日中华人民共和国主席令第21号,2000年1月1日起实施);中华人民共和国招标投标法实施条例(2011年12月20日中华人民共和国国务院令第613号,2012年1月1日起实施);公路工程建设项目招标投标管理办法(2015年12月8日交通运输部2015年第24号令,2016年2月1日起实施);湖南省实施《中华人民共和国招标投标法》办法(2001年11月30日湖南省第九届人民代表大会常务委员会第二十六次会议通过,第68号,根据2010年7月29日湖南省第十一届人民代表大会常务委员会第十七次会议《关于修改部分地方性法规的决定》第一次修正。根据2012年3月31日湖南省第十一届人民代表大会常务委员会第二十八次会议《关于修改部分地方性法规的决定》第二次修正。根据2014年11月26日湖南省第十二届人民代表大会常务委员会第十三次会议《关于修改和废止部分地方性法规的决定》第三次修正)。

2. 招标文件范本

(1)施工招标。交通部《公路工程国内招标文件范本》(1999年版);交通部《公路工程国内招标文件范本》(2003年版)上下册(全两册);国家发展和改革委员会等九部委《标准施工招标资格预审文件》(2007年版)和《标准施工招标文件》(2007年版);交通运输部《公路工程标准施工招标文件》(2009年版)上下册(全两册)。

(2)监理招标。交通运输部《公路工程施工监理招标文件范本》(交质监发〔2008〕557号)。

(3)勘察设计招标。交通运输部《公路工程标准勘察设计招标资格预审文件》(2011年版)和《公路工程标准勘察设计招标文件》(2011年版)。

(4)设计施工总承包招标。国家发展和改革委员会等九部委《标准设计施工总承包招标文件》(2012年版)。

(5)国际招标。亚洲开发银行贷款采购指南(1999年2月版本)。

3. 招标范围和招标规模

根据《工程建设项目招标范围和规模标准规定》(2000年7月1日国家发展计划委员

会令〔2000〕第 4 号公布）达到下列标准之一的工程建设项目，包括项目的勘察、设计、施工、监理以及与工程建设有关的重要设备、材料等的采购必须进行招标：①施工单项合同估算价在 200 万元人民币以上的；②重要设备、材料等货物的采购，单项合同估算价在 100 万元人民币以上的；③勘察、设计、监理等服务的采购，单项合同估算价在 50 万元人民币以上的；④单项合同估算价低于第①、②、③项规定的标准，但项目总投资额在 3000 万元人民币以上的。

4. 评标办法

公路工程施工招标评标，一般采用合理低价法或者技术评分最低标价法。技术特别复杂的特大桥梁和特长隧道项目主体工程，可以采用综合评分法。工程规模较小、技术含量较低的工程，可以采用经评审的最低投标价法。

（1）合理低价法。合理低价法是指对通过初步评审的投标人，不再对其施工组织设计、项目管理机构、技术能力等因素进行评分，仅依据评标基准价对评标价进行评分，按照得分由高到低排序，推荐中标候选人的评标方法。

（2）技术评分最低标价法。技术评分最低标价法是指对通过初步评审的投标人的施工组织设计、项目管理机构、技术能力等因素进行评分，按照得分由高到低排序，对排名在招标文件规定数量以内的投标人的报价文件进行评审，按照评标价由低到高的顺序推荐中标候选人的评标方法。招标人在招标文件中规定的参与报价文件评审的投标人数量不得少于 3 个。

（3）综合评分法。综合评分法是指对通过初步评审的投标人的评标价、施工组织设计、项目管理机构、技术能力等因素进行评分，按照综合得分由高到低排序，推荐中标候选人的评标方法。其中评标价的评分权重不得低于 50%。

（4）经评审的最低投标价法。经评审的最低投标价法是指对通过初步评审的投标人，按照评标价由低到高排序，推荐中标候选人的评标方法。

为规范全省公路水运工程施工招标投标活动，坚持招投标工作"公开、公平、公正和诚实信用"的原则，湖南省交通运输厅先后制订了施工招标合理定价评审抽取法和分类资审随机分配合理低价法。

合理定价评审抽取法，是指对报名的投标人随机确定标段，发售含合理定价清单的招标文件，随机确定 3 家入围投标人，由评标委员会对入围投标人的投标文件进行评审并推荐中标候选人的评标办法。

分类资审随机分配合理低价法，是指潜在投标人按照公路水运工程的工程类别报名，对通过资格预审的潜在投标人随机分配标段，发售招标文件，评标委员会对投标文件评审并按评标价得分和信用评价得分综合得分由高到低的顺序，推荐中标候选人的评标办法。

根据交通运输部《公路工程建设项目招标投标管理办法》，我省高速公路施工招标现采用改进的分类资审随机分配合理低价法，将分类资审随机分配合理低价法的资格预审改为资格后审，潜在投标人按照公路水运工程的工程类别报名并购买招标文件。投标文件以双信封形式密封，第一信封内为商务文件和技术文件，第二信封内为报价文件，投标人对所报名的工程类别下的所有标段分别制作一份报价文件。在评标委员会完成投标文件第一信封评审后，招标人对通过投标文件第一信封评审的投标人进行随机分配标段并随即对投标文件第二信封开标，评标委员会对投标文件评审并按评标价得分和信用评价得分综合得分由高到低的顺序排序，推荐中标候选人的评标方法。

公路工程设计施工总承包招标评标，一般采用经评审的合理低价法或综合评分法。经评审的合理低价法是指评标委员会对满足招标文件实质要求的投标文件，根据评标办法规定的量化因素及标准进行打分，推荐排名在前5名（仅适用递交投标文件的投标人数量少于15家）或递交投标文件的投标人总数的前1/3名的投标人进入第二信封开标。按照第二信封评标价得分由高到低排序，推荐中标候选人的评标方法。

5. 招标模式

（1）传统招标模式。传统招标模式是指所有的招标投标活动均以纸质形式完成。2017年1月以前，湖南省高速公路项目的所有招标项目均采用传统招标模式。

（2）电子招标投标模式。电子招标投标模式是指以数据电文形式，依托电子招标投标系统完成的全部或者部分招标投标交易、公共服务和行政监督活动。其数据电文形式与纸质形式的招标投标活动具有同等法律效力。2017年1月，湖南省高速公路项目开始推行电子招标投标模式，2017年3月，完成分类资审随机分配合理低价法的电子招标投标第一个项目的试点工作。

二、项目建设管理

（一）建设管理发展脉络

20世纪90年代起，湖南高速公路建设从总体上看，建设的标准、水平比较低，尚未形成一套完备的管理模式，质量管理仍存在薄弱环节，工程形象进度、工程质量与要求还有一定差距，高速公路建设能力有限。以第一条开工建设的莲易高速公路为例，由于当时建设经验不足，莲易高速公路事前的可行性研究不够具体，资金投入有限，对车流量的预判不精确，通车后，由于车流量陡增，超重超限车不时出现，以至涵洞陷裂，路基沉降不匀，引发路面龟裂，2001~2004年期间连续进行过多次大修。

2000年，湖南省委省政府提出，高速公路要实现"一流的管理、一流的速度、一流的质量、一流的效益"的目标,省交通厅党组也提出了"修好一条路、锻炼一支队伍、树立一种精神"的要求。当时,湖南已经建成近300公里、在建600多公里高速公路,建设经验日益丰富,工程管理趋于成熟,尤其在质量管理方面取得长足进步,"百年大计,质量第一""质量责任重于泰山"的理念在工程建设管理中达成高度共识。

在建设管理工作中,严格落实工程建设责任制,严格执行招投标法律、法规和程序,严把施工、监理队伍资质关,严格质量管理,始终把质量放在首位,加强督促检查,强化监理,坚持实行质量一票否决。同时,加大科技投入,围绕工程质量重点、难点开展科技攻关,确保工程质量。通过加强施工的组织管理,实行目标考核,开展劳动竞赛活动,改善和协调外部环境,保证了工程建设任务的完成。通过健全并严格执行资金监管和审计监督制度,项目财务管理得到加强。当时在建的临长、潭邵、衡枣等高速公路项目不仅工程质量好,而且能确保年度目标任务顺利完成,工程形象、进度达到甚至超出预期,内部管理也有新的提高和加强。

随着常张、邵怀、怀新、常吉等山区高速公路的开工建设,高速公路建设战线从平原微丘区转战湘西北、湘西南山岭重丘区。湖南高速公路建设管理在总结原有建设经验的基础上,充分认识到山区修建高速公路的复杂性和艰巨性,研究和制订出适应山区高速公路建设的管理办法。重点加强全体建设者安全生产教育和培训,增强安全生产意识,强化安全生产工作责任落实,深入开展"工程质量年"和"平安工地"建设活动,每个项目公司和施工单位都配备了专职安全员,对爆炸物品的管理和爆破时间都做了明确规定,突出抓好安全隐患排查治理和安全风险评估工作。邵怀高速公路雪峰山隧道施工创造了贯通连接零误差、安全生产零死亡的记录。

2009年,为提升湖南高速公路建设管理水平,按照省交通运输厅颁发的《湖南省公路建设精细化管理办法》要求,制订出台了《湖南省高速公路建设精细化管理实施细则》,全面推行精细化管理,并将精细化管理考核结果纳入建设市场信用评价体系中,建立了规范化的混凝土拌和场、板梁预制场、钢筋棚等加工场地,对全线实验室的设备仪器、工作制度和台账进行统一规范,积累了如"混凝土集中拌和、构件集中预制、钢筋集中加工"和"从第一道工序抓质量、从第一个工日抓管理"等一系列精细化施工管理经验。

2011年,交通运输部印发了《关于开展高速公路施工标准化活动的通知》,省交通运输厅编制了《湖南省高速公路施工标准化管理指南》,在原来精细化管理的基础上,对高速公路路基、路面、桥涵、隧道、交通安全设施、绿化、房建工程及综合管理等方面全面推行标准化施工,将标准化管理落实到高速公路建设的各个环节,形成了"实施按标准、操作讲程序、过程可控制、结果有反馈"的标准化管理体系,为高速公路建设领域现代化管理提供了有力的技术支撑和制度保障。

(二)施工标准化管理规定

1. 综合管理

(1)承包人驻地建设的一般要求。承包人应建立施工与管理所需的办公室、试验室、机械维修与储料场、宿舍、娱乐场室等工作与生活设施。驻地由承包人自行选址,但应服从合同条款的有关规定。驻地建设的总平面布置应经监理工程师事先批准。工程交工之后,承包人应自费将驻地恢复原貌,并经监理工程师验收合格。但交工时双方另有协议者除外。

(2)监理驻地建设的一般要求。在中标通知书下达后,由监理企业按投标承诺及时组建监理驻地。监理驻地设置地点以方便工作为原则,应考虑项目组成、工程规模、难易程度、合同工期、地理位置、现场条件等因素,从项目实际出发,根据不同情况设置相应的监理机构。监理处设办公室、工程部、质检部、综合部及试验室。驻地办按合同段设驻地监理办公室。高监办应加强组织领导,建立健全监理管理体系及管理制度。

(3)施工设施。分为建设标准拌和场、钢筋加工场、桥梁预制场、小型构件预制场等内容。

(4)工地试验室场。分为试验室场地建设、办公设备与交通工具配备、装修与安全、试验项目及仪器设备配备、试验室管理和标识牌及工作表格等内容。

(5)材料存放场。分为原材料、半成品、成品存放场和库房建设等内容。

(6)标志标牌的一般要求。现场安全标志用以表达特定的安全信息,对提醒人们注意不安全因素,防止事故的发生起到安全保障的作用。施工现场有助于提醒人们注意安全的醒目场所,必须设置安全标志牌。标志牌的选购和制订必须符合《文明工地建设标准》。施工现场标志牌布置一定要事先设计、后布置,项目技术和安质负责人要根据现场情况设置有针对性,合理的安全标志,平面布置图,及其他建设单位要求的安全文明标志牌,并以此进行布置。施工现场标志牌不得随意移动,如确需移动时,需项目经理批准,并备案后通知所有员工。标志牌需至少每月检查一次,如发现变形、褪色、破损等不符合要求时应及时修整和更换。需派专人现场管理标志牌,对损害和偷窃标志牌要严肃处理。工程竣工后,项目部要统一收集、保管标志牌,以备后续项目继续使用。

(7)分区管理。分为办公与生活区安全管理、一般危险区安全管理、危险区安全管理、高度危险区安全管理等内容。

(8)环境保护。分为环保组织机构、环境监测、环保专项工程施工管理、水土保持管理工作、施工准备阶段环保管理、路基路面施工环保管理、桥隧施工环保管理、交通安全及沿线设施工程环保管理、房建施工环保管理等内容。

2. 路基工程

（1）路基施工准备的一般规定。进场后，按照承包合同的要求尽快完成驻地建设，项目部的经理、副经理、技术负责人和有关专业工程师应按投标书承诺的资质条件和人数及时到位。路基开工前应熟悉、研究所有技术文件和图纸，全面领会设计意图，尽快安排现场调查。建立健全质量、环保、安全管理体系和质量检测体系，并对一线施工人员进行岗前培训和技术、安全交底。施工便道、借土场、弃土场等临时设施应满足路基施工全过程的需要。

（2）路基挖方施工是一般要求。安排好挖方施工的机械组合。设置控制桩。优先安排石方和深挖方路堤施工，以便取石进行清淤回填，保证总体工期进度平衡。调整边坡坡度。整理挖切面。确认土石分界。对设计文件标明的截水沟挖方段进行调查，视情况进行处理。处治地下水。清表及废弃的土全部转运至弃土场。当施工纵向便道通过挖方区时，承包人应及时整理挖运的土石，保持便道畅通。及时整理挖切面，每层开挖取土后应对开挖面整理出合适的纵、横坡度（纵、横坡度一般不小于5%），以利排水。填挖交界处应挖台阶与填方路堤相衔接，每级台阶的宽度应视原地面坡度设置，一般不小于1.5m，台阶高度宜0.5～0.8m。边坡修整，对于稳定的土质或各类石质边坡，应及时进行修整，要求监理组织验收，以便尽早安排边坡防护工程施工。挖方路基的施工质量及验收，见《公路路基施工技术规范》（JTG F10—2006）及《公路工程质量检验评定标准（土建部分）》（JTG F80/1—2004）。

（3）一般路基填筑施工的一般要求。按要求做好土质路堤施工作业点、硬质岩的填石路堤施工、红砂岩或土石混填的施工等每一个施工点的机械设备配置。路堤填筑由低处向高处逐层填筑，当路基达到一定的规模长度后，承包人应按照"四区段，八流程"的工艺组织施工。"四区段"即填筑区、摊平区、碾压区、检测区；"八流程"即测量放线、挖装运输、画格进料、摊铺整平、翻晒晾干、碾压密实、自检质量、中间报验。画格进料的要求，施工人员应根据试验路总结或技术规范规定的每层土（石）松铺厚度、工作面每层填土总数量和运料车装土（石）量，用石灰在填土工作面上画成方格，以指导运料车正确倒土（石），确保每层填土（石）不超过规定的松铺厚度。做好路堤填筑纵、横坡的控制，确保填土表面的纵、横坡调整至与该路段设计的纵横坡度一致。强夯路堤。做好路堤分段施工的衔接。制作填方边坡的"坡度板"，以便挂线控制填方边坡的施工精度，直线段每50m设1个坡度板；曲线段每20m设1个坡度板。超宽填筑的要求。每一层填土都应按设计图纸或技术规范要求，在路基的左、右两侧各加宽30～50cm，以保证路堤边坡的稳定。对于需要利用桥梁台后路基作为桥梁预制场的路堤。

（4）软土地基处置及路基填筑的一般要求。判别确认软土地基。确定软土地基处置方案。做好材料准备和试验准备。浅层软土地基换填及各类深层软基处治施工均属于隐蔽工程,必须在充分做好各项技术准备和物资准备时方可开工;软基处治施工不得在夜间进行;施工全过程应有监理旁站并留有影像资料存档备查。对于深层软土地基处治施工,施工机械进场后应检查机械的规格和性能(包括功率、导管尺寸、垂直度等),以保证软基处治工程的施工进度,并能在完成软基处治工程的全过程中保持性能稳定。

(5)特殊路基施工。分为高液限土填筑路基、岩溶及采空区路基施工、红砂岩填筑路堤等内容,具体标准和要求详见《湖南高速公路施工标准化管理指南(路基路面工程篇)》。

(6)路基排水工程。分为地面排水设施施工、地下排水设施施工、完工后清扫场地等内容,具体标准和要求详见《湖南高速公路施工标准化管理指南(路基路面工程篇)》。

(7)路基防护工程。分为一般要求、坡面防护工程施工、支挡工程施工等内容,具体标准和要求详见《湖南高速公路施工标准化管理指南(路基路面工程篇)》。

(8)取土场和弃土场的处理。具体标准和要求详见《湖南高速公路施工标准化管理指南(路基路面工程篇)》。

(9)路基修正和验收。具体标准和要求详见《湖南高速公路施工标准化管理指南(路基路面工程篇)》。

3.路面工程

(1)施工准备。分为路基桥梁及隧道交工验收、施工组织设计、项目部建设、工地试验室技术要求、拌和场技术要求、测量放样、交叉施工、料场调查及原材料准备、安全生产与文明施工、施工要求和质量管理及检测评定等内容,具体标准和要求详见《湖南高速公路施工标准化管理指南(路基路面工程篇)》。

(2)路面用集料。分为路面各层用集料技术要求、路面集料生产、路面集料堆放等内容,具体标准和要求详见《湖南高速公路施工标准化管理指南(路基路面工程篇)》。

(3)垫层。分为材料的技术要求、施工准备工作、施工要求、质量检查与验收等内容,具体标准和要求详见《湖南高速公路施工标准化管理指南(路基路面工程篇)》。

(4)底基层与基层。分为一般技术要求、施工准备工作、原材料要求、混合料配合比设计、试验路段的铺设、水泥稳定碎石底基层施工工艺及技术要求、水泥稳定碎石基层施工工艺及技术要求、养生、质量检查与验收等内容,具体标准和要求详见《湖南高速公路施工标准化管理指南(路基路面工程篇)》。

(5)透层、封层与粘层。分为透层、下封层、粘层、桥面防水黏结层等内容,具体标准和要求详见《湖南高速公路施工标准化管理指南(路基路面工程篇)》。

(6)热拌沥青混合料面层。分为一般规定、材料要求及管理、施工机械和仪器设备要求、沥青混合料配合比设计、试验路段施工、热拌热铺沥青混合料施工、施工过程质量管理要点及验收等内容,具体标准和要求详见《湖南高速公路施工标准化管理指南(路基路面工程篇）》。

(7) 水泥混凝土面层。分为一般要求、材料要求、施工机械及设备要求、路面水泥混凝土的配合比、试验路面、路面水泥混凝土的拌制和运输、路面水泥混凝土的摊铺、补强钢筋的布设、接缝施工、钢筋混凝土路面施工、养生与抗滑构造施工、质量检查与验收等内容，具体标准和要求详见《湖南高速公路施工标准化管理指南（路基路面工程篇）》。

4. 桥涵工程

(1) 施工管理。分为管理要点、一般要求等内容，具体标准和要求详见《湖南高速公路施工标准化管理指南（桥涵工程篇）》。

(2) 施工准备。分为技术准备、机具准备、材料准备、人员准备、现场准备等内容，具体标准和要求详见《湖南高速公路施工标准化管理指南（桥涵工程篇）》。

(3) 桥梁基础。分为钻孔灌注桩、挖孔灌注桩、明挖基础、承台等内容，具体标准和要求详见《湖南高速公路施工标准化管理指南（桥涵工程篇）》。

(4) 下部构造。分为墩柱、盖梁、桥台、高墩等内容，具体标准和要求详见《湖南高速公路施工标准化管理指南（桥涵工程篇）》。

(5) 上部构造。分为预制梁施工、预制梁安装、支架式现浇梁、悬臂式现浇梁、桥面铺装、防撞护栏、伸缩缝、搭板和锥坡等内容，具体标准和要求详见《湖南高速公路施工标准化管理指南（桥涵工程篇）》。

(6) 通道、涵洞。分为一般规定、通道（箱涵）、圆管涵、拱涵等内容，具体标准和要求详见《湖南高速公路施工标准化管理指南（桥涵工程篇）》。

5. 隧道工程

(1) 隧道标准化管理一般要求。分为技术管理、质量管理、安全管理、环保管理等内容，具体标准和要求详见《湖南高速公路施工标准化管理指南（隧道工程篇）》。

(2) 施工准备。分为一般规定、施工测量、施工场地与临时工程、施工人员、材料和设备、施工辅助设施等内容，具体标准和要求详见《湖南高速公路施工标准化管理指南（隧道工程篇）》。

(3) 洞口段施工。分为一般规定、施工工序、管理要点等内容，具体标准和要求详见《湖南高速公路施工标准化管理指南（隧道工程篇）》。

(4) 隧道洞身开挖。分为一般规定、开挖方法、管理要点等内容，具体标准和要求详见《湖南高速公路施工标准化管理指南（隧道工程篇）》。

(5) 支护与衬砌。分为一般规定、超前支护、喷射混凝土、锚杆、初支钢筋网、钢支撑、二衬钢筋、模筑混凝土衬砌、仰拱和铺底、开挖与支护控制标准等内容，具体标准和要求详见《湖南高速公路施工标准化管理指南（隧道工程篇）》。

(6)小净距隧道及连拱隧道。分为小净距隧道、连拱隧道等内容,具体标准和要求详见《湖南高速公路施工标准化管理指南(隧道工程篇)》。

(7)隧道防水和排水。分为施工防排水、结构防排水、施工缝施工管理要点、变形缝施工管理要点、止水带施工管理要点等内容,具体标准和要求详见《湖南高速公路施工标准化管理指南(隧道工程篇)》。

(8)不良地质条件施工。分为一般规定、管理要点等内容,具体标准和要求详见《湖南高速公路施工标准化管理指南(隧道工程篇)》。

(9)监控量测与超前地质预报。分为一般规定、超前地质预报、监控量测、管理要点等内容,具体标准和要求详见《湖南高速公路施工标准化管理指南(隧道工程篇)》。

(10)隧道路面及附属设施工程。分为隧道路面工程、设备洞、横通道及预留洞室、水沟、电缆沟、蓄水池、预埋件、装饰工程等内容,具体标准和要求详见《湖南高速公路施工标准化管理指南(隧道工程篇)》。

(11)隧道设计变更与质量检验。分为一般规定、管理要点等内容,具体标准和要求详见《湖南高速公路施工标准化管理指南(隧道工程篇)》。

(12)隧道施工安全措施与文明施工。分为安全风险评估与管理、隧道施工安全控制、文明施工等内容,具体标准和要求详见《湖南高速公路施工标准化管理指南(隧道工程篇)》。

6.房建工程

(1)施工准备。分为现场勘测和场地接交、临时工程、施工组织设计、房建工程项目部驻地建设、施工标志标牌的设置、设计图纸会审等内容,具体标准和要求详见《湖南高速公路施工标准化管理指南(房建工程篇)》。

(2)场区土石方工程。具体标准和要求详见《湖南高速公路施工标准化管理指南(房建工程篇)》。

(3)地基及桩基。具体标准和要求详见《湖南高速公路施工标准化管理指南(房建工程篇)》。

(4)主体结构。分为钢筋混凝土结构、砌体结构、钢结构和网架结构、主体结构验收等内容,具体标准和要求详见《湖南高速公路施工标准化管理指南(房建工程篇)》。

(5)屋面工程。分为基本规定、屋面找平层、屋面保温层、屋面防水层、工程验收等内容,具体标准和要求详见《湖南高速公路施工标准化管理指南(房建工程篇)》。

(6)装饰装修工程。分为基本规定、地面工程、门窗工程、外墙保温层的施工、外墙面饰面砖施工、幕墙工程等内容,具体标准和要求详见《湖南高速公路施工标准化管理指南(房建工程篇)》。

(7)安装工程。分为给水排水工程、电气工程等内容,具体标准和要求详见《湖南高速公路施工标准化管理指南(房建工程篇)》。

7.交通安全设施工程

(1)交通安全设施工程。分为护栏、交通标志、交通标线、轮廓标、隔离栅(墙)和桥梁护网、防眩设施等交通安全设施工程的施工管理、施工一般规定、工程材料要求、施工技术要点、质量管理与验收等内容,具体标准和要求详见《湖南高速公路施工标准化管理指南(交通安全设施工程篇)》。

(2)通信管道预埋工程。分为管道、管箱及托架、人(手)孔的工程施工管理、施工一般规定、工程材料要求、施工技术要点、质量管理与验收等内容,具体标准和要求详见《湖南高速公路施工标准化管理指南(交通安全设施工程篇)》。

8.绿化工程

(1)边坡生态恢复。分为施工准备的一般规定、技术准备、设备和材料准备等内容,具体标准和要求详见《湖南高速公路施工标准化管理指南(绿化工程篇)》。

(2)边坡生态恢复工程施工。分为边坡生态恢复技术与边坡选择,液压喷播种草,CF网喷播种植草、灌、乔,客土喷播种植草、灌、乔,厚层基材喷播种植草、灌、乔,仿原生态陡石坡植被恢复,植生袋种植草、灌木,藤本植物石砌坡面植被恢复等内容,具体标准和要求详见《湖南高速公路施工标准化管理指南(绿化工程篇)》。

(3)路域景观绿化。分为施工准备的一般规定、技术准备、设备、材料准备和乔木栽植、灌木栽植、草坪种植、大树、古树保护移栽等内容,具体标准和要求详见《湖南高速公路施工标准化管理指南(绿化工程篇)》。

(三)施工标准化管理主要成效

1.健全了标准化管理制度和工作责任

通过制订一系列标准化管理和施工指南,加强工序控制,规范建设者行为,把标准化管理理念作为全省高速公路建设常态化的管理和要求。

一是组织编写出版了《湖南省高速公路施工标准化管理指南》。2011年编写并下发实施的《湖南省高速公路施工标准化管理指南》(以下简称"指南"),共分《综合篇》《路基路面工程篇》《桥涵工程篇》《隧道工程篇》《交通安全设施工程篇》《绿化工程篇》《房建工程篇》7章,《指南》总结了湖南省高速公路近20年来的施工管理经验,全面反映湖南省高速公路建设管理的经验和成果,对现场施工管理具有较强的针对性、实用性和可操作性,为全省高速公路建设提供了技术支撑和制度保障,让每个管理人员、技术人员有据可依,减少施工过程的随意性。

二是各项目根据自身实际制订标准化施工工艺指南。如吉茶项目率先制订了 puerperal 路面施工标准化指南,指导 puerperal 路面施工;大浏项目结合项目实际情况制订《大浏高速公路钢筋直螺纹连接接头施工规定》《碎石桩及 CFG 桩施工的补充规定》,要求施工单位严格执行,打造全线各分项工程标准化的施工工艺,提升实体工程质量。

三是将标准化施工纳入招标文件技术规范。明确临时工程与设施、驻地建设、路基、路面施工应符合部印发的交公路发〔2011〕70 号文以及省厅的相关要求;在路面工程中明确热拌沥青混合料面层的粗集料必须集中清洗;在桥涵和隧道工程中明确施工单位必须采用"混凝土集中拌和、构件集中预制、钢筋集中加工"方式;在预应力张拉中应采用桥梁智能张拉系统张拉。

2. 规范施工现场管理,建设文明工地

在全省全面推行"四个标准化"和"三个集中"。"四个标准化"即工地建设标准化、工艺工法标准化、安全生产标准化、工程管理标准化。"三个集中"即钢筋集中加工、混凝土集中拌和、构件集中预制。

一是加强预制场地标准化建设。制订了小型构件预制场、桥梁梁板预制场的建设标准,如小型构件预制场占地面积不小于 $2000m^2$,必须设置自动喷淋系统进行喷雾养生,搅拌楼必须设置除尘装置。湖南省每个土建合同段原则上只允许设置一座大型拌和场,若个别合同段受地形限制的,施工单位必须提出书面申请报项目建设单位审批,如大浏高速公路合建 4 个大型预制场,节约直接建设成本约 600 万元,节约土地 60 多亩;钢模板的厚度统一采用不低于 6mm 的热轧型钢。

二是加强钢筋加工场地标准化建设。要求承包人建立标准化的钢筋加工场地,按钢筋加工流程合理设置原材料堆放区、加工制作区、半成品堆放区。钢筋加工实行统一管理、集中加工、仓储配送。

三是加强工地试验室标准化,要求工地试验室使用面积不得低于 $230m^2$,并对各功能室面积、设备数量作出详细规定,对试验项目、图表格式进行统一;必须做到布局合理、细节有序、流水作业、风格一致的要求建设。

四是加强工地现场管理标准化。明确规定了施工区域中的施工设备摆放和交通标志的内容、大小,并制订了路基、路面、桥梁、隧道和房建等施工过程的环境保护措施,努力打造有序整齐的施工现场,减少对沿线群众生产、生活及环境的影响,从而提高行业的社会形象。如大浏高速公路在经过水资源保护区时,设置了桥面径流收集系统,路面径流处理系统、沉淀池等。

五是研究制订安全生产薄弱环节和部位的防控措施。全局组织力量对高墩立柱的施工工艺、模板质量及安全周转次数、施工安全防护措施等薄弱环节进行专题研究,制订并下发了科学、规范的高墩立柱、系梁、盖梁安全专项施工方案,在各项目严格实施。

六是制订切实可行的环保措施,对取(弃)土场修整及路基边坡防护及时、路基临时排水系统畅通、严格水土保持和废土废渣处理、并委托具有相关资质的环保监测单位定期对工地进行检测,发现问题及时整改,成效减少污染、噪声和扬尘。

3. 建立标准化的施工现场,改善一线生产生活条件

长期以来,公路建设者给人的印象是"雨天一身泥,晴天一身灰"印象,与文明施工水平有着一定差距,所以改善参建者施工作业环境和办公生活条件,推进场容场貌秩序化成为文明施工的必需。

一是加强了监理、承包人驻地建设标准化。对监理、承包人驻地建设的选址、面积、分区、员工宿舍、挂图大小作了详细规定,对人员设备的配置作出明确要求。

二是在全省推广"安全分区管理",改善施工一线安全生产条件。即根据工地现场功能将工地划分为生活区、办公区、作业区。根据作业区危险源级别,实行安全分区管理,对工程现场的各作业场点进行安全分区管理,施工作业区域分为安全施工区域(蓝色,非施工作业人员禁止进入)、危险施工区域(黄色,非专业施工人员禁止进入)、高危施工区域(红色,施工作业人员必须采取特殊安全防护措施方能进入)。

三是建立人性化的安全标准工地。全省在建高速公路跨国省道桥梁下方均设置了安全防护棚。桥梁桩基开挖已严格实行"一井一盖一锁"式桩孔制度;隧道施工在二衬与掌子面设置了逃生通道,提升了应急救援能力,实现有序逃生。大浏、长湘等项目在隧道施工人员进场时中采用标准的停车刷卡式门禁系统对进出隧道场地的人员进行管理。

四是加强教育培训。各项目在推进施工标准化工作中,通过加强教育培训,增强从业人员安全生产意识和质量意识,如浏醴项目举办农民工夜校。汝郴、郴宁等举办施工一线操作人员(如挖机操作手、焊工等)技能比武,丰富参建者的文娱生活的同时又提高了现场作业人员的生产技能,为施工安全和工程质量好转奠定了坚实的基础。

4. 加强技术创新,提高施工标准化水平

一是在桥梁梁板标准化施工中。全面推广桥梁预应力智能张拉新技术和预应力管道注浆智能控制技术,准确控制预应力张拉吨位和预应力筋的延伸量,及时发现了施工过程中存在的各种质量问题,如锚下混凝土开裂、下陷;滑丝、断丝;张拉控制应力采用错误等,并得到了及时排除,消除了结构质量隐患,促进了标准化和精细化施工,提高了桥梁预应力施工工艺和技术水平。

二是大浏等项目针对隧道施工风险大等特点,在施工人员的安全帽中植入定位芯片,对作业人数和情况、位置实行动态管理。

三是采用联网视频手段建立标准化的施工安全风险点监控。2011年,全局正在推广对特大桥梁、特长隧道等存在重大质量安全隐患的部位、关键工艺实行全过程视频监控,落实了监控责任部门和责任人,对全省重大的安全分险点实行标准化的全过程监控。南

岳、张花、怀通、汝郴、吉茶等项目关键工程已开始实施视频监控。

四是采用新技术强化了隐蔽工程、关键工序的过程控制和验收,如衡桂公司在路面拌和场与施工现场同意安装了"沥青拌合站与现场施工动态监控系统"使用传感技术、移动通信技术、互联网技术和嵌入式开发技术,将沥青混合料生产和施工过程中的各种拌和材料用量、出料温度、拌和时间、摊铺温度、碾压速度、摊铺速度等重要数据实时采集监控,发现偏差及时报警,并将采集到的数据通过无线传输,汇总成数据库存档,通过数理统计实时分析,将管理手段从后台控制提升到实施控制。在隧道掘进过程中,湖南省已采用地质雷达对掌子面前方围岩变化情况、断层破碎带、围岩的含水情况和溶洞进行超前地质预报,以防止施工中掌子面坍塌,并为工程处理措施提供依据,从而保障施工顺利进行。

5. 加强了标准化设计

按照省厅的安排和部署,全局积极组织长娄等13个项目开展"设计回头看"活动。要求各相关单位根据各自项目的特点与进度,结合实地踏勘,认真阅读设计图,尽量采用统一的设计标准,为施工工厂化创造条件。如要求设计单位对于标准跨径的桥梁上部构造全部采用部颁通用图设计。

6. 加强了试验检测管理标准化

一是大力开展"工地试验室专项治理活动"。2011年湖南省各高速公路项目按照省厅安排对监理处、承包人试验室的人员资质、试验检测场地环境、仪器设备管理、试验记录、报告完整和可靠性等方面进行了全面的检查。对试验检测和管理不到位的试验室进行了通报批评,有效杜绝实验数据造假行为,进一步强化了试验室的管理工作。

二是严格实施工地试验室建设,确保现场试验人员数量和资质、试验环境、仪器设备等满足要求,大浏、洞新等项目公司实行标准化的试验室、标养室建设,试验设备一律按标准配置、摆放。新溆项目在2000kN以及300kN压力机均采用微机控制,万能材料试验机采用可以打印的设备进行试验,每次试验均有打印凭条作原始记录,严格防止试验数据作假、试验频率不足等现象。

7. 加强了施工标准化

一是隧道标准化施工。首先保证隧道洞口美观大方,与周围环境协调;其次根据围岩类别设计要求,制订安全高效的标准化开挖方式,严格开挖程序;第三是支护方式、程序标准化,隧道净空、尺寸、超挖、欠挖、锚杆长度、喷射混凝土、二衬厚度、强度符合设计和规范要求,二次衬砌外观平整光洁,施工缝平顺无错台,洞内无渗漏现象。为确保小型构件的质量,提升工程品质。

二是全面实施小型构件集中预制,原则上在每个监理处管辖段落内建立一个小型构件集中预制场。要求承包人必须使用整体高强度塑料模块,选用优质脱模剂,制订严格的养护、运输和安装的保护措施,既保证了混凝土外观,又确保了安装过程中不损坏构件。

三是全面实施"首件样板工程",推动标准化、精细化的深入开展。各项目以打造"高速公路行业典范精品工程"为建设目标,在路基填筑、防护、桥梁、隧道的每一分项工程现行施工试验段、试验柱、试验梁,初步建立工艺标准,并在此基础上进行"首件样板工程"做好第一道工序、第一道工程,真正确立改项工程的施工标准,以指导后期的施工管理和质量控制。

四是加强路面用集料的质量管理,提升沥青路面施工质量。吉茶、道贺等高速公路为了减少集料含泥量,在拌和场(站)设置水洗装置。路面面层所用碎石均全部采用水洗工艺处理。水洗厂设置完备的排水系统,厂内保证排水畅通。对于油面料加工的粗集料采用碱性生石灰水进行水洗(引用石料中性)。通过水洗和安装大功率的除尘设备,以保持粗集料的洁净与级配稳定。水洗工艺中还设置大容量的蓄水池和多级(至少5级)沉淀池,确保干净用水的循环利用,满足环保要求。

第四节 投融资管理

湖南省高速公路不断改革投融资体制,创新投融资模式,采取多元化、多层次、多渠道投融资方式,有效突破了建设任务重、投资压力大、资金需求多等高速公路快速发展过程中的瓶颈和困难,探索出了一套行之有效的投融资管理方法,有效推动了湖南高速公路建设的快速发展。

一、投资管理

(一)政府还贷高速公路投资模式

政府还贷高速公路全部由湖南省交通运输厅下属国有独资企业——湖南省高速公路建设开发总公司(以下简称"总公司")投资建设,如临长高速公路等。总公司共投资建设高速公路项目56个,概算总投资3378亿元,建设总里程4856km,其中通车项目46个,概算投资2698亿元,通车里程4145km;在建项目10个,概算投资680亿元,在建里程711km。

(二)经营性高速公路投资模式

经营性高速公路有以下4种投资建设模式:由总公司全资子公司湖南高速公路投资集团投资建设,如新溆高速公路等;由总公司与其他企业合资建设,如长益高速公路等;采取BOT模式由社会资本投资建设,如岳常高速公路;采取PPP模式投资建设等。

（三）投资模式改革

湖南高速公路投资,经历了由政府投资的单一投资模式,到政府投资与合资建设并存的投资模式,再到政府投资、合资建设、BOT方式建设等并存的投资模式。为有序拓宽全省高速公路投融资渠道,正在积极探索省地共建模式,并积极有序地推行PPP建设模式。省地共建模式,实行一路一平衡,项目征地拆迁由市、县政府出资完成,纳入资本金管理,省地按投入比例共享经营收益。对项目建设征地拆迁实行包干制,有效控制了建设投资成本,降低了工程造价。PPP建设模式,由省政府出资引导资金,与社会出资人共同设立高速公路基金;高速公路基金作为社会资本再与政府合作,成立公私合营的特殊目的公司（SPV）,投资高速公路PPP项目。

（四）发展优势

1. 核心竞争力优势明显

一是行业地位优势。总公司是经省人民政府批准设立,主要从事省内高等级公路建设、经营与管理等业务的大型国有独资公司,在湖南省高速公路行业中始终处于绝对领先地位,全省政府还贷高速公路全部由总公司投资建设,拥有绝大部分高速公路的经营权和收费权,占全省高速公路通车里程的2/3以上。总公司管理的高速公路中包括京港澳、京港澳复线、二广等南北向和杭瑞、沪昆等东西向的跨省国高网路段,保证了车流量及通行费收入的稳定增长,巩固了总公司在湖南省交通行业的龙头地位。

二是融资能力优势。总公司是湖南省最大的高速公路建设投融资主体,资本市场的主体信誉评价为AAA,经营的资产均具有长期稳定的投资收益,实力雄厚。

三是人力资源优势。总公司在多年的高速公路建设、运营和开发管理中培养了一大批经验丰富、专业素质高的建设经营管理团队和专业技术人才,行业人力资源优势明显。

四是建设、运营管理优势。总公司在高速公路投资建设与运营管理方面积累了丰富的经验,以专业能力和优良业绩树立了品牌形象。总公司的工程建设品质优良,多次获国内外大奖。其中,潭耒高速公路获中国土木工程"詹天佑奖",临长高速公路获中国建筑工程"鲁班奖";常张高速公路获"国家环境友好工程"奖,是全国公路建设行业唯一获奖项目。

2. 有"统一举债、统一收费、统一还款"的政策支撑

国家为支持高速公路建设对《收费公路管理条例》进行了修订,高速公路实行"统一举债、统一收费、统一还款",统借统还的主体由省级交通主管部门修改为"省、自治区、直辖市人民政府",以省为单位对高速公路实行统收统支、统一管理。修订后的《条例》不再规定具体的收费期限,按照用收费偿还债务的原则,以该路网实际偿债期为准确定收费

期限。

　　3. 国家及省政府支持力度进一步加大

　　2017年全国交通运输工作会议要求,加快推进高速公路等基础设施网络化布局,扩大合理有效投资,新增高速公路通车里程5000km,提高中部地区贯通南北、连接东西的通道能力,这对湖南高速公路的发展又是新的机遇。

　　加快高速公路建设是完善交通基础设施的重要举措,对于促进全省经济社会又好又快发展具有重要意义,其基础性和先导性作用日益凸显,已成为湖南经济社会发展的重要"助推器"和"加速器",因而湖南省委、省政府十分重现高速公路的发展。

　　一是积极争取交通运输部支持。2012年,省政府将长湘高速公路等7个BOT项目调整为政府还贷项目,争取交通运输部补助86亿元,并将资产评估增值注入总公司,降低了资产负债率,优化了财务状况。交通运输部将国高网项目资本金补助提高到概算投资的28%。

　　二是争取国家发改委支持。截至2016年末,国家发改委已安排总公司专项建设基金58.27亿元。

　　三是政府支持力度加大。第一,增加资本金投入,截至2016年末累计到位资本金423亿元。第二,2015～2016年省财政安排215亿元地方政府债券资金用于置换总公司存量债务,2017年还将安排更多的地方政府债券资金用于置换总公司存量债务。第三,省政府拟设立720亿元高速公路基金综合金融方案,从2017年开始分5年投入总公司,加大对高速公路的支持力度。

　　四是加大通行费征收力度。2013年,省人民政府出台《关于做好高速公路车辆通行费征收工作的通知》(湘政办发〔2013〕13号),加大车辆通行费收费环境整治力度,打击偷逃费等违法犯罪行为,最大限度增加通行费收入。

　　五是建立高速公路建设和融资工作定期协调调度机制,加强与省直相关部门和金融机构的对接和沟通,争取进一步支持,共同防范和有效控制阶段性债务风险。

二、融资管理

　　湖南省高速公路投资的资金来源主要有:交通运输部的车购税补助、省财政的资本金预算、国家专项建设基金、高速公路服务区(加油站)及经营性高速公路经营权转让收入、通行费收入、投资收益、财政贴息补助、地方政府债券、世行亚行贷款、日本协力银行贷款、国内商业银行贷款、信托、理财、资产证券化、融资租赁、发行债券等。

　　总公司拥有优良的资产和财务资源,与各金融机构构建了长期、稳定的银企合作关系,资信优良,具备较强的融资能力和较为完善的风险防范措施,确保了资金链的持续稳定,债务风险可控,债务还本付息从未出现逾期等不良记录,在资本市场上树立了良好的信誉。

(一)财务状况良好

总公司"十二五"(2011~2015年)末总资产达到3880.86亿元,较"十一五"(2006~2010年)末的1515.44亿元增长2.56倍;总负债2738.51亿元,较"十一五"末的1211.90亿元增长2.26倍;净资产1142.35亿元,较"十一五"末的303.54亿元增长3.76倍,资产负债率70.56%,较"十一五"末的79.97%下降了9.41个百分比;长期债务占比由69%提高到87%,短期债务占比由31%减少到13%。"十二五"期间共筹集资金4491亿元。

(二)信用评级优良

在各金融机构及资本市场上,总公司债务本息偿还没有任何不良信用记录,信誉非常好。总公司是湖南省第一家AAA级主体信用评级企业,也是湖南省唯一一家联合资信、大公国际、鹏元资信等3家评级机构均给予AAA级主体信用评级的企业,其中联合资信评级机构2013年将总公司的主体信用评级由AA+上调为AAA,鹏元资信评级机构2015年将总公司的主体信用评级由AA+上调为AAA。中国银行间市场交易商协会内部评级机构中债资信给予总公司的主体信用评级,2013年首次评级为AA-,2014年上调为AA,2016年再次上调为AA+。总公司在国内几家大银行的信誉度良好,为其重点支持对象,是中国工商银行内部评级最高等级AAA总行级重点客户,是农业银行内部评级最高等级AAA+级支持类客户,是中国银行在湖南省仅有的2家内部评级最高等级AA总行级重点客户之一,是中国建设银行在湖南省的内部评级最高等级AA总行级重点客户之一,是国家开发银行在湖南省的内部评级最高等级AA+总行级重点客户和优质客户。

(三)融资渠道多元

总公司对外融资过去以银行贷款为主,现在确立了以银行贷款等间接融资和发行债券等直接融资并重,设立高速公路基金等为补充的融资模式,通过多渠道、多元化融资方式,筹集低成本、长期限的建设资金。2011~2016年,总公司共拓展融资渠道20多种,筹集资金5327亿元,有效保障了湖南高速公路事业的持续健康发展。

一是融资渠道畅通。总公司间接融资主要包括固定资产贷款、固定资产支持融资、流动资金贷款、信托、理财、委托贷款、承兑汇票、保理融资等;直接融资主要包括发行短期融资券、超短期融资券、中期票据、永续中票、非公开定向债务融资工具、企业债、资产证券化产品、私募资产证券化、银行类永续债、理财直接融资工具、资产支持票据、融资租赁、非公开发行公司债券、公开发行公司债券、可续期公司债券、国际债券等。同时,还开创了工程建设大宗材料由供应商垫资直供等融资方式。截至2016年末,总公司累计发行各类债券

1099亿元,债券余额655亿元,银行贷款余额2223亿元。

二是成本控制。通过招标或竞争性谈判等方式选择发行债券的主承销商,加强对债券申报审查时间、发行价格、承销费率等事项的监管,保证资金需求,强化成本控制。加强合同谈判,尽可能降低借贷利率,如新增银行贷款利率均控制在同期贷款基准利率以下,从而减少利息支出,控制债务成本。通过将银行账户未使用的债务性资金采取协定存款利息,既保证资金使用,又降低资金成本。

三是规范信息披露管理。总公司每年遵循真实、准确、完整信息披露原则,使公司偿债能力、募集资金使用等情况受到投资人的监督,防范偿债风险。总公司每年组织会计事务所对公司财务报表进行审计,并将审计报告提交给湖南省人民政府、湖南省交通运输厅以及提供融资服务的各金融机构。总公司设立专门的机构,统一审批对外信息披露的内容,以保证公司对外信息披露的合法性和规范性,确保对外信息披露的真是、准确、完整和公平。同时,为增强社会公众对公司的认同,宣传公司的企业文化,总公司定期对外发布战略方向、企业文化、治理状况、主要业绩指标等内容。

(四)银行授信充足

截至2016年末,总公司共获得银行授信额度4433亿元,已使用授信额度3122亿元,未使用授信额度1311亿元。

(五)债务风险防范可控

一是进一步拓宽融资渠道,采取直接融资和间接融资并重的方式,维持资金链稳定。除正常的银行贷款外,还通过融资租赁、资产证券化、发行短融、超短融、中票、私募债、永续债、企业债、类永续债,引进保险资金,设立高速公路基金等直接融资措施,确保资金正常运转。

二是进一步优化债务结构,科学合理配置融资品种,以中长期、低成本金融产品为主要融资渠道,逐步降低短期债务占比,防范流动性风险。

三是通过市场化方式盘活高速公路存量资产,减轻债务压力。如转让子公司所建的经营性高速公路资产,整合服务区、广告、管网等辅业资产,对新增服务区(加油站)等资源,一律通过招拍挂的方式,获取最大化的资产效益。

四是加强对项目的全过程监督管理,把严设计、概算、工程计量、资金拨付等关键环节,实行征地拆迁包干制,尽可能节省投资。

五是坚持把效益较好的项目拿在自己手上,以此增强盈利和还贷能力。

六是积极争取交通运输部支持,对在建、拟建项目报请交通运输部增加资本金补助,控制总公司债务规模增长。

七是进一步拓宽全省高速公路投融资渠道,积极探索省地共建模式,有序推进PPP建设模式。

随着湖南大规模集中建设项目陆续通车,高速公路路网基本形成并日趋完善,资本性支出显著减少,车流量、通行费收入和经营性现金流将持续稳步增长,偿债能力会显著增强,政府支持力度进一步加大,企业信用品质不断提升,各项财务指标进一步优化,湖南高速公路建设将步入持续健康的良性循环发展轨道。

第七章
科 技 成 果

20世纪80年代起,湖南确立"科教兴湘""科技兴交""人才强交"的交通发展战略。交通科技取得了长足进步,形成了一支门类齐全的科技队伍,有力推动了湖南交通事业的快速发展,有效提高了高速公路建设项目的科技含量。

交通科技工作者为适应湖南高速公路大规模建设的需要,重点开展了路基、路面、桥梁、隧道等方面的新技术、新工艺、新材料,以及运营管理、减灾防灾等领域的科研攻关,取得了一系列重大成果,形成了较为完善的湖南高速公路建设技术体系。1998~2016年湖南高速公路科技成果见表7-0-1。

1998~2016年湖南高速公路科技成果一览表　　　　表7-0-1

年份	技 术 名 称	参 加 单 位	获 奖 情 况
1998	长潭高速公路刚性路面结构及施工控制指标研究	长沙理工大学、长潭高速公路建设开发有限公司	湖南省科技进步三等奖
2002	红砂岩地区高速公路深切方边坡稳定试验研究	湖南省交通科学研究院、湘耒高速公路建设开发有限公司	中国公路学会科学技术奖二等奖、湖南省科技进步三等奖
2002	京珠高速公路湘潭至耒阳段红砂岩地带地基修筑技术研究	湖南省交通规划勘察设计院、湖南省高速公路建设开发总公司、湖南大学	湖南省科技进步三等奖
2002	高等级公路桥头及过路构造物墙背填筑成套技术开发研究	长沙交通学院、湖南长常高速公路建设开发公司	中国公路学会科学技术三等奖
2002	水泥混凝土路面胀缝设置研究	湖南省交通科学研究院、湖南省长常高速公路建设开发有限公司	中国公路学会科学技术三等奖
2003	旧水泥混凝土路面上沥青混凝土加铺设计及应用技术研究	长沙交通学院、长沙市建设委员会、湖南省高速公路管理局	湖南省科技进步三等奖
2003	土工合成材料在高速公路工程中的综合应用技术研究	湖南省耒宜高速公路建设开发有限公司、长沙交通学院	中国公路学会科学技术三等奖
2004	高速公路岩溶及采空区路、桥基础设计施工与质量监控方法研究	湖南大学、湖南省潭邵高速公路建设开发有限公司	湖南省科技进步一等奖
2004	道路工程高液限黏土填筑及改良技术	湖南省衡枣高速公路建设开发有限公司、湖南省交通科学研究院	中国公路学会2004年度科学技术三等奖、2006年湖南省科技进步三等奖

第七章 科技成果

续上表

年份	技术名称	参加单位	获奖情况
2004	潭邵高速公路膨胀土改良技术研究	湖南省交通规划勘察设计院、中南大学、长沙金昌健交通科技发展有限公司、湖南省潭邵高速公路建设开发有限公司	湖南省科技进步三等奖
	高速公路沥青路面材料与结构应用技术研究	湖南省临长高速公路建设开发有限公司、长沙理工大学、湖南路桥通泰工程有限公司	湖南省科技进步三等奖
	高路堤沉降约束及边坡稳定新技术研究	湖南省临长高速公路建设开发有限公司、湖南大学	湖南省科技进步三等奖
2005	高速公路软土路基处理研究及应用	湖南大学、湖南省临长高速公路建设开发有限公司	湖南省科技进步一等奖
	南方湿热地区高速公路典型路面结构的组合设计及路面材料与施工工艺研究	长沙理工大学、湖南省耒宜高速公路建设开发有限公司	湖南省科技进步二等奖
	半刚性挤密桩复合地基实现桥台台背刚柔过渡技术研究	湖南省长常高速公路建设开发有限公司、湖南大学	湖南省科技进步三等奖
	公路路基基底承载力研究	潭邵高速公路建设开发有限公司、湖南省交通科学研究院	中国公路学会科学技术三等奖
2006	南方山区特殊土公路路基处治关键技术研究及应用	湖南大学、湖南省高速公路管理局、广西壮族自治区公路管理局	国家科学技术进步二等奖
2007	沥青路面柔性基层半刚性底基层结构设计及施工工艺研究	湖南省交通科学研究院、湖南省常张高速公路建设开发有限公司	2007年中国公路学会科学技术二等奖、2008年湖南省科技进步三等奖
	山区公路隧道开挖灾害预防与控制技术研究	中南大学、湖南省常吉高速公路建设开发有限公司	湖南省科技进步二等奖
	连续配筋混凝土复合式路面应用技术研究	现代投资股份有限公司长潭分公司、长沙理工大学、湖南省高速公路管理局、长沙金昌健交通科技有限公司	湖南省科技进步三等奖、中国公路学会科学技术三等奖
	高速公路信息化施工控制方法研究	长沙理工大学、湖南省衡枣高速公路建设开发有限公司	湖南省科技进步三等奖
	道路再生骨料混凝土应用技术研究	长沙理工大学、湖南省高速公路管理局、湖南省莲易高速公路管理处	中国公路学会科学技术三等奖
	管棚作用机理分析及其在既有公路下连拱隧道施工中的应用研究	中南大学、中铁十二局集团第七工程有限公司、湖南省常吉高速公路建设开发有限公司	中国公路学会科学技术三等奖

续上表

年份	技 术 名 称	参 加 单 位	获 奖 情 况
2008	数字公路与监控管理系统研究	湖南省交通科学研究院、湖南省常吉高速公路建设开发有限公司	湖南省科技进步二等奖
	预应力混凝土公路板式桥梁通用设计图成套技术研究	湖南省交通规划勘察设计院、湖南省交通科学研究院、广西交通规划勘察设计研究院、辽宁省交通勘测设计院、中交公路规划设计院有限公司	湖南省科技进步二等奖
	CS高次团粒混合纤维法在脆弱生态区域的快速植被恢复技术	湖南双胜生态环保有限公司、中南林业科技大学、湖南省常吉高速公路建设开发有限公司	湖南省科技进步二等奖
	山区公路路基轻型支护技术研究	湖南省交通科学研究院、湖南省邵怀高速公路建设开发有限公司、中南大学	湖南省科技进步三等奖
	连续配筋混凝土路面长期性能的研究	湖南省耒宜高速公路管理处、长沙理工大学	中国公路学会科学技术三等奖
	高速公路新型美观防侧翻混凝土护栏的开发研究	湖南省常吉高速公路建设开发有限公司、北京中路安交通科技有限公司、湖南省交通规划勘察设计院、湖南省交通科学研究院	中国公路学会科学技术三等奖
	岩溶地区公路修筑成套技术	贵州省交通科学研究院、贵州省交通规划勘察设计研究院、贵州省公路工程总公司、湖南省交通规划勘察设计院	国家科技进步奖二等奖
2009	重载交通长寿命沥青路面关键技术研究	长沙理工大学、同济大学、河北省交通勘察设计研究院、河北省沿海高速公路筹建处、湖南省醴潭高速公路建设开发有限公司、中海油气开发利用公司、交通部公路科学研究院	中国公路学会科学技术一等奖
	膨胀土地区公路建设成套技术	长沙理工大学、南京水利科学研究院、中交第二公路勘察设计研究院有限公司、云南省公路科学技术研究所等	国家科技进步一等奖
	水泥混凝土路面板底脱空识别技术	长沙理工大学、湖南省潭邵高速公路管理处、湖南省耒宜高速公路管理处	中国公路学会科学技术二等奖、湖南省科技进步三等奖
	复杂地形地质条件下路基桥基修筑处治机理与关键技术	湖南省交通科学研究院、湖南大学、湖南省常吉高速公路建设开发有限公司、中南大学	中国公路学会科学技术三等奖
	公路隧道照明应急灯节能装置的研制	湖南省交通科学研究院、湖南省邵怀高速公路建设开发有限公司	中国公路学会科学技术三等奖

第七章
科 技 成 果

续上表

年份	技 术 名 称	参 加 单 位	获 奖 情 况
2009	常德至吉首高速公路沿线文化遗产及自然环境保护综合技术研究	湖南省交通规划勘察设计院、长沙理工大学、中南大学、湖南省交通厅规划办公室、湖南省常吉高速公路建设开发有限公司	中国公路学会科学技术三等奖
2010	山区复杂地段公路边坡关键技术及推广应用研究	中南大学、湖南省交通规划勘察设计院、湖南省常吉高速公路建设开发有限公司	湖南省科技进步一等奖
	高速公路养护管理智能化及路面维修技术	长沙理工大学、湖南省高速公路管理局	湖南省科技进步一等奖
	南方高速公路冰雪灾害防治与备灾技术研究	长沙理工大学、湖南省高速公路管理局	中国公路学会科学技术一等奖
	高速公路崩塌滑坡地质灾害预测与控制技术	中南大学、高速铁路建造技术国家工程实验室、湖南省衡炎高速公路建设开发有限公司	湖南省科技进步二等奖
	高速公路隧道路面结构与材料应用技术研究	长沙理工大学、湖南省常吉高速公路建设开发有限公司	中国公路学会科学技术二等奖
	数字公路综合平台及在公路建设与运营应用的关键技术	湖南省交通科学研究院、湖南省常吉高速公路建设开发有限公司、长沙恩德科技有限公司	湖南省科技进步二等奖
	湖南西部地区高速公路沿线文化遗产及自然环境保护综合技术	湖南省交通规划勘察设计院、长沙理工大学、中南大学、湖南省交通厅规划办公室、湖南省常吉高速公路建设开发有限公司	湖南省科技进步三等奖
	高速公路建设信息化关键技术研究	长沙理工大学、长沙华科工程系统信息技术公司、湖南省高速公路开发总公司	湖南省科技进步三等奖
	浅埋隧道围岩稳定与施工动态控制技术研究	湖南省交通科学研究院、湖南省怀新高速公路建设开发有限公司、中南大学	湖南省科技进步三等奖
2011	沥青路面设计标准与耐久性技术	长沙理工大学、湖南省高速公路建设开发总公司	中国公路学会科学技术一等
	细粒土的压实特性及其潮湿地区公路路基填筑技术研究	湖南省交通科学研究院、湖南省衡炎高速公路建设开发有限公司、长安大学、中科院武汉岩土力学研究所	湖南省科技进步二等奖
	沥青路面设计关键技术	长沙理工大学、湖南省高速公路建设开发总公司	湖南省科技进步二等奖
	雪峰山特长公路隧道关键技术研究	湖南省交通规划勘察设计院、湖南省高速公路管理局、湖南省交通科学研究院、招商局重庆交通科研设计院有限公司	中国公路学会科学技术二等奖

续上表

年份	技术名称	参加单位	获奖情况
2011	温拌沥青混合料（WMA）应用技术试验研究	湖南省常吉高速公路建设开发有限公司、湖南省交通科学研究院、湖南大学	湖南省科技进步三等奖
	公路路域生态健康系统管理技术	长沙理工大学、湖南省宁道高速公路建设开发有限公司	湖南省科技进步三等奖
	湖南省高速公路典型路面结构及建造技术	湖南省公路学会、长沙理工大学、湖南路桥建设集团公司、湖南省常吉高速公路建设开发有限公司、湖南省衡炎高速公路建设开发有限公司	湖南省科技进步三等奖
	湖南高速公路典型路面结构及修建技术研究	湖南省公路学会、长沙理工大学、湖南省高速公路管理局、湖南省常吉高速公路建设开发有限公司、湖南省衡炎高速公路建设开发有限公司	中国公路学会科学技术三等奖
	沥青路面混合式基层结构应用技术研究	湖南省交通科学研究院、湖南省韶山高速建设开发有限公司	中国公路学会科学技术三等奖
	桥梁预应力施工质量智能控制系统	湖南省联智桥隧技术有限公司、湖南省高速公路管理局、湖南省通平高速公路建设开发有限公司	中国公路学会科学技术三等奖
2012	沥青路面状态设计法与结构性能提升技术及工程应用	长沙理工大学、湖南省高速公路建设开发总公司、武汉理工大学、海南高速公路股份有限公司、广东省长大公路工程有限公司	国家科学技术进步二等奖
	大跨度悬索桥加劲梁"轨索滑移法"架设新技术	湖南路桥建设集团公司、湖南省交通规划勘察设计院、西南交通大学	技术发明奖一等奖
	西部公路建设中土地资源保护技术研究	交通运输部公路科学研究院、湖南省交通规划勘察设计院、湖南省交通厅规划办公室、中交第一公路勘察设计研究院有限公司、湖南省高速公路管理局、陕西省交通建设集团公司	中国公路学会科学技术一等奖
	连续配筋混凝土刚柔复合式路面研究	长沙理工大学、湖南省常吉高速公路建设开发有限公司	中国公路学会科学技术一等奖
	单拱四车道公路隧道设计优化与施工技术研究	湖南省交通科学研究院、中南大学、湖南省汝郴高速公路建设开发有限公司	湖南省科技进步二等奖
	公路边坡动力稳定性分析及柔性抗震支挡技术	长沙理工大学、湖南省高速公路建设开发总公司	湖南省科技进步二等奖
	隧道路面多孔混凝土制备技术与复合式路面新结构、新材料的应用	长沙理工大学、湖南省常吉高速公路建设开发有限公司	湖南省科技进步三等奖

第七章
科技成果

续上表

年份	技术名称	参加单位	获奖情况
2012	预应力张拉与压浆智能化成套技术及远程监控研究	湖南联智桥隧技术有限公司、湖南省高速公路管理局、交通运输部工程质量监督局、交通运输部公路科学研究院	中国公路学会科学技术二等奖
	山区高速公路富水隧道设计施工关键技术及工程应用	湖南省交通规划勘察设计院、中南大学、湖南省张花高速公路建设有限公司、中南公路建设及养护技术湖南省重点实验室、山西省闻垣高速公路建设管理处	中国公路学会科学技术二等奖
	红黏土地区公路修筑关键技术研究	湖南省交通科学研究院、中国科学院武汉岩土力学研究所、湖南省郴宁高速公路建设开发有限公司	中国公路学会科学技术二等奖
	高速公路建设与养护一体化技术	长沙理工大学、湖南省宁道高速公路建设开发有限公司	中国公路学会科学技术三等奖
2013	矮寨大桥关键技术研究	湖南省交通规划勘察设计院、湖南路桥建设集团公司、湖南省高速公路建设开发总公司、西南交通大学、长江水利委员会长江科学院、同济大学、湖南大学、长沙理工大学	中国公路学会科学技术特等奖
	高速公路新型加筋土结构技术研究与示范工程	湖南省交通规划勘察设计院、中南大学、湖南潭衡高速公路开发有限公司、马克菲尔（长沙）新型支档科技开发有限公司、中南公路建设及养护技术湖南省重点实验室	湖南省科技进步二等奖
	复杂条件下超大断面隧道钻爆法施工安全控制技术研究与应用	中南大学、湖南省长湘高速公路建设开发有限公司、长沙理工大学、中铁十二局集团第七工程有限公司、湖南省交通规划勘察设计院	湖南省科技进步二等奖
	高速公路建设项目质量卓越管理模式及应用	长沙理工大学、湖南省长湘高速公路建设开发有限公司	湖南省科技进步二等奖
	基于剪切变形的杆板壳单元及其在深水基础承台施工中的应用研究	长沙理工大学、湖南省长湘高速公路建设开发有限公司	中国公路学会科学技术二等奖
	山区公路边坡地质灾害危险源识别与灾害预警研究	湖南省交通科学研究院、湖南省吉怀高速公路建设开发有限公司、中国科学院武汉岩土力学研究所	中国公路学会科学技术二等奖
	高速公路软土地基构造物设计方法及工程技术研究	长沙理工大学、湖南岳常高速公路开发有限公司	中国公路学会科学技术二等奖

续上表

年份	技 术 名 称	参 加 单 位	获 奖 情 况
2013	吉茶高速公路特殊桥隧铺装关键技术	湖南省交通规划勘察设计院、招商局重庆交通科研设计院有限公司、湖南省吉茶高速公路建设开发有限公司、重庆市智翔铺道技术工程有限公司、重庆鹏方路面工程技术研究院有限公司	湖南省科技进步三等奖
	隧道围岩失稳控制理论及施工关键技术	湖南省通平高速公路建设开发有限公司、中铁二十五局集团有限公司、中南大学	湖南省科技进步三等奖
	复杂条件下连拱隧道新型洞口结构形式及进洞施工安全控制技术	湖南工业大学、中南大学、湖南省常吉高速公路建设开发有限公司	湖南省科技进步三等奖
	基于湖湘文化的高速公路景观与地域特色融合技术推广应用	湖南省交通科学研究院、湖南省公路学会、交通运输部公路科学研究所、湖南省广兴环保科技有限公司、湖南省长湘高速公路建设开发有限公司	中国公路学会科学技术三等奖
	荆岳长江大桥关键技术研究	湖南路桥建设集团公司、长沙理工大学、湖北省荆岳长江公路大桥建设指挥部、湖北省交通规划勘察设计院	湖南省科技进步二等奖
2014	湖区高速公路路基建造关键技术及工程应用	湖南岳常高速公路开发有限公司、长沙理工大学、湖南省高速公路建设开发总公司	湖南省科技进步一等奖
	岩溶区高速公路路域水环境保护技术创新与工程应用	长沙理工大学、湖南省高速公路建设开发总公司、广西高速公路投资有限公司	中国公路学会科学技术一等奖
	资源节约型、环境友好型高速公路建设关键技术及工程示范应用	湖南省交通运输厅、湖南省交通科学研究院、湖南省交通规划勘察设计院、湖南省长湘高速公路建设开发有限公司、长沙理工大学、中南大学、湖南省公路学会、湖南广兴环保科技有限公司	中国公路学会科学技术一等奖
	山区高陡边坡段桩柱式桥梁修建关键技术及其工程应用	湖南省交通科学研究院、湖南大学、湖南省高速公路建设开发总公司、湖北工业大学	湖南省科技进步二等奖
	大跨径长翼宽箱桥梁结构关键技术研究	长沙理工大学、湖南大学、湖南省长湘高速公路建设开发有限公司	湖南省科技进步二等奖
	湖南潭耒高速公路提质改造关键技术及工程应用	现代投资股份有限公司、长沙理工大学、湖南省交通规划勘察设计研究院、湖南省交通科学研究院、湖南华鼎建筑科技有限公司、湖南固特邦土木技术发展有限公司	中国公路学会科学技术二等奖
	山区高陡边坡段桩柱式桥梁修建关键技术及其工程应用	湖南交通科学研究院、湖南大学、湖南省张花高速公路建设开发有限公司	中国公路学会科学技术二等奖

第七章
科技成果

续上表

年份	技术名称	参加单位	获奖情况
2014	旅游公路改造及安全保障技术研究	湖南省交通科学研究院、同济大学、湖南省高速公路建设开发总公司、长安大学	湖南省科技进步三等奖
	突发自然灾害（大雾、冰冻）对湖南高速公路的影响及减灾对策研究	湖南省交通科学研究院、湖南省高速公路建设开发总公司	湖南省科技进步三等奖
	桥隧相连工程多源损伤与控制技术研究	湖南省交通科学研究院、中南大学、湖南省高速公路建设开发总公司	中国公路学会科学技术三等奖、湖南省科技进步三等奖
	高速公路隧道低碳建设技术研究与工程示范	中南大学、湖南省交通科学研究院、湖南省长湘高速公路建设开发有限公司	湖南省科技进步三等奖
	干湿循环环境下公路路基长期稳定性评估与预处治技术	长沙理工大学、湖南省长沙高速公路建设开发有限公司、湖南省垄茶高速公路建设开发有限公司、湖南省醴茶高速公路建设开发有限公司	中国公路学会科学技术三等奖
	高温多雨大交通量条件下高速公路沥青路面典型结构研究	湖南省交通科学研究院、湖南省长湘高速公路建设开发有限公司、湖南省公路学会	中国公路学会科学技术三等奖
	山区高速公路超长连续纵坡行车安全关键技术	湖南省交通规划勘察设计院、四川雅西高速公路有限责任公司、交通运输部公路科学研究院、北京中路安交通科技有限公司	中国公路学会科学技术二等奖
2015	复杂悬索桥施工控制计算理论与架设技术及其应用	长沙理工大学、湖南省高速公路建设开发总公司、广东省长大公路工程有限公司、湖南理工学院	湖南省科技进步一等奖
	高速公路造价控制的机制与方法研究	长沙理工大学、湖南省高速公路建设开发总公司、湖南省衡桂高速公路建设开发有限公司、长沙理工大学城南学院	湖南省科技进步二等奖
	高等级公路路基病害快速综合诊断及加固新技术	长沙理工大学、湖南省高速公路管理局	中国公路学会科学技术二等奖
	山区大跨径高墩连续刚构桥关键技术研究	湖南省交通规划勘察设计院、湖南省高速公路建设开发总公司、中铁五局集团机械化工程有限责任公司、中铁十四局集团第五工程有限公司	湖南省科技进步三等奖
	夏蓉高速湖南宁（远）道（县）段高液限土路基填筑技术	湖南省宁道高速公路建设开发有限公司、交通运输部公路科学研究所	中国公路学会科学技术三等奖
2016	公路建设土地资源保护与集约利用成套技及工程示范	湖南省交通规划勘察设计院、中南大学、湖南省长湘高速公路建设开发有限公司、交通运输部公路科学研究所	湖南省科技进步二等奖

续上表

年份	技术名称	参加单位	获奖情况
2016	复杂与极端环境中隧道工程多类型水害机理与防治技术	中南大学、湖南省高速公路建设开发总公司、中铁二十二局集团第一工程有限公司	湖南省科技进步二等奖
	长株潭城市群公路网运营效能与安全性评估研究	湖南省交通科学研究院、中南大学、湖南长韶娄高速公路有限公司。成果获得2016年度中国公路学会科学技术二等奖、2016年湖南省科技进步三等奖	中国公路学会科学技术二等奖、湖南省科技进步三等奖
	桥梁施工废水环保处理关键技术研究与应用	湖南省交通规划勘察设计院、湖南大学、湖南省大岳高速洞庭湖大桥建设开发有限公司、湖南路桥建设集团有限责任公司、重庆大学	中国公路学会科学技术二等奖
	隧道超高性能混凝土衬砌关键技术研究及应用	湖南省交通规划勘察设计院、湖南大学、中南大学、湖南长浏高速公路建设发展有限公司	中国公路学会科学技术二等奖
	中南山区公路运营安全提升关键技术及工程示范应用	湖南省交通科学研究院、湖南省高速公路建设开发总公司、同济大学、中南林业科技大学	湖南省科技进步三等奖

第一节　路基路面科技

路基建设方面,重点开展岩溶及采空路基填筑、红砂岩路基修筑、膨胀土地区公路修建技术研究,较好地解决了不良和复杂地质条件下路基修筑问题。其中,"南方山区高速路基修筑支撑技术研究及应用"创新了山区高速公路路基稳定支撑技术,"湖区高速公路路基建设关键技术及工程应用"取得了湖区高液限土路堤填筑与压实、软土地基处治、低矮路堤涵洞通道的非均匀沉降控制、公路排水净化等关键技术的重大突破;"膨胀土地区公路建设成套技术"填补了国内外膨胀土地区公路修建技术的空白,成果达到国际先进水平。

路面修筑领域,开展混凝土路面早期开裂防治技术、沥青路面再生利用技术、干线公路典型路面结构、路面快速修复技术等项目研究,推广滑模摊铺、传力杆、节水保湿膜等新设备、新工艺和新材料,提高了路面性能和使用寿命。其中,"重载交通长寿命沥青路面关键技术研究""沥青路面设计标准与耐久性技术""连续配筋混凝土刚柔复合式路面研究"等成果居国内领先水平。

在生态防护与排水工程方面,主要研究高速公路建设项目的边坡处治技术、土地资源保护技术、路域水环境保护技术等,取得了系列课题成果。其中,"山区复杂地段公路边坡关键技术及推广应用研究""西部公路建设中土地资源保护技术研究""岩溶区高速公路路域水环境保护技术创新与工程应用"等成果居国内领先水平。

一、湖南省红砂岩地区高速公路深切方边坡稳定试验研究

项目承担单位为省交通科学研究院、湘耒高速公路建设开发有限公司,主持人李志勇。成果获2002年中国公路学会科学技术二等奖。

研究内容:工程地质类型的系统聚类分析;红砂岩的风化机理及界面条件研究、红砂岩边坡变形破坏规律及综合生态防护;坡比设计诺谟图以及平面形、圆弧形、折线形的边坡破坏概率计算及相应的计算软件;广义余推力法及其软件等。

根据红砂岩易风化和边坡工程地质特性,提出适合于红砂岩路堑边坡稳定的防护措施和施工指南,直接指导湘耒高速公路的设计施工,解决了工程中具体问题。研究成果在耒宜高速公路、潭邵高速公路和衡枣高速公路上推广应用。

二、高速公路岩溶及采空区路、桥基础设计施工与质量监控方法研究

项目承担单位为湖南大学、湖南省潭邵高速公路建设开发有限公司,主持人赵明华。成果获2004年湖南省科技进步一等奖。

该研究以上瑞国道主干线潭邵高速公路为依托工程。经过近3年的深入研究,主要取得了以下几方面研究成果:

(1)提出以岩溶洞及采空区路、桥基础下伏空洞的顶板承载能力控制为主、以变形控制为辅的岩溶及采空区路、桥基础稳定性评价与处理的基本原则,大大缩小了勘察与处治的范围。

(2)首次建立岩石损伤软化统计本构模型及其损伤统计强度理论。该本构模型充分反映了岩石变形破裂的全过程及其软化特性;其损伤统计强度理论不仅能反映岩石屈服或破坏受体积应力与剪应力以及中主应力的影响,而且较Drunker强度理论更加接近于工程实际,开辟了一条岩石本构关系与强度理论研究的新途径,为岩溶与采空区路、桥基础处治设计奠定了可靠的基础。

(3)首次分别建立出岩溶及采空区路、桥基础稳定性的模糊综合二级评判模型及评价方法。

(4)运用极限平衡理论、数值分析方法、强度折减技术和优化理论,分别针对岩溶与采空区路、桥基础处治施工与设计的不同特点,系统建立了岩溶与采空区路、桥基础下伏空洞顶板最小安全厚度的确定方法,为高速公路岩溶与采空区路、桥基础处治设计提供了可靠而合理的依据。

(5)在岩溶及采空区路、桥基础稳定性分析与其处理设计理论研究的基础上,提出了切实可行的路、桥基础处理的基本原则与设计施工方法,并结合依托工程实际制定了其岩溶及采空区路、桥基础处理的详细设计方案并应用于工程实际。

该成果成功解决了岩溶及采空区高速公路路、桥基础建设的一系列工程问题,对岩溶区稳定性分析、顶板安全厚度确定等疑难关键问题研究有了重要突破,应用于潭邵、常张等高速公路,对我国广大岩溶地区的公路建设具有重要的参考与应用价值。

三、全风化花岗岩路基动态特性及稳定性研究

该课题是2001年交通部优秀青年专业技术人才专项经费资助项目计划。参加研制的单位为湖南省交通科学研究院、湖南省临长高速公路建设开发有限公司,主持人李志勇。成果获2004年中国公路学会科学技术二等奖。

主要成果:系统研究了全风化花岗岩及其水泥石灰稳定土的工程性质,建立了全风化花岗岩CBR与液塑限、压实度、含水率之间的相关关系,首次提出使用液塑限和土的分类作为全风化花岗岩路基填料适用范围的主要判别指标;试验研究了全风化花岗岩及其水泥稳定土的动力疲劳特性,探讨了动强度和动模量及其随加载次数、压实度、水泥含量及含水率的变化规律,提出了全风化花岗岩及其水泥稳定土应用于高速公路路基的动强度和动模量的设计指标以及相应的设计方法;采用数值分析方法,系统研究了路基路面结构动态响应;通过足尺模型试验,研究了全风化花岗岩、水泥稳定土、土工格室加筋路基的路基路面结构的动应力应变和累积变形随荷载加载次数的变化规律,从理论和试验方面论证了全风化花岗岩作为路基填料的可靠性;探讨了全风化花岗岩路基边坡冲蚀破坏机理,提出了路基边坡冲刷防护措施;通过理论研究和现场沉降观测资料的分析,深入地探讨了全风化花岗岩路基的沉降规律,提出了预测公式。

根据以上研究成果,提出了全风化花岗岩路基设计与施工技术指南,并成功地应用于临长高速公路全风化花岗岩路基修筑,保证了公路建设质量。

四、路基路面强度控制参数的研究

该项目是西部交通建设科技课题。由同济大学牵头,湖南省交通科学研究院、湖南大学参与了该课题的部分研究工作,主持人孙立军。项目研究起止时间为2002年1月至2004年12月。成果获2005年度中国公路学会科学技术奖二等奖。

研究内容:湖南省境典型公路交通组成的研究;路面温度分布的研究(沥青面层温度测量);路基路面强度参数跟踪测量试验;沥青路面典型破损情况调查与分析。

主要研究成果有:

(1)发现了许多新的损坏机理和现象,并将重交路面损坏的类型归纳为8种类型和4

种模式。

（2）实测了沥青路面温度场分布,建立了沥青路面温度场预估模型。

（3）首次对沥青混合料的抗剪切强度进行了研究,提出并建立了一种单轴贯入抗剪切试验系统,提出了路面设计时的剪应力验算方法,初步给出安全度的建议值。

（4）设计了一种新的沥青混合料全过程水稳定性试验评价方法,比较了各种空隙率测量方法的差异和变异性,试验证明了采用 T1.2 和 T800 评价沥青的高温、低温性能具有很大的不确定性。

（5）足尺试验和实际工程试验表明,现行规范方法计算的柔性基层沥青路面综合弯沉修正系数偏大,提出了新的建议和修正公式。

（6）荷载参数的研究表明,轮胎与路面的接触形状更接近于矩形,而且其分布呈现出明显的非均匀特性;提出了高速公路双向四车道、六车道和八车道在考虑不同情况下的车道系数和标准轴载横向分布系数推荐值,给出了由观测站得到的双向或单向 AADT 换算为设计所需的等效标准轴次的计算过程。

（7）路面现场疲劳方程是路面设计的核心方程,该研究建立了可供设计中使用的路面设计方程,并通过与国外设计方法的疲劳方程的对比,说明了结构行为分析法与国际现行的设计方法具有内在的一致性。

五、高速公路软土路基处理研究及应用

该项目承担单位为湖南大学、湖南省临长高速公路建设开发有限公司,主持人蒋鹏飞。成果获 2005 年湖南省科技进步一等奖。

以京珠国道主干线湖南临长高速公路为依托工程,经近 4 年现场试验路段试验、室内模型试验和理论分析研究,结合工程地质、施工及环境等条件,优选出适合于临长高速公路的土工格室+碎石桩双向增强体复合地基软土路基加固处治方案,并提出相应的工程实施细则。

（1）以魏西克圆孔扩张理论为基础,考虑桩土材料各向异性,引入 $p \sim y$ 曲线法建立了考虑碎石单元体纵横向异性的桩土共同工作应力—应变模型,并推导出一种新型的桩土应力比计算式。

（2）将数值优化方法中的可行方向法引入遗传算法中,得到了一种高效的混合遗传算法可行方向遗传算法（FDGA）,应用于临长高速公路软土地基上加筋垫层地基承载力分析、路堤边坡稳定性评价及临界滑动面搜索,取得了良好效果。

（3）基于相似原理,设计并完成了一系列较大型模型试验,结合现场试验路试验,揭示了土工格室+碎石桩复合地基的作用机理。

（4）利用拉格朗日元法（FLAC3D 软件）探讨了土工格室+碎石桩复合地基的受力特

性、沉降规律以及各设计参数对复合地基应力和位移的影响;结合临长路大量路基及路堤承建观测资料,获得了软土路基沉降随时间的变化规律,并提出了软土路基沉降的变权重组合预测方法。

该成果成功解决了湖相沉积软土地基上修筑高速公路的一系列工程问题,在湖相沉积软土地基加固、路基稳定性分析及沉降预测等疑难关键问题有了重要突破,应用于临长、邵怀、怀新等高速公路,并取得了显著的社会与环保效益。

六、南方湿热地区高速公路典型路面结构的组合设计及路面材料与施工工艺研究

该项目承担单位为长沙理工大学、湖南省耒宜高速公路建设开发有限公司,主持人张起森。成果获 2005 年湖南省科技进步二等奖。

该项目应用亚洲唯一的直线式加速加载系统对耒宜高速公路 4 种沥青路面结构方案进行了大型足尺疲劳试验,通过试验数据,首次系统得到了车辙、弯沉、摩擦系数、构造深度以及路面结构内部应变变化规律;获得了基于沥青路面使用性能的重交沥青及改性沥青综合技术评价方法,并结合 SHRP 研究结果,运用黏弹性理论优化了 SUPERPAVE 沥青高温性能评价指标,其有效性得到了实验验证,整体技术达到国际先进水平。

七、南方山区特殊土公路路基处治关键技术研究及应用

该项目承担单位为湖南大学、湖南省高速公路管理局、广西壮族自治区公路管理局,主持人赵明华。成果获 2006 年国家科技进步二等奖。

主要成果:首次建立同时反映软硬化及其转化全过程的岩石损伤本构模型及新型强度准则,构建特殊土路基稳定性评价的理论体系。技术上,首次提出红砂岩路基修筑成套技术,并制订相应的施工技术规程及验收标准,提出"以承载力控制为主、变形控制为辅"的岩溶区路基处治设计方法,部分研究成果已纳入正在修订的国家行业标准,提出了以浅层碾压和深层冲击相结合的实用填石路堤施工与沉降监测技术。

八、沥青路面柔性基层半刚性底基层结构设计及施工工艺研究

该项目承担单位为湖南省交通科学研究院、湖南省常张高速公路建设开发有限公司,主持人钟梦武。成果获 2007 年中国公路学会科学技术二等奖。

在对沥青路面柔性基层半刚性底基层结构进行系统全面的应力应变、疲劳特性、高温稳定性和防裂机理研究的基础上,结合大量的室内外试验,提出一套合理的柔性基层半刚性底基层沥青路面设计方法和施工工艺,以解决半刚性基层沥青路面因不可避免的大量反射裂缝而引起的早期水损坏问题,从而提高沥青路面的使用寿命和品质。

九、CS 高次团粒混合纤维法在脆弱生态区域的快速植被恢复技术

该项目承担单位为湖南双胜生态环保有限公司、中南林业科技大学、湖南省常吉高速公路建设开发有限公司,主持人沈守云。成果获 2008 年湖南省科技进步二等奖。

高次团粒混合纤维法生态恢复技术是在遵循自然形成规律的原则上,对自然生态系统中的自然恢复能力给予支持。该技术是用特殊的设备、材料、施工工艺人工制造出具有高次团粒结构的植物生长基质,其原理是黏性土壤成为泥浆后,一边加入土壤一级粒子和链状的超高分子及空气使其进行混合反应,一边使具有黏着性的植物纤维交积在一起,依靠土壤一级粒子和超高分子的离子结合,建造出模拟具有高次团粒结构的自然界表土形式的植物生长基质,提供植物根系生长的良好环境,并根据自然法则在丘陵地区采用以乔、灌植物种子为主的多物种植物种子实行播种快速绿化。多样化的物种有效抵抗了病虫害,无须施肥洒药,由于是对自然恢复能力给予支持,自然演替现象发生后无须后期养护,降低了成本,实现了后期零养护,使生态效益、社会效益和经济效益高度统一。

十、膨胀土地区公路建设成套技术

该项目承担单位为长沙理工大学、南京水利科学研究院、中交第二公路勘察设计研究院有限公司、云南省公路科学技术研究所等,主持人郑健龙。成果获 2009 年国家科技进步一等奖。

为解决膨胀土地区公路修筑难题的问题,2002 年,交通部西部项目立项开展"膨胀土地区公路修筑成套技术研究"。长沙理工大学联合多家单位通过自主创新和集成创新,在公路膨胀土边坡的滑坍治理、膨胀土弃方的合理利用、膨胀土的判别分类、构造物地基基础设计及环境保护等关键技术方面取得了重大突破。首次开发了以一个平台、两个理论、四项技术、五种方法为核心的,集理论、方法及勘察、设计、施工技术于一体的膨胀土地区公路建设成套技术。其中 2 项成果获省部级科技进步一等奖,4 项成果获国家发明专利,7 项成果获国家实用新型专利。

在理论创新方面,提出了以标准吸湿含水率为控制指标的膨胀土判别与分类方法,已纳入交通部行业标准《公路路基设计规范》(JTG D30—2004);建立了公路膨胀土地基、路堑边坡和场地分类方法,形成了公路膨胀土工程分类体系;提出了非饱和膨胀土简化固结理论与有效应力折减吸力理论,以及膨胀土的膨胀模型及计算方法,建立了一种便于应用的非饱和膨胀土工程本构模型;揭示了不同荷载条件下膨胀土地基的变形规律和构造物土压力变化规律,提出了膨胀土与构造物相互作用的计算理论以及膨胀土地基变形预测方法;提出了膨胀土填料分类、分级标准、方法以及路堤压实控制方法;建立了膨胀土地区公路建设路域植被生态恢复和水土流失防治评价体系。

在应用技术突破方面,研究开发了具有综合防排水功能的柔性支护处治技术,包括设计方法和施工技术,较好地解决了膨胀土路堑边坡稳定这一技术难题;开发了侧向浸水承载比试验方法及相应的配套试验装置,形成了膨胀土用作路堤填料的系列技术;提出了适合膨胀土地区生长的植物种类和族群组合及公路路域水土保持和生态恢复技术;编写了《膨胀土地区公路设计与施工技术指南》。

十一、重载交通长寿命沥青路面关键技术研究

该项目承担单位为长沙理工大学、同济大学、河北省交通勘察设计研究院、河北省沿海高速公路筹建处、湖南省醴潭高速公路建设开发有限公司、中海油气开发利用公司、交通部公路科学研究院,主持人沙庆林。成果获2009年中国公路学会科学技术一等奖。

该项目以醴潭高速公路(醴陵—湘潭)为依托工程,研究重载交通长寿命沥青路面结构设计、材料技术、施工控制措施,并提出设计与施工技术指南。主要成果有:

(1)首次提出了SAC沥青混凝土级配设计方法,研究得到了两阶段检验理论和检验方法。第一阶段对原材料进行检验,称VCADRF方法;第二阶段对沥青混凝土试件进行检验,称VCA AC方法。

(2)首次提出了水泥碎石基层粗集料断级配CBG-25的级配设计和密实性检验方法。

(3)首次在国内实现稳土基和路基路面综合设计的要求,即在土基下1.5m左右处设置水平沥青膜隔断层,阻止气态水上升,底基层底面向下两侧用防水土工膜做垂直向下直至隔断层的防水墙,以保持此深度范围内的土基强度稳定。

(4)研制出了粗集料单一粒级专用筛分机,可将CBG-25和SAC-25的粗集料筛成26.5~19mm、19~13.2mm、13.2~9.5mm和9.5~4.75mm4个单一粒级的料。

(5)完善了主要针对CBG和SAC拌和厂的设备配置和改造的新工艺。

(6)完善了能提高生产效率的碎石加工与施工工艺。考虑水泥碎石基层CBG与SAC地面层可用同一种岩石破碎的粗集料,采用CBG级配的最大粒径与SAC25-1相同,便于备料。同时将厚8cm、11cm和14cm的中下面层合成一层称底面层,采用AH-30沥青和SAC25-1级配,便于备料和一次摊铺及一次碾压。

(7)提出了路面结构层层间可靠的黏结与防水技术。在表面层下设置黏结防水层,使表面层与中面层既良好黏结,又能防止自由水透过表面层进入中、下面层,最大限度地减少和减轻不同类型的水破坏。在底面层与基层间设置黏结层,以提高路面的使用性能,减少面层裂缝。

(8)首次在基层与底基层、上下底基层之间以及在下底基层与土基之间采用新型羊足碾碾压,表面形成一个一个长方形的凹坑,凹坑的深度约5~6mm,加强层间的结合,使半刚性材料层与土基互相紧固嵌入,形成一个很好的整体。

十二、山区复杂地段公路边坡关键技术及推广应用研究

该项目承担单位为中南大学、湖南省交通规划勘察设计院、湖南省常吉高速公路建设开发有限公司,主持人彭立。成果获 2010 年湖南省科技进步一等奖。

该项目历时 8 年完成了基于水环境下的各类边坡的处治新技术。

主要理论创新有:

(1)基于边坡失稳的力学机制,提出了简单、复合、组合三种边坡失稳模式。

(2)确定了影响边坡稳定的 17 个评判因子及其权重,构建了二级综合模糊评判模型,首次将湖南省公路边坡划分为 7 个稳定区及 11 个亚区。

(3)首次提出了不同公路边坡的土壤侵蚀模数等参数,建立了公路边坡水土流失预测模型,为交通、水利行业建立国家侵蚀模数数据库提供了基础数据。

主要技术创新有:

(1)系统地研究了边坡不同失稳模式的内在力学机制和力学过程,形成了基于水环境治理的公路边坡处治新技术。

(2)编写了《公路边坡水土保持设计指南》《山区高速公路水土保持设计文件编制办法》和《公路边坡水土保持措施通用图》,填补了国内空白。

(3)基于水环境治理的膨胀土边坡综合处治方案,解决了中、强膨胀土地区公路路堑边坡失稳处治难题。

(4)首次基于施工过程安全控制,建立了滑坡处治过程设计准则,保证了滑坡的长期稳定和治理过程的安全。

(5)首次提出了侧翼追动式顺层滑坡和牵引—推移复合式旋转滑动的模式,成功处治了常张高速公路岩泊渡、怀新高速公路五里牌、常吉高速公路朱雀洞等重大滑坡。

十三、沥青路面设计标准与耐久性技术

该项目承担单位为长沙理工大学、湖南省高速公路建设开发总公司,主持人郑健龙。成果获 2011 年中国公路学会科学技术一等奖。

针对国内原沥青路面设计方法中所存在的技术问题,开展了沥青路面设计指标与标准、半刚性基层沥青路面抗裂技术、沥青路面抗疲劳设计、沥青混合料的疲劳损伤与轴载换算方法等方面的研究,通过自主研发与集成创新,取得了以下系列成果:

(1)创立了沥青路面破坏状态设计法,建立了以设计弯沉为指标的沥青路面设计指标与标准,揭示了沥青路面路表弯沉的衰变规律,首次提出了与设计标准相协调的沥青路面施工质量验收标准。

(2)揭示了半刚性基层沥青路面常见各类路面裂缝的开裂机理与行为特征,发明了

相关的防治路面开裂的新材料,开发了防治相关路面开裂的应用技术,并提出了相关抗裂设计技术与方法。

(3)根据沥青混合料强度随加载速度变化的特征,首次建立了以真实应力比表征的疲劳方程,实现了不同加载频率下疲劳方程的归一化,使沥青路面设计抗拉强度结构系数计算的准确性平均提高50%以上。

(4)建立了超载车辆对路面破坏作用的定量分析方法,提出了可同时考虑加载历史与损伤演化历史的沥青路面设计轴载换算新方法,提高了轴载换算的准确性。

成果纳入3部行业规范、1部国家标准,获发明专利1项、实用新型专利3项、公示发明专利1项,发表学术论文107篇(其中SCI、EI收录40篇),出版著作4部,培养科技人才数百名。所提出的设计标准直接指导了中国1997年以来的高速公路和普通公路沥青路面设计、施工及改扩建,产生了显著的社会、经济效益。

十四、沥青路面状态设计法与结构性能提升技术及工程应用

该项目承担单位长沙理工大学、湖南省高速公路建设开发总公司、武汉理工大学、海南高速公路股份有限公司、广东省长大公路工程有限公司,主持人郑健龙。成果获2012年国家科技进步二等奖。

主要创新技术有:

(1)在沥青路面设计方法、改扩建与养护维修技术、路面开裂与车辙防治、路面疲劳损伤理论与轴载换算等关键技术方面有重大突破与实质性创新,取得了集理论、方法、试验技术与新材料开发于一体的高速公路沥青路面设计与建养系列技术。

(2)创建了沥青路面设计新指标与新方法,揭示了沥青路面的破坏规律,首次建立了以设计弯沉为指标的路面设计标准与竣工验收标准,创立了沥青路面破坏状态设计法,攻克了中国沥青路面竣工验收无法检验是否满足设计目标的技术难题,成果被纳入交通部行业技术规范和国家标准,并一直沿用至今,有力地支撑了国家高速公路网的建设。

(3)研发了沥青路面改建设计与养护维修新技术,建立了中国沥青路面改建设计新方法,发展了旧沥青路面材料循环再生技术,自主开发了省域高速公路网路面养护维修智能化技术。工程应用证明,该技术使养护成本降低15%,路网优良率提高12%,节约了资源、保护了环境,成果分别被纳入国家标准与交通部行业规范,并编制了多部地方行业标准。

(4)创新了多种沥青路面病害防治技术,揭示了沥青路面主要病害产生的力学机理与演化规律,发明了沥青路面抗裂、抗车辙及钢桥面铺装的新材料与新技术;开发了旧水泥混凝土加铺沥青罩面层的新结构,工程应用证明,通行能力提高了40%以上、年养护费用下降50%以上,8年周期全成本降低34%。成果部分纳入交通部行业规范。

(5)建立了沥青路面荷载效应分析新方法,揭示了沥青混合料强度的速度特性和非线性损伤演化规律,统一了不同加载频率下的疲劳方程,建立了沥青混合料非线性损伤累积演化方程,提出了沥青路面设计结构强度系数计算和轴载换算新方法,发展了沥青路面疲劳损伤理论。

十五、连续配筋混凝土刚柔复合式路面研究

该项目承担单位为长沙理工大学、湖南省常吉高速公路建设开发有限公司,主持人刘朝晖。成果获2012年中国公路学会科学技术一等奖。

主要研究成果:创建连续配筋混凝土(CRC)板的厚度设计方法和极端裂缝间距条件下板边冲断破坏的验算方法;系统研究了CRC+AC复合式路面结构的温度场,提出了沥青面层(AC)的经济厚度范围和具有保温隔热效应的最小厚度、基于层间剪切指标的AC层厚度设计方法,分析CRC板的接缝设置以及路肩板不配筋的可行性,创立了端部采用桥梁伸缩方式(毛勒缝)并与桥梁结构伸缩装置合并的处理模式,并率先在实体工程中成功应用;开发了铺面结构层间界面剪切仪,提出了层间界面结构与材料的要求,研发了一种适用于CRC+AC复合式路面的层间新材料;提出了适用重载交通的耐久性新型CRC+AC复合式路面结构及其相应的设计方法与施工技术,形成了相关的施工技术指南,指导了实体工程及试验路的修筑。

该项目成果在湖南常吉新建高速公路和长潭、长永、长益旧水泥路面改建工程等111.3km高速公路中得到成功应用,产生直接经济效益8.6406亿元,并被河北张石高速公路40km CRC+AC路面工程借鉴,以及京港澳潭耒高速公路168.848km旧水泥路面改造工程中推广应用。其中,京港澳长潭高速公路的旧水泥路面改造工程已通车9年,在重载交通条件下至今无明显病害,取得了显著的社会、经济效益,有力地促进了交通领域的科学研究和路面设计理论的发展。

十六、湖区高速公路路基建造关键技术及工程应用

该项目承担单位为湖南岳常高速公路建设开发有限公司、长沙理工大学、湖南省高速公路建设开发总公司,主持人郑健龙。成果获2014年湖南省科技进步一等奖。

洞庭湖区多为软土地基,高液限土等不良土质分布广泛,高品质填料极度匮乏,给高速公路建设造成极大困难。

该项目针对上述问题开展联合攻关,实现了湖区高液限土路堤填筑与压实、软土地基处治、低矮路堤涵洞通道的非均匀沉降控制、公路排水净化等4项关键技术的重大突破,发明了高液限土路堤填筑与压实新技术,创建了路基平衡含水率理论,提出了以承载力为目标的路基含水率设计新方法,开发了基于平衡含水率的高液限土路堤施工控制技术;发

展了湖区高速公路软土地基处治技术,提出了一种新的软土地基变形预估方法,开发了软土地基上覆硬壳层的综合利用技术,发明了软土地基预压荷载动态设计方法;开发了低矮路堤的构造物非均匀沉降控制技术。针对低矮路堤的涵洞通道容易积水导致地基软化的问题,发明了防排水新技术,提出了基于非饱和土力学的地基变形计算方法,开发了基于变形控制的涵洞通道地基设计与施工技术;创新了公路排水净化技术,针对汽车排放与有害货物泄漏导致湖区水资源污染的问题,提出了受污染路表径流的净化原理,发明了集物理、化学与生化技术于一体的路表径流污水净化结构,处理后的水质根据需要可达到国家域类或芋类标准。

十七、公路建设土地资源保护与集约利用成套技术及工程示范

该项目承担单位为湖南省交通规划勘察设计院、中南大学、湖南省长湘高速公路建设开发有限公司、交通运输部公路科学研究所,主持人彭立。成果获 2016 年湖南省科技进步二等奖。

项目提出了公路工程土地价值理论,形成了土地资源快速识别方法,研发了表土保护与弃土场稳定技术,创新了节约集约用地成套技术,建成了国家级两型科技示范工程,实现了公路节约集约用地技术的跨越,填补了道路工程节约集约用地领域的研究空白,其中基于土地影子价格的山区公路构造物设置决策分析模型、山区高速公路弃土场的滑坡触发机制、基于敏感土地资源保护的 3S 公路选线技术和公路环保绿线技术等成果达到国际领先水平。

研究成果已经在省内外公路、铁路、水运和市政工程等多个领域广泛应用,经济、社会和环境效益十分显著,作为依托工程之一的长湘高速公路,累计节约土地 2714 亩,置换出有重大开发价值的土地 1299 亩,为长株潭两型示范区带来十分可观的土地出让金收益。

第二节 桥 梁 科 技

重点开展了连续梁桥、斜拉桥、悬索桥、钢管混凝土拱桥等桥梁建造新技术、在役桥梁检测与加固技术研究,较好地解决了桥梁建设与养护中的诸多难题。其中,钢—超韧混凝土轻型组合桥面新体系研究成果居国际领先水平;大跨度悬索桥加劲梁"轨索滑移法"架设新技术,是中国桥梁领域为数不多具有重大价值的原创技术发明,被湖南省人民政府推荐为"湖南省八大世界之最"。

一、钢—超韧混凝土轻型组合桥面新体系研究

项目承担单位为湖南大学、湖南省交通规划勘察设计院、广东冠生土木工程技术有限

公司、湖南中路华程桥梁科技股份有限公司、湖南省高速公路建设开发总公司,主持人邵旭东。经郑皆连院士、聂建国院士等同行专家鉴定,主要技术成果达到国际领先水平。

正交异性钢桥面具有自重轻、施工对环境影响小等优点,在钢桥(尤其是大跨钢桥)中应用广泛,但钢桥面的两大病害难题长期得不到解决:

(1)钢桥面板在行车重载作用下,易疲劳开裂,如虎门大桥运营10年便出现了大量钢结构疲劳裂纹。

(2)沥青铺装层因重载车作用、材料热塑性、雨水侵蚀等原因而极易破损,如在网上引起热议的武汉长江三桥10年24修等。

上述顽疾属世界性难题,危及桥梁结构安全,影响钢桥面的耐久性和行车舒适性,致使维护成本飙升。常规应对方法如加大钢面板厚度、优化构造细节、改进铺装材料等均不能治本。

该项目以国际上最先进的高性能材料——超高性能混凝土UHPC(Ultra High Performance Concrete)为基础,经过20余年科技攻关,掌握了轻型组合桥面结构的静动力性能,研发了原创性的正交异性轻型组合桥面新体系,有望彻底解决钢桥面疲劳开裂与铺装层易损的世界性难题,突破钢桥建设与维护的重大技术瓶颈。

主要技术成果有:

(1)基于对超高性能混凝土UHPC的长期研究积累,首次将UHPC用于强化钢桥面,发明了钢—超韧混凝土轻型组合桥面结构,大幅度提高了钢桥面的局部刚度,解决了钢桥面疲劳开裂和铺装层频繁破损两大病害难题。

(2)由于是薄层组合,钢桥面上混凝土层的拉应力高达10~15MPa,通过强化UHPC的抗拉能力和减小收缩,发明了钢桥面专用的超韧混凝土STC(Super Toughness Concrete),其抗裂强度高达42.7MPa,后期收缩仅为30~60$\mu\varepsilon$,满足了钢桥面高拉应力的受力要求。

(3)发明了矮剪力键,提出了相应的计算方法,解决了常规剪力键在薄层STC中难以适用的问题;发明了多种STC强化接缝技术;发明了适用于STC局部破损的拆除工艺和修补强化接缝技术。

与常规沥青铺装+钢桥面体系相比,轻型组合桥面结构的局部刚度可提高40倍,车载作用下钢桥面中的疲劳应力降低30%~80%,基本消除了钢桥面疲劳开裂的风险,解决了钢桥面铺装的难题。

该项目获国家发明专利9项,出版技术规程2部、专著1部,发表高水平期刊论文47篇,其中SCI/EI收录30篇。新体系大幅提高了桥面钢结构疲劳寿命,并显著延长了铺装的寿命,桥面钢结构疲劳开裂修补费用也可基本免除。截至2017年8月,研究成果已成功应用于大岳高速公路洞庭湖大桥以及全国6个省(市)17座钢桥面铺装,涵盖了梁桥、拱桥、斜拉桥和悬索桥等各类桥型,编制了湖南省地方标准,应用前景十分广阔。

二、预应力混凝土公路板式桥梁通用设计图成套技术研究

该项目承担单位为湖南省交通规划勘察设计院、湖南省交通科学研究院、广西交通规划勘察设计研究院、辽宁省交通勘测设计院、中交公路规划设计院有限公司,主持人彭立。成果获2008年湖南省科技进步二等奖。

(1)首次在桥梁通用设计中引入全寿命设计理念和安全等级、环境类别等新方法。

(2)提出了板梁合理结构型式和板高、板宽、顶底板及腹板厚度等优化设计参数,揭示了板梁的应力分布特征、实用计算方法和各种工况的横向分布系数。

(3)分析了桥面现浇层参与结构共同受力的机理,提出了实用设计方法和工程措施,揭示了板端锚固区力学特征并结合工程病害提出了改进方法,发现了强撞击条件下悬臂板的安全隐患并提出了解决方案,证明了传统吊装方式的工程缺陷并推荐了一种可靠的吊装工艺。

(4)自行开发了一套适用于不同施工方法、不同跨径、不同梁高的通用钢制内模。

(5)板式桥梁由于其预制、安装施工工艺简单,工程造价较低,能适应各种形状的弯、坡、斜桥,在中、小跨径桥梁中应用广泛。

课题组按照现行公路工程技术标准和公路桥涵设计规范,开发了一整套包括9种路基宽度、6种跨径、3个斜交角度、2种荷载等级、2种板宽和2种预应力施加工艺等513种工况组合下的预应力混凝土(含钢筋混凝土)板式桥梁通用图,充分体现了安全、耐久、可持续发展的理念,在提高工程质量、安全、标准化等方面具有创新性。成果已在国内多条高速公路上推广应用。

三、预应力张拉与压浆智能化成套技术及远程监控研究

该项目承担单位为湖南联智桥隧技术有限公司、湖南省高速公路管理局、交通运输部工程质量监督局、交通运输部公路科学研究院,主持人刘柳奇。成果获2012年中国公路学会科学技术二等奖。

(1)项目首次提出"循环智能压浆"的概念。

(2)预应力智能张拉和压浆系统创新性的利用智能化操作技术,解决了传统施工工艺控制不准、注浆施工动态监控难、灌浆不密实、质量追溯难等长期困扰交通建设者的质量控制难题,可显著提高桥梁耐久性和安全性。

(3)施工过程中,操作人员只需在控制电脑里输入相关数据,轻点鼠标,高度集成的智能张拉、压浆系统便会自动完成施工全过程,不受人为因素干扰,保证施工过程规范到位。

目前,该项技术在全国得到广泛应用,取得了良好的社会效益及经济效益,成为湖南高速公路质量管理的一张名片。

四、大跨度悬索桥加劲梁"轨索滑移法"架设新技术

该项目承担单位为湖南路桥建设集团公司、湖南省交通规划勘察设计院、西南交通大学,主持人胡建华。成果获2012年湖南省技术发明一等奖。

该项目针对湘西矮寨大桥加劲梁架设施工难题,经过近7年的艰苦探索,创造发明了大跨度悬索桥加劲梁"轨索滑移法"架设新技术,解决了在常规运输方式受地形限制的情况下,悬索桥加劲梁架设的难题,成为悬索桥施工的"第4种方法"。

该项新技术的基本原理是:利用悬索桥的永久结构——主缆和吊索作为承重及传力结构,在吊索下端安装若干根水平钢丝绳索轨,将钢桁梁节段沿索轨从岸侧水平滑移至跨中完成拼装,由跨中逐段向两岸延伸,直至全部加劲梁贯通。主要技术发明和创新有:

(1)永久结构主缆作为施工的承重构件,承载能力大、安全经济。

(2)主缆、吊索和轨索组成空间索网体系,稳定可靠。

(3)轨索采用一端固定,另一端"滑车组+配重块"的方式形成了自平衡体系,确保了轨索索力均匀、恒定。

(4)鞍座与鞍体间设置活动间隙和与变形匹配的鞍座踏面曲线,实现了运梁小车通过吊鞍时柔性与刚性的连续过渡。

(5)运梁小车分配梁采用二力杆原理设计,保证了运梁小车轮组受力分配均匀。

(6)承力轮对悬臂连接于分配梁,实现了运梁小车与轨索的悬挂,并能平稳通过吊鞍。

(7)设置合理的槽深和轮缘宽度,在轨索鞍座上由轮缘支承通过,并保证了轮对在轨索上不脱轨。

"轨索滑移法"架设新技术成功应用于矮寨大桥,69段钢桁梁架设仅用了2个半月,与同类型桥梁相比,工期缩短8~10个月,减少钢桁梁永久结构用钢约2000t,创造直接经济效益12475万元。该技术发明是中国桥梁领域为数不多具有重大价值的原创发明,并被湖南省人民政府推荐为"湖南省八大世界之最"。

五、荆岳长江大桥关键技术研究

该项目承担单位为湖南路桥建设集团公司、长沙理工大学、湖北省荆岳长江公路大桥建设指挥部、湖北省交通规划勘察设计院,主持人陈常松。成果获2013年湖南省科技进步二等奖。

课题组以荆岳长江大桥为依托,对斜拉桥自适应无应力构型施工控制理论和大跨度

高低塔混合梁斜拉桥的施工技术等方面展开了深入研究。

主要创新技术有：

(1) 提出了大跨度斜拉桥自适应无应力构形控制理论，建立了无应力构形计算方法和自适应控制系统，成功实现了大跨度斜拉桥施工全过程的高精度控制。

(2) 首次提出了斜拉桥中跨主梁的单缝合龙法。该方法极大简化了施工工艺，提高了施工安全性，实现了荆岳大桥高精度的合龙。

(3) 开发了斜拉索全软牵引塔端安装新技术，避免了超长斜拉索安装时易坠索的施工危险。

(4) 发明了带自导向功能的桩基成孔导向钻头，采用桩基综合成孔控制工艺，解决了软硬混杂陡立破碎岩体和复杂岩溶地质条件下的桩基施工偏孔和塌孔的难题。

(5) 研发了斜拉桥边跨混凝土箱梁预制拼装新工艺，构建了针对分离式边箱梁结构特点的裂缝控制体系，有效地预防了超宽大体积预应力混凝土箱梁裂缝的产生。

(6) 设计了有格室带前后承压板的新型钢混结合段，并首次提出了索塔连接的钢锚梁变约束方式，极大改善了塔的受力性能，建成了世界第一高度的H型桥塔。

课题组历时5年，撰写43篇学术论文发表在国内外重要期刊，其中SCI收录1篇，EI核心版收录15篇，ISTP收录3篇；已批准省级工法6项，公路工法4项；已获发明专利4项，实用新型专利1项；软件著作权1项。项目成果的直接应用解决了荆岳大桥在设计、施工和控制中的多项技术难题，为大桥的成功修建提供了坚实而有力的技术支撑，产生直接经济效益8445万元，社会经济效益巨大，研究成果已推广应用于多座其他在建桥梁，显著提升了斜拉桥的设计、施工与控制水平。

六、矮寨大桥关键技术研究

该项目承担单位为湖南省交通规划勘察设计院、湖南路桥建设集团公司、湖南省高速公路建设开发总公司、西南交通大学、长江水利委员会长江科学院、同济大学、湖南大学、长沙理工大学，主持人胡建华。成果获2014年中国公路学会科学技术特等奖。

课题组以矮寨大桥为依托，对深切峡谷钢桁梁悬索桥结构体系、施工技术、抗风、抗震、隧道锚碇及边坡稳定性等方面展开了深入研究。课题组历时8年，完成专题研究6项，发表相关论文39篇，登记国家发明专利4项、实用新型专利3项。

主要创新技术有：

(1) 大桥首创了塔梁分离式悬索桥结构，减少了山体开挖，保护了环境，实现了桥梁结构与自然景观的完美融合，产生直接经济效益4882万元，为深切峡谷悬索桥提供了一种极具竞争力的桥型布置方案。通过对塔梁分离式悬索桥受力性能研究，获得了塔梁分离式悬索桥的受力特性、设计理论与设计方法，为塔梁分离式悬索桥推广应用奠定了理论基础。

（2）针对深切峡谷悬索桥加劲梁架设的难题，项目组发明了"轨索滑移法"，为悬索桥提供了一种安全、经济、高效的施工方法，成为悬索桥施工的"第4种方法"，是中国桥梁技术发展历程中为数不多的原创技术。"轨索滑移法"在矮寨大桥得以成功运用，工期缩短8~10个月，创造直接经济效益12475万元。该工艺还可推广到中、下承式拱桥等其他桥型的施工，具有广泛的适用性和生命力。

（3）针对常规岩锚体系普遍面临的结构耐久性问题，项目组开发了基于高级复合材料碳纤维锚杆、超高性能水泥基黏结锚固介质的CFRP岩锚体系，并成功应用于矮寨大桥岩锚系统，提高了结构耐久性，并大幅度减小了地下锚固深度。

（4）为准确掌握桥址处风环境特别是桥面高程附近的风特征，项目组创造性地提出了一种高空悬索吊挂式风环境现场观测系统，为大跨径桥梁风环境现场观测提供了一种新技术。

课题成果成功解决了矮寨大桥设计与施工过程中的诸多技术难题，有力地保障了矮寨大桥的顺利建设，获得了巨大的经济、社会效益。其创新成果形成了一整套深切峡谷大跨度钢桁梁悬索桥设计施工关键技术，推动了中国悬索桥建设技术发展。

七、山区高陡边坡段桩柱式桥梁修建关键技术及其工程应用

该项目承担单位为湖南省交通科学研究院、湖南大学、湖南省高速公路建设开发总公司、湖北工业大学，主持人宁夏元。成果获2014年湖南省科技进步二等奖、中国公路学会科学技术二等奖。

项目基于岩石损伤及统计强度理论，建立了更加符合工程实际的岩石非线性本构模型与强度理论，由此建立了合理的陡坡段桩土相互作用分析模型；首次提出了陡坡效应概念，揭示了山区高陡边坡段桩柱式桥梁桩基的承载机理，并据此提出了同时考虑轴向荷载、水平荷载及坡体推力等复杂荷载作用的高陡边坡段桥梁桩基内力与位移计算方法，补充并完善了现有的桥梁桩基设计计算理论；提出了高陡边坡段桥梁高桥墩桩基屈曲稳定性分析计算方法，并提出相应的设计计算新方法；提出了山区高陡边坡地段桩柱式桥梁上部结构桥型方案设计基本原则及边坡防护加固新技术；形成了成套山区高陡边坡段桩柱式桥梁设计计算与施工技术。

八、大跨径长翼宽箱桥梁结构关键技术研究

该项目承担单位为长沙理工大学、湖南大学、湖南省长湘高速公路建设开发有限公司，主持人张建仁。成果获2014年湖南省科技进步二等奖。

项目提出了大跨预应力混凝土连续刚构桥箱梁三向预应力筋合理布置参数、墩梁交

接复杂区域受力性能、车轮局部荷载作用下箱梁顶板抗裂和塑性有效分布宽度、箱梁抗剪性能和腹板抗裂性能等的分析方法和计算公式。提出了包括原材料选择与混凝土配合比优化设计、箱梁施工早期热效应分析方法及控制措施、箱梁节段施工时合理张拉龄期、有效预应力保障等贯穿于设计、施工和管理全过程的大跨高强混凝土薄壁宽箱梁开裂控制的成套技术。建立了一般大气环境条件下竖向预应力筋初始锈蚀时间和锈蚀率预测模型;基于疲劳损伤的基本理论,分析了竖向预应力筋在不同灌浆状态时的疲劳性能和锈蚀断裂性能,得到了竖向预应力筋存在灌浆缺陷时的锈蚀断裂年限预测方法。开发了包括开裂控制在内的大跨预应力混凝土箱梁桥多目标施工控制系统。

九、复杂悬索桥施工控制计算理论与架设技术及其应用

该项目承担单位为长沙理工大学、湖南省高速公路建设开发总公司、广东省长大公路工程有限公司、湖南理工学院,主持人李传习。成果获 2015 年湖南省科技进步一等奖。

项目研究历时 8 年,突破施工控制精细计算、缆索及加劲梁架设等技术难题,形成了以下创新成果:

(1)构建了复杂悬索桥施工控制精细计算理论,研发了具有自主知识产权的软件。发现了索段状态方程无解情形,提出了带惩罚因子的搜索算法;创立了空间缆索鞍座设计位置确定的分离计算法;导出了各情形索单元杆端力公式,构建了"时变止效应"CR 列式梁单元、滚轴式支承单元、考虑剪切变形的波折腹板梁单元等单元模型;提出了合理成桥状态确定的"渐进模型法";研发了基于解析法与有限元法有机结合的复杂悬索桥非线性分析软件,显著提高了计算效率和精度,极大丰富和发展了悬索桥主缆找形理论和非线性有限元理论。

(2)发明了复杂悬索桥主缆架设与体系转换系列关键技术。发明了垂度适应性广的主缆(及猫道承重索)架设简便精细调索技术,实现了索股精调的简便高效;发明了自锚式悬索桥的散索套无支撑体系转换技术和中跨斜拉—边跨悬吊三塔组合索桥的"先合梁后架缆"体系转换技术,提出了双塔大横向倾角自锚式悬索桥的少临时索体系转换技术、双塔三跨自锚式悬索桥"边中共进"的逐步推进体系转换技术,显著减少了施工步骤及体系转换投入,大幅降低了施工安全风险。

(3)研发了钢梁顶推架设的相位变换技术与单模数搜索合成法,发明了钢梁大偏角吊装的跨缆吊机。研发了钢梁顶推架设的无应力构形拼接自适应控制的相位变换技术,创立了变曲率竖曲线梁体顶推滑道标高方案确定的单步模数搜索合成法,以节省时间和资源消耗,保证了顶推梁体无应力构形高精度实现和变曲率竖曲线梁体安全就位;发明了大偏角吊装的跨缆吊机,成倍地扩大了跨缆吊机荡移吊装的水平距离范围,适应性显著增加。

项目成果在张花高速公路澧水大桥、杭州江东大桥、广州猎德大桥、汉中龙岗大桥、桃花峪黄河大桥、珠江黄埔大桥等建设中应用,解决了其架设和控制中关键技术问题。项目获发明专利6项、软件著作权3项,发表SCI、EI论文29篇,出版专著1部,培养博士、硕士40余名。

十、桥梁施工废水环保处理关键技术研究与应用

该项目承担单位为湖南省交通规划勘察设计院、湖南大学、湖南省大岳高速洞庭湖大桥建设开发有限公司、湖南路桥建设集团有限责任公司、重庆大学,主持人李程。成果获2016年中国公路学会科学技术二等奖。

针对工程施工过程中产生大量废水沉淀慢、运输成本高、直排污染大等问题,该项目通过广泛调研、理论分析和试验研究,开展了桥梁施工废水环保处理关键技术研究,在高效环保的微生物絮凝剂、絮凝剂组成配方优化、废水处理工艺、废水处理设备及污泥干化等方面均取得了创新性成果:

(1)创新性地开发了处理废水的廉价、高效、环保的微生物絮凝剂。
(2)创新性地开发了处理桥梁施工废水的高效组合絮凝剂。
(3)创新性地开发了桥梁施工废水处理的新设备及装置。
(4)开发了新型的桥梁施工废水处理的絮凝工艺。
(5)创新性地开发了处理污泥的干化方法。

成果获国家发明专利6项,发表高水平科研论文6篇,其中SCI论文2篇,高水平科研论文3篇,在关键技术问题上进行了创新性突破,形成了具有自主知识产权的成套专利技术。

第三节 隧道科技

通过开展隧道建设关键技术研究,较好地解决了复杂地质条件下特长公路隧道勘察、设计、管理等方面技术难题。其中,"深埋隧道勘察技术研究""山区高速公路富水隧道设计施工关键技术及工程应用""雪峰山特长公路隧道关键技术研究"等课题成果达到国内先进水平,部分达到国内领先水平。

一、山区公路隧道开挖灾害预防与控制技术研究

该项目承担单位为中南大学、湖南省常吉高速公路建设开发有限公司,主持人李夕兵。成果获2007年湖南省科技进步二等奖。

项目以典型山区公路隧道为工程背景,对山区公路隧道在开挖施工、建设过程中所遇

到的工程灾害问题进行了系统研究,并对此进行了概述。主要包括4个方面:

(1)建立了公路隧道围岩分级的距离判别分析模型。

(2)研制了能模拟深埋隧道围岩受力情况的组合加载装置,并利用突变理论对洞室屈曲岩爆的发生机理进行了研究。

(3)利用有限差分软件FLAC3D,对富水地段公路隧道进行三维流固耦合分析,在此基础上提出了包括粘贴式集排水系统在内的一系列针对性很强的渗漏水控制技术,并成功地在常吉高速公路相关隧道顺利实施。

(4)提出了推断岩土力学参数概率密度函数的新方法,并对隧道衬砌可靠度进行了相关分析。

这些研究内容各自独立又紧密联系,能够在一定程度上对隧道的安全施工和长效运营提供系统的技术保障。

二、高速公路隧道路面结构与材料应用技术研究

该项目承担单位为长沙理工大学、湖南省常吉高速公路建设开发有限公司,主持人陈瑜。成果获2010年中国公路学会科学技术二等奖。

长大公路隧道常采用水泥混凝土路面,存在两个突出问题:抗滑构造易磨平、抗滑性能衰减快;传统混凝土路面行车噪声大,隧道内声音反射、叠加和混响,问题更突出。该项目结合常吉高速公路隧道路面工程,研发透水、抗滑、降噪路面相关新技术,旨在提高隧道路面质量,延长使用寿命,改善高等级公路的交通安全性和舒适性。

主要创新技术有:

(1)首次提出一整套公路面层多孔水泥混凝土制备技术,包括提出高速公路面层多孔混凝土的设计目标,规范多孔混凝土原材料技术指标,提出原材料技术性能要求,工作性试验与评价方法。

(2)成功拟合多孔混凝土断面轮廓线并研究混凝土表面构造参数与断面轮廓线分数维相关性,首次实现多孔混凝土表面构造参数优化设计,首次成功实现不同路面形式磨蚀过程和抗滑构造衰减规律的模拟试验研究,建立相关数学模型。

(3)提出基于多孔混凝土边界"壁效应"的有效承载面积修正方法,推荐有效承载面积修正后多孔混凝土立方体抗压强度试件不同尺寸换算系数,填补相关研究空白。

(4)采用直剪、斜面剪切和直接拉拔试验,研究不同环境条件对高黏沥青、改性沥青和环氧沥青黏结性能的影响,为黏结材料选择提供依据。结果表明,环氧沥青界面黏结性能最好,其次高黏沥青;但环氧沥青存在对界面清洁度要求高、用量较大等不足。

(5)提出了SMA-13、OGFC-13和AC-13抗滑型3种隧道路面表面抗滑优化设计方案及OGFC混合料中高粘沥青用高粘剂掺配比例和方法。

项目从规范多孔混凝土原材料(尤其是粗骨料因素)入手,渐次提出针对公路面层多孔混凝土的工作性试验方法、评价原则和调整方法,首次提出针对目标孔隙率的多孔混凝土配合比设计方法,并推荐合理的混凝土试件固结成型工艺,有效控制和保证了混凝土各阶段孔隙率和理想孔隙状态,为下一步多孔刚性路面设计、施工等技术的进步与工程推广应用提供了基础技术支撑。

项目对隧道复合式路面层间黏结材料和性能的研究成果现实意义重大。通过优化设计3种隧道路面表面抗滑方案(SMA-13、OGFC-13和AC-13抗滑型),指导了常吉高速公路3个隧道试验路的实施。根据不同层间黏结材料以及3种表面抗滑结构技术经济比较分析,为今后复合路面层间黏结和表面抗滑材料比选提供更丰富的、可靠的技术资料,为湖南省乃至全国类似工程提供了可靠的技术保证。

三、雪峰山特长公路隧道关键技术研究

该项目承担单位为湖南省交通规划勘察设计院、湖南省交通科学研究院、湖南省高速公路建设开发总公司、招商局重庆交通科研设计院有限公司、中南大学、成都理工大学,主持人彭建国。成果获2011年度中国公路学会科学技术二等奖。

项目围绕复杂地质条件下特长公路隧道勘察、设计、管理等方面技术,采用理论分析、室内模型试验、现场测试、工程分析及验证等方法进行了深入研究。取得的主要研究成果有:

(1)针对雪峰山隧道工程,提出了隧道信息采集的便捷测试方法,并研制了套管式钻孔多点引伸计及便携式洞壁应力测试仪。

(2)研究了各向异性岩体的卸荷力学特性,建立了岩爆判据和以地质分析为主线、以便捷测试为主要手段的山岭长隧道地质预测预报系统。

(3)开发了隧道围岩收敛变形非接触量测系统,并直接应用于隧道的信息化设计与施工。

(4)针对长大公路隧道复杂的"三段两单元"送排式通风难题,采用大比例物理模型试验与通风网络模拟软件相结合的方法开展研究,实现了复杂通风组织条件下的通风设备与设施的优化配置。

(5)研发了隧道火灾情况下,考虑人员行为反应的疏散模拟软件,用于隧道火灾时人员疏散设计与防灾安全性评价,并研制了一种实用的新型防火通道门。

(6)基于交通异常自动检测优化组合配置方法及EED车辆识别法,提出了特长公路隧道综合管理的实施策略和管理方向,其成果纳入了行业规范《公路隧道火灾自动报警系统技术条件》(JT/T 610—2004)。

(7)运用双场耦合(应力损伤场和渗流场)随机分析数值计算方法,预测了雪峰山隧

道涌水量,总结了隧道施工对影响区的土壤环境和水环境变化的规律。

2010年12月,"雪峰山特长公路隧道关键技术研究"在长沙通过了由交通运输部西部交通建设科技项目管理中心组织的成果鉴定验收,并入列《交通运输建设科技成果推广目录》。研究成果总体达到国际先进水平,其中特长公路隧道信息化施工及防灾技术达到国际领先水平。

四、单拱四车道公路隧道设计优化与施工技术研究

该项目承担单位为湖南省交通科学研究院、中南大学、湖南省汝郴高速公路建设开发有限公司,主持人张亮。成果获2012年湖南省科技进步二等奖。

该成果以湖南省汝郴高速公路为依托工程,经过近3年的深入研究,主要取得了以下几方面研究成果:

(1)项目针对不同围岩级别和埋深情况,提出了单拱四车道隧道最优扁平率及支护参数。

(2)基于应力集中系数与矢跨比的变化关系,首次对单拱四车道隧道的矢跨比进行了优化。

(3)通过相似模型试验和数值模拟,首次揭示了破坏荷载作用下单拱四车道隧道衬砌结构的力学响应特征及裂缝发展规律。

(4)通过数值分析,推荐了不同围岩级别及埋深情况下的单拱四车道隧道施工方法。

该项目深入研究了大断面隧道的支护参数优化技术和施工技术,完善了加固参数设计并优化了施工方法,为大断面隧道设计施工提供了技术支持。成果在汝郴高速公路河源洞隧道和半江子隧道、广深沿江高速公路牛头山隧道和宴岗隧道等工程中成功应用,并编制了《单拱四车道公路隧道设计与施工指南》。

五、山区高速公路富水隧道设计施工关键技术及工程应用

该项目承担单位为湖南省交通规划勘察设计院、中南大学、湖南省张花高速公路建设开发有限公司、中南公路建设及养护技术湖南省重点实验室等,主持人彭立。成果获2012年中国公路学会科学技术二等奖。

项目系统提出了富水隧道分类体系及相应的病害预报方法;建立了富水隧道围岩稳定性非线性分析新方法;构建了裂隙岩体劈裂注浆压力和浆液扩散规律分析新方法;建立了富水隧道渗水量预测和堵水注浆圈厚度计算公式;形成了浅埋偏压富水隧道排水关键技术、隧道洞口桩式和门式套拱结构及施工方法、处理隧道施工初期支护变形过大的加固新方法、隧道加固用承载新型结构、通道型岩溶富水和水环境脆弱地段的隧道穿越关键技术。

技术成果在邵怀高速公路雪峰山隧道、张花高速公路青坪隧道、溆怀高速公路关虎冲隧道、安邵高速公路谭山冲隧道,以及世界第一座下穿高原湿地的四川雅西高速公路菩萨岗隧道等项目得到成功应用。

六、复杂与极端环境中隧道工程多类型水害机理与防治技术

该项目承担单位为中南大学、湖南省高速公路建设开发总公司、中铁二十二局集团第一工程有限公司,主持人伍毅敏。成果获2016年湖南省科技进步二等奖。

项目揭示了隧道防排水经时失效的机理,提出了"以围岩有效堵水为基础,以层间强效排水为核心"的防水理念,以及不同围岩和环境下的限排标准,研发了强效排水材料和施工技术。在通用理论的基础上,针对寒区、岩溶和水下隧道分别开展了系统、全面和深入的研究,建立了不同环境下典型水害的防治理论和技术。该成果具有原创性、系统性和实用性,拥有自主知识产权,并经过了不同地域、不同环境和不同类型隧道工程的设计施工和运维实践,成效显著,整体技术达到了国际先进水平。

项目成果获得国家授权发明专利2项、实用新型专利4项,发表SCI、EI收录论文15篇、其他国家级刊物论文20余篇,编制各类手册、指南6部,培养博硕士研究生15名。该成果在公路、铁路和城市水下隧道中的推广应用,有效解决了复杂和极端条件下隧道的多类型水害问题,大大提高了施工和运营安全水平,取得了显著的经济、社会和环保效益。

七、隧道超高性能混凝土衬砌关键技术研究及应用

该项目承担单位为湖南省交通规划勘察设计院、湖南大学、中南大学、湖南长浏高速公路建设发展有限公司,主持人傅立新。成果获2016年中国公路学会科学技术二等奖。

项目以湖南省长浏、炎陵、炎汝高速公路的在建隧道为依托工程。针对隧道初衬和二衬,通过广泛的调研、理论分析和试验研究,探明了矿物掺合料、外加剂、胶凝材料用量等关键参数对隧道衬砌自密实混凝土流变性能的影响,提出了粉煤灰和石灰石粉作为矿物掺合料在隧道衬砌自密实混凝土中的最佳掺量;揭示了低胶凝材料掺量条件下,自密实混凝土的工作性、静力学性能以及动态力学性能变化的规律;明确了配合比参数对混凝土毛细吸水系数、氯离子扩散系数以及硫酸盐结晶渗透速率的影响;发现了火灾后混凝土突然性破坏的主要原因;提出了自密实混凝土在隧道中施工技术和质量控制的基本原则方法,成功实现了自密实混凝土在隧道衬砌混凝土中的施工应用。确定了隧道二衬用薄层超高性能钢纤维混凝土的性能要求及最小厚度要求,开发了基于薄层超高性能混凝土的隧道衬砌结构。提出超高性能混凝土配合比设计方法,在超高性能钢纤维混凝土中首次加入新型膨胀组分,得到了满足施工及使用要求的超高性能钢纤维混凝土配比;提出超高性能

钢纤维混凝土在隧道衬砌施工中的施工方法和注意事项。

第四节　运营管理及减灾防灾科技

通过强化运营管理、减灾防灾等方面的课题研究,形成了以养护管理智能化及路面维修、冰雪灾害防治等为基础的高速公路养护管理技术体系,促进了湖南高速公路养护管理的智能化、科学化、规范化和精细化。其中,"高速公路养护管理智能化及路面维修技术""南方高速公路冰雪灾害防治与备灾技术研究""岩溶地区公路修筑成套技术""山区高速公路超长连续纵坡行车安全关键技术"等成果达到国内领先水平。

一、数字公路与监控管理系统研究

该项目承担单位为湖南省交通科学研究院、湖南省常吉高速公路建设开发有限公司,主持人刘银生。成果获2008年湖南省科技进步二等奖。

项目将现有高速公路计算机监控系统与数字地理系统(GIS)、卫星全球定位系统(GPS)有效结合,将无线传输技术、数字摄像技术紧密结合,实现了对公路交通的移动和实时视频监控;将公路动、静态工程数据与数字地理系统(GIS)、卫星全球定位系统(GPS)相结合,实现了对公路养护信息的更新、维护与管理;通过充分地发掘数字公路系统的各种信息,利用GIS直观、便捷的优势,以数据仓库理论为基础,建立了以道路通行状况为主题的数据仓库,能够辅助决策人员进行决策分析。

数字公路系统是具有广泛内涵和覆盖多学科的综合性的系统工程,特别是基础性成果数字公路信息平台及构架的研发成功对专题性应用产生很重要的作用。基于数字公路信息平台之上构建的移动监控系统、养护管理信息系统、征地拆迁管理信息系统、交通管理信息系统等专题子系统,应用前景十分广泛。主要包括:①交通信息规划与实施技术的制订;②省级交通信息资源整合的应用与推广;③公路建设质量与安全的实时管理;④高速公路无线移动监控车的应用与推广;⑤基于GIS的征地拆迁管理信息系统的应用与推广;⑥基于GIS的养护管理信息系统的应用与推广。

二、高速公路养护管理智能化及路面维修技术

该项目承担单位为长沙理工大学、湖南省高速公路管理局,主持人郑健龙。成果获2010年湖南省科技进步一等奖。

项目通过系统的理论分析、试验研究、数值模拟与科技创新,自主研发了集路况数据测试与集成、道路病害诊断与评价、道路功能恢复与性能预测、道路养护维修与计算机辅助决策及养护资金投资优化等技术为一体的高速公路养护智能化系统,与湖南省现行管

理体制相适应的高速公路养护管理智能化及路面维修系列技术,大大促进了湖南省高速公路养护管理的智能化、科学化、规范化和精细化。

项目突破路面养护管理以路段为基础的传统思路,创造了以"路元"为单位的路面养护管理数据采集与性能评价性技术,制订了《湖南省高速公路路况数据采集与评价标准》;创新了湖南省高速公路养护管理系统,开发与湖南省典型路面结构相适应的路面使用性能预测预警技术;建立了路面使用性能预测模型,并应用湖南14种典型路面结构对模型进行了标定;开发了高速公路路面养护维修智能化辅助决策与管理技术;开发了多种高速公路路面维修新技术,有效提高了中国路面养护维修技术水平;开发了多功能、多目标、多对象的省级高速公路路网养护管理智能化系统。

三、南方高速公路冰雪灾害防治与备灾技术研究

该项目承担单位为长沙理工大学、湖南省高速公路管理局,主持人郑健龙。成果获2010年中国公路学会科学技术一等奖。

项目揭示了南方道路冰雪灾害的成灾机理,开发了路面破坏快速诊断与评价技术、路网快速修复与备灾技术,建立了道路冰雪灾害管理、交通组织及应急处治的技术平台,降低了养护成本,提高了路网服务水平与备灾能力。在2008年初冰雪灾后应用该技术在极短时间内完成了灾后评估、性能预测和道路的快速修复,最大可能地降低了灾后损失,确保了路网的通畅,并在2011年的备灾保通中发挥了重要作用。

四、高速公路崩塌滑坡地质灾害预测与控制技术

该项目承担单位为中南大学、高速铁路建造技术国家工程实验室、湖南省衡炎高速公路建设开发有限公司,主持人傅鹤林。成果获2010年湖南省科技进步二等奖。

通过滑坡现场相似模拟试验、室内崩塌模拟试验,对崩塌的机制及块体理论稳定性,滑坡、崩塌成灾机制与规律等,进行了理论性分析,详细探讨了崩塌潜在危害性,全面总结了公路滑坡、崩塌监测、预测预报及控制技术。

五、岩溶区高速公路路域水环境保护技术创新与工程应用

该项目承担单位为长沙理工大学、湖南省高速公路建设开发总公司、广西高速公路投资有限公司,主持人付宏渊。成果获2014年中国公路学会科学技术一等奖。

项目从岩溶区高速公路路域水环境勘察设计的任务与方法、水环境保护策略、岩溶区高速公路施工期水质评价方法与标准、岩溶隧道施工水环境预测预报以及相应的水环境保护技术等开展研究与应用,减少高速公路建设对岩溶区水环境的不利影响,避免水环境病害或工程病害的发生,实现公路建设与自然环境的和谐可持续发展。

项目创新了岩溶区路域水环境评价指标体系及分类方法。提出了岩溶区高速公路路域水环境勘察设计定义、任务与方法；创新了岩溶区路域水环境评价指标体系及分类方法，并针对不同的岩溶地貌类型，按补给区、径流区、排泄区提出了相应的水环境保护策略。建立了岩溶区高速公路施工期水质评价方法与标准。针对路基、桥基、隧道施工对岩溶区水环境的影响特点，提出了岩溶水环境监测点的选取原则、水质监测指标、监测时间与频率、水样采集与指标测定方法，构建了岩溶区高速公路施工期水质评价方法与标准体系。研发了岩溶隧道施工、预测、信息系统及其水环境保护技术。

针对高速公路隧道施工过程中对岩溶水环境的影响，提出了基于岩溶管道流和溶质运移的岩溶隧道涌水量预测方法及信息系统；开发了复合型混凝土减水剂、环保型快干水泥砂浆材料作为隧道防水环保材料，并针对隧道施工与岩溶区水环境的相互影响，研发了具有柔性测试表面的土压力测试仪和岩土体风化力学特性测试仪，确保了岩溶区隧道施工及其对水环境保护，获发明专利4项。研发了适用于岩溶区水环境保护集成技术并应用于工程实践，研制了自净化特性测试仪、土壤自净化特性测试仪等；研发了岩溶区的中承式桩基、路面径流净化技术及边坡土壤改性材料、纳米沥青阻燃抑烟改性剂等环保材料并广泛应用依托工程，获发明专利4项。

项目成果减少了高速公路建设过程中对水环境的破坏，并对路域范围内的水资源进行了净化处理，社会、生态、环境效益显著。项目在道路、桥梁、隧道3个方面研发了相关水环境保护技术，提出了4套评价方法并开发了相应实用软件，建立了1个信息平台，形成了岩溶区高速公路路域水环境保护技术指南。

第八章
运营管理

高速公路运营管理是我国市场经济的一个重要组成部分,直接关系到经济社会发展、人民群众需求和国际竞争力,更是高速公路科学持续发展的重要基础。20多年来,随着湖南高速公路通车里程的不断增加,高速公路运营管理工作也稳步推进。表现在:服务水平显著提高,通行费征收大幅增加;高速公路养护、路政及服务区管理工作有序开展,科学养护、科学管理成效日益显现;运营管理队伍素质逐步提升。

省交通运输厅下设高速公路管理局(总公司)对全省高速公路进行管理。2012年省政府实施高速公路运营管理体制改革,将原来的"一路一管理处"模式调整为"一市(州)一管理处",即根据行政区划设市(州)高速公路管理处,负责收费、经营、养护、路政的管理工作。运营管理范围主要包括收费管理、路政管理、养护管理、服务区管理、经营管理、信息管理等六部分。

第一节 收费管理

截至2016年底,全省共有高速公路收费站(点)408个,其中政府还贷性收费站269个,经营性收费站139个。除长沙机场高速公路采用开放式收费外,全省高速公路全部实现了联网收费,ETC收费全部实现全国联网。

一、收费管理模式

高速公路车辆通行费征收由省高管局收费稽查部门负责组织、指导,省高管局负责管理政府还贷高速公路通行费的征收,各经营性管理单位负责管理经营性高速公路通行费的征收,长沙等13个管理处和长益等24个经营性管理单位具体负责。实行省高管局稽查总队—管理处(公司)稽查大队—收费站稽查班三级通行费征收稽查机制,各管理处(公司)均设置专门的收费稽查队伍。收费站按一点一站和多点一中心两种管理模式进行管理,各收费站均按四班三运转模式工作。

各高速公路(除长沙机场高速公路)开通后并入全省高速公路网实行联网收费,统一使用规定车辆通行费票据,车辆通行费收入按车辆所经实际路径路段里程收取,按照"全额上缴、据实拆分、及时划转"的原则上缴和拆分，并按有关规定使用。

湖南省高速公路执行以下3种车辆通行费收费标准：

一是造价在6000万元/km以下的四车道高速公路按车型收费—型车0.4元/车·km、计重收费基本费率0.08元/t·km的基准收费标准。如临湘至长沙、邵阳至永州、宁远至道县等高速公路。

二是造价在6000万元/km以上的四车道高速公路按车型收费—型车0.5元/车·km、计重收费基本费率0.09元/t·km的基准收费标准。如邵阳至怀化、怀化至通道、长沙至浏阳等高速公路。

三是六车道高速公路按车型收费—型车0.5元/车·km、计重收费基本费率0.10元/t·km的基准收费标准。如长沙至湘潭、桂阳至临武、随州至岳阳湖南段等高速公路。

同时，对建设造价特别高的桥梁（每延米造价40万元以上）实行叠加收费，如吉首至茶峒高速公路矮寨悬索特大桥，汝城至郴州高速公路赤石特大桥等；对500m以上大桥或特大桥、1000m以上隧道和500m以上桥梁按规定系数增加计算收费里程，如炎陵至汝城高速公路八面山特长隧道等。

自长永高速公路1994年12月建成通车以来，湖南省高速公路各运营管理单位坚持科学、文明、依法征费，通行费收入每年都保持较高的增长幅度，票证和拆账管理进一步规范，对内稽查工作不断加强，堵漏增收力度不断加大，文明服务水平不断提升。制订了《湖南省高速公路收费稽查处理处罚办法》《湖南省高速公路文明收费服务标准》等制度、服务操作流程以及相关岗位职责。2009年，全省高速公路系统组织开展文明收费优质服务活动，受到省委主要领导表扬。

全省高速公路车流量和通行费收入持续增长（表8-1-1），确保了收费还贷的正常开展，为高速公路建设提供了有力的资金支持，也给经营性路段的业主带来了投资回报的信心。

湖南省高速公路历年通行费收入情况　　　　　　表8-1-1

年　份	通车里程（km）	通行费收入（亿元）
1995	52	0.63
1996	97	0.82
1997	97	1.78
1998	173	2.83
1999	207	3.46
2000	376	4.36
2001	511	7.80
2002	912	11.61
2003	1200	19.95
2004	1218	29.47

续上表

年　份	通车里程(km)	通行费收入(亿元)
2005	1403	35.26
2006	1431	38.50
2007	1765	54.09
2008	2001	57.77
2009	2226	66.84
2010	2262	79.31
2011	2640	86.50
2012	3978	92.97
2013	5111	116.20
2014	5511	136.90
2015	5667	156.73
2016	6092	172.84

二、收费管理及变化历程

（一）收费类型为政府还贷和经营性两种类型

湖南高速公路根据投资主体或资金来源不同，有政府还贷和经营性两种收费类型。

①政府还贷型高速公路的收费。收取的车辆通行费除维持正常养护与管理开支外，全部用于偿还贷款。临长、常吉、衡炎、吉茶等高速公路属于此类型，各收费站使用湖南省非税局统一印制的非税通行费票据。

②经营型高速公路的收费。县级以上地方人民政府交通主管部门利用贷款或者向企业、个人有偿筹资建设的高速公路。国内外经济组织投资建设或者依照公路法的规定交让政府还贷公路收费权的公路。收取的通行费属企业的经营性收入，开支预算由董事会按照国家关于收费公路的法律、政策要求制订。长潭西、长益、邵永、长株、宜凤等高速公路属于此类型，各收费站使用省国税局(2016年1月前为省地税局)统一印制的税务通行费票据。

（二）收费制式基本上为封闭式

根据车辆通行费征收制式的不同，全省高速公路收费公路的收费系统一般采用开放式或封闭式收费。除长沙机场高速公路为开放式收费外，全省高速公路采用封闭式收费方式，即车辆进站拿卡，出站交费。

（三）收费方式为人工半自动收费、ETC收费

湖南第一条高速公路自建成通车收费以来，即实现了人工半自动收费(MTC)。湖南

高速公路ETC收费(电子不停车收费)从2009年10月开始试运行,2013年10月31日ETC收费正式面向社会推广运营。截至2016年12月底,全省高速公路共建设818条ETC专用车道,实现ETC车道全覆盖,省界和ETC车流量大的重要城市出入口均建设了两进两出ETC车道。ETC用户通行高速公路享受通行费9.5折优惠。对货车提供非现金支付服务并给予通行费优惠,"湘通卡"给予9.8折优惠。2016年10月1日开始,全省高速公路对接"湘通储值卡"货车实施9折优惠政策(试行两年)。

（四）联网收费

按照《收费公路管理条例》《湖南省高速公路条例》《高速公路联网收费暂行技术要求》和交通运输部等五部委《关于开展收费公路专项清理工作的通知》(交公路发〔2011〕283号)等规定,湖南高速公路强力推进实施联网收费。2005年1月1日,形成京港澳联网收费路网和长张联网收费路网。2012年12月23日,京港澳联网收费路网和长张联网收费路网合并成一张网,形成湖南高速公路联网收费路网。2015年5月7日,长潭西高速公路并入全省高速公路网联网收费;2016年1月24日,长沙绕城西南、西北段并入全省高速公路网联网收费;2016年12月31日,随岳高速公路湖南段并入全省高速公路网联网收费。截至2016年12月31日,湖南高速公路除机场高速外全部实现联网收费。2017年3月1日,全省联网收费高速公路除机场高速公路外全部按实际路径收费。

（五）计费方式分按车型收费和载货类汽车计重收费

湖南省高速公路于2007年6月1日开始在京港澳联网收费路网对载货类汽车实施计重收费;长张联网收费路网于2012年8月1日对载货类汽车实施计重收费。

三、收费环境整治

高速公路车辆通行费是偿还高速公路贷款、收回高速公路建设投资、维护高速公路正常运行的主要资金来源。征收高速公路车辆通行费受国家法律保护。一直以来,在上级部门指导与支持下,省高管局不断规范管理,大力加强整治收费环境,营造规范有序、高效安全的通行费征收环境。由于受经济利益的驱使,一些不法分子偷逃通行费,扰乱了正常收费秩序。2013年,湖南省人民政府下发做好高速公路通行费征收工作的通知,要求规范征收行为,改善征收环境。同时将车辆通行费征收环境治理工作纳入各市州交通运输工作和社会治安综合治理目标管理考核。同年7月,省交通运输厅、省财政厅、省物价局联合出台了关于明确收费公路无通行卡等车辆的通行费收费标准有关事项的通知,为打击偷逃通行费行为提供了有力的政策支撑。"十二五"期间,全省高速公路收费稽查部门共查获冲关逃费、假冒绿通免费、倒换通行卡、干扰计重设备等各类逃费案件43235起,追缴车辆通行费2841万元,成功打掉逃费团伙58个,抓获逃费犯罪嫌疑人1446人,刑拘或批捕391人。偷逃通行费现象得到有力遏制,收费环境整治长效机制逐步建立。

第二节 路政管理

路政管理是围绕保护公路路产、维护路权、保障公路安全畅通开展的各项行政管理行为,是代表国家对高速公路的公共事务进行管理的活动。路政部门的职责范围由单纯的路政执法拓展为主管全省高速公路路政执法、车辆救援、治理车辆超限超载、安全生产监管、法制宣传以及提前介入项目建设公路征地红线内及建筑控制区管理等多项职能。湖南省高速公路管理局是由法律法规授权的高速公路管理机构,为执法主体机构,依法履行涉及高速公路的行政许可、行政处罚、行政强制及行政监督检查等行政职能,具体由局路政部门行使。经营性高速公路路政管理由省高速公路管理机构派驻,并以"湖南省高速公路管理局"名义开展高速公路路政执法。

一、机构设置

(一)局机关路政机构

2000年8月省高管局路政安全处正式组建(2006年编办函〔2006〕99号),加挂"路政总队"牌子,对外为湖南省高速公路管理局路政总队,主要职能是负责高速公路路政执法工作(全省高速公路涉路行政许可归口省局)、路产保护、路权维护、车辆救援服务监管、安全监督管理。局路政安全处还加挂了5块牌子(局安委会办公室、局交通战备办公室、局护路办、局治超办、局春运办)。

(二)基层路政机构

原按一路设管理处,处内设路政安全科,BOT高速公路由省局派驻路政大队,大队副处级,省局直管,行使路政管理等职能。

2012年,按照湘编〔2012〕25号《关于调整省高速公路管理局所属各管理处机构编制事项的通知》,把湖南省14个地州市为块分成14个局属高速公路管理处,其中管理处路政安全科加挂"湖南省高速公路管理局××管理处路政大队"牌子,原设立的各高速公路管理处以及路政大队的机构予以撤销。

(三)路政人员编制配备

湘编〔2012〕25号文对路政执法人员编制配备为:以每100km配备35人为标准,即

0.35人/km,国家Ⅰ类治超站,10人/站,属全额拨款的事业编制。每50km设置1个路政中队(正科级),财政配备两台路政巡逻车。

截至2016年底,全省共有高速路政中队118个,经省人民政府批准设立的超限检测站26个。

二、执法依据

(一)行政执法机关

湖南省高速公路公路管理局为行政执法机关,单位类别为法律法规授权组织。法律依据为:《中华人民共和国公路法》第八条;《公路安全保护条例》第三条;《湖南省实施〈公路法〉办法》第三条;《湖南省高速公路条例》第三条等。

(二)行政执法依据

行政执法依据主要有:《中华人民共和国公路法》《公路安全保护条例》《收费公路管理条例》《湖南省实施〈公路法〉办法》《湖南省高速公路条例》《超限运输车辆行驶公路管理规定》《路政管理规定》等。

(三)行政执法职权

1. 行政许可(共9项)

(1)占用、挖掘高速公路、高速公路用地或者使高速公路改线审批。法律依据:《中华人民共和国公路法》第四十四条;《公路安全保护条例》第二十七条第(一)项;《湖南省实施〈公路法〉办法》第十九条第(一)项;《湖南省高速公路条例》第三十七条第(一)项;《路政管理规定》第九条。

(2)跨越、穿越高速公路修建桥梁、渡槽或者架设、埋设管线、电缆等设施;利用高速公路桥梁、高速公路隧道、涵洞铺设电缆等设施审批。法律依据:《中华人民共和国公路法》第四十五条;《公路安全保护条例》第二十七条第(二)项、第(四)项;《湖南省实施〈公路法〉办法》第十九条第(四)项;《湖南省高速公路条例》第三十七条第(二)项;《路政管理规定》第十条。

(3)在高速公路用地范围内或者高速公路建筑控制区架设、埋设管线、电缆等设施审批。法律依据:《中华人民共和国公路法》第四十五条、第五十六条;《公路安全保护条例》第二十七条第(三)项、第(七)项;《湖南省实施〈公路法〉办法》第十九条第(三)项;《湖南省高速公路条例》第三十七条第(三)项;《路政管理规定》第十条、第十六条。

(4)超限运输车辆行驶高速公路审批。法律依据:《中华人民共和国公路法》第四十九条、第五十条;《公路安全保护条例》第三十五条;《湖南省实施〈公路法〉办法》第二十条;《湖南省高速公路条例》第三十七条第(四)项;《路政管理规定》第十三条;《超限运输车辆行驶公路管理规定》;

(5)可能损害高速公路路面的机具在高速公路上行驶审批。法律依据:《中华人民共和国公路法》第四十八条;《湖南省实施〈公路法〉办法》第十九条;《湖南省高速公路条例》第三十七条第(四)项。

(6)在高速公路用地范围内设置非公路标志及非交通工程设施及利用跨越高速公路的设施悬挂非公路标志审批。法律依据:《中华人民共和国公路法》第五十四条;《湖南省实施〈公路法〉办法》第十九条;《湖南省高速公路条例》第三十七条第(五)项。

(7)在高速公路上增设或改建平面交叉道口审批。法律依据:《中华人民共和国公路法》第五十五条;《公路安全保护条例》第二十七条;《湖南省实施〈公路法〉办法》第十九条;《湖南省高速公路条例》第三十七条第(六)项。

(8)更新采伐高速公路用地上的护路林审批。法律依据:《中华人民共和国公路法》第四十二条;《公路安全保护条例》第二十六条;《湖南省实施〈公路法〉办法》第十九条;《湖南省高速公路条例》第三十七条第(七)项。

(9)在中型以上高速公路桥梁跨越的河道上下游各1000米范围内抽取地下水、架设浮桥等活动审批。法律依据:《公路安全保护条例》第十九条。

2. 行政处罚(共19项)

(1)擅自占用、挖掘高速公路、高速公路用地或者使高速公路改线的。处罚种类:罚款。法律依据:《中华人民共和国公路法》第七十六条第(一)项;《公路安全保护条例》第六十二条;《湖南省实施〈公路法〉办法》第三十四条;《路政管理规定》第二十三条第(一)项。

(2)未经同意或者未按照高速公路工程技术标准的要求跨越、穿越高速公路修建桥梁、渡槽或者架设、埋设管线、电缆等设施的,利用高速公路桥梁、高速公路隧道、涵洞铺设电缆等设施的,以及在高速公路用地范围内架设、埋设管线、电缆等设施的。处罚种类:罚款。法律依据:《中华人民共和国公路法》第七十六条第(二)项;《公路安全保护条例》第六十二条;《湖南省实施〈公路法〉办法》第三十四条;《路政管理规定》第二十三条第(二)项。

(3)在大中型高速公路桥梁和渡口周围200m、高速公路隧道上方和洞口外100m范围内,以及在高速公路两侧一定距离内进行挖砂、采石、取土、倾倒废弃物、爆破作业及其他危及高速公路、高速公路桥梁、高速公路隧道、高速公路渡口安全活动的。处罚种类:罚款。法律依据:《中华人民共和国公路法》第七十六条第(三)项;《湖南省实施〈公路法〉办法》第三十四条;《路政管理规定》第二十三条第(三)项。

（4）铁轮车、履带车和其他可能损害高速公路路面的机具擅自在高速公路行驶的。处罚种类：罚款。法律依据：《中华人民共和国公路法》第七十六条第（四）项；《湖南省实施〈公路法〉办法》第三十四条；《路政管理规定》第二十三条第（四）项。

（5）车辆超限使用汽车渡船或者在高速公路上擅自超限行驶的。处罚种类：罚款。法律依据：《中华人民共和国公路法》第七十六条第（五）项；《公路安全保护条例》第六十四条；《湖南省实施〈公路法〉办法》第三十三条；《路政管理规定》第二十三条第（五）项；《超限运输车辆行驶公路管理规定》第二十三条、第二十四条。

（6）损坏、擅自移动、涂改、遮挡高速公路附属设施，或者利用高速公路附属设施架设管道、悬挂物品，或者损坏、挪动建筑控制区的标桩、界桩，可能危及高速公路安全的，以及涉路工程设施影响高速公路完好、安全和畅通的。处罚种类：罚款。法律依据：《中华人民共和国公路法》第七十六条第（六）项；《公路安全保护条例》第六十条；《湖南省实施〈公路法〉办法》第三十四条；《路政管理规定》第二十三条第（六）项。

（7）在高速公路上及高速公路用地范围内摆摊设点、堆放物品、倾倒垃圾、设置障碍、挖沟引水、利用高速公路边沟排放污物或者进行其他损坏、污染高速公路和影响高速公路畅通活动的。处罚种类：罚款。法律依据：《中华人民共和国公路法》第七十七条；《路政管理规定》第二十四条第（一）项。

（8）将高速公路作为检验机动车制动性能的试车场地的。处罚种类：罚款。法律依据：《中华人民共和国公路法》第七十七条；《路政管理规定》第二十四条第（二）项。

（9）造成高速公路损坏未报告的。处罚种类：罚款。法律依据：《中华人民共和国公路法》第七十八条；《湖南省实施〈公路法〉办法》第三十四条；《路政管理规定》第二十五条。

（10）未经批准利用跨越高速公路的设施悬挂非公路标志的，或者在高速公路用地范围内设置公路标志以外的其他标志的。处罚种类：罚款。法律依据：《中华人民共和国公路法》第七十九条；《公路安全保护条例》第六十二条；《湖南省实施〈公路法〉办法》第三十四条；《路政管理规定》第二十六条。

（11）未经批准在高速公路上增设或者改造平面交叉道口的。处罚种类：罚款。法律依据：《中华人民共和国公路法》第八十条；《公路安全保护条例》第六十二条；《湖南省实施〈公路法〉办法》第三十四条；《路政管理规定》第二十七条。

（12）在高速公路建筑控制区内修建、扩建建筑物、地面构筑物或者擅自埋设管线、电缆等设施，或者在高速公路建筑控制区外修建的建筑物、地面构筑物以及其他设施遮挡高速公路标志或者妨碍安全视距的。处罚种类：罚款。法律依据：《中华人民共和国公路法》第八十一条；《公路安全保护条例》第五十六条；《湖南省实施〈公路法〉办法》第三十四条；《路政管理规定》第二十八条。

（13）利用高速公路桥梁进行牵拉、吊装等危及高速公路桥梁安全的施工作业的，利用高速公路桥梁(含桥下空间)、高速公路隧道、涵洞堆放物品、搭建设施以及铺设高压电线和输送易燃、易爆或者其他有毒有害气体、液体的管道的。处罚种类:罚款。法律依据:《公路安全保护条例》第五十九条。

(14)未经批准更新采伐护路林的。处罚种类:没收违法所得、罚款。法律依据:《公路安全保护条例》第六十一条。

(15)超限运输车辆的型号及运载的物品与签发的《超限运输车辆通行证》所要求规格未保持一致的,涂改、伪造、租借、转让《超限运输车辆通行证》的,使用伪造、变造的《超限运输车辆通行证》的。处罚种类:没收伪造、变更的《超限运输车辆通行证》、罚款。法律依据:《公路安全保护条例》第六十五条;《超限运输车辆行驶公路管理规定》第二十四条。

(16)采取故意堵塞固定超限检测站点通行车道、强行通过固定超限检测站点等方式扰乱超限检测秩序的,或者采取短途驳载等方式逃避超限检测的。处罚种类:罚款。法律依据:《公路安全保护条例》第六十七条。

(17)车辆装载物触地拖行、掉落、遗洒或者飘散,造成高速公路路面损坏、污染的。处罚种类:罚款。法律依据:《公路安全保护条例》第六十九条。

(18)高速公路养护作业单位未按照国务院交通运输主管部门规定的技术规范和操作规程进行高速公路养护作业的。处罚种类:罚款、吊销资质证书。法律依据:《公路安全保护条例》第七十条;《湖南省高速公路条例》第五十一条。

(19)拒缴、逃缴车辆通行费。处罚种类:罚款。法律依据:《湖南省实施〈公路法〉办法》第三十六条。

3.行政强制(共6项)

(1)对未经批准在高速公路用地范围内设置高速公路标志以外的其他标志,逾期不拆除的,由高速公路管理机构拆除。法律依据:《中华人民共和国公路法》第七十九条;《湖南省实施〈公路法〉办法》第十九条。

(2)在高速公路建筑控制区内修建、扩建建筑物、地面构筑物或者擅自埋设管线、电缆等设施,或者在高速公路建筑控制区外修建的建筑物、地面构筑物以及其他设施遮挡高速公路标志或者妨碍安全视距的,逾期不拆除的,由高速公路管理机构拆除。法律依据:《中华人民共和国公路法》第八十一条;《公路安全保护条例》第五十六条;《湖南省实施〈公路法〉办法》第三十二条。

(3)经批准进行超限运输的车辆未按照指定时间、路线和速度行驶,拒不改正的,或者未随车携带超限运输车辆通行证的,由高速公路管理机构扣留车辆;采取故意堵塞固定超限检测站点通行车道、强行通过固定超限检测站点等方式扰乱超限检测秩序的,或者采取短途驳载等方式逃避超限检测的,由高速公路管理机构强制拖离或者扣留车辆。法律依据:《公路安全保护条例》第六十五条、第六十七条。

（4）造成高速公路、高速公路附属设施损坏,拒不接受高速公路管理机构现场调查处理的,高速公路管理机构可以扣留车辆、工具。逾期不接受处理,并且经公告3个月仍不来接受处理的,对扣留的车辆、工具,由高速公路管理机构依法处理。法律依据:《中华人民共和国公路法》第八十五条第二款;《公路安全保护条例》第七十二条;《湖南省实施〈公路法〉办法》第三十五条。

（5）高速公路经营管理者未按照国务院交通运输主管部门规定的技术规范和操作规程进行养护的,省高速公路管理机构责令限期改正;拒不改正的,由省高速公路管理机构指定其他具有相应资质的单位进行养护,养护费用由原高速公路经营管理者承担。法律依据:《湖南省高速公路条例》第五十一条。

（6）对故意堵塞车辆通行费收费车道,妨碍车辆正常通行的,高速公路管理机构可以将车辆强制停放至指定地点依法进行处理。法律依据:《湖南省实施〈公路法〉办法》第三十六条;《湖南省高速公路条例》第五十二条。

（四）行政确认（共1项）

在高速公路桥梁跨越的河道上下游各500m范围内依法进行疏浚作业的,应当符合高速公路桥梁安全要求,经高速公路管理机构确认安全方可作业。法律依据:《公路安全保护条例》第二十一条。

（五）行政监督检查（共4项）

（1）对在高速公路上进行超限运输的车辆实施监督检查。法律依据:《公路安全保护条例》第四十条;《超限运输车辆行驶公路管理规定》第二十二条。

（2）检查、制止各种侵占、损坏高速公路、高速公路用地、高速公路附属设施及其他违反规定的行为。法律依据:《中华人民共和国公路法》第七十条。

（3）对在高速公路、高速公路建筑控制区、车辆停放场所、车辆所属单位等进行监督检查。法律依据:《中华人民共和国公路法》第七十一条。

（4）高速公路管理机构应当加强对高速公路服务区经营活动的监督检查。法律依据:《湖南省高速公路条例》第三十一条。

第三节 养护管理

面对高速公路通车里程飞速增长、社会公众对高速公路出行需求越来越高的新形势,湖南省高速公路养护管理与时俱进、多措并举,着力提高高速公路通行能力、路况水平、安全水平、出行服务水平和路域环境综合水平，实现路况优良、桥梁安全、设施完备、标识清晰、路域优美、通行顺畅、管理精细、服务优质，养护管理逐步向科学化、标准化、规范化、精细化发展。

一、养护管理体制

湖南省高速公路养护管理实行"统一规划、分级管理、综合考核、依法监管"。省交通运输厅主管全省高速公路养护管理，实施行政监督；省高速公路管理局承担行业管理职责和监督职能；省高管局各市州管理处承担辖区内还贷高速公路的养护管理和经营性高速公路的行业监管职能；各经营性高速公路运营管理单位负责所辖路段的养护管理工作。

高速公路养护经费年度计划是依据与省交通运输厅签订的目标责任书相关要求，在高速公路技术状况评定和路况调查的基础上科学制订，以确保高速公路正常使用功能和技术状况良好。还贷高速公路养护经费计划与通行费征收、通车年限、交通流量和路段情况等因素挂钩，由省高管局审核汇总，报省交通运输厅、省财政厅批准；经营性管理单位年度养护工程计划，经公司或董事会批准后，报市（州）管理处和省高管局核备。

高速公路养护工程实行项目法人制、工程招投标制、工程监理制和合同管理制的管理模式，建立了"企业自检、社会监理、业主管理、政府监督"四级质量保证体系。

2012年底以前，按照"一路段一管理处"的高速公路运营管理模式，小修保养由各路段管理处按每50～80km成立的养护所来承担，属于全自养模式，养护所员工为临时聘用制。养护中修工程采用每年一招的公开招标模式，实行市场化。2012年底，高速公路运营管理体制改革变过去的"路段"管理为"区域"管理，新组建以行政区域划分的市（州）管理处，将经营性单位纳入各市州管理处进行行业管理，进一步协调、理顺多元管理主体间的关系，有效确保行业管理到位，同时养护管理以小修保养市场化为突破点，全面抓好小修保养工作，建立了"规范化的合同、合理化的定价、竞争性的委托、定额化的配置、标准化的施工"的小修保养市场化模式，健全完善了小修保养管理制度、各项技术规范、合同文件和监督考核办法。2016年通过全面实施小、中修捆绑招标，进一步提高了养护施工管理水平，养护工程质量管理水平明显提升。

二、养护管理模式

湖南省高速公路通过逐年开展"规范化养护年""养护工程质量年""标准养护年"和"精细化养护年"等活动，不断完善养护管理制度、技术标准、工作指南等规范性文件，做到各项养护管理工作有章可循、有据可依，逐步实现高速公路养护管理科学化、规范化、标准化和精细化。

（一）养护管理规范化

定期开展养护管理座谈、深入各运营管理单位调研、多方征求意见等方式,准确把握养护管理现状,有针对性地编制或修订各类养护管理规范性文件,开展了运营高速公路安全评价、养护信用评价体系、法律风险对策和养护规范化等制度储备研究,从制度上简化优化管理流程、明确管理目标、规范管理行为。开展养护施工质量和现场规范化管理整治、创建养护标准化示范路段、规范化管理培训及人才培育等工作,大力营造规范化管理的良好氛围,提高养护管理规范化水平,确保养护管理规范有序、路容路貌良好、施工文明安全。

（二）养护管理标准化

建立标准化的施工现场管理制度,编制《湖南省高速公路养护作业现场标准化指导意见》,进一步细化了养护施工现场的标志标牌布设要求,明确了按照主线、联络线等不同工况下的养护作业控制区布置原则;通过建立标准化的形象标识,制订了《湖南省高速公路标准化养护工区建设方案》《湖南高速养护作业人员服装标准化方案》,对全省高速公路养护工区的外观形象和养护服装建立了统一的标准;通过修订养护标准化手册,重新修编了《湖南省高速公路养护管理规范化手册》。逐步建立科学系统的养护管理标准化体系,将"标准化的作业工艺、标准化的现场管理、标准化的内业资料、标准化的形象标识"贯穿到养护管理各个环节。

（三）养护管理精细化

日常养护工作精细化,各运营管理单位通过创建精细化样板路,达到"畅、洁、美"精细化管理的目标;小修保养精细化,进一步深入贯彻了"预防为主,防治结合"的养护原则;养护中修工程精细化,对养护设计、施工现场、中修拌和场建设等主要节点实行精细化管理,有效提高了中修工程资金使用效率和工程质量,养护工程管理水平全面提升;内业资料精细化,全省各级养护管理单位遵循"统一规格、统一样式、统一标准"的原则开展内业规范化资料的分类细化、整理归档。

（四）养护管理科学化

建立"事前计划、事中控制和事后分析"的工作模式,创新实施中小修捆绑招标,完善养护管理考核体系、创新考核方式,建立高边坡预警机制、应急定期培训和应急演练机制、开展防汛抗灾督查等管理方式,有效提高养护管理效率和养护工作的科学性。建立低消耗、低污染、高效率的养护新模式,积极鼓励养护单位与设计科研单位、高校合作,开展养护科技创新,着力推进"绿色、环保、安全"的新技术、新材料、新工艺在养护工程中的应用。在养护工作中采用了"无人机"桥梁巡查、水泥混凝土桥面微罩面铺装技术、厂拌冷再生、混凝土路面再生水稳、桥梁顶升切缝"双刀法"、解体消能标志牌、新型点状雨夜标线等数十项"三新"技术,有效提高了养护技术水平和养护工程效率。

三、养护管理方式

(一)科学决策,合理规划

根据交通运输部的交通运输发展规划和公路养护管理发展纲要,结合湖南高速公路养护管理事业发展的客观实际,相应编制湖南省高速公路的养护管理发展规划,明确了湖南省高速公路养护管理的发展思路、目标和重点任务。全面实施以"路况数据""性能预测与分析""养护效益对比"等为基础的养护科学决策机制,依托"湖南省高速公路养护管理信息系统",以项目库建设为抓手,逐步使养护决策由主观经验型向客观数据型转变,建立了以"路况数据""性能预测与分析""养护效益对比"为基础的高速公路养护决策机制,基本实现了在有限的资金条件下,选择最佳时间和最恰当的养护措施对最需要的路段实施养护维修。养护决策的科学化水平和养护资金的使用效率明显提高。

(二)加强考核,奖惩严明

"十一五"(2006~2010年)湖南省高速公路建立了"三包两管一考核"的养护管理模式。三包,即包养护经费、包路况质量、包道路畅通;两管,即管好安全生产、管好环境保护;一考核,即每年一次年度考核。2013年开始,建立了以"畅、洁、美"为重点的日常养护管理季度考核机制(双月考核),进一步明确了奖惩办法。2016年又对考核体系进行了完善,建立了"畅、安、舒、美"与"养护管理规范化"并重的考核体系。委托社会中介机构参照交通运输部全国干线公路养护管理检查的模式,建立了定期检查与不定期暗访相结合的常态化日常养护管理考核机制,将考核工作贯穿到养护管理的全过程中,实现了对养护施工单位和经营性单位的全覆盖,考核内容更全面、考核标准更精准,考核成效提升明显。通过建立和不断完善常态化的日常养护管理考核机制,湖南省高速公路已形成一套层级分明、周密严谨、奖惩严格的日常养护管理考核体系,极大地调动各级养护单位的工作积极性,常态化的养护工作机制稳步建立,基本实现了"畅、安、舒、美"的总体目标。

(三)抓住重点,严控严查

桥隧安全是高速公路安全运营的重中之重,为此,湖南省严格执行交通运输部桥梁养护管理各项工作制度,切实做到桥梁养护工作保障有力、措施到位。建立了高速公路安全隐患排查治理的常态化机制,每年重点开展以桥梁、隧道为主,包括高危边坡、交安设施、房建设施(包括收费站和服务区)、事故多发路段等的安全隐患排查治理工作。对发现存在安全隐患的桥梁、隧道、高危边坡等及时采取措施进行了维修整治,及时消除了各类安全隐患,有效确保了湖南省高速公路的安全运营。

在近几年交通运输部开展的国家干线公路网长大桥梁抽检和巡查工作中,湖南省每年检查评分均在全国名列前茅,检查组对湖南省高速公路桥梁养护管理给予了高度评价,认为湖南省桥梁养护管理体系健全,桥梁养护工作保障有力、措施到位,内业资料档案分类清晰,内容规范、齐全。

(四)加强监管,明确职责

通过开展以管理升级和技术进步为手段,以提高养护工程质量为重点的"养护工程质量年"活动,编制了《湖南省养护中修工程质量监督管理办法(试行)》《湖南省养护中修工程交(竣)工验收实施细则(试行)》和《湖南省养护中修工程质量检验评定标准(试行)》,并严格执行。建立和完善了"政府监督、法人管理、社会监理、企业自检"的四级质量保证体系,分级管理,责任到人,实行严格的质量责任追究制度。同时,加强养护工程督查检查力度,突出抓好原材料、隐蔽工程、关键工程质量管理,加强质量通病治理。湖南省高速公路养护中修工程实行了政府监督和较完善的交竣工验收工作,完善质量监管程序,提高养护从业单位的质量意识和养护工程质量。近年来年全省养护中修工程交验合格率100%,湖南省养护工程质量整体水平有了明显的提高。

(五)未雨绸缪,防抗结合

针对湖南高速公路突发事件应急救援、水毁边坡应急抢险、冬季抗冰除雪春运保畅等养护应急工作特点,通过不断完善养护应急管理体系,全面推进应急管理规范化、常态化,形成了"防范严密到位、处置快捷高效"的应急管理工作机制。完善和修订了《湖南省高速公路桥梁隧道突发事件应急处置预案》《湖南省高速公路水毁边坡应急预案》《湖南省高速公路应对冰雪天气抗冰除雪应急预案》和《湖南省高速公路抗冰保畅养护应急预案》等多项应急预案,明确了各级养护部门的应急响应程序、应对措施,制订了各级应急响应所需配备的人员、机械设备配置和物资储备标准,逐步建立了适合湖南省特色的养护应急体系。

针对湖南省气候特点,开展了全省高速公路边坡安全风险评估和边坡督查工作。建立了"全面评估、重点监控、预防为主、防治结合"的高速公路高边坡安全风险评估体系,有力推动了湖南省高速公路高边坡从被动式养护转化为主动式养护,大大减少了高速公路高边坡地质灾害的发生,显著提高了边坡养护效益。

（六）依靠科技，注重创新

坚持以设计科研单位、高校和施工企业为依托，积极借鉴国内外的先进技术经验，开展"三新四化"技术的研究应用，信息化管理水平不断提高，养护科技含量不断增加。

1. 加强产学研合作，构建养护技术创新平台

"十二五"期间，经国家发改委批复，由省高速公路管理局牵头，与长沙理工大学等高校和科研院所联合，相继成立了"公路养护技术国家工程实验室"和"现代公路交通基础设施先进建养技术协同创新中心"。依托该平台，主要成员单位获得省部级重大科研成果15项，包括获得国家科技进步二等奖2项，中国公路学会科技进步二等奖1项、三等奖2项，省部级科技进步一等奖2项，省部级科技进步二、三等奖8项等。其中，省高管局主持的"高速公路建设与养护一体化技术""沥青路面状态设计法与结构性能提升技术及工程应用"分别获得中国公路学会科学技术二等奖和三等奖，"高速公路养护管理智能化及路面维修技术"获湖南省科技进步一等奖，"南方地区冰雪灾害机理研究"被鉴定为"国际先进"，为提高湖南省高速公路养护管理水平提供了有力的技术支撑。

2. 坚持行业需求导向，加强"四新"技术应用

一方面联合高校和科研机构研究开发养护"四新"技术，另一方面不断引进国内外先进实用的养护"四新"技术，并结合实体工程，创新改进了多项养护技术，包括"沥速贴超强微罩面""Novachip超薄磨耗层""雾封层""沥再生""就地热再生技术""裂缝焊接技术""QPR®高性能道路冷修补材料""路基横向花管注浆技术""亲水性环氧覆层技术""JN-R桥面环氧覆层技术""自锚式预应力钢丝绳—聚合物砂浆加固技术""桥梁同步顶升技术"等新技术。这些技术在湖南省多条高速公路得到了推广与应用，效果良好。

（七）稳步实施，持续改进

全面推进全省高速公路的大修与改扩建工程，2012年专门成立了"大修与改扩建办公室"，形成了在局大修办领导下的大修工程项目部负责制的管理体制。2011年完成长益高速公路南半幅大修工程（57.62km）；2012年完成长益高速公路北半幅大修工程（57.62km）和潭耒高速公路大修一期工程（102.452 km）；2013年完成潭耒高速公路大修二期工程（66.396km）和耒宜高速公路大修工程（135.372km）；2014年完成益常高速公路大修工程（73.083km）；2016年完成潭邵高速公路大修一期工程（102.1km）。逐步形成了适应湖南省实际的"事前准备充分、事中有序推进、事后总结完善"的短、平、快的"大修新模式"。

1. 注重前期准备工作

将大修前期准备工作作为大修工程"重中之重"，在充分考虑雨天等各种不利因素影

响的情况下,大修办、项目部与参建各方、相关专家多次沟通、协调和论证,统一制作具有可实施性的精确到天的工程进度计划图。虽然施工期只有 5～6 个月,往往前期准备工作需要 1～2 年,有效确保了大修工程顺利开展。

2. 强化交通安全组织

确立了大修工程交通组织实行"半幅封闭施工,半幅单向通行"的模式,工程开工前由大修项目部与交警、地方政府等单位充分协调,制订多套交通组织分流方案和各项应急预案,并提前 2 个月利用多种媒体加强宣传,在有效确保大修工程顺利的同时,减少封闭施工对交通的影响,取得了较好的效果。

3. 创新路面结构形式

湖南省高速公路路面大修工程秉持"长寿命周期成本最小化"的理念,充分利用产学研创新科技平台,积极探索了多种路面方案,并通过不断总结完善,逐步确立了适应湖南省实际的"连续配筋混凝土刚柔复合式路面"的典型路面结构,该项路面结构研究成果,获得了国家科技进步二等奖和中国公路学会科学技术一等奖。

4. 形成大修工程标准

在不断总结大修项目的经验与教训的基础上,通过开展湖南省高速公路大修工程验收标准的研究,召开全省高速公路大修工程总结交流会等形式,深入探讨湖南省高速公路大修改扩建工程设计标准、施工技术、质量检验评定标准等问题,在国家尚未出台明确规定的情况下,较好地指导了湖南省高速公路大修改扩建工作。在组织管理、大修设计、施工技术、项目管理等方面总结和提炼了可借鉴和推广的具有"湖南模式"的管理措施办法、设计原则方案、施工成套技术、质量控制和评价体系等,编写了《湖南省高速公路标准化施工指南——大修工程篇》,有力地推动了湖南省高速公路大修工程向规范化、科学化、高效化的方向迈进。

(八)以人为本,优质服务

对高速公路出口标识、收费站命名、旅游标志等制订了优化方案。组织了全省高速公路标志标牌的使用情况专项调查,对部分标志的设置进行了补充设计,进一步调整和规范了高速公路标志、标线设置,方便了人民群众出行。制订了涵盖新旧命名编号对照地图、编号规则、出行常识等内容的行车指南、地图、温馨提示卡等,在各高速公路服务区、收费站等处进行发放,为驾乘人员方便适应新标志系统提供便利。对群众反映、人大代表提案和省长信箱的有关问题及时进行了处理和回复,树立了养护工作优质服务的良好社会形象。

第四节　服务区管理

高速公路服务区是高速公路的重要组成部分,对满足旅客和车辆需求、提高交通安全、提供应急服务等具有重要作用。服务区作为高速公路客流、车流的重要集散地,是服务过往旅客和车辆的重要场所,是展示交通运输行业管理水平和文明形象的重要窗口。

截至2016年底,全省高速公路通车里程6080km,全省已建成运营并设有服务区的高速公路55条,设服务区120.5对、停车区12对。其中,政府还贷高速公路35条,设服务区79.5对、停车区4对;经营性高速公路20条,设服务区41对、停车区8对。见表8-4-1。

一、服务区管理模式

湖南省高速公路服务区经省交通运输厅授权,由省高速公路管理局负责行业管理,2012年12月在省高管局下设的13个市州管理处专门设立了服务区管理科,负责对所管辖路段服务区进行对口管理和现场监管。现有的服务区(停车区)通过经营权转让和租赁经营的方式,分别由8家公司负责具体经营管理。其中,由省高速公路建设开发总公司与中石化湖南分公司合作成立的广通实业公司负责经营管理临长、耒宜等高速公路的62.5对服务区、7对停车区;由省高速公路建设开发总公司下属的百通公司与中石油湖南分公司合作成立的百通中油公司负责经营管理常吉高速公路3对服务区;由广东联泰集团与中石化湖南分公司合作成立的联泰石油公司负责经营管理邵永、永蓝高速公路5对服务区、5对停车区;中石化湖南分公司负责经营管理长湘、桂武等高速公路的20对服务区;中石油湖南分公司负责经营管理醴潭、衡桂等高速公路的21对服务区。现代投资资产管理公司负责经营管理长永、长潭高速公路的2对服务区。湖南韶峰高速石化发展有限公司负责经营管理长韶娄高速公路的3对服务区;由湖南利联安邵高速公路开发有限公司与中石化湖南分公司合资成立的湖南利联石化有限公司负责经营管理安邵高速公路的4对服务区。

二、服务区管理方式

(一)制订规划和标准

2011年10月,省交通运输厅编制印发《湖南省高速公路服务区布局规划》,明确已建、在建及"十二五"期间规划新建高速公路服务区的分类、功能、占地面积、各服务区间距与位置以及实施方式,构建布局合理、规模适当,与湖南省高速公路协调发展的服务区体系。2014年9月,编制《高速公路服务区设计规范》(DB43/T922—2014)和《高速公路服务区服务管理规范》(DB43/T923—2014),成为湖南省高速公路服务区建设、管理、经营与服务工作的重要执行依据,并由省质量技术监督局作为湖南省地方标准发布实施。拟订《湖南省高速公路服务区管理办法》,目前已上报省人民政府,待颁布实施。

(二)全面推行分级分片包干责任制

从2016年8月起,对全省高速公路服务区的监督管理和经营管理实行分级分片包干责任制。明确各市州管理处作为行业监管主体,实行处领导、服务区管理科人员二级监管责任制;各服务区经营单位作为经营管理主体,实行公司领导、片区负责人、现场管理员三级管理责任制,并将各级责任人的姓名、职务和电话在各服务区醒目位置挂牌公布,接受社会公众监督和投诉。同时规定,如服务区在安全、卫生、秩序、服务内容、服务行为等方面出现突出问题,将对相关包干责任人进行责任追究,取得了良好效果。

(三)坚持实行第三方暗访考核

从2013年7月开始,以标准为引导,以考核为手段,以奖惩为保障,充分发挥第三方暗访这一重要抓手,全面开展全省高速公路服务区管理专项治理工作。

1. 委托暗访

聘请省统计局民调中心依据服务区管理考核标准(总分1000分)及要求,对全省高速公路服务区定期进行暗访考核,并结合管理实际每年进行针对性调整。其中,2013年考核内容分为11个一级指标和38个二级指标;2014年考核内容增加为14个一级指标和76个二级指标;2015年,结合交通运输部制订的"十二五"国检标准和全国高速公路服务区服务质量等级评定标准,考核内容调整为13个一级指标和84个二级指标。2016年,根据服务区管理工作的新要求和暗访工作的新特点,考核内容相应调整为13个一级指标和87个二级指标。

2. 定期通报

每次暗访完成后,根据暗访考核结果,对全省高速公路服务区进行统一排名,并在省交通运输厅召开厅领导参加的情况通报会,对排名前5位和不达标的服务区进行通报,服务区考核得分未满800分的管理处和经营单位主要负责人要上台表态发言。同时邀请省内主要媒体参加,向社会公布。到目前为止,先后有9个管理处、7个经营管理公司负责人上台表态发言。

3. 奖惩兑现

对暗访考核排名前5位的,服务区所在管理处给予现金奖励,相关管理人员在干部提拔任用时作为优先考虑依据。对考核不达标的,服务区所在管理处的处长、分管处领导、服务区管理科科长将会受到通报批评、黄牌警告、免职等追责处理。同时对服务区经营管理单位,分别采取经济追究、停业整顿、终止租赁合同、收回经营权等措施。

4. 整治经营环境

联合各市州政府对在服务区围墙开口子、强行摆摊设点、兜售管制刀具等扰乱经营秩序和安全环境的行为,进行集中整治和严厉打击。服务区经营环境整治情况,已纳入每年对市州政府的考核范围。

三、服务区管理成效

经过3年多来的真抓实干和专项治理的持续开展,全省高速公路服务区服务质量和管理水平明显提升,环境面貌明显改观,硬件设施不断完善,服务内容不断丰富,常态化管理氛围已然形成。见表8-4-1。

1. 卫生状况大为改善

通过加强对公共场区、公共卫生间的重点管理,强化保洁人员的配备和履职,服务环境得到了维护和巩固,整体面貌焕然一新。

2. 便民设施得到完善

室外休息设施、健身休闲设施随处可见,信息查询系统、免费开水、免费非处方药品、手机充电等随处可用,及时满足了过往旅客的出行需求。

3. 员工形象得以改观

服务区从业人员着装得到统一,工号牌佩戴正常化,主动作为和服务意识普遍增强,影响服务区形象的言行明显减少,旅客满意度逐步提升。

4. 管理水平不断增强

服务区的管理者和经营者按照行业管理要求,响应旅客服务需求,不断完善管理制度,强化管理措施,并加强联动与合作,促进了服务区日常管理的正常化。

5. 行业管理逐步规范

随着服务区服务管理规范的发布实施,随着考核标准的不断调整和完善,随着文明服务创建活动的全面开展,服务区行业管理的规定和要求越来越得到服务区管理与经营者的信服和落实,行业管理的约束力和促进力得到有效强化,确保了全省高速公路服务区各项管理与服务工作始终保持稳定向好发展。

6. 文明创建成果颇丰

2014年,湖南高速公路服务区文明创建工作被作为湖南省文明创建成果呈报中宣部。2015年,在交通运输部首次组织开展的全国高速公路服务区服务质量等级评定中,省境花垣、长沙、九嶷山、珠山、鼎城等 5 对服务区荣获全国百佳示范服务区,同时获得湖南省工人先锋号等荣誉,阳明山等 18 对服务区荣获全国优秀服务区。在"十二五"全国干线公路养护管理检查中,湖南服务区管理工作得到了交通运输部检查组的高度肯定与好评,并取得了满分的好成绩。全省高速公路服务区已经彻底改变了过去"脏乱差"的落后面貌,全部实现了达标升级,逐步成为安全、舒适、便捷、文明的温馨驿站。

湖南省已通车高速公路服务区信息　　　　表 8-4-1

序号	服务区名称	路线编号	路线名称	桩号	备注
1	羊楼司	G4	京港澳高速公路临长段	K1316+400	
2	临湘	G4		K1336+800	
3	桃林	G4		K1362+000	停车区
4	巴陵	G4		K1395+200	
5	大荆	G4		K1415+000	停车区
6	平江	G4		K1442+800	
7	安沙	G4		K1471+300	停车区
8	长沙	G4		K1480+980	
9	永兴	G4	京港澳高速公路耒宜段	K1747+833	
10	苏仙	G4		K1805+271	
11	宜章	G4		K1830+714	
12	热市	G55	长张高速公路	K216	
13	慈利	G55	长张高速公路	K261	
14	凤凰	G65	包茂高速公路吉怀段	K93+700	
15	怀化	G65		K158	
16	花垣	G65	包茂高速公路吉茶段	K43+200	
17	湘潭	G60	沪昆高速公路潭邵段	K1069	
18	水府庙	G60		K1147+530	
19	宝庆	G60		K1242+030	
20	隆回	G60	沪昆高速公路邵怀段	K1294	未投运
21	洞口	G60		K1340+000	
22	安江	G60		K1407+000	
23	芷江	G60	沪昆高速公路怀新段	K1457+330	
24	新晃	G60		K1511+845	
25	衡东	S11	平汝高速公路衡炎段	K739+000	
26	茶陵	S11		K304+870	
27	洪市	G72	泉南高速公路衡枣段	K790+700	
28	衡南	G72		K831+623	
29	潭市	G72		K882+067	停车区

第八章
运营管理

续上表

序号	服务区名称	路线编号	路线名称	桩 号	备 注
30	珠山	G72		K912+197	
31	永州	G72		K961+000	
32	舜源	G76	厦蓉高速公路宁道段	K792+175	
33	濂溪	G76		K837+930	未投运
34	道县	S81	道贺高速公路	K522+580	
35	炎陵东	G72	泉南高速公路炎睦段	K11	
36	汝城	G76	厦蓉高速公路汝郴段	K574	
37	苏仙南	G76		K634	
38	桂阳	G76	厦蓉高速公路郴宁段	K689	
39	洪观	G76		K734	
40	大围山	S30	大浏高速公路	K7+500	
41	浏阳	S30		K58+870	
42	南江	S11	平汝高速公路通平段	K8+800	关停
43	安定	S11		K64+400	
44	南长城	S56	杭瑞高速公路凤大段	K10+150	
45	云阳山	G72	泉南高速公路	K30+366	
46	武冈	G60	沪昆高速公路洞新段	K16+500	
47	崀山	G60		K70+700	未投运
48	洪江	G65	包茂高速公路怀通段	K14+300	
49	会同	G65		K69+000	
50	靖州	G65		K101+300	
51	通道	G65		K163+300	
52	张家界	G5513	张花高速公路	K03+450	未投运
53	茅岩河	S10		K32+350	未投运
54	泽家	S10		K94+840	未投运
55	保靖	S10		K130+400	
56	临湘南	G56	杭瑞高速公路大岳段	K19+600	未投运
57	君山	G56		K68+580	未投运
58	龙山	S99	龙永高速公路	K14+250	
59	农车	S99		K50+500	
60	檀山嘴	S71	娄衡高速公路	K65+520	
61	双峰	S71		K18+322	未建成
62	建宁	G4	京港澳高速公路潭耒段	K1555+547	停车区
63	朱亭	G4		K1589+047	
64	衡山	G4		K1630+503	停车区

湖 南

续上表

序号	服务区名称	路线编号	路线名称	桩号	备注
65	雁城	G4		K1644+993	
66	冠市	G4		K1676+130	停车区
67	耒阳	G4		K1699+930	
68	宁乡	G55	二广高速公路长益段	K33	
69	益阳	G5513		K63	
70	太子庙	G5513	二广高速公路常张段	K123	
71	雷锋	S61	京珠高速公路复线长湘段	K216+683	
72	道林	S61		K187	
73	临武	S61	京珠高速公路复线桂武段	K492+335	
74	宜章西	S61		K531+225	
75	北盛	S11	平汝高速公路浏醴段	K105+827	
76	官庄	S11		K157+570	
77	瓷城	S11	平汝高速公路醴茶段		未建成
78	攸县	S11		K261+300	
79	炎陵	S11	平汝高速公路炎汝段	K368+300	
80	桂东	S11		K415+200	
81	汝城南	S11		K459+450	
82	射埠	S61	京港澳高速公路复线潭衡西段	K227+500	
83	石市	S61		K285	
84	雨母山	S61		K334+008	
85	岳阳	S61	京港澳高速公路复线随岳段	K13+400	
86	洞阳	S20	长浏高速公路	K56+600	
87	辰溪	S70	娄怀高速公路溆怀段	K227+687	
88	中方	S70		K259+037	
89	黄土店	G55	二广高速公路常安段	K1951+800	
90	马迹塘	G55		K1998	
91	常宁	S61	京港澳高速公路复线衡桂段	K369+489	
92	欧阳海	S61		K428+500	
93	涟源	S70	娄怀高速公路娄新段	K22+700	
94	新邵	S70			未建成
95	新化	S70	娄怀高速公路新溆段	K67+513	
96	溆浦	S70		K177	
97	坪塘	S41	长潭西高速公路	K130+130	
98	长沙东	S21	长株高速公路	K15+200	
99	醴陵	G60	沪昆高速公路醴潭段	K1014	

第八章 运营管理

续上表

序号	服务区名称	路线编号	路线名称	桩号	备注
100	跳马	G60		K1046+500	
101	西渡	S80	衡邵高速公路	K55+212	
102	火厂坪	S80		K79	
103	长村	S31	宜凤高速公路	K28+273	未投运
104	黄沙	S31		K45+700	
105	华容	G56	杭瑞高速公路岳常段	K863	
106	安乡	S70		K926	
107	鼎城	G56		K966+600	
108	临澧	G55	二广高速公路东常段	K1871+000	
109	城头山	G55			未建成
110	常德	G55			未建成
111	石门桥	G55			未建成
112	九公桥	G55	二广高速公路邵永段	K2173+199	停车区
113	邵阳	G55		K2191	
114	大盛	G55		K2215	停车区
115	永州北	G55		K2246+199	停车区
116	冷水滩	G55		K2272+600	
117	阳明山	G55	二广高速公路永蓝段	K2307+400	
118	九嶷山	G55		K2367+260	
119	零陵	G55		K2285	停车区
120	蓝山	G55		K2390+400	
121	宁远北	G55		K2349	停车区
122	桃花源	G56	杭瑞高速公路常吉段	K1051+300	
123	沅陵	G56		K1140+400	
124	泸溪	G56		K1205+300	
125	星沙	S20	长浏高速公路长永段	K11+200	
126	昭山	G4	京港澳高速公路长潭段	K1523	未投运
127	花明楼	S50	长韶娄高速公路	K23+300	
128	湘乡	S50		K62+600	
129	桥头河	S50		K108+500	
130	梅城	G55	二广高速公路安邵段		未建成
131	湄江	G55			未建成
132	白马	G55		K2111	
133	蔡锷	G55			未建成

第五节　经营管理

从2001年开始,省高速公路管理机构为服务高速客流、车流和沿线地方经济,利用高速公路独有的资源和优势,在高速公路养护、服务区、广告、地产、信息化、物流、材料供应等方面开展多元化经营,扩大服务外延。

一、湖南省高速公路投资集团有限公司

湖南省高速公路投资集团有限公司于2008年11月12日经省政府批准成立,注册资本人民币60000万元,是湖南省高速公路建设开发总公司出资设立的国有独资企业。

公司主要从事高速公路、一级公路、桥梁、市政工程、基础设施建设、道路管网的投资、开发、经营、管理、维护及沿线设施、土地的综合开发、利用、经营;建筑工程、土石方工程、公路工程的施工;通信工程施工,劳务服务;电机设备、建筑材料、公路设备、设施、光纤管网的经营;设计、制作、代理、发布各类广告;房地产开发项目、物流项目、旅游开发项目的投资、开发、经营。

公司现有百通建设、高广投资、广信投资、广和投资、一通投资、湘通咨询、通达投资、宏途建设、项目管理公司等9家全资子公司,控股广通实业公司,参股财务公司、保险经纪、国开精诚、吉祥人寿等4家公司。负责投资建设衡桂、桂武、浏醴、醴茶、娄新、炎汝、长湘、新溆、南岳、南岳东延线、潭市互通连接线及水府庙连接线等12个高速公路建设项目。

二、湖南省高速百通建设投资有限公司

公司原为湖南省高速公路建设养护工程有限公司,于2002年1月18日在湖南省工商行政管理局注册成立,2007年3月22日变更注册为百通公司。公司注册资本人民币11000万元,股本结构为:湖南省高速公路投资集团有限公司,占股98.64%;湖南省宏途公路建设有限公司投资,占股1.36%。旗下拥有全资子公司6家,控股公司1家,参股公司1家。

公司拥有进口及国产大型公路工程机械和施工养护、质量检测设备;拥有公路路面工程专业承包一级,高速公路养护一类,二类甲、乙级,路基、桥梁专业承包二级,地基与基础工程专业承包三级,公路检测乙级及交通工程、环保工程、送变电工程资质;以及沥青、碎石、波形护栏、钢筋钢网生产、加工基地与生产线。

公司经营范围:高速公路养护工程、建设工程、路桥工程、环保工程施工;建筑材料的生产销售、工程机械设备销售;路桥建设、高新科技项目的投资;高速公路交通安全设施施

工,护栏板加工、销售;公路工程试验检测及设备开发、应用,公路新技术、新材料开发等。

三、湖南省高广投资有限公司

公司成立于2001年7月,注册资本人民币10500万元,属湖南省高速公路建设开发总公司出资设立的国有独资企业,2009年工商变更为湖南省高速公路投资集团有限公司全资子公司。

公司持有中国二级广告企业、湖南一级广告企业资质,房地产开发二级资质、物业管理三级资质。

公司拥有湖南高速广告经营有限公司、湖南高广房地产开发有限公司、湖南信远智邦置业有限公司、长沙高广物业管理公司等4家全资子公司;张家界市龙阳公路建设有限责任公司、湖南省新地标旅游文化传播有限公司两家控股子公司;张家界诚鼎城镇建设投资有限公司一家参股子公司。

四、湖南高速广通实业发展有限公司

公司成立于2001年5月,注册资本人民币2000万元,由投资湖南省高速公路建设开发总公司(2009年工商变更为湖南省高速投资集团有限公司占股51%)和中石化湖南分公司(占股49%)共同出资成立。

公司主要从事政府还贷性高速公路服务区和停车区的经营管理。目前,纳入公司管理范围的服务区(停车区)数量占全省高速公路服务区总量的近60%,包括临长、潭耒、耒宜、炎睦、衡炎、衡枣、汝郴、郴宁、宁道、道贺、潭邵、邵怀、怀新、长益、益常、常张、吉茶、吉怀、通平、大浏、凤大、张花、怀通、洞新、垄茶等28条高速公路的62.5对服务区、7对停车区。

五、湖南省高速广信投资有限公司

公司成立于2008年7月,注册资本人民币7500万元,是湖南省高速公路建设开发总公司出资设立的国有独资企业,2009年工商变更为湖南省高速公路投资集团全资子公司。

公司主要开展高速公路、铁路建设的材料(如钢材、水泥、砂石等)销售,高速公路联网技术服务和信息化建设,高速公路通讯工程建设及维护等业务。

子公司设置情况如下:二级全资子公司分别为湖南高速广信建筑工程开发有限公司、湖南高速广信材料有限公司湖南高速广信联网技术服务有限公司、湖南湘桥置业发展有限公司;二级控股子公司分别为湖南高速金信投资有限公司、湖南高速广信科技发展股份有限公司、湖南昭山鹿鸣山庄投资有限公司、湖南广晟建设有限公司;二级参股子公司分

别为株洲广信兆富投资管理有限公司、湖南省广信创业投资基金有限公司;三级子公司分别为北京润东联合投资管理有限责任公司、湖南省高速广信交通设施有限公司。

六、湖南高速广和投资有限公司

公司成立于2010年4月19日,注册资本为人民币5000万元,属湖南省高速公路投资集团有限公司全资子公司。

公司主要从事物流园的投资建设与经营管理;高速公路和一般公路的投资、建设、经营与开发;高速公路服务区、市政工程和污水处理系统、机电设施及设备、节能减排技术与产品、工程机械、高速公路、建设物资、房地产及高速公路相关产业的经营。

公司旗下拥有湖南广和实业投资有限公司、湖南高速广和生态工程有限公司、茶陵湘赣酒店投资管理有限公司、湖南湘赣物流有限公司、茶陵湘赣汽车站管理有限公司等5家全资子公司;湖南广和桥梁构建有限公司1家控股子公司。

当前,公司正以"建立以物流发展为主业的现代化企业"为目标,深入推进"1+2"战略部署。在集中精力做好物流主营业务"物流投资与建设"(包括物流园建设、物流信息平台建设、大宗材料物流业务等)的同时,兼顾桥梁相关产业以及机电工程相关产业。

七、湖南高速一通投资有限公司

公司原名湖南省南岳高速公路投资有限公司,成立于2009年12月4日,注册资本人民币5000万元,属湖南省高速公路投资集团有限公司全资子公司。

公司经营范围:高速公路、一级公路、桥梁、市政工程、基础设施、道路管网的投资;旅游开发项目的投资、经营;电机设备、建筑材料、公路设备、光纤管网的销售;广告的设计、制作、发布。

八、湖南高速项目管理有限公司

公司成立于2010年12月29日,注册资本人民币1000万元。属湖南省高速公路投资集团有限公司全资子公司。

公司经营范围:项目管理及建设、工程造价咨询、技术咨询、工程招标代理等业务。目前,公司主要负责新疆援建项目的建设和管理。

九、湖南高速集团财务有限公司

公司是经中国银监会批准,于2011年12月22日正式开业的非银行金融机构,注册资本人民币10亿元,是全国高速公路行业第1家、湖南第3家财务公司。

目前,公司股东单位3家,分别是湖南省高速公路建设开发总公司,湖南省高速公路投资集团有限公司,湖南省信托有限责任公司。

公司经营范围:对成员单位办理财务和融资顾问、信用鉴证及相关的咨询、代理业务;协助成员单位实现交易款项的收付;经批准的保险代理业务;对成员单位提供担保;办理成员单位之间的委托贷款;对成员单位办理票据承兑与贴现;办理成员单位之间的内部转账结算及相应的结算、清算方案设计;吸收成员单位的存款;对成员单位办理贷款及融资租赁;从事同业拆借;承销成员单位的企业债券;有价证券投资(股票二级市场投资除外)。

十、湖南省高速通达投资开发有限公司

公司于2011年10月18日注册成立,注册资本人民币1000万元,属湖南省高速公路投资集团有限公司全资子公司。

公司经营范围:交通、高速公路基础设施投资建设、开发与经营;房地产开发;物业管理;房地产中介服务;房屋租赁;场地租赁;档案馆服务;档案咨询、档案整理、保管存放、调阅、档案信息化、数字化、规范化;数据处理和存储服务;会议会务;业务培训及商务服务。目前,公司主要经营湖南省高速公路建设项目工程档案保管库的运营管理和通达国际健康城项目(鲤鱼塘项目)的开发。

十一、湖南省湘通工程咨询有限公司

公司于2011年8月11日在湖南省工商行政管理局变更注册登记,系由湖南省高速公路投资集团有限公司于2011年8月独资收购原金衢监理公司而设立的全资子公司,注册资本人民币400万元。

公司经营范围:土地综合开发、利用、经营;工程技术造价咨询;凭本企业《监理资质等级证书》监理公路工程。

公司具有交通运输部核发的公路工程甲级资质,可在全国范围内从事一、二、三类公路工程、桥梁工程、隧道工程项目的监理业务。

第六节 信息管理

湖南高速公路的信息管理,是通过运用现代信息技术,建设现代化的路网综合管理平台和智能化的高速公路建设及运营管理系统,构建以监控、收费、通信等三大系统为主要内容的路网运行监测与管理体系,重点打造路网运行监测、应急处置调度和公众出行信息服务为一体的运营管理平台,形成基于海量信息和智能处理的全新管理模式,面向未来构建全新的智慧高速公路,使高速公路信息化服务成为湖南交通产业发展的新增长极。

一、智慧高速

"智慧高速"经历了高速公路机电系统建设和信息化建设两个发展阶段。

(一)机电系统建设管理阶段

湖南高速公路机电系统建设起步于1999年,始建于长潭高速公路,2000年5月投入运营。至2016年底均同步建设了技术先进、功能完备的机电系统,除长沙机场高速公路外,全部实现机电系统联网运行。

高速公路机电系统由监控系统、收费系统、通信系统(简称"机电三大系统")组成,有长度达到1000m及以上的隧道或连续的隧道群,一般还要建立隧道管理所(2012年底运营管理体制改革更名为"桥隧管理所"),配套建设供电照明通风系统。监控系统主要负责实时监控高速公路特别是重点路段、长大隧道和桥梁的运行状态,实施路况信息的采集、处理和发布等。收费系统为收费管理提供技术保障和支持。通信系统为高速公路运营管理(包括视频图像和数据的传输)提供通信和服务保障。供电照明通风系统提供隧道电力、照明和通风条件。遇特殊情况,隧道高压供电专线可为高速公路运营、施工、应急抢险提供电力保障。

湖南省高速公路实行省监控中心—市(州)监控分中心—基层(收费站、桥隧管理所)监控室三级业务对口管理。2012年12月以前,湖南省高速公路按照"一路一处"的模式分别设置监控分中心;2012年12月,湖南省高速公路运营管理体制改革,全省高速公路按行政区域,由"一路一处"模式改为在全省14个市州分别设置一个管理处,市(州)管理处设置监控分中心,负责境内(政府还贷)高速公路机电业务的统一归口管理,所辖路段原来设置的监控分中心全部并入市(州)管理处监控分中心,路段不再设置监控分中心。

省高速公路监控中心是隶属湖南省高速公路管理局的正处级事业单位,主要负责全省高速公路机电系统建设、运营和养护的管理。2015年2月,加挂"湖南省高速公路路网运行监测和应急处置中心",接受湖南省交通运输厅信息中心业务指导,承担全省高速公路路网运行监测、应急处置调度和出行信息服务等职责。市(州)监控分中心为市(州)高速公路管理处内设机构,负责所辖行政区域内的高速公路机电业务管理。基层监控室(含收费站和桥隧管理所监控室)主要对所辖收费现场、重要桥梁和隧道的监控管理。BOT路段另单独设置监控分中心,负责所属路段机电业务的管理。

"十二五"(2011~2015年)末,信息化基础设施主骨架基本形成,视频监控基本覆盖全省高速公路,重点路段实现高密度监控,全省实现联网,全省高速公路2.5G基于SDH的通信专网升级为10G通信骨干传输网。

（二）信息化建设管理阶段

2016年,按照省人民政府和省交通运输厅部署,提出了"1123"的信息化建设年度总体思路:围绕"一个中心"(高速公路改革发展这个中心),加快"一个转变"(传统机电工程向信息化工程建设转变),做好"两道加法"(管理+技术,规范+服务),突出"三个服务"(服务公众便捷出行,服务应急指挥调度,服务高速公路运营管理),加快推进信息化一期工程建设,于2016年7月1日如期完成政府还贷路段的主要建设任务,高速公路信息化基础支撑体系不断升级完善,大数据开发应用崭露头角,"互联网+高速公路"模式初见成效。

1. ETC推广应用创下"湖南速度"

湖南高速公路经历了手工开放式收费、半自动收费、联网收费、计重收费、ETC智能收费等方式,联网收费实现省内"一卡通",ETC实现全国联网并跨省清分结算,通行效率大幅提升,用户体验显著改善。2009年10月,湖南省高速公路ETC系统试运行;2013年10月31日,政府主导,与建设银行、工商银行等9家银行构建"一站式"营销模式,面向社会推广运营,ETC用户从2013年10月不足1万户骤增到2015年底的192万户,排名从全国倒数第3位跃居第3位。到2016年底,全省共建设ETC车道818条,实现ETC车道全覆盖,省界收费站和全省重要城市出入口均建设了两进两出ETC车道;与省内9家合作银行建立ETC营销网点2500多个,全省ETC用户达到227.8万,征收ETC车辆通行费44亿元,其中,跨省交易24亿元,ETC收费额占比25.48%;ETC缴费车辆占总车流量的34%(非现金使用率),占总客车流量的41%。

2. "互联网+"助推高速公路运营管理现代化

建立了统一的"OTN+PTN"10G通信骨干网,全省高速公路基本实现"一网覆盖",初步实现"高速路网、基础传输网、信息发布网"三网连通,为视频监控、数据传输等提供了网络保障。建设了公网无线对讲通信数字系统,与1200台无线对讲终端形成一张覆盖全省高速公路路网的应急指挥调度网络,通过声像同步、FM90.5中国高速交通广播及高速执法巡逻车的GPS定位系统,实现了高速公路监控、路政、高速交警等高速公路管理者与高速用户之间的信息共享和交互,有利于多部门、多路段、跨区域的路网调度和应急处置。

湖南省高速公路监控中心建立了集"GIS地图、交通状况分析系统、监控综合管理平台、公众出行信息服务平台、数据交换平台"于一体的路网运行综合管理平台,形成路网调度和决策支撑系统,初步融合手机信令、收费业务数据、交通流量等,尝试大数据提取和分析,开启"互联网+大数据+高速公路"的管理模式。

2016年,自主研发的"湖南省高速公路联网收费MTC车道及站级收费系统V1.0"首获国家著作权,全省高速公路386个收费站、2726条MTC收费车道软件全部国产化,破解了多年以来制约湖南高速公路收费管理工作的发展瓶颈;2017年1月1日零时,全省高速公路62%的收费站启用实际路径收费,2017年3月1日,实现全省全覆盖,结束了长期以来实行的"最短路径收费模式",实现公平、公正、科学、合理收费。

更新升级了全省交通运输和高速公路公众出行服务网站,推出了潇湘行APP、湖南高速通APP;全省14个市州主要城市及4000km高速路网同频覆盖FM90.5中国高速交通广播信号;长沙、临湘服务区等示范工程,布设了免费WIFI,安装了服务公众的移动触摸屏、可变信息发布屏、停车位预告系统和高清视频监控等。创新了公众出行服务的"三种机制和一种模式",跨界融合,立体服务。与中国电信、高德软件公司、阿里巴巴集团、周边省份、科研院校等建立"数据共享、资源互用"的协同服务机制;形成了"以FM90.5中国高速交通广播为核心,湖南高速公路官方微博、微信、网站、96528和12328交通客服电话及省内主流媒体互动参与的全媒体矩阵信息发布机制";与高速交警、气象、旅游和FM90.5中国高速交通广播等建立路况预警研判机制,做到了"节前有预判、节中有路况、节后有总结、日常有旬报、节假日有专报",大数据分析、运用常态化;国内首创"交通+广播+互联网+无人机"的节假日保畅服务模式,大大提升了湖南高速公路信息化管理和服务水平。

全省高速公路共安装6400台视频监控摄像机,其中道路主线监控摄像机1445台,隧道内监控摄像机1800台,其余为收费站收费监控摄像机,64套门架式可变情报版、220套小型可变情报板,140套车辆检测器,100套能见度检测器或气象检测器以及少量设置在特大桥梁的路面湿滑检测装置;湖南境内G4京港澳高速、G60沪昆高速、G5513长张高速及长永高速等重点路段建设了2km一对的高密度高清视频监控;部署完成道路交通事件监测系统,实现异常事件在线智能监测,逐步完善了"智慧高速"建设的感知系统,路网"可测、可视、可控、可服务"水平进一步提高。

二、FM90.5中国高速交通广播(湖南)

中国高速交通广播是由交通运输部和中央人民广播电台共同打造的国家级交通广播网,是国家交通信息化和国家应急广播体系的重要组成部分。2013年7月,交通运输部决定在湖南和北京、天津、河北、重庆二省三市开展中国高速交通广播示范工程建设。省交通运输厅和省高速公路管理局高度重视这一项目,2014年11月底,湖南率先在省高速公路管理局建成全国第一家省级采编播中心,12月30日率先在全国注册成立了第一家运营实体央广交通传媒(湖南)有限公司。2015年1月27日,中国高速交通广播湖南频率FM90.5正式开播,由央广交通传媒(湖南)有限公司负责节目制作播出、市场及活动运营。

FM90.5中国高速交通广播特点突出：一是公益为先导，突出应急功能；二是精准服务城际间移动人群，辐射覆盖城区人群；三是同频覆盖，高速路网连续收听中途不换台；四是区域化运行与全国联网双重特征并存，FM90.5通过交通运输部路网中心和中央人民广播电台与全国其他省市高速广播实现互联互通，特别强化和湖南邻近省市交通信息的互联互通；五是强化节假日出行，做湖南"假日出行第一媒体"。

目前，中国高速交通广播湖南FM90.5信号已经完成全省14个市州主要城市和超过4000km高速路网的同频覆盖，是湖南目前唯一同频覆盖的广播电台，同时是湖南省内覆盖范围最广，覆盖效果最好的广播频率。自开播以来，以公益性为主的应急广播作用得到最大释放，成为高速公路信息发布主平台和抢险应急的有力手段。

三、"十三五"信息化展望

在总结"十二五"经验的基础上，"十三五"（2016~2020年）湖南高速公路大力发展网络信息核心技术，建设集大数据采集共享、分析应用、支撑保障等功能于一体的综合交通运输大数据中心，积极推动互联互通、信息共享、业务协同和智能决策，助推湖南高速信息化建设总体目标落地，实现智慧出行、智慧管理、智慧决策，确保全省高速公路网络安全、传输稳定、图像实时、数据在线，在更高层次、更广领域、更深程度上加快推进"互联网+高速公路"发展。到"十三五"末，建成"以路网运行监测、应急处置调度和公共信息服务为一体"的智慧高速，形成内联外通、绿色智能、高效便捷、科学规范的高速公路运营管理体系。

（1）建立智能多元的不停车收费系统。形成ETC、基于车牌识别的不停车移动支付、支付宝、微信、PAY等多种非现金支付模式并存的收费方式，探索基于北斗、电子车牌等新技术的自由流收费新模式。

（2）建立业务协同的路网综合管理平台。升级"省高速公路监控中心+管理处监控分中心"两级统一的综合管理平台，结合手机APP，实现功能齐全、实时高效、智能方便，集监控、收费、路政（含治超）和养护业务于一体的路网综合管理平台，实现业务在线办理率达95%以上，服务区信息化管理全覆盖。

（3）建立稳定可靠的路网感知体系。基于物联网、互联网+、移动互联网、北斗和无人机等技术，打造覆盖范围广、技术前瞻、反应迅速、感知信息准确的全方位、多层次、立体式路网感知体系。

（4）建立可靠的信息传输智能网。建设"公+专"结合的综合传输网络，形成大容量、高可靠、易扩展的OT智能网络，为高速公路及交通行业提供传输服务，服务的交通管理部门（省市县）覆盖率达到80%以上，引领全国高速公路传输网发展方向；建设基于移动互联网的智能应急处置系统。

（5）形成"互联网+高速公路+FM90.5中国高速交通广播"品牌，实现高速公路交通广播信号"全省同频覆盖,高速公路全程覆盖,主要城市全部覆盖,国省干道邻近覆盖"的目标。

(6)建立综合共享开放的大交通信息系统。最大程度利用数据资源,通过"互联网+大数据",建设智能交通管理指挥系统,逐步对接公路、运管、交警、气象、旅游等信息资源,构建覆盖与高速公路交通相关信息的省级综合交通运输云平台,融合打造"互联网+综合交通",支撑路网运行监测与调度、应急处置与管理决策,服务公众舒适、便捷、智慧出行。

第九章
文 化 建 设

高速文化是高速系统的员工在高速公路建设、养护、管理的实践中,所创造的物质文化和精神文化的总和,是高速公路行业在长期实践中形成的行业精神、管理理念、行为方式、服务意识和职业规范等的凝结。湖南高速公路文化建设以社会主义核心价值观为指南,有机融合行业文化、时代文化、湖湘文化、人本文化,不断创新丰富湖南高速公路文化观念、文化内容、文化形式,逐步形成为全体员工共同认同的价值观、行为道德规范,成为推动湖南高速公路向前发展的重要精神力量。

第一节 精神文明创建

湖南高速公路人的精神文明创建紧密结合行业特点,坚持以人为本,积极把时代精神融入文明创建全过程,注重用文明创建的力量促进高速公路中心工作的开展,服务于民生交通发展,服务人民群众安全便捷出行,服务湖南经济社会发展。

一、"九五"文明创建起步

"九五"(1996~2000年)期间,湖南高速公路人的精神文明创建活动正式起步。1996年随着湖南第一条高速公路长永高速建成通车,湖南高速公路精神文明创建和文化建设就此发端。在此后的几年中,湖南高速公路人在行业精神文明创建工作中,以加快高速公路发展为目标,以加强班子建设为关键,以强化各项基础管理为手段,重点抓好高速公路基础设施建设和人才培养"两大工程",积极开展"三学一创"(学包起帆、学华铜海轮、学青岛港、创建文明行业)活动,提高湖南高速公路职工队伍的素质,提高湖南高速公路行业的文明程度,促进了湖南高速公路两个文明建设的同步发展。

1999年,湖南高速公路系统开展了典型引路、创先争优和"三观""三德"教育活动,精神文明创建取得新进展。湖南高速公路管理机关积极抓工作作风建设,建立各项规章制度,进一步落实岗位职责,机关工作效率和服务意识有明显提高。各建设项目公司紧紧围绕"三个一"要求,开展了"创建生产文明号"和"争当岗位能手"活动。各收费站"文明收费站"和"青年文明号"创建活动蓬勃开展,职工队伍思想素质、业务素质、服务态度和服务质量逐步提高。当年,有 2 个收费站获国家级"青年文明号"荣誉,1 个工作组获省级"青年文明号"荣誉,2 个单位、5 个集体和 27 名个人分别被评为湖南省高速公路管理局"双文明建设先进单位(个人)"。

2000 年,按照湖南省委省政府提出的高速公路要努力实现"一流的管理,一流的速度,一流的质量,一流的效益"和湖南省交通厅提出的"修好一条路,锻炼一支队伍,树立一种精神"的要求,湖南省高速公路管理局开展以整章建制为主题的"制度建设年"活动,使各项规章制度更加健全。各个收费站全面推行半军事化管理,定期举行升旗仪式和列队训练,积极开展创建"青年文明号"、争当"青年岗位能手"和争创"文明示范窗口"活动;各个建设项目单位开展"大干七八九"、文明施工、建优质工程等社会主义劳动竞赛,涌现了黄花、莲花冲、朝阳收费站和湘(潭)耒(阳)高速公路衡东工作组等一批先进典型和文明示范集体,对树立湖南高速公路文明窗口形象,提高湖南高速公路行业文明程度起到了积极的示范效应和推动作用。

"九五"期间,湖南高速公路系统基本形成了党政重视、全员参与、覆盖全系统的文明创建局面,创建活动载体丰富多样,行业行为逐步规范,行业新风不断树立,提升了管理和服务水平,对促进湖南高速公路行业的发展产生了积极的推动作用。

二、"十五"文明创建注入新动力

"十五"(2001~2005 年)期间,新的形势对湖南高速公路行业"两个文明"建设提出了新的要求。同时,随着湖南高速公路的发展,在新的阶段,湖南高速公路的行业文明创建活动也增添了新的内容,呈现新的特点,为湖南高速公路的文明创建注入了新的动力。

2001 年,湖南省高管局制订印发《湖南省高速公路系统 2001~2005 年行业精神文明建设实施意见》(以下简称《实施意见》)。此后各单位积极落实创建措施,完善工作机制,以积极向上、健康高雅的文化生活占领干部职工思想阵地;广泛深入开展"三学四建一创"活动,开展"模范职工""模范女工""模范老干部""百万职工创业兴湘"评选活动,继续深入开展"青年文明号""青年岗位能手"争创活动,开展向湖南省"百优""十佳"职工学习活动,努力培养和造就一批先进典型;充分发挥舆论宣传的重要引导作用,积极向社会宣传推介湖南高速公路系统的好人好事,营造崇尚先进的舆论文化,树立良好的行业形象。

在各建设项目开展了以规范管理、规范工程程序为主题的"工作规范年"活动,使各项工作快速步入规范化轨道;立足职工综合素质提升,在湖南高速公路系统开展"五手一员"(推土机手、装载机手、平地机手、压路机手、挖掘机手和收费员)争创岗位能手竞赛活动,拉开了湖南省高速公路劳动竞赛大幕,对提高建设者和管理者的积极性、劳动技能产生了极大的促进作用。

湖南高速公路系统根据《公民道德建设实施纲要》,认真贯彻"以德治国"方略,以诚

第九章 文化建设

信建设为重点,全面开展"爱国守法、明礼诚信、团结友善、勤俭自强、敬业奉献"的基本道德规范教育;开展"作风建设年"主题活动,进行树正气、创新风教育,促进了湖南高速公路系统两个文明建设协调、健康发展。

根据湖南高速公路建设和管理摊子大、点多、线长、面广、干部职工队伍素质参差不齐的现状,湖南高速公路连续3年坚持开展主题活动,坚持以科学理论武装人,以先进的思想、高尚的道德教育人;连续3年开展以质量为主题的"公路建设年"和"交通杯"劳动竞赛活动,推动建设质量迈上新台阶;连续3年开展以争创"文明单位""文明号(手)"为主题的行业文明创建活动,推动了湖南高速公路系统的精神文明建设。

2003年初,面对突如其来的"非典"疫情,湖南高速公路系统上下积极响应中共中央、湖南省委省政府的号召,严格按照湖南省委省政府和省交通厅的统一部署,紧紧围绕"交通不断、货流不断、车流不断、传染源切断"的"三不断一切断"目标,广大干部职工怀着高度的政治责任感和工作责任心,众志成城,昼夜巡查,对疑似病例进行了妥善处置。各建设项目公司一手抓抗击非典,一手抓工程建设,实现了抗"非典"、工程建设两不误,确保了湖南省高速公路没有发生"非典"疫情,为湖南省夺取抗击"非典"阶段性胜利做出重要贡献,受到湖南省委省政府和社会各界的高度赞扬。

同时,湖南高速公路系统以提高职工素质、树立窗口形象为主要目标,以文明路、文明站、文明服务建设为龙头,加大了"文明窗口""青年文明号(手)"和"模范职工之家"创建力度,开展了炊事人员技术培训暨烹饪技术比武、"送温暖、献爱心"等扶贫帮困活动,为困难职工、失学儿童捐款捐物,使文明创建活动内涵进一步拓展,服务触角进一步延伸,干部职工的职业道德和行业形象明显提升。

2004年,湖南高速公路系统以创建文明行业为目标,开展以"爱国守法、明礼诚信、团结友善、勤俭自强、敬业奉献"为主要内容的职业道德建设;积极开展争创"青年文明号(手)"、争创"学习型组织、知识型职工"活动,不断兴起学理论、学业务、学法律、学实用英语高潮,营造了积极向上的高速公路文化氛围。坚持标本兼治、综合治理、惩防并举、注重预防的方针,积极推进制度创新,率先在湖南交通运输行业制订和落实了《关于构建具有湖南高速公路行业特色的惩治和预防腐败体系的若干意见》,构建教育、制度、监督并重的惩、防腐败体系。

2005年,按照"五个统筹"的要求,湖南高速公路管理局提出了"坚持科技兴路、人才强路战略,努力实现工程建设、运营管理、经营开发相互协调,速度、质量、效益相互协调,物质文明、政治文明、精神文明建设同步推进"的发展战略。针对学风和工作作风等方面存在的问题,在湖南省高速公路系统开展了创建学习型、廉洁自律型、求真务实型、人文关怀型、狠抓落实型为主要内容的"五型"机关和单位创建活动。围绕湖南省委、省政府制订的"发展文化产业,建设文化强省"的战略决策,为进一步繁荣高速公路行业文化,发展高速公路行业文学艺术事业,5月,成立了湖南省高速公路行业文联。

"十五"期间,湖南高速公路人牢固树立抓行业文明创建也是抓发展的观念,文明创建工作有声有色,为湖南高速公路发展提供了内在源泉和精神支撑。建设了一支"特别能吃苦、特别能战斗、特别能忍耐、特别能团结、特别能奉献"的高素质队伍,全局干部职工求真务实、无私奉献的作风明显增强,团结协作、争先创优的精神得到弘扬,你追我赶、爱岗敬业的氛围日益浓厚。创建活动内涵不断深化,开展的创建文明执法、文明窗口、文明行业示范工程和示范收费站、路政队、养护所、文明路、模范职工之家等活动,使湖南省高速公路近20%的收费站、路政队、养护所获得了省级"文明单位"称号。

五年来,湖南高速公路系统1人获得全国"劳动模范"称号,1人获得全国"五一劳动奖章",新增文明创建工作国家级先进单位荣誉8个,省级先进单位荣誉56个,省级先进个人荣誉11名。工会工作获国家级先进单位荣誉4个,省级先进单位荣誉17个,省部级先进个人2名。行业文明建设的成果,大大提高了干部职工的文明素质,增强了干部职工的自豪感、责任感,系统上下心齐气顺、风正劲足。

三、"十一五"全方位开展文明创建

"十一五"(2006~2010年)期间是湖南高速公路发展历程中极不平凡、极其重要、极大进步的5年,是创造高速公路建设史上"湖南速度",提振"湖南信心",打造"湖南品牌"的5年,也是湖南高速公路精神文明创建和行业文化建设成绩突出的5年。

2006年是"十一五"开局之年。湖南高速公路全系统紧紧围绕中心工作,坚持民主、团结、和谐、发展主题,深入开展以学科学理论、学先进典型,建负责任部门、负责任行业,创人民满意文明行业为主要内容的"学建创"活动;继续深化文明路、文明示范窗口、青年文明号(手)、文明单位、模范职工之家等创建活动;深入开展"学模范,争一流"、献爱心、"构建和谐社会 共铸诚信高速"演讲比赛和建党85周年知识竞赛等多种活动,出版了《听路》一书并纳入湖南省文联出版社的"千年湖湘经世文鉴"系列丛书,引起社会的强烈反响。

2007年,根据湖南省第九次党代会提出的"富民强省,又好又快"战略任务,湖南高速公路在全系统开展了"服务富民强省,建设和谐高速,实现又好又快"为主题的建设和谐高速活动,以优良的精神文明保障和谐高速发展,推动湖南高速公路走在湖南省发展的前列。举办了"和谐高速之春"大型春节联欢文艺晚会和湖南省高速公路计算机技能大赛;建立了湖南高速公路网站,组织开展了以邵怀、怀新高速公路通车为重点的宣传报道和自驾游宣传活动,结集出版了全面反映湖南高速公路"青年文明号"的风采的《青春表达》一书,组织《交通四库图志》高速公路卷的编写。在湖南省高速公路服务区开展了为期1个月的集中整顿和5个月的"优质服务月"活动。引入竞争机制,树立服务区经营品牌,服务区形象大为改观,服务质量明显提高。

第九章

文化建设

2008年初,湖南发生50年难遇的冰冻雨雪灾害。面对灾害,湖南高速公路干部职工,奋起抗灾,以自身的行动夺取了抗冰救灾和灾害重建的全面胜利,生动诠释了艰苦奋斗、逆境突围、勇于创新、不畏艰险的行业精神,涌现了众多先进集体和个人,在社会上引起强烈的反响,也得到了湖南省委省政府、社会各界的高度评价。湖南省高速公路管理局和临长、长潭、广通实业、潭耒、长益、衡枣6个单位被湖南省委省政府授予"湖南省抗冰救灾先进集体"称号,1人被评为"抗冰救灾模范",7人荣记一等功。

"5·12"汶川大地震爆发后,湖南高速公路系统积极响应"一方有难,八方支援"的号召,湖南交通抗震救灾抢险队第一时间赶赴灾区,在全国交通系统抗震救灾斗争中起到了模范带头作用,抢险队被中华全国总工会授予"工人先锋号"的荣誉称号,并在全国交通运输行业弘扬抗震救灾精神报告会上作先进事迹报告。湖南高速迅速开辟绿色通道,全力保障抗震救灾物资的运输;第一时间伸出援手,累计向灾区捐款250.48万元和捐献大型机械设备100多万元;第一时间派出工作队,赴灾区开展灾后重建对口支援工作,与灾区人民心连心共同应对灾难。

2008年是北京奥运年,湖南高速公路系统积极开展"迎奥运、讲文明、树新风"系列活动,包括奥运圣火传递、"迎奥运"礼仪知识大赛等,这些活动有效提升了湖南省高速公路系统文明创建水平,展示了湖南高速公路良好形象。北京奥组委授予湖南省高速公路管理局"2008年北京奥运会做出特殊贡献单位"。

2008年是湖南省高速公路飞跃发展的一年。在湖南高速公路建设取得突破性进展、实现科学跨越发展的背景下,湖南高速公路继续以劳动竞赛为重要抓手,在重点工程建设项目,深入开展"三优化""优质示范工程"劳动竞赛活动和创"样板工程"为主要内容的劳动竞赛;在运营管理单位开展以提高职工劳动技能为重点的"交通杯""高速公路杯"劳动竞赛,开展"模范职工之家"创建活动,巩固"建家"成果,争创行业品牌。

2009年,湖南高速公路通过进一步规范创建工作,在全系统扎实有效地开展争创"三个一流"活动(即通过开展争先创优、比学赶帮超、星级收费员评定等活动,推动个人创一流业绩;通过文明示范窗口、青年文明号、模范职工之家创建等活动,推动单位创一流品牌;通过文明路建设、工程质量创优等载体推进行业创一流环境)活动,推动了行业文明向纵深发展,提高了干部职工队伍素质,转变了工作作风,提升了服务水平和工作质量。为进一步提升文明优质服务水平,湖南高速公路开展了"文明优质服务"竞赛和"露八颗牙"式微笑服务,展示了湖南高速公路的良好形象。

制订了《湖南省高速公路行业精神文明建设"十一五"(2006~2010年)规划》,各单位结合各自实际和特点,制订和完善了具体的实施细则,增强了创建工作的科学性和指导性,促使湖南高速公路公路系统文明单位、文明系统创建活动进一步朝规范化、制度化和法制化的方向发展。认真组织开展了中华人民共和国建立60周年《颂祖国·展风采》歌咏会、志愿者服务、金秋助学、向台湾灾区同胞捐款活动,设立了扶贫帮困专项基金,全面开展"推进富民强省、争当五一先锋"主题竞赛活动,举办了"湖南省高速公路建设和养护知识"劳动竞赛、湖南省高速公路建设劳动竞赛推进会、文明优质服务竞赛活动、安全知识、建设项目管理知识以及钢筋工、电焊工劳动技能竞赛、服务区厨艺大赛等一系列精神文明创建活动。

2010年,湖南高速公路系统坚决贯彻全国交通运输行业精神文明建设工作会议精神,明确提出了"以高速文化为支撑,加强行业文明和文化建设,使文化成为行业文明的内在支撑,成为高速公路科学发展的内在源泉"。同时,就加强行业文明和文化建设作出具体部署。一是坚持重心下移,使文明服务活动落实到基层和一线;创新活动内容,扩大覆盖范围,使文明服务活动成为一种自觉、一种常态、一种习惯;建立长效机制,提高工作实效,创造融洽和谐、健康向上的高速公路行业发展氛围。二是开展多种形式的文明创建活动。深入开展以学科学理论、学先进典型,建负责任部门、创人民满意的文明行业为主要内容的"学建创"活动,带动湖南高速公路行业文明建设再上新台阶。三是创建书香高速。在湖南高速公路系统广泛开展读书月活动,实施"新世纪读书计划",建立读书小组和读书俱乐部,构建职工读书网络。四是逐步形成"高速文化"活动内涵。打造多种多样、生动活泼的湖南高速公路文明创建体系,形成富于个性特色、富有时代精神、富有湖湘底蕴的高速文化,树立高速公路"进取、奉献、和谐、创新"文化核心价值观。

进一步加强团组织建设,召开了湖南省高速公路管理局第一次团代会暨青工委成立大会,各级团组织带领广大青年和团员做好高速公路建设和文明优质服务工作。湖南省高速公路管理局"团委+青工委"建设的经验和做法,受到共青团湖南省委主要领导和湖南省直团工委充分肯定,并向湖南省各市州和省直团系统进行推广和介绍。

组织湖南高速公路全系统各单位积极参加"文明观世博、热情迎亚运、和谐迎国庆——做文明有礼的中国人"网上签名寄语活动,抒发文明感言,充分展示了湖南高速公路人文明礼貌、追求和谐的精神风貌。开展了"三比三优"(比项目进度、优质量安全;比业务技能、优文明服务;比创新创效、优经营效益)、"立志成才报效祖国,创先争优奉献高速"、"五四"青年节主题教育活动,以及文明收费优质服务、岗位练兵、业务技能比武、应急演练;先后组织全系统干部职工为西南旱灾区、青海玉树灾区、甘肃舟曲灾区捐款累计达192万元。

"十一五"湖南高速公路系统有6家单位荣获国家级"青年文明号"荣誉称号,1个单位获全国"五一劳动奖状",1人被评为全国"劳动模范",2人获全国"五一劳动奖章"荣誉称号,9个基层工会(分工会)获全国"模范职工之(小)家"荣誉称号,1个收费站获全国"女职工建功立业标兵岗"荣誉称号,4个收费站获全国交通行业"巾帼文明岗"荣誉称号,2个集体(班组)获全国"工人先锋号"荣誉称号,81家单位被授予湖南省"青年文明号",25个基层工会(分工会)获湖南省"模范职工之(小)家"荣誉称号。6人获省(部)"劳动模范"荣誉称号,1人被湖南省政府授予湖南省"优秀青年企业家",3人获湖南青年"五四奖章"荣誉称号,1人获湖南省"十大杰出青年岗位能手"荣誉称号,10人获湖南省"青年岗位能手"荣誉称号,1人获湖南"十大杰出经济人物特别贡献奖"荣誉称号。

四、"十二五"全面提升行业软实力

"十二五"(2011~2015年)期间是湖南高速公路发展历程中极其复杂、极不平凡的5年,也是发展速度最快、成效最为显著的5年。湖南高速公路的质和量都进入全国先进行列。与此同时,湖南高速的文明创建也得到新的发展。

2011年初,湖南遭遇暴雪冰冻灾害,湖南省高速公路第一时间启动抗冰保畅机制,近万名干部职工夜以继日奋战一线,涌现了原临长高速公路管理处路政队员王立国等英雄模范人物。抗冰保畅英雄王立国同志牺牲后,省委组织部追认其为中共党员,团省委追授其"湖南五四青年奖章"。为深刻提炼和宣传新时期湖南高速公路人的精神,湖南省交通运输厅成立"王立国等同志先进事迹报告团",从5月开始,在湖南省14个市州进行巡回宣讲王立国、黄胤超、王如意等同志先进事迹,在社会上和广大干部职工中引起了热烈反响,推动了创先争优活动的深入开展,使具有鲜明时代特征和行业特色的交通人形象深入人心,大爱无言、敢于牺牲的献身精神,不畏艰险、攻坚克难的拼搏精神,爱岗敬业、乐于奉献的铺路石精神得到弘扬,引导了更多的交通系统干部职工以王立国等为榜样,爱岗敬业、诚实守信、服务群众、奉献社会。

在纪念"五四运动"92周年大会上,全省高速公路评选表彰了湖南省高速公路管理局第一届"十大杰出青年集体(标兵)"和"十大杰出青年(标兵)";共青团湖南省委、省人力资源和社会保障厅主办了2011"湖南杰出(优秀)青年农民工"评选,长(沙)湘(潭)高速公路三标现场施工主管周建、炎汝高速公路22合同段测量队队长贾安得、洞新高速公路第17合同段桩基组长、钢筋班长谢西平等3位农民工被授予"湖南省优秀青年农民工"称号,记省政府二等功,树立了湖南高速公路系统青年建功立业的标杆。

立足党群共建创先争优,团结带领职工建功立业树形象。开展了"六个创优岗"和"三查三亮三比三争创"为民服务创先争优主题实践活动、"三个一流"(创一流素质、创一流团队、创一流业绩)、"六比"(比创新、比技能、比质量、比安全、比服务、比效益)等为主要内容的"交通杯""高速公路杯""大干100天""大干60天"安全质量管理知识等劳动竞赛活动,集中开展了"六治"("治假、治浮、治庸、治懒、治散、治奢")为主要内容的机关作风建设,还围绕"热情服务群众、共建共享和谐"为主题,积极开展了青年文明号创先争优服务月、青年志愿者和"圆梦红土地"大型公益助学活动。同时,在宁(远)道(县)、吉(首)怀(化)、大(围山)浏(阳)3个公司试点创建"建设项目廉政文化建设通用模式"。

这些活动的开展,充分发挥了党员的先锋模范作用,展现了湖南高速公路人的精神风貌。

出台了《湖南高速公路文化建设"十二五"(2011～2015年)规划》(以下简称《十二五规划》)。《十二五规划》明确湖南高速公路文化建设的总体目标是:力争用5年左右的时间初步建立高速公路文化体系,使行业价值理念深入人心,行业凝聚力不断增强,干部职工素质大幅提升,行业形象得到社会充分认可,行业发展环境更加和谐,行业品牌形象基本树立。

2012年,湖南高速公路系统全面启动星级服务区创建活动,制订了服务区文明创建达标标准和考核细则,着重从服务区综合管理、公共区域管理和经营区域管理3个方面,按照五星级、四星级、三星级、达标和不达标5个档次对服务区进行评定,评定结果实行一年一评的动态管理,将服务区文明创建工作纳入各单位所在路段、行政区域和相关行业参评文明单位的考核内容。当年,湖南高速公路服务区创星达标比例100%,其中三星级达标比例65%,四星级20%,五星级10%。

在湖南高速公路全系统开展了道德领域突出问题专项教育和治理活动。湖南省高速公路管理局成立了湖南省高速公路系统道德领域突出问题专项教育和治理活动领导小组,对活动进行了部署,召开了座谈会,开设了道德讲堂,集中开展道德宣讲教育活动,宣传普及社会公德、职业道德、家庭美德和个人品德。正式启动湖南省首届"倡导文明出行、拒绝车窗垃圾"公益活动,在湖南省已建成通车高速公路的紧急停车带和收费站广场共安装垃圾桶3000个,免费赠送驾驶人车载垃圾桶6000个。与红网联合举办"网络纳言献策·共促湖南高速科学发展"活动,广泛听取群众意见和了解人民大众各方面的诉求。并通过分类整理,按照规划、设计、建设、养护、路政、收费、综合管理等对网友建议汇编成册,作为湖南高速公路系统各单位各部门改进作风、开拓创新的依据和参考。

以"学雷锋,让雷锋精神与高速同行"为主题,把学雷锋活动作为服务大局、服务中心工作的实际行动,在收费站设立了"雷锋岗""雷锋便民台",在路政队设立了"雷锋窗"等,使学雷锋活动体现时代性;开展了希望工程快乐课桌大型公益和爱心活动,共募集善款77927.6元,捐赠新课桌400余套;广泛开展志愿者活动,湖南高速公路系统各级青年组织青年志愿者1159人,创建青年突击队20支;特别是9月举行的"通平杯"全省高速公路试验检测技术比武,有33个建设项目单位参加理论考试,24个建设项目参加6项试验操作决赛;同时,当年举办的打击偷逃费专项整治活动,极大地提升了收费员的业务技能和工作积极性,改善了征费环境。深入开展"模范职工之家""工人先锋号""夏日送清凉""金秋助学"创建活动,不断丰富建家内涵,巩固创建成果。

2013年,湖南高速公路系统广泛开展群众性文明创建工作成效显著,行业文明程度显著提高。制订印发《2013年全省高速公路精神文明建设工作要点》(以下简称《要点》)。《要点》提出了湖南省高速公路系统精神文明建设工作的总体要求:以群众性精神

第九章
文化建设

文明创建活动为载体,不断提升行业文明程度,坚定信念,凝聚共识,形成合力,提高社会满意度,塑造行业新形象,为加快发展现代交通运输业和推进湖南"四化两型"建设提供强大精神动力和思想保证。

启动了第二届"拒绝车窗垃圾"大型公益活动,在已建成通车的高速公路紧急停车带和收费站广场安装、更换新的垃圾桶,免费发放车载垃圾桶和温馨提示卡,宣传高速公路文明行车和车窗垃圾的危害,引导人们文明出行。举办了湖南省高速公路"路面施工标准化"劳动竞赛,14家2013年度通车的高速公路建设项目和(湘)潭耒(阳)、耒(阳)宜(章)大修项目共16只代表队参赛。通过竞赛,提升了参赛队伍的技能和路面施工的标准化水平。

根据交通运输部《交通运输行业核心价值体系建设实施纲要》《交通运输行业培育践行核心价值体系行动方案》要求,湖南省高速公路管理局把每年的4月确定为"交通运输行业核心价值体系集中学习实践教育月",深入开展"学树建创"活动。主要是通过加强领导班子、基层党团、工会组织建设,建设"学习型党委""效能型机关",开展创建"五好党支部""创先争优""六个创优岗"和文明示范窗口活动。同时,在湖南高速公路系统推广"道德讲堂"建设,重点抓好规范道德讲堂流程,突出选好主持人、选好故事、选好经典三个重点,湖南高速公路系统各类道德讲堂总数达到20多个。全面完成湖南高速公路执法形象"四统一"工作(统一执法标识标志、统一执法证件、统一执法服饰、统一执法场所外观),标志着湖南高速公路法制文化建设达到了一个新的高度。举行"通平杯"全省高速公路试验检测技术比武,组织开展了"点钞等应知应会业务技能""收费稽查业务技能比武""路面试验知识"等各具特色的技能比武等,提升了行业的建设和服务水平。深入开展"模范职工之家""工人先锋号""夏日送清凉""金秋助学"创建活动。在省政府和省交通运输厅的领导下,全省高速公路系统开展打击偷逃费专项整治活动,改善了征费环境。

2014年,湖南省高速公路管理局召开首届五星级收费员授星大会,授予来自收费一线、收费工作经验均在8年以上的长沙管理处杨梓冲收费站周静等6名收费员为湖南省高速公路"五星级收费员"的荣誉称号,另评出了113名四星级收费员、842名三星级收费员、369名二星级收费员、746名一星级收费员。星级收费员的评选,是对多年来勤勤恳恳、奋战在一线的广大收费员的工作表示肯定,充分展示了一线收费员工风采,较好发挥了"行家里手"和收费标杆的榜样示范作用,全面提升了高速收费工作水平和服务质量。

以践行党的群众路线活动为契机,组织开展"路相通·心相连"活动,围绕"为民务实清廉"的主题,以爱心奉献为目标,用广大干部职工的精心创作的文化产品为桥梁,真心实意为群众排忧解难,弘扬了中华民族乐善好施、扶贫济困的传统美德,践行了社会主义核心价值观。举办了"广通杯"湖南省高速公路服务区"管理·技能"劳动竞赛,促进了湖南高速公路服务区运营管理水平的提高。开展拟通车、在建续建及新开工建设项目单位

"桥梁施工标准化"劳动竞赛,有效提高了桥梁标准化施工技术水平。启动实施"花园式"服务区创建和标准化管理工作,各服务区的卫生环境、文明形象、服务水平等全部达标升级,服务新亮点不断涌现,社会满意度不断上升。

2015年,湖南在全国率先开通中国高速公路交通广播(FM90.5),覆盖了长株潭地区和10条高速公路段,受到交通运输部杨传堂部长的充分肯定。开展以"美化路域环境·建设绿色交通"为主题的学雷锋系列志愿服务活动,在全社会营造"我为人人、人人为我"的志愿服务浓厚氛围。举办了湖南省高速公路全面提升管养水平、促进国检进位争先集中考评会,为迎接全国干线公路养护管理检查,促进湖南高速公路养护水平的提高打下了坚实的基础。启动2015年湖南省高速公路"最美高速人"评选活动,投票评选在收费员、路政员、养护工、服务区工作人员、建设者这些最前沿高速人中进行。12月,评选活动颁奖典礼在长沙隆重举行,12名来自各地的一线建设者被评为湖南"最美高速人"。

推行"以标准、规范为导向,以暗访为抓手,以奖惩为保障"的服务区管理新机制,湖南省高速公路服务区的环境面貌焕然一新,服务功能和设施明显改善,服务质量和服务水平明显提升。同年在交通运输部首次组织开展的全国高速公路服务区文明服务创建等级评定工作中,花垣、长沙、九嶷山、珠山、鼎城等5对服务区评为全国百佳示范服务区,另有18对服务区评为全国优秀服务区。

紧扣湖南高速公路建设、运营管理重心,紧盯公款消费、超标准接待和公车私用等关键环节和重点领域,湖南省高速公路管理局出台了《关于加强廉政建设的十项禁止性规定》,积极开展落实情况督查,行业风气明显好转。湖南省高速公路管理局被省交通运输厅评为2015年度绩效评估优秀单位、党风廉政责任制落实先进单位、综合治理工作先进单位。

"十二五"期间,湖南高速公路系统文明创建成果丰硕。6家单位获国家级荣誉、38个单位或集体获省部级荣誉、7人获省部级荣誉。湖南省高速公路管理局被授予"中部地区十大企业文化示范基地"。21个单位或集体获国家级荣誉、44个单位或集体获省部级荣誉、4人获国家级荣誉、24人次获省部级荣誉。全国"劳动模范"获得者1人,全国"五一劳动奖章"获得者5人。建有国家级职工书屋示范点3个、全省交通运输系统职工书屋26个。出版了《记者看湖南高速》等多部文化产品,湖南高速公路微信、微博、杂志影响力持续提升,有效传播了高速公路正能量。

五、"十三五"建设人民满意高速公路

2016年,举办了收费稽查百日劳动竞赛活动,对收费站工作人员的文明优质服务、规范操作流程、应急处置等方面进行综合考评。举办了湖南省高速公路路政业务知识竞赛暨业务技能比武全省13支代表队参赛,提高全省高速公路路政管理和文明服务水平。开

展了形式多样、主题突出的道德讲堂、"学雷锋倡文明共建绿美高速路""黄金周志愿者服务""当好主力军,建功十三五"主题竞赛等活动,职工文体活动丰富多彩行业文明创建和文化建设取得新成效。"湖南高速公路"官方微信荣获智慧政务服务优秀奖。创建"全国职工书屋示范点"2个,2人获评湖南省"五一劳动奖章",22个单位(集体)获省级荣誉,40个单位(集体)获厅级荣誉。

"十三五"时期,湖南高速公路系统将以建设人民满意交通为总要求和总抓手,深入推进文明创建,弘扬主旋律,传播正能量,构筑风清、气正、文明、和谐的湖南高速良好形象;深入践行社会主义核心价值观,挖掘提炼行业文化核心价值体系,重点抓好收费站、服务区等窗口单位的文明创建活动,强化出行服务能力建设;做好劳动模范、先进工作者、青年文明号、工人先锋号、模范职工之家等评选表彰,以及扶贫帮困等工作,全面提升行业文明水平。

第二节 企业文化

湖南高速公路在建设、养护、管理的长期实践中,形成了以行业精神、管理思想、服务意识和职业规范为特征,具有明显湖湘地域、时代和行业特色的湖南高速公路文化。同时,随着文化体系的逐步建立和完善,湖南高速公路文化的价值理念深入人心,行业凝聚力不断增强,干部职工素质大幅提升,行业形象得到社会充分认可,行业发展环境更加和谐,行业品牌形象更为鲜明,文化软实力大为增强,成为助推湖南高速公路事业不断开拓创新发展的宝贵财富。

一、富有特色的物质文化

物质文化是湖南高速公路人在推进湖南高速公路发展过程中所创造的物质产品和各种物质设施之和,是湖南高速公路价值观的物质载体,以其独特的形象识别系统,构成了湖南高速公路行业文化的外显特征。

湖南高速公路的建设者,坚持把人文特色、民族特色和自然景观与高速公路环境融合,开展"两型"高速、科技高速、人文高速等创建活动,促进高速公路与自然、地域、环境协调发展,打造了湖南高速公路独特的文化景观。行走在湖南高速公路,各种行业标志、文化产品、亭台雕塑扑面而来,服务区内地域色彩浓厚的纪念品也随处可见。随着湖南高速公路的不断发展,湖南高速公路的外显文化特征也日益凸显,主要体现为显著的行业特点、秀美的自然景观、所蕴藏的厚重历史记忆,以及高速公路沿线丰富动人的民族风情。

(一)显著的行业特征

湖南高速公路紧盯建设现代化、标准化、数字化、精细化高速公路这一目标,把文化建设与高速公路的科技创新、智能化发展、信息化建设结合起来,推广应用先进技术手段,不断加强基础设施建设,以切实提高服务水平和能力。统一行业标志、旗帜、色彩等标识;规范办公设备、办公用品,规范职工着装及色调,统一行业宣传标牌的装置规格和设置区位;规范收费站、服务区等基础设施的建筑风格和建筑色调,向社会展示湖南高速公路行业的独特形象,也为广大驾乘人员出行带来了愉悦的视觉感受和温馨如家的旅途享受。

(二)秀美的自然景观

湖南集山、林、水、石、洞于一体,汇秀丽神奇伟于一身。湖南高速公路蜿蜒其中,犹如条条秀美的丝带,连接着三湘四水,又如霸气雄浑的巨龙,纵横于山川河岳,在潇湘画卷中延伸。

在建设之时,湖南高速公路就充分兼顾交通、环保、生态方面的要求,在设计、施工和运营的等不同阶段采取不同的方法和手段,充分考虑湖南特殊的地质气候条件。同时,结合不同的区段、功能选择绿化物种,强化生态修复、美化效果,营造舒适宜人、轻松惬意的环境,打造了常(德)张(家界)高速公路、常(德)吉(首)高速公路等一批风景旅游文化特色路,确保湖南高速公路与自然景观的完美融合,让"湖南高速公路宛如从地上长出来一般"。

常张高速公路是湖南第一条通往世界自然文化遗产张家界景区的高速公路,2008年7月获我国建设项目环境保护最高奖——"国家环境友好工程"奖。常张高速公路在建设过程中对沿线护坡、人行天桥、隧道口区域和部分声屏障进行了景观绿化设计和美化,在张家界互通设计了别致的石景,以体现张家界独有的自然风光;在慈利互通则种植当地有名的杜仲树,突出地域植物特色。常张高速公路因此成为湖南第一条山区高速公路与沿线自然风景完美结合的高速公路。

常吉高速公路特意在进入常德桃源的路段两侧,密集种植了大量桃花,让驾乘人员"未到桃花源,先闻桃花香",使桃源县桃花源的旅游品牌更加凸显;在沅水边上,借景造景建设了两处具有湘西特色的古色古香的观景台,使游人在小憩片刻的同时还能饱览碧波涟漪的沅水风光。同时,还将沿线隧道洞门打造成了富有苗鼓、吊脚楼等当地民族文化元素的特色洞门;在车道两旁,刻有土家图腾的隔音墙与服务区内苗寨风格的建筑群交相辉映。正由于常吉高速公路具有了"一桥一隧又一景,此景彼景皆不同"的特点,行驶其中,带给驾乘人员一种无限舒适美妙的视觉和文化感受。

(三)厚重的历史文化

湖南高速公路不仅将湖南大地上各种自然风景名胜、历史名人遗迹有效衔接了起来,还起到了推广历史文化、弘扬湖湘精神的作用。湖南高速公路从设计选址到施工运营,都将保护和弘扬沿线历史文化作为重要考量因素,在以沿途人文自然景观为依托的基础上,充分挖掘湖湘文化精神,积极构筑景观艺术之路、历史文化之路。

湖南建设了一批极具湖南历史文化印记的特色路。如:红色文化路——韶山高速公路,爱国主义教育路——通(城)平(江)高速公路和(界化)垄茶(陵)高速公路,革命老区路——醴(陵)茶(陵)高速公路、大(围山)浏(阳)高速公路、炎(陵)汝(城)高速公路,宗教文化路——南岳高速公路,湖湘文化走廊上的两型之路——长(沙)湘(潭)高速公路。

长湘高速公路跨长沙,走湘潭,沿途经过雷锋纪念馆、靖港古镇、岳麓书院、刘少奇故居、彭德怀纪念馆、齐白石故居,与(湘)潭邵(阳)高速公路、韶山高速公路相接,抵达毛泽东故居,沿途历史悠久,文化底蕴深厚。在建设过程中,长湘高速公路紧扣伟人故里和湖湘文化这一主线,以毛泽东诗词为创作选题,精心策划、建设每一处互通的人文景观,推出了"帝子乘风""芙蓉国里""层林尽染""战地黄花""彩练当空"等人文景观;仿造湖南代表性建筑爱晚亭、天心阁,修建了具有湖湘特色的服务区,并在服务区设立湖湘历史文化名人雕像、文化走廊等,实现了基于湖湘文化的高速公路景观与地域特色的完美融合。

韶山高速公路在沿线进出口均设置了"毛泽东故居"文字和图片,特别是仿照毛主席故居屋顶特点修建的收费站和管养区更加形象生动,凸显了红色旅游高速公路的特点,具有良好的辨别性和易读性,让来韶山的游客在旅途中就能感受到伟人故里特有的氛围和文化气息。

结合湖南高速公路各服务区周边的人文地理环境,湖南高速公路着力打造服务区湖湘文化走廊。按照"就地取材、因地制宜,把最有代表性的湖湘文化标志请进服务区"的思路,在服务区内设置了当地人文风景画、具有湖湘文化特色的文化推介牌、文化橱窗、主题雕塑、石刻等,将最能代表该区域文化特点的人物、景观、思想观点等体现在服务区设计、布局、服务等各方面,打造特色文化长廊。如长(沙)常(德)高速公路周立波服务区着重介绍以周立波为代表的现代湖湘文化人物及其文化成果,突出乡土气息与时代变迁;(湘)潭邵(阳)高速公路魏源服务区则以介绍以魏源为代表的近代湖南士大夫为重点,突出中国传统文化和士大夫的忧国忧民意识;(湘)潭耒(阳)高速的雁城服务区介绍南岳风景和佛教文化;临(湘)长(沙)高速的平江服务区主要是推介彭德怀等老一辈湖南革命家及其重大事件,宣传红色思想、彰显红色文化。

(四)多彩的民族风情

湖南是一个有50多个民族的多民族省份,具有多彩的民族风情。为充分体现湖南多彩的民族风情这一特征,湖南高速公路在设计和建设过程中,一方面通过运用景观建筑和其他景观设施的造型、材料、色彩、结构形式、组合方式、图像和文字等,表达特定的文化含义,如历史文化感、积极向上的精神、民俗文化等;另一方面,通过在重点景点,建立雕塑、壁画和标志性组合景观,深化、升华景点的民族文化主题,将收费站、服务区等建设成具有民族的特色建筑。

如典型的民族风情文化路——怀(化)新(晃)高速公路。处于怀新高速公路湘黔交界的新晃收费站,采用了极具侗乡特色的风雨桥造型,顶部是塔式侗寨鼓楼,使得收费站既有宝塔之英姿,又有楼阁之优美,设计精巧典雅,结构独特,在阳光的沐浴和青山绿水的烘托下,古色古香的别致造型使人赏心悦目。而在邵怀、怀新高速公路沿途服务区、收费站、办公楼、宿舍区等主要建筑,则采用了最能体现壮、侗、瑶、苗等民族民居风格的元素造型,让最具代表性的铜鼓、风雨桥、鼓楼等区域文化元素适时展现,浓郁的少数民族特色景观设计使湖湘文化的神秘与高深更加突出。

二、以人为本的制度文化

以人为本的制度文化是湖南高速公路文化建设的核心之一。湖南高速公路按照"工程建设标准化、养护工作科学化、征费管理文明化、路政管理法治化、设备管理规范化、内部管理半军事化"的要求,积极抓制度文化建设,逐渐形成了包括收费、安全、养护、路政管理、服务区管理、劳动人事、财物、党务、工会等一整套科学、完善、规范、实用的制度,并编印了《湖南高速公路管理手册》,提出了各项工作的标准和要求,规范了各项工作的行为和准则,确保了湖南高速公路建设管理的高效、稳定、可靠。

(一)完备的系统性

湖南高速公路制度文化的系统性主要表现在制度建设的完整、制度体系的完善。湖南高速公路的制度包括工程建设管理制度(如规划设计、项目论证、招投标管理、质量监督、进度管理、投资融资等)、运营管理制度(如收费管理、路政安全管理、养护管理、监控管理等)经营开发管理制度(如生产经营、广告经营、服务区经营等)、综合管理制度(如党群工作、廉政建设、行业精神文明建设、人事管理、财物、审计、办公、后勤等)。所有制度均汇总成篇,既有整体的把握,也有细节的追求,覆盖到日常管理的方方面面。

(二)高度的认同感

湖南高速公路制度形成的过程,是一个广大员工参与、实践的过程,也是一个理解、接受的过程,更是一个同化、内化的过程。由于员工处于主人翁的地位,员工与湖南高速公路结成事业、利益和命运共同体,对湖南高速公路各种制度的价值取向、目标予以认知、认同,在行业内部形成了一种互相尊敬、信任制度的气氛,提高了工作效率和企业凝聚力。

(三)严肃的强制力

湖南高速公路制度严肃的强制力,来源于科学健全的制度之于企业发展的关键作用,得益于湖南高速公路人对制度的高度认同感和坚定实施的执行力,源自于科学严谨制度实施反馈的巨大工作实绩,这种良好互动促进效应的建立,更加深化了员工对制度重要性的认识,以及在实践中按照制度办事的自觉意识。如劳动纪律制度对各种违反具体日常劳动行为都有明确的处罚,对增收节支、创新科技、创新工艺、忠于职守、文明执法等行为都有具体的奖励,奖罚分明、权责一致、一视同仁,这种良好的制度贯彻力,树立了制度的权威,很好地发挥了制度的引导、制约作用。

三、严谨规范的行为文化

湖南高速公路行为文化是依据行业精神、职业道德、服务理念,制订职工守则、服务公约、操作规程以及仪表仪态、服装服饰、效益和效率标准等,对干部职工工作的质量、效率、目标做出明确要求,对工作用语、动作手势、仪表仪态等做出的一种行为规范,体现了湖南高速公路人的价值理念,反映了湖南高速公路的行业精神,并具体体现在湖南高速公路的工程建设、养护管理、路政管理、收费管理、服务区管理等方面,充分反映了湖南高速公路行业的精神风貌和文明程度。

(一)工程建设行为规范

安全是工程建设的关键。在工程建设中,各建设项目单位加强安全管理,施工单位积极抓安全生产,做到齐抓共管保安全。

质量是工程建设的核心环节。主要是通过严格招投标、精心勘察设计、建立质量保证和监督体系,建立和落实了工程质量终身责任制,并严格督查落实,严把工程质量关。

同时坚持环保节约原则,要求以少占耕地林地、少影响居民生产生活、保护文化遗址、减少水土流失为标准,建设"两型高速"。

(二)养护管理行为规范

总的要求是用"高效、优质、安全、低耗"的养护工作保证高速公路畅、洁、绿、美。即路面平整无明显跳车,病害处置及时、快捷、安全;路容路貌整洁、美观,绿化良好;沿线设施规范、齐全,恢复及时;路基边坡稳定,排水设施完善、畅通;桥梁、隧道等构造物保持完好状态;防汛抢险、除雪防滑预案完善,措施到位,效果明显;养护作业规范,现场管理有序等。

(三)路政管理行为规范

路政管理包括路政执法、行政审批、车辆超限超载治理、清障施救监管、安全生产监管等。湖南高速路政管理为方便驾乘,坚持"文明执法、礼貌服务"的原则,变被动执法为主动执法,变管理型执法为服务型执法,寓服务于执法和管理中,制订了文明服务标准、执法人员行为规范、执法人员形象规范、执法人员语言规范等,确保路政管理做到服务标准、形象端庄、语言文明、行为严肃。

（四）收费管理行为规范

为更好地实行"依法收费""文明收费",湖南高速公路编订了《湖南省高速公路收费稽查工作服务标准》,开展了大量的文明收费优质服务活动,明确要求做好"真心、热心、细心、耐心、用心"服务,明文规定了文明服务宗旨、服务理念、道德规范、文明守则、形象要求和服务承诺。具体包括微笑服务标准、文明用语标准、站容站貌标准、业务处理服务标准、畅通便民服务标准,要求做到微笑服务达标率100%,文明用语使用率100%,肢体语言使用率100%,收费环境良好率100%,仪容仪表良好率100%,业务操作达标率100%等"六个百分百"。

（五）服务区行为规范

湖南省高速公路服务区通过建立健全高速公路服务区管理机制、办法和标准,实行分级分片包干责任制,进一步加大服务区建设和运营的管理力度,推动长效管理,确保服务区管理规范、服务设施完善、环境卫生良好、服务行为文明。长期以来,坚持以第三方暗访考核为抓手,定期开展顾客满意度调查,扎实开展服务区管理专项整治,逐步形成了常态化管理机制。同时,制订颁布湖南省地方标准《高速公路服务管理规范》,建立了标准化、系统化、规范化服务管理体系,规范了工作流程,明确了服务设施及人员配置要求、服务工作规范及流程、服务质量要求、卫生要求及文明服务要求,成为湖南省境内高速公路服务区管理、经营与服务人员的重要执行依据。

四、奋发向上的精神文化

精神文化构成了湖南高速公路文化的核心和灵魂,集中体现了湖南高速公路行业独特的、鲜明的思想和风格,反映了湖南高速公路行业的信念和追求。湖南高速公路人把社会主义核心价值体系融入职工教育和文化建设全过程。以"敢为人先,敢于担当"的湖湘精神,"爱岗敬业、默默奉献"的"铺路石"精神,凝心聚力、攻坚克难、奋发有为、只争朝夕的拼搏精神为基础,提炼和总结湖南高速公路的文化精华,培育高速公路精神文化之魂。这种奋发向上的精神文化,构成了湖南高速公路事业蓬勃向上健康快速发展的动力来源。

（一）心忧天下的责任担当

湖南高速公路从无到有、从少到多的发展过程,就是湖南高速公路人的一部奋斗史。

湖南从1996年第一条高速公路长永高速公路通车,1997年底,湖南高速公路才建成通车45km高速公路,仅占全国的0.9%,到2007年底还只有19条高速公路(段),里程总长1765km,在全国排第17位,在中部排最后一位,22个出省通道仅打通了5个。湖南高速公路的发展速度比相邻省份慢了很多,成为制约湖南经济社会发展的瓶颈。

面对这种情况,湖南高速公路人紧紧抓住发展第一要务,凭着"地处内陆,不能为内陆意识所束缚;位居中部,不能甘居中游"的自强精神,以及湖湘文化中"心忧天下"的责任与担当意识,转变发展观念,抢抓发展机遇,创新发展模式,提高发展质量,创造了"湖南速度",提振了"湖南信心",促进了湖南经济大发展。截至2016年12月,湖南省高速公路通车里程达6080km,位居全国第6位。敢为人先的湖南高速人,逆势而上,在危机中抢抓机遇,在困难中实现崛起,在崛起中实现又好又快加速发展。

(二)敢为人先的创新意识

"敢为人先",这是湖湘文化的显著特征。在湖南高速公路发展过程中,面临着许多新情况,碰到了大量新问题,湖南高速公路人发扬开拓创新、敢于进取、勇于探索的创新精神,创新建设理念、科学技术和管理机制,推动了高速公路的科学发展。

长(沙)湘(潭)高速公路在全线推行生态隔离墙;尽可能地使用生态隔声、隔离板;率先采用低碳自降污的生态 GP 水沟等新技术,成为湖南首条"两型科技示范高速公路"。常(德)吉(首)高速公路,通过采用国内自主创新的"高速公路隧道通风照明节能控制系统",每年可节约20%左右的运营资金。(湘)潭邵(阳)高速公路大修中在湖南省首次使用全结构再生技术,运用湖南首个固废再生高科技企业云中科技的专利科技,全长102km的该路段从路面层到底基层,用原路的砂石和沥青废料实现100%的循环再利用,修出的道路完全达到新建高速公路标准。韶山高速公路采取植物生态防护,用绿化取代原来的浆砌片石、混凝土预制块,车道两侧采用1m多高的柔性缆索护栏,更加美观环保;常(德)吉(首)高速公路突破惯例和常规,把短期行为和长远需要相结合,结合当地村村通公路的要求,将施工便道的短期行为变为长期的公路建设发展思路,全程修建便道354.2km。

雪峰山隧道全长6950m,创造了当时特长隧道贯通误差最小的世界纪录和中国隧道施工史上罕见的"零死亡"记录;矮寨特大悬索桥主跨建成时居世界第三、亚洲第一;赤石特大桥最大塔建成时为世界第一跨径4塔混凝土斜拉桥。通平公司联合研发的桥梁预应力张拉智能控制系统,杜绝人工对梁板张拉施工的影响,百分百保证了桥梁预应力的质量。

建设理念的创新,也体现在创新融资渠道上。湖南高速公路人坚持解放思想,锐意改革,努力围绕筹融资做文章,想方设法拓宽筹融资平台,通过转让部分路段收费经营权、将部分实物资产投资到各经营公司等方式,发挥优势资产经营效益,变资产优势为资金优势;利用湖南省高速公路建设开发总公司、湖南省高速公路投资集团有限公司两大融资平台,实现筹融资工作新突破;主动争取银行支持,积极采取多元融资,引入保险资金、投资基金、信托资金等新型融资方式,采取发行中期票据、企业债券、短期融资券、融资租赁、资产证券化、收费权质押、委托贷款和税收返还等措施,加强资本运作,走出了一条多渠道、多元化的融资之路,有效破解了建设资金需求"瓶颈",支撑了湖南高速公路建设的快速发展。

(三)百折不挠的拼搏精神

"百折不挠",是湖湘文化的高贵品格。湖南高速公路人很好地秉承了这种品格与精神,使湖南高速公路进入到"湖南速度"的通途中来。面对发展过程中的各种技术难题、协调矛盾、资金紧张、恶劣天气、艰难的地理地质条件,湖南高速公路人清醒地认识到,"困难,困难,困在家里就是难;出路,出路,走出去就有路",广大干群齐心协力,咬定青山不放松,迎难而上,以百折不挠的精神和勤劳肯干的蛮劲,充分发扬凝心聚力、攻坚克难、奋发有为、只争朝夕的拼搏精神,抢时间、争速度、赶进度,抓紧每一天时间,抓住每一个建设项目,抓好每一件事情,实现赶超发展。

如常(德)安(化)高速公路因原投资方建设资金链断裂,在2013年底全面停工后,经湖南省交通运输厅、湖南省高速公路管理局多方努力,终于在2015年实现了全面复工。复工后,面对剩余工作量大、质量缺陷和安全隐患多、工程建设时间紧、重点难点工程多、建设环境复杂等重重困难,湖南省高速公路建设开发总公司常安高速公路公司坚持质量为先、安全为上、进度为要、民生为本,创新管理模式,科学管理"多边"工程,在短短14个月时间内,确保了常(德)安(化)高速公路建成通车,全面打通了二(连浩特)广(州)高速公路大动脉,实现了常(德)安(化)高速公路的美丽"蝶变",相当于用一年时间完成了两年的工程量,创造了湖南高速公路建设史上的一个奇迹。

(四)爱岗敬业、默默奉献的"铺路石"精神

爱岗敬业、默默奉献的精神是湖南高速公路人职业精神的典型写照。湖南高速公路公路点多、线长、面广,人员分散,90%以上的职工分布在基层一线。行业的特点决定了湖南高速公路人必须远离城镇,远离家乡,只能与工地、收费站、养护所等为伴,艰苦的生产生活环境和条件并没有使湖南高速人畏惧和懈怠,相反,广大职工立足本职,以路为家,不畏艰难,奋力拼搏,生动诠释了默默无闻、无私奉献的"铺路石"精神。

建设过程中,广大建设者不畏自然环境的恶劣,不怕高山峡谷的千重万阻,不计物质文化的艰苦和贫乏,敬业爱岗,无私奉献,努力把"铺路架桥"的工作做好做到位,继承和发扬精雕细琢、精益求精的工匠精神,用专注、严谨、执着,打造经得起科学和时间检验的优质工程,铺就了一条条致富路。

在管养过程中,湖南高速公路人秉承脚踏实地、不事张扬的公路职业本色,热爱本职,恪尽职守,以站为家,以路为业,不计名利,不计得失,保持初心,付出青春,甚至是付出生命和鲜血。如2014年评选出的6名"五星级收费员"曾红、王雄飞、廖学军、廖慧、周静、张芳。他们均从事收费工作8年以上,收费差错率不足万分之一。在长期面对汽车尾气,忍受个别驾驶人恶语相向,鲜有时间与家人团聚,整体收入水平不高的工作环境,用爱岗、尽责、专注、钻研和奉献的敬业精神,践行着社会主义核心价值观的基本内容,诠释了普通劳动者应有的工作伦理和职业道德。

在灾难面前,湖南高速公路人的奉献精神更是得到了充分的体现。2008年面临严重的冰雪灾害,湖南省高速公路干部职工积极行动起来,不等、不靠,克服点多、线长、路程远、天寒料冻路面滑等诸多困难,团结一心,众志成城,发扬不怕苦、不怕累、连续作战的精神,顶风雪、抗缺氧、战严寒,以社会和受灾群众的利益为重,在较快的时间内恢复高速公路"生命线"的畅通,取得了抗灾保通工作的重大胜利,集中展示了公路人服务社会、服务公众的铺路石精神。

在2011年1月3日,临(湘)长(沙)高速公路管理处长沙路政中队的路政员王立国因抗击冰灾,保湖南省公路畅通,不顾个人安危,不幸光荣牺牲。同年1月2日,(湘)潭邵(阳)高速公路邵阳路政中队的班长张艺在处理一件六车追尾的交通事故时,在抢救伤员、清理现场过程中把安全的位置留给了队员,自己却站在有车经过的方位,不幸被一辆飞驰而来的小车严重撞伤,在接受检查治疗后,他仍然要求在值班室值班,继续坚守岗位。像王立国、张艺这样爱岗敬业、无私奉献,把人民利益摆在第一位,用鲜血乃至生命谱写了一曲爱岗敬业的英雄颂歌的人还很多。他们是湖南高速公路人的代表,展现了当代青年奋发有为、昂扬向上、忘我奉献的风采。

五、追求卓越的服务文化

湖南高速公路人创造一流,追求卓越,全系统全面持久开展文明优质服务,举行"八比八看"和"六个百分百"达标活动。"八比八看"是:比服务环境,看谁的服务场所洁净亮美;比服务态度,看谁的文明用语温良谦和;比服务质量,看谁的微笑服务真诚友好;比仪表仪态,看谁的形象端庄礼貌大方;比服务速度,看谁的岗位流程熟,车辆过停速度快;比业务精通,看谁的操作快捷无差错;比服务艺术,看谁化解矛盾的方法多,引起纠纷少;比奉献社会,看谁赢得的赞誉多。道路有端,服务无限。员工工作时的举手行礼、微笑点头、热情问候、唱收唱付、真诚道谢、礼仪送客,都要求做到心到、形到、眼到、神到。长益公司还根据行业特点,创造性地推出了一套规范和优美的肢体操,并在全系统广泛推广。

一直以来,湖南高速公路系统立足于"以人为本、以车为本"的理念,持续开展便民服务活动,要求所有管理单位设立加水、饮水、简单救助、简便修理工具等便民服务项目;青年文明号、工人先锋号、工会建家、青年岗位能手、劳动竞赛、技能比武等职工群体活动蓬勃开展,涌现了一大批国家级、省级"青年文明号""工人先锋号""模范职工之家""青年岗位能手""劳动模范"和"文明窗口(单位)"等,湖南省高速公路基本达到文明行业的标准,追求服务卓越的文化氛围已在行业形成。

六、务实创新的宣教文化

湖南高速公路系统的宣传、教育活动紧紧围绕党和政府的有关方针政策、围绕精神文明的相关内容,同时结合自身的行业特点来展开,但在不同时段其重点有所不同。

2007年,根据湖南省第九次党代会提出的"富民强省,又好又快"战略任务,湖南高速公路在全系统开展了"服务富民强省,建设和谐高速,实现又好又快"为主题的建设和谐高速活动,举办了组织开展了以邵怀、怀新高速公路通车为重点的宣传报道。

2009年,由湖南省文联、湖南省交通运输厅、湖南省高速公路管理局联合主办的湖南文艺家"高速贯三湘"采风创作活动。通过深入湖南高速公路一线采风,用文字、音乐、画笔、镜头等多种文艺形式记录了湖南省高速公路发展的辉煌成就和湖南高速公路建设者们奋发向上的精神风貌。举办了1999—2009年湖南高速公路劳动竞赛10年成果展览,全面展示了湖南高速公路建设劳动竞赛的辉煌历程。出版了湖南高速公路人的家书《书香高速》和反映2008年、2009年湖南高速公路大建设的新闻集萃《湖南高速:新闻每天都在发生》《文化高速——湖湘文化与湖南高速公路文化建设》。组织了"大气若虹凯歌扬"大型航拍活动,创作了一大批优秀的航拍图片和视频,受到社会各界好评。还有一批反映湖南高速公路建设管理的画册、邮册、音像制品,都起到了很好的宣传效果。与湖南日报合办的《湖南日报·新高速周刊》专版,成为社会各界了解湖南高速公路的重要平台。

2010年,全国首个高速公路展览馆——湖南省高速公路展览馆正式开馆。用实物、图片、声光电技术等再现了湖南高速公路的发展历史。展览馆的核心主题是"大道湖南",展览中包括了与"大道湖南"密切相关的人文渊源,湖南高速公路的蓄势、起航、爬升三个主要阶段,详细记录了湖南高速公路建设过程中的重大事件、十多年波澜壮阔的变化和描绘了湖南高速公路未来四海通途的宏图。

2011年以来,官方政务微信、政务微博、《高速时代》杂志、《高速简报》和局官方网站集群,形成了立体宣传阵地,使行业发展成就、行业精神、行业文化深入人心,传播了高速正能量,提振了信心。组织开展了社会主义核心价值观教育、"大道无垠"征文、"湘高速杯"全国高速公路建设成就摄影大赛、"网络纳言献策·共促科学发展"网络听民声活动、"道德讲堂"、"最美高速人"评选和"路相通·心相连"爱心义卖等活动,坚持开展"雷锋家乡学雷锋"志愿服务活动,培育选树了如王立国、张艺、刘丹等一批在省内、行业内具有影响的先进典型人物;出版了《筑梦潇湘看高速》《记者看湖南高速》等多部文化产品,传播高速公路正能量。

举办了"全省高速公路系统职工践行社会主义核心价值观征文和出版书籍展评"活动。活动中,广大职工积极参与,共收到征文作品107篇、书籍21套(本)。作品紧紧围绕"培育践行社会主义核心价值观"这个主题,认真发掘身边人与身边事,讲述自己或身边人在劳动中创造美丽、在劳动中实现价值、在劳动中成就梦想的动人故事,展现了新一代湖南高速公路职工的新风貌、新贡献。

湖南高速公路管理局各管理处和建设项目公司都编辑出版内部交流刊物,如《长益人》《汝郴风采》《垄茶高速》等,都有图书室和阅览室,都开辟了黑板报和文化走廊。载体多样,书墨飘香。长益公司还组织编撰了《员工心语》《心智启迪》《黄金心态》《每天都有好心情》《责任文化感言集锦》《国学智慧》《心灵鸡汤》等10本员工口袋书系列,供员工学习,实现学习工作化,工作学习化。

七、以制度建设为特征的廉政文化

高速公路投资大,责任重,社会关注度高,因此湖南省高速公路始终十分重视廉洁文化的建设。2000年,为加强行业党风廉政建设,结合湖南高速公路的实际,湖南省高管局制订印发了《党风廉政建设若干规定》《落实党风廉政建设责任制实施办法》等6个规定和办法,全面建立和推行了单位一把手负总责和把党风廉政建设纳入各单位"两个文明"建设目标管理考核的党风廉政建设责任制。各单位成立了落实党风廉政建设责任制领导小组,并与省高速公路管理局签订了《廉政建设责任状》。各建设项目开始实行《工程合同》《廉政合同》,各管理处实行《运营管理合同》《建设廉政合同》的"双合同制"。

2003年,制订了《2003年湖南省高速公路管理局党风廉政建设及反腐败工作安排》,在湖南高速公路系统开展了"艰苦奋斗、廉洁从政"主题教育和向郑培民同志学习活动,进一步明确了党风廉政建设责任制和内容,从源头上预防和治理腐败力度进一步加大,湖南高速公路系统干部职工廉洁自律意识明显增强。湖南省高管局在湖南省纪委组织的省直单位2002~2003年底纪检监察工作交叉检查考核评比中被评为省直一类第一名。

2008年,随着湖南高速公路建设高潮的到来,廉政文化建设随之迈上新台阶。湖南高管局出台了《关于规范全省高速公路建设管理的"十条禁令"》和《关于湖南省高速公路系统领导干部擅自驾驶公车不当行为的党纪政纪处分规定》,开展了廉政文化进机关"七个一"(读一本廉政书籍,上一堂廉政党课,设一处廉政专栏,推荐一幅廉政公益广告,开展一次廉政理论征文活动,举办一次廉政书法比赛,组织一次廉政演讲比赛)以及向李彬同志学习和廉政论文调研活动。在湖南省交通系统纪检监察干部廉政论文调研活动中,湖南省高速公路管理局荣获优秀组织奖。

开展"深入学习实践科学发展观,扎实推进惩治和预防腐败体系建设"。制订并印发了《关于勤俭节约建设高速公路十条规定》规定,推行了廉政风险防控管理机制和廉政监督员制度;在全国高速公路系统率先编写出版和推广应用《高速公路纪检监察工作手册》《高速公路建设项目廉政风险防控工作指南》和《高速公路运营管理廉政风险防控》,出台了《关于加强干部管理的规定》《关于进一步加强局领导班子自身建设的意见》、"六个严禁"等规章制度,开展"廉政文化进机关、进工地"活动,把党风廉政建设作为湖南高速公路又好又快发展的坚强保障。

2012年,湖南高速公路以"制度落实年"为抓手,全面落实党风廉政建设责任制,率先构建高速公路廉政文化建设通用模式,广泛开展"家庭助廉"教育活动,组织开展廉政文化建设示范单位(示范点)创建活动,行业廉政文化建设卓有成效。

2013年,湖南省高管局制订了《惩治和预防腐败体系五年工作规划》,组织实施了"党纪条规教育年"活动。积极推行"教育+文化""制度+科技"和"监督+惩处"三大防腐模式,编辑出版《高速公路建设项目廉政文化建设标准化研究》,建立综合电子监察平台和电子监察系统,湖南高速公路系统主动服务、廉洁务实之风逐步形成,得到湖南省委第八督导组和湖南省交通运输厅的充分肯定。廉政风险防控"制度+科技"管理模式在2013年以来开工的政府投资建设项目全面推行,获得湖南省纪委2014年度特色工作奖。

湖南省高管局率先在湖南交通运输行业制订和实施了《关于构建具有湖南高速公路行业特色的惩治和预防腐败体系的若干意见》,构建了教育、制度、监督并重的惩、防腐败体系;率先颁布了《关于建设节约型高速公路的实施意见》等。这些制度涵盖面广,内容全面,从制度上完善了党风廉政建设,切实在湖南高速公路系统了营造风清气正、崇廉尚实的政治生态和廉洁氛围,为推进高速公路事业健康快速发展提供了保障。

大 事 记

1987 年

10月13日,湖南省编制委员会以"湘编直〔1987〕138号"文件批复省交通厅,同意成立"湖南省公路重点工程建设办公室",设在湖南省公路管理局。

1988 年

同年,为探索水网区与山丘区建设高速公路的途径,湖南省交通厅公路重点办公室在G107线临湘巴嘴坳至新开塘和汨罗新塘铺至白沙坳开工修建了两段全封闭、全立交的二级汽车专用公路,总长74km,1991年12月建成通车,从组织、技术上为湖南高速公路建设创造了条件。

1991 年

9月18日,湖南省机构编制委员会办公室以"湘编直〔1991〕123号"文件批复省交通厅,同意成立"湖南省高等级公路建设指挥部办公室"。

同年,开建长沙北大桥西接线5.48km一级汽车专用公路,1992年底通车,后移交长沙市管理。

1992 年

1月,莲易高速公路(时称一级和二级汽车专用公路)开工,是湖南最早开工建设的高速公路。该路东起湘赣交界的醴陵莲花冲,西至湘潭易家湾,全长71.29km,其中高速公路(一级汽车专用公路)23.16km,二级汽车专用公路48.13km。

同年,开建长沙北大桥东接线5.92km一级汽车专用公路,1994年底通车。

1993 年

3月19日,湖南省人民政府以"湘政办函〔1993〕62号"文件批复同意成立"湖南省高速公路建设开发总公司",明确总公司为事业单位,实行企业化管理,隶属省交通厅领导。总公司主要负责全省高等级公路的建设、养护、管理、沿线开发及建设资金的筹措。

5月,长永高速公路第一期工程长沙县牛角冲至黄花机场段开工,长18.678km。长永第二期工程机场口至永安于1994年7月开工,长7.616km。长永高速公路由"湖南长永公路股份有限公司"投资建设,长永高速公路是湖南省第一条采用股份制修建的公路,形成了公路投资、建设、管理、还贷(受益)一体化经营模式,为湖南公路建设走出了一条新路。

同年,开工建设长潭牛角冲互通(属长潭高速公路第1合同段)。

1994 年

3月8日,长潭高速公路第1、2、7合同段开工,7月第3、4、5、6合同段开工。该路起于长沙县牛角冲,终于湘潭市马家河,主线全长44.76km,湘潭一级连接线6.792km,是首次利用亚洲开发银行贷款建设的公路项目。

11月,省交通厅编制完成《湖南省公路网规划(1991~2020年)》,规划到2020年,湖南建成高速公路913km,高速公路联通长沙、湘潭、株洲、衡阳、岳阳、常德、郴州、益阳等地(市)。

12月,长永高速公路第一期工程、莲易高速公路建成通车。

12月28日,长永星沙服务区作为湖南省第一个服务区正式开通运营。

1995 年

年初,组建"湖南省长益高速公路建设指挥部",副省长周伯华任指挥长。12月18日,长益高速公路举行开工典礼。该路东起长沙湘江北大桥西接线一级汽车专用公路直线段,西抵益阳资江二桥南引道,全长71.508km,由省高速公路建设开发总公司与香港路劲基建有限公司共同投资、建设、管理,是湖南第一条利用境外资金合作建设的高速公路。

1996 年

8月,长永高速公路第二期工程建成通车。

12月,长潭高速公路建成通车。

1997 年

3月,湖南长永公路股份有限公司更名为"湖南长永高速公路股份有限公司"。2000年10月,更名为"现代投资股份有限公司"。

6月,长沙绕城高速公路西北段开工。该路起于长沙黄花塘互通(接319国道),终点在长沙县杨梓冲枢纽(接G4京港澳高速),全长34.508km。

7月,益常高速公路开工。该路起自益阳资江二桥北岸引道直线端,终至常德市德山檀树坪,主线全长73.083km。

10月,潭耒高速公路开工。该路北起湘潭马家河,止于耒阳市陈家坪,主线全长168.848km,是湖南省第一条建设里程超过100km、并首次采用世行贷款修建的高速公路项目。

1998 年

4月20日,湖南省机构编制委员会《关于印发湖南省高速公路管理局机构编制方案的通知》(湘编〔1998〕3号)批准成立"湖南省高速公路管理局",其为归口省交通厅管理的副厅级事业单位,与省高速公路建设开发总公司两块牌子、一套人马、合署办公。

7月,长益高速公路建成通车。

11月,耒宜高速公路主体工程开工。该路北起耒阳市东湾乡以东的谢家坳,南止于宜章小塘,实际建设里程为135.287km。

1999年

10月19日,长沙绕城高速月亮岛湘江大桥建成通车。

同月,长沙绕城高速公路西北段建成通车。

12月,益常高速公路建成通车。

同月,长沙绕城高速公路西南段全线开工。该路起自G4京港澳高速公路李家塘互通,连接G4京港澳高速与绕城高速西北段,主线全长28.665km。

2000年

5月,临长高速公路开工。该路起于湘鄂交界的坦渡河,止于长沙市牛角冲,主线长182.79km,是湖南省第一条全部采用沥青路面和首条实施绿色通道工程建设的高速公路。

同月,长潭高速公路机电系统正式投入运行,由此,湖南高速公路实现半自动收费,高速公路大机电建设迈出第一步。

6月,颁发并实施《湖南省高速公路养护管理办法(试行)》。

7月,潭邵高速公路开工。该路起于湘潭市岳塘区的株易路口,终于隆回县的周旺铺,主线全长217.763km。

12月,潭耒高速公路建成通车。

同月,衡枣高速公路正式开工。该路起于衡阳洪市,止于与广西接壤的枣木铺,主线长186.065km。

同年,制订了《高速公路建设工程项目管理办法》《高速公路建设项目投资控制和设计变更暂行规定》《高速公路建设工程目标管理考核暂行办法》《建设项目设备和材料采购暂行规定》共5个办法和规定。

2001年

3月,省高速公路管理局内设"监控中心",监管全省高速公路机电工程建设,全省统一收费标准。

5月,湖南省高速公路建设开发总公司和中石化湖南分公司合资成立了湖南高速实业发展有限公司(后更名为湖南高速广通实业发展有限公司),主要负责经营全省政府还贷高速公路的服务区和停车区。

8月,长永高速公路改建工程开工。该改建项目主线起于黄花互通,终于星沙收费站(后改为长沙收费站),长15.460km。

9月,长沙机场高速公路开工建设。该路起自长潭高速雨花互通,终点为黄花国际机场新跑道西侧,全长18km。

12月,耒宜高速公路主体工程正式通车试营运。

同年,耒宜公司被交通部评为1999～2001年全国公路建设质量年活动优秀单位。

2002年

3月,长永高速公路改建工程完工。

10月,长沙绕城高速公路西南段建成通车。

11月,临长高速公路建成通车。

12月,潭邵高速公路建成通车。

同月,常张高速公路开工,2003年2月正式全线动工建设。该路主线起于檀树坪,终点通过张家界连接线连接张家界市永定大道,全长160.682km。

同年,湖南高速公路突破1000km。

2003年

7月1日,临长、长潭、潭耒、耒宜、长永5条高速公路共计555km实现联网收费。

同月,衡大高速公路开工。该路起于衡东县大浦,止于衡阳市西外环路柳公塘处,全长25.93km,其中高速公路24.45km,一级公路1.48km。

9月,长沙机场高速公路建成通车。

同月,邵怀高速公路开工建设。该路东起湘潭至邵阳高速公路终点隆回县周旺铺互通,止于怀化中方县竹田(主线155.68km,代修吉怀高速公路12.7km),是湖南建设的第一条真正意义上的山区高速公路,也是当时湖南工程最艰巨、施工最困难、条件最艰苦的高速公路项目。该项目为日元贷款项目。

12月,衡枣高速公路建成通车。

同年,潭耒高速公路项目荣获国家环保总局授予的第一届"国家环境保护百佳工程"奖。

2004年

3月,怀新高速公路开工。该路起于邵怀高速公路终点竹田互通,终点与贵州玉三高速公路鲇鱼铺至玉屏段相接,全线长93.218km。

同月,常吉高速公路举行开工典礼。该路起于常德市斗姆湖,终点位于吉首林木冲,主线全长223.7km。

5月,醴潭高速公路开工。该路起于湘赣两省交界处的金鱼石,终于长沙至湘潭高速公路殷家坳互通(白马垄收费站),全长72.391km,是湖南省第一条由内资企业以BOT形式修建的高速公路。

7月,邵怀高速雪峰山隧道进口端开工,2006年8月19日贯通。雪峰山隧道为沪昆国家高速公路邵怀段最大的控制性工程,隧道建成时为国内贯通的第三长高速公路隧道,隧道最大埋深约850m,为上下行分离的双洞隧道,左线长6946m,右线长6956m。贯通精度达到了当时中国最高水平,整个施工过程中没有发生一起伤亡事故和塌方现象。

10月 长潭西高速公路开工。该路起点位于长沙岳麓区含浦镇,终点位于湘潭九华经济开发区,主线全长27.951km,是湖南第一条外商独资建设的高速公路。

12月,全省高速公路机电系统顺利联网,由此进入湖南高速公路"机电时代"。

同年,潭耒高速公路项目获国家优秀设计金奖、第四届中国土木工程詹天佑奖。

2005年

1月1日,临长、长潭、潭耒、耒宜、长永、潭邵、衡枣高速公路启用省域联网收费拆账软件,湖南高速公路实现收费系统大联网。

12月,常张高速公路、衡大高速公路建成通车。

同月,衡炎高速公路开工。该路起于京港澳高速公路衡东大浦互通一期工程终点,终于炎陵县分路口,主线全长114.188km。

同年,出台《关于建设节约型高速公路的实施意见》。

同年,编印《湖南省高速公路管理手册》。

2006年

5月,邵永高速公路开工。该路起于邵阳市桔木山,终于永州市零陵区接履桥镇,全长111.129km。

6月,长永高速公路二期黄花至永安段路面改造项目开工,2006年11月竣工通车。

8月,韶山高速公路开工。该路起于潭邵高速公路韶山互通,止于韶山市洞江口,全长13.295km。

同月,《湖南省高速公路网规划》经省人民政府批准实施。湖南省高速公路网组成路线按照纵横网络的形式进行布局,由5条南北纵线、7条东西横线构成"五纵七横"高速公路网,总规模为5615km,其中纵向主线2530km,横向主线2705km,其他高速公路380km。

10月17日,省机构编制委员会办公室以"湘编办函〔2006〕99号"文件复函批复,同意将省高管局(总公司)内设机构由原来的7个调整为9个。"湖南省高速公路监控中心"批复设立。

12月,潭衡高速公路开工。该路北起湘潭市塔岭,终于衡阳市铁市,全长139.104km。

同年,出台《湖南省高速公路管理局安全生产目标管理考核办法》和《湖南省高速公路管理局安全生产目标管理考评标准》。

同年,临长高速公路项目获国家环保总局授予的首届国家环境友好工程奖、第五届中国土木工程詹天佑奖。

2007 年

2月,长潭西高速公路通车试运营。

5月,中共中央政治局常委李长春在湖南省委书记张春贤、省长周强等陪同下视察韶山高速公路。

6月1日,长潭、长永、临长、衡枣、潭耒、醴潭等京珠联网区域高速公路实现计重收费。

同月,"湖南省高速公路信息服务网"投入使用。"湖南高速公路门户网站"1月上线运行。12月,短信平台创建。

9月,吉茶高速公路开工。该路起于湘西土家族苗族自治州州府吉首市,止于湘黔渝三省(市)交界处的"边城"——花垣县茶洞镇,主线全长64.946km。

同月,宜凤高速公路开工。该路起于京港澳高速宜章互通,止于广东清连高速凤头岭主线站,全长48.451km。

10月,醴潭高速公路建成通车。

同月,吉茶高速公路C6A标矮寨特大悬索桥开工。该桥塔间跨度为1176m,是当时世界上跨峡谷跨径最大的钢桁梁悬索桥。该工程创造了四个世界第一:一是跨峡谷建筑高度355m,跨径1176m;二是塔梁分离的新结构;三是轨索滑移新工艺架设主桁梁;四是采用岩锚吊索并用碳纤维作为筋材。

11月,邵怀高速公路、怀新高速建成通车。

12月,衡邵高速公路开工。该路起自松木塘互通式立交,终于新邵严塘互通式立交,全长132.059km。

同年,长株高速公路开工。该路起于长沙县黄花镇排头村,终于株洲市响田路,全长41.6km,也是长沙绕城高速公路东线。

同年,编制全省"五纵七横"高速公路网机电系统总体规划。

同年,耒宜高速公路小塘收费站被授予"全国工人先锋号"荣誉称号,是湖南交通系统第一个获此殊荣的集体。临长高速公路羊楼司收费站、潭耒高速公路新塘收费站荣获"全国青年文明号"称号。

2008 年

年初,湖南省遭受严重的低温雨雪冰冻灾害,给湖南交通造成严重损失和极大影响。

自1月13日开始,湖南省16段高速公路和7条国道、36条省道交通先后阻断,公路受阻里程达6248km,先后滞留车辆10多万台,滞留人员数十万人。在党中央、国务院和湖南省委省政府的领导下,湖南高速人奋力抗雪疏堵,至2月3日,京港澳高速公路湖南段全线恢复交通,滞留人员无一冻死、饿死,实现大年三十旅客零滞留。

1月29日~2月1日,国务院总理温家宝在交通部部长李盛霖、国务院副秘书长张平等有关国家部委负责人两次来湘指导抗冰救灾,来到湖南先后在长潭、耒宜高速公路视察工作,湖南省委书记张春贤、省长周强等陪同。

5月21日,省政府召开全省高速公路建设电视电话会议,省委副书记、省长周强出席会议并作重要讲话,省委常委、省纪委书记许云昭出席会议,省委常委、常务副省长于来山主持会议。

同月,永蓝高速公路开工。该路起于永州市零陵区接履桥,在南风坳附近穿越九嶷山后进入广东省连州,全长145.157km。

6月,随岳高速公路湖南段开工。该路北接荆岳长江公路大桥,南接京港澳高速公路岳阳连接线,长24km。

同月,炎睦高速公路开工。该路起于炎陵县互通,终于湘赣两省交界处的睦村,主线长18.12km。

同月,南岳高速公路开工。该路由南岳至衡阳和南岳大王庙至大源渡(连接京港澳高速潭耒段)两部分组成,总长51.816km,是湖南省唯一一条直达景区的高速公路。

7月,安邵高速公路开工。该路起于益阳市安化县梅城镇,止于邵阳市桔木山互通,主线全长130.892km。

8月,娄新高速公路开工。该路东起沪昆高速公路娄底互通,西至新化县城南盐井冲,主线全长95.713km。

9月13日,中共中央政治局委员、国务院副总理回良玉在省委书记张春贤、省长周强陪同下视察湖南工作,途中经长益高速太子庙服务区时,对服务区环境卫生给予肯定。

同月,吉怀高速公路开工。该路北起吉首市小庄村,止于怀化市鹤城区牛栏坡,全长104.836km。

同月,道贺高速公路开工。该段起于永州市道县南,止于湘桂两省区交界地永济亭以东约1.5km的长塘,主线全长50.652km。

11月12日,省政府办公厅《关于组建湖南省高速公路投资集团有限公司的复函》(湘政办函[2008]160号)批复成立"湖南省高速公路投资集团有限公司",作为高速公路新的筹融资和建设平台。

同月,东常高速(澧县东岳庙至常德)举行开工动员大会。该路起自澧县东岳庙,止于常德市德山经开区石门桥互通,全长111.84km。

同月,郴宁高速公路羊角脑隧道开工。该隧道穿过两个村庄,围岩为风化岩及岩溶等,容易透水及坍塌,地质条件十分复杂,各类隧道地质困难及处置方法在该隧道均有呈现,被称为"一部完整的隧道施工教科书"。

同月,常安高速公路开工。该路起于常德市石门桥,止于梅城镇联丰村,主线全长95.305km。该项目原由浙江友诚控股集团有限公司以BOT形式全额投资,后因资金链断裂,于2013年停工。该项目于2015年11月1日重新开工建设,由省高速公路建设开发总公司接管常安高速公路后续工程建设。

12月,常吉高速公路、韶山高速公路建成通车。

同月,汝郴高速公路主体工程(除赤石特大桥)开工。该路起于汝城县热水镇百担丘村东,终于郴州市苏仙区水龙村东2km处,主线全长112.345km。

同月,益阳南线高速公路开工。该路起于长常高速K59+976新建苏家坝枢纽互通,终于长常高速K91+236新建迎风桥枢纽互通,全长40.093km。

同月,长湘高速公路开工。该路起于长沙市望城县茶亭,终于湘潭塔岭,全长74.891km,是湖南省第一条双向六车道高速公路,同时也是湖南省第一条交通运输部"两型"科技示范工程。

同月,衡桂高速公路开工。该路起于衡阳市铁市互通,止于桂阳县流峰互通,全长95.101km。

同月,桂武高速公路开工。该路起于衡桂高速终点桂阳流峰镇,终于郴州临武县,全长107.807km。

同月,怀通高速公路开工。该路起于沪昆高速邵怀段竹田枢纽互通,终于怀化市通道县坪阳,主线长197.634km。

同月,宁道高速公路开工。该路穿越永州市蓝山县、宁远县、道县三地,全长91.538km。

同年,《关于规范全省高速公路建设管理的"十条禁令"》出台。

同年,常张高速公路获得国家环境保护部授予的第二届"国家环境友好工程"奖,是全国公路建设行业唯一获奖项目。

同年,湖南省高速公路管理局被全国总工会授予"全国五一劳动奖状"。

同年,在抗击四川汶川特大地震灾害中,湖南高速公路系统积极参加抢险队赴灾区一线抗灾救灾。中华全国总工会授予湖南省高速公路管理局工会"抗震救灾先进基层工会",授予湖南交通抗震救灾抢险队"工人先锋号"荣誉称号,6人荣获"全国交通运输行业抗震救灾先进个人"称号。

2009 年

同年,邵怀高速公路雪峰山项目入选"建国六十周年60项公路交通勘察设计经典工程"。

2月4日,省人民政府在长沙蓉园宾馆召开湖南省高速公路前期工作2008年责任目标落实暨2009年责任目标签订会议。省发改委等10个厅局主要负责人向省委副书记、省长周强递交目标责任状。

2月6日,省人民政府召开湖南省高速公路建设工作会议。省委常委、常务副省长于来山出席会议并作讲话。

2月17日,中共中央书记处书记、中央纪委副书记何勇在湖南省委书记张春贤、省纪委书记许云昭、常务副省长于来山、省委秘书长杨泰波等陪同下深入韶山高速公路收费站、潭衡西高速公路建设工地调研,检查指导中央扩内需、促增长政策的贯彻落实情况。

同月,郴宁高速公路开工。该路起于郴州市苏仙区坳上镇水龙村,终于蓝山县祠堂圩,主线全长104.427km。

3月,炎陵高速公路开工。该路起于炎陵分路口,终于炎陵县城霞阳镇沿城村,全线长12.545km。

5月,浏醴高速公路开工。该路起于平江和浏阳分界点黄泥界,于板杉互通与醴潭高速公路相交,主线全长99.196km。

同月,通平高速公路开工。该路起于通城界,终于黄泥界,全长73.027km。

同月,大浏高速公路开工。该路起于浏阳大围山东麓铁树坳(湘赣界),止于长沙至浏阳高速公路砰山互通,全长83.753km。

同月,醴茶高速公路开工。该路顺接浏阳(黄泥界)至醴陵高速公路,全长105.248km。

同月,省政府下文取消二级公路收费站,莲易高等级公路醴陵市至株洲白关48km实行免费通行,红旗路、醴陵、莲花冲三个收费站撤销。之后,沿线随意开口达200余处,造成重大安全隐患。

6月,张花高速公路开工。该路起于张家界,终于湘西自治州的花垣县,主线全长147.592km。

7月,洞新高速公路开工。该路位于邵阳境内,主线全长118.071km。

同月,溆怀高速公路开工。该路起于溆浦县卢峰镇,止于鹤城区黄金坳,主线全长91.781km。

同月,新溆高速公路开工。该路起于娄底至新化高速公路新化互通,止于溆浦县,主线全长92.677km。

8月17日,交通运输部李盛霖部长在省长周强陪同下,专程来到韶山高速公路考察。

9月,湖南省高速公路电子不停车收费系统(ETC)一期工程37个收费站共74条ETC车道投入运营。2013年10月31日,ETC二期工程全面完成,实现全省高速公路ETC正式运营和面向社会推广应用,开通2万用户,全省ETC覆盖率达到70%。

10月9日,湖南省人民政府分别以湘政函〔2009〕207号、208号、209号、210号、211号、212号、213号文件批复同意将桂武、溆怀、娄新、浏醴、衡桂等7条高速公路由湖南省高速公路投资集团投资并授予特许经营权。

同月,长浏高速公路开工。该路起于湘、赣省界的洪口界,在浏阳市永安镇对接长永高速公路,主线全长65.324km。

11月,邵永高速公路建成通车。该路开通运营,使湖南高速公路第一个环网形成,开始启用路径识别系统。

同月,凤大高速公路开工。该路起于凤凰县城城北,终于湘黔省界大兴镇,全长30.848km。

同月,垄茶高速公路开工。该路起自茶陵县界化垄(湘赣界),止于孟塘,主线长45.242km。

12月,衡炎高速公路建成通车。

同月,石华高速公路开工。该路起于华容县湘鄂界,终于华容县城区治湖村,全长13.440km。

同月,岳常高速公路开工。该路东起岳阳市君山区,止于常德市肖伍铺,全长140.895km。

同年,出台《湖南省高速公路建设精细化管理实施细则》《湖南省高速公路纪检监察工作手册》《中共湖南省高速公路管理局委员会关于加强干部管理的规定》《关于勤俭节约建设高速公路的"十条规定"》《关于进一步加强局领导班子自身建设的意见》等规定。

同年,湖南省高速公路管理局被中华环保联合会能源环境专业委员会授予全国"绿色节能照明"重点示范单位称号。

同年,常张高速荣获中国交通建设领域最高奖项——"交通优质工程一等奖";邵怀高速公路管理处荣获2008年度"全国绿化奖章"。

2010年

3月,长沙绕城高速公路东北、东南段开工。东北段起于安沙镇毛塘社区,终点顺接长株高速公路,全长13.12km。东南段起于李家塘互通,终于长沙县干杉,全长12.6km。

同月,汝郴高速公路赤石特大桥开工。为目前同类型桥梁中世界第一大跨径高墩多塔混凝土斜拉桥。

同月,安邵高速公路蓝田隧道(原名为清塘铺隧道)开工,为当时湖南省第二长(4800m)隧道。

4月,炎汝高速公路开工,起点至K134+350于2013年12月通车,K134+350至终点预计2017年12月通车。该路起点接衡炎高速公路炎陵西互通,终点接广东省粤湘高速公路仁化至翁源段,主线全长151.197km。

5月14日,湖南省人民政府分别以湘政函〔2010〕134号、135号文件批复同意将醴茶、新溆高速公路由湖南省高速公路投资集团投资并授予特许经营权。

6月,全省首条高瓦斯公路隧道——娄新高速公路刘家排隧道贯通。

8月13日,湖南省人民政府以"湘政函〔2010〕219号"文件批复同意将长湘高速公路由湖南省高速公路投资集团投资并授予特许经营权。

同月,长株高速公路建成通车。

11月20日,全国首个高速公路展览馆——湖南高速公路展览馆开馆。

同日,由湖南省高速公路管理局承办的第七届"京港澳情"联谊会暨高速公路运营管理高峰论坛在长沙举行。湖南省副省长韩永文出席会议并讲话。交通部原副部长、中国公路学会理事长李居昌出席会议。

同月,郴宁高速公路羊角脑隧道实现双洞贯通。

12月2日 中国银监会"银监复〔2010〕572号"文批复同意湖南省高速公路建设开发总公司筹建企业集团财务公司。

同月,衡邵高速公路一期工程通车试运行。

同月,怀化绕城高速公路开工。该路位于怀化市郊,东接娄怀高速、南接包茂高速,主线全长23.579km。

同月,湖南省高速公路监控指挥中心建成并投入使用,省高管局(省高速公路建设开发总公司)迁入办公。

同年,《湖南高速公路纪检监察工作手册》《湖南高速公路建设项目廉政风险防控工作指南》出版。

同年,邵怀高速公路项目获交通运输部公路交通优秀设计一等奖;雪峰山隧道工程获交通运输部公路交通优秀勘察奖;省高管局牵头研发的"高速公路养护管理智能化及路面维修技术"被评为湖南省科技进步一等奖。

同年,湖南省高速公路建设开发总公司被中国企业文化促进会评为"全国企业文化建设先进单位"。

2011年

1月17日,湖南省人民政府以"湘政函〔2011〕15号"文件,批复同意将南岳高速公路东延线项目并入湖南省南岳高速公路项目,由湖南省高速公路投资集团投资并授予特许经营权。

同月,湖南省遭遇超历史暴雪冰冻灾害,全省高速公路第一时间启动抗冰保畅机制,近万名干部职工夜以继日奋战一线,涌现了临长管理处路政队员王立国等英雄模范人物。共青团湖南省委、湖南省青年联合会追授临长高速公路管理处长沙路政中队路政员王立国同志"湖南青年五四奖章"荣誉称号,授予潭邵高速公路邵阳路政中队班长张艺同志"湖南青年五四奖章"荣誉称号。

同月,湖南广播电视台交通频道全媒体直播室在湖南省高速公路监控指挥中心启用。

同月,《湖南省高速公路服务区布局规划》《湖南省高速公路服务区建设设计指南》《湖南省高速公路服务区星级考核评定管理办法》正式颁布。

3月,湖南省高速公路管理局负责实施的援疆公路建设项目,在湖南省交通运输厅举行简短而隆重的欢送仪式。此次湖南援疆的建设项目为连霍国家高速公路吐鲁番至小草湖段和G312线乌鲁木齐至小草湖段,采取代建制。

同月,湖南高速公路客服热线96528开通。

5月22日,张花高速公路第八合同段澧水特大悬索桥先导索成功采用火箭抛送,成为湖南高速公路建设史上第一个、国内第二个采用火箭抛送先导索技术的项目。

5月27日,湖南省第十一届人民代表大会常务委员会第二十二次会议审议通过了《湖南省高速公路条例》,2011年10月1日起正式施行。

6月2日,中共中央政治局常委、全国政协主席贾庆林视察吉茶高速公路矮寨特大悬索桥建设情况。中央和国家有关部委、全国政协相关专门委员会负责同志杨晶、徐宪平等随同考察,省领导周强、胡彪、于来山等陪同考察。

7月29日,长益高速公路启动南半幅大修改造工程,11月20日完工。2012年5月22日,长益高速公路北半幅大修改造工程启动,8月9日,大修改造工程竣工通车。总里程57.62km,预算投资6.8972亿元。新路面结构采用长寿命周期理念,按照复合路面结构层、双改性沥青面层设计。

8月,长韶娄高速公路开工。该路位于长沙、湘潭、娄底三市境内,全长139.151km。

9月,宜凤高速公路建成通车。

10月,潭衡高速公路建成通车。

11月,《湖南高速公路文化建设"十二五"规划》出台。

12月22日,湖南高速集团财务有限公司正式开业,其为湖南第3家、全国交通运输行业第1家财务公司,为湖南高速的资本运作创造了一个全新的平台。

同月,道贺高速公路、随岳高速公路湖南段建成通车。

同年,《湖南省高速公路管理局加强作风建设和廉政建设的十条规定》《湖南省高速公路管理局廉政风险防控手册》出台。

同年,湖南省交通运输厅编制《湖南省高速公路施工标准化管理指南》。

同年,开通全国交通系统首个官方实名微博"湖南高速公路"新浪微博。

同年,组织"规范化养护年"活动。参加全国"厦工杯"养护劳动技能竞赛,取得了团体第7名。临长高速公路长沙养护所被评为全国100个"模范道班"之一。

2012年

2月24日,湖南省人民政府印发《湖南省人民政府关于京港澳复线望城至湘潭段等6个高速公路项目特许合同终止有关事项的批复》(湘政函〔2012〕51号),终止湖南省高速公路投资集团京港澳复线长湘段、衡桂段、桂武段和平汝高速公路浏醴段、醴茶段、炎汝段等6个项目的特许经营权转让合同,项目性质全部由经营性收费公路变更为政府还贷性收费公路。

3月,吉茶高速公路建成通车。

5月19日,炎汝高速公路八面山隧道工地发生重大爆炸事故,致20人死亡、2人重伤,直接经济损失2008万余元。2013年9月,炎汝高速公路八面山隧道双洞贯通。

5月25日,常吉高速公路泸溪段1193km处发生大面积山体滑坡,造成双向通行受阻,该路段右幅于5月28日实现双向通车,左幅于9月27日顺利双向通车。

5月26日,中共中央政治局常委、国务院总理温家宝考察刚刚建成通车的矮寨悬索大桥,看望慰问大桥施工、监理和管理人员,湖南省委书记周强、省长徐守盛等陪同。

同月,共青团湖南省委授予潭邵高速公路管理处娄底收费站收费二班班长罗琦同志第十四届"湖南青年五四奖章"荣誉称号,记一等功。

同月,潭耒高速公路提质改造一期工程(马家河至大浦互通)动工,全长103.952km,同年10月竣工通车。2013年5月潭耒高速公路提质改造二期工程(大浦互通至耒阳陈家坪)开工,10月通过交工验收,全长64.896km。

8月1日,长益、益常、常张、常吉等西部联网高速公路实现计重收费,形成全省一张网联网收费。

9月24日,湖南省人民政府印发《湖南省人民政府关于溆怀高速公路建设开发有限公司股权转让的批复》(湘政函〔2012〕210号),同意湖南省高速公路投资集团依法转让其持有的湖南溆怀高速公路建设开发有限公司100%的股权。

同月,吉怀高速公路湘西段建成通车。

10月,龙永高速公路开工。该路起自龙山县甘壁寨村,止于永顺县泽家镇海洛村,主线长91.086km。

11月23日,湖南省人民政府印发《湖南省人民政府关于娄底至新化高速公路项目特许经营有关事项的批复》(湘政函〔2012〕248号),终止湖南省高速公路投资集团娄新高速公路项目特许经营权,项目性质由经营性高速公路变更为政府还贷性高速公路,并由湖南省高速公路建设开发总公司负责投资建设。

同月,长湘高速公路、衡桂高速公路、桂武高速公路、宁道高速公路建成通车。

12月13日,根据《湖南省机构编制委员会关于调整省高速公路管理局所属各管理处机构编制事项的通知》(湘编〔2012〕25号),按市州行政区划,省高速公路管理局下设14个管理处,机构名称为"湖南省高速公路管理局××管理处",原设立的各(路段)高速公路管理处以及路政大队予以撤销。湖南高速公路管理由原来的政府还贷性高速公路"一路一管理处"、经营性高速公路"一路一路政执法大队"调整为"一个地市设一个管理处",实行区域化管理。

同月,永蓝高速公路、炎睦高速公路、南岳高速公路、娄新高速公路、吉怀高速公路怀化段、汝郴高速公路(除赤石特大桥)、大浏高速公路、郴宁高速公路、炎陵高速公路、浏醴高速公路、通平高速公路建成通车。

同年,编制完成《湖南省高速公路"十二五"养护管理发展规划》。

同年,出版《湖南省高速公路条例释义》《湖南省高速公路管理局科技管理实施细则》。

同年,举办"湘高速杯"全国高速公路建设成就摄影大赛。

2013年

1月,湖南省人民政府印发《湖南省人民政府办公厅关于做好高速公路车辆通行费征收工作的通知》,自2012年6月开始,全省集中力量开展高速公路收费环境专项整治行动,取得明显成效。

同月,湖南省高速公路监控中心在腾讯开通"湖南高速公路路况信息播报"官方微博。

5月,龙永高速公路红岩溪隧道正式施工,2014年10月双洞贯通。该隧道是国内高速公路修建史上首条富含一氧化碳、硫化氢等有害气体的高瓦斯分离式双车道长大隧道。

7月,娄衡高速公路主线开工。该路起自娄底市双峰县长冲村,止于祁东县归阳镇,主线全长116.899km。

同月,省交通运输厅组织开展全省高速公路服务区管理专项治理和经营环境整治行动,同时委托湖南省统计局民调中心每两个月对全省高速公路服务区进行暗访检查,并根据暗访结果对各市州管理处和服务区经营管理单位严格奖惩兑现。

8月,《高速公路建设项目廉政文化建设标准化研究》出版。

10月,长浏高速公路建成通车。

同月,南岳高速公路东延线开工,2016年12月底建成通车。该路为南岳高速公路向东延伸部分,向东连接衡炎高速公路,将南岳高速、衡炎高速与衡东县城串联起来,主线全长12.581km。

11月3日,中共中央总书记、国家主席、中央军委主席习近平视察矮寨特大悬索桥。习近平高度赞誉矮寨特大悬索桥取得的建设成就,并指出,贫困地区要脱贫致富,改善交通等基础设施条件很重要,这方面要加大力度,继续支持。王沪宁、栗战书和中央有关部门负责同志陪同考察,徐守盛、杜家毫等湖南省负责同志陪同。

同月,醴茶高速公路、张花高速公路、凤大高速公路建成通车。

同月,永吉高速公路开工。该路起于永顺县泽家镇海洛村,终于吉首市曙光村,主线全长84.557km。该路段默戎高架桥为省内连续多跨刚构排名第一;石家寨互通小半径梁架设、高墩小半径连续现浇箱梁均为国内首例;猛洞河特大桥主跨268m,为省内同类型跨度最大钢管拱桥,已被列入世界最高桥梁名录;芙蓉镇特大桥主跨230m,为省内连续钢构单跨第一。

同月,大岳高速公路洞庭湖大桥开工建设。该桥为全球第二、国内第一大跨径(主跨1480m)钢桁梁悬索桥。2016年10月,央视《超级工程》纪录片报道洞庭湖大桥。2016年11月,洞庭湖大桥主缆索股架设全部完成。

同月,邵坪高速公路开工。该路起于新邵县雀塘,终点与娄新高速公路涟源西服务区相接,主线长35.232km。

12月18日,湖南省人民政府印发《湖南省人民政府关于娄底至衡阳高速公路项目特许经营有关事项的批复》(湘政函〔2013〕260号),解除湖南省高速公路投资集团湖南新湘高速公路建设开发有限公司的娄衡高速公路项目特许经营权,项目性质由经营性高速公路变更为政府还贷性高速公路,并由湖南省高速公路建设开发总公司负责投资建设。

同月,怀通高速公路、洞新高速公路、溆怀高速公路、石华高速公路、岳常高速公路、垄茶高速公路、长沙绕城高速公路东北、东南段、炎汝高速公路(起点至K134+350)建成通车。

同年,省政府出台《关于印发〈湖南省高速公路车辆救援服务管理暂行规定〉的通知》(湘政办发〔2013〕24号)。

同年,"湖南高速公路"官方微信开通。省高管局被授予"中南地区十大企业文化示范基地"。

同年,长湘高速公路"两型"科技示范工程通过验收并在全行业推介;汝郴高速文明特大桥荣获中国建设工程鲁班奖;矮寨特大悬索桥关键技术研究获中国公路学会科学技术特等奖;邵怀高速公路项目获全国工程建设项目优秀设计成果一等奖。

2014年

2月21日,省高速公路管理局召开首届五星级收费员授星大会,授予来自湖南速公路收费一线、收费工作经验均在8年以上的长沙管理处杨梓冲收费站周静等6名收费员为"湖南省高速公路五星级收费员"的荣誉称号。

3月,大岳高速公路开工。该路东与湖北段相接,西与岳阳至常德段相接,主线全长72.198km。

5月22日,交通运输部部长、党组书记杨传堂率部公路局等单位来省内调研,对湖南高速公路的建设质量和安全给予了充分肯定。

同月,东常高速公路澧县收费站至石门桥互通、常德北绕城线通车试运营。

6月5日,沪昆高速公路怀新段1469km附近发生山体滑坡,长度约100m左右,塌方量约10000m³左右,造成双向交通阻塞。

6月10日,邵阳市隆回县三阁司镇光明村6组、7组容量30000万m³水库堤坝出现大面积裂缝,面临溃堤危险,该处位于邵怀高速公路南半幅K1304+400处上方10m,对高速公路安全通行构成巨大威胁。

6月23日,省交通运输厅制订《关于加强省内高速公路建设项目投资控制的若干规定》(湘交基建〔2014〕251号)。

同月,益常高速公路大修项目开工,同年11月完成大修路面改造工程。

7月19日2时57分,沪昆高速公路邵阳段隆回境内K1309+033处,一辆运载乙醇的轻型货车,与前方一大型普通客车发生追尾碰撞,轻型货车运载的乙醇瞬间大量泄漏起火燃烧,致使大客车、轻型货车等5辆车被烧毁,造成54人死亡、6人受伤(其中4人因伤势过重医治无效死亡),直接经济损失5300余万元。事故发生后,中央、省、市和相关部门高度重视,全力组织救治受伤人员,处置善后工作。

9月15日,省高管局组织召开全省高速公路治理车辆超限运输工作动员会。会议要求,从2014年9月1日至2015年12月31日,全省高速公路统一开展车辆超限运输集中整治行动。

9月23日,省政府出台《湖南省经营性高速公路项目管理办法》。

同月,省交通运输厅拟定了新的《湖南省高速公路征地拆迁包干实施办法》。

10月17日,益马、南益、武靖、莲株高速公路开工动员大会举行。

10月29日16时,郴州市宜章县境内在建的厦蓉高速公路赤石大桥一正在施工的索塔内部起火,经当地有关部门全力及时扑灭,没有造成人员伤亡。

11月,张桑高速公路开工,建设总工期48个月。该路起于桑植县洪家关乡南岔附近,终于张家界市蒋家庄,全长46.786km。

同月,《湖南省高速公路网规划(修编)》经省人民政府批准实施。湖南省高速公路网布局以"七纵七横"规划,总规模约8622km,纵向主线约3614km,横向主线约2964km,其他高速公路约2044km。

12月2日,中共中央办公厅总值班室专程到湖南省高速公路管理局调研指导监控指挥中心和值班工作。

同月,新溆高速公路、怀化绕城高速公路、长韶娄高速公路建成通车。

同月,湖南作为全国第一批 ETC 联网省份,并入全国 14 省(市)联网收费。2015 年 9 月,湖南并入全国 29 省市联网收费。

同月,《高速公路服务区服务管理规范》《高速公路服务区设计规范》作为湖南省地方标准发布实施。

同月,武靖高速公路下达开工令,建设总工期 48 个月。该路主线起于城步县西岩镇,止于通道县杉木桥,主线长 72.061km。

同年,省交通运输厅制定《湖南省高速公路车辆救援服务标准和操作规程》(湘交政法〔2014〕269 号)。

同年,组织"党纪条规教育年"活动。创新性推出廉政风险防控"制度+科技"预防腐败新模式,在全省高速公路在建项目推广应用。

同年,组织全省"精细化养护年"活动。实行委托第三方专业机构对养护全面考核检查,公开排名通报。衡阳"东阳渡大桥"全国抽检排名第三。

同年,湖南高速公路微博在 2014 华中五省首届政务高峰论坛荣获"2014 年上半年度政务微博影响力奖"。

同年,长湘高速"两型"科技示范工程建设成果获中国公路学会科学技术一等奖。

2015 年

1 月 27 日,省交通运输工会对张桑高速公路荣获的"全国交通基础设施重点工程劳动竞赛优胜班组"荣誉称号进行了授牌。

同月,益娄高速公路开工。该路北起益阳绕城高速公路,止于娄底市双峰县,主线全长 105.928km。

同月,由交通运输部和中央人民广播电台共同打造的国家级交通广播"中国高速公路交通广播(FM90.5)"在湖南试播。至此,湖南省高速公路初步形成可变情报板、广播、网站、微博、微信、手机短信平台等多层次发布交通出行信息的服务体系。

4 月 3 日,全国人大常委会委员、全国人大内务司法委员会主任委员、原交通运输部部长黄镇东一行,调研大岳高速公路洞庭湖特大悬索桥。

4 月 14 日,全国人大常委会副委员长兼秘书长王晨一行在湘西调研期间,专程考察湘西高速公路矮寨特大悬索桥。

同月,共青团中央、交通运输部联合命名湖南省高速公路管理局怀化管理处新晃收费站和湘西管理处吉首东收费站为"2013~2014 年度全国青年文明号"。

5 月 14 日,省高速公路建设开发总公司制订《关于进一步加强省内高速公路建设投资控制的通知》，规定对土石方、土石比、路基清淤回填、岩溶处治等工程实行施工设计数量包干，进一步严格变更管理。

6月1日，为鼓励合法装载运输，提高超载超限运输的违法成本，有效遏制高速公路超限超载违法行为，经省政府研究决定，将于6月1日起，对载货类汽车超载部分计费方法进行调整。货车超载部分最高将按基本费率10倍计费。

6月29日，由国家交通运输部安全与质量监督管理司专项督查组在省内进行公路质量与安全工作督查，重点督查了娄衡、永吉两个高速公路项目和衡阳县农村公路建设。

同月，衡邵高速公路二期工程开通试运行。

7月8日，湖南省高速公路投资集团有限公司成功获得上海证券交易所批复的非公开发行20亿元公司债券的无异议函，7月24日正式发行债券20亿元，期限3年，成为"全国交通运输行业创新第一单"。

9月14日，高速公路信息化一期工程项目开工建设；2016年6月，该项目合同内的政府还贷性路段基本完成主要建设任务，于7月1日投入试运行。

9月25日9时50分，一辆车牌号为桂B36177的半挂车由东往西行驶至沪昆高速湘潭段1075km时，车辆失控带动一台同向行驶的湘B6RC98轻型货车一并冲到对向车道，与自西往东方向行驶由邵阳开往株洲的湘E96959中型客车相撞，半挂车车头与中型客车起火燃烧。同时，湘E96555小型客车行驶至事发路段，撞上半挂车。这起重大道路交通责任事故造成22人死亡，13人受伤，直接经济损失1800余万元，司法机关对19人立案追究刑事责任，其他相关人员党纪政纪处分。

同月，交通运输部组织开展"十二五"全国干线公路养护管理检查（简称"国检"）。2016年6月16日进行了全国检查结果排名，省内高速公路综合排名全国第6位，比"十一五"排名第20位跃升14位，进步幅度居全国第一。

同月，益马高速公路开工建设，建设总工期36个月。该路起于益阳市赫山区绕城高速公路K17处凤形山枢纽互通，止于与二广国家高速公路交汇处马迹塘西枢纽互通，全长57.9km。

11月11日，全国人大常委会委员、全国人大教科文卫委员会副主任委员、致公党中央专职副主席严以新率全国人大《防震减灾法》调研组一行考察矮寨大桥。

12月11日，在交通运输部首次组织的全国高速公路服务区服务质量等级评定中，花垣、长沙、九嶷山、珠山、鼎城等5对服务区被评为全国百佳示范服务区，有18对服务区被评为优秀服务区。

同月，益阳南线高速公路、邵坪高速公路建成通车。

同月，南益高速公路开工。该路北与荆州至石首至华容高速公路相接，南与益娄高速公路相连，主线全长86.368km（含断链长度）。该路段控制性工程中南洞庭（胜天）特大桥计划2018年6月竣工,是湖南省在建跨径最大的斜拉桥。

2016年

3月26日,省交通运输厅在长沙组织召开了"公路路基路面智能压实系统研究开发"成果鉴定会。

4月28日,湖南省高速公路管理局举行湖南高速通APP上线启动会。高速通APP集实时高速路况信息、路况导航、高速路网拥堵指数、分流预案、高速服务等为一体,为高速出行提供便捷服务。

5月22日,炎汝高速公路K409+040~K409+110处右幅路基因连续降雨引发山体滑坡,塌方量约为3万m^3,导致K409+040~K409+125处左幅桥梁4孔(20m空心板)上部结构被水平推移,最大位移处约为2m。高速公路与交警、地方政府紧急处置,事故未造成人员伤亡和车辆损伤。

5月24日,潭邵高速公路启动封闭大修,一期工程为起点至娄底互通102.1km,二期工程为娄底互通至周旺铺互通118km。潭邵高速公路大修一期作为省内"平安高速"100km示范工程,于11月30日通车。

6月26日10时20分,宜凤高速宜章县长冲东溪大桥附近,一辆大巴车发生事故后起火,造成35人死亡、13人受伤,直接经济损失2290余万元。国务院调查组认定,这起事故是一起特别重大生产安全责任事故,对21名企业人员和涉嫌职务犯罪人员立案侦查并采取刑事强制措施。

7月4日,长张高速公路益阳境内47km的位置,一台挖砂船撞上万家洲中桥桥墩。7月7日,船只被拖至岸边安全地带,万家洲中桥桥梁安全预警解除。

7月7日,全省高速公路系统安全生产大排查大管控大整治专项行动动员视频会议召开,决定从7月1日起至9月30日开展为期3个月的安全生产大排查大管控大整治行动。

8月,省高速公路管理局主持编写,省交通运输厅批准并发布《湖南省高速公路工程地质勘察技术与管理规程》。

9月12日,湖南省杭州至瑞丽国家高速公路湖南省凤凰至大兴(湘黔界)高速公路取得自颁发不动产权证书以来湖南省高速公路第一本不动产权证书。

10月9日11时20分,沪昆高速娄底段K1184+500处,一大客车起火,因驾驶人反应迅速,交通、消防等部门处置得当,车上46名乘客全部疏散,事故"零伤亡"。

同月,汝郴高速公路赤石特大桥通车。

11月2日,"办人民满意交通·万里高速三湘行"大型主题宣传中央驻湘媒体和湖南省内媒体采风活动启动仪式在长沙举行。

11月3日,长益(扩容)、龙琅、怀芷高速公路举行开工动员大会。长沙至益阳(扩容)

高速公路起于望城区,主线全长约50.3km;龙塘至琅塘高速公路起于涟源市龙塘镇,止于新化县琅塘镇,主线全长约74km;怀化至芷江高速公路起于鹤城区盈口乡,止于芷江县竹坪铺,主线全长约33.3km。

12月,安邵高速公路、常安高速公路、龙永高速公路、娄衡高速公路、大岳高速公路(不含洞庭湖大桥)建成通车。

同年,由湖南省高速公路管理局代建的新疆G30乌鲁木齐绕城高速东线项目建成通车。该路全长79.352km,工程概算总投资79.85亿元。

同年,组织编制"高速公路十三五养护规划"。

同年,常吉高速公路2016年第十三届中国土木工程詹天佑奖,邵怀高速公路项目获2017年第十四届中国土木工程詹天佑奖。